대기업·공기업
고졸채용

인적성검사 / NCS 직업기초능력평가

시대에듀

2025 최신판 시대에듀 대기업 · 공기업 고졸채용
인적성검사 / NCS 직업기초능력평가 + 무료고졸특강

Always **with you**

사람의 인연은 길에서 우연하게 만나거나 함께 살아가는 것만을 의미하지는 않습니다.
책을 펴내는 출판사와 그 책을 읽는 독자의 만남도 소중한 인연입니다.
시대에듀는 항상 독자의 마음을 헤아리기 위해 노력하고 있습니다. 늘 독자와 함께하겠습니다.

머리말 PREFACE

현재 많은 기업에서 서류전형에 이어 인적성검사 또는 NCS 직업기초능력평가를 통해 기업 맞춤인재를 선발하고 있다. 특히 2016년부터 NCS(국가직무능력표준) 기반의 채용제도를 본격적으로 시행하여, 대부분의 공공기관에서는 불필요한 스펙 대신 직무 능력 중심으로 채용을 진행하고 있다.

이에 따라 기업별로 필기시험의 중요도는 점점 더 커져가고 있는데, 기출유형을 살펴 보면 NCS 직업기초능력평가는 적성검사를 기반으로 하고 있음을 알 수 있다. 따라서 적성검사와 NCS 직업기초능력평가를 병행하여 학습함으로써 기초를 확실히 다질 필요가 있다.

이에 시대에듀에서는 대기업 · 공기업에 입사하고자 하는 수험생들에게 좋은 길잡이가 되어 주고자 다음과 같은 특징을 가진 본서를 출간하게 되었다.

도서의 특징

❶ 2024년 주요 대기업 · 공기업 필기시험 기출복원문제를 수록하여 최신 출제 경향을 한눈에 파악할 수 있도록 하였다.

❷ 핵심이론과 더불어 핵심예제를 통해 기본적인 이론과 함께 자주 출제되는 유형을 확인해 볼 수 있도록 하였으며, 영역별로 적중예상문제를 구성하여 다양한 유형에 대비할 수 있도록 하였다.

❸ 적성검사와 NCS 직업기초능력평가의 최종점검 모의고사를 각각 구성하여 실전처럼 문제를 풀어볼 수 있도록 하였다.

❹ 대기업 · 공기업에서 실시되고 있는 대부분의 인성검사 유형과 UK작업태도검사에 대해 정리하고, 그 결과에 따라 제시될 수 있는 예상 면접 질문을 수록하였다.

❺ 취업의 기본이 되는 이력서 · 자기소개서 작성, 면접 등의 준비를 도와줄 수 있도록 도서를 구성하여 채용 전반에 대비할 수 있도록 하였다.

끝으로 본서를 통해 취업을 준비하는 모든 수험생에게 합격의 행운이 따르기를 진심 으로 기원한다.

SDC(Sidae Data Center) 씀

도서 200% 활용하기 STRUCTURES

CHAPTER 01 주요 대기업 기출복원문제

01 언어능력검사

※ 다음 제시된 단어와 반의 관계인 단어를 고르시오. [1~2]

| 포스코

01

| 정밀 |

① 조잡
② 해산
③ 억제
④ 촉진

대기업 · 공기업
최신 기출복원문제 파악하기!

2024년에 실시한 대기업과 공기업의 최신 기출문제를 복원 · 수록하여 유형별 최신 출제 경향과 문제 유형을 확인해 볼 수 있도록 하였다.

CHAPTER 01 언어능력검사 핵심이론

01 언어유추

01 어휘력

1. 어휘의 의미

(1) 유의 관계

두 개 이상의 어휘가 서로 소리는 다르나 의미가 비슷한 경우를 유의 관계라고 하고, 유의 관계에 있는 어휘를 유의어(類義語)라고 한다. 유의 관계의 대부분은 개념적 의미의 동일성을 전제로 한다. 그렇다고 하여 유의 관계를 이루는 단어들을 어느 경우에나 서로 바꾸어 쓸 수 있는 것은 아니다. 따라서 언어 상황에 적합한 말을 찾아 쓰도록 노력하여야 한다.

영역별 핵심이론 및
핵심예제로 기본기 잡기!

적성검사와 NCS 직업기초능력평가의 영역별 핵심이론을 정리하여 기본적인 이론 및 정보를 학습할 수 있게 하였고, 이에 따른 핵심예제를 수록하여 출제 유형을 함께 알아볼 수 있도록 하였다.

CHAPTER 01 의사소통능력 적중예상문제

정답 및 해설 p.038

01 신입사원 A는 입사 후 처음으로 보고서를 작성하게 되었다. 보고서라는 양식 자체에 대한 이해가 부족하다는 생각이 들어서 인터넷을 통해 보고서에 대해 알아보았다. 다음 중 A사원이 이해한 내용으로 가장 적절한 것은?

① 전문용어는 이해하기 어렵기 때문에 최대한 사용하지 말아야 해.
② 상대가 요구하는 것이 무엇인지 파악하는 것이 가장 중요해. 상대의 선택을 받아야 하니까.
③ 이해를 돕기 위해서 관련 자료는 최대한 많이 첨부하는 것이 좋아.
④ 문서와 관련해서 받을 수 있는 질문에 대비해야 해.
⑤ 한 장에 담아내는 것이 원칙이니까 내용이 너무 길어지지 않게 신경 써야겠어.

영역별 적중예상문제로
실력 다지기!

적성검사와 NCS 직업기초능력평가의 영역별 문제를 다양한 유형과 난이도로 수록하여, 기본기부터 탄탄하게 실력을 키워나갈 수 있도록 하였다.

제1회 최종점검 모의고사(적성검사)

정답 및 해설 p.062

01 언어능력검사

01 다음 제시된 단어와 동의 또는 유의 관계인 단어는?

성취

① 성장 ② 번성
③ 달성 ④ 취득
⑤ 고취

최종점검 모의고사를 통해 차곡차곡 실력 쌓기!

실제 시험과 같은 느낌으로 연습해 볼 수 있도록 적성검사와 NCS 직업기초능력평가의 모의고사를 각각 구성하여 문제를 풀어볼 수 있도록 하였다.

CHAPTER 01 인성검사 소개

업무를 수행하면서 능률적인 성과물을 만들기 위해서는 개인의 능력과 경험 그리고 회사의 교육 및 훈련 등이 필요하지만, 개인의 성격이나 성향 역시 중요하다. 여러 직무분석 연구에서 나온 결과과에 따르면, 직무에서의 성공과 관련된 특성 중 최고 70% 이상이 능력보다는 성격과 관련이 있다고 한다. 따라서 최근 기업들은 인성검사의 비중을 높이고 있는 추세다.

현재 기업들은 인성검사를 KIRBS(한국행동과학연구소)나 SHR(에스에이치알) 등의 전문기관에 의뢰해서 시행하고 있다. 전문기관에 따라서 인성검사 방법에 차이가 있고, 보안을 위해서 인성검사를 의뢰한 기업을 공개하지 않을 수 있기 때문에 특정 기업의 인성검사를 정확하게 판단할 수 없지만, 지원자들이 후기에 올린 문제를 통해 유형을 예상할 수 있다.

인성검사 및 면접으로 취업 사로잡기!

필기시험과 함께 치르는 인성검사를 유형별로 수록하였고, 취업에 필요한 이력서 및 자기소개서 작성, 취업의 최종 관문인 면접 준비 등을 담아 도움이 되도록 하였다.

CHAPTER 01 언어능력검사 적중예상문제

01 언어유추

01	02	03	04	05	06	07	08	09	10
②	③	②	③	⑤	⑤	⑤	④	④	③
11	12	13	14	15	16	17	18	19	20
②	③	②	④	⑤	②	⑤	②	②	④
21	22	23	24	25	26	27	28	29	30
②	②	④	③	④	③	②	②	⑤	④

05 정답 ⑤

제시된 단어는 유의 관계이다.
'겨냥하다'는 '목표물을 겨누다.'는 뜻으로 '목표나 기준에 맞고 안 맞음을 헤아려 보다.'라는 뜻인 '가늠하다'와 유의 관계이다. 따라서 '기초나 터전 따위를 굳고 튼튼하게 하다.'는 뜻을 가진 '다지다'와 유의 관계인 단어는 '세력이나 힘을 더 강하고 튼튼하게 하다.'라는 뜻인 '강화하다'이다.

[오답분석]
① 진거하다 : 앞으로 나아가다.
② 걸잡다 : 겉으로 보고 대강 짐작하여 헤아리다.
③ 요량하다 : 앞일을 잘 헤아려 생각하다.
④ 약화하다 : 세력이나 힘이 약해지다.

정답 및 해설로 틀린 문제 확인하기!

상세한 해설과 더불어 오답분석을 할 수 있어 문제를 풀고 이해하는 데 부족함이 없도록 하였다.

1주 완성 학습플랜

본서에 수록된 전 영역을 단기간에 끝낼 수 있도록 구성한 학습플랜이다. 한 번에 전 영역을 공부하지 않고, 한 영역을 집중적으로 공부할 수 있도록 하였다. 필기시험에 대한 기초 학습은 되어 있으나, 학습 계획 세우기에 자신이 없는 분들이나 미리 시험에 대비하지 못해 단시간에 많은 분량을 봐야 하는 수험생에게 추천한다.

ONE WEEK STUDY PLAN

	1일 차 ☐	2일 차 ☐	3일 차 ☐
Start!	____월____일	____월____일	____월____일

4일 차 ☐	5일 차 ☐	6일 차 ☐	7일 차 ☐
____월____일	____월____일	____월____일	____월____일

나만의 학습플랜

필기시험을 처음 준비하는 수험생이나 장기간에 걸쳐 꾸준히 학습하기 원하는 수험생 그리고 자신의 일정에 따라 준비하고자 한다면 나만의 학습플랜을 구성하여 목표한 만큼 공부할 수 있도록 하였다. 이 책의 목차를 바탕으로 자신의 시간과 능력에 맞게 계획을 제대로 세웠다면, 합격으로 반 이상 간 것이나 다름없다.

FOUR WEEKS STUDY PLAN

	SUN	MON	TUE	WED	THU	FRI	SAT
1주 차 ☐	☐	☐	☐	☐	☐	☐	☐

	SUN	MON	TUE	WED	THU	FRI	SAT
2주 차 ☐	☐	☐	☐	☐	☐	☐	☐

	SUN	MON	TUE	WED	THU	FRI	SAT
3주 차 ☐	☐	☐	☐	☐	☐	☐	☐

	SUN	MON	TUE	WED	THU	FRI	SAT
4주 차 ☐	☐	☐	☐	☐	☐	☐	☐

이 책의 차례 CONTENTS

Add+

2024년 대기업·공기업 기출복원문제

※ 기출복원문제는 수험생들의 후기를 통해 시대에듀에서 복원한 문제로 실제 문제와 다소 차이가 있을 수 있으며, 본 저작물의 무단전재 및 복제를 금합니다.

01 언어능력검사

※ 다음 제시된 단어와 반의 관계인 단어를 고르시오. **[1~2]**

▌포스코

01

정밀

① 조잡   ② 해산
③ 억제   ④ 촉진

▌S-OIL

02

가지런하다

① 고르다   ② 똑바르다
③ 균등하다   ④ 나란하다
⑤ 들쭉날쭉하다

정답 및 해설

01 • 정밀 : 아주 정교하고 치밀하여 빈틈이 없고 자세함
　　• 조잡 : 말이나 행동, 솜씨 따위가 거칠고 잡스러워 품위가 없음

　　오답분석
　　② 해산 : 모였던 사람이 흩어짐. 또는 흩어지게 함
　　③ 억제 : 감정이나 욕망, 충동적 행동 따위를 내리눌러서 그치게 함
　　④ 촉진 : 다그쳐 빨리 나아가게 함

02 • 가지런하다 : 여럿이 층이 나지 않고 고르게 되어 있다.
　　• 들쭉날쭉하다 : 들어가기도 하고 나오기도 하여 가지런하지 아니하다.

　　오답분석
　　① 고르다 : 여럿이 다 높낮이, 크기, 양 따위의 차이가 없이 한결같다.
　　② 똑바르다 : 어느 쪽으로도 기울지 않고 곧다.
　　③ 균등하다 : 고르고 가지런하여 차별이 없다.
　　④ 나란하다 : 여럿이 줄지어 늘어선 모양이 가지런하다.

01 ①　02 ⑤　《 정답

※ 다음 제시된 단어와 동의 또는 유의 관계인 단어를 고르시오. [3~4]

| S-OIL

03

긴축

① 긴장   ② 절약
③ 수축   ④ 수렴
⑤ 구축

| S-OIL

04

상정

① 가정   ② 사색
③ 성현   ④ 고찰
⑤ 인정

정답 및 해설

03 • 긴축(緊縮) : 재정의 기초를 다지기 위하여 지출을 줄임
　　• 절약(節約) : 함부로 쓰지 아니하고 꼭 필요한 데에만 써서 아낌

　　오답분석
　　① 긴장(緊張) : 마음을 조이고 정신을 바짝 차림
　　③ 수축(收縮) : 근육 따위가 오그라듦
　　④ 수렴(收斂) : 의견이나 사상 따위가 여럿으로 나뉘어 있는 것을 하나로 모아 정리함
　　⑤ 구축(構築) : 체제, 체계 따위의 기초를 닦아 세움

04 • 상정(想定) : 어떤 정황을 가정적으로 생각하여 단정함
　　• 가정(假定) : 사실이 아니거나 또는 사실인지 아닌지 분명하지 않은 것을 임시로 인정함

　　오답분석
　　② 사색(思索) : 어떤 것에 대하여 깊이 생각하고 이치를 따짐
　　③ 성현(聖賢) : 성인(聖人)과 현인(賢人)을 아울러 이르는 말
　　④ 고찰(考察) : 어떤 것을 깊이 생각하고 연구함
　　⑤ 인정(認定) : 확실히 그렇다고 여김

03 ② 　04 ① 《 정답

※ 다음 제시된 단어의 대응 관계로 볼 때, 빈칸에 들어가기에 알맞은 것을 고르시오. **[5~6]**

| S-OIL

05

떡 : 쌀 = (　　) : 밀가루

① 보리　　　　　　　　　　　　　② 밥
③ 사탕　　　　　　　　　　　　　④ 빵
⑤ 김치

| SK그룹

06

응분 : 과분 = 겸양하다 : (　　)

① 강직하다　　　　　　　　　　　② 너그럽다
③ 젠체하다　　　　　　　　　　　④ 겸손하다

정답 및 해설

05 제시된 단어는 재료와 결과물의 관계이다.
'떡'을 만드는 재료는 '쌀'이고, '빵'을 만드는 재료는 '밀가루'이다.

06 제시된 단어는 반의 관계이다.
'응분'은 어떤 정도나 분수에 맞음을 의미하는 말로 '과분'과 반대되는 의미를 가지며, '겸양하다'는 겸손한 태도로 양보하거나 사양한다는 의미의 말로 잘난 체한다는 의미의 '젠체하다'와 반대되는 의미를 가진다.

05 ④　06 ③　《정답

※ 다음 제시된 단어의 대응 관계로 볼 때, 빈칸에 들어가기에 알맞은 것끼리 짝지어진 것을 고르시오. [7~8]

| S-OIL

07

> 테니스 : ( ) = ( ) : 배트

① 탁구, 그물   ② 라켓, 야구
③ 외래어, 크리켓   ④ 코트, 타자
⑤ 선수, 심판

| S-OIL

08

> ( ) : 설명하다 = 분류하다 : ( )

① 설득하다, 불리하다   ② 해설하다, 구별하다
③ 설비하다, 종합하다   ④ 평론하다, 분간하다
⑤ 조명하다, 분석하다

정답 및 해설 ○

07 제시된 단어는 운동 종목과 도구의 관계이다.
'테니스'를 하기 위해서는 '라켓'이 필요하고, '야구'를 하기 위해서는 '배트'가 필요하다.

08 제시된 단어는 유의 관계이다.
'설명하다'의 유의어는 '해설하다'이고, '분류하다'의 유의어는 '구별하다'이다.

07 ②   **08** ②   《 정답

※ 다음 제시문을 읽고 각 문제가 항상 참이면 ①, 거짓이면 ②, 알 수 없으면 ③을 고르시오. [9~10]

- 갑, 을, 병, 정 네 사람이 달리기 시합을 했다.
- 네 사람 중 똑같은 시간에 결승점에 들어온 사람은 없다.
- 을은 병 바로 뒤에 결승점에 들어왔다.
- 을보다 늦은 사람은 두 명이다.
- 정은 갑보다 빨랐다.

Ⅰ 삼성 5급

09 결승점에 가장 빨리 들어온 사람은 병이다.

① 참   ② 거짓   ③ 알 수 없음

Ⅰ 삼성 5급

10 결승점에 가장 늦게 들어온 사람은 정이다.

① 참   ② 거짓   ③ 알 수 없음

정답 및 해설 ────────────────────────────────────○

09 제시된 조건을 통해 결승점에 들어온 순서대로 정리하면 '병 – 을 – 정 – 갑' 순서이다.

10 결승점에 가장 늦게 들어온 사람은 갑이다.

09 ①   10 ②   ◀ 정답

※ 제시된 명제가 모두 참일 때, 다음 중 반드시 참인 것을 고르시오. [11~12]

11

> • 정직한 사람은 이웃이 많을 것이다.
> • 성실한 사람은 외롭지 않을 것이다.
> • 이웃이 많은 사람은 외롭지 않을 것이다.

① 성실한 사람은 정직할 것이다.
② 정직한 사람은 외롭지 않을 것이다.
③ 외롭지 않은 사람은 정직할 것이다.
④ 외로운 사람은 이웃이 많지 않지만 성실하다.

12

> • 조선 시대의 대포 중 천자포의 사거리는 1,500보이다.
> • 현자포의 사거리는 천자포의 사거리보다 700보 짧다.
> • 지자포의 사거리는 현자포의 사거리보다 100보 길다.

① 천자포의 사거리가 가장 길다.
② 현자포의 사거리가 가장 길다.
③ 지자포의 사거리가 가장 짧다.
④ 현자포의 사거리는 지자포의 사거리보다 길다.

정답 및 해설

11 정직한 사람은 이웃이 많고, 이웃이 많은 사람은 외롭지 않을 것이다.
따라서 정직한 사람은 외롭지 않을 것이다.

12 천자포의 사거리는 1,500보, 현자포의 사거리는 800보, 지자포의 사거리는 900보로, 사거리 길이가 긴 순서에 따라
나열하면 '천자포 – 지자포 – 현자포' 순서이다.
따라서 천자포의 사거리가 가장 긴 것을 알 수 있다.

11 ② 12 ① 〈정답

13 다음 글의 빈칸에 들어갈 내용으로 가장 적절한 것은?

> 키는 유전적인 요소가 크다. 그러나 이러한 한계를 극복할 수 있는 강력한 수단이 있다. 바로 영양이다. 키 작은 유전자를 갖고 태어나도 잘 먹으면 키가 커질 수 있다는 것이다. 핵심은 단백질과 칼슘이다. 이를 가장 손쉽게 섭취할 수 있는 것은 우유다. 가격도 생수보다 저렴하다. 물론 우유의 효과에 대한 부정적 견해도 존재한다. 아토피 피부염과 빈혈·골다공증 등 각종 질병이 생길 수 있다는 주장이다. 그러나 이는 일부 학계의 의견이 침소봉대(針小棒大)되었다고 본다. 당뇨가 생기니 밥을 먹지 않고, 바다가 오염됐다고 생선을 먹지 않을 순 없지 않은가. _____
> _____

① 아이들의 건강을 위해 우유 소비를 줄여야 한다.
② 키에 관한 유전적 요소를 극복하는 방법으로는 수술밖에 없다.
③ 키는 물론 건강까지 생각한다면 자녀들에게 우유를 먹여야 한다.
④ 우유는 아이들의 입맛을 담백하게 길들이는 데 중요한 역할을 한다.

정답 및 해설

13 제시문은 우유의 효과에 대해 부정적인 견해가 존재하나 그래도 우유를 먹어야 한다고 말하고 있다.
따라서 빈칸에는 ③이 가장 적절하다.

13 ③ **정답**

※ 다음 글의 내용으로 적절하지 않은 것을 고르시오. [14~15]

┃ 현대자동차

14

최근 민간 부문에 이어 공공 부문의 인사관리 분야에 '역량(Competency)'의 개념이 핵심 주제로 등장하고 있다. '역량'이라는 개념은 1973년 사회심리학자인 맥클레랜드에 의하여 '전통적 학업 적성 검사 혹은 성취도 검사의 문제점 지적'이라는 연구에서 본격적으로 논의된 이후 다양하게 정의되어 왔으나, 여기서의 역량의 개념은 직무에서 탁월한 성과를 나타내는 고성과자(High Performer)에게서 일관되게 관찰되는 행동적 특성을 의미한다. 즉, 지식·기술·태도 등 내적 특성들이 상호 작용하여 높은 성과로 이어지는 행동적 특성을 말한다. 따라서 역량은 관찰과 측정할 수 있는 구체적인 행위의 관점에서 설명된다. 조직이 필요로 하는 역량 모델이 개발된다면 이는 채용이나 선발, 경력 관리, 평가와 보상, 교육·훈련 등 다양한 인사관리 분야에 적용될 수 있다.

① 역량의 개념 정의는 역사적으로 다양하였다.
② 역량은 개인의 내재적 특성을 포함하는 개념이다.
③ 역량은 직무에서 높은 성과로 이어지는 행동적 특성을 말한다.
④ 역량 모델은 공공 부문보다 민간 부문에서 더욱 효과적으로 작용한다.
⑤ 역량 모델의 개발은 조직의 관리를 용이하게 한다.

정답 및 해설

14 민간 부문에서 역량 모델의 도입에 대한 논의가 먼저 이루어진 것으로 짐작할 수는 있지만, 이것이 민간 부문에서 더욱 효과적으로 작용한다는 것을 의미한다고 보기는 어렵다.

14 ④ **《정답**

15

감귤의 미숙과인 풋귤이 피부 관리에 도움이 되는 것으로 밝혀졌다. 풋귤 추출물이 염증 억제를 돕고 피부 보습력을 높이는 것이 실험을 통해 밝혀진 것이다. 피부가 건강하고 탄력 있기 위해서는 각질층에 수분이 충분해야 하는데, 사람 각질세포를 이용한 풋귤 추출물의 피부 보습 효과 실험을 살펴보면 풋귤 추출물은 수분은 물론 주름과 탄성에도 영향을 주는 히알루론산을 많이 생성하는 것을 확인할 수 있다. 실험 결과 사람 각질세포에 풋귤 추출물을 1% 추가하면 히알루론산이 40% 증가한 것이다.

또한 동물 대식세포를 이용한 풋귤 추출물의 염증 억제 실험을 통해 염증 반응의 대표 지표 물질인 산화질소와 염증성 사이토킨의 생성 억제 효과를 확인했다. 풋귤 추출물을 $200\mu g/mL$g 추가했더니 산화질소 생성이 40% 정도 줄어들었으며, 염증성 사이토킨 중 일부 성분은 30%에서 많으면 80%까지 억제된 것이다.

다음으로 풋귤은 완숙 감귤보다 폴리페놀과 플라보노이드 함량이 2배 이상 높은 것으로 나타났으며, 그밖에도 많은 기능성 성분과 신맛을 내는 유기산도 들어 있다. 특히 피로의 원인 물질인 젖산을 분해하는 구연산 함량이 1.5~2%로 완숙과보다 3배 정도 높아 지친 몸과 피부를 보호하는 데 도움이 될 수 있다.

이처럼 풋귤의 기능 성분들이 하나씩 밝혀지면서 솎아내 버려졌던 풋귤을 이용할 수 있을 것으로 보이며, 풋귤의 이용이 대량 유통으로 이어지면 감귤 재배 농가의 부가 소득 창출에도 기여할 수 있을 것으로 보인다. 또한 앞으로 피부 임상 실험 등을 거쳐 항염과 주름 개선 화장품 소재로도 개발될 수 있을 것이다.

① 풋귤 추출물은 피부 보습에 효과가 있다.
② 풋귤은 감귤의 미숙과로 솎아내 버려지곤 했다.
③ 풋귤 추출물은 산화질소와 사이토킨의 생성을 억제한다.
④ 풋귤은 구연산 함량이 완숙 감귤보다 3배 정도 낮아 피로 해소에 도움이 된다.

정답 및 해설

15 풋귤은 젖산을 분해하는 구연산 함량이 1.5~2%로 완숙과보다 3배 정도 높다.

오답분석
① 풋귤 추출물의 피부 보습 효과 실험을 통해 확인할 수 있다.
② 마지막 문단을 통해 풋귤이 감귤의 미숙과로 솎아내 버려졌음을 알 수 있다.
③ 동물 대식세포를 이용한 풋귤 추출물의 염증 억제 실험을 통해 확인할 수 있다.

15 ④ 정답

16 다음 글의 중심 내용으로 가장 적절한 것은?

> 헤르만 헤세는 어느 책이 유명하다거나 그것을 모르면 수치스럽다는 이유만으로 그 책을 무리하게 읽으려는 것은 참으로 그릇된 일이라 했다. 그는 이어서, "그렇게 하기보다는 모든 사람은 자기에게 자연스러운 면에서 읽고, 알고, 사랑해야 할 것이다. 어느 사람은 학생 시절의 초기에 벌써 아름다운 시구의 사랑을 자기 안에서 발견할 수 있으며, 혹은 어느 사람은 역사나 자기 고향의 전설에 마음이 끌리게 되고 또는 민요에 대한 기쁨이나 우리의 감정이 정밀하게 연구되고 뛰어난 지성으로써 해석된 것에 독서의 매력 있는 행복감을 가질 수 있을 것이다."라고 말한 바 있다.

① 문학 작품을 많이 읽으면 정서 함양에 도움이 된다.
② 학생 시절에 고전과 명작을 많이 읽어 교양을 쌓아야 한다.
③ 남들이 읽어야 한다고 말하는 책보다 자신이 읽고 싶은 책을 읽는 것이 좋다.
④ 자신이 속한 사회의 역사나 전설에 관한 책을 읽으면 애향심을 기를 수 있다.
⑤ 독서는 우리의 감정을 정밀하게 연구하고 해석해 행복감을 준다.

정답 및 해설

16 헤르만 헤세가 한 말인 "자기에게 자연스러운 면에서 읽고, 알고, 사랑해야 할 것이다."라는 문구를 통해 남의 기준에 맞추기보다 자신의 감정에 충실하게 책을 선택하여 읽으라고 하였음을 알 수 있다.

16 ③ 〈정답〉

※ 다음 제시된 문단을 논리적 순서대로 바르게 나열한 것을 고르시오. [17~18]

17

(가) 그런데 자연의 일양성은 선험적으로 알 수 있는 것이 아니라 경험에 기대어야 알 수 있는 것이다. 즉, '귀납이 정당한 추론이다.'라는 주장은 '자연은 일양적이다.'라는 다른 지식을 전제로 하는데, 그 지식은 다시 귀납에 의해 정당화되어야 하는 경험 지식이므로 귀납의 정당화는 순환 논리에 빠져 버린다는 것이다. 이것이 귀납의 정당화 문제이다.

(나) 귀납은 논리학에서 연역이 아닌 모든 추론, 즉 전제가 결론을 개연적으로 뒷받침하는 모든 추론을 가리킨다. 귀납은 기존의 정보나 관찰 증거 등을 근거로 새로운 사실을 추가하는 지식 확장적 특성을 지닌다.

(다) 이와 관련하여 흄은 과거의 경험을 근거로 미래를 예측하는 귀납이 정당한 추론이 되려면 미래의 세계가 과거에 우리가 경험해 온 세계와 동일하다는 자연의 일양성, 곧 한결같음이 가정되어야 한다고 보았다.

(라) 이 특성으로 인해 귀납은 근대 과학 발전의 방법적 토대가 되었지만, 한편으로 귀납 자체의 논리 한계를 지적하는 문제들에 부딪히기도 한다.

① (가) - (다) - (나) - (라) 　　② (나) - (다) - (가) - (라)
③ (나) - (다) - (라) - (가) 　　④ (나) - (라) - (다) - (가)

정답 및 해설

17 제시문은 귀납과 관련하여 설명하고 있는 것으로, 먼저 귀납이 무엇인지 설명하고 있는 (나) 문단이 와야 한다. 다음으로 그러한 특성으로 인해 귀납의 논리적 한계가 나타난다는 (라) 문단이 오며, 이후 이러한 한계에 대한 흄의 의견인 (다) 문단과 이에 따라 귀납의 정당화 문제에 대해 설명하는 (가) 문단이 차례로 오는 것이 적절하다. 따라서 (나) - (라) - (다) - (가) 순으로 나열하는 것이 적절하다.

17 ④ 　◀정답

18

(가) 오히려 클레나 몬드리안의 작품을 우리 조각보의 멋에 비견되는 것으로 보아야 할 것이다. 조각보는 몬드리안이나 클레의 작품보다 100여 년 이상 앞서 제작된 공간 구성미를 가진 작품이며, 시대적으로 앞설 뿐 아니라 평범한 여성들의 일상에서 시작되었다는 점 그리고 정형화되지 않은 색채감과 구성미로 독특한 예술성을 지닌다는 점에서 차별화된 가치를 지닌다.

(나) 조각보는 일상생활에서 쓰다 남은 자투리 천을 이어서 만든 것으로, 옛 서민들의 절약 정신과 소박한 미의식을 보여준다. 조각보의 색채와 공간 구성 면은 공간 분할의 추상화가로 유명한 클레(Paul Klee)나 몬드리안(Peit Mondrian)의 작품과 비견되곤 한다. 그만큼 아름답고 훌륭한 조형미를 지녔다는 의미이기도 하지만 일견 돌이켜 보면 이것은 잘못된 비교이다.

(다) 조각보는 기하학적 추상을 표방했던 몬드리안의 작품보다 세련된 색상 배치로 각 색상이 가진 느낌을 살렸으며, 동양적 정서가 담긴 '오방색'이라는 원색을 통해 강렬한 추상성을 지닌다. 또한 조각보를 만드는 과정과 그 작업의 내면에 가족의 건강과 행복을 기원하는 마음이 담겨 있어 단순한 오브제이기 이전에 기복신앙적인 부분이 있다. 조각보가 아름답게 느껴지는 이유는 이처럼 일상 속에서 삶과 예술을 함께 담았기 때문일 것이다.

① (가) – (나) – (다) ② (나) – (가) – (다)

③ (나) – (다) – (가) ④ (다) – (가) – (나)

정답 및 해설

18 제시문은 조각보의 정의에서부터 클레와 몬드리안의 차별점 그리고 조각보가 아름답게 느껴지는 이유에 대해 이야기하고 있다. 따라서 (나) 조각보의 정의, 클레와 몬드리안과의 비교가 잘못된 이유 – (가) 조각보는 클레와 몬드리안보다 100여 년 이상 앞서 제작된 작품이며 독특한 예술성을 지니고 있음 – (다) 조각보가 아름답게 느껴지는 이유는 일상 속에서 삶과 예술을 함께 담았기 때문임 순으로 나열하는 것이 적절하다.

18 ② 《정답》

※ 다음 식을 계산한 값으로 옳은 것을 고르시오. [1~4]

| 삼성 5급

01

$$24+24\div3\div2^2+10$$

① 33   ② 34

③ 35   ④ 36

| 삼성 5급

02

$$65\times2-34\times3$$

① 27   ② 28

③ 29   ④ 30

정답 및 해설

01 $24+24\div3\div2^2+10=34+8\div4=34+2=36$

02 $65\times2-34\times3=130-102=28$

01 ④   **02** ②   《정답

03

$$(423,475-178,475) \div 70 \times 91$$

① 308,500   ② 318,500

③ 328,500   ④ 338,500

04

$$4,543+2,331-11^2-12^2$$

① 6,609   ② 6,709

③ 6,809   ④ 6,909

정답 및 해설

03 $(423,475-178,475) \div 70 \times 91 = 245,000 \div 70 \times 91 = 3,500 \times 91 = 318,500$

04 $4,543+2,331-11^2-12^2 = 6,874-121-144 = 6,609$

03 ②   **04** ① 《정답

05 주사위 1개와 동전 1개를 동시에 던질 때, 주사위는 홀수의 눈이 나오고 동전은 앞면이 나올 확률은?

① $\frac{1}{12}$ ② $\frac{1}{8}$

③ $\frac{1}{6}$ ④ $\frac{1}{4}$

06 프로젝트를 완료하는 데 A사원이 혼자 하면 7일, B사원이 혼자 하면 9일이 걸린다. 3일 동안 두 사원이 함께 프로젝트를 진행하다가 B사원이 병가를 내는 바람에 나머지는 A사원이 혼자 처리해야 한다. A사원이 남은 프로젝트를 완료하는 데에는 며칠이 더 걸리겠는가?

① 1일 ② 2일
③ 3일 ④ 4일
⑤ 5일

정답 및 해설

05 • 주사위 1개를 던질 때 홀수의 눈이 나올 확률 : $\frac{3}{6}=\frac{1}{2}$

• 동전 1개를 던질 때 앞면이 나올 확률 : $\frac{1}{2}$

따라서 주사위는 홀수의 눈이 나오고 동전은 앞면이 나올 확률은 $\frac{1}{2}\times\frac{1}{2}=\frac{1}{4}$이다.

06 프로젝트를 완료하는 일의 양을 1이라 하면, A사원은 하루에 $\frac{1}{7}$, B사원은 하루에 $\frac{1}{9}$만큼의 일을 할 수 있다.

3일 동안 같이 한 일의 양은 $\left(\frac{1}{7}+\frac{1}{9}\right)\times3=\frac{16}{21}$이므로, A사원이 혼자 해야 할 일의 양은 $\frac{5}{21}$이다.

이때 프로젝트를 완료하는 데 걸리는 시간을 x일이라 하면 다음과 같은 식이 성립한다.

$\frac{1}{7}\times x=\frac{5}{21}$

$\therefore x=\frac{5}{3}$

따라서 A사원 혼자 남은 프로젝트를 완료하는 데에는 총 2일이 더 걸린다.

05 ④ 06 ② 정답

07 농도가 14%로 오염된 물 50g에 깨끗한 물을 넣어 오염농도를 4%p 줄이려고 한다. 이때 넣어야 하는 깨끗한 물의 양은?

① 5g   ② 10g

③ 15g   ④ 20g

⑤ 25g

08 정환이와 민주가 둘레의 길이가 12km인 원 모양의 트랙 위에서 인라인 스케이트를 타고 있다. 같은 지점에서 출발하여 서로 같은 방향으로 돌면 3시간 후에 만나고, 서로 반대 방향으로 돌면 45분 후에 만난다고 할 때, 정환이의 속력은?(단, 정환이의 속력이 민주의 속력보다 빠르다)

① 4km/h   ② 6km/h

③ 8km/h   ④ 10km/h

⑤ 12km/h

정답 및 해설

07 오염물질의 양은 $\frac{14}{100} \times 50 = 7$g이므로 깨끗한 물을 xg 더 넣어 오염농도를 10%로 만든다면 다음과 같은 식이 성립한다.

$$\frac{7}{50+x} \times 100 = 10$$

$$\rightarrow 700 = 10 \times (50+x)$$

$$\therefore x = 20$$

따라서 깨끗한 물을 20g 더 넣어야 한다.

08 정환이의 속력을 $x$km/h, 민주의 속력을 $y$km/h라고 하면 다음과 같은 식이 성립한다.

$$\frac{3}{4}x + \frac{3}{4}y = 12 \cdots \text{㉠}$$

$$3x - 3y = 12 \cdots \text{㉡}$$

㉠과 ㉡을 연립하면 $x=10$, $y=6$이다.

따라서 정환이의 속력은 10km/h이다.

07 ④   **08** ④   **〈 정답**

09 다음은 우리나라 부패인식지수(CPI) 연도별 변동 추이에 대한 자료이다. 이에 대한 설명으로 옳지 않은 것은?

<우리나라 부패인식지수(CPI) 연도별 변동 추이>

구분		2017년	2018년	2019년	2020년	2021년	2022년	2023년
CPI	점수(점)	4.5	5.0	5.1	5.1	5.6	5.5	5.4
	조사대상국(개)	146	159	163	180	180	180	178
	순위(위)	47	40	42	43	40	39	39
	백분율(%)	32.2	25.2	25.8	23.9	22.2	21.6	21.9
OECD	회원국(개)	30	30	30	30	30	30	30
	순위(위)	24	22	23	25	22	22	22

※ CPI 0 ~ 10점 : 점수가 높을수록 청렴

① CPI를 확인해 볼 때, 우리나라는 2021년에 가장 청렴했다고 볼 수 있다.

② CPI 순위는 2022년에 처음으로 30위권에 진입했다.

③ 청렴도가 가장 낮은 해와 2023년의 청렴도 점수의 차이는 0.9점이다.

④ OECD 순위는 2017년부터 현재까지 상위권이라고 볼 수 있다.

정답 및 해설

09 우리나라는 30개의 회원국 중에서 OECD 순위가 매년 20위 이하이므로 상위권이라고 볼 수 없다.

[오답분석]
① 우리나라의 CPI는 2021년에 5.6점으로 가장 높으므로 2021년에 가장 청렴했다고 볼 수 있다.
② 2022년에 39위를 함으로써 처음으로 30위권에 진입했다.
③ 청렴도는 2017년에 4.5점으로 가장 낮으므로 2023년과의 차이는 5.4-4.5=0.9점이다.

09 ④ 〈정답〉

10 다음은 분기별 모바일 뱅킹 서비스 이용 실적에 대한 자료이다. 이에 대한 설명으로 옳지 않은 것은?

<표 제목>

구분	2023년				2024년
	1/4분기	2/4분기	3/4분기	4/4분기	1/4분기
조회 서비스	817	849	886	1,081	1,100
자금 이체 서비스	25	16	13	14	25
합계	842(18.6)	865(2.7)	899(3.9)	1,095(21.8)	1,125(2.7)

〈모바일 뱅킹 서비스 이용 실적〉

(단위 : 천 건, %)

※ ( )는 전 분기 대비 증가율임

① 조회 서비스 이용 실적은 매 분기 계속 증가하였다.
② 자금 이체 서비스 이용 실적은 2023년 2/4분기에 감소하였다가 다시 증가하였다.
③ 2024년 1/4분기의 조회 서비스 이용 실적은 자금 이체 서비스 이용 실적의 40배 이상이다.
④ 모바일 뱅킹 서비스 이용 실적의 전 분기 대비 증가율이 가장 높은 분기는 2023년 4/4분기이다.

정답 및 해설

10 2023년 3/4분기에도 감소하였다.

오답분석

① 조회 서비스 이용 실적은 817 → 849 → 886 → 1,081 → 1,100천 건으로 매 분기 계속 증가하였다.
③ 2024년 1/4분기의 조회 서비스 이용 실적은 자금 이체 서비스 이용 실적의 $\frac{1,100}{25}$ =44배로 40배 이상이다.
④ 모바일 뱅킹 서비스 이용 실적의 전 분기 대비 증가율이 가장 높은 분기는 21.8%인 2023년 4/4분기이다.

10 ② 정답

11 다음은 주요 국가별 자국 영화 점유율에 대한 표이다. 이에 대한 설명으로 옳지 않은 것은?

〈주요 국가별 자국 영화 점유율〉

(단위 : %)

구분	2020년	2021년	2022년	2023년
한국	50	42	48	46
일본	47	51	58	53
영국	28	31	16	25
프랑스	36	45	36	35
미국	90	91	92	91

① 자국 영화 점유율에서 프랑스가 한국을 앞지른 해는 2021년뿐이다.

② 4년간 자국 영화 점유율이 매년 꾸준히 상승한 국가는 하나도 없다.

③ 2020년 대비 2023년 자국 영화 점유율이 가장 많이 하락한 국가는 한국이다.

④ 2022년 자국 영화 점유율이 해당 국가의 4년간 통계에서 가장 높은 경우가 절반이 넘는다.

⑤ 2021년을 제외하고 프랑스, 영국의 자국 영화 점유율 순위는 매년 같다.

정답 및 해설

11 일본, 미국만 해당하므로 절반이 넘지 않는다.

[오답분석]

① 2021년에만 프랑스의 자국 영화 점유율이 한국보다 높았다.

② 표를 통해 쉽게 확인할 수 있다.

③ 2020년 대비 2023년 자국 영화 점유율이 하락한 국가는 한국, 영국, 프랑스이고, 이 중 한국이 4%p로, 가장 많이 하락했다.

⑤ 2021년을 제외하고 프랑스, 영국은 각각 4, 5순위를 차지하고 있다.

11 ④ 〈정답

12 다음은 H사의 모집단위별 지원자 수 및 합격자 수에 대한 표이다. 이에 대한 설명으로 옳지 않은 것은?

<모집단위별 지원자 수 및 합격자 수>

(단위 : 명)

구분	남성		여성		합계	
	합격자 수	지원자 수	합격자 수	지원자 수	모집정원	지원자 수
A집단	512	825	89	108	601	933
B집단	353	560	17	25	370	585
C집단	138	417	131	375	269	792
합계	1,003	1,802	237	508	1,240	2,310

※ (경쟁률)$=\dfrac{(지원자 수)}{(모집정원)}$

① 세 개의 모집단위 중 총 지원자 수가 가장 많은 것은 A집단이다.

② 세 개의 모집단위 중 합격자 수가 가장 적은 것은 C집단이다.

③ H사의 남자 합격자 수는 여자 합격자 수의 5배 이상이다.

④ B집단의 경쟁률은 $\dfrac{117}{74}$ 이다.

⑤ C집단에서는 남성의 경쟁률이 여성의 경쟁률보다 높다.

정답 및 해설

12 남자 합격자 수는 1,003명, 여자 합격자 수는 237명으로, 1,003÷237≒4이다.
따라서 남자 합격자 수는 여자 합격자 수의 4배 이상이다.

오답분석

① 제시된 표의 합계에서 지원자 수 항목을 보면 A집단의 지원자 수가 933명으로 가장 많은 것을 알 수 있다.

② 제시된 표의 합계에서 모집정원 항목을 보면 C집단의 모집정원이 가장 적은 것을 알 수 있다.

④ 경쟁률은 $\dfrac{(지원자 수)}{(모집정원)}$ 이므로, B집단의 경쟁률은 $\dfrac{585}{370}=\dfrac{117}{74}$ 이다.

⑤ C집단에서 남성의 경쟁률은 $\dfrac{417}{138}≒3.02$, 여성의 경쟁률은 $\dfrac{375}{131}≒2.86$이므로, 남성의 경쟁률이 여성의 경쟁률보다 높다.

12 ③ 《정답

※ 다음과 같이 일정한 규칙으로 수를 나열할 때, 빈칸에 들어갈 알맞은 수를 고르시오. [1~6]

01　｜포스코

| 13 | 14 | 17 | 17 | 21 | 20 | 25 | 23 | 29 | ( ) |

① 24
② 25
③ 26
④ 27

02　｜포스코

| 4 | 2 | 6 | −2 | 14 | −18 | ( ) |

① 46
② −46
③ 52
④ −52

01 홀수 항은 +4, 짝수 항은 +3인 수열이다.
따라서 ( )=23+3=26이다.

02 앞의 항에 -2^1, $+2^2$, -2^3, $+2^4$, -2^5, …인 수열이다.
따라서 ( )=$-18+2^6$=46이다.

01 ③　02 ①　정답

03

<u>4   5   19</u>   <u>8   7   55</u>   <u>10   2   (   )</u>

① 19   ② 20

③ 21   ④ 22

⑤ 23

04

84   80   42   20   21   (   )   10.5   1.25

① 3   ② 4

③ 5   ④ 6

⑤ 7

정답 및 해설

03 나열된 수를 각각 A, B, C라고 하면
$\underline{A\ B\ C} \rightarrow A \times B - 1 = C$
따라서 ( )$= 10 \times 2 - 1 = 19$이다.

04 홀수 항은 $\div 2$, 짝수 항은 $\div 4$를 하는 수열이다.
따라서 ( )$= 20 \div 4 = 5$이다.

05

| 27 | 81 | 9 | 27 | 3 | ( ) |

① 6   ② 7

③ 8   ④ 9

06

| $\frac{4}{3}$ | $\frac{4}{3}$ | ( ) | 8 | 32 | 160 |

① $\frac{1}{3}$ ② $\frac{8}{3}$

③ 1   ④ 2

정답 및 해설

05 앞의 항에 ×3, ÷9가 반복되는 수열이다.
따라서 ( )=3×3=9이다.

06 앞의 항에 ×1, ×2, ×3, …을 하는 수열이다.
따라서 ( )=$\frac{4}{3}$×2=$\frac{8}{3}$이다.

05 ④ **06** ② 《정답》

| 포스코

07

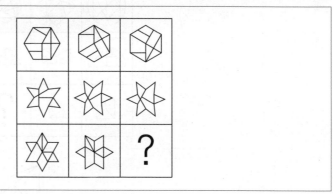

①

②

③

④

정답 및 해설

07 규칙은 가로로 적용된다.
첫 번째 도형을 시계 반대 방향으로 30° 회전시킨 도형이 두 번째 도형이고, 두 번째 도형을 x축 대칭시킨 도형이 세 번째 도형이다.

07 ① 《정답》

08

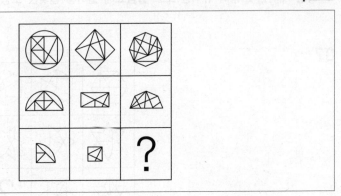

①

②

③

④

정답 및 해설

08 규칙은 세로로 적용된다.
첫 번째 도형을 45° 방향 대각선으로 자른 후 윗부분을 시계 방향으로 45°만큼 회전한 것이 두 번째 도형이고, 이를 수직으로 자른 후의 오른쪽 부분이 세 번째 도형이다.

08 ④ 《정답》

※ 다음 중 제시된 도형과 같은 것을 고르시오. [1~2]

| 삼성 5급

01

① 　　　　②

③ 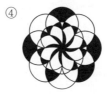　　　　④

정답 및 해설 ──○

01 [오답분석]

② 　　　③ 　　　④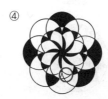

01 ① 《정답

02

① 　　②

③ 　　④

⑤

02 　오답분석

② 　　③

④ 　　⑤

02 ①　정답

※ 다음 중 나머지 도형과 다른 것을 고르시오. [3~4]

| 삼성 5급

03 ① 　　②

③ 　　④

정답 및 해설

03

03 ② 《정답

04

①

②

③

④

⑤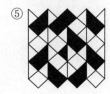

정답 및 해설

04

04 ③ 《정답

05 다음과 같은 모양을 만드는 데 사용된 블록의 개수는?(단, 보이지 않는 곳의 블록은 있다고 가정한다)

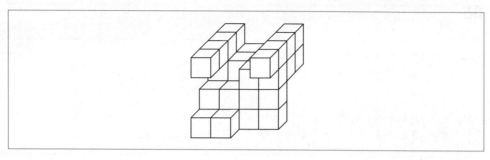

① 36개   ② 37개

③ 38개   ④ 39개

⑤ 40개

05 • 1층 : 4×4−4＝12개
   • 2층 : 16−6＝10개
   • 3층 : 16−6＝10개
   • 4층 : 16−8＝8개
   ∴ 12+10+10+8=40개

※ 다음 제시된 문자와 같은 것의 개수를 구하시오. [6~7]

| SK그룹

06

ぎ

ぎ	ぎ	き	し	ち	し	ぢ	じ	き	ぢ	ぎ	じ
ち	し	ぢ	き	じ	し	ぎ	し	じ	し	き	し
し	じ	き	ぎ	じ	ぢ	ぎ	き	じ	き	ぢ	ぎ
ぎ	き	じ	し	ち	ぎ	き	ぢ	ぎ	ぢ	し	き

① 8개　　　　　　　　　② 9개
③ 10개　　　　　　　　④ 11개

| SK그룹

07

farm

film	face	film	fast	farm	fall	fail	face	fast	fall	face	farm
fast	fail	fall	face	film	fast	farm	fella	film	film	fall	fail
face	film	farm	fella	fail	face	fast	farm	fella	fail	fast	film
fail	fall	fella	farm	face	film	fall	fella	face	fella	farm	farm

① 8개　　　　　　　　　② 9개
③ 10개　　　　　　　　④ 11개

정답 및 해설

06

ぎ	ぎ	き	し	ち	し	ぢ	じ	き	ぢ	ぎ	じ
ち	し	ぢ	き	じ	し	ぎ	し	じ	し	き	し
し	じ	き	ぎ	じ	ぢ	ぎ	き	じ	き	ぢ	ぎ
ぎ	き	じ	し	ち	ぎ	き	ぢ	ぎ	ぢ	し	き

07

film	face	film	fast	farm	fall	fail	face	fast	fall	face	farm
fast	fail	fall	face	film	fast	farm	fella	film	film	fall	fail
face	film	farm	fella	fail	face	fast	farm	fella	fail	fast	film
fail	fall	fella	farm	face	film	fall	fella	face	fella	farm	farm

06 ③　07 ①　《정답》

※ 제시된 문자와 동일한 문자를 〈보기〉에서 찾아 몇 번째에 위치하는지 고르시오(단, 가장 왼쪽 문자를 시작 지점으로 한다). [8~10]

∈ ∉ ∊ ∋ ∍ ∊ ∈ ∋

08

∋

① 2번째   ② 3번째
③ 4번째   ④ 5번째

09

∈

① 1번째   ② 3번째
③ 5번째   ④ 7번째

10

∊

① 5번째   ② 6번째
③ 7번째   ④ 8번째

정답 및 해설

08 ∋은 4번째에 제시된 문자이므로 정답은 ③이다.

09 ∈은 7번째에 제시된 문자이므로 정답은 ④이다.

10 ∊은 6번째에 제시된 문자이므로 정답은 ②이다.

08 ③   09 ④   10 ②   《 정답

※ 다음 제시된 단어와 반대되는 의미를 가진 단어를 고르시오. [1~2]

| SK그룹

01

guilt

① responsibility   ② innocence

③ hope   ④ expectation

| SK그룹

02

familiar

① friendly   ② gloomy

③ strange   ④ wild

정답 및 해설

01 제시된 단어의 의미는 '유죄'로, 이와 반대되는 의미를 가진 단어는 'innocence(무죄)'이다.

[오답분석]
① 책임, 책무
③ 희망
④ 기대

02 제시된 단어의 의미는 '익숙한'으로, 이와 반대되는 의미를 가진 단어는 'strange(낯선)'이다.

[오답분석]
① 친절한
② 우울한
④ 야생의

01 ②   02 ③   〈정답

03

┃SK그룹

구조물

① cage
③ space

② portrait
④ structure

04

┃SK그룹

정비공

① actor
③ athlete

② mechanic
④ surgeon

정답 및 해설

03 '구조물'을 뜻하는 단어는 'structure'이다.

오답분석
① 우리, 새장
② 초상화
③ 공간, 우주

04 '정비공'을 뜻하는 단어는 'mechanic'이다.

오답분석
① 배우
③ 운동선수
④ 외과의사

03 ④ 04 ② 《 정답

05 다음 글의 빈칸 (A), (B)에 들어갈 말로 가장 적절한 것은?

At certain times in history, cultures have taken it for granted that a person was not fully human unless he or she learned to master thoughts and feelings. In ancient Sparta, in Republican Rome, and among the British upper classes of the Victorian era, _____(A)_____ , people were held responsible for keeping control of their emotions. Anyone who lost his or her temper too easily was deprived of the right to be accepted as a member of the community. In other historical periods such as the one in which we are now living, _____(B)_____ , the ability to control oneself is not always highly respected. People who attempt it are often thought to be odd.

	(A)	(B)
①	for example	therefore
②	for example	however
③	on the contrary	however
④	on the contrary	therefore

정답 및 해설

05 (A) '역사상의 특정 시기'와 그 예인 '고대 스파르타', '로마 공화국', '빅토리아 시대' 사이에 들어갈 알맞은 연결어는 'for example'이다.
(B) 역사상 어떤 시기에는 개인이 감정을 통제할 책임이 없는 사람은 공동체의 일원이 될 자격이 없다는 내용과 오늘날과 같이 역사상 또 다른 시기에는 감정을 통제하는 것이 이상하게 여겨졌다는 상반되는 내용 사이에 들어갈 알맞은 연결어는 'however'이다.

| 해석 |

역사적으로 특정한 시기에, 여러 문화들은 한 사람이 사상이나 감정을 통제하는 법을 배우지 않으면 그 사람은 완전한 인간이 아니라는 것을 당연하게 받아들였다. (A) 예를 들어 고대 스파르타, 로마 공화국, 그리고 빅토리아 시대의 영국 상류층들의 사이에서, 사람들은 자신의 감정을 통제할 책임을 지고 있었다. 너무 쉽게 성질을 내는 사람은 누구나 공동체의 일원으로서 인정될 권리를 박탈당했다. (B) 그러나 오늘날 우리가 살고 있는 것과 같은 역사적으로 다른 시기에서는, 자기 자신을 통제하는 능력이 언제나 크게 존중되는 것은 아니다. 감정을 통제하려고 시도하는 사람들은 종종 이상하게 여겨진다.

05 ② 정답

06 다음 중 밑줄 친 단어의 철자가 옳지 않은 것은?

The mechanics <u>replace</u> old parts of the <u>gearshift</u> and <u>assamble</u> it to <u>maintain</u> it in optimal <u>condition</u>.

① replace
② gearshift
③ assamble
④ maintain
⑤ condition

---

06 | 어휘 |
• assemble : 조립하다

| 해석 |

정비사들은 변속기어의 오래된 부품을 교체하고 조립하여 최적의 상태를 유지합니다.

06 ③ 《정답

07 다음 안내문의 내용으로 적절하지 않은 것은?

School Swimming Pool

• Open to all students.
• Open hours : 9:00 a.m. to 5:00 p.m.
• Shower rooms and lockers available.
• Food and drinks are not allowed.

---

① 모든 학생이 이용할 수 있다.
② 오전 9시부터 오후 5시까지 개방한다.
③ 샤워룸과 사물함을 사용할 수 있다.
④ 음식과 음료수 반입이 가능하다.
⑤ 수심에 관한 내용은 알 수 없다.

정답 및 해설

07 안내문의 맨 마지막 줄에 음식과 음료수 반입이 허용되지 않는다고(not allowed) 나와 있다.

| 머휘 |
• available : 사용 가능한
• allow : 허용하다

| 해석 |

학교 수영장
• 모든 학생에게 개방한다.
• 오전 9시부터 오후 5시까지 개방한다.
• 샤워룸과 사물함을 사용할 수 있다.
• 음식과 음료수 반입은 허용하지 않는다.

07 ④   정답

※ 다양한 직업기초능력평가 기출문제를 수록하기 위해 대졸 및 고졸의 기출문제를 함께 사용했음을 알려드립니다.

01 의사소통능력

┃ 코레일 한국철도공사

01 다음 중 비언어적 요소인 쉼을 사용하는 경우로 적절하지 않은 것은?

① 양해나 동조를 구할 경우

② 상대방에게 반문을 할 경우

③ 이야기의 흐름을 바꿀 경우

④ 연단공포증을 극복하려는 경우

⑤ 이야기를 생략하거나 암시할 경우

정답 및 해설

01 쉼이란 대화 도중에 잠시 침묵하는 것을 말한다. 쉼을 사용하는 대표적인 경우는 다음과 같다.
- 이야기의 전이 시(흐름을 바꾸거나 다른 주제로 넘어갈 때)
- 양해, 동조, 반문의 경우
- 생략, 암시, 반성의 경우
- 여운을 남길 때

위와 같은 목적으로 쉼을 활용함으로써 논리성, 감정 제고, 동질감 등을 확보할 수 있다.
반면, 연단공포증은 면접이나 발표 등 청중 앞에서 이야기할 때 가슴이 두근거리고, 입술이 타고, 식은땀이 나고, 얼굴이 달아오르는 생리적인 현상으로, 쉼과는 관련이 없다. 연단공포증은 90% 이상의 사람들이 호소하는 불안이므로 극복하기 위해서는 연단공포증에 대한 걱정을 떨쳐내고 이러한 심리현상을 잘 통제하여 의사 표현하는 것을 연습해야 한다.

01 ④ 《정답》

02 다음 밑줄 친 부분에 해당하는 키슬러의 대인관계 의사소통 유형은?

> 의사소통 시 이 유형의 사람은 따뜻하고 인정이 많고 자기희생적이나 타인의 요구를 거절하지 못하므로 타인과의 정서적인 거리를 유지하는 노력이 필요하다.

① 지배형　　　　　　　　　② 사교형
③ 친화형　　　　　　　　　④ 고립형
⑤ 순박형

정답 및 해설

02 미국의 심리학자인 도널드 키슬러는 대인관계 의사소통 방식을 체크리스트로 평가하여 8가지 유형으로 구분하였다. 이 중 친화형은 따뜻하고 배려심이 깊으며, 타인과의 관계를 중시하는 유형이다. 또한 협동적이고 조화로운 성격으로, 자기희생적인 경향이 강하다.

> **키슬러의 대인관계 의사소통 유형**
> • 지배형 : 자신감이 있고 지도력이 있으나 논쟁적이고 독단이 강하여 대인 갈등을 겪을 수 있으므로 타인의 의견을 경청하고 수용하는 자세가 필요하다.
> • 실리형 : 이해관계에 예민하고 성취 지향적으로 경쟁적인 데다 자기중심적이어서 타인의 입장을 배려하고 관심을 갖는 자세가 필요하다.
> • 냉담형 : 이성적인 의지력이 강하고 타인의 감정에 무관심하며 피상적인 대인관계를 유지하므로 타인의 감정 상태에 관심을 가지고 긍정적인 감정을 표현하는 것이 필요하다.
> • 고립형 : 혼자 있는 것을 선호하고 사회적 상황을 회피하며 지나치게 자신의 감정을 억제하므로 대인관계의 중요성을 인식하고 타인에 대한 비현실적인 두려움의 근원을 성찰하는 것이 필요하다.
> • 복종형 : 수동적이고 의존적이며 자신감이 없으므로 적극적인 자기표현과 주장이 필요하다.
> • 순박형 : 단순하고 솔직하며 자기주관이 부족하므로 자기주장을 하는 노력이 필요하다.
> • 친화형 : 따뜻하고 인정이 많고 자기희생적이나 타인의 요구를 거절하지 못하므로 타인과의 정서적인 거리를 유지하는 노력이 필요하다.
> • 사교형 : 외향적이고 인정하는 욕구가 강하며, 타인에 대한 관심이 많아서 간섭하는 경향이 있고 흥분을 잘하므로 심리적 안정과 지나친 인정욕구에 대한 성찰이 필요하다.

02 ③ 정답

03 다음 중 제시된 단어와 바꾸어 쓸 수 있는 단어는?

> 비상구

① 진입로   ② 출입구
③ 돌파구   ④ 여울목
⑤ 탈출구

04 다음 중 공문서 작성 시 유의해야 할 점으로 옳지 않은 것은?

① 한 장에 담아내는 것이 원칙이다.
② 부정문이나 의문문의 형식은 피한다.
③ 마지막엔 반드시 '끝'자로 마무리한다.
④ 날짜 다음에 괄호를 사용할 경우에는 반드시 마침표를 찍는다.

정답 및 해설

03 '비상구'는 '화재나 지진 따위의 갑작스러운 사고가 일어날 때에 급히 대피할 수 있도록 특별히 마련한 출입구'이다. 따라서 이와 바꾸어 쓸 수 있는 단어는 '갇힌 곳에서 빠져나가거나 도망하여 나갈 수 있는 출구'를 의미하는 '탈출구'이다.

오답분석
① 진입로 : 들어가는 길
② 출입구 : 나갔다가 들어왔다가 하는 어귀나 문
③ 돌파구 : 가로막은 것을 쳐서 깨뜨려 통과할 수 있도록 뚫은 통로나 목
④ 여울목 : 여울물(강이나 바다 따위의 바닥이 얕거나 폭이 좁아 물살이 세게 흐르는 곳의 물)이 턱진 곳

04 공문서에서 날짜를 작성할 때 날짜 다음에 괄호를 사용할 경우에는 마침표를 찍지 않아야 한다.

> **공문서 작성 시 유의사항**
> • 한 장에 담아내는 것이 원칙이다.
> • 마지막엔 반드시 '끝'자로 마무리한다.
> • 날짜 다음에 괄호를 사용할 경우에는 마침표를 찍지 않는다.
> • 복잡한 내용은 항목별로 구분한다('-다음-' 또는 '-아래-').
> • 대외문서이며 장기간 보관하는 문서이므로 정확하게 기술한다.

03 ⑤ **04** ④ 〈 정답

| 코레일 한국철도공사

01 농도가 15%인 소금물 200g과 농도가 20%인 소금물 300g을 섞었을 때, 섞인 소금물의 농도는?

① 17%

② 17.5%

③ 18%

④ 18.5%

⑤ 19%

| 경기도 공공기관 통합채용

02 영서가 어머니와 함께 40분 동안 만두를 60개 빚었다고 한다. 어머니가 혼자서 1시간 동안 만두를 빚을 수 있는 개수가 영서가 혼자서 1시간 동안 만두를 빚을 수 있는 개수보다 10개 더 많을 때, 영서는 1시간 동안 만두를 몇 개 빚을 수 있는가?

① 30개

② 35개

③ 40개

④ 45개

정답 및 해설

01 농도가 15%인 소금물 200g의 소금의 양은 $200 \times \dfrac{15}{100} = 30$g이고, 농도가 20%인 소금물 300g의 소금의 양은 $300 \times \dfrac{20}{100} = 60$g이다. 따라서 두 소금물을 섞었을 때의 농도는 $\dfrac{30+60}{200+300} \times 100 = \dfrac{90}{500} \times 100 = 18$%이다.

02 영서가 1시간 동안 빚을 수 있는 만두의 수를 x개, 어머니가 1시간 동안 빚을 수 있는 만두의 수를 y개라 할 때 다음 식이 성립한다.

$\dfrac{2}{3}(x+y) = 60 \cdots \text{㉠}$

$y = x + 10 \cdots \text{㉡}$

㉠$\times \dfrac{3}{2}$에 ㉡을 대입하면

$x + (x+10) = 90$

$\rightarrow 2x = 80$

$\therefore x = 40$

따라서 영서는 혼자서 1시간 동안 40개의 만두를 빚을 수 있다.

01 ③ **02** ③ 《정답》

03 어떤 자연수 '25□'가 3의 배수일 때, □에 들어갈 수 있는 모든 자연수의 합은?

① 12
② 13
③ 14
④ 15

04 다음은 D기업의 분기별 재무제표이다. 2022년 4분기의 영업이익률은 얼마인가?

〈D기업 분기별 재무제표〉

(단위 : 십억 원, %)

구분	2022년 1분기	2022년 2분기	2022년 3분기	2022년 4분기	2023년 1분기	2023년 2분기	2023년 3분기	2023년 4분기
매출액	40	50	80	60	60	100	150	160
매출원가	30	40	70	80	100	100	120	130
매출총이익	10	10	10	( )	−40	0	30	30
판관비	3	5	5	7	8	5	7.5	10
영업이익	7	5	5	( )	−8	−5	22.5	20
영업이익률	17.5	10	6.25	( )	−80	−5	15	12.5

※ (영업이익률)＝(영업이익)÷(매출액)×100
※ (영업이익)＝(매출총이익)−(판관비)
※ (매출총이익)＝(매출액)−(매출원가)

① −30%
② −45%
③ −60%
④ −75%

정답 및 해설

03 어떤 자연수의 모든 자릿수의 합이 3의 배수일 때, 그 자연수는 3의 배수이다. 그러므로 2+5+□의 값이 3의 배수일 때, 25□는 3의 배수이다. 2+5=7이므로, 7+□의 값이 3의 배수가 되도록 하는 □의 값은 2, 5, 8이다. 따라서 가능한 모든 수의 합은 2+5+8=15이다.

04 $(영업이익률)=\dfrac{(영업이익)}{(매출액)}\times100$이고, 영업이익을 구하기 위해서는 매출총이익을 먼저 계산해야 한다. 따라서 2022년 4분기의 매출총이익은 60−80＝−20십억 원이고, 영업이익은 −20−7＝−27십억 원이므로 영업이익률은 $-\dfrac{27}{60}\times100=-45\%$이다.

03 ④ **04** ② 《정답》

05 다음은 K시의 유치원, 초·중·고등학교, 고등교육기관의 취학률 및 초·중·고등학교의 상급학교 진학률에 대한 자료이다. 이에 대한 설명으로 옳지 않은 것은?

〈유치원, 초·중·고등학교, 고등교육기관 취학률〉

(단위 : %)

구분	2014년	2015년	2016년	2017년	2018년	2019년	2020년	2021년	2022년	2023년
유치원	45.8	45.2	48.3	50.6	51.6	48.1	44.3	45.8	49.7	52.8
초등학교	98.7	99	98.6	98.9	99.3	99.6	98.1	98.1	99.5	99.9
중학교	98.5	98.6	98.1	98	98.9	98.5	97.1	97.6	97.5	98.2
고등학교	95.3	96.9	96.2	95.4	96.2	94.7	92.1	93.7	95.2	95.6
고등교육기관	65.6	68.9	64.9	66.2	67.5	69.2	70.8	71.7	74.3	73.5

〈초·중·고등학교 상급학교 진학률〉

(단위 : %)

구분	2014년	2015년	2016년	2017년	2018년	2019년	2020년	2021년	2022년	2023년
초등학교	100	100	100	100	100	100	100	100	100	100
중학교	99.7	99.7	99.7	99.7	99.7	99.7	99.7	99.7	99.7	99.6
고등학교	93.5	91.8	90.2	93.2	91.7	90.5	91.4	92.6	93.9	92.8

① 중학교의 취학률은 매년 97% 이상이다.

② 매년 취학률이 가장 높은 기관은 초등학교이다.

③ 고등교육기관의 취학률이 70%를 넘긴 해는 2020년부터이다.

④ 2023년에 중학교에서 고등학교로 진학하지 않은 학생의 비율은 전년 대비 감소하였다.

⑤ 고등교육기관의 취학률이 가장 낮은 해와 고등학교의 상급학교 진학률이 가장 낮은 해는 같다.

정답 및 해설

05 2022년에 중학교에서 고등학교로 진학한 학생의 비율은 99.7%이고, 2023년 중학교에서 고등학교로 진학한 학생의 비율은 99.6%이다. 따라서 진학한 비율이 감소하였으므로 중학교에서 고등학교로 진학하지 않은 학생의 비율은 증가하였음을 알 수 있다.

오답분석
① 중학교의 취학률이 가장 낮은 해는 97.1%인 2020년이다. 이는 97% 이상이므로 중학교의 취학률은 매년 97% 이상이다.
② 매년 초등학교의 취학률이 가장 높다.
③ 고등교육기관의 취학률은 2020년 이후로 계속해서 70% 이상을 기록하였다.
⑤ 고등교육기관의 취학률이 가장 낮은 해는 2016년이고, 고등학교의 상급학교 진학률이 가장 낮은 해 또한 2016년이다.

05 ④ 정답

| 코레일 한국철도공사

01 다음 글에서 알 수 있는 논리적 사고의 구성요소로 가장 적절한 것은?

> A는 동업자 B와 함께 신규 사업을 시작하기 위해 기획안을 작성하여 논의하였다. 그러나 B는 신규 기획안을 읽고 시기나 적절성에 대해 부정적인 입장을 보였다. A가 B를 설득하기 위해 B의 의견들을 정리하여 생각해 보니 B는 신규 사업을 시작하는 데 있어 다른 경쟁사보다 늦게 출발하여 경쟁력이 부족하는 점 때문에 신규 사업에 부정적이라는 것을 알게 되었다. 이에 A는 경쟁력을 높이기 위한 다양한 아이디어를 추가로 제시하여 B를 다시 설득하였다.

① 설득
② 구체적인 생각
③ 생각하는 습관
④ 타인에 대한 이해
⑤ 상대 논리의 구조화

정답 및 해설

01 A는 B의 부정적인 의견들을 구조화하여 B가 그러한 논리를 가지게 된 궁극적 원인인 경쟁력 부족을 찾아내었고, 이러한 원인을 해소할 수 있는 방법을 찾아 자신의 계획을 재구축하여 B에게 설명하였다. 따라서 제시문에서 나타난 논리적 사고의 구성요소는 상대 논리의 구조화이다.

[오답분석]
① 설득 : 논증을 통해 나의 생각을 다른 사람에게 이해·공감시키고, 타인이 내가 원하는 행동을 하도록 하는 것이다.
② 구체적인 생각 : 상대가 말하는 것을 잘 알 수 없을 때, 이미지를 떠올리거나 숫자를 활용하는 등 구체적인 방법을 활용하여 생각하는 것이다.
③ 생각하는 습관 : 논리적 사고를 개발하기 위해 일상적인 모든 것에서 의문점을 가지고 그 원인을 생각해 보는 습관이다.
④ 타인에 대한 이해 : 나와 상대의 주장이 서로 반대될 때, 상대의 주장 전부를 부정하지 않고 상대의 인격을 존중하는 것이다.

01 ⑤ ◁ 정답

02 A ~ E열차를 운행거리가 가장 긴 순서대로 나열하려고 한다. 운행시간 및 평균 속력이 다음과 같을 때, C열차는 몇 번째로 운행거리가 긴 열차인가?(단, 열차 대기시간은 고려하지 않는다)

〈A ~ E열차 운행시간 및 평균 속력〉

구분	운행시간	평균 속력
A열차	900분	50m/s
B열차	10시간 30분	150km/h
C열차	8시간	55m/s
D열차	720분	2.5km/min
E열차	10시간	2.7km/min

① 첫 번째
② 두 번째
③ 세 번째
④ 네 번째
⑤ 다섯 번째

정답 및 해설

02 A ~ E열차의 운행시간 단위를 시간 단위로, 평균 속력의 단위를 시간당 운행거리로 통일하여 정리하면 다음과 같다.

구분	운행시간	평균 속력	운행거리
A열차	900분=15시간	50m/s=(50×60×60)m/h=180km/h	15×180=2,700km
B열차	10시간 30분=10.5시간	150km/h	10.5×150=1,575km
C열차	8시간	55m/s=(55×60×60)m/h=198km/h	8×198=1,584km
D열차	720분=12시간	2.5km/min=(2.5×60)km/h=150km/h	12×150=1,800km
E열차	10시간	2.7km/min=(2.7×60)km/h=162km/h	10×162=1,620km

따라서 운행거리가 긴 순서대로 나열하면 'A−D−E−C−B'이므로, C열차의 운행거리는 네 번째로 길다.

02 ④ 정답

03 다음은 스마트 팜을 운영하는 K사에 대한 SWOT 분석 결과이다. 이에 따른 전략이 나머지와 다른 것은?

〈K사 스마트 팜 SWOT 분석 결과〉

구분		분석 결과
내부환경요인	강점 (Strength)	• 차별화된 기술력 : 기존 스마트 팜 솔루션과 차별화된 센서 기술, AI 기반 데이터 분석 기술 보유 • 젊고 유연한 조직 : 빠른 의사결정과 시장 변화에 대한 적응력 • 정부 사업 참여 경험 : 스마트 팜 관련 정부 사업 참여 가능성
	약점 (Weakness)	• 자금 부족 : 연구개발, 마케팅 등에 필요한 자금 확보 어려움 • 인력 부족 : 다양한 분야의 전문 인력 확보 필요 • 개발력 부족 : 신규 기술 개발 속도 느림
외부환경요인	기회 (Opportunity)	• 스마트 팜 시장 성장 : 스마트 팜에 대한 관심 증가와 이에 따른 정부의 적극적인 지원 • 해외 시장 진출 가능성 : 글로벌 스마트 팜 시장 진출 기회 확대 • 활발한 관련 연구 : 스마트 팜 관련 공동연구 및 포럼, 설명회 등 정보 교류가 활발하게 논의
	위협 (Threat)	• 경쟁 심화 : 후발 주자의 등장과 기존 대기업의 시장 장악 가능성 • 기술 변화 : 빠르게 변화하는 기술 트렌드에 대한 대응 어려움 • 자연재해 : 기후 변화 등 예측 불가능한 자연재해로 인한 피해 가능성

① 정부 지원을 바탕으로 연구개발에 필요한 자금을 확보
② 스마트 팜 관련 공동연구에 참가하여 빠르게 신규 기술을 확보
③ 스마트 팜에 대한 높은 관심을 바탕으로 온라인 펀딩을 통해 자금을 확보
④ 포럼 등 설명회에 적극적으로 참가하여 전문 인력 확충을 위한 인맥을 확보
⑤ 스마트 팜 관련 정부 사업 참여 경험을 바탕으로 정부의 적극적인 지원을 확보

정답 및 해설

03 스마트 팜 관련 정부 사업 참여 경험은 K사의 강점 요인이다. 또한 정부의 적극적인 지원은 스마트 팜 시장 성장에 따른 기회 요인이다. 따라서 스마트 팜 관련 정부 사업 참여 경험을 바탕으로 정부의 적극적인 지원을 확보하는 것은 내부의 강점을 통해 외부의 기회 요인을 극대화하는 SO전략에 해당한다.

오답분석
①·②·③·④ 외부의 기회를 이용하여 내부의 약점을 보완하는 WO전략에 해당한다.

03 ⑤ 정답

| 서울교통공사 9호선

01 다음 중 경력개발의 단계별 내용으로 적절하지 않은 것은?

① 직업 선택 : 외부 교육 등 필요한 교육을 이수함

② 조직 입사 : 조직의 규칙과 규범에 대해 배움

③ 경력 초기 : 역량을 증대시키고 꿈을 추구해 나감

④ 경력 중기 : 이전 단계를 재평가하고 더 업그레이드된 꿈으로 수정함

⑤ 경력 말기 : 지속적으로 열심히 일함

정답 및 해설

01 **경력개발의 단계별 내용**
1. 직업 선택
   - 최대한 여러 직업의 정보를 수집하여 탐색한 후 나에게 적합한 최초의 직업을 선택함
   - 관련 학과 외부 교육 등 필요한 교육을 이수함
2. 조직 입사
   - 원하는 조직에서 일자리를 얻음
   - 정확한 정보를 토대로 적성에 맞는 적합한 직무를 선택함
3. 경력 초기
   - 조직의 규칙과 규범에 대해 배움
   - 직업과 조직에 적응해 감
   - 역량(지식, 기술, 태도)을 증대시키고 꿈을 추구해 나감
4. 경력 중기
   - 경력초기를 재평가하고 더 업그레이드된 꿈으로 수정함
   - 성인 중기에 적합한 선택을 하고 지속적으로 열심히 일함
5. 경력 말기
   - 지속적으로 열심히 일함
   - 자존심을 유지함
   - 퇴직 준비의 자세한 계획을 세움(경력 중기부터 준비하는 것이 바람직)

01 ② **정답**

❙ 한국전력공사

01   J공사는 지방에 있는 지점 사무실을 공유 오피스로 이전하고자 한다. 다음 사무실 이전 조건을 참고할 때, 〈보기〉 중 이전할 오피스로 가장 적절한 곳은?

〈사무실 이전 조건〉

• 지점 근무 인원 : 71명
• 사무실 예상 이용 기간 : 5년
• 교통 조건 : 역이나 버스 정류장에서 도보 10분 이내
• 시설 조건 : 자사 홍보영상 제작을 위한 스튜디오와 회의실 필요
• 비용 조건 : 다른 조건이 모두 가능한 공유 오피스 중 가장 저렴한 곳(1년 치 비용 선납 가능)

보기

구분	가용 인원수	보유시설	교통 조건	임대비용
A오피스	100인	라운지, 회의실, 스튜디오, 복사실, 탕비실	A역에서 도보 8분	1인당 연간 600만 원
B오피스	60인	회의실, 스튜디오, 복사실	B정류장에서 도보 5분	1인당 월 40만 원
C오피스	100인	라운지, 회의실, 스튜디오	C역에서 도보 7분	월 3,600만 원
D오피스	90인	회의실, 복사실, 탕비실	D정류장에서 도보 4분	월 3,500만 원 (1년 치 선납 시 8% 할인)
E오피스	80인	라운지, 회의실, 스튜디오	E역과 연결된 사무실	월 3,800만 원 (1년 치 선납 시 10% 할인)

① A오피스   ② B오피스
③ C오피스   ④ D오피스
⑤ E오피스

정답 및 해설

01   J공사의 지점 근무 인원이 71명이므로 가용 인원수가 부족한 B오피스는 제외된다. 또한, 시설 조건에서 스튜디오와 회의실이 필요하다고 했으므로 스튜디오가 없는 D오피스도 제외된다. 나머지 A, C, E오피스는 모두 교통 조건을 충족하므로 임대비용만 비교하면 된다. A, C, E오피스의 5년 임대비용은 다음과 같다.
• A오피스 : 600만×71×5=213,000만 원 → 21억 3천만 원
• C오피스 : 3,600만×12×5=216,000만 원 → 21억 6천만 원
• E오피스 : (3,800만×12×0.9)×5=205,200만 원 → 20억 5천 2백만 원
따라서 사무실 이전 조건을 바탕으로 가장 저렴한 공유 오피스인 E오피스로 이전한다.

01 ⑤   〈 정답

┃ 인천교통공사

01 다음 중 동료의 피드백을 장려하기 위한 방안으로 적절하지 않은 것은?

① 행동과 수행을 관찰한다.

② 즉각적인 피드백을 제공한다.

③ 뛰어난 수행성과에 대해서는 인정한다.

④ 간단하고 분명한 목표와 우선순위를 설정한다.

⑤ 긍정적인 상황에서는 피드백을 자제하는 것도 나쁘지 않다.

┃ 인천교통공사

02 다음 중 내적 동기를 유발하는 방법으로 적절하지 않은 것은?

① 변화를 두려워하지 않는다.

② 업무 관련 교육을 생략한다.

③ 주어진 일에 책임감을 갖는다.

④ 창의적인 문제해결법을 찾는다.

⑤ 새로운 도전의 기회를 부여한다.

정답 및 해설

01 팀 목표를 달성하도록 팀원을 격려하는 환경을 조성하기 위해서는 동료의 피드백이 필요하다. 긍정이든 부정이든 피드백이 없다면 팀원들은 개선을 이루거나 탁월한 성과를 내고자 하는 노력을 게을리하게 된다.

> **동료의 피드백을 장려하는 4단계**
> 1. 간단하고 분명한 목표와 우선순위를 설정하라.
> 2. 행동과 수행을 관찰하라.
> 3. 즉각적인 피드백을 제공하라.
> 4. 뛰어난 수행성과에 대해 인정하라.

02 업무적으로 내적 동기를 유발하기 위해서는 업무 관련 교육을 꾸준히 하여야 한다.

> **내적 동기를 유발하는 방법**
> • 긍정적 강화법 활용하기
> • 새로운 도전의 기회 부여하기
> • 창의적인 문제해결법 찾기
> • 자신의 역할과 행동에 책임감 갖기
> • 팀원들을 지도 및 격려하기
> • 변화를 두려워하지 않기
> • 지속적인 교육 실시하기

01 ⑤　**02** ② 〈 정답

03 다음 중 갈등의 과정 단계를 순서대로 바르게 나열한 것은?

> ㄱ. 이성과 이해의 상태로 돌아가며 협상과정을 통해 쟁점이 되는 주제를 논의하고, 새로운 제안을 하고, 대안을 모색한다.
> ㄴ. 설득보다는 강압적 · 위협적인 방법 등 극단적인 모습을 보이며 상대방의 생각이나 의견, 제안을 부정하고, 상대방은 그에 대한 반격으로 대응함으로써 자신들의 반격을 정당하게 생각한다.
> ㄷ. 의견 불일치가 해소되지 않아 감정이 개입되어 상대방의 주장에 대한 문제점을 찾기 시작하고, 상대방의 입장은 부정하면서 자기주장만 하려고 한다.
> ㄹ. 서로 간의 생각이나 신념, 가치관 차이로 인해 의견 불일치가 생겨난다.
> ㅁ. 회피, 경쟁, 수용, 타협, 통합의 방법으로 서로 간의 견해를 일치하려 한다.

① ㄹ - ㄱ - ㄴ - ㄷ - ㅁ
② ㄹ - ㄴ - ㄷ - ㄱ - ㅁ
③ ㄹ - ㄷ - ㄴ - ㄱ - ㅁ
④ ㅁ - ㄱ - ㄴ - ㄷ - ㄹ

정답 및 해설

03 갈등의 과정 단계

1. 의견 불일치 : 서로 생각이나 신념, 가치관, 성격이 다르므로 다른 사람들과의 의견 불일치가 발생한다. 의견 불일치는 상대방의 생각과 동기를 설명하는 기회를 주고 대화를 나누다 보면 오해가 사라지고 더 좋은 관계로 발전할 수 있지만, 그냥 내버려 두면 심각한 갈등으로 발전하게 된다.
2. 대결 국면 : 의견 불일치가 해소되지 않아 발생하며, 단순한 해결방안은 없고 다른 새로운 해결점을 찾아야 한다. 대결 국면에 이르게 되면 감정이 개입되어 상대방의 주장에 대한 문제점을 찾기 시작하고, 자신의 입장에 대해서는 그럴듯한 변명으로 옹호하면서 양보를 완강히 거부하는 상태에 이르는 등 상대방의 입장은 부정하면서 자기주장만 하려고 한다. 서로의 입장을 고수하려는 강도가 높아지면 긴장은 높아지고 감정적인 대응이 더욱 격화된다.
3. 격화 국면 : 상대방에 대하여 더욱 적대적으로 변하며, 설득을 통해 문제를 해결하기보다 강압적 · 위협적인 방법을 쓰려고 하며, 극단적인 경우 언어폭력이나 신체적 폭행으로 번지기도 한다. 상대방에 대한 불신과 좌절, 부정적인 인식이 확산되면서 갈등 요인이 다른 요인으로 번지기도 한다. 격화 국면에서는 상대방의 생각이나 의견, 제안을 부정하고, 상대방은 그에 대한 반격을 함으로써 자신들의 반격을 정당하게 생각한다.
4. 진정 국면 : 계속되는 논쟁과 긴장이 시간과 에너지를 낭비하고 있음을 깨달으며, 갈등상태가 무한정 유지될 수 없다는 것을 느끼고 흥분과 불안이 가라앉으면서 이성과 이해의 원상태로 돌아가려 한다. 이후 협상이 시작된다. 협상과정을 통해 쟁점이 되는 주제를 논의하고 새로운 제안을 하고 대안을 모색하게 된다. 진정 국면에서는 중개자, 조정자 등의 제3자가 개입함으로써 갈등 당사자 간에 신뢰를 쌓고 문제를 해결하는 데 도움이 되기도 한다.
5. 갈등의 해소 : 진정 국면에 들어서면 갈등 당사자들은 문제를 해결하지 않고는 자신들의 목표를 달성하기 어렵다는 것을 알게 된다. 모두가 만족할 수 없는 경우도 있지만, 불일치한 서로 간의 의견을 일치하려고 한다. 갈등의 해소는 회피형, 지배 또는 강압형, 타협형, 순응형, 통합 또는 협력형 등의 방법으로 이루어진다.

03 ③ **《정답》**

┃ 건강보험심사평가원

01 다음 중 개인정보보호법에서 사용하는 용어에 대한 정의로 옳지 않은 것은?

① '가명처리'란 추가 정보 없이도 특정 개인을 알아볼 수 있도록 처리하는 것을 말한다.

② '정보주체'란 처리되는 정보에 의하여 알아볼 수 있는 사람으로서 그 정보의 주체가 되는 사람을 말한다.

③ '개인정보'란 살아 있는 개인에 관한 정보로서 성명, 주민등록번호 및 영상 등을 통하여 개인을 알아볼 수 있는 정보를 말한다.

④ '처리'란 개인정보의 수집, 생성, 연계, 연동, 기록, 저장, 보유, 가공, 편집, 검색, 출력, 정정, 복구, 이용, 제공, 공개, 파기, 그 밖에 이와 유사한 행위를 말한다.

┃ 건강보험심사평가원

02 다음 중 빅데이터 분석 기획 절차를 순서대로 바르게 나열한 것은?

① 범위 설정 → 프로젝트 정의 → 위험 계획 수립 → 수행 계획 수립

② 범위 설정 → 프로젝트 정의 → 수행 계획 수립 → 위험 계획 수립

③ 프로젝트 정의 → 범위 정의 → 위험 계획 수립 → 수행 계획 수립

④ 프로젝트 정의 → 범위 설정 → 수행 계획 수립 → 위험 계획 수립

정답 및 해설

01 '가명처리'란 개인정보의 일부를 삭제하거나 일부 또는 전부를 대체하는 등의 방법으로 추가 정보가 없이는 특정 개인을 알아볼 수 없도록 처리하는 것을 말한다(개인정보보호법 제2조 제1의2호).

[오답분석]
② 개인정보보호법 제2조 제3호
③ 개인정보보호법 제2조 제1호 가목
④ 개인정보보호법 제2조 제2호

02 빅데이터 분석을 기획하고자 할 때는 먼저 범위를 설정한 다음 프로젝트를 정의해야 한다. 그 후에 수행 계획을 수립하고 위험 계획을 수립해야 한다.

01 ① 02 ② ⟨ 정답

01   다음 중 비영리 조직에 해당하지 않는 것은?

① 교육기관   ② 자선단체

③ 사회적 기업   ④ 비정부기구

정답 및 해설

01   사회적 기업은 수익 창출을 통해 자립적인 운영을 추구하고, 사회적 문제 해결과 경제적 성장을 동시에 달성하려는 특징을 가진 기업 모델로, 영리 조직에 해당한다.

> **영리 조직과 비영리 조직**
> • 영리 조직 : 이윤 추구를 주된 목적으로 하는 집단으로, 일반적인 사기업이 해당된다.
> • 비영리 조직 : 사회적 가치 실현을 위해 공익을 추구하는 집단으로 자선단체, 의료기관, 교육기관, 비정부기구 (NGO) 등이 해당된다.

01 ③   ◁ **정답**

01 다음 〈보기〉 중 근로윤리의 덕목과 공동체윤리의 덕목을 바르게 구분한 것은?

> **보기**
> ㉠ 근면
> ㉡ 봉사와 책임의식
> ㉢ 준법
> ㉣ 예절과 존중
> ㉤ 정직
> ㉥ 성실

	근로윤리	공동체윤리
①	㉠, ㉡, ㉥	㉢, ㉣, ㉤
②	㉠, ㉢, ㉤	㉡, ㉣, ㉥
③	㉠, ㉤, ㉥	㉡, ㉢, ㉣
④	㉡, ㉣, ㉤	㉠, ㉢, ㉥
⑤	㉡, ㉤, ㉥	㉠, ㉢, ㉣

정답 및 해설

01 원만한 직업생활을 위해 직업인이 갖추어야 할 직업윤리는 근로윤리와 공동체윤리로 나누어지며, 각 윤리의 덕목은 다음과 같다.
- 근로윤리 : 일에 대한 존중을 바탕으로 근면하고, 성실하고, 정직하게 업무에 임하는 자세
  - 근면한 태도(㉠)
  - 정직한 행동(㉤)
  - 성실한 자세(㉥)
- 공동체윤리 : 인간존중을 바탕으로 봉사하며, 책임감 있게 규칙을 준수하고, 예의 바른 태도로 업무에 임하는 자세
  - 봉사와 책임의식(㉡)
  - 준법성(㉢)
  - 예절과 존중(㉣)

01 ③ **정답**

CHAPTER 01 언어능력검사 핵심이론

01 언어유추

01 어휘력

1. 어휘의 의미

(1) 유의 관계

두 개 이상의 어휘가 서로 소리는 다르나 의미가 비슷한 경우를 유의 관계라고 하고, 유의 관계에 있는 어휘를 유의어(類義語)라고 한다. 유의 관계의 대부분은 개념적 의미의 동일성을 전제로 한다. 그렇다고 하여 유의 관계를 이루는 단어들을 어느 경우에나 서로 바꾸어 쓸 수 있는 것은 아니다. 따라서 언어 상황에 적합한 말을 찾아 쓰도록 노력하여야 한다.

① 원어의 차이

한국어는 크게 고유어, 한자어, 외래어로 구성되어 있다. 따라서 하나의 사물에 대해서 각각 부르는 일이 있을 경우 유의 관계가 발생하게 된다.

㉠ 고유어와 한자어

예 오누이 : 남매, 나이 : 연령, 사람 : 인간

㉡ 한자어와 외래어

예 사진기 : 카메라, 탁자 : 테이블

② 전문성의 차이

같은 사물에 대해서 일반적으로 부르는 이름과 전문적으로 부르는 이름이 다른 경우가 많다. 이런 경우에 전문적으로 부르는 이름과 일반적으로 부르는 이름 사이에 유의 관계가 발생한다.

예 에어컨 : 공기조화기, 소금 : 염화나트륨

③ 내포의 차이

나타내는 의미가 완전히 일치하지는 않으나, 유사한 경우에 유의 관계가 발생한다.

예 즐겁다 : 기쁘다, 친구 : 동무

④ 완곡어법

문화적으로 금기시하는 표현을 둘러서 말하는 것을 완곡어법이라고 하며, 이러한 완곡어법 사용에 따라 유의 관계가 발생한다.

예 변소 : 화장실, 죽다 : 운명하다

다음 제시된 단어의 대응 관계로 볼 때, 빈칸에 들어가기에 알맞은 것은?

> 흉내 : 시늉 = 권장 : (   )

① 조장   ② 조성
③ 구성   ④ 형성
⑤ 조직

| **해설** | 제시된 단어는 유의 관계이다.
'흉내'의 유의어는 '시늉'이고, '권장'의 유의어는 '조장'이다.

정답 ①

(2) 반의 관계

① 개요

반의어(反意語)는 둘 이상의 단어에서 의미가 서로 짝을 이루어 대립하는 경우를 말한다. 어휘의 의미가 서로 대립하는 단어를 말하며, 이러한 어휘들의 관계를 반의 관계라고 한다. 한 쌍의 단어가 반의어가 되려면, 두 어휘 사이에 공통적인 의미 요소가 있으면서도 동시에 서로 다른 하나의 의미 요소만 달라야 한다.

반의어는 반드시 한 쌍으로만 존재하는 것이 아니라, 다의어(多義語)이면 그에 따라 반의어가 여러 개로 달라질 수 있다. 즉, 하나의 단어에 대하여 여러 개의 반의어가 있을 수 있다.

② 반의어의 종류

반의어에는 상보 반의어와 정도 반의어, 방향 반의어가 있다.

㉠ 상보 반의어 : 한쪽 말을 부정하면 다른 쪽 말이 되는 반의어이며, 중간항은 존재하지 않는다. '있다'와 '없다'가 상보적 반의어이며, '있다'와 '없다' 사이의 중간 상태는 존재할 수 없다.

　예 참 : 거짓, 합격 : 불합격

㉡ 정도 반의어 : 한쪽 말을 부정하면 반드시 다른 쪽 말이 되는 것이 아니며, 중간항을 갖는 반의어이다. '크다'와 '작다'가 정도 반의어이며, 크지도 작지도 않은 중간이라는 중간항을 갖는다.

　예 길다 : 짧다, 많다 : 적다

㉢ 방향 반의어 : 맞선 방향을 전제로 하여 관계나 이동의 측면에서 대립을 이루는 단어 쌍이다. 방향 반의어는 공간적 대립, 인간관계 대립, 이동적 대립 등으로 나누어 볼 수 있다.

　• 공간적 대립

　　예 위 : 아래, 처음 : 끝

　• 인간관계 대립

　　예 부모 : 자식, 남편 : 아내

　• 이동적 대립

　　예 사다 : 팔다, 열다 : 닫다

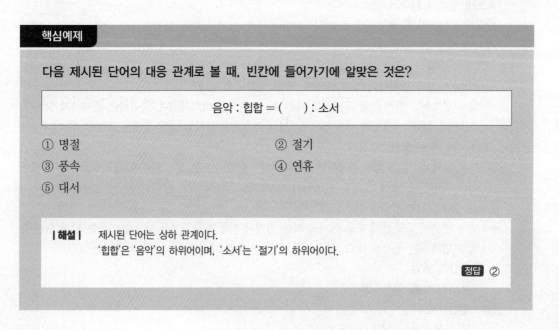

다음 제시된 단어의 대응 관계로 볼 때, 빈칸에 들어가기에 알맞은 것은?

> 시작 : (　　) = 원인 : 결과

① 준비   ② 출발
③ 끝   ④ 착수
⑤ 애초

| 해설 | 　제시된 단어는 반의 관계이다.
　　　　'원인'의 반의어는 '결과'이고, '시작'의 반의어는 '끝'이다.

정답 ③

(3) 상하 관계

상하 관계는 단어의 의미적 계층 구조에서 한쪽이 의미상 다른 쪽을 포함하거나 다른 쪽에 포섭되는 관계를 말한다. 상하 관계를 형성하는 단어들은 상위어(上位語)일수록 일반적이고 포괄적인 의미를 지니며, 하위어(下位語)일수록 개별적이고 한정적인 의미를 지닌다. 따라서 상위어는 하위어를 의미적으로 함의하게 된다. 즉, 하위어가 가지고 있는 의미 특성을 상위어가 자동적으로 가지게 되는 것이다.

핵심예제

다음 제시된 단어의 대응 관계로 볼 때, 빈칸에 들어가기에 알맞은 것은?

> 음악 : 힙합 = (　　) : 소서

① 명절   ② 절기
③ 풍속   ④ 연휴
⑤ 대서

| 해설 | 　제시된 단어는 상하 관계이다.
　　　　'힙합'은 '음악'의 하위어이며, '소서'는 '절기'의 하위어이다.

정답 ②

(4) 부분 관계

부분 관계는 한 단어가 다른 단어의 부분이 되는 관계를 말하며, 전체 – 부분 관계라고도 한다. 부분 관계에서 부분을 가리키는 단어를 부분어(部分語), 전체를 가리키는 단어를 전체어(全體語)라고 한다. 예를 들면, '머리, 팔, 몸통, 다리'는 '몸'의 부분어이며, 이러한 부분어들에 의해 이루어진 '몸'은 전체어이다.

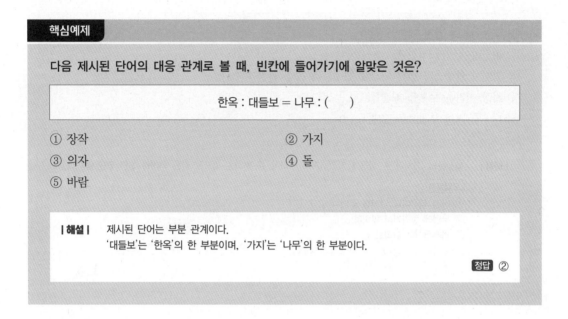

PART 1

핵심예제

다음 제시된 단어의 대응 관계로 볼 때, 빈칸에 들어가기에 알맞은 것은?

> 한옥 : 대들보 = 나무 : (　　)

① 장작　　　　　　　　　② 가지
③ 의자　　　　　　　　　④ 돌
⑤ 바람

| 해설 | 제시된 단어는 부분 관계이다.
'대들보'는 '한옥'의 한 부분이며, '가지'는 '나무'의 한 부분이다.

정답 ②

(5) 다의어 · 동음이의어

① 다의어

하나의 소리가 둘 이상의 다르면서도 서로 연관된 의미를 가지고 있는 어휘들의 관계를 다의관계라고 하고, 다의 관계에 있는 어휘를 다의어라고 한다.

② 동음이의어

두 개 이상의 단어가 우연히 같은 소리를 가지고 있으나, 의미가 다른 어휘들의 관계를 동음이의 관계라고 하고, 동음이의 관계에 있는 어휘를 동음이의어라고 한다.

다음 문장의 밑줄 친 부분과 같은 의미로 쓰인 것은?

> 자기의 재주를 인정해 주지 않을 때면 공연이 계속되는 중이라도 그는 마술 도구가 든 가방 하나를 들고 거칠 것 없이 단체를 떠났다.

① 고등학교를 거쳐 대학을 간다.
② 칡덩굴이 밭에 거친다.
③ 기숙사 학생들의 편지는 사감 선생님의 손을 거쳐야 했다.
④ 가장 어려운 문제를 해결했으니 특별히 거칠 문제는 없다.
⑤ 대구를 거쳐 부산으로 간다.

| 해설 | 제시문의 '거치다'는 '마음에 거리끼거나 꺼리다.'를 뜻하는 것으로 같은 의미로 쓰인 말은 ④이다.

오답분석
① 어떤 과정이나 단계를 겪거나 밟다.
② 무엇에 걸리거나 막히다.
③ 검사하거나 살펴보다.
⑤ 오가는 도중에 어디를 지나거나 들르다.

정답 ④

2. 알맞은 어휘

(1) 나이와 관련된 어휘

- 충년(沖年) : 10세 안팎의 어린 나이
- 지학(志學) : 15세가 되어 학문에 뜻을 둠
- 약관(弱冠) : 남자 나이 20세, 여자는 묘령(妙齡)·묘년(妙年)·방년(芳年)·방령(芳齡) 등
- 이립(而立) : 30세, 인생관이 섰음을 뜻함
- 불혹(不惑) : 40세, 세상의 유혹에 빠지지 않음을 뜻함
- 지천명(知天命) : 50세, 하늘의 뜻을 깨달음
- 이순(耳順) : 60세, 경륜이 쌓이고 사려와 판단이 성숙하여 남의 어떤 말도 거슬리지 않음
- 화갑(華甲) : 61세, 회갑(回甲), 환갑(還甲)
- 진갑(進甲) : 62세, 환갑의 이듬해
- 고희(古稀) : 70세, 두보의 시에서 유래, 사람의 나이 70세는 예부터 드문 일
- 희수(喜壽) : 77세, '喜'자의 초서체가 '七十七'과 비슷한 데서 유래
- 산수(傘壽) : 80세, '傘'자를 풀면 '八十'이 되는 데서 유래
- 미수(米壽) : 88세, '米'자를 풀면 '八十八'이 되는 데서 유래
- 졸수(卒壽) : 90세, '卒'의 초서체가 '九十'이 되는 데서 유래
- 망백(望百) : 91세, 100세를 바라봄

- 백수(白壽) : 99세, '百'에서 '一'을 빼면 '白'
- 상수(上壽) : 100세, 사람의 수명 중 최상의 수명
- 기이(期頤) : 100세, 사람의 수명은 100년으로써 기(期)로 함
- 다수(茶壽) : 108세, '茶'를 풀면, '十'이 두 개라서 '二十'이고 아래 '八十八'이니 합하면 108
- 천수(天壽) : 120세, 병 없이 늙어서 죽음을 맞이하면 하늘이 내려 준 나이를 다 살았다는 뜻

(2) 단위와 관련된 어휘

① 척도 단위

ⓙ 길이
- 자 : 한 치의 열 배, 약 30.3cm
- 마장 : 주로 5리나 10리가 못되는 몇 리의 거리를 일컫는 단위
- 뼘 : 엄지손가락과 다른 손가락을 완전히 펴서 벌렸을 때에 두 끝 사이의 거리

ⓛ 넓이
- 갈이 : 소 한 마리가 하루에 갈 수 있는 넓이를 나타내는 단위. 약 2,000평
- 마지기 : 논밭의 넓이의 단위. 논은 200~300평, 밭은 100평에 해당
- 목 : 세금을 매기기 위한 논밭의 넓이 단위

ⓒ 부피
- 홉 : 곡식 같은 것들을 재는 단위의 한 가지, 또는 그 그릇. 한 되의 1/10, 약 180mL
- 되 : 곡식, 액체 등의 분량을 헤아리는 단위. 홉의 열 배, 즉 열 홉의 단위
- 춤 : 가늘고 긴 물건을 한 손으로 쥘 만한 분량

ⓔ 무게
- 돈 : 한 냥의 1/10, 약 3.75g
- 푼 : 한 돈의 1/10, 약 0.375g
- 냥 : 수관형사(수사) 밑에 쓰는 돈(엽전) 또는 중량의 단위의 하나. 한 근의 1/16, 약 37.5g

② 묶음 단위

- 가락 : 가느스름하고 기름하게 토막 친 엿가락과 같은 물건의 낱개를 세는 단위
- 거리 : 오이, 가지 등의 50개를 묶어서 세는 단위
- 거웃 : 논밭을 갈아 넘긴 골을 헤아리는 단위
- 고리 : 소주 열 사발을 한 단위로 이르는 말
- 끗 : 접쳐서 파는 피륙의 접은 것을 세는 단위, 또는 노름 등에서 셈치는 점수
- 끼 : 끼니를 셀 때 쓰는 말
- 낱 : 셀 수 있는 물건의 하나하나를 세는 단위
- 닢 : 잎 또는 쇠붙이로 만든 돈, 가마니같이 납작한 물건을 세는 단위
- 대 : 담배를 피우는 분량, 또는 때리는 매의 횟수를 세는 단위
- 떨기 : 무더기진 풀, 꽃 따위의 식물을 세는 단위
- 마투리 : 한 가마나 한 섬에 차지 못하고 남는 양
- 바리 : 마소의 등에 잔뜩 실은 짐을 세는 단위
- 발 : 두 팔을 길게 잔뜩 편 길이를 나타내는 단위
- 벌 : 옷, 그릇 따위의 짝을 이룬 한 덩이를 세는 단위
- 사리 : 윷놀이에서 나오는 모나 윷을 세는 말

- 새 : 피륙의 날을 세는 단위
- 우리 : 기와를 세는 단위. 기와 2,000장
- 임 : 머리 위에 인 물건을 세는 단위
- 접 : 과일, 무, 배추, 마늘 등 채소 따위의 100개를 이르는 단위
- 죽 : 옷, 신, 그릇 따위의 10개를 이르는 말
- 쾌 : 북어 20마리를 세는 단위
- 토리 : 실 뭉치를 세는 말
- 톳 : 김 100장씩을 한 묶음으로 묶은 덩이(경우에 따라서는 40장씩 묶기도 한다)
- 편거리 : 인삼을 한 근씩 자를 때, 그 개수를 세는 말

(3) 호칭어와 지칭어

호칭어는 상대방을 부를 때 쓰는 말이고, 지칭어는 상대방을 가리킬 때 쓰는 말이다.

① 부모형제
  ㉠ 아버지의 형 : 큰아버지, 백부
  ㉡ 아버지 형의 아내 : 큰어머니, 백모
  ㉢ 아버지의 남동생 : 삼촌, 작은아버지, 숙부
  ㉣ 아버지 동생의 아내 : 작은어머니, 숙모
  ㉤ 아버지의 여자형제 : 고모
  ㉥ 어머니의 여자형제 : 이모
  ㉦ 어머니 여동생의 남편 : 이모부
  ㉧ 어머니 여동생의 아들 : 이종

② 시댁식구
  ㉠ 남편의 형 : 아주버님
  ㉡ 남편의 누나 : 형님
  ㉢ 남편의 여동생 : 아가씨
  ㉣ 남편의 동생(시동생) : 도련님(미혼), 서방님(기혼)
  ㉤ 남편 형의 아내 : 형님
  ㉥ 남편 누나의 남편 : 아주버님
  ㉦ 남편 여동생의 남편 : 서방님
  ㉧ 남편 남동생의 아내 : 동서

③ 처가식구
  ㉠ 아내의 오빠 : 처남, 형님
  ㉡ 아내의 남동생 : 처남
  ㉢ 아내의 언니 : 처형
  ㉣ 아내의 여동생 : 처제
  ㉤ 아내 오빠의 아내 : 처남댁, 아주머니
  ㉥ 아내 언니의 남편 : 형님(나이가 많을 경우), 동서(나이가 적을 경우)
  ㉦ 아내 남동생의 아내 : 처남댁
  ㉧ 아내 여동생의 남편 : 동서

④ 기타
   ㉠ 돌아가신 아버지를 남에게 지칭할 때 : 선친(先親), 선군(先君), 망부(亡父)
   ㉡ 돌아가신 어머니를 남에게 지칭할 때 : 선비(先妣), 선자(先慈), 망모(亡母)
   ㉢ 남의 아버지를 지칭할 때 : 춘부장(椿府丈)
   ㉣ 남의 어머니를 지칭할 때 : 자당(慈堂)
   ㉤ 돌아가신 남의 아버지를 지칭할 때 : 선대인(先大人)
   ㉥ 돌아가신 남의 어머니를 지칭할 때 : 선대부인(先大夫人)

(4) 접속어

접속어는 단어와 단어, 구절과 구절, 문장과 문장을 이어 주는 구실을 하는 문장 성분이다.
① **순접 관계** : 앞의 내용을 순조롭게 받아 이어 주는 역할
   예 그리고, 그리하여, 그래서, 이와 같이, 그러므로 등
② **역접 관계** : 앞의 내용과 상반된 내용을 이어 주는 역할
   예 그러나, 그렇지만, 하지만, 그래도, 반면에 등
③ **인과 관계** : 앞뒤의 문장을 원인과 결과로, 또는 결과와 원인으로 이어 주는 역할
   예 그래서, 따라서, 그러므로, 왜냐하면 등
④ **환언·요약 관계** : 앞 문장을 바꾸어 말하거나 간추려 짧게 말하며 이어 주는 역할
   예 즉, 요컨대, 바꾸어 말하면, 다시 말하면 등
⑤ **대등·병렬 관계** : 앞 내용과 뒷 내용을 대등하게 이어 주는 역할
   예 또는, 혹은, 및, 한편 등
⑥ **전환 관계** : 뒷 내용이 앞 내용과는 다른, 새로운 생각이나 사실을 서술하여 화제를 바꾸어 이어 주는 역할
   예 그런데, 한편, 아무튼, 그러면 등
⑦ **예시 관계** : 앞 문장에 대한 구체적인 예를 들어 설명하며 이어 주는 역할
   예 예컨대, 이를테면, 가령, 예를 들어 등

(5) 술어 파악

하나의 술어는 여러 종류의 어휘들과 어울려 다양한 의미로 사용되는데, 이때 중요한 것은 목적어와 적절하게 호응할 수 있는지를 따져 보는 것이다. 술어가 주어나 목적어 등과 적절하게 호응하는지를 파악하기 위해서는 단어의 용례를 숙지해 두는 것이 중요한데, 술어 찾기 문제는 보통 우리가 일상생활에서 흔히 사용하는 단어의 쓰임을 묻는 유형이 주를 이루므로, 잘 정리해 두는 것도 좋은 방법이 될 수 있다.
• 가다 : 가늠이 가다, 금이 가다, 눈길이 가다, 살로 가다, 주름이 가다, 수긍이 가다 등
• 놀다 : 태아가 놀다, 물고기가 놀다, 손가락이 놀다, 돈이 놀다 등
• 닦다 : 이를 닦다, 땀을 닦다, 길을 닦다, 행실을 닦다, 기반을 닦다, 학업을 닦다, 호적을 닦다 등
• 묻다 : 정답을 묻다, 잉크가 묻다, 책임을 묻다, 거름을 묻다, 비밀을 묻다, 몸을 묻다 등
• 벗다 : 고통을 벗다, 옷을 벗다, 배낭을 벗다, 누명을 벗다, 때를 벗다, 허물을 벗다, 관복을 벗다 등
• 사다 : 책을 사다, 공로를 사다, 사람을 사다, 의심을 사다, 저녁을 사다, 원성을 사다, 호감을 사다 등
• 잇다 : 가업을 잇다, 말을 잇다, 끈을 잇다, 줄을 잇다, 생계를 잇다, 꼬리를 잇다 등
• 짓다 : 밥을 짓다, 약을 짓다, 시를 짓다, 한숨을 짓다, 죄를 짓다, 매듭을 짓다 등

- 치다 : 공을 치다, 손뼉을 치다, 못을 치다, 전보를 치다, 꼬리를 치다, 헤엄을 치다, 사기를 치다, 점을 치다, 촌수로 치다, 커튼을 치다, 벼락이 치다, 기름을 치다 등
- 풀다 : 보따리를 풀다, 화를 풀다, 회포를 풀다, 문제를 풀다, 피로를 풀다, 의심을 풀다, 물감을 풀다, 꿈을 풀다, 코를 풀다, 말을 풀다 등

02 우리말 어법

1. 한글맞춤법 · 표준어규정 · 띄어쓰기

(1) 한글맞춤법

① 소리

    ㉠ 된소리 : 한 단어 안에서 뚜렷한 까닭 없이 나는 된소리는 다음 음절의 첫소리를 된소리로 적는다.
      예 소쩍새, 움찔, 어깨 등

    ㉡ 구개음화 : 'ㄷ, ㅌ' 받침 뒤에 종속적 관계를 가진 '-이(-)'나 '-히-'가 올 적에는, 그 'ㄷ, ㅌ'이 'ㅈ, ㅊ'으로 소리가 나더라도 'ㄷ, ㅌ'으로 적는다.
      예 해돋이[해도지], 굳이[구지], 맏이[마지] 등

    ㉢ 'ㄷ' 소리 받침 : 'ㄷ' 소리로 나는 받침 중에서 'ㄷ'으로 적을 근거가 없는 것은 'ㅅ'으로 적는다.
      예 덧저고리, 돗자리, 웃어른 등

    ㉣ 모음
- '계, 례, 몌, 폐, 혜'의 'ㅖ'는 'ㅔ'로 소리 나는 경우가 있더라도 'ㅖ'로 적는다.
  예 계수[게수], 사례[사레], 혜택[혜택] 등
    다만, 다음 말은 본음대로 적는다.
  예 게송, 게시판, 휴게실 등
- '의'나 자음을 첫소리로 가지고 있는 음절의 'ㅢ'는 'ㅣ'로 소리 나는 경우가 있더라도 'ㅢ'로 적는다.
  예 무늬[무니], 씌어[씨어], 본의[본이] 등

    ㉤ 두음법칙
- 한자음 '녀, 뇨, 뉴, 니'가 단어 첫머리에 올 적에는, 두음법칙에 따라 '여, 요, 유, 이'로 적는다.
  예 여자[녀자], 연세[년세], 요소[뇨소] 등
   - 단어의 첫머리 이외의 경우에는 본음대로 적는다.
    예 남녀(男女), 당뇨(糖尿), 은닉(隱匿) 등
   - 접두사처럼 쓰이는 한자가 붙어서 된 말이나 합성어에서, 뒷말의 첫소리가 'ㄴ' 소리로 나더라도 두음법칙에 따라 적는다.
    예 신여성(新女性), 공염불(空念佛), 남존여비(男尊女卑) 등
- 한자음 '랴, 려, 례, 료, 류, 리'가 단어의 첫머리에 올 적에는, 두음법칙에 따라 '야, 여, 예, 요, 유, 이'로 적는다.
  예 양심[량심], 역사[력사], 이발[리발] 등
   - 단어의 첫머리 이외의 경우에는 본음대로 적는다.
    예 개량(改良), 수력(水力), 급류(急流) 등

- 모음이나 'ㄴ' 받침 뒤에 이어지는 '렬, 률'은 '열, 율'로 적는다.
  - 예 나열[나렬], 분열[분렬], 전율[전률] 등
- 접두사처럼 쓰이는 한자가 붙어서 된 말이나 합성어에서, 뒷말의 첫소리가 'ㄴ' 또는 'ㄹ' 소리로 나더라도 두음법칙에 따라 적는다.
  - 예 역이용(逆利用), 연이율(年利率), 열역학(熱力學) 등
- 한자음 '라, 래, 로, 뢰, 루, 르'가 단어의 첫머리에 올 적에는, 두음법칙에 따라 '나, 내, 노, 뇌, 누, 느'로 적는다.
  - 예 낙원[락원], 노인[로인], 뇌성[뢰성] 등
  - 단어의 첫머리 이외의 경우에는 본음대로 적는다.
    - 예 쾌락(快樂), 극락(極樂), 지뢰(地雷) 등
  - 접두사처럼 쓰이는 한자가 붙어서 된 단어는 뒷말을 두음법칙에 따라 적는다.
    - 예 상노인(上老人), 중노동(重勞動), 비논리적(非論理的) 등
- ⓗ 겹쳐 나는 소리 : 한 단어 안에서 같은 음절이나 비슷한 음절이 겹쳐 나는 부분은 같은 글자로 적는다.
  - 예 눅눅하다[눙눅하다], 꼿꼿하다[꼿곳하다], 씁쓸하다[씁슬하다] 등

② 형태
- ㉠ 사이시옷
  - '순우리말+순우리말'의 형태로 합성어를 만들 때 앞말에 받침이 없을 경우
    - 뒷말의 첫소리가 된소리로 나야 한다.
      - 예 귓밥(귀+밥), 나뭇가지(나무+가지), 쇳조각(쇠+조각) 등
    - 뒷말의 첫소리가 'ㄴ, ㅁ'이고, 그 앞에서 'ㄴ' 소리가 덧나야 한다.
      - 예 아랫마을(아래+ㅅ+마을), 뒷머리(뒤+ㅅ+머리), 잇몸(이+ㅅ+몸) 등
    - 뒷말의 첫소리가 무음가 'ㅇ'이고, 이 모음 앞에서 'ㄴㄴ' 소리가 덧나야 한다.
      - 예 깻잎[깬닙], 나뭇잎[나문닙], 댓잎[댄닙] 등
  - '순우리말+한자어' 혹은 '한자어+순우리말'의 형태로 합성어를 만들 때 앞말에 받침이 없을 경우
    - 뒷말의 첫소리가 된소리로 나야 한다.
      - 예 콧병[코뼝], 샛강[새깡], 아랫방[아래빵] 등
    - 뒷말의 첫소리가 'ㄴ, ㅁ'이고, 그 앞에서 'ㄴ' 소리가 덧나야 한다.
      - 예 훗날[훈날], 제삿날[제산날], 툇마루[퇸마루] 등
    - 뒷말의 첫소리가 무음가 'ㅇ'이고, 이 모음 앞에서 'ㄴㄴ' 소리가 덧나야 한다.
      - 예 가욋일[가윈닐], 예삿일[예산닐], 훗일[훈닐] 등
  - 한자어+한자어로 된 두 음절의 합성어 가운데에서는 다음 6개만 인정한다.
    - 예 곳간(庫間), 숫자(數字), 횟수(回數), 툇간(退間), 셋방(貰房), 찻간(車間)
- ㉡ 준말
  - 단어의 끝모음이 줄어지고 자음만 남은 것은 그 앞의 음절에 받침으로 적는다.
    - 예 엊그저께(어제그저께), 엊저녁(어제저녁), 온갖(온가지) 등
  - 체언과 조사가 어울려 줄어지는 경우에는 준 대로 적는다.
    - 예 그건(그것은), 그걸로(그것으로), 무얼(무엇을) 등

- 모음 'ㅏ, ㅓ'로 끝난 어간에 '-아 / -어, -았- / -었-'이 어울릴 적에는 준 대로 적는다.
  예 가(가아), 갔다(가았다), 폈다(펴었다) 등
- 모음 'ㅗ, ㅜ'로 끝난 어간에 '-아 / -어, -았- / -었-'이 어울려 'ㅘ / ㅝ, ㅘ / ㅝ'으로 될 적에는 준 대로 적는다.
  예 꽜다(꼬았다), 쐈다(쏘았다), 줬다(주었다) 등
- 'ㅣ' 뒤에 '-어'가 와서 'ㅕ'로 줄 적에는 준 대로 적는다.
  - 가져(가지어), 버텨(버티어), 치여(치이어) 등
    예 'ㅏ, ㅕ, ㅗ, ㅜ, ㅡ'로 끝난 어간에 '-이-'가 와서 각각 'ㅐ, ㅖ, ㅚ, ㅟ, ㅢ'로 줄 적에는 준 대로 적는다.
    예 쌔다(싸이다), 폐다(펴이다), 씌다(쓰이다) 등
- 'ㅏ, ㅗ, ㅜ, ㅡ' 뒤에 '-이어'가 어울려 줄어질 적에는 준 대로 적는다.
  예 보여(보이어), 누여(누이어), 트여(트이어) 등
- 어미 '-지' 뒤에 '않-'이 어울려 '-잖-'이 될 적과 '-하지' 뒤에 '않-'이 어울려 '-찮-'이 될 적에는 준 대로 적는다.
  예 그렇잖은(그렇지 않은), 만만찮다(만만하지 않다), 변변찮다(변변하지 않다) 등
- 어간의 끝음절 '하'의 'ㅏ'가 줄고 'ㅎ'이 다음 음절의 첫소리와 어울려 거센소리로 될 적에는 거센소리로 적는다.
  예 간편케(간편하게), 연구토록(연구하도록), 흔타(흔하다) 등
  - 'ㅎ'이 어간의 끝소리로 굳어진 것은 받침으로 적는다.
    예 아무렇다 - 아무렇고 - 아무렇지 - 아무렇든지
  - 어간의 끝음절 '하'가 아주 줄 적에는 준 대로 적는다.
    예 거북지(거북하지), 생각건대(생각하건대), 넉넉지 않다(넉넉하지 않다) 등
- 다음과 같은 부사는 소리대로 적는다.
  예 결단코, 기필코, 무심코, 하여튼, 요컨대 등

ⓒ '-쟁이', '-장이'
- 그것이 나타내는 속성을 많이 가진 사람은 '-쟁이'로 적는다.
  예 거짓말쟁이, 욕심쟁이, 심술쟁이 등
- 그것과 관련된 기술을 가진 사람은 '-장이'로 적는다.
  예 미장이, 대장장이, 토기장이 등

③ 틀리기 쉬운 어휘
- 금새 : 물건의 값
  금세 : 지금 바로
- 늘이다 : 본디보다 더 길게 하다.
  늘리다 : 길이나 넓이, 부피 따위를 본디보다 커지게 하다.
- ~던지 : 막연한 의문이 있는 채로 그것을 뒷 절의 사실이나 판단과 관련시킬 때
  ~든지 : 나열된 동작이나 상태, 대상 중에서 어느 것이든 선택될 수 있음을 나타낼 때
- 부치다 : 일정한 수단이나 방법을 써서 상대에게로 보내다.
  붙이다 : 맞닿아 떨어지지 않게 하다.
- 삭이다 : 긴장이나 화가 풀려 마음이 가라앉다.
  삭히다 : 김치나 젓갈 따위의 음식물이 발효되어 맛이 들다.

- 일절 : 아주, 전혀, 절대로

　일체 : 모든 것, 모든 것을 다

(2) 표준어규정

① 자음

　㉠ 거센소리를 가진 형태의 단어를 표준어로 삼는다.

　　예 끄나풀, 살쾡이, 나팔꽃 등

　㉡ 거센소리로 나지 않는 형태의 단어를 표준어로 삼는다.

　　예 가을갈이, 거시기, 분침 등

　㉢ 어원에서 멀어진 형태로 굳어져서 널리 쓰이는 것은, 그것을 표준어로 삼는다.

　　예 강낭콩, 사글세, 고삿 등

　㉣ 다음 단어들은 의미를 구별함이 없이, 한 가지 형태만을 표준어로 삼는다(다만, '둘째'는 십 단위 이상의 서수사에 쓰일 때에 '두째'로 한다).

　　예 돌, 둘째, 빌리다 등

　㉤ 수컷을 이르는 접두사는 '수-'로 통일한다.

　　예 수꿩, 수나사, 수소 등

　　• 다음 단어의 접두사는 '숫-'으로 한다.

　　　예 숫양, 숫염소, 숫쥐 등

　　• 다음 단어에서는 접두사 다음에서 나는 거센소리를 인정한다.

　　　예 수캉아지, 수탉지, 수평아리, 수키와 등

② 모음

　㉠ 양성 모음이 음성 모음으로 바뀌어 굳어진 단어는 음성 모음 형태를 표준어로 삼는다.

　　예 깡충깡충, 발가숭이, 오뚝이 등

　　※ 다만, 어원 의식이 강하게 작용하는 단어에서는 양성 모음 형태를 그대로 표준어로 삼는다.

　　예 부조, 사돈, 삼촌 등

　㉡ 'ㅣ' 역행 동화현상에 의한 발음은 원칙적으로 표준 발음으로 인정하지 아니하되, 그러한 동화가 적용된 형태를 표준어로 삼는다.

　　예 풋내기, 냄비, 아지랑이 등

　㉢ 모음이 단순화한 형태의 단어를 표준어로 삼는다.

　　예 괴팍하다, 미루나무, 으레, 케케묵다 등

　㉣ 모음의 발음 변화를 인정하여, 발음이 바뀌어 굳어진 형태의 단어를 표준어로 삼는다.

　　예 깍쟁이, 상추, 허드레 등

　㉤ '위-, 윗-, 웃-'

　　• '위'를 가리키는 말은 '위-'로 적는 것이 원칙이다.

　　　예 위층, 위쪽, 위턱 등

　　• '위-'가 뒷말과 결합하면서 된소리가 되거나 'ㄴ'이 덧날 때는 '윗-'으로 적는다.

　　　예 윗입술, 윗목, 윗눈썹 등

　　• 아래, 위의 대립이 없는 낱말은 '웃-'으로 적는다.

　　　예 웃돈, 웃어른, 웃옷 등

ⓗ 한자 '구(句)'가 붙어서 이루어진 단어는 '귀'로 읽는 것을 인정하지 아니하고, '구'로 통일한다.
　　예 구절(句節), 시구(詩句), 인용구(引用句) 등
　　※ 다음의 단어들은 '귀'로 발음되는 형태를 표준어로 삼는다.
　　　예 귀글, 글귀 등
③ **단수표준어** : 비슷한 발음의 몇 형태가 쓰일 경우, 그 의미에 아무런 차이가 없고 그중 하나가 더 널리 쓰이면 그 한 형태만을 표준어로 삼는다.
　　예 귀고리, 꼭두각시, 우두커니, 천장 등
④ **복수표준어**
　ⓐ 다음 단어는 앞의 것을 원칙으로 하고, 뒤의 것도 허용한다.
　　예 네 – 예, 쇠고기 – 소고기 등
　ⓑ 어감의 차이를 나타내는 단어 또는 발음이 비슷한 단어들이 다 같이 널리 쓰이는 경우에는, 모두를 표준어로 삼는다.
　　예 거슴츠레하다 – 게슴츠레하다, 고까 – 꼬까, 고린내 – 코린내 등
　ⓒ 한 가지 의미를 나타내는 형태 몇 가지가 널리 쓰이며 표준어 규정에 맞으면, 모두를 표준어로 삼는다.

(3) 띄어쓰기

① 조사는 그 앞말에 붙여 쓴다.
　　예 꽃이, 꽃마저, 웃고만 등
② 의존 명사는 띄어 쓴다.
　　예 아는 것이 힘이다, 나도 할 수 있다, 먹을 만큼 먹어라 등
③ 단위를 나타내는 명사는 띄어 쓴다.
　　예 한 개, 열 살, 집 한 채 등
　　단, 순서를 나타내는 경우나 숫자와 어울려 쓰이는 경우에는 붙여 쓸 수 있다.
　　예 삼학년, 육층, 80원 등
④ 수를 적을 적에는 '만(萬)' 단위로 띄어 쓴다.
　　예 십이억 삼천사백육십오만 칠천팔백구십팔 → 12억 3456만 7898
⑤ 두 말을 이어 주거나 열거할 적에 쓰이는 말들은 띄어 쓴다.
　　예 국장 겸 과장, 열 내지 스물, 청군 대 백군 등
⑥ 단음절로 된 단어가 연이어 나타날 적에는 붙여 쓸 수 있다.
　　예 그때 그곳, 좀더 큰것, 한잎 두잎 등
⑦ 보조용언은 띄어 씀을 원칙으로 하되, 경우에 따라 붙여 씀도 허용한다.
　　예 불이 꺼져 간다. / 불이 꺼져간다. 비가 올 성싶다. / 비가 올성싶다. 등
⑧ 성과 이름, 성과 호 등은 붙여 쓰고, 이에 덧붙는 호칭어, 관직명 등은 띄어 쓴다.
　　예 채영신 씨, 최치원 선생, 충무공 이순신 장군 등
⑨ 성명 이외의 고유명사는 단어별로 띄어 씀을 원칙으로 하되, 단위별로 띄어 쓸 수 있다.
　　예 대한 중학교 / 대한중학교, 혁신 대학 / 혁신대학 등
⑩ 전문 용어는 단어별로 띄어 씀을 원칙으로 하되, 붙여 쓸 수 있다.
　　예 만성 골수성 백혈병 / 만성골수성백혈병 등

2. 순우리말, 로마자 · 외래어 표기법

(1) 순우리말

- 가납사니 : 쓸데없는 말을 잘하는 사람. 또는 말다툼을 잘하는 사람
- 길섶 : 길의 가장자리
- 날포 : 하루 남짓한 동안
- 높바람 : 북풍, 된바람
- 될성부르다 : 잘될 가망이 있다.
- 뜨악하다 : 마음에 선뜻 내키지 않다.
- 마뜩하다 : 제법 마음에 들다.
- 미쁘다 : 진실하다.
- 벼리다 : 날이 무딘 연장을 불에 달구어서 두드려 날카롭게 만들다.
- 부아나다 : 분한 마음이 일어나다.
- 사금파리 : 사기그릇의 깨진 작은 조각
- 설피다 : 짜거나 엮은 것이 성기고 거칠다.
- 시나브로 : 모르는 사이에 조금씩 조금씩
- 아람 : 탐스러운 가을 햇살을 받아서 저절로 충분히 익어 벌어진 과실
- 여우별 : 궂은 날 잠깐 났다가 사라지는 별
- 온누리 : 온 세상
- 주전부리 : 때를 가리지 않고 군음식을 자주 먹는 입버릇
- 치사랑 : 손윗사람에 대한 사랑
- 하늬바람 : 서풍
- 함초롬하다 : 가지런하고 곱다.

(2) 로마자 표기법

① 자음

ㄱ	ㄲ	ㅋ	ㄷ	ㄸ	ㅌ	ㅂ	ㅃ	ㅍ	ㅈ	ㅉ	ㅊ	ㅅ	ㅆ	ㅎ	ㅁ	ㄴ	ㅇ	ㄹ
g/k	kk	k	d/t	tt	t	b/p	pp	p	j	jj	ch	s	ss	h	m	n	ng	r/l

② 모음

ㅏ	ㅐ	ㅑ	ㅒ	ㅓ	ㅔ	ㅕ	ㅖ	ㅗ	ㅘ	ㅙ	ㅚ	ㅛ	ㅜ	ㅝ	ㅞ	ㅟ	ㅠ	ㅡ	ㅢ	ㅣ
a	ae	ya	yae	eo	e	yeo	ye	o	wa	wae	oe	yo	u	wo	we	wi	yu	eu	ui	i

③ 표기상 유의점

ㄱ 음운변화가 일어날 때에는 변화의 결과에 따라 적는다.
- 자음 사이에서 동화작용이 일어나는 경우
  예 신문로(Sinmunno), 왕십리(Wangsimni), 신라(Silla) 등
- 'ㄴ, ㄹ'이 덧나는 경우
  예 학여울(Hangnyeoul), 알약(allyak) 등
- 구개음화가 일어나는 경우
  예 해돋이(haedoji), 같이(gachi), 맞히다(machida) 등

- 'ㄱ, ㄷ, ㅂ, ㅈ'이 'ㅎ'과 합하여 거센소리로 소리 나는 경우(단, 된소리는 반영하지 않음)

  예 좋고(joko), 잡혀(japyeo), 압구정(Apgujeong), 낙동강(Nakdonggang) 등

ⓒ 발음상 혼동의 우려가 있을 때에는 음절 사이에 붙임표(-)를 쓸 수 있다.

  예 중앙(Jung-ang), 반구대(Ban-gudae), 해운대(Hae-undae) 등

ⓒ 고유명사는 첫소리를 대문자로 적는다.

  예 부산(Busan), 세종(Sejong) 등

ⓔ 인명은 성과 이름의 순으로 쓰되 띄어 쓴다.

  예 민용하(Min Yongha), 송나리(Song Na-ri), 홍빛나(Hong Bit-na) 등

ⓜ '도·시·군·구·읍·면·리·동'의 행정구역 단위와 거리를 지칭하는 '가'는 'do, si, gun, gu, eup, myeon, ri, dong, ga'로 적고, 그 앞에는 붙임표(-)를 넣는다.

  예 도봉구(Dobong-gu), 종로 2가(Jongno 2-ga), 서울시(Seoul-si) 등

ⓗ 자연지물명, 문화재명, 인공축조물명은 붙임표(-) 없이 붙여 쓴다.

  예 속리산(Songnisan), 경복궁(Gyeongbokgung), 촉석루(Chokseongnu) 등

ⓢ 인명, 회사명, 단체명 등은 그동안 써온 표기를 쓸 수 있다.

ⓞ 학술, 연구, 논문 등 특수 분야에서 한글 복원을 전제로 표기할 경우에는 한글 표기를 대상으로 적는다.

  예 짚(jip), 붓꽃(buskkoch), 조랑말(jolangmal) 등

(3) 외래어 표기법

① 외래어 표기법의 기본 원칙

ⓐ 외래어는 국어의 현용 24자모만으로 적는다.

ⓑ 외래어의 1음운은 원칙적으로 1기호로 적는다.

ⓒ 외래어의 받침에는 'ㄱ, ㄴ, ㄹ, ㅁ, ㅅ, ㅇ'만을 적는다.

ⓓ 파열음 표기에는 된소리를 쓰지 않는 것을 원칙으로 한다.

ⓔ 이미 굳어진 외래어는 관용을 존중한다.

② 틀리기 쉬운 외래어 표기

액세서리(○) 액세사리(✕)

바비큐(○) 바베큐(✕)

비스킷(○) 비스켓(✕)

케이크(○) 케잌(✕)

3. 높임법

(1) 주체 높임법

① 직접 높임 : '-시-(선어말 어미), -님(접미사), -께서(조사)'에 의해 실현된다.

예 어머니, 선생님께서 오십니다.

② 간접 높임 : '-시-(선어말 어미)'를 붙여 간접적으로 높인다.

예 할아버지는 연세가 많으시다.

(2) 상대 높임법

① 격식체 : 공식적이고 직접적이며, 딱딱하고 단정적인 느낌을 준다.

㉠ 해라체(아주낮춤) : '-ㄴ다, -는다, -다, -는구나, -느냐, -냐, -어라 / 아라, -자'

예 빨리 자거라. 일찍 일어나야 한다.

㉡ 하게체(예사낮춤) : '-네, -이, -ㄹ세, -는구먼, -로구먼, -는가, -ㄴ가, -게, -세'

예 이리 와서 앉게. 자네 혼자 왔나?

㉢ 하오체(예사높임) : '-(으)오, -(으)소, -는구려, -구려, -(으)ㅂ시다'

예 어서 나오시오. 무얼 그리 꾸물거리시오?

㉣ 합쇼체(아주높임) : '-ㅂ니다, -ㅂ(습)니다, -ㅂ니까, -ㅂ(습)니까, -십시오, -시지요'

예 어서 오십시오. 자주 들르겠습니다.

② 비격식체 : 부드럽고 친근하며 격식을 덜 차리는 경우에 쓰인다.

㉠ 해체(두루낮춤) : '-어 / 아, -야, -군'

예 어서 빨리 가. 가방 놓고 앉아.

㉡ 해요체(두루높임) : '-어 / 아요, -군요'

예 안녕히 계세요. 이따 또 오겠어요.

(3) 객체 높임법

말하는 이가 객체, 곧 문장의 목적어나 부사어를 높이는 높임법

예 드리다, 뵙다, 모시다, 여쭙다 등

(4) 공손법과 압존법

① 공손법 : 말하는 이가 자신을 낮추는 공손한 표현을 써서 결과적으로 상대방을 높이는 높임법

예 변변치 못한 물건이지만, 정성을 생각하셔서 받아 주시옵소서.

② 압존법 : 주체를 높여야 하지만, 듣는 이가 주체보다 높은 경우에는 높임을 하지 않는 것

예 할아버지, 아버지가 오고 있어요.

다음 중 밑줄 친 부분의 맞춤법이 옳지 않은 것은?

① <u>윗층</u>에 누가 사는지 모르겠다.

② <u>오뚝이</u>는 아무리 쓰러뜨려도 잘도 일어난다.

③ 새 컴퓨터를 살 생각에 좋아서 <u>깡충깡충</u> 뛰었다.

④ 그의 초라한 모습이 내 호기심에 불을 <u>당겼다</u>.

⑤ 형은 끼니도 거른 <u>채</u> 일에 몰두했다.

| 해설 | '웃-' 및 '윗-'은 명사 '위'에 맞추어 통일한다.
예 윗넓이, 윗니, 윗도리 등
다만 된소리나 거센소리 앞에서는 '위-'로 한다.
예 위짝, 위쪽, 위층 등

오답분석
⑤ '채'는 '이미 있는 상태 그대로 있다.'는 뜻을 나타내는 의존명사이므로 띄어 쓴다.

정답 ①

03 관용적 표현

1. 관용어

관용적 표현이란 일상생활에서 사용되는 말과는 달리, 본래의 뜻과 비슷한 말로 대체해서 쓰는 표현으로 재미있게 돌려 말할 때 쓰인다. 그중 관용어는 우리말의 특유한 표현 방법의 하나로, 문법에 맞지는 않으나 오랫동안 습관이 되어 널리 쓰이는 말을 가리킨다. 관용표현을 구성하고 있는 어휘 중에 신체어와 관련한 표현이 많다. 신체 어휘가 다양한 내포적 의미를 가지면서 은유적 활용의 모습으로 쉽게 나타날 수 있기 때문이다.

(1) 특징

① 중간에 다른 성분을 추가하기 어렵다.

② 결합된 단어들의 기본적인 의미와는 관련이 없다.

③ 일반적인 표현보다 표현의 효과가 크다.

④ 언어를 사용하는 사람들의 문화를 반영하므로, 그 언어를 사용하는 사람이 아니면 관용어의 의미를 이해하기 어렵다.

(2) 신체와 관련된 관용어의 예

- 가슴이 내려앉다 : 몹시 놀라서 맥이 풀리다.
- 귀에 못이 박히다 : 같은 말을 여러 번 듣다.
- 눈에 차다 : 흡족하게 마음이 들다.
- 등이 달다 : 마음대로 되지 않아 안타까워지다.
- 발이 넓다 : 아는 사람이 많다.
- 손에 익다 : 일이 손에 익숙해지다.
- 어깨가 가볍다 : 무거운 책임에서 벗어나 홀가분하다.
- 코가 높다 : 잘난 체하고 뽐내는 기세가 있다.
- 허리가 휘다 : 생활고나 노동으로 힘겨운 상태가 되다.

2. 속담

속담은 예로부터 민간에 전해져 오는 쉬운 격언이나 정언(교훈적인 말)으로, 풍자, 비판, 교훈 등의 의미를 내포한 구절을 말한다. 속담에는 옛날 사람들의 생각과 지혜가 담겨 있어 우리에게 가르침을 주며, 간결하면서도 많은 의미를 담고 있어 잘 활용하면 큰 효과를 얻을 수 있다.

3. 한자

한자는 일상생활에서 많이 쓰이는 어휘 중심으로, 한자의 뜻이나 올바른 한자 표기, 독음 등을 묻기보다는 한자의 구성이나 쓰임이 다른 것, 한자와 고유어의 구별, 비슷한 한자의 관계 등을 묻는 문제가 주로 출제된다.

4. 한자성어

한자성어도 속담과 마찬가지로 단순히 의미를 묻는 문제보다는 다른 지문과 연계되거나 상황에 맞는 한자성어를 고르는 유형의 비중이 높아지고 있다. 또한 주제별 한자성어 및 한자성어의 뜻과 관련지어 대체할 수 있는 속담이나 어휘 등을 파악하는 유형이 출제되고 있으므로 한자성어의 뜻을 정리해 두는 것도 중요하지만, 관련 한자성어나 앞뒤 문맥에 맞는 한자성어 또는 관련 속담이나 어휘 등을 유추하는 연습도 필요하다.

다음 상황에 가장 적절한 사자성어는?

> A씨는 업무를 정리하다가 올해 초 진행한 프로젝트에 자신의 실수가 있었음을 알게 되었다. 하지만 자신의 실수를 드러내고 싶지 않았고, 그리 큰 문제라고 생각하지 않은 A씨는 이를 무시하였다. 이후 다른 프로젝트를 진행하면서 지난번 실수와 동일한 실수를 다시 저지르면서 프로젝트에 큰 피해를 입혔다.

① 유비무환(有備無患)   ② 유유상종(類類相從)

③ 회자정리(會者定離)   ④ 개과불린(改過不吝)

⑤ 개세지재(蓋世之才)

| 해설 | 개과불린(改過不吝)은 '허물을 고침에 인색하지 말라. 잘못된 것이 있으면, 고치는 데 주저하지 않고 빨리 바로잡아 반복하지 말자'는 의미이다.

오답분석

① 유비무환(有備無患) : 준비가 있으면 근심이 없다.

② 유유상종(類類相從) : 같은 무리끼리 서로 사귐

③ 회자정리(會者定離) : 만남이 있으면 헤어짐도 있다.

⑤ 개세지재(蓋世之才) : 세상을 마음대로 다스릴 만한 뛰어난 재기(才氣) 또는 그러한 재기(才氣)를 가진 사람

정답 ④

---

02 언어추리

1. 연역 추론

이미 알고 있는 판단(전제)을 근거로 새로운 판단(결론)을 유도하는 추론이다. 연역 추론은 진리일 가능성을 따지는 귀납 추론과는 달리, 명제 간의 관계와 논리적 타당성을 따진다. 즉, 연역 추론은 전제들로부터 절대적인 필연성을 가진 결론을 이끌어내는 추론이다.

(1) 직접 추론 : 한 개의 전제로부터 중간적 매개 없이 새로운 결론을 이끌어내는 추론이며, 대우 명제가 그 대표적인 예이다.

> • 한국인은 모두 황인종이다. (전제)
> • 그러므로 황인종이 아닌 사람은 모두 한국인이 아니다. (결론 1)
> • 그러므로 황인종 중에는 한국인이 아닌 사람도 있다. (결론 2)

(2) 간접 추론 : 둘 이상의 전제로부터 새로운 결론을 이끌어내는 추론이다. 삼단논법이 가장 대표적인 예이다.

① **정언 삼단논법** : 세 개의 정언명제로 구성된 간접추론 방식이다. 세 개의 명제 가운데 두 개의 명제는 전제이고, 나머지 한 개의 명제는 결론이다. 세 명제의 주어와 술어는 세 개의 서로 다른 개념을 표현한다. (P는 대개념, S는 소개념, M은 매개념이다)

• 모든 곤충은 다리가 여섯이다. M은 P이다.	(대전제)
• 모든 개미는 곤충이다. S는 M이다.	(소전제)
• 그러므로 모든 개미는 다리가 여섯이다. S는 P이다.	(결론)

② **가언 삼단논법** : 가언명제로 이루어진 삼단논법을 말한다. 가언명제란 두 개의 정언명제가 '만일 ~ 이라면'이라는 접속사에 의해 결합된 복합명제이다. 여기서 '만일'에 의해 이끌리는 명제를 전건이라고 하고, 그 뒤의 명제를 후건이라고 한다. 가언 삼단논법의 종류로는 혼합가언 삼단논법과 순수가언 삼단논법이 있다.

  ㉠ 혼합가언 삼단논법 : 대전제만 가언명제로 구성된 삼단논법이다. 긍정식과 부정식 두 가지가 있으며, 긍정식은 'A면 B다. A다. 그러므로 B다.'이고, 부정식은 'A면 B다. B가 아니다. 그러므로 A가 아니다.'이다.

  • 만약 A라면 B다.
  • B가 아니다.
  • 그러므로 A가 아니다.

  ㉡ 순수가언 삼단논법 : 대전제와 소전제 및 결론까지 모두 가언명제들로 구성된 삼단논법이다.

  • 만약 A라면 B다.
  • 만약 B라면 C다.
  • 그러므로 만약 A라면 C다.

③ **선언 삼단논법** : '~이거나 ~이다.'의 형식으로 표현되며 전제 속에 선언명제를 포함하고 있는 삼단논법이다.

• 내일은 비가 오거나 눈이 온다.	A 또는 B이다.
• 내일은 비가 오지 않는다.	A가 아니다.
• 그러므로 내일은 눈이 온다.	그러므로 B다.

④ **딜레마 논법** : 대전제는 두 개의 가언명제로, 소전제는 하나의 선언명제로 이루어진 삼단논법으로, 양도추론이라고도 한다.

• 만일 네가 거짓말을 하면, 신이 미워할 것이다.	(대전제)
• 만일 네가 거짓말을 하지 않으면, 사람들이 미워할 것이다.	(대전제)
• 너는 거짓말을 하거나, 거짓말을 하지 않을 것이다.	(소전제)
• 그러므로 너는 미움을 받게 될 것이다.	(결론)

2. 귀납 추론

특수한 또는 개별적인 사실로부터 일반적인 결론을 이끌어 내는 추론을 말한다. 귀납 추론은 구체적 사실들을 기반으로 하여 결론을 이끌어 내기 때문에 필연성을 따지기보다는 개연성과 유관성, 표본성 등을 중시하게 된다. 여기서 개연성이란, 관찰된 어떤 사실이 같은 조건하에서 앞으로도 관찰될 수 있는가 하는 가능성을 말하고, 유관성은 추론에 사용된 자료가 관찰하려는 사실과 관련되어야 하는 것을 일컬으며, 표본성은 추론을 위한 자료의 표본 추출이 공정하게 이루어져야 하는 것을 가리킨다. 이러한 귀납 추론은 일상생활 속에서 많이 사용하고, 우리가 알고 있는 과학적 사실도 이와 같은 방법으로 밝혀졌다.

> • 히틀러는 사람이고 죽었다.
> • 스탈린도 사람이고 죽었다.
> • 그러므로 모든 사람은 죽는다.

그러나 전제들이 참이어도 결론이 항상 참인 것은 아니다. 단 하나의 예외로 인하여 결론이 거짓이 될 수 있다.

> • 성냥불은 뜨겁다.
> • 연탄불도 뜨겁다.
> • 그러므로 모든 불은 뜨겁다.

위 예문에서 '성냥불이나 연탄불이 뜨거우므로 모든 불은 뜨겁다.'라는 결론이 나왔는데, 반딧불은 뜨겁지 않으므로 '모든 불이 뜨겁다.'라는 결론은 거짓이 된다.

(1) 완전 귀납 추론

관찰하고자 하는 집합의 전체를 다 검증함으로써 대상의 공통 특질을 밝혀내는 방법이다. 이는 예외 없는 진실을 발견할 수 있다는 장점은 있으나, 집합의 규모가 크고 속성의 변화가 다양할 경우에는 적용하기 어려운 단점이 있다.

예 1부터 10까지의 수를 다 더하여 그 합이 55임을 밝혀내는 방법

(2) 통계적 귀납 추론

통계적 귀납 추론은 관찰하고자 하는 집합의 일부에서 발견한 몇 가지 사실을 열거함으로써 그 공통점을 결론으로 이끌어 내려는 방식을 가리킨다. 관찰하려는 집합의 규모가 클 때 그 일부를 표본으로 추출하여 조사하는 방식이 이에 해당하며, 표본 추출의 기준이 얼마나 적합하고 공정한가에 따라 그 결과에 대한 신뢰도가 달라진다는 단점이 있다.

예 여론조사에서 일부의 국민에 대한 설문 내용을 바탕으로, 이를 전체 국민의 여론으로 제시하는 것

(3) 인과적 귀납 추론

관찰하고자 하는 집합의 일부 원소들이 지닌 인과 관계를 인식하여 그 원인이나 결과를 이끌어 내려는 방식을 말한다.

① **일치법** : 공통적인 현상을 지닌 몇 가지 사실 중에서 각기 지닌 요소 중 어느 한 가지만 일치한다면 이 요소가 공통 현상의 원인이라고 판단

　　예 마을 잔칫집에서 돼지고기를 먹은 사람들이 집단 식중독을 일으켰다.

　　　따라서 식중독의 원인은 상한 돼지고기가 아닌가 생각한다.

② **차이법** : 어떤 현상이 나타나는 경우와 나타나지 않은 경우를 놓고 보았을 때, 각 경우의 여러 조건 중 단 하나만이 차이를 보인다면 그 차이를 보이는 조건이 원인이 된다고 판단

　　예 현수와 승재는 둘 다 지능이나 학습 시간, 학습 환경 등이 비슷한데 공부하는 태도에는 약간의 차이가 있다.

　　　따라서 둘의 성적이 차이를 보이는 것은 학습 태도의 차이 때문으로 생각된다.

③ **일치·차이 병용법** : 몇 개의 공통 현상이 나타나는 경우와 몇 개의 그렇지 않은 경우를 놓고 일치법과 차이법을 병용하여 적용함으로써 그 원인을 판단

　　예 학업 능력 정도가 비슷한 두 아동 집단에 대해 처음에는 같은 분량의 과제를 부여하고 나중에는 각기 다른 분량의 과제를 부여한 결과, 많이 부여한 집단의 성적이 훨씬 높게 나타났다. 이로 보아, 과제를 많이 부여하는 것이 적게 부여하는 것보다 학생의 학업 성적 향상에 도움이 된다고 판단할 수 있다.

④ **공변법** : 관찰하는 어떤 사실의 변화에 따라 현상의 변화가 일어날 때 그 변화의 원인이 무엇인지 판단

　　예 담배를 피우는 양이 각기 다른 사람들의 집단을 조사한 결과, 담배를 많이 피울수록 폐암에 걸릴 확률이 높다는 사실이 발견되었다.

⑤ **잉여법** : 앞의 몇 가지 현상이 뒤의 몇 가지 현상의 원인이며, 선행 현상의 일부분이 후행 현상의 일부분이라면, 선행 현상의 나머지 부분이 후행 현상의 나머지 부분의 원인임을 판단

　　예 어젯밤 일어난 사건의 혐의자는 정은이와 규민이 두 사람인데, 정은이는 알리바이가 성립되어 혐의 사실이 없는 것으로 밝혀졌다. 따라서 그 사건의 범인은 규민이일 가능성이 높다.

3. 유비 추론

두 개의 대상 사이에 일련의 속성이 동일하다는 사실에 근거하여 그것들의 나머지 속성도 동일하리라는 결론을 이끌어내는 추론, 즉 이미 알고 있는 것에서 다른 유사한 점을 찾아내는 추론을 말한다. 그렇기 때문에 유비 추론은 기준이 되는 사물이나 현상이 있어야 한다. 유비 추론은 가설을 세우는 데 유용하다. 이미 알고 있는 사례로부터 아직 알지 못하는 것을 생각해 봄으로써 쉽게 가설을 세울 수 있다. 이때 유의할 점은 이미 알고 있는 사례와 이제 알고자 하는 사례가 매우 유사하다는 확신과 증거가 있어야 한다. 그렇지 않은 상태에서 유비 추론에 의해 결론을 이끌어 내면, 그것은 개연성이 거의 없고 잘못된 결론이 될 수도 있다.

• 지구에는 공기, 물, 흙, 햇빛이 있다.	A는 a, b, c, d의 속성을 가지고 있다.
• 화성에는 공기, 물, 흙, 햇빛이 있다.	B는 a, b, c, d의 속성을 가지고 있다.
• 지구에 생물이 살고 있다.	A는 e의 속성을 가지고 있다.
• 그러므로 화성에도 생물이 살고 있을 것이다.	그러므로 B도 e의 속성을 가지고 있을 것이다.

※ 다음 제시문을 읽고 각 문제가 항상 참이면 ①, 거짓이면 ②, 알 수 없으면 ③을 고르시오.
[1~2]

> • 에어컨의 소비 전력은 900W이다.
> • TV의 소비 전력은 냉장고보다 100W 더 높다.
> • 세탁기의 소비 전력은 TV보다 높고, 에어컨보다 낮다.
> • 냉장고의 소비 전력 140W이다.

01 세탁기의 소비 전력은 480W이다.

① 참   ② 거짓   ③ 알 수 없음

> | 해설 | 제시된 조건에 따르면 세탁기의 소비 전력은 240W인 TV보다 높고, 900W인 에어컨보다 낮으므로 241 ~ 899W 사이임을 알 수 있다. 그러나 제시된 조건만으로 세탁기의 정확한 소비 전력은 알 수 없다.
>
> 정답 ③

02 4개의 가전제품 중 냉장고의 소비 전력이 가장 낮다.

① 참   ② 거짓   ③ 알 수 없음

> | 해설 | 소비 전력이 높은 순서대로 나열하면 '에어컨 – 세탁기 – TV – 냉장고' 순이다. 따라서 냉장고의 소비 전력이 가장 낮음을 알 수 있다.
>
> 정답 ①

1. 논리구조

논리구조에서는 주로 문장과 문장 간의 관계나 글 전체의 논리적 구조를 정확히 파악했는지를 묻는다. 글의 순서를 바르게 나열하는 유형이 출제되므로 제시문의 전체적인 흐름을 바탕으로 각 문단의 특징, 문단 간의 역할 등을 논리적으로 구조화할 수 있는 능력을 길러야 한다.

(1) 문장과 문장 간의 관계

① 상세화 관계 : 주지 → 구체적 설명(비교, 대조, 유추, 분류, 분석, 인용, 예시, 비유, 부연, 상술 등)

② 문제(제기)와 해결 : 한 문장이 문제를 제기하고, 다른 문장이 그 해결책을 제시하는 관계(과제 제시 → 해결 방안, 문제 제기 → 해답 제시)

③ 선후 관계 : 한 문장이 먼저 발생한 내용을 담고, 다음 문장이 나중에 발생한 내용을 담고 있는 관계

④ 원인과 결과 : 한 문장이 원인이 되고, 다른 문장이 그 결과가 되는 관계(원인 제시 → 결과 제시, 결과 제시 → 원인 제시)

⑤ 주장과 근거 : 한 문장이 필자가 말하고자 하는 바(주장)가 되고, 다른 문장이 그 문장의 증거(근거)가 되는 관계(주장 제시 → 근거 제시, 의견 제안 → 의견 설명)

⑥ 전제와 결론 관계 : 앞 문장에서 조건이나 가정을 제시하고, 뒤 문장에서 이에 따른 결론을 제시하는 관계

(2) 문장의 연결 방식

① 순접 : 원인과 결과, 부연 설명 등의 문장 연결에 쓰임
   예 그래서, 그리고, 그러므로 등

② 역접 : 앞글의 내용을 전면적 또는 부분적으로 부정
   예 그러나, 그렇지만, 그래도, 하지만 등

③ 대등·병렬 : 앞뒤 문장의 대비와 반복에 의한 접속
   예 및, 혹은, 또는, 이에 반하여 등

④ 보충·첨가 : 앞글의 내용을 보다 강조하거나 부족한 부분을 보충하기 위해 다른 말을 덧붙이는 문맥
   예 단, 곧, 즉, 더욱이, 게다가, 왜냐하면 등

⑤ 화제 전환 : 앞글과는 다른 새로운 내용을 이야기하기 위한 문맥
   예 그런데, 그러면, 다음에는, 이제, 각설하고 등

⑥ 비유·예시 : 앞글에 대해 비유적으로 다시 말하거나 구체적인 예를 보임
   예 예를 들면, 예컨대, 마치 등

(3) 논리구조의 원리 접근법

앞뒤 문장의 중심 의미 파악		앞뒤 문장의 중심 내용이 어떤 관계인지 파악		문장 간의 접속어, 지시어의 의미와 기능 파악		문장의 의미와 관계성 파악
각 문장의 의미를 어떤 관계로 연결해서 글을 전개하는지 파악해야 한다.	→	지문 안의 모든 문장은 서로 논리적 관계성이 있다.	→	접속어와 지시어를 음미하는 것은 독해의 길잡이 역할을 한다.	→	문단의 중심 내용을 알기 위한 기본 분석 과정이다.

핵심예제

다음 제시된 문장을 논리적 순서대로 바르게 나열한 것은?

(가) 그렇기 때문에 남녀 고용 평등의 확대를 위해 채용 목표제를 강화할 필요가 있다.

(나) 우리나라 대졸 이상 여성의 고용 비율은 OECD 국가 중 최하위인데 이는 채용 과정에서 여성이 부당한 차별을 받는 경우가 많다는 것을 보여준다.

(다) 우리나라 남녀 전체의 평균 고용 비율 격차는 31.8%p로 남성에 비해 여성의 고용 비율이 현저히 낮다.

(라) 강화된 법규가 준수될 수 있도록 정부의 계도와 감독 기능을 강화해야 할 것이다.

(마) 고용 시 여성에게 일정 비율을 할애하는 것은 남성에 대한 역차별이라는 주장이 있기는 하지만 남녀 고용 평등이 어느 정도 실현될 때까지 여성에 대한 배려는 불가피하다.

① (다) - (가) - (마) - (나) - (라)
② (다) - (나) - (라) - (가) - (마)
③ (라) - (가) - (나) - (다) - (마)
④ (라) - (나) - (마) - (다) - (가)
⑤ (라) - (다) - (가) - (나) - (마)

| 해설 | 제시문은 우리나라 여성의 고용 비율이 남성보다 낮기 때문에 여성의 고용에 대한 배려가 필요하다는 글이다. (다) 우리나라는 남성에 비해 여성의 고용 비율이 현저히 낮음 – (가) 남녀 고용 평등의 확대를 위한 채용 목표제의 강화 필요 – (마) 역차별이라는 주장과 현실적인 한계 – (나) 대졸 이상 여성의 고용 비율이 OECD 국가 중 최하위인 대한민국의 현실 – (라) 강화된 법규가 준수될 수 있도록 정부의 계도와 감독 기능이 강화 순으로 연결되어야 한다.

정답 ①

2. 논리적 이해

(1) 분석적 이해

글의 내용을 분석적으로 파악하는 것으로, 분석적 이해의 핵심은 글의 세부 내용을 파악하고, 이를 바탕으로 글의 중심 내용을 파악하는 것이다.

① 글을 구성하는 각 단위의 내용 관계 파악하기 : 글은 단어, 문장, 문단 등의 단위가 모여 이루어진다. 글을 이해하기 위해서는 개개의 단어와 단어들이 모여 이루어진 문장, 문장들이 모여 이루어진 문단의 내용을 정확하게 파악하고 각각의 의미 관계를 이해하는 것이 필요하다.

② 글의 중심 내용 파악하기 : 글의 작은 단위를 분석하여 부분적인 내용을 파악했더라도 글 전체의 중심 내용을 파악했다고 할 수 없다. 글의 중심 내용을 파악하는 데는 글을 구성하고 있는 각 단위, 특히 문단의 중심 내용이 중요하다. 따라서 글의 전체적인 맥락을 고려해야 하고, 중심 내용을 파악해 내는 기술이 필요하다.

③ 글의 전개 방식과 구조적 특징 파악하기 : 모든 글은 종류에 따라 다양한 전개 방식을 활용하고 있다. 대표적인 전개 방식은 서사, 비교, 대조, 열거, 인과, 논증 등이 있다. 이와 같은 전개 방식을 이해하면 글의 내용을 이해하는 데 큰 도움이 된다.

핵심예제

다음 글의 주제로 가장 적절한 것은?

> 우리 민족은 처마 끝의 곡선, 버선발의 곡선 등 직선보다는 곡선을 좋아했고, 그러한 곡선의 문화가 곳곳에 배어있다. 이것은 민요의 경우도 마찬가지이다. 서양 음악에서 '도'가 한 박이면 한 박, 두 박이면 두 박, 길든 짧든 같은 음이 곧게 지속되는데 우리 음악은 '시김새'에 의해 음을 곧게 내지 않고 흔들어 낸다. 시김새는 어떤 음높이의 주변에서 맴돌며 가락에 멋을 더하는 역할을 하는 장식음이다. 시김새란 '삭다'라는 말에서 나왔다. 그렇기 때문에 시김새라는 단어가 김치 담그는 과정에서 생겨났다고 볼 수 있다. 김치를 담글 때 무나 배추를 소금에 절여 숨을 죽이고 갖은 양념을 해서 일정 기간 숙성시켜 맛을 내듯, 시김새 역시 음악가가 손과 마음으로 삭여냈을 때 맛이 드는 것과 비슷하기 때문이다. 이 때문에 시김새가 '삭다'라는 말에서 나온 것으로 본다. 더욱이 같은 재료를 썼는데도 집집마다 김치 맛이 다르고, 지방에 따라 양념을 고르는 법이 달라 다른 맛을 내듯 시김새는 음악 표현의 질감을 달리하는 핵심 요소이다.

① 민요에서 볼 수 있는 우리 민족의 곡선 문화

② 시김새에 의한 민요의 특징

③ 시김새의 정의와 어원

④ 시김새와 김치의 공통점

⑤ 시김새에서 김치의 역할

| 해설 | 제시문은 민요의 시김새가 무엇인지 설명하고 있다. 시김새가 '삭다'라는 말에서 나온 단어라고 서술하고 있으므로 제시문의 주제는 시김새의 정의와 어원이다.

정답 ③

(2) 추론적 이해

제시문에 나와 있는 정보들의 관계를 파악하거나 글에서 명시되지 않은 생략된 내용을 상상하며 글을 읽고 내용을 파악하는 것이다. 제시문의 정보를 근거로 하여 글에 드러나 있지 않은 정보를 추리해 낼 수 있어야 한다.

① **내용의 추론** : 제시문의 정보를 바탕으로 숨겨진 의미를 찾거나 생략된 의미를 앞뒤 내용의 흐름 및 내용 정보의 관계를 통해서 짐작한 다음, 다른 상황에 적용할 수 있어야 한다.

   ㉠ 숨겨진 정보를 추리하기
   ㉡ 제시되지 않은 부분의 내용을 추리하기
   ㉢ 문맥 속의 의미나 함축적 의미를 추리하기
   ㉣ 알고 있는 지식을 다른 상황에 적용하기

② **과정의 추론** : 제시문에 설명된 정보에 대한 가정이나 그것의 전체 또는 대상을 보는 관점, 태도나 입장을 파악하는 것이다.

   ㉠ 정보의 가정이나 전제
   ㉡ 글을 쓰는 관점 추리하기
   ㉢ 글 속에 나타나는 대상 또는 정서 · 심리 상태, 어조 추리하기
   ㉣ 글을 쓰게 된 동기나 목적 추리하기

③ **구조의 추론**

   ㉠ 구성 방식 : 전체 글의 짜임새 및 단락의 짜임새
   ㉡ 구성 원리 : 정확한 의미 전달을 위한 통일성, 완결성, 일관성

핵심예제

다음 글을 읽고 추론할 수 있는 내용으로 가장 적절한 것은?

> 신화는 서사(Narrative)와 상호 규정적이다. 그런 의미에서 신화는 역사 · 학문 · 종교 · 예술과 모두 관련되지만, 그중의 어떤 하나만은 아니다. 예를 들면, '신화는 역사다.'라는 말이 하나의 전체일 수는 없다. 나머지인 학문 · 종교 · 예술 중 어느 하나라도 배제된다면 더 이상 신화가 아니기 때문이다. 신화는 이들의 복합적 총체이지만, 신화는 신화일 뿐 역사나 학문, 종교나 예술 자체일 수 없다.

① 신화는 현대 학문의 영역에서 배제되는 경향이 있다.
② 인류역사는 신화의 시대에서 형이상학의 시대로, 그리고 실증주의 시대로 이행하였다.
③ 신화는 종교 문학에 속하는 문학의 한 장르이다.
④ 신화는 예술과 상호 관련을 맺는 예술적 상관물이다.
⑤ 신화는 학문 · 종교 · 예술의 하위요소이다.

| 해설 | 제시문에서 신화는 역사 · 학문 · 종교 · 예술과 모두 관련된다고 하였으므로 예술과 상호 관련을 맺는다고 추론할 수 있다.

정답 ④

(3) 비판적 이해

제시문의 주요 논지에 대한 비판의 여지를 탐색하고 따져보거나 글이나 자료의 생성 과정 및 그것을 구성한 관점, 태도 등을 파악하는 등 글의 내용으로부터 객관적인 거리를 두고 판단하거나 평가함으로써 도달하는 것이다.

① **핵심어 이해** : 제시문이 객관적인지, 또는 현실과 어떤 연관성이 있는지 등을 판단해 본다. 그리고 핵심 개념을 정의하는 부분에 비논리적 내용이나 주제를 강조하기 위한 의도에서 오류는 없는지를 파악해 본다.

② **쟁점 파악** : 제시문의 핵심 내용을 파악했다면, 주장이 무엇인지, 그리고 타당한지를 비판적으로 고려해 보아야 한다.

③ **주장과 근거** : 제시문의 주제를 비판적으로 고려했다면, 그 주장이 어떤 근거에 바탕을 두고 있는지, 그리고 근거와 주장 사이에 논리적 오류가 없는지 비판적으로 생각해 본다.

핵심예제

다음 글의 주장에 대한 반박으로 적절하지 않은 것은?

> 텔레비전은 어른이나 아이 모두 함께 보는 매체이다. 더구나 텔레비전을 보고 이해하는 데는 인쇄 문화처럼 어려운 문제 해득력이나 추상력이 필요 없다. 그래서 아이들은 어른에게서 보다 텔레비전이나 컴퓨터에서 더 많은 것을 배운다. 이 때문에 오늘날의 어린이나 젊은이들에게서 어른에 대한 두려움이나 존경을 찾는 것은 쉽지 않은 일이다. 전통적인 역할과 행동을 기대하는 어른들이 어린이나 젊은이의 불손, 거만, 경망, 무분별한 '반사회적' 행동에 대해 불평하게 되는 것도 이런 이유 때문일 것이다.

① 가족과 텔레비전을 함께 시청하며 나누는 대화를 통해 아이들은 사회적 행동을 기를 수 있다.
② 텔레비전의 교육적 프로그램은 아이들의 예절 교육에 도움이 된다.
③ 정보 사회를 선도하는 텔레비전은 인간의 다양한 필요성을 충족시켜준다.
④ 아이들은 텔레비전보다 학교의 선생님이나 친구들과 더 많은 시간을 보낸다.
⑤ 어린이나 젊은이의 반사회적 행동은 개방적인 사회 분위기에 더 많은 영향을 받았다.

> | **해설** | 제시문에서는 아이들이 어른에게서보다 어려운 문제 해득력이나 추상력을 필요로 하지 않는 텔레비전을 통해서 더 많은 것을 배우므로 어린이나 젊은이들에게서 어른에 대한 두려움이나 존경을 찾기 어렵다고 주장한다. 이러한 주장에 대한 반박으로는 아이들은 텔레비전보다 학교의 선생님이나 친구들과 더 많은 시간을 보내고, 텔레비전이 아이들에게 부정적 영향만 끼치는 것은 아니며, 아이들의 그러한 행동에 영향을 미치는 다른 요인이 있다는 것이 적절하다. 따라서 텔레비전이 인간의 필요성을 충족시킨다는 ③은 주장에 대한 반박으로 적절하지 않다.
>
> **정답** ③

01 언어유추

※ 다음 제시된 단어의 대응 관계로 볼 때, 빈칸에 들어가기에 알맞은 것을 고르시오. [1~10]

01

> 암상 : 시기심 = ( ) : 답습

① 장난
② 흉내
③ 지원
④ 소풍
⑤ 그림자

02

> 거드름 : 거만 = 삭임 : ( )

① 신체
② 등산
③ 소화
④ 소통
⑤ 검진

03

> 얌전하다 : 참하다 = ( ) : 아결하다

① 반성하다
② 고결하다
③ 도도하다
④ 아름답다
⑤ 수수하다

04

보유하다 : 갖다 = 조성하다 : (　　)

① 벗어나다　　　　　　　　② 내보내다
③ 만들다　　　　　　　　　④ 받아들이다
⑤ 이탈하다

05

겨냥하다 : 가늠하다 = 다지다 : (　　)

① 진거하다　　　　　　　　② 겉잡다
③ 요량하다　　　　　　　　④ 약화하다
⑤ 강화하다

06

변변하다 : 넉넉하다 = 소요하다 : (　　)

① 치유하다　　　　　　　　② 한적하다
③ 공겸하다　　　　　　　　④ 소유하다
⑤ 소란하다

07

미비 : 완구 = 진취 : (　　)

① 완비　　　　　　　　　　② 퇴각
③ 퇴출　　　　　　　　　　④ 퇴로
⑤ 퇴영

08

> 만족 : 흡족 = 부족 : (   )

① 미미   ② 곤궁
③ 궁핍   ④ 결핍
⑤ 가난

09

> 요긴 : 중요 = 특성 : (   )

① 성질   ② 특별
③ 특이   ④ 특질
⑤ 특수

10

> 세입 : 세출 = 할인 : (   )

① 상승   ② 인상
③ 할증   ④ 감소
⑤ 인하

※ 다음 제시된 단어의 대응 관계로 볼 때, 빈칸에 들어가기에 알맞은 것끼리 짝지어진 것을 고르시오.
[11~19]

11

( ) : 시간 = ( ) : 차례

① 보내다, 지내다　　　　　　　　② 맞다, 비우다
③ 시각, 제사　　　　　　　　　　④ 시계, 순서
⑤ 웃다, 맞추다

12

피곤하다 : ( ) = ( ) : 밍밍하다

① 산뜻하다, 맹맹하다　　　　　　② 곤하다, 심심하다
③ 졸리다, 간간하다　　　　　　　④ 고달프다, 건건하다
⑤ 궁하다, 취하다

13

목수 : ( ) = ( ) : 운동

① 직업, 미장이　　　　　　　　　② 나무, 정지
③ 건축, 운동선수　　　　　　　　④ 설계도, 건강
⑤ 연장, 경기

14

( ) : 거대하다 = ( ) : 감퇴하다

① 미세하다, 수축하다　　　　　　② 왜소하다, 증진하다
③ 우람하다, 나아가다　　　　　　④ 광활하다, 증가하다
⑤ 높다랗다, 전진하다

15

선풍기 : 바람 = (   ) : (   )

① 하늘, 가뭄　　　　　　　　② 인쇄기, 종이
③ 제빙기, 얼음　　　　　　　④ 세탁기, 빨래
⑤ 믹서기, 칼날

16

(   ) : 탄소 = (   ) : 아미노산

① 그래핀, 탄수화물　　　　　② 석탄, DNA
③ 다이아몬드, 펩티드　　　　④ 메탄, 암모니아
⑤ 흑연, 단백질

17

(   ) : 곤충 = (   ) : 운동

① 비둘기, 심판　　　　　　　② 잠자리, 축구
③ 메뚜기, 경기　　　　　　　④ 개구리, 운동장
⑤ 메뚜기, 체육

18

명절 : (   ) = 양식 : (   )

① 추석, 어묵　　　　　　　　② 설날, 스테이크
③ 세배, 짬뽕　　　　　　　　④ 새해, 불고기
⑤ 광복절, 우동

19

( ) : 근면 = 부정 : ( )

① 근로, 부인
② 나태, 수긍
③ 성격, 실패
④ 성실, 납득
⑤ 자만, 투정

20 다음 중 사이시옷이 잘못 쓰인 것은?

① 숫자
② 귓밥
③ 제삿날
④ 예사일
⑤ 아랫마을

21 다음 밑줄 친 부분과 같거나 비슷한 의미를 가진 단어는?

말들은 떠다닌다, 모든 틈새로, <u>간극</u>으로, 미끄러지듯, 유영하며, 떠다니는 말꼬리를 붙잡고.

① 간헐
② 극간
③ 간조
④ 간섭
⑤ 간과

22 다음 중 밑줄 친 단어의 의미가 다른 것은?

① 어른들에게 반말하는 버릇을 <u>고쳐라</u>.
② 장마철이 오기 전에 지붕을 <u>고쳐라</u>.
③ 엉뚱한 원고를 <u>고치다</u>.
④ 늦잠 자는 습관을 <u>고치기가</u> 쉽지 않다.
⑤ 성종은 옷을 바로 잡으시고 자리를 <u>고쳐</u> 앉으시었다.

23 다음 중 24절기와 계절이 바르게 연결되지 않은 것은?

① 곡우(穀雨) – 봄   ② 청명(淸明) – 여름

③ 망종(芒種) – 여름   ④ 한로(寒露) – 가을

⑤ 동지(冬至) – 겨울

24 다음 밑줄 친 말은 모두 어떤 물건의 수효를 묶어서 세는 단위이다. 다음 중 수량이 가장 적은 것은?

① 굴비 두 갓   ② 명주 한 필

③ 탕약 세 제   ④ 달걀 한 꾸러미

⑤ 오이 한 거리

25 다음 중 나이를 나타내는 한자어가 잘못 연결된 것은?

① 상수(上壽) – 100세   ② 졸수(卒壽) – 90세

③ 미수(米壽) – 80세   ④ 진갑(進甲) – 62세

⑤ 지학(志學) – 15세

26 다음 중 호칭어가 잘못 연결된 것은?

① 부인의 언니 – 처형

② 부인의 남동생 – 처남

③ 부인의 여동생 – 처제

④ 부인의 남동생의 아내 – 제수

⑤ 부인의 여동생의 남편 – 동서

27 다음 중 높임표현이 옳지 않은 것은?

① 할아버지께서 진지를 드신다.

② 손님, 주문하신 커피 나오셨습니다.

③ 철수가 할아버지를 모시고 왔다.

④ 철수가 영희에게 책을 주었다.

⑤ 김서방, 밥 먹고 가게.

28 다음 중 맞춤법이 옳은 것끼리 바르게 짝지어진 것은?

> • 이번 일은 <u>금새 / 금세</u> 끝날 것이다.
> • 이 사건에 대해 <u>일절 / 일체</u> 말하지 않았다.
> • 새 프로젝트가 최고의 결과를 <u>낳았다 / 나았다</u>.

① 금세, 일체, 낳았다   ② 금새, 일체, 나았다

③ 금세, 일절, 나았다   ④ 금새, 일절, 나았다

⑤ 금세, 일절, 낳았다

29 다음 중 밑줄 친 부분의 띄어쓰기가 옳은 것은?

① 토마토는 <u>손 쉽게 가꿀 수 있는 채소이다.</u>

② 농협이 <u>발 빠르게 지원에 나서</u> 주목받고 있다.

③ <u>겨울한파에 언마음이</u> 따뜻하게 녹았으면 좋겠다.

④ 협동의 <u>깃발 아래 한 데 뭉치자.</u>

⑤ <u>도농간 소통하는 시간을</u> 통해 도시와 농촌이 하나가 되길 기대한다.

30 다음 상황에 어울리는 속담으로 가장 적절한 것은?

> SNS를 통해 맛집으로 유명해진 A가게가 개인사정으로 인해 문을 닫자, 그 옆 B가게로 사람들이 몰리기 시작했다.

① 싸움 끝에 정이 붙는다.

② 미련은 먼저 나고 슬기는 나중 난다.

③ 배부르니까 평안 감사도 부럽지 않다.

④ 호랑이 없는 골에 토끼가 왕 노릇 한다.

⑤ 잠결에 남의 다리 긁는다.

※ 제시문 A를 읽고, 제시문 B가 참인지 거짓인지 혹은 알 수 없는지 고르시오. [1~5]

01

[제시문 A]
• 야구를 좋아하는 사람은 여행을 좋아한다.
• 그림을 좋아하는 사람은 독서를 좋아한다.
• 여행을 좋아하지 않는 사람은 독서를 좋아하지 않는다.

[제시문 B]
그림을 좋아하는 사람은 여행을 좋아한다.

① 참   ② 거짓   ③ 알 수 없음

02

[제시문 A]
• 산을 정복하고자 하는 사람은 항상 도전정신과 끈기가 있다.
• 도전정신과 끈기가 있는 사람은 공부를 잘한다.

[제시문 B]
공부를 잘하는 사람은 산을 정복하고자 한다.

① 참   ② 거짓   ③ 알 수 없음

03

[제시문 A]
• 수박과 참외는 과즙이 많은 과일이다.
• 과즙이 많은 과일은 섭취하면 갈증해소와 이뇨작용에 좋다.

[제시문 B]
수박과 참외는 갈증해소와 이뇨작용에 좋다.

① 참   ② 거짓   ③ 알 수 없음

04

[제시문 A]
• 일본으로 출장을 간다면 중국으로는 출장을 가지 않는다.
• 중국으로 출장을 간다면 홍콩으로도 출장을 가야 한다.

[제시문 B]
홍콩으로 출장을 간 김대리는 일본으로 출장을 가지 않는다.

① 참   ② 거짓   ③ 알 수 없음

05

[제시문 A]
• 차가운 물로 샤워를 하면 순간적으로 체온이 내려간다.
• 체온이 내려가면 일정한 체온을 유지하기 위해 열이 발생한다.

[제시문 B]
차가운 물로 샤워를 하면 체온을 낮게 유지할 수 있다.

① 참   ② 거짓   ③ 알 수 없음

※ 다음 A와 B가 참일 때, C가 참인지 거짓인지 알 수 없는지 고르시오. [6~10]

06

A. 민수는 정현보다 나이가 많다.
B. 철수는 정현보다 나이가 많다.
C. 민수와 철수는 동갑이다.

① 참   ② 거짓   ③ 알 수 없음

07

A. 나무에 물을 주지 않으면 나무가 마를 것이다.
B. 나무는 마르지 않았다.
C. 나무에 물을 주었다.

① 참   ② 거짓   ③ 알 수 없음

08

A. 혜진이가 영어 회화 학원에 다니면 미진이는 중국어 회화 학원에 다닌다.
B. 미진이가 중국어 회화 학원에 다니면 아영이는 일본어 회화 학원에 다닌다.
C. 아영이가 일본어 회화 학원에 다니지 않으면 혜진이는 영어 회화 학원에 다니지 않는다.

① 참   ② 거짓   ③ 알 수 없음

09

A. 유화를 잘 그리는 모든 화가는 수채화를 잘 그린다.
B. 수채화를 잘 그리는 모든 화가는 한국화를 잘 그린다.
C. 유화를 잘 그리는 희정이는 한국화도 잘 그린다.

① 참   ② 거짓   ③ 알 수 없음

10

A. 사람에게서는 인슐린이라는 호르몬이 나온다.
B. 인슐린은 당뇨병에 걸리지 않게 하는 호르몬이다.
C. 인슐린이 제대로 생기지 않는 사람은 당뇨병에 걸리게 된다.

① 참   ② 거짓   ③ 알 수 없음

※ 다음 글을 읽고 각 문제가 항상 참이면 ①, 거짓이면 ②, 알 수 없으면 ③을 고르시오. [11~13]

청과물의 거래 방식으로 밭떼기, 수의계약, 경매가 있고, 이 중 한 가지를 농가가 선택한다고 하자. 밭떼기는 재배 초기에 수집 상인이 산지에 와서 계약하고 대금을 지급한 다음, 수확기에 가져가 도매시장의 상인에게 파는 방식이다. 수의계약은 수확기에 농가가 도매시장 내 도매상과의 거래를 성사시킨 후 직접 수확하여 보내는 방식인데, 이때 운송 책임은 농가가 진다. 경매는 농가가 수확한 청과물을 도매시장에 보내서 경매를 위임하는 방식인데, 도매시장에 도착해서 경매가 끝날 때까지 최소 하루가 걸린다.

같은 해 동일 품목의 경우, 수의계약의 평균거래가격과 경매의 평균거래가격은 밭떼기의 거래가격과 같다고 가정한다. 단, 생산량과 소비량의 변동으로 가격변동이 발생하는데, 도매시장에서의 가격변동 폭은 경매가 수의계약보다 크다.

농가 A ~ D는 여름철 청과물을 생산하는데, 안정된 가격에 팔기 원하는지와 거래가 완료될 때까지 신선도가 유지되는지만을 고려하여 재배 초기에 거래 방식을 결정한다. 이들 농장에서 도매시장까지의 거리는 D가 가장 가깝고, A와 B가 동일하게 가장 먼데, 가장 먼 곳이라도 6시간이면 시장까지 도착한다.

A와 B는 하루 안에 거래를 마쳐야 할 정도로 빨리 시드는 청과물을 생산한다. A는 안정된 가격에 팔기 원하지만, B는 가격의 변동을 이용하여 평균가격보다 높게 팔려고 한다.

C와 D가 생산하는 청과물은 빨리 시들지 않아 거래에 일주일 이상의 여유가 있다. C와 D는 B와 마찬가지로 가격의 변동을 이용하여 평균가격보다 높게 팔려고 하는데, 그 정도는 C와 D가 동일하다.

11 A와 B는 가장 선호하는 거래 방식이 다르지만, 가장 기피하는 거래 방식은 같다.

① 참   ② 거짓   ③ 알 수 없음

12 C와 D는 가장 선호하는 거래 방식이 같지만, 가장 기피하는 거래 방식은 다르다.

① 참   ② 거짓   ③ 알 수 없음

13 A ~ D가 각자 가장 선호하는 방식으로 거래할 때, 도매시장으로 오는 동안 발생하는 청과물의 품질 하락으로 인한 손실 가능성이 가장 적은 농가는 D뿐이다.

① 참   ② 거짓   ③ 알 수 없음

※ 다음 글을 읽고 각 문제가 항상 참이면 ①, 거짓이면 ②, 알 수 없으면 ③을 고르시오. [14~16]

세계보건기구(WHO)는 급성증세가 발생한 후 즉각적으로 혹은 6시간 이내에 사망한 경우를 돌연사라고 정의한다. 현재 대다수 학자들은 돌연사의 시간을 발병 후 1시간 내로 제한한다. 특징으로는 사망이 급작스러우며, 예기치 못한 자연사이거나, 외부의 타격이 없다는 점을 들 수 있다. 돌연사의 원인이 비록 분명하지는 않지만, 가장 많이 보이는 것은 심장혈관계 질병과 뇌혈관계의 질병으로 심근경색과 뇌출혈 등이다. 현대 사회의 과중한 스트레스와 빠른 생활리듬 속에서, 일부 현대인들은 스트레스를 해소하는 방법이 비교적 단조로워 폭음 혹은 흡연을 통해 감정적인 평정과 즐거움을 추구하곤 한다. 그러나 담배와 알코올의 남용은 심혈관계 질병과 뇌혈관계 질병을 유발할 수 있다. 게다가 과도한 피로는 간접적으로 돌연사의 가능성을 증가시킨다. 돌연사는 마치 예방이 불가능한 것처럼 보인다. 하지만 규칙적이고 건강한 생활 습관을 기르고 올바른 스트레스 해소법을 찾는 등 건강을 유지하면 돌연사의 발생 비율을 낮출 수 있을 것이다.

14 돌연사는 현대의 사회구조에 의해 나타난 현대적 질병이다.

① 참　　　　　　　　　② 거짓　　　　　　　　　③ 알 수 없음

15 만취해 귀가하던 도중 넘어지면서 머리를 잘못 부딪쳐, 넘어진 지 한 시간 안에 사망하였다면 돌연사라 볼 수 있다.

① 참　　　　　　　　　② 거짓　　　　　　　　　③ 알 수 없음

16 돌연사는 완벽한 예방이 가능하다.

① 참　　　　　　　　　② 거짓　　　　　　　　　③ 알 수 없음

※ 다음 글을 읽고 각 문제가 항상 참이면 ①, 거짓이면 ②, 알 수 없으면 ③을 고르시오. [17~19]

맨해튼 프로젝트는 제2차 세계대전 기간 중 미국이 주도한 원자폭탄 개발계획으로 최초의 거대과학 프로그램이었다. 우주공학과 우주과학을 포함하는 우주개발은 거대과학의 전형을 보여 준다. 소련의 스푸트니크 위성 발사는 냉전 시대 최고의 선전도구였다. 이 사건은 이듬해 미 항공우주국(NASA)을 탄생시키는 계기가 되었다. 미국은 1961년부터 우주에서의 우위를 점하기 위해 거대과학 우주 프로그램인 아폴로 계획을 출범시켰다. 1969년에는 아폴로 11호가 인간을 달에 착륙시키고 무사히 지구로 귀환했다. 우주개발 분야에서의 대표적인 거대과학은 국제우주정거장 건설이다. 미국, 유럽, 러시아, 일본 등 16개국이 참여해 지구 저궤도 400km에 건설하였다. 2003년 컬럼비아 우주왕복선의 사고와 소요 재원 문제로 일부 계획이 축소되었으나, 우주환경 이용 및 유인 우주활동을 위한 기반 정비를 목표로 지속 추진되었다. 국제우주정거장 건설에 소요된 비용은 200조 원에 달하였다. 최근에는 기술적 노후화와 유지 보수 비용 증가로 인해 퇴역이 예정되어 있다.

17 최초의 거대과학 프로그램으로 일본인이 다치는 결과가 발생하였다.

① 참   ② 거짓   ③ 알 수 없음

18 국제우주정거장 건설 사업에는 약 200억 달러의 비용이 소요되었다.

① 참   ② 거짓   ③ 알 수 없음

19 국제우주정거장 건설 사업에는 한국도 참여하였다.

① 참   ② 거짓   ③ 알 수 없음

※ 다음 제시문을 바탕으로 추론할 수 있는 것을 고르시오. [20~22]

20

> • 노란 상자는 초록 상자에 들어간다.
> • 파란 상자는 빨간 상자에 들어간다.
> • 빨간 상자와 노란 상자가 같은 크기이다.

① 파란 상자는 초록 상자에 들어가지 않는다.
② 초록 상자는 빨간 상자에 들어간다.
③ 초록 상자는 파란 상자에 들어가지 않는다.
④ 노란 상자는 빨간 상자에 들어간다.
⑤ 노란 상자에 초록 상자와 빨간 상자 모두 들어간다.

21

> • 한나는 장미를 좋아한다.
> • 노란색을 좋아하는 사람은 사과를 좋아하지 않는다.
> • 장미를 좋아하는 사람은 사과를 좋아한다.

① 사과를 좋아하지 않는 사람은 장미를 좋아한다.
② 노란색을 좋아하지 않는 사람은 사과를 좋아한다.
③ 장미를 좋아하는 사람은 노란색을 좋아한다.
④ 한나는 노란색을 좋아하지 않는다.
⑤ 사과를 좋아하는 사람은 장미를 싫어한다.

22

> • 어떤 학생은 책 읽기를 좋아한다.
> • 책 읽기를 좋아하는 사람의 대부분은 어린이다.
> • 모든 어린이는 유치원에 다닌다.

① 모든 학생은 어린이다.
② 모든 학생은 유치원에 다닌다.
③ 책 읽기를 좋아하는 사람 모두가 어린이는 아니다.
④ 책 읽기를 좋아하는 사람 모두 학생이다.
⑤ 모든 어린이는 책 읽기를 좋아한다.

※ 제시된 내용을 바탕으로 내린 A, B의 결론에 대한 판단으로 적절한 것을 고르시오. [23~25]

23

- 설사 등의 증세가 일어나면 생활에 나쁜 영향을 준다.
- 몸의 수분 비율이 일정 수치 이하로 떨어지면 탈수 현상이 발생한다.
- 설사 등의 증세가 일어나지 않았다는 것은 탈수 현상은 발생하지 않았다는 것이다.

A : 탈수 현상이 발생하면 생활에 나쁜 영향을 준다.
B : 몸의 수분 비율이 일정 수치 이하로 떨어지면 설사 등의 증세가 발생한다.

① A만 옳다.　　　　　　　　　　② B만 옳다.
③ A, B 모두 옳다.　　　　　　　　④ A, B 모두 틀리다.
⑤ A, B 모두 옳은지 틀린지 판단할 수 없다.

24

- 태민이는 닭고기보다 돼지고기를 좋아한다.
- 태민이는 닭고기보다 소고기를 좋아한다.
- 태민이는 소고기보다 오리고기를 좋아한다.
- 태민이는 오리고기보다 생선을 좋아한다.

A : 태민이는 돼지고기보다 오리고기를 좋아한다.
B : 태민이는 생선을 가장 좋아한다.

① A만 옳다.　　　　　　　　　　② B만 옳다.
③ A, B 모두 옳다.　　　　　　　　④ A, B 모두 틀리다.
⑤ A, B 모두 옳은지 틀린지 판단할 수 없다.

25

- 월요일부터 금요일까지 초등학생 방과 후 교실 도우미(1 ~ 5)를 배치할 계획이다.
- 도우미 1은 화요일 또는 수요일에 배치한다.
- 도우미 2는 도우미 3이 배치된 다음 날에 배치한다.
- 도우미 5는 목요일에 배치한다.

A : 도우미 4는 금요일에 배치된다.
B : 도우미 2는 화요일에 배치된다.

① A만 옳다.　　　　　　　　　　② B만 옳다.
③ A, B 모두 옳다.　　　　　　　　④ A, B 모두 틀리다.
⑤ A, B 모두 옳은지 틀린지 판단할 수 없다.

※ 다음 제시된 문장 또는 문단을 논리적 순서대로 바르게 나열한 것을 고르시오. **[1~3]**

01

> (가) 여름에는 찬 음식을 많이 먹거나 냉방기를 과도하게 사용하는 경우가 많은데, 그렇게 되면 체온이 떨어져 면역력이 약해지기 때문이다.
>
> (나) 만약 감기에 걸렸다면 탈수로 인한 탈진을 방지하기 위해 수분을 충분히 섭취해야 한다.
>
> (다) 특히 감기로 인해 열이 나거나 기침을 할 때에는 따뜻한 물을 여러 번에 나누어 먹는 것이 좋다.
>
> (라) 여름철 감기를 예방하기 위해서는 찬 음식은 적당히 먹어야 하고 냉방기에 장시간 노출되는 것을 피해야 하며, 충분한 휴식을 취하고, 집에 돌아온 후에는 손발을 꼭 씻어야 한다.
>
> (마) 일반적으로 감기는 겨울에 걸린다고 생각하지만 의외로 여름에도 감기에 걸린다.

① (가) – (다) – (나) – (라) – (마) 　　② (가) – (라) – (다) – (마) – (나)

③ (가) – (라) – (마) – (나) – (다) 　　④ (마) – (가) – (라) – (나) – (다)

⑤ (마) – (다) – (라) – (나) – (가)

02

> (가) 친환경 농업은 최소한의 농약과 화학비료만을 사용하거나 전혀 사용하지 않은 농산물을 일컫는다. 친환경 농산물이 각광받는 이유는 우리가 먹고 마시는 것들이 우리네 건강과 직결되기 때문이다.
>
> (나) 사실상 병충해를 막고 수확량을 늘리는 데 있어, 농약은 전 세계에 걸쳐 관행적으로 사용됐다. 깨끗이 씻어도 쌀에 남아있는 잔류농약을 완전히 제거하기는 어렵다. 잔류농약은 아토피와 각종 알레르기를 유발한다. 출산율을 저하하고 유전자 변이의 원인이 되기도 한다. 특히 제초제 성분이 체내에 들어올 경우, 면역체계에 치명적인 손상을 일으킨다.
>
> (다) 미국 환경보호청은 제초제 성분의 60%를 발암물질로 규정했다. 결국 더 많은 농산물을 재배하기 위한 농약과 제초제 사용이 오히려 인체에 치명적인 피해를 줄지 모를 '잠재적 위험요인'으로 자리매김한 셈이다.

① (가) – (나) – (다) 　　② (나) – (가) – (다)

③ (나) – (다) – (가) 　　④ (다) – (가) – (나)

⑤ (다) – (나) – (가)

03

(가) 그중에서도 우리나라의 나전칠기는 중국이나 일본보다 단조한 편이지만, 옻칠의 질이 좋고 자개 솜씨가 뛰어나 우리나라 칠공예만의 두드러진 개성을 가진다. 전래 초기에는 주로 백색의 야광패를 사용하였으나 후대에는 청록 빛깔을 띤 복잡한 색상의 전복껍데기를 많이 사용하였다. 우리나라의 나전칠기는 일반적으로 목제품의 표면에 옻칠을 하고 그것에다 한층 치레 삼아 첨가한다.

(나) 이러한 나전칠기는 특히 통영의 것이 유명하다. 이는 예로부터 통영에는 나전의 원료가 되는 전복이 많이 생산되었으며, 인근 내륙 및 함안지역의 질 좋은 옻이 나전칠기가 발달하는 데 주요 원인이 되었기 때문이다. 이에 통영시는 지역 명물 나전칠기를 널리 알리기 위해 매년 10월 통영 나전칠기축제를 개최하여 400년을 이어온 통영지방의 우수하고 독창적인 공예법을 소개하고 작품도 전시한다.

(다) 제작방식은 우선 전복껍데기를 얇게 하여 무늬를 만들고 백골에 모시 천을 바른 뒤, 칠과 호분을 섞어 표면을 고른다. 그 후 칠죽 바르기, 삼베 붙이기, 탄회 칠하기, 토회 칠하기를 통해 제조과정을 끝마친다. 또한 문양을 내기 위해 나전을 잘라내는 방법에는 주름질(자개를 문양 형태로 오려낸 것), 이음질(문양구도에 따라 주름대로 문양을 이어가는 것), 끊음질(자개를 실같이 가늘게 썰어서 문양 부분에 모자이크 방법으로 붙이는 것)이 있다.

(라) 나전칠기는 기물에다 무늬를 나타내는 대표적인 칠공예의 장식기법의 하나로 얇게 깐 조개껍데기를 여러 가지 형태로 오려내어 기물의 표면에 감입하여 꾸미는 것을 통칭한다. 우리나라는 목기와 더불어 칠기가 발달했는데, 이러한 나전기법은 중국 주대(周代)부터 이미 유행했고 당대(唐代)에 성행하여 한국과 일본에 전해진 것으로 보인다. 나전기법은 여러 나라를 포함한 아시아 일원에 널리 보급되어 있고 지역에 따라 독특한 성격을 가진다.

① (나) - (다) - (가) - (라)
② (나) - (가) - (다) - (라)
③ (다) - (나) - (라) - (가)
④ (라) - (가) - (다) - (나)
⑤ (라) - (다) - (나) - (가)

04 다음 제시된 문단 뒤에 이어질 문단을 논리적 순서대로 바르게 나열한 것은?

구체적 행위에 대한 도덕적 판단 문제를 다루는 것이 규범 윤리학이라면, 옳음의 의미 문제, 도덕적 진리의 존재 문제 등과 같이 규범 윤리학에서 사용하는 개념과 원칙에 대해 다루는 것은 메타 윤리학이다. 메타 윤리학에서 도덕 실재론과 정서주의는 '옳음'과 '옳지 않음'의 의미를 이해하는 방식과 도덕적 진리의 존재 여부에 대해 상반된 주장을 펼친다.

(가) 따라서 '옳다' 혹은 '옳지 않다'리는 도덕적 판단을 내리지만, 과학적 진리와 같은 도덕적 진리는 없다는 입장을 보인다.

(나) 도덕 실재론에서는 도덕적 판단과 도덕적 진리를 과학적 판단 및 과학적 진리와 마찬가지라고 본다.

(다) 한편, 정서주의에서는 어떤 도덕적 행위에 대해 도덕적으로 옳음이나 도덕적으로 옳지 않음이라는 성질은 객관적으로 존재하지 않는 것이고 도덕적 판단도 참 또는 거짓으로 판정되는 명제를 나타내지 않는다.

(라) 즉, 과학적 판단이 '참' 또는 '거짓'을 판정할 수 있는 명제를 나타내고 이때 참으로 판정된 명제를 과학적 진리라고 부르는 것처럼, 도덕적 판단도 참 또는 거짓으로 판정할 수 있는 명제를 나타내고 참으로 판정된 명제가 곧 도덕적 진리라고 규정하는 것이다.

① (다) – (라) – (나) – (가)   ② (나) – (가) – (다) – (라)
③ (가) – (나) – (다) – (라)   ④ (나) – (라) – (다) – (가)
⑤ (다) – (가) – (나) – (라)

※ 다음 글의 빈칸 ㉠ ～ ㉢에 들어갈 말을 바르게 짝지은 것을 고르시오. [5~6]

05

각 시대에는 그 시대의 특징을 나타내는 문학이 있다고 한다. 우리나라도 무릇 사천 살이 넘는 생활의 역사를 가진 만큼 그 발전 시기마다 각각 특색을 가진 문학이 없을 수 없고, 문학이 있었다면 그 중추가 되는 것은 아무래도 시가문학이라고 볼 수밖에 없다. _____㉠_____ 대개 어느 민족을 막론하고 인간 사회가 성립하는 동시에 벌써 각자의 감정과 의사를 표시하려는 욕망이 생겼을 것이며, 삼라만상의 대자연은 자연 그 자체가 율동적이고 음악적이라고 할 수 있기 때문이다. 다시 말하면 인간이 생활하는 곳에는 자연적으로 시가가 발생하였다고 할 수 있다. _____㉡_____ 사람의 지혜가 트이고 비교적 언어의 사용이 능란해짐에 따라 종합 예술체의 한 부분으로 있었던 서정문학적 요소가 분화·독립되어 제요나 노동요 따위의 시가의 원형을 이루고 다시 이 집단적 가요는 개인적 서정시로 발전하여 갔으리라 추측된다. _____㉢_____ 다른 나라도 마찬가지이겠지만, 우리 문학사상에서 시가의 지위는 상당히 중요한 몫을 지니고 있다.

	㉠	㉡	㉢
①	왜냐하면	그리고	그러므로
②	그리고	왜냐하면	그러므로
③	그러므로	그리고	왜냐하면
④	왜냐하면	그러나	그럼에도 불구하고
⑤	그러나	왜냐하면	그러므로

06

일회용 플라스틱 용기와 각종 플라스틱 제품에는 삼각형 모양의 마크와 숫자가 새겨져 있다. 우리는 이 숫자를 통해 플라스틱 제품에 사용된 플라스틱의 종류를 알 수 있다. _____㉠_____ 5번은 질량이 가볍고 내구성이 강한 폴리프로필렌으로, 내열 온도가 매우 높아 고온에서 변형되거나 호르몬을 배출하지 않는다. _____㉡_____ 주로 컵이나 도시락, 주방 소도구 등을 만들 때 사용된다. 6번의 폴리스티렌은 성형성이 우수해 활용하기 쉽고 가벼워 주로 요구르트병으로 만들어진다. _____㉢_____ 내열 온도가 70 ~ 90°C로 내열성이 약해 뜨거운 것이 닿으면 쉽게 녹으며, 재활용도 어려워서 환경을 위해서 사용하지 않는 것이 좋다.

	㉠	㉡	㉢
①	그러나	즉	반면에
②	한편	그러므로	그리고
③	한편	그러므로	또한
④	예를 들어	그래서	그러나
⑤	예를 들어	그러나	그래서

07 다음은 '나트륨 과다 섭취의 개선'에 대한 글을 쓰기 위해 작성한 개요이다. 다음 개요를 수정·보완 및 자료 제시 방안으로 적절하지 않은 것은?

Ⅰ. 서론 : 한국인의 나트륨 과다 섭취 현황 ……………………………… ㉠
Ⅱ. 본론
    1. 나트륨 과다 섭취의 문제점
        1) 고혈압, 관상동맥질환 등 심혈관계 질환의 위험 증가 …………… ㉡
        2) 골다공증, 위암 등의 발병 확률 증가
    2. 나트륨 과다 섭취의 원인
        1) 개인적 측면 : 식품의 나트륨 함유량에 대한 관심 부족
        2) 사회적 측면 : _____ …………………………… ㉢
    3. 나트륨 과다 섭취의 개선 방안 ………………………………………… ㉣
        1) 식품 구매 시 영양 성분표를 확인하는 습관 필요
        2) 균형 잡힌 식단을 제공하는 정부의 급식소 확대
Ⅲ. 결론 : 나트륨 섭취 감소를 위한 노력이 필요하다. …………………… ㉤

① ㉠ : 나트륨 일일 권장 섭취량과 한국인의 나트륨 평균 일일 섭취량을 비교한 통계 자료를 제시한다.
② ㉡ : 나트륨 섭취량이 많은 사람과 그렇지 않은 사람과의 비교를 통해 나트륨 과다 섭취의 문제점을 드러낸다.
③ ㉢ : 'Ⅱ - 3 - 2)'의 내용을 고려하여 '국과 찌개류를 즐겨 먹는 식습관'을 추가한다.
④ ㉣ : 'Ⅱ - 2'의 내용을 고려하여 '개인적 측면'과 '사회적 측면'에서의 개선 방안으로 나누어 제시한다.
⑤ ㉤ : 개요의 흐름을 고려하여 '한국인의 나트륨 과다 섭취를 개선하기 위해 개인과 사회의 노력이 필요하다.'로 수정한다.

08 다음은 '온라인상의 저작권 침해'에 대한 글을 쓰기 위해 작성한 개요이다. 개요의 수정ㆍ보완 및 자료 제시 방안으로 적절하지 않은 것은?

Ⅰ. 서론 : 온라인상에서의 저작권 침해 실태 ⋯⋯⋯⋯⋯⋯⋯⋯⋯⋯⋯⋯ ㉠
Ⅱ. 본론
    1. 온라인상에서의 저작권 침해 문제가 발생하는 원인
        가. 온라인 특성상 정보를 공유해야 한다는 의식 부족 ⋯⋯⋯⋯⋯ ㉡
        나. 해외 서버의 불법 복제를 단속하기 위한 다른 나라와의 협조 체제 미비
        다. 확인되지 않은 악성 루머의 유포 ⋯⋯⋯⋯⋯⋯⋯⋯⋯⋯⋯⋯⋯ ㉢
    2. 온라인상에서의 저작권 침해 문제의 해결 방안
        가. 온라인상에서의 저작권 보호 의식 제고를 위한 교육 실시
        나. ＿＿＿＿＿＿＿＿＿＿＿＿＿＿ ⋯⋯⋯⋯⋯⋯⋯⋯⋯⋯⋯⋯ ㉣
Ⅲ. 결론 : 온라인상에서의 저작권 보호 ⋯⋯⋯⋯⋯⋯⋯⋯⋯⋯⋯⋯⋯⋯⋯ ㉤

---

① ㉠ : 온라인상에서의 저작권 침해 사례를 보도한 신문 기사를 제시한다.

② ㉡ : 상위 항목을 고려하여 '온라인 특성상 저작권을 보호해야 한다는 의식 부족'으로 고친다.

③ ㉢ : 글의 주제를 고려하여 삭제한다.

④ ㉣ : 'Ⅱ-1-나'의 내용을 고려하여 '업로드 속도를 향상하기 위한 국내 서버 증설'이라는 내용을 추가한다.

⑤ ㉤ : 내용을 구체화하기 위해 '온라인상에서의 저작권 보호를 위한 개인과 정부의 행동 촉구'로 수정한다.

09 다음 뉴스의 일부분을 보고 사회자가 출연자에게 질문할 내용으로 가장 적절한 것은?

사회자 : 오죽하면 감사원도 국세청이 제대로 조사했는지 감사하고 있다, 이런 보도도 있었습니다. 그 감사는 지금도 진행 중인 겁니까?

출연자 : 지난해에 감사원 관계자, 실질감사를 하는 관계자와 저희 취재진이 통화를 한 적이 있는데 특별감사를 했습니다. 국세청에 대한 정기감사가 있는데요. 감사의 목적은 국세청이 이의 제기를 제대로 하지 않는가 그래서 왜 48명만 선별해 조사했는가, 이 부분에 주목해서 감사를 했다고 그러는데 실제 그 당시까지 감사 상황이 순탄하지 않고 자료만 보관하고 있는 수준이었다. 그다음에 뭐 내부에 보니까 추후 조사계획도 뚜렷하게 세워놓지 않은 것으로 보였다, 이런 이야기를 했습니다. 그래서 감사원이 이 특별감사결과를 빠르면 지난해 11월 말쯤에 발표하기로 했는데 그것도 해를 넘기고 지금까지 상황이 아직 공식발표가 나오지는 않고 있죠.

사회자 : 그러면 사실 밝혀지기도 어려운 그런 자료를 탐사보도 언론인 회원들의 노력으로 한두 건 발표를 했는데 추후 조치가 지금 제대로 안 이루어지고 있는 상황이군요.

출연자 : 네, 그런 상태죠.

사회자 : _____

출연자 : 기본적으로 의지가 없다고 보고요.

---

① 그 다음은 어떻게 진행될 것 같습니까?

② 이 문제를 어떻게 해결할 수 있을까요?

③ 그 원인이 무엇이라고 생각하십니까?

④ 이 일에 관련된 사람이 얼마나 많을까요?

⑤ 국민이 이 사실을 알고 있을까요?

10 다음 글의 중심 내용으로 가장 적절한 것은?

맹자는 다음과 같은 이야기를 전한다. 송나라의 한 농부가 밭에 나갔다 돌아오면서 처자에게 말한다. "오늘 일을 너무 많이 했다. 밭의 싹들이 빨리 자라도록 하나하나 잡아당겨줬더니 피곤하구나." 아내와 아이가 밭에 나가보았더니 싹들이 모두 말라 죽어 있었다. 이렇게 자라는 것을 억지로 돕는 일, 즉 조장(助長)을 하지 말라고 맹자는 말한다. 싹이 빨리 자라기를 바란다고 싹을 억지로 잡아 올려서는 안 된다. 목적을 이루기 위해 가장 빠른 효과를 얻고 싶겠지만 이는 도리어 효과를 놓치는 길이다. 억지로 효과를 내려고 했기 때문이다. 싹이 자라기를 바라 싹을 잡아당기는 것은 이미 시작된 과정을 거스르는 일이다. 효과가 자연스럽게 나타날 가능성을 방해하고 막는 일이기 때문이다. 당연히 싹의 성장 가능성은 땅속의 씨앗에 들어있는 것이다. 개입하고 힘을 쏟고자 하는 대신에 이 잠재력을 발휘할 수 있도록 하는 것이 중요하다.

피해야 할 두 개의 암초가 있다. 첫째는 싹을 잡아당겨서 직접적으로 성장을 이루려는 것이다. 이는 목적성이 있는 적극적 행동주의로써 성장의 자연스러운 과정을 존중하지 않는 것이다. 달리 말하면 효과가 숙성되도록 놔두지 않는 것이다. 둘째는 밭의 가장자리에 서서 자라는 것을 지켜보는 것이다. 싹을 잡아당겨서도 안 되고 그렇다고 단지 싹이 자라는 것을 지켜만 봐서도 안 된다. 그렇다면 무엇을 해야 하는가? 싹 밑의 잡초를 뽑고 김을 매주는 일을 해야 하는 것이다. 경작이 용이한 땅을 조성하고 공기를 통하게 함으로써 성장을 보조해야 한다. 기다리지 못함도 삼가고 아무것도 안함도 삼가야 한다. 작동 중에 있는 자연스런 성향이 발휘되도록 기다리면서도 전력을 다할 수 있도록 돕는 노력도 멈추지 말아야 한다.

① 인류사회는 자연의 한계를 극복하려는 인위적 노력에 의해 발전해 왔다.
② 싹이 스스로 성장하도록 그대로 두는 것이 수확량을 극대화하는 방법이다.
③ 어떤 일을 진행할 때 가장 중요한 것은 명확한 목적성을 설정하는 것이다.
④ 잠재력을 발휘하도록 하려면 의도적 개입과 방관적 태도 모두를 경계해야 한다.
⑤ 자연의 순조로운 운행을 방해하는 인간의 개입은 예기치 못한 화를 초래할 것이다.

11

'새'는 하나의 범주이다. [+동물], [+날 것]과 같이 성분 분석을 한다면 우리 머릿속에 떠오른 '새'의 의미를 충분히 설명했다고 보기 어렵다. 성분 분석 이론의 의미자질 분석은 단순할 뿐이다. 이것이 실망스런 이유는 성분 분석 이론의 '새'에 대한 의미 기술이 고작해야 다른 범주, 즉 조류가 아닌 다른 동물 범주와 구별해 주는 정도밖에 되지 못했기 때문이다. 아리스토텔레스 이래로 하나의 범주는 경계가 뚜렷한 실재물이며, 범주의 구성원은 서로 동등한 자격을 가지고 있다고 믿어 왔다. 그리고 범주를 구성하는 단위는 자질들의 집합으로 설명될 수 있다고 생각해 왔다. 앞에서 보여 준 성분 분석 이론 역시 그런 고전적인 범주 인식에 바탕을 두고 있다. 어휘의 의미는 의미 성분, 곧 의미자질들의 총화로 기술될 수 있다고 믿는 것, 그것은 하나의 범주가 필요충분조건으로 이루어져 있다는 가정에서만이 가능한 것이었다. 그러나 '새'의 범주를 떠올려 보면, 범주의 구성원들끼리 결코 동등한 자격을 가지고 있지 않다. 가장 원형적인 구성원이 있는가 하면, 덜 원형적인 것, 주변적인 것도 있는 것이다. 이렇게 고전 범주화 이론과 차별되는 범주에 대한 새로운 인식은 인지 언어학에서 하나의 혁명으로 간주되었다.

① 고전 범주화 이론의 한계
② '새'가 갖는 성분 분석의 이론적 의미
③ '새'의 성분 분석 결과
④ 성분 분석 이론의 바탕
⑤ '새'의 범주의 필요충분조건

12

멸균이란 곰팡이, 세균, 박테리아, 바이러스 등 모든 미생물을 사멸시켜 무균 상태로 만드는 것을 의미한다. 멸균 방법에는 물리적, 화학적 방법이 있으며, 멸균 대상의 특성에 따라 적절한 멸균 방법을 선택하여 실시할 수 있다. 먼저 물리적 멸균법에는 열이나 화학약품을 사용하지 않고 여과기를 이용하여 세균을 제거하는 여과법, 병원체를 불에 태워 없애는 소각법, 100℃에서 10 ~ 20분간 물품을 끓이는 자비소독법, 미생물을 자외선에 직접 노출시키는 자외선 소독법, 160 ~ 170℃의 열에서 1 ~ 2시간 동안 건열 멸균기를 사용하는 건열법, 포화된 고압증기 형태의 습열로 미생물을 파괴시키는 고압증기 멸균법 등이 있다. 다음으로 화학적 멸균법은 화학약품이나 가스를 사용하여 미생물을 파괴하거나 성장을 억제하는 방법을 말한다. 여기에는 E.O 가스, 알코올, 염소 등 여러 가지 화학약품이 사용된다.

① 멸균의 중요성   ② 뛰어난 멸균 효과
③ 다양한 멸균 방법   ④ 멸균 시 발생할 수 있는 부작용
⑤ 실생활에서 사용되는 멸균

13

맥주의 주원료는 양조용수·보리·홉 등이다. 맥주를 양조하기 위해서는 일반적으로 맥주생산량의 10 ~ 20배 정도 되는 물이 필요하며, 이것을 양조용수라고 한다. 양조용수는 맥주의 종류와 품질을 좌우하며, 무색·무취·투명해야 한다. 보리를 싹틔워 맥아로 만든 것을 사용하여 맥주를 제조하는데, 맥주용 보리로는 곡립이 고르고 녹말질이 많으며 단백질이 적은 것, 그리고 곡피(穀皮)가 얇으며 발아력이 왕성한 것이 좋다. 홉은 맥주 특유의 쌉쌀한 향과 쓴맛을 만들어 내는 주요 첨가물이며, 맥주를 맑게 하고 잡균의 번식을 막아주는 역할을 한다.

맥주의 제조공정을 살펴보면 맥아제조, 담금, 발효, 저장, 여과의 다섯 단계로 나눌 수 있다. 이 중 발효공정은 맥즙이 발효되어 술이 되는 과정을 말하는데, 효모가 발효탱크 속에서 맥즙에 있는 당분을 알코올과 탄산가스로 분해한다. 이 공정은 1주일간 이어지며, 그동안 맥즙 안에 있던 당분은 점점 줄어들고 알코올과 탄산가스가 늘어나 맥주가 되는 것이다. 이때 발효 중 맥즙의 온도 상승을 막기 위해 탱크를 냉각 코일로 감고 그 표면을 하얀 폴리우레탄으로 단열시키는데, 그 모습이 마치 남극의 이글루처럼 보이기도 한다.

발효의 방법에 따라 하면발효 맥주와 상면발효 맥주로 구분되는데, 이는 어떤 온도에서 발효시키느냐에 달려있다. 세계 맥주 생산량의 70%를 차지하는 하면발효 맥주는 발효 중 밑으로 가라앉는 효모를 사용해 저온에서 발효시킨 맥주를 말한다. 요즘 유행하는 드래프트비어가 바로 여기에 속한다. 반면, 상면발효 맥주는 주로 영국, 미국, 캐나다, 벨기에 등에서 생산되며 발효 중 표면에 떠오르는 효모로 비교적 높은 온도에서 발효시킨 맥주를 말한다. 에일, 스타우트 등이 상면발효 맥주에 포함된다.

① 맥주의 제조공정
② 맥주의 발효 과정
③ 맥주의 주원료와 발효 방법에 따른 맥주의 종류
④ 주원료에 따른 맥주의 발효 방법 분류
⑤ 홉과 발효 방법의 종류에 따른 맥주 구분법

PART 1

14

쿤이 말하는 과학혁명의 과정을 명확하게 하기 위해 세 가지 질문을 던져보자. 첫째, 새 이론을 제일 처음 제안하고 지지하는 소수의 과학자들은 어떤 이유에서 그렇게 하는가? 기존 이론이 이상 현상 때문에 위기에 봉착했다고 판단했기 때문이다. 기존 이론은 이미 상당한 문제 해결 능력을 증명한 바 있다. 다만 기존 이론이 몇 가지 이상 현상을 설명할 능력이 없다고 판단한 과학자들이 나타났을 뿐이다. 이런 과학자들 중 누군가가 새 이론을 처음 제안했을 때 기존 이론을 수용하고 있는 과학자 공동체는 새 이론에 호의적이지 않을 것이다. 당장 새 이론이 기존 이론보다 더 많은 문제를 해결할 리가 없기 때문이다. 그럼에도 불구하고 기존 이론이 설명하지 못하는 이상 현상을 새 이론이 설명한다는 것이 과학혁명의 출발점이다.

둘째, 다른 과학자들은 어떻게 기존 이론을 버리고 새로 제안된 이론을 선택하는가? 새 이론은 여전히 기존 이론보다 문제 해결의 성과가 부족하다. 하지만 선구적인 소수 과학자들의 연구활동과 그 성과에 자극을 받아 새 이론을 선택하는 과학자들은 그것이 앞으로 점점 더 많은 문제를 해결하리라고, 나아가 기존 이론의 문제 해결 능력을 능가하리라고 기대한다. 이러한 기대는 이론의 심미적 특성 같은 것에 근거한 주관적 판단이고, 그와 같은 판단은 개별 과학자의 몫이다. 물론 이러한 기대는 좌절될 수도 있고, 그 경우 과학혁명은 좌초된다.

셋째, 과학혁명이 일어날 때 과학자 공동체가 기존 이론을 버리고 새 이론을 선택하도록 하는 결정적인 요인은 무엇인가? 이 물음에서 선택의 주체는 더 이상 개별 과학자가 아니라 과학자 공동체이다. 하지만 과학자 공동체는 결국 개별 과학자들로 이루어져 있다. 그렇다면 문제는 과학자 공동체를 구성하는 과학자들이 어떻게 이론을 선택하는가이다. 하지만 이 단계에서 모든 개별 과학자들의 선택 기준은 더 이상 새 이론의 심미적 특성이나 막연한 기대가 아니다. 과학자들은 새 이론이 해결하는 문제의 수와 범위가 기존 이론의 그것보다 크다고 판단할 경우 새 이론을 선택할 것이다. 과학자 공동체의 대다수 과학자들이 이렇게 판단하게 되면 그것은 과학자 공동체가 새 이론을 선택한 것이고, 이로써 쿤이 말하는 과학 혁명이 완성된다.

① 과학혁명 초기 과정은 소수의 과학자들이 문제 해결의 성과가 큰 새 이론을 선택하는 것이다.
② 기존 이론과 새 이론이 어떤 현상을 모두 설명하면 과학자들은 새 이론을 선택할 확률이 높다.
③ 과학혁명의 계기는 기존의 이론이 설명하지 못하는 현상이 존재할 때이다.
④ 과학자들은 어떤 이론을 판단할 때 심미적 특성과 같은 주관적 판단을 철저히 배제한다.
⑤ 과학자 공동체의 움직임은 권위 있는 과학자들의 의견에 따른 것이기 때문에 개별 과학자들의 입장과 차이가 있다.

15

멋이라는 것도 일상생활의 단조로움이나 생활의 압박에서 해방되려는 노력의 하나일 것이다. 끊임없이 일상의 복장, 그 복장이 주는 압박감에서 벗어나기 위해 옷을 잘 차려 입는 사람은 그래서 멋쟁이이다. 또는 삶을 공리적 계산으로서가 아니라 즐김의 대상으로 볼 수 있게 해 주는 활동, 가령 서도(書道)라든가 다도(茶道)라든가 꽃꽂이라든가 하는 일을 과외로 즐길 줄 아는 사람을 우리는 생활의 멋을 아는 사람이라고 말한다. 그러나 그렇다고 해서 값비싸고 화려한 복장, 어떠한 종류의 스타일과 수련을 전제하는 활동만이 멋을 나타내는 것이 아니다. 경우에 따라서는 털털한 옷차림, 겉으로 내세울 것이 없는 소탈한 생활 태도가 멋있게 생각될 수도 있다. 기준적인 것에 변화를 더하는 것이 중요한 것이다. 그러나 기준으로부터의 편차가 너무 커서는 안 된다. 혐오감을 불러일으킬 정도의 몸가짐, 몸짓 또는 생활 태도는 멋이 있는 것으로 생각되지 않는다. 편차는 어디까지나 기준에 의해서만 존재하는 것이다.

① 다양한 종류의 옷을 가지고 있는 사람은 멋쟁이이다.
② 값비싸고 화려한 복장을 하는 사람은 공리적 계산을 하는 사람이다.
③ 소탈한 생활 태도를 갖는 것이 가장 중요하다.
④ 꽃꽂이를 과외로 즐길 줄 아는 사람은 생활의 멋을 아는 사람이다.
⑤ 차는 종류별로 즐길 줄 알아야 진정한 멋을 아는 사람이다.

※ 다음 글의 내용으로 적절하지 않은 것을 고르시오. [16~18]

16

우리나라만이 갖는 선과 형태의 특성은 부드러움 속에 담긴 넉넉한 아름다움으로 요약할 수 있습니다. 이러한 형태미가 발생하게 된 가장 중요한 배경은 우리의 독특한 자연 조건과 정서에 있습니다. 정서는 환경과 생활 속에서 늘 보고 듣고 체험하는 데서 자연스럽게 형성되는데, 거칠고 척박한 곳에서의 생활은 거칠고 투박한 심성을 만들고 파생되는 미의 형태도 투박하게 됩니다. 반대로 따뜻하고 부드러운 환경에서 가꾸어진 여유로운 심성은 부드러운 그림의 형태로 나타나겠지요. 이처럼 환경의 영향이 크기 때문에 맹자의 어머니도 교육을 위해서 세 번씩이나 이사했던 것입니다.

한편 우리나라의 자연은 노년기 지형으로서 완만한 선과 다양한 형태를 지니고 있습니다. 지리산처럼 웅장한 모습이 있는가 하면, 설악산처럼 힘 있는 선을 나타내는 형태도 있습니다. 그러나 전체적으로는 부드러움을 지녔다고 할 수 있으며, 강함은 전체적인 부드러움 속에서 적절하게 조화를 이룬다고 볼 수 있겠지요. 이러한 자연환경 속에서 우리 민족은 부드럽고 따뜻한 정서를 지니게 되었고, 그에 따라 미술에서도 부드러운 곡선과 넉넉한 형태감이 나타나게 된 것입니다.

우리의 전통 가옥인 초가집 지붕의 선과 형태를 생각해 봅시다. 자연스러운 곡선으로 마치 주변의 야산을 옮겨다 놓은 듯한 낯익은 형태감을 지니고 있습니다. 이처럼 우리 주변에서 흔히 볼 수 있는 자연의 선과 형태가 생활 속에서 나타나게 되었고, 자연스럽게 미의식에도 커다란 영향을 미쳐 작품에도 그러한 선과 형태가 나타난 것이지요.

우리의 따뜻한 정서가 살아 있는 조선백자도 마찬가지입니다. 중국의 자기처럼 '대칭과 완벽'의 아름다움을 찾을 수는 없지만, 보름달을 닮았다고 하여 '달 항아리'라는 예쁜 이름을 갖게 된 백자는 넉넉한 곡선과 비대칭의 아름다움, 그러면서도 여유 있고 균형 잡힌 형태감으로 우리에게 다가옵니다. 중국의 완벽한 자기(瓷器)나 기교적인 일본의 자기에서는 결코 느낄 수 없는 아름다움입니다. 이러한 아름다움은 우리의 한복뿐 아니라 풍속화의 선이나 산수화의 부드러우면서도 때로는 힘찬 선과 형태감, 수수하면서도 때로는 파격적인 민화 등 다양한 분야에서 나타나는 것이지요. 즉, 우리의 정서가 담겨 있는 선과 형태의 전반적인 특징은 '부드러움'이었으며, 자연과의 조화를 드러내는 아름다움이었던 것입니다.

선과 형태에 관한 전통적인 개념이 현대 미술에까지 계승되고 있다고 자신 있게 말하지는 못하겠습니다. 그러나 우리 자신의 것을 바탕으로 하지 않는 문화는 사상누각에 불과합니다. 우리는 우리 문화의 근원이라 할 수 있는 우리의 자연에 관심을 가져야 할 것입니다. 쉼 없이 이어지는 산의 부드러우면서도 때로는 힘 있는 곡선과 자연 그대로의 오솔길, 산 따라 골 따라 순응하면서 흘러가는 냇물의 흐름과 뚜렷한 사계절의 흐름을 우리의 그림과 도자기, 생활 문화와 비교해 보면 우리 미의 근원이 자연임을 알 수 있을 것입니다.

① 한국의 자연은 완만한 선과 다양한 형태를 지니고 있다.
② 부드러움 속에 넉넉함이 담긴 것이 한국의 아름다움이다.
③ 한복이나 민화에서도 한국적인 아름다움을 발견할 수 있다.
④ 조선백자는 세련된 기교와 대칭의 아름다움을 지니고 있다.
⑤ 한국의 전통 가옥은 자연스러운 곡선으로 낯익은 형태감을 보여 준다.

17

일그러진 달항아리와 휘어진 대들보. 물론 달항아리와 대들보가 언제나 그랬던 것은 아니다. 사실인즉 일그러지지 않은 달항아리와 휘어지지 않은 대들보가 더 많았을 것이다. 하지만 주목해야 할 것은 한국인들은 달항아리가 일그러졌다고 해서 깨뜨려 버리거나, 대들보가 구부러졌다고 해서 고쳐서 쓰거나 하지는 않았다는 것이다. 나아가 그들은 살짝 일그러진 달항아리나 그럴싸하게 휘어진 대들보, 입술이 약간 휘어져 삐뚜름 능청거리는 사발이 오히려 멋있다는 생각을 했던 것 같다. 일그러진 달항아리와 휘어진 대들보에서 '형(形)의 어눌함'과 함께 '상(象)의 세련됨'을 볼 수 있다. 즉, '상의 세련됨'을 머금은 '형의 어눌함'을 발견하게 된다. 대체로 평균치를 넘어서는 우아함을 갖춘 상은 어느 정도 형의 어눌함을 수반한다. 이런 형상을 가리켜 아졸하거나 고졸하다고 하는데, 한국 문화는 이렇게 상의 세련됨과 형의 어눌함이 어우러진 아졸함이나 고졸함의 형상으로 넘쳐난다. 분청이나 철화, 달항아리 같은 도자기 역시 예상과는 달리 균제적이거나 대칭적이지 않은 경우가 많다. 이 같은 비균제성이나 비대칭성은 무의식(無意識)의 산물이 아니라 '형의 어눌함을 수반하는 상의 세련됨'을 추구하는 미의식(美意識)의 산물이다. 이러한 미의식은 하늘과 땅과 인간을 하나의 커다란 유기체로 파악하는 우리 민족이 자신의 삶을 통해 천지인의 조화를 이룩하기 위해 의식적으로 노력한 결과이다.

① 달항아리는 일그러진 모습, 대들보는 휘어진 모습을 한 것들이 많다.
② 한국인들은 곧은 대들보와 완벽한 모양의 달항아리를 좋아하지 않았다.
③ 상(象)의 세련됨은 형(形)의 어눌함에서도 발견할 수 있다.
④ 분청, 철화, 달항아리 같은 도자기에서는 비대칭적인 요소가 종종 발견된다.
⑤ 비대칭적 미의식은 천지인을 유기체로 파악하는 우리 민족의 의식적인 노력의 결과이다.

18

어떤 사회 현상이 나타나는 경우 그러한 현상은 '제도'의 탓일까, 아니면 '문화'의 탓일까? 이 논쟁은 정치학을 비롯한 모든 사회과학에서 두루 다루는 주제이다. 정치학에서 제도주의자들은 보다 선진화된 사회를 만들기 위해서 제도의 정비가 중요하다고 주장한다. 하지만 문화주의자들은 실제적인 '운용의 묘'를 살리는 문화가 제도의 정비보다 중요하다고 주장한다.

문화주의자들은 문화를 가치, 신념, 인식 등의 총체로서 정치적 행동과 행위를 특정한 방향으로 움직여 일정한 행동 양식을 만들어내는 것으로 정의한다. 이러한 문화에 대한 정의를 바탕으로 이들은 국민이 정부에게 하는 정치적 요구인 투입과 정부가 생산하는 정책인 산출을 기반으로 정치 문화를 편협형, 신민형, 참여형의 세 가지로 유형화하였다.

편협형 정치 문화는 투입과 산출에 대한 개념이 모두 존재하지 않는 정치 문화이다. 투입이 없으며, 정부도 산출에 대한 개념이 없어서 적극적 참여자로서의 자아가 있을 수 없다. 사실상 정치 체계에 대한 인식이 국민들에게 존재할 수 없는 사회이다. 샤머니즘에 의한 신정 정치, 부족 또는 지역 사회 등 전통적인 원시 사회가 이에 해당한다.

다음으로 신민형 정치 문화는 투입이 존재하지 않으며, 적극적 참여자로서의 자아가 형성되지 못한 사회이다. 이런 상황에서 산출이 존재한다는 의미는 국민이 정부가 해주는 대로 받는다는 것을 의미한다. 이들 국민은 정부에 복종하는 성향이 강하다. 하지만 편협형 정치 문화와 달리 이들 국민은 정치 체계에 대한 최소한의 인식은 있는 상태이다. 일반적으로 독재 국가의 정치 체계가 이에 해당한다.

마지막으로 참여형 정치 문화는 국민들이 자신들의 요구 사항을 표출할 줄도 알고, 정부는 그러한 국민들의 요구에 응답하는 사회이다. 따라서 국민들은 적극적인 참여자로서의 자아가 형성되어 있으며, 그러한 적극적 참여자들로 형성된 정치 체계가 존재하는 사회이다. 이는 선진 민주주의 사회로서 현대의 바람직한 민주주의 사회상이다.

정치 문화 유형 연구는 어떤 사회가 민주주의를 제대로 구현하기 위해서 우선적으로 필요한 것이 무엇인가 하는 질문에 대한 답을 제시하고 있다. 문화주의자들은 국가를 특정 제도의 장단점에 의해서가 아니라 국가의 구성 요소들이 민주주의라는 보편적인 목적을 위해 얼마나 잘 기능하고 있는가를 기준으로 평가하고 있는 것이다.

① 문화주의자들은 정치문화를 편협형, 신민형, 참여형으로 나눈다.
② 편협형 정치 문화는 투입과 산출에 대한 개념이 없다.
③ 참여형 정치 문화는 국민과 정부가 소통하는 사회이다.
④ 신민형 정치 문화는 투입은 존재하지 않으며 산출은 존재하는 사회이다.
⑤ 독재 국가의 정치 체계는 편협형 정치 문화에 해당한다.

19 다음 글의 논지를 이끌 수 있는 첫 문장으로 가장 적절한 것은?

> 사람과 사람이 직접 얼굴을 맞대고 하는 접촉이 라디오나 텔레비전 등의 매체를 통한 접촉보다 결정적인 영향력을 미친다는 것이 일반적인 견해로 알려져 있다. 매체는 어떤 마음의 자세를 준비하게 하는 구실을 하여 나중에 직접 어떤 사람에게서 새 어형을 접했을 때 그것이 텔레비전에서 자주 듣던 것이면 더 쉽게 그쪽으로 마음의 문을 열게 하는 면에서 영향력을 행사하기는 하지만, 새 어형이 전파되는 것은 매체를 통해서보다 상면하는 사람과의 직접적인 접촉에 의해서라는 것이 더 일반화된 견해이다. 사람들은 한두 사람의 말만 듣고 언어 변화에 가담하지는 않고, 주위의 여러 사람들이 다 같은 새 어형을 쓸 때 비로소 그것을 받아들이게 된다고 한다. 매체를 통해서보다 자주 접촉하는 사람들을 통해 언어 변화가 진전된다는 사실은 언어 변화의 여러 면을 바로 이해하는 한 핵심적인 내용이라 해도 좋을 것이다.

① 일반적으로 젊은 층이 언어 변화를 주도한다.
② 언어 변화는 결국 접촉에 의해 진행되는 현상이다.
③ 접촉의 형식도 언어 변화에 영향을 미치는 요소로 지적되고 있다.
④ 매체의 발달이 언어 변화에 중요한 영향을 미치는 것으로 알려져 있다.
⑤ 언어 변화는 외부와의 접촉이 극히 제한되어 있는 곳일수록 속도가 느리다.

20 다음 글의 글쓴이의 입장과 가장 거리가 먼 것은?

> 문화상대주의는 다른 문화를 서로 다른 역사, 환경의 맥락에서 이해해야 한다는 인식론이자 방법론이며 관점이고 원칙이다. 하지만 문화상대주의가 차별을 정당화하거나 빈곤과 인권침해, 저개발상태를 방치하는 윤리의 백치상태를 정당화하는 수단이 될 수는 없다. 만일 문화상대주의가 타문화를 이해하는 방법이 아니라, 윤리적 판단을 회피하거나 보류하는 도덕적 문화상대주의에 빠진다면, 이는 문화상대주의를 남용한 것이다. 문화상대주의는 다른 문화를 강요하거나 똑같이 적용해서는 안 된다는 의견일 뿐이므로 보편윤리와 인권을 부정하는 윤리적 회의주의와 혼동되어서는 안 된다.

① 문화상대주의와 윤리적 회의주의는 구분되어야 한다.
② 문화상대주의가 도덕적 문화상대주의에 빠지는 것을 경계해야 한다.
③ 문화상대주의자는 일반적으로 도덕적 판단에 대해 가치 중립적이어야 한다.
④ 문화상대주의는 타문화에 대한 관용의 도구가 될 수 있다.
⑤ 문화상대주의는 서로 다른 문화를 그 나라의 입장에서 이해하는 것이다.

※ 다음 글의 빈칸에 들어갈 내용으로 가장 적절한 것을 고르시오. [21~24]

21

> 발전은 항상 변화를 내포하고 있다. 그러나 모든 형태의 변화가 전부 발전에 해당하는 것은 아니다. 이를테면 교통신호등이 빨강에서 파랑으로, 파랑에서 빨강으로 바뀌는 변화를 발전으로 생각할 수는 없다. 즉 _____ 좀 더 구체적으로 말해, 사태의 진전 과정에서 나중에 나타나는 것은 적어도 그 이전 단계에 내재적으로나마 존재했던 것의 전개에 해당한다는 것이다. 이렇게 볼 때, 발전은 선적(線的)인 특성이 있다. 순전한 반복의 과정으로 보이는 것을 발전이라고 규정하지 않는 이유는 그 때문이다. 반복 과정에서는 최후에 명백히 나타나는 것이 처음에 존재했던 것과 거의 다르지 않다. 그러나 또 한편으로 우리는 비록 반복의 경우라도 때때로 그 과정 중의 특정 단계를 따로 떼어서 그것을 발견이라고 생각하기도 한다. 즉, 전체 과정에서 어떤 종류의 질이 그 시기에 특정의 수준까지 진전한 경우를 말한다.

① 발전은 어떤 특정한 방향으로 일어나는 변화라는 의미를 내포하고 있다.
② 변화는 특정한 방향으로 발전하는 것을 의미한다.
③ 발전은 불특정 방향으로 일어나는 변모라는 의미이다.
④ 발전은 어떤 특정한 반복으로 일어나는 변화라는 의미로 사용된다.
⑤ 변화는 어떤 특정한 방향으로 일어나는 발전이라는 의미로 사용된다.

22

> 아파트에서는 부엌이나 안방이나 화장실이나 거실이 다 같은 높이의 평면 위에 있다. 그것보다 밑에 또는 위에 있는 것은 다른 사람의 아파트이다. 좀 심한 표현을 쓴다면 아파트에서는 모든 것이 평면적이다. 깊이가 없는 것이다. 자연히 사물은 아파트에서 그 부피를 잃고 평면 위에 선으로 존재하는 그림과 같이 되어 버린다. 모든 것은 한 평면 위에 나열되어 있어 한눈에 들어오게 되어 있다. 아파트에는 사람이나 물건이나 다 같이 자신을 숨길 데가 없다.
> 땅집에서는 사정이 전혀 딴판이다. 땅집에서는 모든 것이 자기 나름의 두께와 깊이를 가지고 있다. 같은 물건이라도 그것이 다락방에 있을 때와 안방에 있을 때와 부엌에 있을 때는 거의 다르다. 집 자체가 인간과 마찬가지의 두께와 깊이를 가지고 있다. 땅집이 아름다운 이유는 _____ _____ 다락방은 의식이며 지하실은 무의식이다.

① 세상을 조망할 수 있기 때문이다.
② 인간을 닮았기 때문이다.
③ 안정을 뜻하기 때문이다.
④ 어딘가로 떠날 수 있기 때문이다.
⑤ 휴식과 안락을 제공하기 때문이다.

23

오존 구멍을 비롯해 성층권의 오존이 파괴되면 어떤 문제가 생길까. 지표면에서 오존은 강력한 산화 물질로 호흡기를 자극하는 대기 오염물질로 분류되지만, 성층권에서는 자외선을 막아주기 때문에 두 얼굴을 가진 물질로 불리기도 한다. 오존층은 강렬한 태양 자외선을 막아주는 역할을 하는데, 오존층이 얇아지면 자외선이 지구 표면까지 도달하게 된다.

사람의 경우 자외선에 노출되면 백내장과 피부암 등에 걸릴 위험이 커진다. 강한 자외선이 각막을 손상시키고 세포 DNA에 이상을 일으키기 때문이다. DNA 염기 중 티민(Thymine, T) 두 개가 나란히 있는 경우 자외선에 의해 티민 두 개가 한데 붙어버리는 이상이 발생하고, 세포 분열 때 DNA가 복제되면서 다른 염기가 들어가고, 이것이 암으로 이어질 수 있다.

지난 2월 '사이언스'는 극지방 성층권의 오존 구멍은 줄었지만, 많은 인구가 거주하는 중위도 지방에서는 오히려 오존층이 얇아졌다고 지적했다. 중위도 성층권에서도 상층부는 오존층이 회복되고 있지만, 저층부는 얇아졌다는 것이다. 오존층이 얇아지면 더 많은 자외선이 지구 표면에 도달하여 사람들 사이에서 피부암이나 백내장 발생 위험이 커지게 된다. 즉, _____
_____

① 극지방 성층권의 오존 구멍을 줄이는 데 정부는 더 많은 노력을 기울여야 한다.

② 인구가 많이 거주하는 지역일수록 오존층의 파괴가 더욱 심하게 나타난다는 것이다.

③ 극지방의 파괴된 오존층으로 인해 사람들이 더 많은 자외선에 노출되고, 세포 DNA에 이상이 발생한다.

④ 극지방의 오존 구멍보다 중위도 저층부에서 얇아진 오존층이 더 큰 피해를 가져올 수도 있는 셈이다.

⑤ 대기 오염물질로 분류되는 오존이라도 지표면에 적절하게 존재해야 사람들의 피해를 막을 수 있다.

24

어떤 기업체에서 사원을 선발하는 방법으로 끈으로 묶은 꾸러미를 내놨는데 한 사람은 주머니칼을 꺼내어 끈을 잘라 버렸고, 다른 한 사람은 끈을 풀었다는 것이다. 채용된 쪽은 칼을 사용한 사람이었다고 한다.

기업주는 물자보다 시간을 아꼈던 것이다. _____ 소비자는 낭비된 물자의 대가를 고스란히 떠맡는다. 자원의 임자인 지구나 그 혜택을 받는 뭇 생명들 차원에서 본다면 에너지와 자원의 손실을 떠맡아야 한다. 아주 미세한 얘긴지 모르겠다. 그러나 도처에서 지속적으로 행해온 그 후유증을 우리는 현재 겪고 있는 것이다. 그것은 보이지 않는 유령이며 그것들로 인하여 지구는 병들어가고 있다. 많은 종(種)들이 하나둘 사라져갔으며 이 활기 넘쳐 보이는 현실은 실상 자원 고갈을 향해 행진을 멈추지 않고 있는 것이다.

① 왜냐하면 시간을 아껴 써야 기업이 성공할 수 있기 때문이다.

② 물론 기업주는 물자와 시간 가운데 더 중요한 것을 선택했다.

③ 그러나 이러한 선택으로 아껴지는 것은 기업주의 시간일 뿐이다.

④ 이러한 행동은 경제성만을 추구한 데서 비롯된 당연한 결과이다.

⑤ 그런데 이러한 판단으로 생긴 피해를 소비자들은 기꺼이 떠맡았다.

(가) 이러한 인간 욕구 5단계는 경영학에서 두 가지 의미로 널리 사용된다. 하나는 인사 분야에서 인간의 심리를 다루는 의미로 쓰인다. 그 예로는 승진이나 보너스, 주택 전세금 대출 등 사원들에게 동기부여를 위한 다양한 보상의 방법을 만드는 데 사용한다. 사원들이 회사 생활을 좀 더 잘할 수 있도록 동기를 부여할 때 주로 사용한다 하여 '매슬로의 동기부여론'이라고도 부른다.

(나) 인간의 욕구는 치열한 경쟁 속에서 살아남으려는 생존 욕구부터 시작해 자아실현 욕구에 이르기까지 끝이 없다. 그런데 이런 인간의 욕구는 얼마나 다양하고 또 욕구 간에는 어떤 순차적인 단계가 있는 걸까? 이런 본질적인 질문에 대해 에이브러햄 매슬로(Abraham Maslow)는 1943년 인간 욕구에 관한 학설을 제안했다. 이른바 '매슬로의 인간 욕구 5단계 이론(Maslow's Hierarchy of Needs)'이다. 이 이론에 의하면 사람은 누구나 다섯 가지 욕구를 가지고 태어나며, 이들 다섯 가지 욕구에는 우선순위가 있어서 단계가 구분된다.

(다) 좀 더 자세히 보자. 첫 번째 단계는 생리적 욕구이다. 숨 쉬고, 먹고, 자고, 입는 등 우리 생활에 있어서 가장 기본적인 요소들이 포함된 단계이다. 사람이 하루 세끼 밥을 먹는 것, 때마다 화장실에 가는 것, 그리고 종족 번식 본능 등이 이 단계에 해당한다. 두 번째 단계는 (가) 안전 욕구이다. 우리는 흔히 놀이동산에서 롤러코스터를 탈 때 '혹시 이 기구가 고장이 나서 내가 다치지는 않을까?' 하는 염려를 한다. 이처럼 안전 욕구는 신체적, 감정적, 경제적 위험으로부터 보호받고 싶은 욕구이다. 세 번째 단계는 소속과 애정의 욕구이다. 누군가를 사랑하고 싶은 욕구, 어느 한 곳에 소속되고 싶은 욕구, 친구들과 교제하고 싶은 욕구, 가족을 이루고 싶은 욕구 등이 여기에 해당한다. 네 번째 단계는 존경 욕구이다. 우리가 흔히들 말하는 명예욕, 권력욕 등이 이 단계에 해당한다. 즉, 누군가로부터 높임을 받고 싶고, 주목과 인정을 받으려 하는 욕구이다. 마지막으로 다섯 번째 단계는 자아실현 욕구이다. 존경 욕구보다 더 높은 욕구로 역량, 통달, 자신감, 독립심, 자유 등이 있다. 매슬로는 최고 수준의 욕구로 이 자아실현 욕구를 강조했다. 모든 단계가 기본적으로 충족돼야만 이뤄질 수 있는 마지막 단계로 자기 발전을 이루고 자신의 잠재력을 끌어내어 극대화할 수 있는 단계라 주장한 것이다.

(라) 사람은 가장 기초적인 욕구인 생리적 욕구(Physiological Needs)를 맨 먼저 채우려 하며, 이 욕구가 어느 정도 채워지면 안전해지려는 욕구(Safety Needs)를, 안전 욕구가 어느 정도 채워지면 사랑과 소속 욕구(Love & Belonging)를, 그리고 더 나아가 존경 욕구(Esteem)와 마지막 욕구인 자아실현 욕구(Self-Actualization)를 차례대로 채우려 한다. 즉, 사람은 5가지 욕구를 채우려 하되 우선순위에 있어서 가장 기초적인 욕구부터 차례로 채우려 한다는 것이다.

(마) 다른 하나는 마케팅 분야에서 소비자의 욕구를 채우기 위해 단계별로 다른 마케팅 전략을 적용하는 데 사용한다. 예를 들면, 채소를 구매하려는 소비자가 안전의 욕구를 갖고 있다고 가정하자. 마케팅 전략을 짜는 사람이라면 '건강'에 기초한 마케팅 전략을 구상해야 할 것이다. 마케팅 담당자가 고객의 욕구보다 더 높은 수준의 가치를 제공한다면, 고객 만족을 실현할 수 있는 지름길이자 기회인 것이다.

25 윗글에 제시된 문단을 논리적 순서대로 바르게 나열한 것은?

① (나) – (가) – (다) – (마) – (라)

② (나) – (다) – (가) – (마) – (라)

③ (나) – (라) – (다) – (가) – (마)

④ (라) – (다) – (가) – (마) – (나)

⑤ (라) – (다) – (나) – (마) – (가)

26 윗글의 밑줄 친 (가)에 대한 사례로 가장 적절한 것은?

① 돈을 벌어 부모에게서 독립하고 싶은 A씨

② 야근에 지쳐 하루 푹 쉬고 싶어 하는 B씨

③ 노후 대비를 위해 연금보험에 가입한 C씨

④ 동호회 활동을 통해 다양한 사람들을 만나고 싶은 D씨

⑤ 모두에게 존경받는 판사가 되기 위해 열심히 공부하는 E씨

예술 작품에 대한 감상이나 판단은 주관적이라 할 수 있다. 그렇다고 하더라도 어떤 사람의 감상이나 판단은 다른 사람들보다 더 좋거나 나쁠 수도 있지 않을까? 혹은 덜 발달되었을 수도, 더 세련되었을 수도 있지 않을까? 이러한 의문과 관련하여 우리는 흄(D. Hume)의 설명을 참조할 수 있다.

흄은 예술적인 판단이란, 색이나 맛과 같은 지각 가능한 성질에 대한 판단과 유사하다고 하면서, (가) 『돈키호테』에 나오는 이야기를 소개한다. 마을 사람들이 포도주를 즐기고 있었는데 두 명의 '전문가'가 불평을 한다. 한 사람은 쇠 맛이 살짝 난다고 했고 또 다른 사람은 가죽 맛이 향을 망쳤다고 했다. 마을 사람들은 그들을 비웃었지만, 포도주 통 밑바닥에서 가죽 끈에 묶인 녹슨 열쇠가 발견되었다. 이 전문가들은 마을 사람들이 느낄 수 없었던 포도주 맛의 요소들을 식별해낸 셈이다.

이는 예술적인 식별과 판단에서도 마찬가지다. 훈련받지 못한 사람은 서로 다른 악기의 소리나 화음의 구성을 구별해낼 수 없을 것이다. 또한 구도나 색 또는 명암의 대비, 중요한 암시를 알아내기 어려울 것이다. 이런 것들은 다양한 작품을 감상하고 세련된 감수성을 지닌 자들의 말을 들음으로써, 또는 좋은 비평을 읽음으로써 계발될 수 있다. 이처럼 예술적 판단이나 식별이 계발될 수 있다 해도 의문은 남는다. 포도주의 맛을 알아챈 전문가들에게는 가죽 끈에 녹슨 열쇠가 있었지만, 예술 비평가들의 판단이나 식별이 올바르다는 것은 어떻게 알 수 있는가?

이 질문에 답하기 위해 흄은 '진정한 판관(True Judge)'이라는 개념을 제안했다. 흄이 말한 진정한 판관은, 세련된 감수성과 섬세한 감각을 가졌으며 부단한 연습과 폭넓은 경험으로 식별력을 키운 사람이다. 그리고 편견이나 편애와 같은 작품 외적 요소들에서 벗어나 있으며, 당대의 일시적인 유행에도 거리를 두고 작품을 볼 수 있는 사람이다. 이러한 조건들을 갖추었을 때 그는 비로소 예술 작품을 식별하고 평가할 수 있는 자격을 얻게 된다. 또한 흄은 '시간의 테스트'를 넘어서, 즉 시간과 공간의 장벽을 가로질러 그 가치를 인정받는 작품들에 주목하였다. 다양한 시대와 문화, 태도들의 차이가 있음에도 불구하고, 그 작품들의 진정한 가치를 알아보고 그것에 매혹되어 온 최고의 비평가들이 있었다.

이처럼 예술 비평가들의 판단과 식별의 타당성은 이들이 갖춘 비평가로서의 자격, 이들이 알아보고 매혹된 위대한 작품들의 존재를 통해서 입증될 수 있다는 것이다. 이러한 흄의 생각은 분명 그럴듯한 점이 있다. 우리가 미켈란젤로와 카라바조, 고야, 렘브란트의 작품을 그 작품들이 창조된 지 수백 년이 지난 후에도 여전히 감상하고 있다는 사실은 그 작품이 지닌 힘과 위대함을 증명해준다.

그렇지만 또 하나의 의문이 여전히 남는다. (나) 자격을 갖춘 비평가들, 심지어는 최고라고 평가받는 비평가들에게서조차 비평의 불일치가 생겨난다는 점이다. 흄은 이러한 불일치를 낳는 두 개의 근원을 지적했는데, 비평가 개인의 성격적인 기질의 차이가 그 하나이다. 또한 자격을 갖춘 비평가라 할지라도 자기 시대의 특정한 믿음이나 태도, 가정들에서 완전히 자유로울 수는 없기 때문에 불일치가 생겨난다고 하였다. 이에 따르면 살아있던 당시에는 갈채를 받았던 예술가의 작품이 시간이 흐르면서 왜 역사의 뒤안길로 사라지곤 하는지도 설명할 수 있다. 평범한 사람에게든 자격을 갖춘 비평가에게든 그런 작품들이 당시의 사람들에게 가졌던 호소력은, 그 시대에만 특별했던 태도나 가정에 의존했을 가능성이 크기 때문이다.

27 윗글의 전개 방식에 대한 설명으로 가장 적절한 것은?

① 흄의 견해를 순차적으로 소개한 후 비판적으로 평가하고 있다.

② 의문들을 제기하면서 흄의 견해에 근거하여 순차적으로 답변하고 있다.

③ 제기된 의문들과 관련하여 흄의 견해가 변화해 가는 과정을 밝히고 있다.

④ 흄의 견해에 근거하여 통상적인 의문들에 내포된 문제점을 고찰하고 있다.

⑤ 흄의 견해에 근거하여 제기된 의문들에 대한 기존의 답변들을 비판하고 있다.

28 다음 중 (가)에서 (나)에 해당하는 내용으로 볼 수 있는 것은?

① 마을 사람들은 전문가들의 진단을 비웃었다.

② 마을 사람들은 포도주 맛의 요소들을 식별하지 못했다.

③ 포도주 통 밑바닥에서 가죽 끈에 묶인 녹슨 열쇠가 발견되었다.

④ 포도주의 이상한 맛에 대한 전문가들의 원인 진단이 서로 달랐다.

⑤ 마을 사람들과는 달리 전문가들은 포도주 맛에 대해 불평을 했다.

※ 다음 글을 읽고 이어지는 질문에 답하시오. [29~30]

현대 사회에서 스타는 대중문화의 성격을 규정짓는 가장 중요한 열쇠이다. 스타를 생산, 관리, 활용, 거래, 소비하는 전체적인 순환 메커니즘이 바로 스타 시스템이다. 이것이 자본주의 대중문화의 가장 핵심적인 작동 원리로 자리 잡게 되면서 사람들은 스타가 되기를 열망하고, 또 스타 만들기에 진력하게 되었다.

스크린과 TV 화면에 보이는 스타는 화려하고 강하고 영웅적이며, 누구보다 매력적인 인간형으로 비춰진다. 사람들은 스타에 열광하는 순간 스타와 자신을 무의식적으로 동일시하며 그 환상적 이미지에 빠진다. 스타를 자신들이 스스로 결여되어 있다고 느끼는 부분을 대리 충족시켜 주는 대상으로 생각하기 때문이다. 그런 과정이 가장 전형적으로 드러나는 장르가 영화이다.

영화는 어떤 환상도 쉽게 먹혀들어갈 수 있는 조건에서 상영되며 기술적으로 완벽한 이미지를 구현하여 압도적인 이미지로 관객을 끌어들인다. 컴컴한 극장 안에서 관객은 부동자세로 숨죽인 채 영화에 집중하게 되며 자연스럽게 영화가 제공하는 이미지에 매료된다. 그리고 그 순간 무의식적으로 자신을 영화 속의 주인공과 동일시하게 된다. 관객은 매력적인 대상과 자신을 동일시하면서 자신의 진짜 모습을 잊고 이상적인 인간형을 간접 체험하게 되는 것이다.

스크린과 TV 화면에 비친 대중이 선망하는 스타의 모습은 현실적인 이미지가 아니라 허구적인 이미지에 불과하다. 사람들은 스타 역시 어쩔 수 없는 약점과 한계를 안고 사는 한 인간일 수밖에 없다는 사실을 아주 쉽게 망각해 버리곤 한다. 이렇게 스타에 대한 열광의 성립은 대중과 스타의 관계가 기본적으로 익명적일 수밖에 없다는 데서 가능해진다. 자본주의의 특징 가운데 하나는 필요 이상의 물건을 생산하고 그것을 팔기 위해 갖은 방법으로 소비자들의 욕망을 부추긴다는 것이다. 스타는 그 과정에서 소비자들의 구매 욕구를 불러일으키는 가장 중요한 연결고리 역할을 함과 동시에 그들도 상품처럼 취급되어 소비되는 경향이 있다. 스타 시스템은 대중문화의 안과 밖에서 스타의 화려하고 소비적인 생활 패턴의 소개를 통해 사람들의 욕망을 자극하게 된다. 또한 스타들을 상품의 생산과 판매를 위한 도구로 이용하며, 끊임없이 오락과 소비의 영역을 확장하고 거기서 이윤을 발생시킨다. 이 모든 것이 가능한 것은 많은 대중이 스타를 닮고자 하는 욕구를 가지고 있어 스타의 패션과 스타일, 소비 패턴을 모방하기 때문이다.

스타 시스템을 건전한 대중문화의 작동 원리로 발전시키기 위해서는 우선 대중문화 산업에 종사하고 싶어 하는 사람들을 위한 활동 공간과 유통 구조를 확보하여 실험적이고 독창적인 활동을 다양하게 벌일 수 있는 토양을 마련해 주어야 한다. 나아가 이러한 예술 인력을 스타 시스템과 연결하는 중간 메커니즘도 육성해야 할 것이다.

29 윗글의 논지 전개상 특징에 대한 설명으로 가장 적절한 것은?

① 상반된 이론을 제시한 후 절충적 견해를 이끌어내고 있다.

② 현상에 대한 문제점을 언급한 후 해결 방안을 제시하고 있다.

③ 권위 있는 학자의 견해를 들어 주장의 정당성을 입증하고 있다.

④ 대상을 하위 항목으로 구분하여 논의의 범주를 명확히 하고 있다.

⑤ 현상의 변천 과정을 고찰하고 향후의 발전 방향을 제시하고 있다.

30 윗글을 읽고 〈보기〉를 이해한 내용으로 적절하지 않은 것은?

> **보기**
>
> 인간은 자기에게 욕망을 가르쳐주는 모델을 통해 자신의 욕망을 키워간다. 이런 모델을 ⓐ 욕망의 매개자라고 부른다. 욕망의 매개자가 존재한다는 사실은 욕망이 '대상 – 주체'의 이원적 구조가 아니라 '주체 – 모델 – 대상'의 삼원적 구조를 갖고 있음을 보여준다. ⓑ 욕망의 주체와 모델은 ⓒ 욕망 대상을 두고 경쟁하는 욕망의 경쟁자이다. 이런 경쟁은 종종 욕망 대상의 가치를 실제보다 높게 평가하게 된다. 이렇게 과대평가된 욕망 대상을 소유한 모델은 주체에게는 ⓓ 우상적 존재가 된다.

① ⓐ는 ⓑ가 무의식적으로 자신과 동일시하는 인물이다.

② ⓑ는 스타를 보고 열광하는 사람들을 말한다.

③ ⓒ는 ⓑ가 지향하는 이상적인 대상이다.

④ ⓒ는 ⓐ와 ⓑ가 동시에 질투를 느끼는 인물이다.

⑤ ⓓ는 ⓑ의 진짜 모습을 잊게 하는 환상적인 인물이다.

01 기초계산

01 기본 연산

(1) 사칙연산

① 사칙연산 $+$, $-$, $\times$, $\div$

왼쪽을 기준으로 순서대로 계산하되 $\times$와 $\div$를 먼저 계산한 뒤 $+$와 $-$를 계산한다.

예 $1+2-3\times4\div2=1+2-12\div2=1+2-6=3-6=-3$

② 괄호연산 ( ), { }, [ ]

소괄호 ( ) → 중괄호 { } → 대괄호 [ ]의 순서대로 계산한다.

예 $[\{(1+2)\times3-4\}\div5]\times6=\{(3\times3-4)\div5\}\times6$
$=\{(9-4)\div5\}\times6=(5\div5)\times6=1\times6=6$

(2) 연산 규칙

크고 복잡한 수들의 연산에는 반드시 쉽게 해결할 수 있는 특성이 있다. 지수법칙, 곱셈공식 등 연산 규칙을 활용하여 문제 내에 숨어 있는 수의 연결고리를 찾아야 한다.

자주 출제되는 곱셈공식

• $a^b \times a^c \div a^d = a^{b+c-d}$

• $ab \times cd = ac \times bd = ad \times bc$

• $a^2 - b^2 = (a+b)(a-b)$

• $(a+b)(a^2-ab+b^2)=a^3+b^3$

• $(a-b)(a^2+ab+b^2)=a^3-b^3$

---

02 식의 계산

(1) 약수 · 소수

① **약수** : 0이 아닌 어떤 정수를 나누어떨어지게 하는 정수

② **소수** : 1과 자기 자신으로만 나누어지는 1보다 큰 양의 정수

　예 10 이하의 소수는 2, 3, 5, 7이 있다.

③ **소인수분해** : 주어진 합성수를 소수의 곱의 형태로 나타내는 것

　예 $12 = 2^2 \times 3$

④ **약수의 개수** : 양의 정수 $N = a^\alpha b^\beta$ (a, b는 서로 다른 소수)일 때, N의 약수의 개수는 $(\alpha + 1)(\beta + 1)$개다.

⑤ **최대공약수** : 2개 이상의 자연수의 공통된 약수 중에서 가장 큰 수

　예 $\text{GCD}(4, 8) = 4$

⑥ **최소공배수** : 2개 이상의 자연수의 공통된 배수 중에서 가장 작은 수

　예 $\text{LCM}(4, 8) = 8$

⑦ **서로소** : 1 이외에 공약수를 갖지 않는 두 자연수

　예 $\text{GCD}(3, 7) = 1$이므로, 3과 7은 서로소이다.

(2) 수의 크기

분수, 지수함수, 로그함수 등 다양한 형태의 문제들이 출제된다. 분모의 통일, 지수의 통일 등 제시된 수를 일정한 형식으로 정리해 해결해야 한다. 연습을 통해 여러 가지 문제의 풀이방법을 익혀 두자.

예 $\sqrt[3]{2}$, $\sqrt[4]{4}$, $\sqrt[5]{8}$의 크기 비교

$$\sqrt[3]{2} = 2^{\frac{1}{3}}, \quad \sqrt[4]{4} = 4^{\frac{1}{4}} = (2^2)^{\frac{1}{4}} = 2^{\frac{1}{2}}, \quad \sqrt[5]{8} = 8^{\frac{1}{5}} = (2^3)^{\frac{1}{5}} = 2^{\frac{3}{5}} \text{ 이므로}$$

지수의 크기에 따라 $\sqrt[3]{2} < \sqrt[4]{4} < \sqrt[5]{8}$임을 알 수 있다.

(3) 수의 특징

주어진 수들의 공통점 찾기, 짝수 및 홀수 연산, 자릿수 등 위에서 다루지 않았거나 복합적인 여러 가지 수의 특징을 가지고 풀이하는 문제들을 모아 놓았다. 주어진 상황에서 제시된 수들의 공통된 특징을 찾는 것이 중요한 만큼 혼동하기 쉬운 수의 자릿수별 개수와 홀수, 짝수의 개수는 꼼꼼하게 체크해가면서 풀어야 한다.

PART 1

01 다음 식을 계산한 값으로 옳은 것은?

$$889 \div 7 + 54 - 18$$

① 166　　　　　　　　　　　② 165

③ 164　　　　　　　　　　　④ 163

⑤ 162

| 해설 |　$889 \div 7 + 54 - 18 = 127 + 36 = 163$

정답 ④

02 다음 빈칸에 들어갈 수 있는 값으로 옳은 것은?

$$\frac{3}{11} < (\quad) < \frac{36}{121}$$

① $\frac{1}{11}$　　　　　　　　　② $\frac{35}{121}$

③ $\frac{4}{11}$　　　　　　　　　④ $\frac{32}{121}$

⑤ $\frac{2}{11}$

| 해설 |　문제에 주어진 분모 11과 121, 그리고 선택지에서 가장 큰 분모인 121의 최소공배수인 121로 통분해서 구한다.

$$\frac{3}{11} < (\quad) < \frac{36}{121} \rightarrow \frac{33}{121} < (\quad) < \frac{36}{121}$$

따라서 $\frac{35}{121}$가 빈칸에 들어갈 수 있다.

오답분석

① $\frac{1}{11} = \frac{11}{121}$, ③ $\frac{4}{11} = \frac{44}{121}$, ④ $\frac{32}{121}$, ⑤ $\frac{2}{11} = \frac{22}{121}$

정답 ②

01 방정식의 활용

1. 날짜 · 요일 · 시계에 관한 문제

(1) 날짜, 요일

① 1일＝24시간＝1,440분＝86,400초

② 월별 일수 : 1월 31일, 2월 28일(또는 29일), 3월 31일, 4월 30일, 5월 31일, 6월 30일, 7월 31일, 8월 31일, 9월 30일, 10월 31일, 11월 30일, 12월 31일

③ 날짜, 요일 관련 문제는 대부분 나머지를 이용해 계산한다.

예 오늘이 8월 19일 수요일일 경우, 9월 3일의 요일은 {(31−19)＋3}÷7＝2 ⋯ 1이므로 목요일이 된다.

핵심예제

어느 해의 3월 2일이 금요일일 때, 한 달 후인 4월 2일은 무슨 요일인가?

① 월요일   ② 화요일

③ 수요일   ④ 목요일

⑤ 금요일

| 해설 | 3월은 31일까지 있고 일주일은 7일이므로 31÷7＝4 ⋯ 3
따라서 4월 2일은 금요일부터 3일이 지난 월요일이다.

정답 ①

---

(2) 시계

① 시침이 1시간 동안 이동하는 각도 : $\dfrac{360}{12}＝30°$

② 시침이 1분 동안 이동하는 각도 : $\dfrac{360}{12\times60}＝0.5°$

③ 분침이 1분 동안 이동하는 각도 : $\dfrac{360}{60}＝6°$

현재 시각이 7시 20분일 때, 시계의 시침과 분침의 작은 각의 각도는?

① 100°
② 105°
③ 110°
④ 115°
⑤ 120°

| 해설 | 시침은 1시간에 30°, 1분에 0.5°씩 움직이고, 분침은 1분에 6°씩 움직인다.
현재 시각이 7시 20분이므로
• 시침이 움직인 각도 : $30 \times 7 + 0.5 \times 20 = 210 + 10 = 220°$
• 분침이 움직인 각도 : $6 \times 20 = 120°$
따라서 7시 20분의 작은 각의 각도는 (시침의 각도)−(분침의 각도)이므로 $220 - 120 = 100°$이다.

정답 ①

2. 시간 · 거리 · 속력에 관한 문제

① $(\text{시간}) = \dfrac{(\text{거리})}{(\text{속력})}$, $(\text{거리}) = (\text{속력}) \times (\text{시간})$, $(\text{속력}) = \dfrac{(\text{거리})}{(\text{시간})}$

② (흐르는 물을 거슬러 올라갈 때의 속력)=(배 자체의 속력)−(물의 속력)

③ (흐르는 물과 같은 방향으로 내려갈 때의 속력)=(배 자체의 속력)+(물의 속력)

영희가 집에서 50km 떨어진 할머니 댁에 가는데, 시속 90km로 버스를 타고 가다가 내려서 시속 5km로 걸어갔더니 총 1시간 30분이 걸렸다. 영희가 걸어간 거리는 몇 km인가?

① 5km
② 10km
③ 13km
④ 20km
⑤ 22km

| 해설 | 영희가 걸어간 거리를 x라고 하고, 버스를 타고 간 거리를 y라고 하면 다음 식이 성립한다.
$x + y = 50 \cdots \bigcirc$
$\dfrac{x}{5} + \dfrac{y}{90} = \dfrac{3}{2} \cdots \bigcirc$
$\bigcirc$과 $\bigcirc$을 연립하면 $x = 5$, $y = 45$이다.
따라서 영희가 걸어간 거리는 5km이다.

정답 ①

3. 나이 · 개수에 관한 문제

부모와 자식 간, 형제간의 나이를 간단한 비례식, 일차방정식 및 연립방정식을 이용해 유추하는 문제와 학생 수, 회원수, 동물의 수, 사물의 수 등을 집합, 방정식을 이용해 유추하는 문제가 출제된다. 연습을 통해 문제의 내용을 정확히 이해하여 식으로 나타낼 수 있도록 해야 한다.

(1) 나이

문제에서 제시된 조건의 나이가 현재인지, 과거인지를 확인한 후 구해야 하는 한 명의 나이를 변수로 잡고 식을 완성해야 한다.

(2) 개체 · 사물의 수

개체의 수를 구할 때 사람이면 남자와 여자의 조건을 혼동하지 않도록 주의해야 하며, 동물이면 다리의 개수가 조건에 포함되지 않았는지를 확인해야 한다. 또한, 사물의 수를 구할 때는 수량을 결정짓는 특징이 있는지를 살펴야 한다.

핵심예제

할머니와 지수의 나이 차는 55세이고, 아버지와 지수의 나이 차는 20세이다. 지수의 나이가 11세이면 할머니와 아버지 나이의 합은 몇 세인가?

① 96세 ② 97세
③ 98세 ④ 99세
⑤ 100세

|해설|
- 할머니의 나이 : 55+11=66세
- 아버지의 나이 : 20+11=31세
따라서 할머니와 아버지 나이의 합은 97세이다.

정답 ②

4. 금액에 관한 문제

물건을 구매할 때의 금액, 예금 이자, 환전, 최근에는 휴대폰 요금까지 다양한 형태의 문제들이 현 상황에 맞춰 출제되는 추세이다. 대부분이 비례식과 연립방정식, 부등식 정도로 해결되지만 금리 문제 등에서 등비수열 등의 원리가 사용될 수 있다.

(1) 정가 : (원가)+(이익)=(원가)+(원가×이율)

(2) 판매가 : (정가)×(1-할인율)

(3) a원에서 b원 할인한 할인율 : $\dfrac{b}{a} \times 100 = \dfrac{100b}{a}$ (%)

(4) a원에서 b% 할인한 가격 : $a \times \left(1 - \dfrac{b}{100}\right)$

(5) 휴대전화 요금 : 기본요금+[무료통화 외 사용시간(초)×초당 사용요금]

(6) 단리법·복리법

원금 a, 이율 r, 기간 n, 원리금 합계가 S일 때,

① 단리법 : $S = a(1 + rn)$

② 복리법 : $S = a(1 + r)^n$

핵심예제

가방의 원가에 40%의 이익을 붙여서 정가를 정한 후, 이벤트로 정가의 25%를 할인하여 물건을 판매하면 1,000원의 이익이 남는다. 이 가방의 원가는 얼마인가?

① 16,000원   ② 18,000원

③ 20,000원   ④ 22,000원

⑤ 24,000원

> | 해설 | 가방의 원가를 x원이라고 하면 정가는 $1.4x$원이고, 할인 판매가는 $1.4x \times 0.75 = 1.05x$원이다.
>
> $1.05x - x = 1,000$
>
> → $0.05x = 1,000$
>
> ∴ $x = 20,000$
>
> 따라서 가방의 원가는 20,000원이다.
>
> 정답 ③

5. 일·톱니바퀴에 관한 문제

(1) 일

전체 일의 양을 1로 놓고, 시간 동안 한 일의 양을 미지수로 놓고 식을 세운다.

핵심예제

S사에 재직 중인 A사원이 혼자 보험안내 자료를 정리하는 데 15일이 걸리고 B사원과 같이 하면 6일 만에 끝낼 수 있다. 이때 B사원 혼자 자료를 정리하는 데 걸리는 시간은 며칠인가?

① 8일   ② 9일

③ 10일   ④ 11일

⑤ 12일

│해설│ 전체 일의 양을 1이라고 하면 A사원이 혼자 일을 끝내는 데 걸리는 시간은 15일, A, B사원이 같이 할 때는 6일이 걸린다.
B사원이 혼자 일하는 데 걸리는 시간을 b일이라고 하면, 다음 식이 성립한다.

$$\frac{1}{15} + \frac{1}{b} = \frac{1}{6}$$

$$\rightarrow \frac{b+15}{15b} = \frac{1}{6}$$

$$\rightarrow 6b + 6 \times 15 = 15b$$

$$\rightarrow 9b = 90$$

$$\therefore b = 10$$

따라서 B사원 혼자 자료를 정리하는 데 걸리는 시간은 10일이다.

정답 ③

(2) 톱니바퀴

(톱니 수)×(회전수)=(총 톱니 수)

즉, A, B 두 톱니에 대하여, (A의 톱니 수)×(A의 회전수)=(B의 톱니 수)×(B의 회전수)가 성립한다.

핵심예제

2개의 톱니바퀴 A, B가 맞물려 회전하고 있다. A의 톱니가 25개이고 B의 톱니가 35개라면 지금 맞물려 있는 톱니가 다시 만나기 위해서는 A가 최소 몇 바퀴 회전해야 하는가?

① 5바퀴   ② 6바퀴

③ 7바퀴   ④ 8바퀴

⑤ 9바퀴

| 해설 | 톱니바퀴가 회전하여 다시 처음의 위치로 돌아오려면 적어도 두 톱니 수의 최소공배수만큼 회전해야 한다.

25와 35의 최소공배수를 구하면 175이다.

따라서 A는 175÷25=7바퀴를 회전해야 한다.

정답 ③

6. 농도에 관한 문제

(1) (농도)$=\dfrac{\text{(용질의 양)}}{\text{(용액의 양)}}\times 100$

(2) (용질의 양)$=\dfrac{\text{(농도)}}{100}\times\text{(용액의 양)}$

PART 1

핵심예제

농도를 알 수 없는 설탕물 500g에 농도가 3%인 설탕물 200g을 온전히 섞었더니 섞은 설탕물의 농도는 7%가 되었다. 처음 500g의 설탕물에 녹아있는 설탕은 몇 g인가?

① 40g

② 41g

③ 42g

④ 43g

⑤ 44g

| 해설 | 500g의 설탕물에 녹아있는 설탕의 양이 xg이라고 하자.

3%의 설탕물 200g에 들어있는 설탕의 양은 $\dfrac{3}{100}\times 200 = 6$g이다.

$\dfrac{x+6}{500+200}\times 100 = 7$

$\rightarrow x+6 = 49$

$\therefore x = 43$

따라서 500g의 설탕에 녹아있는 설탕의 양은 43g이다.

정답 ④

7. 수에 관한 문제(I)

(1) 연속하는 세 자연수 : $x-1$, x, $x+1$

(2) 연속하는 세 짝수(홀수) : $x-2$, x, $x+2$

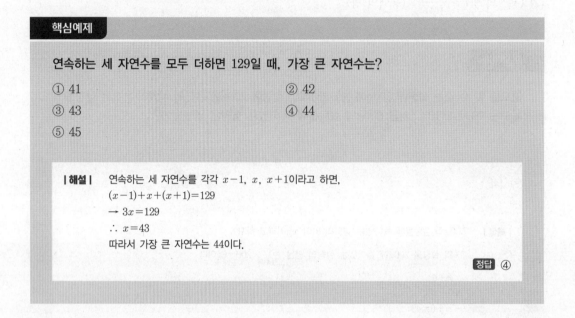

핵심예제

연속하는 세 자연수를 모두 더하면 129일 때, 가장 큰 자연수는?

① 41   ② 42

③ 43   ④ 44

⑤ 45

| 해설 | 연속하는 세 자연수를 각각 $x-1$, x, $x+1$이라고 하면,
$(x-1)+x+(x+1)=129$
→ $3x=129$
∴ $x=43$
따라서 가장 큰 자연수는 44이다.

정답 ④

8. 수에 관한 문제(II)

(1) 십의 자릿수가 x, 일의 자릿수가 y인 두 자리 자연수 : $10x + y$

이 수에 대해, 십의 자리와 일의 자리를 바꾼 수 : $10y + x$

(2) 백의 자릿수가 x, 십의 자릿수가 y, 일의 자릿수가 z인 세 자리 자연수 : $100x + 10y + z$

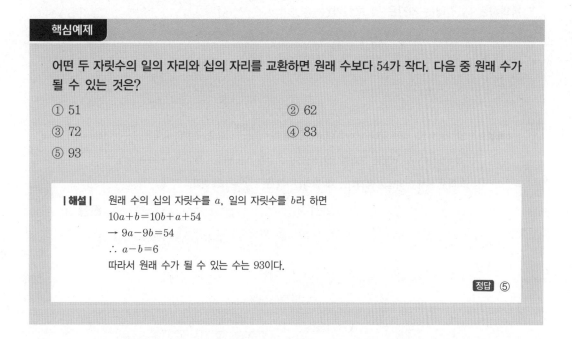

핵심예제

어떤 두 자릿수의 일의 자리와 십의 자리를 교환하면 원래 수보다 54가 작다. 다음 중 원래 수가 될 수 있는 것은?

① 51
② 62
③ 72
④ 83
⑤ 93

| 해설 | 원래 수의 십의 자릿수를 a, 일의 자릿수를 b라 하면

$10a + b = 10b + a + 54$

$\rightarrow 9a - 9b = 54$

$\therefore a - b = 6$

따라서 원래 수가 될 수 있는 수는 93이다.

정답 ⑤

9. 열차와 터널에 관한 문제

(열차가 이동한 거리)=(터널의 길이)+(열차의 길이)

핵심예제

길이가 50m인 열차가 250m의 터널을 통과하는 데 10초가 걸렸다. 이 열차가 310m인 터널을
통과하는 데 걸리는 시간은 몇 초인가?

① 10초   ② 11초

③ 12초   ④ 13초

⑤ 14초

| **해설** | 열차의 이동거리는 $250+50=300$m이고, (속력)$=\dfrac{(거리)}{(시간)}$이므로, 열차의 속력은 $\dfrac{300}{10}=30$m/s이다.

길이가 310m인 터널을 통과한다고 하였으므로, 총 이동거리는 $310+50=360$m이다.

따라서 열차가 터널을 통과하는 데 걸리는 시간은 $\dfrac{360}{30}=12$초이다.

정답 ③

10. 증가·감소에 관한 문제

(1) x가 $a\%$ 증가하면, $\left(1 + \dfrac{a}{100}\right)x$

(2) x가 $a\%$ 감소하면, $\left(1 - \dfrac{a}{100}\right)x$

핵심예제

A고등학교의 작년 중국어 수강생은 전체 학생의 20%이다. 올해 전체 학생 수가 1% 증가하고 중국어 수강생이 2% 감소했다면, 올해 중국어 수강생은 전체 학생의 몇 %인가?(단, 소수점 둘째 자리에서 반올림한다)

① 19%   ② 19.2%

③ 19.4%   ④ 19.6%

⑤ 19.8%

| **해설** | 작년 전체 학생 수를 x명이라 하면, 중국어 수강생의 수는 $\dfrac{1}{5}x$명이다.

따라서 올해 1% 증가한 전체 학생 수는 $\dfrac{101}{100}x$, 2% 감소한 중국어 수강생의 수는 $\dfrac{1}{5}x \times \dfrac{98}{100} = \dfrac{98}{500}x$

이므로, 올해 중국어 수강생의 비율은 $\dfrac{\dfrac{98}{500}x}{\dfrac{101}{100}x} \times 100 \fallingdotseq 19.4\%$이다.

 정답 ③

11. 그 외의 방정식 활용문제

혜민이는 가로 9m, 세로 11m인 집을 넓히려고 한다. 세로는 1m를 초과하여 늘릴 수가 없는 상황에서, 가로를 최소 얼마나 늘려야 면적이 10평만큼 늘어나는 효과를 볼 수 있겠는가?(단, 1평＝$3.3m^2$이다)

① 1m

② 2m

③ 3m

④ 4m

⑤ 5m

| 해설 | 원래 면적에서 늘어난 면적은 $10 \times 3.3 = 33m^2$이다.

(나중 면적)$-$(원래 면적)$=33m^2$이므로, 늘려야 할 가로 길이를 xm라 하면,

$(9+x) \times (11+1) - 9 \times 11 = 33$

→ $12x + 108 - 99 = 33$

→ $12x = 24$

∴ $x = 2$

따라서 가로의 길이를 2m 늘려야 한다.

정답 ②

02 부등식의 활용

문제에 '이상', '이하', '최대', '최소' 등이 들어간 경우로 방정식의 활용과 해법이 비슷하다.

01 반도체 부품을 만드는 공장이 있는데 이 공장에는 구형기계와 신형기계, 두 종류의 기계가 있다. 구형기계 3대와 신형기계 5대를 가동했을 때는 1시간에 부품을 4,200개, 구형기계 5대와 신형기계 3대를 가동했을 때는 1시간에 부품을 3,000개를 만들 수 있다. 구형기계와 신형기계 1대씩을 가동했을 때는 1시간에 몇 개의 부품을 만들 수 있는가?

① 900개   ② 1,000개
③ 1,100개   ④ 1,200개
⑤ 1,300개

| 해설 | 구형기계와 신형기계가 1시간 동안 만들 수 있는 부품의 수를 각각 x개, y개라고 하자.
$3x+5y=4,200 \cdots \bigcirc$
$5x+3y=3,000 \cdots \bigcirc\!\!\bigcirc$
$\bigcirc$과 $\bigcirc\!\!\bigcirc$을 연립하여 식을 정리하면 $x=150$, $y=750$이다.
따라서 $x+y=900$개이다.

정답 ①

02 A가게에서는 감자 한 박스에 10,000원이고 배송비는 무료이며, B가게에서는 한 박스에 8,000원이고 배송비는 3,000원이라고 할 때, 최소한 몇 박스를 사야 B가게에서 사는 것이 A가게에서 사는 것보다 저렴한가?(단, 배송비는 한 번만 부과된다)

① 2박스   ② 3박스
③ 4박스   ④ 5박스
⑤ 6박스

| 해설 | 감자를 x박스를 산다고 하자.
• A가게에서 드는 돈 : $10,000x$원
• B가게에서 드는 돈 : $(8,000x+3,000)$원
$10,000x>8,000x+3,000$
∴ $x>1.5$
따라서 최소한 2박스를 사야 B가게에서 사는 것이 A가게에서 사는 것보다 저렴하다.

정답 ①

03 경우의 수 · 확률

1. 경우의 수

(1) 경우의 수

어떤 사건이 일어날 수 있는 모든 가짓수

예 주사위 한 개를 던졌을 때, 나올 수 있는 모든 경우의 수는 6가지이다.

(2) 합의 법칙

① 두 사건 A, B가 동시에 일어나지 않을 때, A가 일어나는 경우의 수를 m, B가 일어나는 경우의 수를 n이라고 하면, 사건 A 또는 B가 일어나는 경우의 수는 $m+n$이다.

② '또는', '~이거나'라는 말이 나오면 합의 법칙을 사용한다.

예 한 식당의 점심 메뉴는 김밥 3종류, 라면 2종류, 우동 1종류가 있다. 이 중 한 가지의 메뉴를 고르는 경우의 수는 3+2+1=6가지이다.

(3) 곱의 법칙

① A가 일어나는 경우의 수를 m, B가 일어나는 경우의 수를 n이라고 하면, 사건 A와 B가 동시에 일어나는 경우의 수는 $m \times n$이다.

② '그리고', '동시에'라는 말이 나오면 곱의 법칙을 사용한다.

예 집에서 학교를 가는 방법 수는 2가지, 학교에서 집으로 오는 방법 수는 3가지이다. 집에서 학교까지 갔다가 오는 경우의 수는 2×3=6가지이다.

(4) 여러 가지 경우의 수

① 동전 n개를 던졌을 때, 경우의 수 : 2^n

② 주사위 n개를 던졌을 때, 경우의 수 : 6^n

③ 동전 n개와 주사위 m개를 던졌을 때, 경우의 수 : $2^n \times 6^m$

  예 동전 3개와 주사위 2개를 던졌을 때, 경우의 수는 $2^3 \times 6^2 = 288$가지

④ n명을 한 줄로 세우는 경우의 수 : $n! = n \times (n-1) \times (n-2) \times \cdots \times 2 \times 1$

⑤ n명 중, m명을 뽑아 한 줄로 세우는 경우의 수 : $_n\mathrm{P}_m = n \times (n-1) \times \cdots \times (n-m+1)$

  예 5명을 한 줄로 세우는 경우의 수는 $5 \times 4 \times 3 \times 2 \times 1 = 120$가지, 5명 중 3명을 뽑아 한 줄로 세우는 경우의 수는 $5 \times 4 \times 3 = 60$가지

⑥ n명을 한 줄로 세울 때, m명을 이웃하여 세우는 경우의 수 : $(n-m+1)! \times m!$

  예 갑, 을, 병, 정, 무 5명을 한 줄로 세우는데, 을, 병이 이웃하여 서는 경우의 수는 $4! \times 2! = 4 \times 3 \times 2 \times 1 \times 2 \times 1 = 48$가지

⑦ 0이 아닌 서로 다른 한 자리 숫자가 적힌 n장의 카드에서, m장을 뽑아 만들 수 있는 m자리 정수의 개수 : $_n\mathrm{P}_m$

  예 0이 아닌 서로 다른 한 자리 숫자가 적힌 4장의 카드에서, 3장을 뽑아 만들 수 있는 3자리 정수의 개수 : $_4\mathrm{P}_3 = 4 \times 3 \times 2 = 24$가지

⑧ 0을 포함한 서로 다른 한 자리 숫자가 적힌 n장의 카드에서, m장을 뽑아 만들 수 있는 m자리 정수의 개수 : $(n-1) \times {}_{n-1}\mathrm{P}_{m-1}$

　　예 0을 포함한 서로 다른 한 자리 숫자가 적힌 6장의 카드에서, 3장을 뽑아 만들 수 있는 3자리 정수의 개수는 $5 \times {}_5\mathrm{P}_2 = 5 \times 5 \times 4 = 100$가지

⑨ n명 중 자격이 다른 m명을 뽑는 경우의 수 : ${}_n\mathrm{P}_m$

　　예 5명의 학생 중 반장 1명, 부반장 1명을 뽑는 경우의 수는 ${}_5\mathrm{P}_2 = 5 \times 4 = 20$가지

⑩ n명 중 자격이 같은 m명을 뽑는 경우의 수 : ${}_n\mathrm{C}_m = \dfrac{{}_n\mathrm{P}_m}{m!}$

　　예 5명의 학생 중 부반장 2명을 뽑는 경우의 수는 ${}_5\mathrm{C}_2 = \dfrac{{}_5\mathrm{P}_2}{2!} = \dfrac{5 \times 4}{2 \times 1} = 10$가지

⑪ 원형 모양의 탁자에 n명을 앉히는 경우의 수 : $(n-1)!$

　　예 원형 모양의 탁자에 5명을 앉히는 경우의 수는 $4! = 4 \times 3 \times 2 \times 1 = 24$가지

(5) 최단거리 문제

A에서 B 사이에 P가 주어져 있다면, A와 P의 거리, B와 P의 거리를 각각 구하여 곱한다.

핵심예제

S사에서 파견 근무를 나갈 10명을 뽑아 팀을 구성하려 한다. 새로운 팀 내에서 팀장 1명과 회계 담당 2명을 뽑으려고 할 때 이 인원을 뽑는 경우는 몇 가지인가?

① 300가지　　　　　　　　② 320가지
③ 348가지　　　　　　　　④ 360가지
⑤ 396가지

|해설| • 팀장 한 명을 뽑는 경우의 수 : ${}_{10}\mathrm{C}_1 = 10$

　　　　• 회계 담당 2명을 뽑는 경우의 수 : ${}_9\mathrm{C}_2 = \dfrac{9 \times 8}{2!} = 36$

　　　　따라서 구하고자 하는 경우의 수는 $10 \times 36 = 360$가지이다.

정답 ④

2. 확률

(1) (사건 A가 일어날 확률)$=\dfrac{(\text{사건 A가 일어나는 경우의 수})}{(\text{모든 경우의 수})}$

예 주사위 1개를 던졌을 때, 3 또는 5가 나올 확률은 $\dfrac{2}{6}=\dfrac{1}{3}$이다.

(2) 여사건의 확률
① 사건 A가 일어날 확률이 p일 때, 사건 A가 일어나지 않을 확률은 $1-p$이다.
② '적어도'라는 말이 나오면 주로 사용한다.

(3) 확률의 계산
① 확률의 덧셈
두 사건 A, B가 동시에 일어나지 않을 때, A가 일어날 확률을 p, B가 일어날 확률을 q라고 하면, 사건 A 또는 B가 일어날 확률은 $p+q$이다.
② 확률의 곱셈
A가 일어날 확률을 p, B가 일어날 확률을 q라고 하면, 사건 A와 B가 동시에 일어날 확률은 $p\times q$이다.

(4) 여러 가지 확률
① 연속하여 뽑을 때, 꺼낸 것을 다시 넣고 뽑는 경우 : 처음과 나중의 모든 경우의 수는 같다.
예 자루에 흰 구슬 4개와 검은 구슬 5개가 들어 있다. 연속하여 2번을 뽑을 때, 처음에는 흰 구슬, 두 번째는 검은 구슬을 뽑을 확률은?(단, 꺼낸 것은 다시 넣는다)

→ 처음에 흰 구슬을 뽑을 확률은 $\dfrac{4}{9}$이고, 꺼낸 것은 다시 넣는다고 하였으므로 두 번째에 검은 구슬을 뽑을 확률은 $\dfrac{5}{9}$이다. 따라서 $\dfrac{4}{9}\times\dfrac{5}{9}=\dfrac{20}{81}$이다.

② 연속하여 뽑을 때, 꺼낸 것을 다시 넣지 않고 뽑는 경우 : 나중의 모든 경우의 수는 처음의 모든 경우의 수보다 1만큼 작다.
예 자루에 흰 구슬 4개와 검은 구슬 5개가 들어 있다. 연속하여 2번을 뽑을 때, 처음에는 흰 구슬, 두 번째는 검은 구슬을 뽑을 확률은?(단, 꺼낸 것은 다시 넣지 않는다)

→ 처음에 흰 구슬을 뽑을 확률은 $\dfrac{4}{9}$이고, 꺼낸 것은 다시 넣지 않는다고 하였으므로 자루에는 흰 구슬 3개, 검은 구슬 5개가 남아 있다. 따라서 두 번째에 검은 구슬을 뽑을 확률은 $\dfrac{5}{8}$이므로, $\dfrac{4}{9}\times\dfrac{5}{8}=\dfrac{5}{18}$이다.

③ (도형에서의 확률)$=\dfrac{(\text{해당하는 부분의 넓이})}{(\text{전체 넓이})}$

1부터 10까지 적힌 공 중에서 첫 번째는 2의 배수, 두 번째는 3의 배수가 나오도록 공을 뽑을 확률은?(단, 뽑은 공은 다시 넣는다)

① $\dfrac{5}{18}$

② $\dfrac{3}{20}$

③ $\dfrac{1}{7}$

④ $\dfrac{5}{24}$

⑤ $\dfrac{5}{20}$

|해설|

• 첫 번째에 2의 배수(2, 4, 6, 8, 10)가 적힌 공을 뽑을 확률 : $\dfrac{5}{10} = \dfrac{1}{2}$

• 두 번째에 3의 배수(3, 6, 9)가 적힌 공을 뽑을 확률 : $\dfrac{3}{10}$ (∵ 뽑은 공은 다시 넣음)

따라서 구하고자 하는 확률은 $\dfrac{1}{2} \times \dfrac{3}{10} = \dfrac{3}{20}$ 이다.

정답 ②

PART 1

보통 자료해석 문제는 다음 세 가지 유형으로 구분된다. 최근 자체 시험을 보는 기업에서는 회사 관련 자료를 직접 제시하는 경우도 상당수 출제되고 있다. 또한, 과학 관련 자료를 활용해 간단한 과학 상식까지 요하는 경우도 출제될 수 있다.

1. 이해

표와 그래프에서 제시된 정보를 정확하게 읽어내고 이것을 언어적인 형태로 바꾸어 표현할 수 있는지를 평가한다. 이 능력을 함양하기 위해서는 주어진 자료를 언어적 형태로 바꾸는 연습을 해야 한다. 주어진 자료에서 필요한 정보를 확인하고, 사칙연산 등을 통하여 값을 도출한다. 복잡한 식을 계산할 경우에는 계산값이 정확한지도 확인한다. 다양한 지수와 지표들이 산출되는 과정에 대하여 알아두는 것도 문제를 해결하는 데 도움이 될 것이다.

2. 적용

적용능력은 규칙이나 법칙을 제대로 이해하고 이를 새로운 상황에 응용할 수 있는지의 여부를 묻는 것이다. 주어진 공식이나 제약에 따라 수를 조작해 보고 주어진 자료의 형태에 맞는 통계치를 찾아 사용해 본다. 그리고 어떤 자료가 만들어지는 과정에서 논리적인 문제가 없었는지를 살펴보아야 한다.

3. 분석

분석능력은 자료가 어떤 하위요소로 분해되고 각 하위요소가 어떤 관계에 있으며 이것이 조직되어 있는 방식이 무엇인지를 발견하는 능력이다. 이 능력을 기르기 위해서는 주어진 정보에 숨어 있는 가정이 무엇인지를 알아보고 자료에서 분명히 알 수 있는 것과 알 수 없는 것을 구분하는 연습을 해야 한다.

다음은 세계 주요 터널 화재 사고 A~F에 대한 자료이다. 이에 대한 설명으로 옳은 것은?

〈세계 주요 터널 화재 사고 통계〉

구분	터널길이(km)	화재규모(MW)	복구비용(억 원)	복구기간(개월)	사망자(명)
A	50.5	350	4,200	6	1
B	11.6	40	3,276	36	39
C	6.4	120	72	3	12
D	16.9	150	312	2	11
E	0.2	100	570	10	192
F	1.0	20	18	8	0

※ (사고비용)=(복구비용)+{(사망자 수)×5억 원}

① 터널길이가 길수록 사망자가 많다.
② 화재규모가 클수록 복구기간이 길다.
③ 사고 A를 제외하면 복구기간이 길수록 복구비용이 크다.
④ 사망자가 가장 많은 사고 E는 사고비용도 가장 크다.
⑤ 사망자가 30명 이상인 사고를 제외하면 화재규모가 클수록 복구비용이 크다.

| 해설 | 사망자가 30명 이상인 사고를 제외한 나머지 사고는 A, C, D, F이다. 이를 화재규모와 복구비용이 큰 순으로 각각 나열하면 다음과 같다.
• 화재규모 : A－D－C－F
• 복구비용 : A－D－C－F
따라서 옳다.

오답분석

① 터널길이가 긴 순으로, 사망자가 많은 순으로 사고를 각각 나열하면 다음과 같다.
• 터널길이 : A－D－B－C－F－E
• 사망자 수 : E－B－C－D－A－F
따라서 옳지 않다.
② 화재규모가 큰 순으로, 복구기간이 긴 순으로 사고를 각각 나열하면 다음과 같다.
• 화재규모 : A－D－C－E－B－F
• 복구기간 : B－E－F－A－C－D
따라서 옳지 않다.
③ 사고 A를 제외하고 복구기간이 긴 순으로, 복구비용이 큰 순으로 사고를 나열하면 다음과 같다.
• 복구기간 : B－E－F－C－D
• 복구비용 : B－E－D－C－F
따라서 옳지 않다.
④ 사고 A~F의 사고비용을 구하면 다음과 같다.
• 사고 A : 4,200+1×5=4,205억 원
• 사고 B : 3,276+39×5=3,471억 원
• 사고 C : 72+12×5=132억 원
• 사고 D : 312+11×5=367억 원
• 사고 E : 570+192×5=1,530억 원
• 사고 F : 18+0×5=18억 원
따라서 사고 A의 사고비용이 가장 크다.

정답 ⑤

01   기초계산

※ 다음 식을 계산한 값으로 옳은 것을 고르시오. [1~5]

01

$$15 \times 108 - 303 \div 3 + 7$$

① 1,526
② 1,536
③ 1,626
④ 1,636
⑤ 1,726

02

$$0.901 + 5.468 - 2.166$$

① 2.194
② 4.203
③ 6.206
④ 8.535
⑤ 8.642

03

$$(0.9371 - 0.3823) \times 25$$

① 13.24
② 13.49
③ 13.87
④ 14.62
⑤ 15.27

04

$$(984 - 216) \div 48$$

① 16
② 17
③ 18
④ 19
⑤ 20

05

$$(3{,}000-1{,}008)\div664$$

① 1   ② 2
③ 3   ④ 4
⑤ 5

※ 다음 식을 계산한 값과 같은 것을 고르시오. [6~8]

06

$$\frac{5}{6}\times\frac{3}{4}-\frac{7}{16}$$

① $\dfrac{8}{3}-\dfrac{4}{7}\times\dfrac{2}{5}$ ② $\dfrac{4}{5}\times\dfrac{2}{3}-\left(\dfrac{3}{7}-\dfrac{1}{6}\right)$

③ $\dfrac{5}{6}\div\dfrac{5}{12}-\dfrac{3}{5}$ ④ $\left(\dfrac{1}{4}-\dfrac{2}{9}\right)\times\dfrac{9}{4}+\dfrac{1}{8}$

⑤ $\dfrac{7}{2}\times\dfrac{2}{3}-\dfrac{1}{2}$

07

$$21\times39+6$$

① $31\times21+174$ ② $116\times4+362$
③ $5\times5\times32$ ④ $19\times25+229$
⑤ $8\times45+259$

08

$$36\times145+6{,}104$$

① $901\times35+27$ ② $385\times12+5{,}322$
③ $16{,}212\div28+8{,}667$ ④ $516\times31-4{,}672$
⑤ $246\times35-2{,}800$

09 세 자연수 3, 9, 11로 나누어도 항상 나머지가 1이 되는 가장 작은 자연수는?

① 97 　　　　　　　　　　　② 98

③ 99 　　　　　　　　　　　④ 100

⑤ 101

10 자연수 A로 31을 나누었을 때 나머지가 1이고, 87을 나누었을 때는 나머지가 3이 나왔다. 이때 자연수 A는 무엇인가?

① 4 　　　　　　　　　　　② 5

③ 6 　　　　　　　　　　　④ 7

⑤ 8

11 735의 7푼 3리는 얼마인가?

① 55.323 　　　　　　　　　② 55.532

③ 53.655 　　　　　　　　　④ 54.256

⑤ 52.612

12 6할 2푼 5리를 백분율로 바르게 변환한 것은?

① 0.625% 　　　　　　　　　② 6.25%

③ 62.5% 　　　　　　　　　④ 625%

⑤ 0.0625%

13 S회사에서 M부품을 만드는데 200개 중 5개가 불량이라고 할 때, M부품의 불량률은 얼마인가?

① 5푼 　　　　　　　　　　② 1할 2푼 5리

③ 2할 5리 　　　　　　　　④ 2푼 5리

⑤ 2할 5푼

14 1,004의 8할 7리는 얼마인가?

① 810.228   ② 810.128

③ 873.48   ④ 87.348

⑤ 8,734.8

15 J가 양궁연습을 하는데 80개의 화살 중 12개가 과녁에서 빗나갔다면, J의 실패율은 얼마인가?

① 1푼 6리   ② 1할 5리

③ 1할 5푼   ④ 1할 7푼 5리

⑤ 2할

16 200 이하의 자연수 중 10과 15로 나누어떨어지는 자연수의 개수는 모두 몇 개인가?

① 4개   ② 5개

③ 6개   ④ 7개

⑤ 8개

17 두 실수 a, b에 대하여 연산 ◎을 $a◎b=(a-b)+(b\times10+2)$로 정의할 때 $(1◎6)+(4◎2)$의 값은?

① -23 ② 23

③ -81 ④ 81

⑤ 93

18 $\dfrac{1}{1\times2}+\dfrac{1}{2\times3}+\dfrac{1}{3\times4}+\cdots+\dfrac{1}{99\times100}$ 의 값은?

① $\dfrac{99}{100}$ ② $\dfrac{1}{100}$

③ $\dfrac{1}{99}$ ④ $\dfrac{100}{99}$

⑤ 1

19 다음 빈칸에 들어갈 값으로 옳은 것은?

$$2.5\text{m}+3{,}250\text{mm}=(\quad)\text{cm}$$

① 5.75   ② 575

③ 5,750   ④ 57,500

⑤ 575,000

※ 다음 빈칸에 들어갈 알맞은 수를 고르시오. **[20~23]**

20

$$208\times(\quad)-19{,}945=44{,}951$$

① 616   ② 552

③ 476   ④ 312

⑤ 287

21

$$1.5\times(\quad)\div2+1=4$$

① 2   ② 3

③ 4   ④ 5

⑤ 6

22

$$66-(\quad)\div6+16=78$$

① 24   ② 30

③ 36   ④ 42

⑤ 48

23

$$66+77-88\times(\quad)=-825$$

① 11   ② 22

③ 33   ④ 44

⑤ 55

※ 다음 A와 B의 크기를 비교하시오. **[24~25]**

24

A : $\dfrac{1}{2}+\dfrac{1}{4}+\dfrac{1}{6}$ B : $\dfrac{1}{3}+\dfrac{1}{4}+\dfrac{5}{24}$

① A>B   ② A=B   ③ A<B

25

A : $\dfrac{1}{110}$ B : $0.99\div10-\dfrac{1}{11}$

① A>B   ② A=B   ③ A<B

26

$$9(\quad)3+14\div2=34$$

① +   ② −
③ ×   ④ ÷
⑤ =

27

$$66(\quad)2+8+4=45$$

① +   ② −
③ ×   ④ ÷
⑤ =

28

$$5.14\times0.5-6.72(\quad)3=0.33$$

① +   ② −
③ ×   ④ ÷
⑤ =

01 7시와 8시 사이에 시침과 분침이 서로 반대 방향으로 일직선을 이룰 때의 시각은?

① 7시 $\dfrac{30}{11}$ 분

② 7시 $\dfrac{45}{11}$ 분

③ 7시 $\dfrac{60}{11}$ 분

④ 7시 $\dfrac{75}{11}$ 분

⑤ 7시 $\dfrac{81}{11}$ 분

02 어떤 마을에 A장터는 25일마다 열리고 B장터는 30일마다 열리는데 1월 18일에 두 장터가 같이 열렸다. 1월 18일이 목요일이라면, 다음 두 장터가 같이 열리는 날은 무슨 요일이겠는가?

① 일요일

② 월요일

③ 화요일

④ 수요일

⑤ 금요일

03 어떤 해의 2월 5일이 수요일이라고 할 때, 8월 15일은 무슨 요일인가?(단, 2월은 29일까지이다)

① 토요일

② 일요일

③ 월요일

④ 화요일

⑤ 수요일

04 A ~ C 세 사람은 주기적으로 집안 청소를 한다. A는 6일마다, B는 8일마다, C는 9일마다 청소를 할 때, 세 명이 9월 10일에 모두 같이 청소를 했다면, 다음에 같이 청소하는 날은 언제인가?

① 11월 5일

② 11월 12일

③ 11월 16일

④ 11월 21일

⑤ 11월 29일

05 둘레의 길이가 1km인 공원이 있다. 철수와 영희는 서로 반대 방향으로 걸어서 중간에서 만나기로 했다. 철수는 1분에 70m를 걷고, 영희는 1분에 30m를 걸을 때, 두 사람이 처음 만날 때까지 걸린 시간은?

① 5분   ② 10분

③ 20분   ④ 30분

⑤ 35분

06 서울에서 부산까지의 거리는 400km이고 서울에서 부산까지 가는 기차는 120km/h의 속력으로 달리며, 역마다 10분씩 정차한다. 서울에서 9시에 출발하여 부산에 13시 10분에 도착했다면, 기차는 가는 도중 몇 개의 역에 정차하였는가?

① 4개   ② 5개

③ 6개   ④ 7개

⑤ 8개

07 둘레가 6km인 공원을 나래는 자전거를 타고, 진혁이는 걷기로 했다. 같은 방향으로 돌면 1시간 30분 후에 다시 만나고, 서로 반대 방향으로 돌면 1시간 후에 만난다. 나래의 속력은 얼마인가? (단, 나래의 속력이 더 빠르다)

① 4.5km/h   ② 5km/h

③ 5.5km/h   ④ 6km/h

⑤ 6.5km/h

08 철도 길이가 570m인 터널이 있다. A기차는 터널을 완전히 빠져나갈 때까지 50초가 걸리고, 기차 길이가 A기차의 길이보다 60m 짧은 B기차는 23초가 걸렸다. 두 기차가 터널 양 끝에서 동시에 출발하면 $\frac{1}{3}$ 지점에서 만난다고 할 때, A기차의 길이는 얼마인가?(단, 기차 속력은 일정하다)

① 150m   ② 160m

③ 170m   ④ 180m

⑤ 190m

09 헤어진 두 남녀가 집으로 돌아가다가 마음을 바꾸고 동시에 다시 만나기 위해 달려가고 있다. 두 남녀 간의 거리는 10km이며, 여자는 남자가 있는 곳으로 4km/h의 속도로 달려가고 있고, 남자는 여자가 있는 곳으로 6km/h의 속도로 가고 있다. 여자는 가는 도중 30분을 쉬었다가 달려서 두 남녀가 다시 만났다면, 두 남녀가 다시 만나는 데 걸리는 시간은?

① 1시간
② 1시간 4분
③ 1시간 12분
④ 1시간 18분
⑤ 1시간 22분

10 아버지와 어머니의 나이 차는 4세이고 형과 동생의 나이 차는 2세이다. 또한, 아버지와 어머니의 나이의 합은 형의 나이의 6배라고 한다. 형과 동생의 나이의 합이 40세라면 아버지의 나이는 몇 세인가?(단, 아버지가 어머니보다 나이가 더 많다)

① 59세
② 60세
③ 63세
④ 65세
⑤ 67세

11 H공사의 작년 사원 수는 500명이었고, 올해에는 남자 사원이 작년보다 10% 감소하고, 여자 사원이 40% 증가하였다. 전체 사원 수는 작년보다 8%가 늘어났을 때, 작년 남자 사원은 몇 명인가?

① 280명
② 300명
③ 315명
④ 320명
⑤ 325명

12 한국, 중국, 일본, 미국, 러시아 5개국이 서울에서 회담을 진행하기로 했다. 5개국에서 각각 5명, 5명, 5명, 4명, 2명의 대표자가 방문하였고, 이들을 6석, 5석, 5석, 3석, 3석의 테이블 5개에 나누어 앉게 하려 한다. 같은 국가에서 온 대표자들을 각기 다른 테이블에 앉게 하려면 한 번에 최대 몇 명의 대표자들을 앉게 할 수 있는가?

① 17명
② 18명
③ 19명
④ 20명
⑤ 21명

13 팀 A, B, C에 대한 근무만족도 조사를 한 결과 근무만족도 평균이 〈보기〉와 같을 때 이에 대한 설명으로 옳은 것은?

> **보기**
> • A팀은 근무만족도 평균이 80점이다.
> • B팀은 근무만족도 평균이 90점이다.
> • C팀은 근무만족도 평균이 40점이다.
> • A팀과 B팀의 근무만족도 평균은 88점이다.
> • B팀과 C팀의 근무만족도 평균은 70점이다.

① C팀의 사원 수는 짝수다.
② A팀의 사원의 근무만족도 평균이 가장 낮다.
③ B팀의 사원 수는 A팀 사원 수의 2배이다.
④ C팀의 사원 수는 A팀 사원 수의 3배이다.
⑤ A, B, C팀의 근무만족도 평균은 70점을 넘지 않는다.

14 작년 한 해 업무평가 점수가 가장 높았던 A ~ D 4명의 직원에게 성과급을 지급했다. 제시된 〈조건〉에 따라 성과급이 A직원부터 D직원까지 차례로 지급되었다고 할 때, 4명의 직원에게 지급된 성과급 총액은 얼마인가?

> **조건**
> • A직원은 성과급 총액의 $\frac{1}{3}$ 보다 20만 원을 더 받았다.
> • B직원은 A직원이 받고 남은 성과급의 $\frac{1}{2}$ 보다 10만 원을 더 받았다.
> • C직원은 A, B직원이 받고 남은 성과급의 $\frac{1}{3}$ 보다 60만 원을 더 받았다.
> • D직원은 A, B, C직원이 받고 남은 성과급의 $\frac{1}{2}$ 보다 70만 원을 더 받았다.

① 860만 원   ② 900만 원
③ 940만 원   ④ 960만 원
⑤ 1,020만 원

15 S사의 구내식당에서는 지난달 한 포대당 12,500원의 쌀을 구매하는 데 3,750,000원을 사용하였다. 이번 달에도 같은 양의 쌀을 주문하였으나, 최근 쌀값이 올라 한 포대당 14,000원의 금액을 지불하였다. 이번 달의 쌀 구매비용은 지난달보다 얼마나 더 증가하였는가?

① 450,000원   ② 480,000원
③ 520,000원   ④ 536,000원
⑤ 555,000원

16 K마트에서 세일하는 제품인 오리구이 400g과 치킨 1마리를 구매하면 22,000원이고, 치킨 2마리와 오리구이 200g을 구매하면 35,000원이다. 오리구이 100g당 가격은 얼마인가?

① 1,000원   ② 1,500원

③ 2,000원   ④ 2,500원

⑤ 3,000원

17 사흘 안에 끝내야 할 일의 $\dfrac{1}{3}$을 첫째 날에 마치고, 남은 일의 $\dfrac{2}{5}$를 둘째 날에 마쳤다. 셋째 날해야 할 일의 양은 전체의 몇 %인가?

① 10%   ② 20%

③ 30%   ④ 40%

⑤ 50%

18 육상선수 갑, 을, 병이 운동장을 각각 8분에 4바퀴, 9분에 3바퀴, 4분에 1바퀴를 돈다. 세 사람이 4시 30분에 같은 방향으로 동시에 출발하였다면, 출발점에서 다시 만나는 시각은?

① 4시 39분   ② 4시 40분

③ 4시 41분   ④ 4시 42분

⑤ 4시 43분

19 1L 물통을 가득 채우는 데 수도 A는 15분, 수도 B는 20분이 걸린다고 한다. 수도 A, B를 동시에 사용해 30분 동안 물을 받는다면 물통 몇 개를 가득 채울 수 있는가?

① 1개   ② 2개

③ 3개   ④ 4개

⑤ 5개

20 농도 8%의 소금물 24g에 농도 4%의 소금물을 몇 g 넣으면 농도가 5%인 소금물이 되겠는가?

① 12g 　　　　　　　　　　② 24g

③ 36g 　　　　　　　　　　④ 48g

⑤ 72g

21 학교에 가는 데 버스를 타고 갈 확률이 $\dfrac{1}{3}$, 걸어갈 확률이 $\dfrac{2}{3}$일 때, 3일 중 첫날은 버스를 타고, 남은 2일은 순서에 상관없이 버스 한 번, 걸어서 한 번 갈 확률은?

① $\dfrac{1}{27}$ 　　　　　　　　② $\dfrac{2}{27}$

③ $\dfrac{1}{9}$ 　　　　　　　　　④ $\dfrac{4}{27}$

⑤ $\dfrac{1}{3}$

22 1에서 10까지 적힌 숫자카드 두 장을 임의로 동시에 뽑을 때, 뽑은 두 카드에 적힌 수의 곱이 홀수일 확률은?

① $\dfrac{5}{7}$ 　　　　　　　　　② $\dfrac{7}{8}$

③ $\dfrac{5}{9}$ 　　　　　　　　　④ $\dfrac{2}{9}$

⑤ $\dfrac{1}{9}$

23 A제품은 1개에 600원, B제품은 1개에 1,000원이다. 김사원이 거스름돈을 전혀 남기지 않고 12,000원으로 A제품과 B제품을 살 수 있는 방법의 수는?(단, A제품만 모두 사거나 B제품만 모두 사는 것도 가능하다)

① 4가지   ② 5가지

③ 6가지   ④ 7가지

⑤ 8가지

24 1g, 2g, 4g, 8g, 16g, … 의 추가 있다. 이때, 327g을 재려면 최소 몇 개의 추가 필요한가?

① 4개   ② 5개

③ 6개   ④ 7개

⑤ 8개

25 20층 건물에서 층마다 기압을 측정하려고 한다. 1층의 계기판 기압에 표시된 값은 200kPa이며, 한 층씩 높아질 때마다 0.2kPa의 기압이 떨어진다고 할 때, 16층의 기압은 얼마인가?

① 184kPa   ② 187kPa

③ 194kPa   ④ 197kPa

⑤ 195kPa

01 다음은 2024년 예식장 사업 형태에 대한 자료이다. 이에 대한 설명으로 옳지 않은 것은?

<예식장 사업 형태>

(단위 : 개, 십억 원)

구분	개인경영	회사법인	회사 이외의 법인	비법인 단체	합계
사업체 수	900	50	85	15	1,050
매출	270	40	17	3	330
비용	150	25	10	2	187

※ $[수익률(\%)]=\left[\dfrac{(매출)}{(비용)}-1\right]\times100$

① 예식장 사업은 대부분 개인경영 형태로 이루어지고 있다.
② 사업체 1개당 매출액이 가장 큰 예식장 사업 형태는 회사법인이다.
③ 수익률이 가장 높은 예식장 사업 형태는 회사법인이다.
④ 개인경영 형태의 예식장 수익률은 비법인 단체 형태의 예식장 수익률의 2배 미만이다.
⑤ 개인경영 형태 사업체 수는 개인경영 형태를 제외한 나머지 예식장 사업 형태의 평균 사업체 수의 20배 미만이다.

02 다음은 2024년에 S병원을 찾은 당뇨병 환자 수에 대한 자료이다. 이에 대한 설명으로 옳지 않은 것은?

<당뇨병 환자 수>

(단위 : 명)

나이 \ 당뇨병	경증		중증	
	여성	남성	여성	남성
50세 미만	8	14	9	9
50세 이상	10	18	9	23

① 남성 환자가 여성 환자보다 28명 더 많다.
② 여성 환자 중 중증 환자의 비율은 50%이다.
③ 경증 환자 중 남성 환자의 비율은 중증 환자 중 남성 환자의 비율보다 높다.
④ 50세 이상 환자 수는 50세 미만 환자 수의 1.5배이다.
⑤ 전체 당뇨병 환자 중 중증 여성 환자의 비율은 18%이다.

03 다음은 수도권 지역의 기상실황표이다. 이에 대한 설명으로 옳지 않은 것은?

〈기상실황표〉

구분	시정 (km)	현재기온 (℃)	이슬점 온도 (℃)	불쾌지수	습도 (%)	풍향	풍속 (m/s)	기압 (hPa)
서울	6.9	23.4	14.6	70	58	동	1.8	1,012.7
백령도	0.4	16.1	15.2	61	95	동남동	4.4	1,012.6
인천	10	21.3	15.3	68	69	서남서	3.8	1,012.9
수원	7.7	23.8	16.8	72	65	남서	1.8	1,012.9
동두천	10.1	23.6	14.5	71	57	남남서	1.5	1,012.6
파주	20	20.9	14.7	68	68	남남서	1.5	1,013.1
강화	4.2	20.7	14.8	67	67	남동	1.7	1,013.3
양평	6.6	22.7	14.5	70	60	동남동	1.4	1,013
이천	8.4	23.7	13.8	70	54	동북동	1.4	1,012.8

① 시정이 가장 좋은 곳은 파주이다.

② 이슬점 온도가 가장 높은 지역은 불쾌지수 또한 가장 높다.

③ 불쾌지수가 70을 초과한 지역은 2곳이다.

④ 현재기온이 가장 높은 지역은 이슬점 온도와 습도 또한 가장 높다.

⑤ 시정이 가장 좋지 않은 지역은 풍속이 가장 강하다.

※ 다음은 어린이보호구역 지정현황을 나타낸 자료이다. 이어지는 질문에 답하시오. **[4~6]**

〈어린이보호구역 지정현황〉

(단위 : 개소)

구분	2019년	2020년	2021년	2022년	2023년	2024년
초등학교	5,365	5,526	5,654	5,850	5,917	5,946
유치원	2,369	2,602	2,781	5,476	6,766	6,735
특수학교	76	93	107	126	131	131
보육시설	619	778	1,042	1,755	2,107	2,313
학원	5	7	8	10	11	11

04 2022년과 2024년의 전체 어린이보호구역 수의 차는 얼마인가?

① 1,748개소
② 1,819개소
③ 1,828개소
④ 1,839개소
⑤ 1,919개소

05 어린이보호구역 시설 중 2021년에 전년 대비 증가율이 가장 높은 시설은?

① 초등학교
② 유치원
③ 특수학교
④ 보육시설
⑤ 학원

06 다음 중 위 자료에 대한 설명으로 옳지 않은 것은?

① 2019년 어린이보호구역의 합계는 8,434개소이다.
② 2024년 어린이보호구역은 2019년보다 총 6,607개소 증가했다.
③ 2023년과 2024년 사이에는 어린이보호구역으로 지정된 특수학교 수는 증가하지 않았다.
④ 초등학교 어린이보호구역은 계속해서 증가하고 있다.
⑤ 학원 어린이보호구역은 2024년에 전년 대비 증가율이 0%이다.

※ 다음은 현 직장 만족도에 대해 조사한 자료이다. 이어지는 질문에 답하시오. [7~8]

<현 직장 만족도>

구분	직장유형	2023년	2024년
전반적 만족도	기업	6.9	6.3
	공공연구기관	6.7	6.5
	대학	7.6	7.2
임금과 수입 만족도	기업	4.9	5.1
	공공연구기관	4.5	4.8
	대학	4.9	4.8
근무시간 만족도	기업	6.5	6.1
	공공연구기관	7.1	6.2
	대학	7.3	6.2
사내분위기 만족도	기업	6.3	6.0
	공공연구기관	5.8	5.8
	대학	6.7	6.2

07 2023년 3개 기관의 전반적 만족도의 합은 2024년 3개 기관의 임금과 수입 만족도의 합의 몇 배인가?(단, 소수점 둘째 자리에서 반올림한다)

① 1.4배
② 1.6배
③ 1.8배
④ 2.0배
⑤ 2.2배

08 위 자료에 대한 설명으로 옳지 않은 것은?(단, 비율은 소수점 둘째 자리에서 반올림한다)

① 현 직장에 대한 전반적 만족도는 대학 유형에서 가장 높다.
② 2024년 근무시간 만족도에서는 공공연구기관과 대학의 만족도가 동일하다.
③ 2024년에 모든 유형의 직장에서 임금과 수입의 만족도는 전년 대비 증가했다.
④ 사내분위기 측면에서 2023년과 2024년 공공연구기관의 만족도는 동일하다.
⑤ 2024년 근무시간에 대한 만족도의 전년 대비 감소율은 대학 유형이 가장 크다.

※ 다음은 '갑'국의 도시 A~C의 인구수에 대한 자료이다. 이어지는 질문에 답하시오. [9~10]

〈A, B, C도시 인구수〉

(단위 : 천 명)

구분	2018년	2019년	2020년	2021년	2022년	2023년	2024년
A	2,445	5,525	8,364	10,613	10,231	9,895	9,820
B	2,749	3,353	4,934	7,974	9,958	11,459	12,940
C	5,194	8,879	13,298	18,587	20,189	21,354	22,766
전국	24,989	31,434	37,436	43,411	44,609	46,136	47,279

09 2018년 대비 2020년 전국 인구 증가량은 2021년 대비 2024년 전국 인구 증가량보다 얼마나 더 많은가?

① 7,679천 명   ② 7,579천 명

③ 8,679천 명   ④ 8,579천 명

⑤ 5,479천 명

10 2019~2024년 동안 전년 대비 A시의 인구 증가량이 가장 높았던 해와 C시의 인구 증가량이 가장 높았던 해는 각각 언제인가?

① 2020년, 2022년   ② 2019년, 2021년

③ 2019년, 2022년   ④ 2021년, 2022년

⑤ 2022년, 2023년

CHAPTER 03 추리능력검사 핵심이론

01 수 · 문자추리

01 수추리

(1) **등차수열** : 앞의 항에 일정한 수를 더해 이루어지는 수열

예 $\underbrace{1 \quad 3 \quad 5 \quad 7 \quad 9 \quad 11 \quad 13 \quad 15}_{+2 \quad +2 \quad +2 \quad +2 \quad +2 \quad +2 \quad +2}$

핵심예제

일정한 규칙으로 수를 나열할 때, 빈칸에 들어갈 알맞은 수는?

| 1   3   5   7   9   (   )   13   15 |

① 10   ② 11
③ 12   ④ 13
⑤ 14

| 해설 | 앞의 항에 2씩 더하는 수열이다.
따라서 (   )=9+2=11이다.

정답 ②

---

(2) **등비수열** : 앞의 항에 일정한 수를 곱해 이루어지는 수열

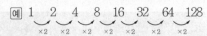

예 1 2 4 8 16 32 64 128
  ×2 ×2 ×2 ×2 ×2 ×2 ×2

일정한 규칙으로 수를 나열할 때, 빈칸에 들어갈 알맞은 수는?

| 1 | 2 | 4 | 8 | 16 | 32 | ( ) | 128 |

① 36   ② 46
③ 54   ④ 64
⑤ 72

| 해설 | 앞의 항에 2씩 곱하는 수열이다.
따라서 ( )=32×2=64이다.

정답 ④

(3) **계차수열** : 수열의 인접하는 두 항의 차로 이루어진 수열

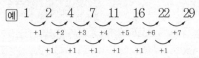

예 1 2 4 7 11 16 22 29
  +1 +2 +3 +4 +5 +6 +7
   +1 +1 +1 +1 +1 +1

일정한 규칙으로 수를 나열할 때, 빈칸에 들어갈 알맞은 수는?

| 5 | 7 | 10 | 14 | 19 | 25 | ( ) |

① 27   ② 30
③ 32   ④ 35
⑤ 38

| 해설 | 앞의 항에 2, 3, 4, 5, 6, …을 더하는 수열이다.
따라서 ( )=25+7=32이다.

정답 ③

(4) 피보나치 수열 : 앞의 두 항의 합이 그다음 항의 수가 되는 수열

예 1 1 $\underset{1+1}{2}$ $\underset{1+2}{3}$ $\underset{2+3}{5}$ $\underset{3+5}{8}$ $\underset{5+8}{13}$ $\underset{8+13}{21}$

핵심예제

일정한 규칙으로 수를 나열할 때, 빈칸에 들어갈 알맞은 수는?

| 1 1 2 3 5 8 ( ) 21 |

① 9   ② 11
③ 13   ④ 15
⑤ 17

| 해설 | (앞의 항)+(뒤의 항)=(다음 항)
          따라서 (   )=5+8=13이다.

정답 ③

(5) 건너뛰기 수열

- 두 개 이상의 수열이 일정한 간격을 두고 번갈아가며 나타나는 수열

  [예] 1 1 3 7 5 13 7 19

  - 홀수항 : 1 3 5 7
    $+2$ $+2$ $+2$
  - 짝수항 : 1 7 13 19
    $+6$ $+6$ $+6$

- 두 개 이상의 규칙이 일정한 간격을 두고 번갈아가며 적용되는 수열

  [예] 0 1 3 4 12 13 39 40
    $+1$ $\times 3$ $+1$ $\times 3$ $+1$ $\times 3$ $+1$

핵심예제

일정한 규칙으로 수를 나열할 때, 빈칸에 들어갈 알맞은 수는?

	1	3	7	5	( )	7	19

① 9   ② 11
③ 13   ④ 15
⑤ 17

| 해설 | 홀수 항은 6씩 더하는 수열이고, 짝수 항은 2씩 더하는 수열이다.
        따라서 ( )=7+6=13이다.

정답 ③

(6) 군수열 : 일정한 규칙성으로 몇 항씩 묶어 나눈 수열

예 • 1 1 2 1 2 3 1 2 3 4
⇒ 1 1 2 1 2 3 1 2 3 4

• 1 3 4 6 5 11 2 6 8 9 3 12
⇒ 1 3 4 6 5 11 2 6 8 9 3 12
  1+3=4   6+5=11   2+6=8   9+3=12

• 1 3 3 2 4 8 5 6 30 7 2 14
⇒ 1 3 3 2 4 8 5 6 30 7 2 14
  1×3=3   2×4=8   5×6=30   7×2=14

핵심예제

일정한 규칙으로 수를 나열할 때, 빈칸에 들어갈 알맞은 수는?

| 1   3   3   2   4   8   5   (   )   30 |

① 6   ② 7
③ 8   ④ 9
⑤ 10

| 해설 | 나열된 수를 각각 A, B, C라고 하면
$\underline{A\ B\ C} \rightarrow A \times B = C$
따라서 (   )=30÷5=6이다.

정답 ①

02 문자추리

(1) 알파벳, 자음, 한자, 로마자

1	2	3	4	5	6	7	8	9	10	11	12	13	14	15	16	17	18	19	20	21	22	23	24	25	26
A	B	C	D	E	F	G	H	I	J	K	L	M	N	O	P	Q	R	S	T	U	V	W	X	Y	Z
ㄱ	ㄴ	ㄷ	ㄹ	ㅁ	ㅂ	ㅅ	ㅇ	ㅈ	ㅊ	ㅋ	ㅌ	ㅍ	ㅎ												
一	二	三	四	五	六	七	八	九	十																
i	ii	iii	iv	v	vi	vii	viii	ix	x																

(2) 일반모음

1	2	3	4	5	6	7	8	9	10
ㅏ	ㅑ	ㅓ	ㅕ	ㅗ	ㅛ	ㅜ	ㅠ	ㅡ	ㅣ

(3) 일반모음+이중모음(사전 등재 순서)

1	2	3	4	5	6	7	8	9	10	11	12	13	14	15	16	17	18	19	20	21
ㅏ	ㅐ	ㅑ	ㅒ	ㅓ	ㅔ	ㅕ	ㅖ	ㅗ	ㅘ	ㅙ	ㅚ	ㅛ	ㅜ	ㅝ	ㅞ	ㅟ	ㅠ	ㅡ	ㅢ	ㅣ

핵심예제

일정한 규칙으로 문자를 나열할 때, 빈칸에 들어갈 알맞은 문자는?

	ㄱ	ㄷ	ㅁ	( )	ㅈ	

① ㄴ   ② ㄹ

③ ㅂ   ④ ㅅ

⑤ ㅇ

| 해설 | 앞의 항에 2씩 더하는 문자열이다.

ㄱ	ㄷ	ㅁ	(ㅅ)	ㅈ
1	3	5	7	9

정답 ④

도형추리 영역은 크게 도형이 변화하는 과정을 보고 마지막에 나올 도형, 중간에 들어갈 도형을 선택하는
유형과 왼쪽 도형의 변화 과정을 보고 오른쪽 도형의 변화를 예측하는 유형으로 나뉜다.

■ 유형

① 제시된 도형이 순서대로 나열되어 있는 유형으로, 왼쪽에서 오른쪽으로 이동하면서 일정한 규칙으로
도형이 변한다.

→ 오각형 속 삼각형이 시계 방향으로 한 변씩 이동, 각 삼각형의 색은 이동 시 변한다.

② 대응관계에 있는 두 분류의 도형으로 왼쪽 도형의 규칙을 찾아 오른쪽 도형에 관계를 파악하는 유형

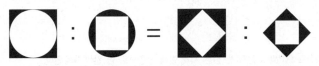

→ 바깥 도형이 안쪽으로 들어가고 두 도형 사이의 여백은 검은색이 된다.

③ 표 형태로 제시된 도형에서 상하·좌우 규칙을 파악하여 정답을 찾아내는 유형

④ **도식추론** : 문자나 기호에 특별한 의미를 부여하여 도형의 규칙을 파악하는 유형

일정한 규칙으로 도형을 나열할 때, 물음표에 들어갈 알맞은 도형은?

①

②

③

④

⑤

| 해설 | 전체 도형이 시계 방향으로 90°씩 회전하며, 점은 시계 반대 방향으로 한 칸씩 움직인다.

정답 ④

정답 및 해설 p.018

01 수·문자추리

※ 일정한 규칙으로 수를 나열할 때, 빈칸에 들어갈 알맞은 수를 고르시오. [1~10]

01

	27	81	9	27	3	( )

① 5   ② 6
③ 7   ④ 8
⑤ 9

02

1	( )	−5	44	25	22	−125	11

① 64   ② 66
③ 88   ④ 122
⑤ 124

03

3	−4	10	−18	38	−74	150	( )

① −298   ② −300
③ −302   ④ 304
⑤ −313

04

| | 1 | 2 | −9 | 11 | 81 | 20 | −729 | ( ) | |

① 37   ② 35
③ 33   ④ 31
⑤ 29

05

| | 51 | 58 | 42 | 49 | ( ) | 40 | 24 | |

① 39   ② 36
③ 35   ④ 33
⑤ 31

06

| | 17 | −68 | ( ) | −1,088 | 4,352 | |

① 162   ② 272
③ 352   ④ 482
⑤ 522

07

$$\frac{41}{391} \quad \frac{47}{385} \quad \frac{53}{379} \quad \frac{59}{373} \quad (\quad) \quad \frac{71}{361}$$

① $\dfrac{61}{367}$　　　　　　　　② $\dfrac{65}{367}$

③ $\dfrac{61}{369}$　　　　　　　　④ $\dfrac{65}{369}$

⑤ $\dfrac{68}{368}$

08

$$6.3 \quad 5.6 \quad 7.2 \quad 6.5 \quad (\quad) \quad 7.4 \quad 9 \quad 8.3$$

① 8.0　　　　　　　　② 8.1
③ 8.2　　　　　　　　④ 8.3
⑤ 8.4

09

$$3 \quad 7 \quad 16 \quad -1 \quad 3 \quad -8 \quad (\quad) \quad -4 \quad 3$$

① 5　　　　　　　　② 7
③ 0　　　　　　　　④ -2
⑤ -5

10

$$32 \quad 22 \quad 16 \quad 6 \quad\quad 66 \quad 60 \quad 33 \quad 27 \quad\quad 72 \quad 67 \quad 31 \quad 26 \quad\quad 25 \quad 16 \quad (\quad) \quad 9$$

① 12　　　　　　　　② 14
③ 16　　　　　　　　④ 18
⑤ 20

11

c A ( ) D g P

① b　　　　　　　　　　② c
③ d　　　　　　　　　　④ e
⑤ f

12

ㅍ ㅋ ㅈ ㅅ ㅁ ( )

① ㅍ　　　　　　　　　② ㅈ
③ ㅂ　　　　　　　　　④ ㄷ
⑤ ㄱ

13

ㅁ ㅅ ㅅ ㅊ ㅈ ㅍ ㅋ ( )

① ㄴ　　　　　　　　　② ㅂ
③ ㅈ　　　　　　　　　④ ㅌ
⑤ ㄹ

14

F G E H D ( ) C

① B　　　　　　　　　② I
③ J　　　　　　　　　④ K
⑤ A

15

F X O L X ( )

① F　　　　　　　　　② A
③ M　　　　　　　　　④ E
⑤ C

16

ㄴ D ( ) K ㄴ V

① ㅇ   ② P
③ ㅅ   ④ B
⑤ Q

17

A B D H P ( )

① G   ② E
③ F   ④ Z
⑤ O

18

B C E I Q ( )

① K   ② B
③ G   ④ D
⑤ L

19

D C E F F L ( ) X

① C   ② G
③ J   ④ Q
⑤ W

20

A B A L B W D B ( )

① F   ② G
③ H   ④ I
⑤ L

※ 일정한 규칙으로 도형을 나열할 때, 물음표에 들어갈 알맞은 도형을 고르시오. **[1~7]**

01

① ② ③ ④ ⑤

02

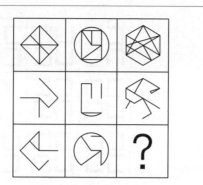

①

②

③

④

⑤

03

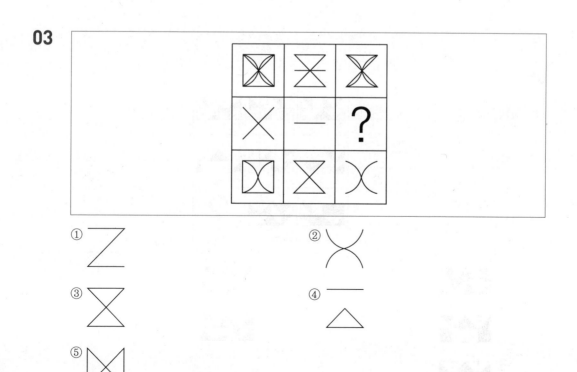

04

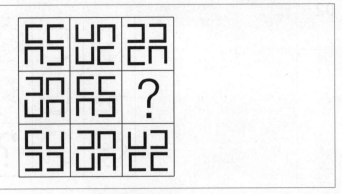

①
②
③
④
⑤

05

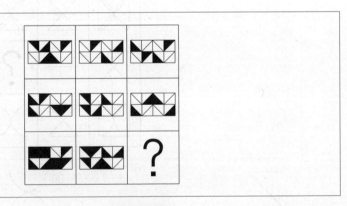

①
②
③
④
⑤

06

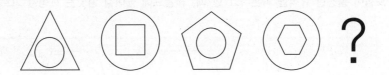

①

②

③

④

⑤

07

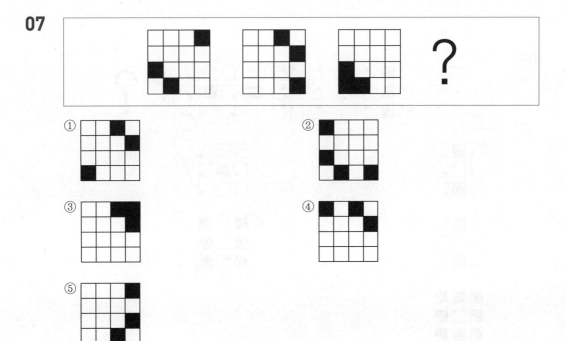

※ 다음 도형이 일정한 규칙을 따른다고 할 때, 물음표에 들어갈 알맞은 도형을 고르시오. [8~10]

08

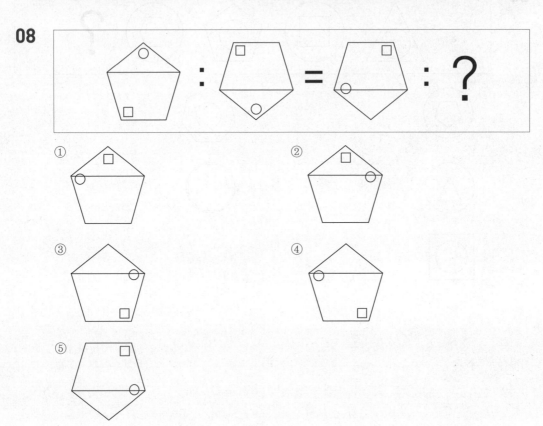

09

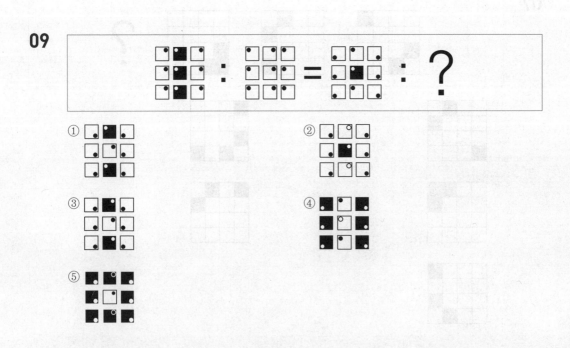

10

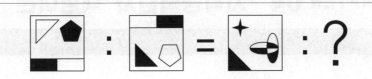

①

②

③

④

⑤

01 공간지각

01 회전 · 반전도형

(1) 180° 회전한 도형은 좌우와 상하가 모두 대칭이 된 모양이 된다.

예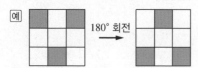

(2) 시계 방향으로 90° 회전한 도형은 시계 반대 방향으로 270° 회전한 도형과 같다.

예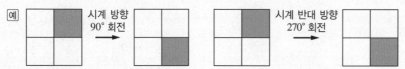

(3) 좌우 반전 → 좌우 반전, 상하 반전 → 상하 반전은 같은 도형이 된다.

예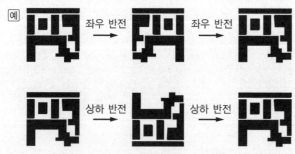

(4) 도형을 거울에 비친 모습은 방향에 따라 좌우 또는 상하로 대칭된 모습이 나타난다.

예

다음 중 제시된 도형과 같은 것은?

①

②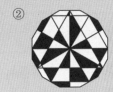

③

④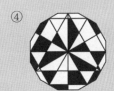

⑤

| 해설 | ①   ②   ③   ④

정답 ⑤

02 전개도 · 주사위

제시된 전개도를 이용하여 만들 수 있는 입체도형을 찾는 문제와 제시된 입체도형의 전개도로 알맞은 것을 고르는 유형이 출제된다.

• 전개도상에서는 떨어져 있지만 입체도형으로 만들었을 때 서로 연결되는 면을 주의 깊게 살핀다.
• 마주보는 면과 인접하는 면을 구분하여 학습한다.
• 평면이었던 전개도가 입체도형이 되면서 면의 그림이 회전되는 모양을 확인한다.
• 많이 출제되는 전개도는 미리 마주보는 면과 인접하는 면, 만나는 꼭짓점을 학습한다.
– ①~⑥은 접었을 때 마주보는 면을 의미한다. 즉, 두 수의 합이 7이 되는 면끼리 마주 보는 면이다. 또한 각 전개도에서 ①에 위치하는 면이 같다고 할 때, 전개도마다 면이 어떻게 배열되는지도 나타낸다.
– 1~8은 접었을 때 만나는 점을 의미한다. 즉, 접었을 때 같은 숫자가 적힌 점끼리 만난다.

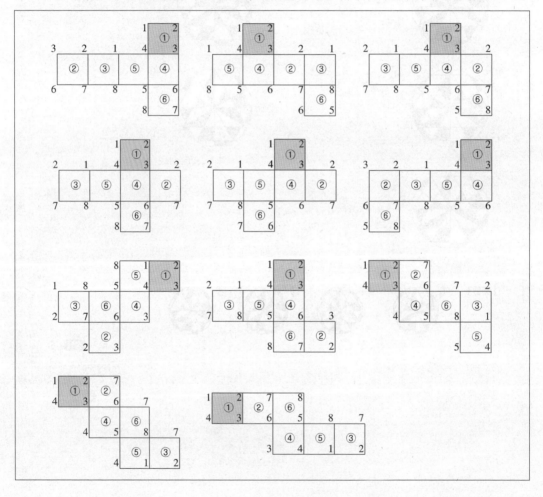

제시된 전개도로 정육면체를 만들 때, 만들어질 수 없는 것은?

①

②

③

④

⑤

| 해설 |

정답 ②

03 블록·단면도

1. 블록의 개수

(1) 밑에서 위쪽으로 차근차근 세어간다.

(2) 층별로 나누어 세면 수월하다.

(3) 숨겨져 있는 부분을 정확히 찾아내는 연습이 필요하다.

(4) 빈 곳에 블록을 채워서 세면 쉽게 해결된다.

예

1층 : 9개

2층 : 8개

3층 : 5개

블록의 총 개수는 9+8+5=22개

예

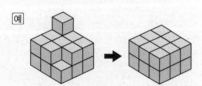

블록의 총 개수는 9×2=18개

2. 블록의 최대·최소 개수

(1) 최대 개수 : 앞면과 측면의 층별 블록의 개수의 곱의 합

예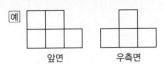

(앞면 1층 블록의 수)×(측면 1층 블록의 수)+(앞면 2층 블록의 수)×(측면 2층 블록의 수)

→ $3 \times 3 + 2 \times 1 = 11$개

예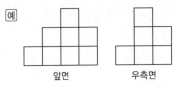

→ $4 \times 3 + 3 \times 2 + 1 \times 1 = 19$개

(2) 최소 개수 : (앞면 블록의 수)+(측면 블록의 수)−(중복되는 블록의 수)

※ 중복되는 블록의 수 : 앞면과 측면에 대해 행이 아닌(즉, 층별이 아닌) 열로 비교했을 때, 블록의 수가 같은 두 열에서 한 열의 블록의 수들의 합(즉, 열에 대하여 블록의 수를 각각 표기했을 때, 앞면과 측면에 공통으로 나온 숫자들의 합을 구하면 된다)

예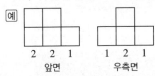

공통으로 나온 숫자는 다음과 같다. 앞면 : (②, 2, ①), 우측면 : (①, ②, 1)

→ 중복되는 블록의 수 : $1 + 2 = 3$개

　최소 개수 : $5 + 4 - 3 = 6$개

예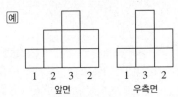

공통으로 나온 숫자는 다음과 같다. 앞면 : (①, ②, ③, 2), 우측면 : (①, ③, ②)

→ 중복되는 블록의 수 : $1 + 2 + 3 = 6$개

　최소 개수 : $8 + 6 - 6 = 8$개

3. 블록의 면적

(1) 사각형 한 단면의 면적은 '(가로)×(세로)'이다.

(2) 입체도형의 면적을 구할 때는 상하, 좌우, 앞뒤로 계산한다.

(3) 각각의 면의 면적을 합치면 전체 블록의 면적이 된다.

예

바닥면의 면적은 제외하고 블록 하나의 면적을 1이라 하면

윗면 : 9

옆면 : 6×4=24

쌓여 있는 블록의 면적은 24+9=33

핵심예제

다음 블록의 개수는 몇 개인가?(단, 보이지 않는 곳의 블록은 있다고 가정한다)

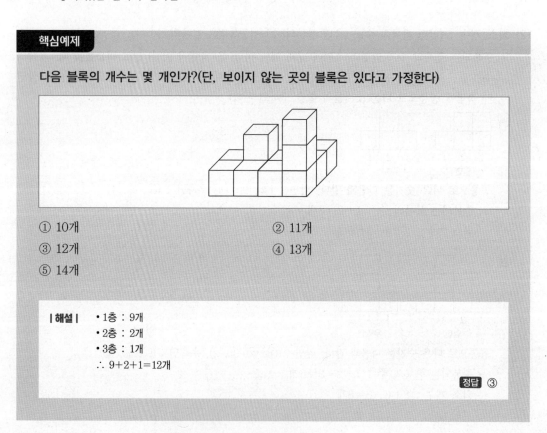

① 10개   ② 11개

③ 12개   ④ 13개

⑤ 14개

| 해설 |　• 1층 : 9개

　　　　• 2층 : 2개

　　　　• 3층 : 1개

　　　　∴ 9+2+1=12개

정답 ③

02 사무지각

지각속도 유형은 같거나 틀린 문자 및 숫자의 개수를 파악하거나 규칙에 따른 변화, 문자·기호 등을 불규칙하게 나열하여 각 위치에 해당하는 번호를 찾는 등 주어진 조건에 맞는 것을 빠르게 파악하여 답을 찾는 문제들이 주로 출제된다.

다른 유형에 비해 비교적 간단한 문제들이 출제되지만 그만큼 신속성과 정확성, 주의력과 인내력 그리고 집중력을 요구한다. 문자·기호의 특징적인 부분을 파악하여 빠른 시간에 해결하는 연습을 중점적으로 하면 큰 어려움이 없을 것이다.

1. 좌 / 우 비교

제시된 일련의 문자, 혹은 좌우의 문자 및 숫자를 대조하여 맞거나 틀린 것을 찾아내는 유형의 문제들이다. 별다른 이론이 필요하지 않지만 그만큼 문제마다 배당되는 시간이 짧은 경우가 많아 신속하고 정확하게 문제를 해결할 필요가 있다.

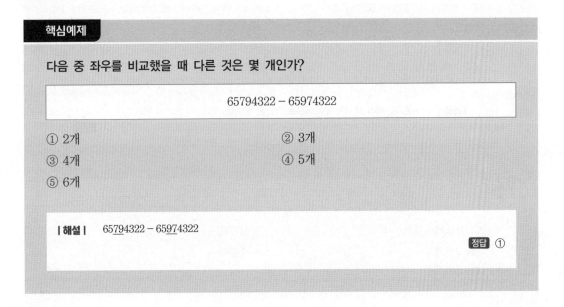

핵심예제

다음 중 좌우를 비교했을 때 다른 것은 몇 개인가?

65794322 – 65974322

① 2개   ② 3개
③ 4개   ④ 5개
⑤ 6개

| 해설 | 65794322 – 65974322

정답 ①

2. 문자 찾기

불규칙하게 제시된 문자 및 기호 등을 파악한 뒤 제시된 것과 비교하여 각 위치에 해당하는 번호를 찾는 문제로 출제된다. 사무지각 유형과 비슷하게 풀이에 특별한 이론보다는 신속성과 정확성이 요구된다. 따라서 문자나 기호의 특징적인 부분을 파악하여 빠른 시간에 해결하는 연습을 중점적으로 해야 한다.

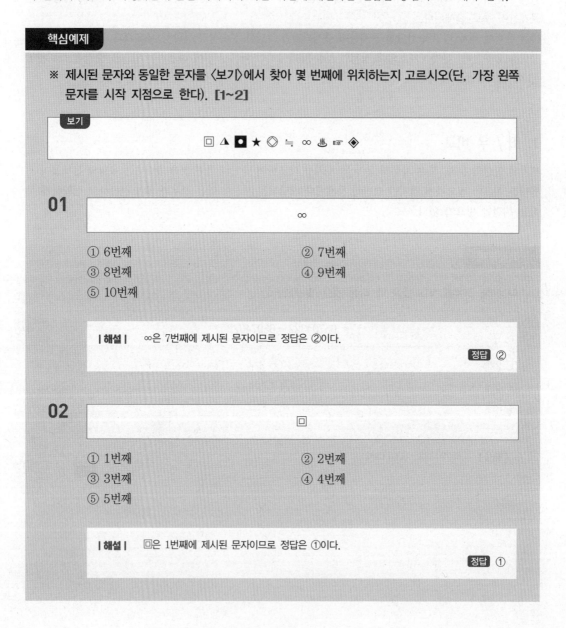

핵심예제

※ 제시된 문자와 동일한 문자를 〈보기〉에서 찾아 몇 번째에 위치하는지 고르시오(단, 가장 왼쪽 문자를 시작 지점으로 한다). [1~2]

보기

□ ▲ ◼ ★ ◈ ≒ ∞ ♨ ☞ ◆

01

∞

① 6번째   ② 7번째
③ 8번째   ④ 9번째
⑤ 10번째

| 해설 | ∞은 7번째에 제시된 문자이므로 정답은 ②이다.

정답 ②

02

□

① 1번째   ② 2번째
③ 3번째   ④ 4번째
⑤ 5번째

| 해설 | □은 1번째에 제시된 문자이므로 정답은 ①이다.

정답 ①

3. 규칙변형

제시된 문자 및 기호가 임의의 규칙에 따라 변환된 것에 맞는지 확인하는 문제가 출제된다. 정해진 규칙에 의해 변형된 것이 아니므로 필요한 것은 변환된 규칙을 기억하여 빠르게 대조할 수 있는 능력이다. 제시된 문자 및 기호가 한 번의 변형을 거치므로 풀이에 혼동이 오지 않도록 주의하는 능력이 요구된다.

핵심예제

다음 중 제시된 변환규칙과 일치하지 않는 것은?

$$f \; r \; z \rightarrow 4 \; ㄱ \; \$$$

① z z r → \$ \$ ㄱ   ② f z r → 4 \$ ㄱ

③ z f r → \$ 4 ㄱ   ④ f r f → 4 ㄱ 4

⑤ r z f → \$ ㄱ 4

│해설│ f는 4, r은 ㄱ, z는 \$로 변환하는 규칙이므로 'r z f → ㄱ \$ 4'이다.

정답 ⑤

01 공간지각

※ 다음 중 제시된 도형과 같은 것을 고르시오(단, 도형은 회전이 가능하다). **[1~3]**

01

①

②

③

④

⑤

02

①

②

③

④

⑤

03

①    ②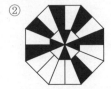

③    ④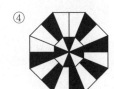

⑤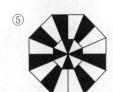

※ 다음 중 나머지 도형과 다른 것을 고르시오. [4~6]

04 ① 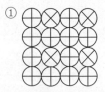   ②

③ 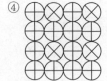   ④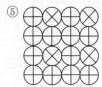

⑤

05

① 　　②

③ 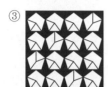　　④

⑤

06

① 　　②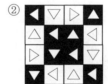

③ 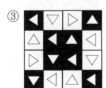　　④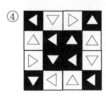

⑤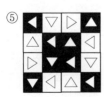

07 다음 도형을 오른쪽으로 뒤집고 시계 반대 방향으로 90° 회전 후, 위로 뒤집었을 때의 모양으로 옳은 것은?

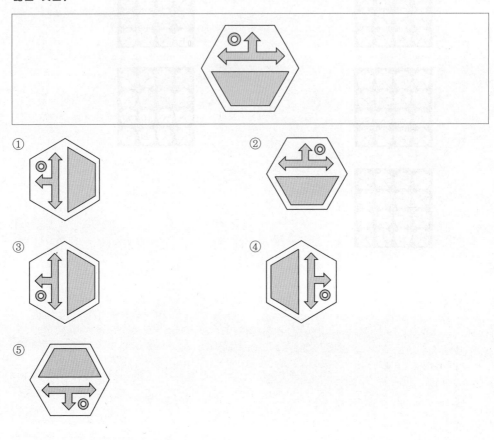

08 다음 도형을 좌우 반전한 후, 180° 회전한 모양은?

①

②

③

④

⑤

09 다음 도형을 시계 방향으로 90° 회전한 후, 거울에 비춘 모양은?

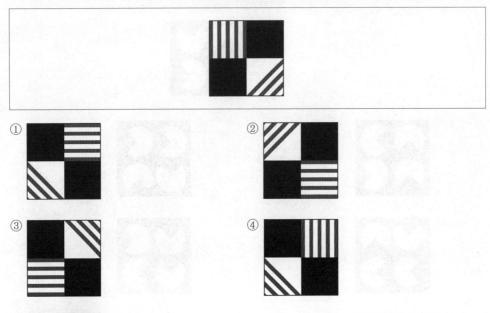

①

②

③

④

⑤

※ 제시된 전개도로 정육면체를 만들 때, 만들어질 수 없는 것을 고르시오. [10~11]

10

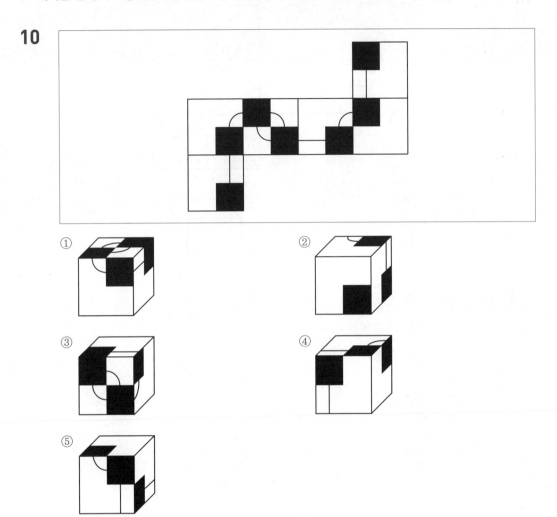

11

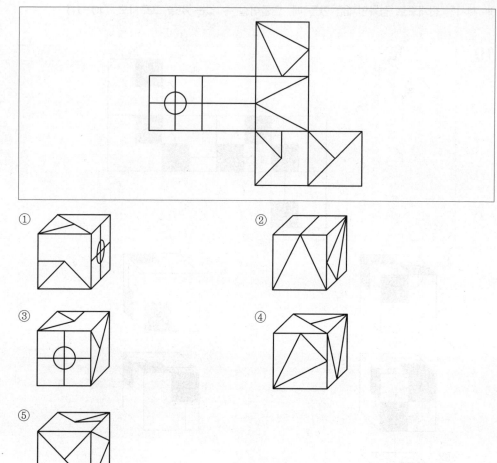

12 제시된 전개도를 접었을 때 나타나는 도형으로 알맞은 것은?

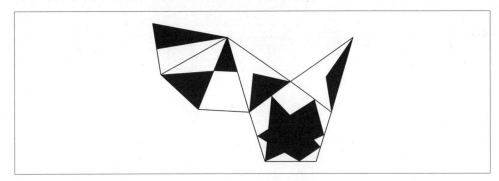

①

②

③

④

⑤

※ 다음 블록의 개수는 몇 개인지 고르시오(단, 보이지 않는 곳의 블록은 있다고 가정한다). [13~17]

13

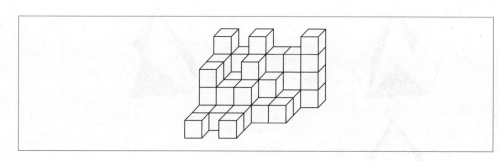

① 21개   ② 22개
③ 23개   ④ 24개
⑤ 25개

14

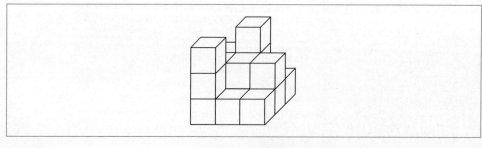

① 44개   ② 45개
③ 46개   ④ 47개
⑤ 48개

15

① 15개   ② 16개
③ 17개   ④ 18개
⑤ 19개

16

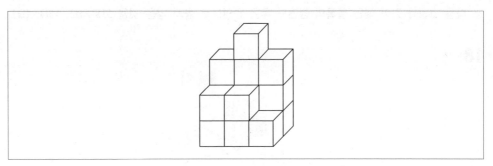

① 15개   ② 16개
③ 17개   ④ 18개
⑤ 19개

17

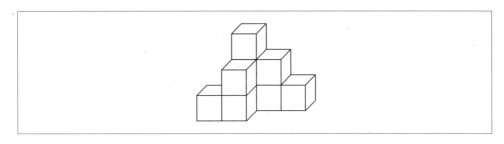

① 8개   ② 9개
③ 10개   ④ 11개
⑤ 12개

※ 다음 그림과 같이 쌓인 블록의 평면도 혹은 입면도로 옳지 않은 것을 고르시오. [18~19]

18

①

②

③

④

⑤

19

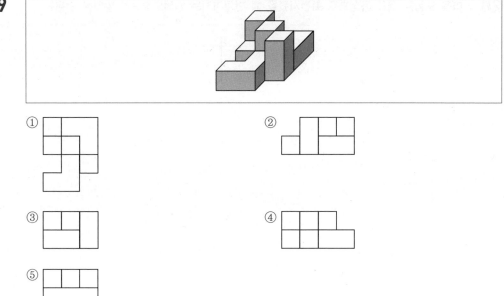

①
②
③
④
⑤

20 다음 도형을 축을 중심으로 회전시켰을 때 만들어지는 입체도형으로 알맞은 것은?

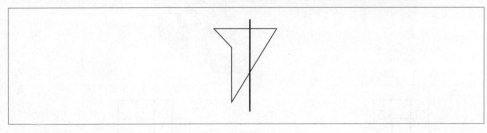

①

②

③

④

⑤

※ 다음 제시된 문자와 같은 것의 개수를 구하시오. [1~5]

01

				둘					

둘	듈	동	둥	당	돋	둟	돔	듈	들
덜	돔	듈	둠	돌	들	둠	둥	둡	둘
등	돌	들	딜	둠	동	돌	둘	둔	둠

① 2개   ② 3개
③ 4개   ④ 5개
⑤ 6개

02

					428					

528	328	228	528	628	228	628	328	528	628	528	628
228	628	428	328	418	528	428	528	438	528	328	428
328	418	438	418	428	438	328	228	628	418	628	228
428	438	418	328	438	228	528	228	628	428	528	328

① 5개   ② 6개
③ 7개   ④ 8개
⑤ 9개

03

				5248							

2489	5892	8291	4980	2842	5021	5984	1298	8951	3983	9591	5428
5248	5147	1039	7906	9023	5832	5328	1023	8492	6839	7168	9692
7178	1983	9572	5928	4726	9401	5248	5248	4557	4895	1902	5791
4789	9109	7591	8914	9827	2790	9194	3562	8752	7524	6751	1248

① 1개 　　　　　　　② 2개
③ 3개 　　　　　　　④ 4개
⑤ 5개

04

				아							

가	①	갸	퍄	⑪	⑫	퍄	랴	냐	샤	ⓙ	야
35	아	쟈	ⓞ	쟈	랴	냐	뱌	⑭	캬	챠	ⓢ
먀	ⓢ	40	턔	랴	야	33	댜	캬	샤	⑥	햐
야	댜	ⓢ	댜	캬	25	⑫	⑫	캬	ⓒ	야	ⓢ

① 1개 　　　　　　　② 2개
③ 3개 　　　　　　　④ 4개
⑤ 5개

05

				羅							

難	羅	卵	落	諾	拉	衲	捼	廊	朗	尼	內
奈	老	怒	路	懦	蘿	瑙	泥	多	羅	羅	茶
對	代	臺	道	都	羅	搗	儺	邏	頭	杜	羅
羅	徒	團	但	答	踏	蘿	累	淚	畓	荳	屠

① 2개 　　　　　　　② 3개
③ 5개 　　　　　　　④ 6개
⑤ 7개

※ 다음 제시된 좌우의 문자 또는 기호를 비교하여 같으면 ①을, 다르면 ②를 고르시오. [6~9]

06

김포공항행급행열차 [　] 김포공항행급행열차

① 같음   ② 다름

07

daglkjeg[ldkg;nsdfe [　] daglkjeg[ldkg;nsdfe

① 같음   ② 다름

08

やづごしどなる [　] やづごじどなる

① 같음   ② 다름

09

傑琉浴賦忍杜家 [　] 傑瑜浴賦忍杜家

① 같음   ② 다름

※ 다음 중 좌우를 비교했을 때 같은 것은 몇 개인지 고르시오. [10~11]

10

◎☆▽◆☆♧◑♠ － ○★▽■★♠◑♣

① 1개   ② 2개
③ 3개   ④ 4개
⑤ 5개

11

CVNUTQERL － CBNUKQERL

① 3개   ② 4개
③ 5개   ④ 6개
⑤ 7개

※ 다음 중 좌우를 비교했을 때 다른 것은 몇 개인지 고르시오. [12~13]

12

AiioXTVcp － AIIoxTvcb

① 2개   ② 3개
③ 4개   ④ 5개
⑤ 6개

13

ㅈㅅㅌㅎ가ㄱㅋㅌㅂ － ㅈㅅㄷ아ㄱㅋㅌㅂ

① 1개   ② 2개
③ 3개   ④ 4개
⑤ 5개

※ 다음 표에 제시되지 않은 숫자 또는 문자를 고르시오. [14~16]

14

ㄲ	ㅛ	ㅃ	ㅣ	ㅍ	ㅎ	ㅠ	ㅋ	ㅉ	ㄸ	ㅗ	ㅊ
ㅌ	ㅇ	ㄹ	ㅝ	ㅂ	ㅘ	ㅅ	ㅁ	ㅒ	ㅑ	ㅈ	ㄱ
ㅊ	ㄲ	ㅂ	ㄲ	ㅉ	ㅅ	ㅐ	ㅊ	ㅃ	ㅇ	ㅍ	ㅑ
ㅛ	ㄹ	ㅣ	ㅗ	ㅎ	ㅝ	ㅈ	ㅋ	ㄴ	ㅘ	ㅁ	ㄸ

① ㅃ
② ㅍ
③ ㅠ
④ ㄱ
⑤ ㅟ

15

HUB	HID	HCL	HHV	HGY	HDT	HKJ	HXO	HCP	HWI	HJL	HFL
HVY	HAO	HRP	HSE	HEW	HQK	HHP	HSN	HME	HZO	HGP	HKH
HDT	HSE	HQK	HGP	HVY	HCL	HME	HAO	HKH	HCP	HGY	HZO
HID	HFL	HHV	HWI	HXO	HRP	HSN	HUB	HKJ	HEW	HHP	HJL

① HCI
② HHV
③ HID
④ HJL
⑤ HDT

16

1457	4841	3895	8643	3098	4751	6898	5785	6980	4617	6853	6893
1579	5875	3752	4753	4679	3686	5873	8498	8742	3573	3702	6692
3792	9293	8274	7261	6309	9014	3927	6582	2817	5902	4785	7389
3873	5789	5738	8936	4787	2981	2795	8633	4862	9592	5983	5722

① 1023
② 3895
③ 5873
④ 6582
⑤ 8936

※ 다음 왼쪽에 표시된 숫자 또는 문자의 개수를 고르시오. [17~18]

17

ソ	サナマブワワソキゾノホへヌナピサグソレリリルスソゼテトソソノペハア

① 5개   ② 6개

③ 7개   ④ 8개

⑤ 9개

18

3	82058305898678232078340853298983253

① 4개   ② 5개

③ 6개   ④ 7개

⑤ 8개

※ 제시된 문자와 동일한 문자를 〈보기〉에서 찾아 몇 번째에 위치하는지 고르시오(단, 가장 왼쪽 문자를 시작 지점으로 한다). [19~23]

보기

}   ≥   ∂   ▲   ∫∫   ×   우   ∽

19

∽

① 4번째   ② 5번째

③ 6번째   ④ 7번째

⑤ 8번째

20

]

① 1번째   ② 3번째
③ 4번째   ④ 6번째
⑤ 8번째

21

ǝ

① 2번째   ② 3번째
③ 4번째   ④ 5번째
⑤ 7번째

22

▲

① 1번째   ② 2번째
③ 3번째   ④ 4번째
⑤ 5번째

23

$\geq$

① 1번째   ② 2번째
③ 3번째   ④ 4번째
⑤ 5번째

※ 다음 규칙에 따라 알맞게 변형한 것을 고르시오. [24~28]

24

야여요유예 – 계규교귀크

① 여야유요예 – 규계귀크교
② 예여요야유 – 크규교귀계
③ 요예유여야 – 교크계규귀
④ 유요예야여 – 귀교크계규
⑤ 여유요야예 – 계규교귀크

25

⊏⊃∪∩ – ☆●○★

① ∩⊏∪⊃ – ★☆●○
② ∪⊏∩⊃ – ○☆★●
③ ⊏∪⊃∩ – ☆●○★
④ ⊃∩∪⊏ – ●★☆○
⑤ ∩∪⊃⊏ – ☆●○★

26

큐켜켸캬쿄 – 뉴녀녜냐뇨

① 켜켸캬큐쿄 – 녀녜냐뇨뉴
② 켸켜쿄큐캬 – 녜녀뇨뉴냐
③ 쿄캬켸켜큐 – 뇨냐뉴녀녜
④ 캬쿄큐켸켜 – 냐뇨뉴녜녀
⑤ 큐큐쿄켜캬 – 녀녜냐냐뇨

27

규※q★⊃ – 62≡§◎

① ⊃★※q규 – ◎§2≡6
② ※q규⊃★ – 2≡6§◎
③ q규⊃★※ – ≡6◎2§
④ ★⊃※규q – §◎62≡
⑤ 규q※⊃★ – 62≡§◎

28

※◎△▽□ – ∃☆※늑☎

① □◎※▽△ – ☎☆※∃늑
② △※□◎▽ – ※∃☎☆늑
③ ◎※▽△□ – ☆∃늑☎※
④ ▽□△※◎ – 늑☎☆∃※
⑤ □△▽※◎ – ∃☆※늑☎

※ 다음 규칙에 따라 변형한 것으로 옳지 않은 것을 고르시오. [29~33]

29

TOPIK − ICOET

① OTIKP − CIETO　　　　② IKTPO − ETIOC
③ KIPOT − TEOCI　　　　④ PTOKI − OICET
⑤ TKPIO − ITOEC

30

♡♧♠♤♥ − →←↑↓↔

① ♥♧♡♠♤ − ↔←→↓↑　　　　② ♠♤♧♥♡ − ↑↓←↔→
③ ♧♥♤♡♠ − ←↔↓→↑　　　　④ ♤♡♠♧♥ − ↓→↑←↔
⑤ ♤♠♡♧♥ − ↓↑→←↔

31

aqprt − 료규뎌마예

① ptraq − 뎌예마료규　　　　② trqpa − 예마규뎌료
③ qptar − 규뎌예마료　　　　④ rpaqt − 마뎌료규예
⑤ atrpq − 료예마뎌규

32

ㄳㅄㅈㄹㄿ − ★●◆■▲

① ㄿㅈㅄㄳㄹ − ▲◆●★■　　　　② ㅈㄳㄹㄿㅄ − ◆★■▲●
③ ㅄㄿㄳㄹㅈ − ●▲◆■★　　　　④ ㄹㄿㅈㅄㄳ − ■▲◆★●
⑤ ㄿㄹㅈㅄㄳ − ▲■◆●★

33

□☆○◎▽ − ii iii iv v vi

① ▽◎○☆□ − vi v iv iii ii　　　　② ○☆□▽◎ − iv iii ii vi v
③ ☆□▽◎○ − iii ii iv v vi　　　　④ ◎○☆▽□ − v iv iii vi ii
⑤ ☆▽◎○□ − iii vi v iv ii

CHAPTER 05 영어능력검사 핵심이론

01 어휘의 관계

제시된 단어와 상관 관계를 파악하고, 유의·반의·종속 등의 관계를 갖는 적절한 어휘를 찾는 문제이다. 일반적으로 제시된 한 쌍의 단어와 같은 관계를 가진 단어를 찾는 문제, 보기 중 다른 관계를 가진 단어를 찾는 등의 문제가 출제된다. 어휘의 의미를 정확하게 이해하고 주어진 어휘와의 관계를 추리하는 능력을 길러야 한다.

자주 출제되는 유형
• 다음 제시된 단어와 같거나 비슷한(혹은 반대) 뜻을 가진 것은?
• 다음 중 나머지와 다른 단어는?

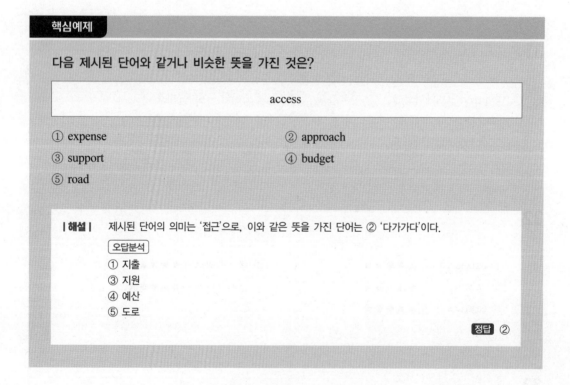

핵심예제

다음 제시된 단어와 같거나 비슷한 뜻을 가진 것은?

access

① expense　　　　　② approach
③ support　　　　　④ budget
⑤ road

| 해설 | 제시된 단어의 의미는 '접근'으로, 이와 같은 뜻을 가진 단어는 ② '다가가다'이다.

오답분석
① 지출
③ 지원
④ 예산
⑤ 도로

정답 ②

---

02 문법

문법의 경우 어휘 및 기본적인 문법을 제대로 익히고 있는지 평가하는 부분으로, 가장 다양한 유형으로 문제가 출제된다. 문법의 범위가 굉장히 다양해서 공부를 어떻게 해야 할지 난감할 수도 있지만, 어렵지 않은 수준에서 문제들이 출제되고 있으므로, 숙어를 정리하면서 단어에 부합하는 전치사 및 품사를 정리하는 방법으로 공부를 한다면 그리 어렵지 않게 문제를 풀 수 있다.

> **자주 출제되는 유형**
> • 다음 빈칸에 들어갈 말로 적절한 것을 고르시오.
> • 다음 밑줄 친 부분이 옳지 않은 것은?

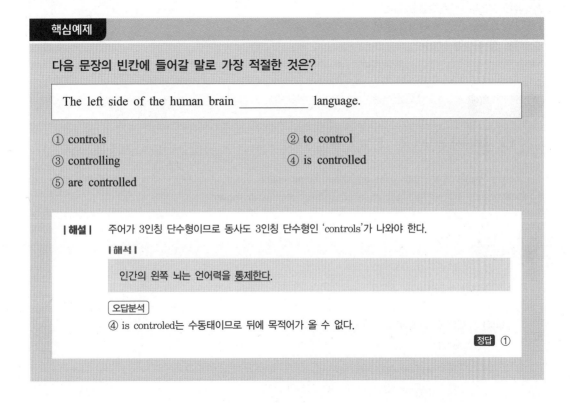

핵심예제

다음 문장의 빈칸에 들어갈 말로 가장 적절한 것은?

The left side of the human brain _____ language.

① controls　　　　　　　　② to control
③ controlling　　　　　　　④ is controlled
⑤ are controlled

| 해설 | 주어가 3인칭 단수형이므로 동사도 3인칭 단수형인 'controls'가 나와야 한다.

　| 해석 |
　　인간의 왼쪽 뇌는 언어력을 <u>통제한다</u>.

〔오답분석〕
④ is controled는 수동태이므로 뒤에 목적어가 올 수 없다.

정답 ①

03 회화

영어능력의 경우, 직접 대화하는 것이 아니라면 필기시험만으로 정확한 영어능력을 테스트하기란 사실 어렵다. 최근 들어 회화 문제의 출제비중이 높아지는 것이 이러한 단점을 보완하기 위해서이다. 회화 문제를 통해 독해 및 문법 수준을 복합적으로 테스트할 수 있기 때문이다.

회화 문제는 대화의 흐름상 알맞은 말이 무엇인지, 질문에 대한 대답은 어떤 것인지 등을 질문함으로써, 간단한 생활영어 수준을 테스트하는 문제이다. 주어진 문장에 대한 의미를 정확하게 파악할 수만 있다면 어렵지 않게 풀 수 있으므로, 기본적인 어휘능력 및 독해능력을 바탕으로 문제를 풀면 된다.

자주 출제되는 유형
• 다음 질문의 대답으로 적절하지 않은 것은?
• 다음 질문의 가장 적절한 답은?
• 다음 대화의 빈칸에 들어갈 말로 가장 적절한 것은?
• 다음 중 어색한 대화는?

핵심예제

다음 대화에서 빈칸에 들어갈 말로 가장 적절한 것은?

> A : Won't you come over and have some beer?
> B : _____ , but I have something else to do now.

① Yes
② Ok
③ Sure
④ I'd like to
⑤ No

| 해설 | 빈칸 뒤 but으로 볼 때 빈칸에는 그러고 싶다는 내용이 나와야 한다.

| 해석 |
> A : 와서 맥주 좀 마실래?
> B : 그러고는 싶지만, 지금 다른 할 일이 있거든.

정답 ④

04 직업 고르기

글에서 제시되는 특정 직업을 묘사하는 어구나 특정 직업과 관계되는 어휘를 통하여 하나의 직업을 유추하는 문제이다. 다양한 직업에 해당하는 영어 단어를 숙지하고, 각각의 직업의 특징을 대표할 만한 어휘를 미리 파악해 두는 것이 좋다.

다양한 직업

- minister : 목사, 장관
- biologist : 생물학자
- chemist : 화학자
- engineer : 기술자
- plumber : 배관공
- gardener : 정원사
- actor : 배우
- clerk : 점원
- manager : 경영자
- writer : 작가
- president : 대통령
- mayor : 시장
- journalist : 신문기자
- electrician : 전기공
- official : 공무원
- architect : 건축가
- cashier : 출납원
- lawyer : 변호사
- inspector : 조사관
- magician : 마술사
- director : 감독
- sailor : 선원
- scholar : 학자
- physician : 내과의사
- mechanic : 정비공
- custodian : 관리인
- carpenter : 목수
- assembler : 조립공
- actress : 여배우
- businessman : 사업가
- merchant : 상인
- vice-president : 부통령
- statesman : 정치가
- professor : 교수
- prosecutor : 검사
- editor : 편집자
- veterinarian : 수의사
- musician : 음악가
- salesperson : 판매원
- fisher : 어부
- hairdresser : 미용사
- counselor : 상담원
- novelist : 소설가
- mailman : 우체부

자주 출제되는 유형
- 다음 글의 분위기는?
- 다음 글에 나타난 사람의 직업은?

다음 글에 나타난 사람의 직업은?

> This man is someone who performs dangerous acts in movies and television, often as a carrier. He may be used when an actor's age precludes a great amount of physical activity or when an actor is contractually prohibited from performing risky acts.

① conductor

② host

③ acrobat

④ stunt man

⑤ fire fighter

| 해설 | 마지막 문장에서 배우의 risky acts(위험한 연기)를 막는다는 내용을 통해 '스턴트맨'이 정답임을 알 수 있다.

| 해석 |

> 이 사람은 영화나 텔레비전에서 위험한 연기를 수행하는 사람이다. 그는 배우의 나이로 인해 많은 양의 신체 활동을 못하게 되거나 배우가 위험한 연기를 하는 것으로부터 계약상으로 금지되었을 때 활동한다.

정답 ④

05 지칭 추론

앞 문장에서 나온 인물이나 사물, 행위의 목적과 결과, 장소, 수치, 시간 등을 지칭하는 지시어나 대명사의 관계를 올바르게 파악하고 찾아내는 문제이다.

문맥의 흐름 파악을 통해 지시어가 가리키는 대상을 구체적으로 찾아야 한다. 글의 내용을 잘못 파악하게 되면 지시어나 대명사가 원래 가리키는 것을 찾는 데 혼동을 가져오기 쉬우므로 글을 읽을 때 주의한다. 대상이 사람일 경우 단수인지 복수인지, 남성인지 여성인지 정확하게 구분하는 것도 잊어서는 안 된다.

> **자주 출제되는 유형**
> • 다음 글을 읽고 밑줄 친 (A), (B)가 가리키는 것이 바르게 연결된 것은?

다음 글을 읽고 밑줄 친 (A), (B)가 가리키는 것이 바르게 연결된 것은?

I was recently searching a school that had been broken into. I had my trusty general purpose dog with me, called Louis. We had received reports that the intruders were still inside the school, so I sent the dog in first to try and locate (A) them. He had picked up the scent and as I approached the communal toilet block. As I entered the room there was a line of about twelve toilet cubicles along the wall. (B) They were all standing with the doors wide open-apart from two which were closed. I shouted that anyone inside the toilet cubicle should come out immediately. No response. I had given them the chance and they refused to open the door, so I sent Louis in who pulled them both out. They will not be breaking into anywhere else for a while.

	(A)	(B)
①	the dog	toilet cubicles
②	intruders	toilet cubicles
③	the dog	the walls
④	intruders	the walls
⑤	the dog	intruders

| 해설 | (A)의 them은 침입자들을, (B)의 they는 화장실 칸들을 의미한다.

| 해석 |

나는 믿을 만한 만능견 Louis를 데리고 최근 침입을 당한 학교를 수색하고 있었다. 우리는 침입자가 여전히 학교 안에 있다는 보고를 받고, 그들의 위치를 확인하기 위하여 개를 먼저 들여보냈다. 개가 냄새를 확인하자 나는 공공 화장실 쪽으로 다가갔다. 그곳에 들어갔을 때, 화장실 벽면엔 12개의 칸이 줄지어 있었다. 그 칸들은 닫혀있는 두 개만을 제외하고 모두 문이 열린 채로 있었다. 나는 그 화장실 칸 안에 있는 사람에게 당장 나오라고 소리쳤지만 응답이 없었다. 나는 다시 한 번 나와서 나와 상대하자고 불렀다. 역시 대답이 없었다. 그래서 나는 Louis를 보내 그들이 밖으로 나오도록 했다. 그들은 더 이상 어디도 침입하지 않을 것이다.

정답 ②

06 문장 나열하기

앞에 제시된 문장에 이어지는 글의 순서를 정하는 문제로, 글의 논리적 흐름과 연결사, 시간 및 공간적 순서에 따른 적절한 나열을 요구한다.

1. 제시된 문장이 있는 경우

제시된 문장을 읽고 다음에 이어질 내용을 추론한다. 연결사, 지시어, 대명사, 시간 표현 등을 활용하여 문장의 순서를 논리적으로 결정한다.

① 지시어 : this, that, these, those 등
② 연결사 : but, and, or, so, yet, unless 등
③ 접속부사 : in addition(게다가), afterwards(나중에), as a result(결과적으로), for example(예를 들어), fortunately(운 좋게도), otherwise(그렇지 않으면), therefore(그러므로), however(그러나), moreover(더욱이) 등
④ 부정대명사 : one(사람이나 사물의 불특정 단수 가산명사를 대신 받음), some(몇몇의, 약간의), another (지칭한 것 외의 또 다른 하나), other(지칭한 것 외의 몇몇) 등

2. 제시된 문장이 없는 경우

대개 일반적 사실이 글의 서두에 나오고, 이어서 앞에서 언급했던 사실에 대한 부가적 내용이나 개념 정리 등이 나올 수 있다. 대신 지시어나 대명사가 출제되는 문장이나 앞뒤 문장의 상반된 내용을 연결하는 역접 연결사 및 예를 설명하는 연결사가 포함된 문장은 글의 서두에 나오기 어렵다. 이밖에 문맥의 흐름과 상관없거나 문맥상 어색한 문장을 고르는 문제 유형이 나올 수도 있다.

문맥의 흐름과 상관없는 문장을 고르는 문제는 주제문과 이를 뒷받침하는 문장들의 관계에 있어 글의 흐름상 통일성이 결여된 문장을 찾아낸 후, 그 문장을 제외한 후에도 글의 내용이 자연스럽게 흘러가는지 살펴봐야 한다.

문맥상 어색한 문장을 고르는 문제의 경우 우선적으로 글을 꼼꼼하게 읽어 볼 필요가 있으며, 그다음에 주제문을 파악한 후 이와 어울리지 않는 내용을 골라내는 순서로 문제를 해결한다.

자주 출제되는 유형
• 글의 흐름상 제시된 문장에 이어질 내용을 순서대로 바르게 나열한 것을 고르시오.
• 다음 글에서 전체 흐름과 관계없는 문장을 고르시오.

다음 글의 흐름상 제시된 문장에 이어질 내용을 순서대로 바르게 나열한 것은?

When asked to make a donation, even those who would like to support the charity in some way say no, because they assume the small amount they can afford won't do much to help the cause.

(A) After introducing himself, the researcher asked the residents, "Would you be willing to help by giving a donation?" For half of the residents, the request ended there. For the other half, however, he added, "Even a penny will help."

(B) Based on this reasoning, a researcher thought that one way to urge people to donate would be to inform them that even a small sum would be helpful. To test this hypothesis, he went to door-to-door to request donations for the American Cancer Society.

(C) When he analyzed the results, the researcher found that, consistent with his hypothesis, people in the "even-a-penny-will-help" condition were almost twice as likely as those in the other condition to donate to the cause.

① (A) – (B) – (C)　　　　② (A) – (C) – (B)

③ (B) – (A) – (C)　　　　④ (C) – (A) – (B)

⑤ (C) – (B) – (A)

| 해설 |　| 머휘 |
- donation : 증여, 기부, 기증
- charity : 자애, 자비
- resident : 거주하는, 체류하는
- hypothesis : 가설, 가정

| 해석 |

기부를 요청받았을 때 어떤 방식으로든 기부하려고 했던 사람들도 거절하게 된다. 왜냐하면 그들은 그들이 할 수 있는 작은 부분이 도움이 되지 못한다고 생각하기 때문이다.

(B) 이러한 이유 때문에 조사자들은 아무리 작은 기부라도 도움이 될 수 있다고 사람들에게 설득하는 것을 생각했다. 이러한 가설을 시험하기 위해 조사자들은 집집마다 방문하여 미국암협회에게 기부할 것을 요구했다.

(A) 자신들을 소개한 후 주민들에게 요청했다. "기부를 하지 않으시겠습니까?" 조사대상자들 중 반에게는 이런 말만 하고 나머지 반에게는 "작은 기부라도 도움이 됩니다."라는 말을 덧붙였다.

(C) 조사자들이 결과를 분석해 보니 "작은 기부라도 도움이 됩니다."라는 말을 덧붙인 경우가 실제로 2배나 많은 실질적인 기부를 이끌어냈다.

정답 ③

글의 중심어를 포함하면서 간결하게 나타낸 것이 글의 주제나 제목이 되는데, 필자가 이야기하려는 핵심 목적을 파악하는 것이 중요하다.

글의 중심 사건을 바탕으로 주제와 핵심 어휘를 파악한다. 글을 읽다가 모르는 단어가 나와도 당황하지 말고 우선 넘기고 나서 문장의 전체적인 의미를 이해한 후에 어휘의 구체적 의미를 유추한다.

제목은 제시된 글의 내용의 범위보다 지나치게 넓거나 좁아서는 안 된다. 또한 제시된 내용에 근거하지 않고 상식적인 정황을 바탕으로 추측에 의해 성급하게 내린 결론은 결코 제목이 될 수 없다.

지문에 해당하는 질문을 먼저 읽고 해당 내용을 글에서 찾아 이를 위주로 읽어나가는 것도 시간을 절약하는 좋은 방법이다.

자주 출제되는 유형
- 다음 글의 제목으로 가장 적절한 것을 고르시오.
- 다음 글의 요지로 가장 적절한 것을 고르시오.

핵심예제

다음 글의 주제로 가장 적절한 것은?

> The same gesture can have different meanings from culture to culture. For example, the 'thumbs-up' sign, raising your thumb in the air, is commonly used to mean 'good job'. However, be sure that you don't use it in Nigeria because it is considered a very rude gesture.

① 좋은 직업의 종류
② 칭찬의 긍정적 효과
③ 나이지리아 여행의 즐거움
④ 문화에 따라 다른 제스처의 의미
⑤ 나라별 직장 예절

|해설| **|어휘|**
- gesture : 몸짓
- for example : 예를 들어
- thumb : 엄지손가락
- commonly : 흔히, 보통
- rude : 무례한

|해석|

> 문화 사이에서 같은 몸짓이 다른 의미를 가질 수 있다. 예를 들어 엄지손가락을 들어올리는 '승인(찬성)' 표시는 흔히 '잘했다'는 의미로 쓰이곤 한다. 그러나 그 몸짓은 매우 무례한 몸짓으로 간주될 수 있기 때문에 나이지리아에서는 그 몸짓을 사용하지 않도록 해야 한다.

정답 ④

08 세부내용 유추하기

글의 도입, 전개, 결론 등의 흐름을 올바르게 파악하고, 세부적인 사항까지 기억해야 하는 문제이다. 글을 읽으면서 중요 어휘에는 표시를 해두거나, 반대로 보기 문항을 먼저 읽어보고 글을 읽으면서 질문에 부합하는지 따져보는 것도 하나의 방법이다.

글의 내용과 일치하지 않는 것을 고르는 문제는 글의 내용과 반대로 말하거나 글에서 언급하지 않은 것을 골라내야 한다. 객관성에 근거하여 판단하도록 하고, 섣부른 추측은 금물이다.

자주 출제되는 유형
• 글의 내용과 일치하지 않는 것을 고르시오.
• 다음 글의 내용과 일치하는 것을 고르시오.

핵심예제

다음 글의 내용을 토대로 추측할 수 없는 것은?

Ecuador is asking developed countries to pay $350 million for them NOT to drill for oil in the heart of the Amazon. The sum amounts to half of the money that Ecuador would receive from drilling in the Amazon. Since Ecuador proposed the plan last year, countries such as Germany, Norway, Italy and Spain have expressed great interest.

① Norway는 Amazon의 석유개발에 반대한다.
② Spain은 Ecuador의 석유개발에 대해 Norway와 같은 입장이다.
③ Ecuador는 Amazon의 석유개발로 7억 달러의 수익을 올릴 수 있다.
④ Ecuador는 Amazon의 석유개발의 대가로 선진국들에게 3억 5천만 달러를 요구하였다.
⑤ Ecuador가 석유개발을 포기하면, 선진국들은 Ecuador에게 석유개발 수익의 반액을 지불할 수 있다.

| 해설 | 에콰도르가 아마존 심장부에서 석유개발을 하지 않는 것에 대해 선진국들에게 3억 5천만 달러를 요구한다는 내용이다.

| 어휘 |
• developed country : (이미 개발이 된) 선진국
• drill : 땅을 파다   • propose : 제안하다
• express : 표현하다   • interest : 이익, 수익

| 해석 |

에콰도르는 선진국들에게 석유를 위해 아마존 심장부를 파지 않는 것에 대해 3억 5천만 달러를 지불하라고 요구하고 있다. 이 액수는 아마존을 파는 것을 통해 에콰도르가 얻는 돈의 반에 달한다. 에콰도르가 이 계획을 지난해 제안한 이후로 독일, 노르웨이, 이탈리아, 스페인 같은 나라들은 큰 관심을 표명했다.

정답 ④

※ 다음 중 나머지와 관계가 다른 단어를 고르시오. [1~5]

01
① daisy   ② zebra
③ maple   ④ cactus
⑤ camomile

02
① chilly   ② mild
③ bracing   ④ thin
⑤ bleak

03
① composer   ② conductor
③ accompanist   ④ painter
⑤ chorus

04
① dragonfly   ② mosquito
③ moth   ④ beetle
⑤ crocodile

05
① announcer   ② actor
③ lawyer   ④ director
⑤ singer

※ 다음 제시된 단어와 같은 의미를 지닌 단어를 고르시오. [6~10]

06

describe

① match   ② notice
③ explain   ④ disagree
⑤ general

07

shout

① yell   ② treat
③ depend   ④ cheer
⑤ quit

08

accomplish

① establish   ② improve
③ enhance   ④ achieve
⑤ emerge

09

settlement

① permanent   ② prominent
③ agreement   ④ eminent
⑤ preeminent

10

practical

① worthless   ② useful
③ actual   ④ certain
⑤ useless

※ 다음 제시된 단어와 반대되는 의미를 지닌 단어를 고르시오. [11~15]

11

include

① contain   ② involve
③ comprise   ④ exclude
⑤ cover

12

encourage

① comfort   ② cheer
③ increase   ④ prevent
⑤ uplift

13

repulse

① deny   ② accept
③ enforce   ④ ensure
⑤ steal

14

assemble

① collect   ② complete
③ conclude   ④ scatter
⑤ evaluate

15

appear

① vanish   ② remain
③ contain   ④ require
⑤ trace

16 다음 대화에서 빈칸에 들어갈 말로 가장 적절한 것은?

> A : What do you think about the old man?
> B : The old man _____ I believe to be honest deceived me.

① Whom   ② Who
③ Whose   ④ Whoever
⑤ What

※ 다음 글의 빈칸에 들어갈 말로 가장 적절한 것을 고르시오. [17~20]

17

> Using paper and plastic bags too much is _____ for environment. To make paper bags, people have to cut down a lot of trees. And plastic bags pollute the earth.

① good   ② clean
③ harmful   ④ suitable
⑤ healthy

18

> If any signer of the Constitution _____ return to life for a day, his opinion of our amendments would be interesting.

① was to   ② were to
③ had to   ④ should have
⑤ to do

19

In the past, animal source proteins were considered superior because they were the highest in protein. Today many experts believe they actually have too much protein for good health, because it is stored in the body as toxins or fat. Animal source protein was thought to be complete protein, supplying necessary amino acids. Now we know it also includes unhealthy inorganic acids. Animal protein was seen to supply more iron and zinc, but is now seen as also supplying cholesterol, fat and calories. An important study by Baylor College of Medicine in Houston showed men on diets high in soy protein experienced a drop in cholesterol, compared to men on diets high in animal protein. The study concluded that men should _____ up to 50% of their meat protein intake with vegetable protein.

① replace   ② multiply

③ surpass   ④ improve

⑤ simplify

20

In an interesting study conducted in the 1970s, researchers placed electrodes on the faces of subjects. The researchers then arranged the subjects' faces into emotional expressions — smiles and frowns — without their realizing it, simply by asking them to contract various muscles. The subjects in the smile condition felt happier than the control group, while the subjects in the frown condition reported feeling angrier than the control group. When shown cartoons, the subjects in the smiling mode rated them as being funnier than cartoons they viewed when frowning. Even more interesting, the subjects in the "smile" condition were better at remembering happy events in their lives than sad events, while subjects in the "frown" condition were better able to conjure up sad experiences from their past. Facial expressions _____.

① even when they are involuntary, have a strong effect on our memory

② when they are voluntary, have a strong effect on our memory

③ whether voluntary or not, have nothing to do with our memory

④ even when they are involuntary, have a strong effect on our emotion

⑤ when they are voluntary, have a strong effect on our emotion

※ 다음 밑줄 친 부분 중 어법상 옳지 않은 것을 고르시오. [21~22]

21

Sometimes there is nothing you can do ① <u>to stop</u> yourself falling ill. But if you lead a healthy life, you will probably be able to get better ② <u>much</u> more quickly.
We can all avoid ③ <u>doing</u> things that we know ④ <u>damages</u> the body, such as smoking cigarettes, drinking too much alcohol or ⑤ <u>taking</u> harmful drugs.

22

'In fourteen hundred and ninety-two, Columbus ① <u>sailed</u> the ocean blue.' Every American schoolkid knows this rhyme, and American history books refer to Christopher Columbus more than any other historical ② <u>figure</u>. In them, he is portrayed as the original great American hero. He is even one of only two people the United States honors ③ <u>him</u> by name with a national holiday. Even though every history textbook includes his name and every schoolchild remembers the year 1492, these textbooks leave out ④ <u>virtually</u> all the unfavorable facts that are important to know about Columbus and the European exploration of the Americas. Meanwhile, they make up all kinds of favorable details to create a better story and ⑤ <u>humanize</u> Columbus so that readers will identify with him.

23 다음 중 어법상 옳지 않은 것은?

① At certain times may this door be left unlocked.

② Eloquent though she was, she could not persuade him.

③ So vigorously did he protest that they reconsidered his case.

④ The sea has its currents, as do the river and the lake.

⑤ Only in this way is it possible to explain their actions.

24 다음 글의 밑줄 친 단어와 가장 유사한 의미의 단어는?

Including several interviews with the residents who used to mine but now suffer from asthma, the documentary <u>delves into</u> coal mining issues in the suburban area of Ontario.

① discourse   ② corroborate

③ explicate   ④ converse

⑤ investigate

25

> A : Let's go swimming. What do you say?
> B : _____.

① I'm glad you like it

② That sounds good

③ That's too bad

④ I don't mean it

⑤ not at all

26

> A : Hanna, you look very fashionable today.
> B : You think so? I just bought this dress yesterday.
> A : Seriously, it looks really nice on you. Where did you get it?
> B : _____.

① Actually, the dress is made of silk

② It went on sale

③ I bought this from the department in downtown

④ I'm going to buy it someday

⑤ I'm still short of money

27

> A : Jane, shall we go to the park?
> B : _____. I have to finish my homework.
> A : All right. Maybe next time.

① I'm afraid I can't

② I agree with you

③ Certainly, I'd like to

④ You did a good job

⑤ That sounds like a great idea

28 다음 대화에서 여자가 화난 이유로 옳은 것은?

> W : My flight was overbooked again and it made us late getting off the ground.
> M : That's strange. I've never had a problem with reservations on that airline.
> W : If it happens once more, I'll never fly with it again.

① Her flight was canceled.

② Her reservation was lost.

③ There was not enough food on the plane.

④ Too many tickets were issued for her flight.

⑤ The money came out more than I thought.

29 다음 대화에서 여행객은 몇 분을 기다려야 하는가?

> A : It's 2:15. How often does the express train leave?
> B : Every hour on the hour, but there's a local train leaving in 10 minutes.
> A : Thanks. O.K. then I'll wait for the express.

① 10 minutes   ② 15 minutes

③ 30 minutes   ④ 45 minutes

⑤ 60 minutes

30 다음 대화에서 A와 B의 관계로 가장 적절한 것은?

> A : Hello? Can I help you?
> B : Yes. I'm calling to reserve a single room.
> A : Sure. How long do you want to stay?
> B : For six nights.

① 경찰 – 시민   ② 교수 – 학생

③ 호텔 직원 – 고객   ④ 택시 기사 – 승객

⑤ 직장 상사 – 부하 직원

31 다음 밑줄 친 우리말을 바르게 영작한 것은?

> A : Wasn't it hot the day before yesterday?
> B : <u>아니요, 매우 더웠습니다.</u>

① No, it was very hot   ② Yes, it was very cold
③ Yes, it was very hot   ④ No, it was very cold
⑤ Yes, it was very cool

32 다음 대화의 밑줄 친 (A)와 뜻이 같은 것은?

> A : This information is confidential.
> B : Okay, I understand.
> A : So don't tell a soul.
> B : Don't worry. (A) <u>My lips are sealed.</u>
> A : I mean it, and whatever you do, don't let Sandy know.
> B : No, I won't. Everybody knows she's got a big mouth.

① I have a deep throat.   ② I can keep a secret.
③ I am very generous.   ④ I am all ears.
⑤ I can eat as much I want to.

33 다음 대화에서 A와 B의 관계로 가장 적절한 것은?

> A : You look pale. What's the matter?
> B : I have a terrible stomachache. The pain is too much. I think I'm going to throw up.
> A : When did your stomach start hurting?
> B : After breakfast.
> A : Do you have any idea why?
> B : It must have been something I ate.
> A : Let me see. Oh, you have a fever, too. You'd better go to see the school nurse right now.

① teacher − student   ② doctor − patient
③ pharmacist − customer   ④ mom − son
⑤ seller − buyer

34 다음 글에 드러난 분위기로 가장 적절한 것은?

There were some places of worship in the city, and the deep notes of their bells echoed over the town from morning until night. The sun was shining brightly and cheerily, and the air was warm. The streams were flowing with bubbling water, and the tender songs of birds came floating in from the fields beyond the city. The trees were already awake and embraced by the blue sky. Everything around the neighborhood, the trees, the sky, and the sun, looked so young and intimate that they were reluctant to break the spell which might last forever.

① sad and gloomy   ② calm and peaceful
③ busy and comic   ④ scary and frightening
⑤ weird and threatening

35 다음 글의 내용으로 적절하지 않은 것은?

One Sunday morning, Jane and her sister Mary were talking about Christmas in the living room. Then their mother came into the room with a box. It was a very big box. "This box is a present from your aunt in Seoul," she said. There were two pretty Korean dolls in it. Mary cried, "How happy we are!" Their mother said to Jane and Mary, "Write a letter to her immediately."

① Jane과 Mary는 거실에서 이야기를 나누고 있었다.
② 매우 큰 상자에는 예쁜 한국 인형이 두 개 들어 있었다.
③ Jane과 Mary는 어머니에게 감사의 편지를 썼다.
④ 숙모는 크리스마스 선물을 Jane과 Mary에게 주었다.
⑤ 선물은 서울에 계신 숙모에게서 왔다.

36 다음 글에서 전체 흐름과 관련이 없는 문장은?

Few animals have been so mercilessly exploited for their fur as the beaver. ① In the eighteenth and nineteenth centuries, beaver furs were worth their weight in gold. ② As a result, by 1896, at least 14 American states had announced that all of their beavers had been killed. ③ By the beginning of the twentieth century, it looked as if the beaver was about to disappear from the face of the earth. ④ The beaver is a furry animal like a large rat with a big flat tail. ⑤ However, thanks to a beaver recovery program, which included trapping and relocating to protected areas, particularly in suburban areas of the United States, beavers have made an impressive comeback throughout the country.

37 다음 글을 쓴 목적으로 가장 적절한 것은?

Working in a large company such as this can be oddly isolating. If we were out in the field, like some of our fortunate colleagues, we would be active, meeting new people and moving around. However, for us office workers, we tend to just park our cars in the underground parkade, take an elevator to our floor and head to our little corners where we work the day away. The cafeteria may be a gathering place, but people tend to sit with those who work in the same office or on the same floor. I think a gym would provide an informal place which would bring together company personnel of all different departments and offices, of all different ages and backgrounds. If this idea were to be entertained, a suitable place to put it might be in the back room in the basement that is currently used for storage, or even in the 10th floor lounge which is rarely used. I believe such an investment would definitely be worth it, if not only for our health, also to help build company unity.

① 사무실 배정을 위한 아이디어를 모집하려고
② 직원들을 위한 체력 단련장 신설을 제안하려고
③ 사무실 근무 직원의 하루 일과를 소개하려고
④ 사무실 칸막이 공사에 대한 반대 의견을 밝히려고
⑤ 사내 친목 도모를 위한 점심 모임 참여를 독려하려고

38 다음 글의 내용으로 가장 적절한 것은?

When my printer's type began to go faint, I called a local repair shop where a friendly man informed me that the printer probably needed only to be cleaned. Because the shop charged $50 for such cleanings, he told me, I might be better off reading the printer's manual and trying the job myself. Pleasantly surprised by his candor, I asked, "Does your boss know that you discourage business?" "Actually it's my boss' idea." the employee replied sheepishly. "We usually make more money on repairs if we let people try to fix things themselves first."

① 수리점은 고객의 편의보다 이익을 앞세운다.
② 필자는 50달러를 지불하고 프린터를 고쳤다.
③ 수리점 점원은 사장의 방침을 따르지 않았다.
④ 필자는 점원의 충고를 듣지 않았다.
⑤ 인쇄기는 사실 고장나지 않았다.

39 다음 글에서 담배를 끊을 때 사용할 수 있는 방법으로 제시되지 않은 것은?

> If you want to quit smoking, you can. A good way to quit smoking is to exercise, chew gum, drink more water and eat food with vitamins. Remember, the longer you wait to quit, the harder it will be.

① 운동하기   ② 물 마시기
③ 휴식 취하기   ④ 비타민 섭취하기
⑤ 껌 씹기

40 다음 중 영어 속담과 그 의미가 바르게 연결되지 않은 것은?

① The grass is greener on the other side of the fence. – 남의 떡이 커 보인다.
② A little knowledge is dangerous. – 낫 놓고 기억자도 모른다.
③ A rolling stone gathers no moss. – 구르는 돌은 이끼가 끼지 않는다.
④ Every dog has his day. – 쥐구멍에도 볕들 날이 있다.
⑤ Many hands make light work. – 백짓장도 맞들면 낫다.

41 다음 제시된 문장이 들어갈 위치로 가장 적절한 곳은?

> Instead of putting more armed police in the street, they chose to play classical music.

> A fascinating experiment once took place in a small Australian village. (①) For the past two years, the village had witnessed that the number of street crimes was rapidly increasing. (②) Local residents, alarmed by the increase in street crime, got together and decided that the best way to confront the problem was to remove the offenders from the main street after nightfall. (③) Every single block began piping out the sounds of Mozart, Bach, Beethoven, and Brahms. (④) In less than a week, the town reported a dramatic decrease in crime. (⑤) The experiment was so successful that the main train station in Copenhagen, Denmark adopted the same approach - with similar results, too.

42 다음 글에서 필자가 주장하는 바로 가장 적절한 것은?

Since you can't use gestures, make faces, or present an object to readers in writing, you must rely on words to do both the telling and the showing. Show more than you tell. Use words to make the reader see. For example, don't leave the reader guessing about Laura's beautiful hair. Show how the gentle wind touches the edge of her silky, brown hair. Don't just say you felt happy. Show yourself leaping down the steps four at a time, coat unzipped, shouting in the wind, "Hurray, I did it!"

① 글을 쓰기 전에 주변을 정돈해야 한다.
② 시각적으로 실감나게 글을 써야 한다.
③ 일상생활에서 글의 소재를 찾아야 한다.
④ 글의 내용과 어울리는 그림을 제시해야 한다.
⑤ 마음속에 있는 것을 진솔하게 글에 담아야 한다.

43 다음 글에서 필자의 심경으로 가장 적절한 것은?

I knew from the doctors that my disease would continue to get worse, and that there was nothing they could do. I didn't feel like asking for more details.

① 만족하는   ② 절망적인
③ 필사적인   ④ 기뻐하는
⑤ 지루해 하는

44 다음 글에서 설명하는 직업으로 가장 적절한 것은?

She is a very important person in the airplane. She helps to make the passengers comfortable. She has pillows, blankets, and newspapers for the people who wish to use them. She visits the passengers and points out interesting places over which the plane is flying.

① 간호사   ② 비행사
③ 스튜어디스   ④ 의사
⑤ 기자

45 다음 글에서 소년이 밑줄 친 부분처럼 말한 이유로 가장 적절한 것은?

> A boy walked into a farmer's *melon patch. "Is there anything I can do for you?" asked the farmer. The boy asked the price of a fine big melon. "That's forty cents", said the farmer. "I have just four cents", the boy told him.
> With a smile the farmer said, "Well, how about this one?" pointing to a very small and very green melon. "Fine, I'll take it", the humorous boy said, "but don't cut it off the vine. I'll come to get it in a week or two".
>
> *melon patch : 참외밭

① 부족한 돈을 더 가져오기 위해서   ② 농부가 제값을 받도록 해주기 위해서
③ 참외가 더 커졌을 때 가져가기 위해서   ④ 참외가 얼마나 컸는지 알아보기 위해서
⑤ 참외를 훼손시키지 않기 위해서

46 다음 글에서 밑줄 친 two basic things가 가리키는 것은?

> Driving can be fun. However, most of drivers ignore two basic things when they drive : They forget to keep enough distance from the car in front, and they don't wear seat belts.

① 차선 지키기, 신호 지키기
② 안전거리 확보, 차선 지키기
③ 안전거리 확보, 좌석벨트 착용
④ 좌석벨트 착용, 규정 속도 유지
⑤ 차선 지키기, 규정 속도 유지

47 다음 중 글쓴이의 심경으로 가장 적절한 것은?

> My best friend has a new boyfriend. When I am with her and her boyfriend, I just don't feel comfortable. When she says she doesn't have any time to spend with me, I feel jealous.

① 자부심   ② 질투심
③ 안도감   ④ 책임감
⑤ 짜릿함

48 다음 중 'Martin'에 대한 설명으로 가장 적절한 것은?

> Martin, aged 3, and his mother went visiting friend's last Sunday. A window was left open. Martin fell forty feet from the 2nd floor. Fortunately, he suffered nothing more than a few cuts.

① 생후 3개월이다.   ② 할머니 집에 갔다.
③ 혼자 창문을 열었다.   ④ 2층에서 떨어졌다.
⑤ 사고로 중상을 입었다.

49 다음 글의 주제로 가장 적절한 것은?

> Science is all about trying ideas, abandoning those that don't work, and building on those that do. It never stops. Those people in the past who had wrong ideas weren't fools. They were doing the best they could, given the knowledge of their times. We do the same thing today. And you can be sure that people in the future will look back and wonder why we believe some of the things we do. Does that make science unimportant? If some of our scientific theories are going to be proved false, why bother studying them? If you believe something is an absolute truth, you can just memorize it and get on with your life. After all, there is always something to explore in the world.

① 과학의 절대적 진리와 중요성
② 과학자에게 요구되는 윤리 의식
③ 지속적인 과학 탐구의 당위성
④ 과학이 산업 발전에 미치는 영향
⑤ 과학자에게 필요한 인문학적 소양

50 다음 글에서 필자가 주장하는 바로 가장 적절한 것은?

Mike Michalowicz, the author of The Pumpkin Plan, argues that comedians are the ultimate public speakers. For example, comedians have to hold an audience's attention for an hour or more, the don't get aj break during their presentation, and they can't rely on the audience for a Q&A. They are also expected to make the audience laugh constantly. And they don't even get to use presentation software programs, because they want the audience looking at them, not trying to read a screen. These facts don't mean you need to be a comedian on stage to perform well. You aren't even required to tell jokes. To enhance your own presentations, however, start to observe the techniques comedians use, and employ them in your own speech.

① 말을 할 때는 요점을 정확히 전달하라.
② 코미디언들의 기술을 발표에 활용하라.
③ 청중과 관련이 있는 소재를 활용해 강연하라.
④ 청중의 눈높이에 맞춰 유머 감각을 발휘하라.
⑤ 뛰어난 코미디언이 되려면 유머 감각을 키워라.

※ 다음 글을 읽고 이어지는 질문에 답하시오. [51~52]

One of the common advertising techniques is to repeat the product name. Repeating the product name may increase sales. For example, imagine that you go shopping for shampoo but you haven't decided which to buy. The first shampoo that comes to your mind is the one with the name you have recently heard a lot. _____, repeating the name can lead to consumers buying the product.

51 윗글의 빈칸에 들어갈 말로 가장 적절한 것은?

① However   ② Therefore
③ In contrast   ④ On the other hand
⑤ But

52 윗글의 주제로 가장 적절한 것은?

① 광고비 상승의 문제점
② 지나친 샴푸 사용을 줄이는 방법
③ 제품의 이름을 반복하는 광고 효과
④ 판매 촉진을 위한 제품의 품질 보장 제도
⑤ 물건을 구매하는 소비자들의 특징

(A) Although activated by a threat, the sudden release of adrenaline and the body's responses to (a) it produce a distinctly pleasurable feeling once the danger has passed. Even people who are not seeking danger but who confront (b) it accidentally will speak afterwards of an exciting "adrenaline rush". To some people, the pleasure of such an experience is so intense that they rate (c) it among life's most desirable sensations.

(B) But the question remains: Why do only some of us become risk-seekers? There must be factors at work other than the adrenaline rush, which is experienced by both risk-seekers and risk-avoiders.

(C) Psychologists often mention the sense of control that surviving a dangerous situation can impart. There is a great payoff for some people in facing adversity and overcoming (d) it through superior strength and preparation. By this schema, a risk-taker is not someone who recklessly seeks trouble but someone who carefully matches himself or herself against a worthy challenge.

(D) It is easy to see how this physical pleasure would become psychologically attractive. The risk-seeker likes the biological effects of the adrenaline and is drawn to situations that might produce (e) it.

53 다음 중 (A)에 이어질 내용을 순서대로 바르게 나열한 것은?

① (C) – (D) – (B)　　　　　　② (C) – (B) – (D)

③ (B) – (D) – (C)　　　　　　④ (D) – (B) – (C)

⑤ (D) – (C) – (B)

54 다음 중 윗글의 내용으로 가장 적절한 것은?

① 위험을 기꺼이 감수하려는 사람의 신체에서만 아드레날린이 분비된다.

② 어떤 사람은 위험을 감수한 뒤 오는 쾌감이 싫어서 오히려 위험을 회피한다.

③ 쾌감을 주는 위험을 감수할 수 있으려면 많은 경험을 해야 한다.

④ 강한 힘이 있고, 철저한 준비를 한 사람은 위험에 처하는 일이 거의 없다.

⑤ 위험을 감수하는 사람은 위험한 상황을 극복하고 난 후의 통제력을 느끼고 싶어 한다.

55 윗글의 밑줄 친 'it'이 가리키는 것이 잘못 연결된 것은?

① (a) – adrenalin　　　　　　② (b) – danger

③ (c) – danger　　　　　　④ (d) – adversity

⑤ (e) – adrenalin

PART

2

직업기초
능력평가

CHAPTER 01 의사소통능력 핵심이론

01 의사소통능력의 의의

(1) 의사소통이란?

① 의사소통의 정의

두 사람 또는 그 이상의 사람들 사이에서 일어나는 의사의 전달과 상호교류를 의미하며, 어떤 개인 또는 집단이 개인 또는 집단에 대해서 정보, 감정, 사상, 의견 등을 전달하고 그것들을 받아들이는 과정을 말한다.

② 성공적인 의사소통의 조건

내가 가진 정보를 상대방이 이해하기 쉽게 표현

+

상대방이 어떻게 받아들일 것인가에 대한 고려

=

일방적인 말하기가 아닌 의사소통의 정확한 목적을 알고, 의견을 나누는 자세

(2) 의사소통능력의 종류

① 문서적인 의사소통능력

문서이해능력	업무와 관련된 다양한 문서를 읽고 핵심을 이해하며, 정보를 획득하고 수집·종합하는 능력
문서작성능력	목적과 상황에 적합하도록 정보를 전달할 수 있는 문서를 작성하는 능력

② 언어적인 의사소통능력

경청능력	상대방의 이야기를 듣고 의미를 파악하여 이에 적절히 반응하는 능력
의사표현능력	자신의 의사를 목적과 상황에 맞게 설득력을 가지고 표현하는 능력

③ 특징

구분	문서적인 의사소통능력	언어적인 의사소통능력
장점	권위감, 정확성, 전달성, 보존성 높음	유동성 높음
단점	의미의 곡해	정확성 낮음

④ 기초외국어 능력

외국어로 된 간단한 자료, 외국인과의 전화통화와 간단한 대화 등 외국인의 의사 표현을 정확히 이해하고, 자신의 의사를 기초외국어로써 표현할 수 있는 능력

(3) 의사소통의 저해요인

① 의사소통 기법의 미숙, 표현 능력의 부족, 이해 능력의 부족

② 복잡한 메시지, 경쟁적인 메시지

③ 의사소통에 대한 잘못된 선입견

④ 기타 : 정보의 과다, 서로 다른 직위와 과업 지향성, 신뢰의 부족, 의사소통을 위한 구조상의 권한

(4) 의사소통능력의 개발방법

① 사후검토와 피드백의 활용

② 언어의 단순화

③ 적극적인 경청

④ 감정의 억제

02 문서이해능력

(1) 문서이해능력의 의의

① 문서이해능력이란?

다양한 종류의 문서에서 전달하고자 하는 핵심 내용을 요약·정리하여 이해하고, 문서에서 전달하는 정보의 출처를 파악하고 옳고 그름을 파악하는 능력을 말한다.

② 문서이해의 절차

1. 문서의 목적을 이해하기

2. 이러한 문서가 작성되게 된 배경과 주제를 파악하기

3. 문서에 쓰여진 정보를 밝혀내고, 문서가 제시하고 있는 현안문제를 파악하기

4. 문서를 통해 상대방의 욕구와 의도 및 내게 요구되는 행동에 관한 내용을 분석하기

5. 문서에서 이해한 목적 달성을 위해 취해야 할 행동을 생각하고 결정하기

6. 상대방의 의도를 도표나 그림 등으로 메모하여 요약, 정리하기

(2) 문서의 종류

① 공문서

> - 정부 행정기관에서 대내적·대외적 공무를 집행하기 위해 작성하는 문서
> - 정부기관이 일반회사, 단체로부터 접수하는 문서 및 일반회사에서 정부기관을 상대로 사업을 진행할 때 작성하는 문서 포함
> - 엄격한 규격과 양식에 따라 정당한 권리를 가진 사람이 작성
> - 최종 결재권자의 결재가 있어야 문서로서의 기능 성립

② 보고서

특정 업무에 대한 현황이나 진행 상황 또는 연구·검토 결과 등을 보고할 때 작성하는 문서

구분	내용
영업보고서	영업상황을 문장 형식으로 기재해 보고하는 문서
결산보고서	진행됐던 사안의 수입과 지출결과를 보고하는 문서
일일업무보고서	매일의 업무를 보고하는 문서
주간업무보고서	한 주간에 진행된 업무를 보고하는 문서
출장보고서	출장을 다녀와 외부 업무나 그 결과를 보고하는 문서
회의보고서	회의 결과를 정리해 보고하는 문서

③ 설명서

상품의 특성이나 사물의 성질과 가치, 작동 방법이나 과정을 소비자에게 설명하는 것을 목적으로 작성한 문서

구분	내용
상품소개서	• 일반인들이 친근하게 읽고 내용을 쉽게 이해하도록 하는 문서 • 소비자에게 상품의 특징을 잘 전달해 상품을 구입하도록 유도
제품설명서	• 제품의 특징과 활용도에 대해 세부적으로 언급하는 문서 • 제품의 사용법에 대해 알려주는 것이 주목적

④ 비즈니스 메모

업무상 필요한 중요한 일이나 앞으로 체크해야 할 일이 있을 때 필요한 내용을 메모형식으로 작성하여 전달하는 글

구분	내용
전화 메모	• 업무적인 내용부터 개인적인 전화의 전달사항들을 간단히 작성하여 당사자에게 전달하는 메모 • 스마트폰의 발달로 현저히 줄어듦
회의 메모	• 회의에 참석하지 못한 구성원에게 회의 내용을 간략하게 적어 전달하거나 참고자료로 남기기 위해 작성한 메모 • 업무 상황 파악 및 업무 추진에 대한 궁금증이 있을 때 핵심적인 역할을 하는 자료
업무 메모	개인이 추진하는 업무나 상대의 업무 추진 상황을 메모로 적는 형태

⑤ 비즈니스 레터(E-mail)

> - 사업상의 이유로 고객이나 단체에 편지를 쓰는 것
> - 직장업무나 개인 간의 연락, 직접방문하기 어려운 고객관리 등을 위해 사용되는 비공식적 문서
> - 제안서나 보고서 등 공식적인 문서를 전달하는 데도 사용

03 문서작성능력

(1) 문서작성능력의 의의

① 문서작성능력이란?

㉠ 문서의 의미

제안서·보고서·기획서·편지·메모·공지사항 등 문자로 구성된 것을 지칭하며 일상생활뿐만 아니라 직업 생활에서도 다양한 문서를 자주 사용한다.

㉡ 문서작성의 목적

치열한 경쟁상황에서 상대를 설득하거나 조직의 의견을 전달하고자 한다.

㉢ 문서의 구성요소

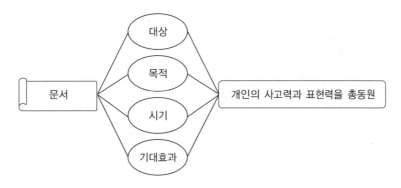

② 문장 구성 시 주의사항

- 문장은 짧고 간결하게
- 상대방이 이해하기 쉽게
- 중요하지 않은 경우 한자의 사용은 자제
- 문장은 긍정문의 형식으로
- 표제는 간단하게
- 결론을 먼저 작성

(2) 문서작성의 실제

① 상황에 따른 문서의 작성법

구분	내용
요청이나 확인을 위한 경우	• 공문서 형식 • 일정한 양식과 격식을 갖추어 작성
정보제공을 위한 경우	• 홍보물, 보도자료, 설명서, 안내서 • 시각적인 정보의 활용 • 신속한 정보 제공
명령이나 지시가 필요한 경우	• 업무 지시서 • 명확한 지시사항이 필수적

제안이나 기획을 할 경우	• 제안서, 기획서 • 종합적인 판단과 예견적인 지식이 필요
약속이나 추천을 위한 경우	• 제품의 이용에 대한 정보 • 입사지원, 이직 시 상사가 작성

② 문서의 종류에 따른 작성법

㉠ 공문서

- 날짜는 연도와 월일을 반드시 함께 언급해야 함
- 내용이 복잡할 경우 '−다음−', '−아래−'와 같은 항목을 만들어 구분함
- 마지막엔 반드시 '끝'자로 마무리 함

㉡ 설명서

- 전문용어의 사용은 가급적 삼가할 것
- 복잡한 내용은 도표화
- 명령문보다 평서형으로, 동일한 표현보다는 다양한 표현으로 작성함

㉢ 기획서

- 무엇을 위한 기획서인지 핵심 메시지가 정확히 도출되었는지 확인할 것
- 표나 그래프를 활용하는 경우, 내용이 제대로 도출되었는지 확인할 것
- 인용한 자료의 출처가 정확한지 확인할 것

㉣ 보고서

- 핵심 내용을 구체적으로 제시할 것
- 간결하고 핵심적인 내용의 도출이 우선이므로 내용의 중복을 피할 것
- 보고서의 독자가 궁금한 점을 질문할 것에 대비할 것

(3) 문서표현의 시각화

① 시각화의 구성요소

문서의 내용을 시각화하기 위해서는 전하고자 하는 내용의 개념이 명확해야 하고, 수치 등의 정보는 그래프 등을 사용하며, 특히 강조하여 표현하고 싶은 내용에는 도형을 이용한다.

② 시각화의 방법

구분	내용
차트 시각화	데이터 정보를 쉽게 이해할 수 있도록 시각적으로 표현하며, 주로 통계 수치 등을 도표나 차트를 통해 명확하고 효과적으로 전달한다.
다이어그램 시각화	개념이나 주제 등 중요한 정보를 도형, 선, 화살표 등 여러 상징을 사용하여 시각적으로 표현한다.
이미지 시각화	전달하고자 하는 내용을 관련 그림이나 사진 등으로 표현한다.

04 경청능력

(1) 경청능력의 의의

① 경청능력이란?

㉠ 경청의 의미

상대방이 보내는 메시지에 주의를 기울이고 이해를 위해 노력하는 행동으로, 대화의 과정에서 신뢰를 쌓을 수 있는 최고의 방법이다.

㉡ 경청의 효과

대화하는 상대방이 본능적으로 안도감을 느끼게 되어 무의식적인 믿음을 갖게 되며, 이 효과로 인해 말과 메시지, 감정이 효과적으로 상대방에게 전달된다.

② 경청의 중요성

경청을 통해	+ 대화의 상대방을(의) ⇨	• 한 개인으로 존중하게 된다. • 성실한 마음으로 대하게 된다. • 입장에 공감하며 이해하게 된다.

③ 경청의 방해요인

구분	내용
짐작하기	상대방의 말을 듣고 받아들이기보다 자신의 생각에 들어맞는 단서들을 찾아 자신의 생각을 확인하는 것
대답할 말 준비하기	자신이 다음에 할 말을 생각하기에 바빠서 상대방이 말하는 것을 잘 듣지 않는 것
걸러내기	상대의 말을 듣기는 하지만 상대방의 메시지를 온전하게 듣지 않는 것
판단하기	상대방에 대한 부정적인 판단 때문에, 또는 상대방을 비판하기 위해 상대방의 말을 듣지 않는 것
다른 생각하기	상대방이 말을 할 때 다른 생각을 하는 것으로 현실이 불만스럽지만 이러한 상황을 회피하고 있다는 신호임
조언하기	본인이 다른 사람의 문제를 지나치게 해결해주고자 하는 것을 말하며, 말끝마다 조언하려고 끼어들면 상대방은 제대로 말을 끝맺을 수 없음
언쟁하기	단지 반대하고 논쟁하기 위해서만 상대방의 말에 귀를 기울이는 것
자존심 세우기	자존심이 강한 사람에게서 나타나는 태도로 자신의 부족한 점에 대한 상대방의 말을 듣지 않으려 함
슬쩍 넘어가기	문제를 회피하려 하거나 상대방의 부정적 감정을 회피하기 위해서 유머 등을 사용하는 것으로 이로 인해 상대방의 진정한 고민을 놓치게 됨
비위 맞추기	상대방을 위로하기 위해서 너무 빨리 동의하는 것을 말하며, 상대방에게 자신의 생각이나 감정을 충분히 표현할 시간을 주지 못하게 됨

(2) 적극적 경청과 소극적 경청

적극적 경청	상대의 말에 집중하고 있음을 행동을 통해 표현하며 듣는 것으로 질문, 확인, 공감 등으로 표현된다.
소극적 경청	상대의 말에 특별한 반응 없이 수동적으로 듣는 것을 말한다.

(3) 경청훈련

① 대화법을 통한 경청훈련

> • 주의 기울이기
> • 상대방의 경험을 인정하고 더 많은 정보 요청하기
> • 정확성을 위해 요약하기
> • 개방적인 질문하기
> • '왜?'라는 질문 피하기

② 공감적 태도와 공감적 반응

공감적 태도	상대방이 하는 말을 상대방의 관점에서 이해하고 느끼는 것으로, 성숙한 인간관계를 유지하기 위해 필요하다.
공감적 반응	상대방의 이야기를 자신의 관점이 아닌 그의 관점에서 이해하며, 상대방의 말 속에 담겨 있는 감정과 생각에 민감하게 반응한다.

05 의사표현능력

(1) 의사표현능력의 의의

① 의사표현능력이란?

㉠ 의사표현의 의미

말하는 이가 자신의 생각과 감정을 듣는 이에게 음성언어나 신체언어로 표현하는 행위로서 말하는 이의 목적을 달성하는 데 효과가 있다고 생각하는 말하기를 말한다.

㉡ 의사표현의 종류

구분	내용
공식적 말하기	• 사전에 준비된 내용을 대중을 상대로 말하는 것 • 연설, 토의, 토론 등
의례적 말하기	• 정치적 · 문화적 행사에서와 같이 의례 절차에 따라 말하는 것 • 식사, 주례, 회의 등
친교적 말하기	• 매우 친근한 사람들 사이에서 이루어지는 것으로 자연스런 상황에서 떠오르는 대로 주고받는 말하기

② 의사표현의 중요성

언어에 의해 그려지는 이미지로 인해 자신의 이미지가 형상화될 수 있다. 즉, 자신이 자주 하는 말로써 자신의 이미지가 결정된다는 것이다.

③ 효과적인 의사표현법

구분	내용
지적	• 충고나 질책의 형태로 나타난다. • '칭찬 – 질책 – 격려'의 샌드위치 화법을 사용한다. • 충고는 최후의 수단으로 은유적으로 접근한다.
칭찬	• 대화 서두의 분위기 전환용으로 사용한다. • 상대에 어울리는 중요한 내용을 포함한다.
요구	• 부탁 : 상대의 상황을 확인한 후 응하기 쉽도록 구체적으로 부탁하며, 거절을 당해도 싫은 내색을 하지 않는다. • 업무상 지시, 명령 : 강압적 표현보다는 청유식 표현이 효과적이다.

거절	• 거절에 대한 사과와 함께 응할 수 없는 이유를 설명한다. • 요구를 들어주는 것이 불가능할 경우 단호하게 거절하지만, 정색하는 태도는 지양한다.
설득	• 강요는 금물이다.

(2) 의사 표현에 영향을 미치는 비언어적 요소

① 연단 공포증
② 말
    ㉠ 장단
    ㉡ 발음
    ㉢ 속도
    ㉣ 쉼

핵심예제

다음은 의사소통 저해요인에 대한 직원들의 대화이다. 이 중 옳지 않은 설명을 한 직원을 모두 고르면?

〈대화〉

김대리 : 우리 과장님은 일방적으로 듣기만 하셔서 의사를 파악하기가 정말 힘들어.

최대리 : 그래. 표현 능력이 부족하셔서 자신의 의사를 잘 전달 못 하시는 걸 수도 있어.

박주임 : 그래도 일방적으로 듣기만 하시는 것은 의사를 수용하시는 것이니 소통상 문제가 아니지 않나요? 일방적으로 전달만 하시는 분과의 의사소통이 문제인 것 같아요.

박사원 : 저는 이전 부서에서 대리님과 대화할 때, 대화 과정에서 어느 내용을 아시는 줄 알았는데 모르고 계셔서 놀란 적이 있어요.

임주임 : 전달한 줄 알았거나, 알고 있는 것으로 착각하는 건 평가적이고 판단적인 태도 때문이야.

양대리 : 맞아. 말하지 않아도 알 것이라 생각하는 문화는 선입견이나 고정관념의 한 유형이야.

① 김대리
② 박주임
③ 박사원, 임주임
④ 박주임, 양대리
⑤ 임주임, 양대리

| 해설 | 일방적으로 듣기만 하고 의사표현을 잘 안 하는 것도 의사소통상의 문제에 해당한다.

오답분석
• 최대리 : 표현 능력 혹은 이해 능력이 부족하거나, 무책임한 경우에 일방적으로 듣기만 하거나 말하기만 한다.
• 임주임 : 상대가 특정 내용을 알고 있을 것이라 착각하는 것은 평가적이고, 판단적 태도에서 야기되는 경우가 많다.
• 양대리 : 전달하지 않아도 알고 있을 것이라는 생각은 과거의 경험에 기반한 선입견, 고정관념에 해당한다.

정답 ②

01 신입사원 A는 입사 후 처음으로 보고서를 작성하게 되었다. 보고서라는 양식 자체에 대한 이해가 부족하다는 생각이 들어서 A사원은 인터넷을 통해 보고서에 대해 알아보았다. 다음 중 A사원이 이해한 내용으로 가장 적절한 것은?

① 전문용어는 이해하기 어렵기 때문에 최대한 사용하지 말아야 해.

② 상대가 요구하는 것이 무엇인지 파악하는 것이 가장 중요해. 상대의 선택을 받아야 하니까.

③ 이해를 돕기 위해서 관련 자료는 최대한 많이 첨부하는 것이 좋아.

④ 문서와 관련해서 받을 수 있는 질문에 대비해야 해.

⑤ 한 장에 담아내는 것이 원칙이니까 내용이 너무 길어지지 않게 신경 써야겠어.

02 다음 중 기획안을 작성할 때 유의할 점에 대해 김대리가 조언했을 말로 적절하지 않은 것은?

> 발신인 : 김민수
> 수신인 : 이수진
> 수진 씨, 김민수 대리입니다. 기획안 잘 받아봤어요. 검토가 더 필요해서 결과는 시간이 좀 걸릴 것 같고요, 기왕 메일을 드리는 김에 기획안을 쓸 때 지켜야 할 점들에 대해서 말씀드리려고요. 문서는 내용 못지않게 형식을 지키는 것도 매우 중요하니까 다음 기획안을 쓸 때 참고하시면 도움이 될 겁니다.

① 표나 그래프를 활용하는 경우에는 내용이 잘 드러나는지 꼭 점검하세요.

② 마지막엔 반드시 '끝'을 붙여 문서의 마지막임을 확실하게 전달해야 해요.

③ 전체적으로 내용이 많은 만큼 구성에 특히 신경을 써야 합니다.

④ 완벽해야 하기 때문에 꼭 여러 번 검토를 하세요.

⑤ 내용 준비 이전에 상대가 요구하는 것이 무엇인지 고려하는 것부터 해야 합니다.

03 상황에 따른 문서작성법에 대한 〈보기〉의 설명 중 옳지 않은 것을 모두 고르면?

> **보기**
>
> ㄱ. 요청이나 확인을 부탁하는 경우, 일반적으로 공문서의 형태로 양식을 준수하여 작성하여야 한다.
> ㄴ. 정보제공을 위해 문서를 작성하는 경우, 시각적 자료는 내용전달을 방해할 수 있으므로 최소화하는 것이 좋다.
> ㄷ. 정보제공을 위한 문서 작성 시, 문서는 최대한 신속히 작성하여 전달하는 것이 효과적이다.
> ㄹ. 제안이나 기획을 하려는 경우, 상대방이 합리적으로 판단할 수 있게 객관적 사실만을 기입하고 개인의 주관은 포함시키지 않는 것이 좋다.

① ㄱ, ㄴ ② ㄱ, ㄷ
③ ㄴ, ㄷ ④ ㄴ, ㄹ
⑤ ㄷ, ㄹ

04 다음 대화의 밑줄 친 내용 중 보고서 작성 시 유의사항으로 옳지 않은 설명을 모두 고르면?

> 김선임연구원 : 이번 연구는 지금 시점에서 보고하는 것이 좋을 것 같습니다. 간략하게 연구별로 한 장씩 요약하여 작성할까요?
> 유책임연구원 : ⑤ 성의가 없어 보이니 한 장에 한 개의 사안을 담는 것은 좋지 않아.
> 박선임연구원 : 맞습니다. ⑥ 꼭 필요한 내용이 아니어도 관련된 참고자료는 이해가 쉽도록 모두 첨부하도록 하시죠.
> 최책임연구원 : ⑥ 양이 많으면 단락별 핵심을 하위목차로 요약하는 것이 좋겠어. 그리고 ⑥ 연구비 금액의 경우는 개략적으로만 제시하고 정확히 하지 않아도 괜찮아.

① ㉠, ㉡ ② ㉠, ㉢
③ ㉠, ㉡, ㉢ ④ ㉠, ㉡, ㉣
⑤ ㉡, ㉢, ㉣

05 다음은 경청훈련에 대한 내용 중 하나이다. 빈칸에 들어갈 말로 가장 적절한 것은?

> _____은/는 보통 '누가·언제·어디서·언제 또는 어떻게'라는 어휘로 시작하며, 상대방의 다양한 생각을 이해하고 상대방으로부터 많은 정보를 얻기 위한 방법이다. 서로에 대한 이해 정도를 높일 수 있고, "직장을 옮기는 것에 대해 어떤 생각을 하고 있어요?", "당신, 기운이 없어 보이는군요. 무슨 일이 있어요?" 등의 표현을 예로 들 수 있다.

① '왜?'라는 질문 피하기

② 정확성을 위해 요약하기

③ 주의 기울이기

④ 개방적인 질문하기

⑤ 상대방의 경험을 인정하고 더 많은 정보 요청하기

06 A사원은 직장 내에서의 의사소통능력 향상 방법에 대한 강연을 들으면서 다음과 같이 메모하였다. 이 중 A사원이 잘못 작성한 내용의 개수는?

> 〈2025년 4월 10일 의사소통능력 향상 방법 강연을 듣고...〉
>
> • 의사소통의 저해 요인
>
> ⋯ 중략 ⋯
>
> • 의사소통에 있어 자신이나 타인의 느낌을 건설적으로 처리하는 방법
>   ㉠ 얼굴을 붉히는 것과 같은 간접적 표현을 피한다.
>   ㉡ 자신의 감정을 주체하지 못하고 과격한 행동을 하지 않는다.
>   ㉢ 자신의 감정 상태에 대한 책임을 타인에게 전가하지 않는다.
>   ㉣ 자신의 감정을 조절하기 위하여 상대방으로 하여금 그의 행동을 변하도록 강요하지 않는다.
>   ㉤ 자신의 감정을 명확하게 하지 못할 경우라도 즉각적인 의사소통이 될 수 있도록 노력한다.

① 1개   ② 2개

③ 3개   ④ 4개

⑤ 5개

07 다음은 기안문 작성 시 유의해야 할 사항에 대한 자료이다. 다음 (가) ~ (라)에 대한 유의사항을 〈보기〉에서 찾아 바르게 연결한 것은?

〈기안문 작성 시 유의사항〉

올바른 문서 작성은 정확한 의사소통을 위하여 필요할 뿐만 아니라 문서 자체의 품격을 높이고, 그 기관의 대외적인 권위와 신뢰도를 높여 준다. 문서의 올바른 작성을 위하여 다음과 같은 사항에 유의할 필요가 있다.

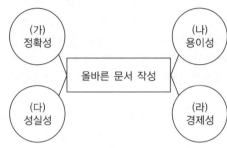

보기

㉠ 서식을 통일하여 규정된 서식을 사용하는 것이 경제적이다.
㉡ 상대방의 입장에서 이해하기 쉽게 작성한다.
㉢ 애매모호하거나 과장된 표현에 의하여 사실이 왜곡되지 않도록 한다.
㉣ 감정적이고 위압적인 표현을 쓰지 않는다.

	(가)	(나)	(다)	(라)
①	㉠	㉡	㉢	㉣
②	㉠	㉢	㉣	㉡
③	㉡	㉢	㉠	㉣
④	㉢	㉡	㉣	㉠
⑤	㉢	㉣	㉡	㉠

※ 다음 글을 읽고 이어지는 질문에 답하시오. [8~9]

카셰어링이란 차를 빌려 쓰는 방법의 하나로 기존의 방식과는 다르게 시간 또는 분 단위로 필요한 만큼만 자동차를 빌려 사용할 수 있다. 이러한 카셰어링은 비용 절감 효과와 더불어 환경적·사회적 측면에서 현재 세계적으로 주목받고 있는 사업 모델이다. 호주 멜버른시의 조사 자료에 따르면, 카셰어링 차 한 대당 도로 상의 개인 소유 차량 9대를 줄이는 효과가 있으며, 실제 카셰어링을 이용하는 사람은 해당 서비스 가입 이후 자동차 사용을 50%까지 줄였다고 한다. 또한 자동차 이용량이 줄어들면 주차 문제를 해결할 수 있으며, 카셰어링 업체에서 제공하는 친환경 차량을 통해 온실가스의 배출을 감소시키는 효과도 기대할 수 있다. 호주 카셰어링 업체 차량의 60% 정도는 경차 또는 하이브리드 차량인 것으로 조사되었다.

호주의 카셰어링 시장규모는 8,360만 호주 달러로 지난 5년간 연평균 21.7%의 급격한 성장률을 보이고 있다. 전문가들은 호주 카셰어링 시장이 앞으로도 가파르게 성장해 5년 후에는 현재보다 약 2.5배 증가한 2억 1,920만 호주 달러에 이를 것이며, 이용자 수도 10년 안에 150만 명까지 폭발적으로 늘어날 것이라고 예측한다.

이처럼 호주에서 카셰어링 서비스가 많은 회원을 확보하며 급격한 성장세를 나타내는 데는 비용 측면의 이유가 가장 크다고 볼 수 있다. 호주에서 차량을 소유할 경우 주유비, 서비스비, 보험료, 주차비 등의 부담이 크기 때문이다. 발표 자료에 의하면 차량 2대를 소유한 가족이 구매 금액을 비롯하여 차량 유지비에만 쓰는 비용은 연간 12,000호주 달러에서 18,000호주 달러에 이른다고 한다. 호주 자동차 산업에서 경제적·환경적·사회적인 변화에 따라 호주 카셰어링 시장이 폭발적인 성장세를 보이는 것에 주목할 필요가 있다. 전문가들은 카셰어링으로 인해 자동차 산업에 나타나는 변화의 정도를 '위험한 속도'로까지 비유하기도 한다. 카셰어링 차량의 주차공간을 마련하기 위해서 정부의 역할이 매우 중요한 만큼 호주는 정부 차원에서도 카셰어링 서비스를 지원하는 데 적극적으로 움직이고 있다. 호주는 카셰어링 서비스가 발달한 미국, 캐나다, 유럽 대도시에 비하면 아직 뒤처져 있지만, 성장 가능성이 높아 국내기업에서도 차별화된 서비스와 플랫폼을 개발한다면 진출을 시도해 볼 수 있다.

08 다음 중 윗글의 제목으로 가장 적절한 것은?

① 호주의 카셰어링 성장 배경과 전망
② 호주 카셰어링 서비스의 장·단점
③ 카셰어링 사업의 세계적 성장 가능성
④ 카셰어링 사업의 성공을 위한 호주 정부의 노력
⑤ 호주에서 카셰어링 서비스가 성공하기 어려운 이유

09 다음 중 윗글의 내용으로 적절하지 않은 것은?

① 호주에서 카셰어링 서비스를 이용하는 사람의 경우 가입 이후 자동차 사용률이 50%까지 감소하였다.
② 호주의 카셰어링 업체가 소유한 차량의 약 60%는 경차 또는 하이브리드 자동차이다.
③ 호주의 카셰어링 시장은 지난 5년간 급격하게 성장하여 현재 8,360만 호주 달러의 규모를 이루고 있다.
④ 호주의 한 가족이 1년간 카셰어링 서비스를 이용할 경우 최대 18,000호주 달러가 사용된다.
⑤ 미국, 캐나다, 유럽 대도시에는 이미 카셰어링 서비스가 발달해 있다.

10 다음 글의 빈칸에 들어갈 내용으로 가장 적절한 것은?

소독이란 물체의 표면 및 그 내부에 있는 병원균을 죽여 전파력 또는 감염력을 없애는 것이다. 이때, 소독의 가장 안전한 형태로는 멸균이 있다. 멸균이란 대상으로 하는 물체의 표면 또는 그 내부에 분포하는 모든 세균을 완전히 죽여 무균의 상태로 만드는 조작으로, 살아있는 세포뿐만 아니라 포자, 박테리아, 바이러스 등을 완전히 파괴하거나 제거하는 것이다.

물리적 멸균법은 열, 햇빛, 자외선, 초단파 따위를 이용하여 균을 죽여 없애는 방법이다. 열(Heat)에 의한 멸균에는 건열 방식과 습열 방식이 있는데, 건열 방식은 소각과 건식오븐을 사용하여 멸균하는 방식이다. 건열 방식이 활용되는 예로는 미생물 실험실에서 사용하는 많은 종류의 기구를 물 없이 멸균하는 것이 있다. 이는 습열 방식을 활용했을 때 유리를 포함하는 기구가 파손되거나 금속 재질로 이루어진 기구가 습기에 의해 부식할 가능성을 보완한 방법이다. 그러나 건열 멸균법은 습열 방식에 비해 멸균 속도가 느리고 효율이 떨어지며, 열에 약한 플라스틱이나 고무제품은 대상물의 변성이 이루어져 사용할 수 없다. 예를 들어 많은 세균의 내생포자는 습열 멸균 온도 조건(121℃)에서는 5분 이내에 사멸되나, 건열 멸균법을 활용할 경우 이보다 더 높은 온도(160℃)에서도 약 2시간 정도가 지나야 사멸되는 양상을 나타낸다. 반면, 습열 방식은 바이러스, 세균, 진균 등의 미생물들을 손쉽게 사멸시킨다. 습열은 효소 및 구조단백질 등의 필수 단백질의 변성을 유발하고, 핵산을 분해하며 세포막을 파괴하여 미생물을 사멸시킨다. 끓는 물에 약 10분간 노출하면 대개의 영양세포나 진핵포자를 충분히 죽일 수 있으나, 100℃의 끓는 물에서는 세균의 내생포자를 사멸시키지는 못한다. 따라서 물을 끓여서 하는 열처리는 _____ 멸균을 시키기 위해서는 100℃가 넘는 온도(일반적으로 121℃)에서 압력(약 1.1kg/cm^2)을 가해 주는 고압증기멸균기를 이용한다. 고압증기멸균기는 물을 끓여 증기를 발생시키고 발생한 증기와 압력에 의해 멸균을 시키는 장치이다. 고압증기멸균기 내부가 적정 온도와 압력(121℃, 약 1.1kg/cm^2)에 이를 때까지 뜨거운 포화 증기를 계속 유입시킨다. 해당 온도에서 포화 증기는 15분 이내에 모든 영양세포와 내생포자를 사멸시킨다. 고압증기멸균기에 의해 사멸되는 미생물은 고압에 의해서라기보다는 고압 하에서 수증기가 얻을 수 있는 높은 온도에 의해 사멸되는 것이다.

① 더 많은 세균을 사멸시킬 수 있다.
② 멸균 과정에서 더 많은 비용이 소요된다.
③ 멸균 과정에서 더 많은 시간이 소요된다.
④ 소독을 시킬 수는 있으나, 멸균을 시킬 수는 없다.
⑤ 멸균을 시킬 수는 있으나, 소독을 시킬 수는 없다.

CHAPTER 02 수리능력 핵심이론

01 & 02 기초연산능력 & 응용수리능력

※ PART 1, CHAPTER 02 수리능력 이론 참고(p.70~)

03 수추리능력

※ PART 1, CHAPTER 03 추리능력 이론 참고(p.111~)

04 기초통계능력

1. 통계의 의의

(1) 통계란?

집단현상에 대한 구체적인 양적 기술을 반영하는 숫자를 의미하며, 특히 사회집단 또는 자연집단의 상황을 숫자로 나타낸 것을 말한다.

(2) 통계의 의의

사회적, 자연적인 현상이나 추상적인 수치를 포함한 모든 집단적 현상을 숫자로 나타낸 것을 말한다.

(3) 통계의 본질

① 구체적인 일정 집단에 대한 숫자 자료가 통계이며, 단일 개체에 대한 숫자 자료일 때에는 통계라고 하지 않는다.
② 통계의 요소인 단위나 표지를 어떻게 규정하는지에 따라 통계자료가 다르게 나타나게 되므로 이들에 대한 구체적 개념이나 정의를 어떻게 정하는가가 중요하다.
③ 통계의 필요성이나 작성능력의 측면에서 볼 때 대부분 정부나 지방자치단체 등에 의한 관청통계로 작성되고 있다.

(4) 통계의 기능

> • 많은 수량적 자료를 처리할 수 있고 쉽게 이해할 수 있는 형태로 축소시킴
> • 표본을 통해 연구대상 집단의 특성을 유추할 수 있게 함
> • 의사결정의 보조수단으로 이용됨
> • 관찰가능한 자료를 통해 논리적으로 결론을 추출·검증할 수 있게 함

(5) 통계의 속성

① 단위와 표지

집단을 구성하는 각 개체를 단위라 하며, 이 단위가 가지고 있는 공통의 성질을 표지라고 한다.

② 표지의 분류

속성통계	질적인 표지	남녀, 산업, 직업 등
변수통계	양적인 표지	연령, 소득금액 등

(6) 기본적인 통계치

구분	내용
빈도	어떤 사건이 일어나거나 증상이 나타나는 정도
빈도분포	빈도를 표나 그래프로 종합적이면서도 일목요연하게 표시하는 것
평균	모든 사례의 수치를 합한 후 총 사례 수로 나눈 값
백분율	백분비라고도 하며, 전체의 수량을 100으로 하여 해당되는 수량이 그중 몇이 되는가를 가리키는 수를 %로 나타낸 것
범위	분포의 흩어진 정도를 가장 간단히 알아보는 방법으로, 최고값에서 최저값을 뺀 값
분산	각 관찰값과 평균값 사이 차이의 제곱의 평균을 의미하며, 구체적으로는 각 관찰값과 평균값 차이의 제곱을 모두 합한 값을 개체의 수로 나눈 값
표준편차	분산의 제곱근 값을 의미하며, 평균으로부터 얼마나 떨어져 있는가를 나타내는 개념으로서 분산과 개념적으로 동일함

2. 통계자료의 해석

(1) 다섯 숫자 요약

구분	내용
최솟값(m)	원자료 중 값의 크기가 가장 작은 값
최댓값(M)	원자료 중 값의 크기가 가장 큰 값
중앙값(Q_2)	최솟값부터 최댓값까지 크기에 의하여 배열하였을 때 중앙에 위치하는 값
하위 25%값(Q_1)	원자료를 크기 순서로 배열하여 4등분한 값을 의미하며 백분위수의 관점에서 25백분위수, 75백분위
상위 25%값(Q_3)	수로 표기

(2) 평균값과 중앙값

① 원자료에 대한 대푯값으로써 평균값과 중앙값은 엄연히 다른 개념이지만 모두 중요한 역할을 하게 되므로 통계값을 제시할 때에는 어느 수치를 이용했는지를 명확하게 제시해야 한다.

② 평균값이 중앙값보다 높다는 의미는 자료 중에 매우 큰 값이 일부 있음을 의미하며, 이와 같은 경우 는 평균값과 중앙값 모두를 제시해줄 필요가 있다.

05 도표분석능력

1. 도표의 종류와 활용

(1) 도표의 종류

도표는 크게 목적별·용도별·형상별로 구분할 수 있는데, 실제로는 목적, 용도와 형상을 여러 가지로 조합하여 하나의 도표로 작성하게 된다.

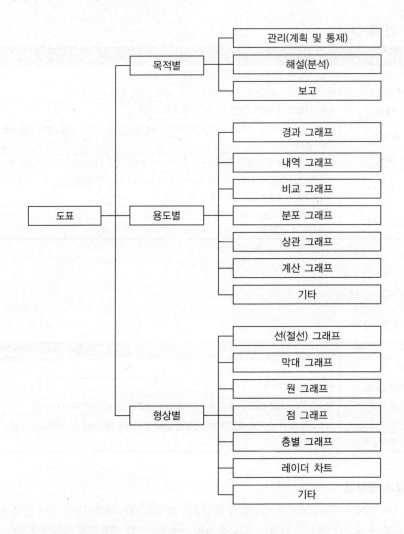

(2) 도표의 활용

구분	내용
선 그래프	시간적 추이(시계열 변화)를 표시하고자 할 때 적합 예 연도별 매출액 추이 변화
막대 그래프	수량 간의 대소관계를 비교하고자 할 때 적합 예 영업소별 매출액
원 그래프	내용의 구성비를 분할하여 나타내고자 할 때 적합 예 제품별 매출액 구성비
층별 그래프	합계와 각 부분의 크기를 백분율로 나타내고 시간적 변화를 보고자 할 때 적합 예 상품별 매출액 추이
점 그래프	지역분포를 비롯한 기업 등의 평가나 위치, 성격을 표시하고자 할 때 적합 예 광고비율과 이익률의 관계
방사형 그래프	다양한 요소를 비교하고자 할 때 적합 예 매출액의 계절변동

2. 도표의 형태별 특징

(1) 선 그래프

시간의 경과에 따라 수량에 의한 변화의 상황을 선의 기울기로 나타내는 그래프로, 시간적 변화에 따른 수량의 변화를 표현하기에 적합하다.

〈중학교 장학금, 학비감면 수혜현황〉

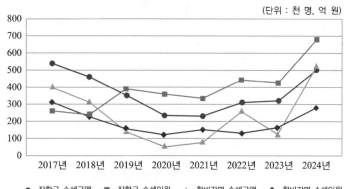

(2) 막대 그래프

비교하고자 하는 수량을 막대 길이로 표시하고 그 길이를 비교하여 각 수량 간의 대소관계를 나타내는 그래프로서, 내역·비교·경과·도수 등을 표시하는 용도로 활용할 수 있다.

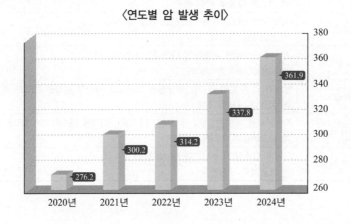

〈연도별 암 발생 추이〉

(3) 원 그래프

내용의 구성비를 원을 분할하여 작성하는 그래프로서, 전체에 대한 구성비를 표현할 때 다양하게 활용할 수 있다.

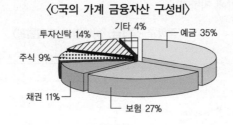

〈C국의 가계 금융자산 구성비〉

(4) 층별 그래프

선의 움직임보다는 선과 선 사이의 크기로써 데이터 변화를 나타내는 그래프로서, 시간적 변화에 따른 구성비의 변화를 표현하고자 할 때 활용할 수 있다.

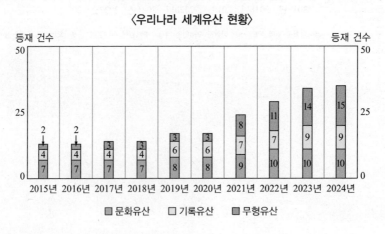

〈우리나라 세계유산 현황〉

(5) 점 그래프

종축과 횡축에 두 개의 요소를 두고, 보고자 하는 것이 어떤 위치에 있는가를 알려 하는 데 쓰인다.

〈OECD 국가의 대학졸업자 취업률 및 경제활동인구 비중〉

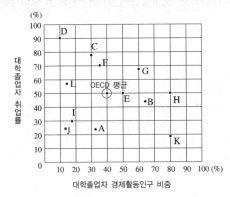

(6) 방사형 그래프(레이더 차트, 거미줄 그래프)

비교하는 수량을 직경 또는 반경으로 나누어 원의 중심에서의 거리에 따라 각 수량의 관계를 나타내는 그래프로서 대상들을 비교하거나 경과를 나타낼 때 활용할 수 있다.

〈외환위기 전후 한국의 경제상황〉

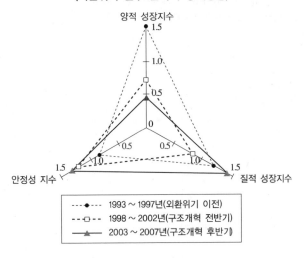

3. 도표 해석 시 유의사항

- 요구되는 지식의 수준을 넓혀야 한다.
- 도표에 제시된 자료의 의미를 정확히 숙지하여야 한다.
- 도표로부터 알 수 있는 것과 없는 것을 구별하여야 한다.
- 총량의 증가와 비율의 증가를 구분하여야 한다.
- 백분위수와 사분위수를 정확히 이해하고 있어야 한다.

공단의 A임원이 가 ~ 마 5명의 직원에게 문제를 내고, 이를 맞힌 직원에게 만 원권의 상품권 1장씩 주기로 하였다. 다음 〈보기〉의 대화를 참고할 때, 문제를 맞힌 직원에게 총 얼마의 상품권을 줘야 하는가?

보기

A임원 : 이 수는 2진법으로 말하면 '111000'입니다.
가직원 : 보통 쓰는 10진법으로는 '56'같습니다.
나직원 : 8진법으로 나타내면 '70'입니다.
다직원 : 십진수는 56이 아닌 '58'입니다.
라직원 : '132'의 6진법의 수와 같습니다.
마직원 : 숫자는 십진수인 '56'입니다.

① 1만 원
② 2만 원
③ 3만 원
④ 4만 원
⑤ 5만 원

| 해설 | 2진법 수 $111000_{(2)}$을 10진법으로 바꾸면 $2^3+2^4+2^5=8+16+32=56$이다. 숫자 56은 8진법으로 $8\times7=70_{(8)}$, 6진법으로는 $132_{(6)}(=2+3\times6+6^2)$이다.
따라서 A임원의 문제를 맞힌 직원은 가, 나, 라, 마직원으로 상품권은 총 4만 원이 필요하다.

정답 ④

정답 및 해설 p.040

01 도표는 크게 목적별·용도별·형상별로 구분할 수 있으며, 다음은 어느 도표에 대한 설명이다. 이에 해당하는 도표는?

- 원 그래프의 일종으로 거미줄 그래프라고도 한다.
- 비교하는 수량을 지름 또는 반지름으로 나누어 원의 중심에서 거리에 따라 각 수량의 관계를 나타 낸다.
- 주로 계절별 매출액 등의 변동을 비교하거나 경과 등을 나타낼 때 사용된다.

---

① 막대 그래프   ② 레이더 차트

③ 선 그래프   ④ 층별 그래프

⑤ 점 그래프

02 A사원은 집에서 오전 8시에 출발하여 자동차를 타고 회사로 출근하였다. 시속 60km로 달려 30분 후에 회사에 도착하였을 때, A사원의 집에서 회사까지의 거리는?

① 30km   ② 35km

③ 40km   ④ 45km

⑤ 50km

03 다음은 A시 마을의 상호 간 태양광 생산 잉여전력 판매량에 대한 자료이다. 이에 대한 설명으로 옳지 않은 것은?(단, A시 마을은 제시된 4개 마을이 전부이며, 모든 마을의 전력 판매가는 같다고 가정한다)

〈A시 마을 상호 간 태양광 잉여전력 판매량〉

(단위 : kW)

판매량＼구매량	갑 마을	을 마을	병 마을	정 마을
갑 마을	-	180	230	160
을 마을	250	-	200	190
병 마을	150	130	-	230
정 마을	210	220	140	-

※ (거래수지)＝(판매량)－(구매량)

① 총 거래량이 같은 마을은 없다.

② 구매량이 거래량의 40% 이하인 마을은 없다.

③ 태양광 전력 거래 수지가 흑자인 마을은 을 마을뿐이다.

④ 전력을 가장 많이 판매한 마을과 가장 많이 구매한 마을은 각각 을 마을과 갑 마을이다.

⑤ 갑 마을이 을 마을에 40kW를 더 판매했다면, 을 마을의 구매량은 병 마을보다 많게 된다.

※ 다음은 주요 지역별 성인 여성의 미혼 및 기혼의 비율과 자녀 수별 기혼 여성 수에 대한 자료이다. 이어지는 질문에 답하시오. [4~5]

〈주요 지역별 여성의 미혼 및 기혼의 비율〉

(단위 : %)

구분	서울	경기	인천	강원	대구	부산	제주
미혼	31.3	28.9	29.1	21.5	19.8	20.8	17.5
기혼	68.7	71.1	70.9	78.5	80.2	79.2	82.5

〈주요 지역의 자녀 수별 기혼 여성 수〉

(단위 : 천 명)

구분	서울	경기	인천	강원	대구	부산	제주
0명	982	1,010	765	128	656	597	121
1명	1,885	1,443	1,211	559	1,324	983	259
2명	562	552	986	243	334	194	331
3명	382	102	554	106	123	88	21
4명 이상	123	58	283	21	36	74	13

※ 다자녀는 3명 이상을 의미함

04 다음 위 자료에 대한 〈보기〉의 설명 중 옳은 것을 모두 고르면?(단, 소수점 둘째 자리에서 반올림한다)

보기

ㄱ 미혼과 기혼인 여성의 비율의 격차가 가장 큰 지역은 제주이다.
ㄴ 자녀 수 4명 이상을 4명이라 가정하면, 서울의 자녀 수는 제주의 자녀 수의 5배 이상이다.
ㄷ 자녀 수 항목에서 지역별로 기혼 여성 수가 많은 상위 2개 항목은 모든 지역이 동일하다.
ㄹ 지역별 다자녀가구인 여성 수는 자녀가 2인인 여성 수보다 적다.

① ㄱ, ㄴ   ② ㄱ, ㄷ
③ ㄱ, ㄹ   ④ ㄴ, ㄷ
⑤ ㄷ, ㄹ

05 지역별 기혼 여성 수가 다음과 같을 때, 이를 보고 지역과 그 지역의 미혼인 성인 여성의 수를 바르게 연결한 것은?(단, 인원 수는 소수점 첫째 자리에서 반올림한다)

〈지역별 기혼 여성 수〉

(단위 : 천 명)

구분	서울	경기	인천	강원	대구	부산	제주
기혼 여성 수	3,934	3,165	3,799	1,057	2,473	1,936	745

① 서울 : 1,792명   ② 경기 : 1,355명
③ 인천 : 1,686명   ④ 강원 : 302명
⑤ 제주 : 132명

다음 글을 근거로 판단할 때, 상황의 ㉠과 ㉡을 올바르게 짝지은 것은?

> 채용에서 가장 중요한 점은 조직에 적합한 인재의 선발, 즉 필요한 수준의 기본적 직무적성·태도 등 전반적 잠재력을 가진 지원자를 선발하는 것이다. 그러나 채용 과정에서 적합한 사람을 채용하지 않거나, 적합하지 않은 사람을 채용하는 경우도 있다. 적합한 지원자 중 탈락시킨 지원자의 비율을 오탈락률이라 하고, 적합하지 않은 지원자 중 채용한 지원자의 비율을 오채용률이라 한다.

> 〈상황〉
>
> 甲회사의 신입사원 채용 공고에 1,200명이 지원하여, 이 중에 360명이 채용되었다. 신입사원 채용 후 조사해보니 1,200명의 지원자 중 회사에 적합한 지원자는 800명이었고, 적합하지 않은 지원자는 400명이었다. 채용된 360명의 신입사원 중 회사에 적합하지 않은 인원은 40명으로 확인되었다. 이에 따르면 오탈락률은 (㉠)%이고, 오채용률은 (㉡)%이다.

	㉠	㉡			㉠	㉡
①	40	5		②	40	10
③	55	10		④	60	5
⑤	60	10				

07 K국에서는 국민들이 오로지 보리와 쌀만을 사고 팔고 서비스는 존재하지 않는다고 가정할 때, 2022 ~ 2024년 보리와 쌀의 가격은 다음과 같다. 매년 K국 국민들은 보리 200g, 쌀 300g을 소비한다고 가정했을 때, 2024년도 물가상승률은 얼마인가?(단, 2022년이 기준연도이며, 소비자 물가지수를 100으로 가정한다)

〈1g당 보리 및 쌀 가격〉

(단위 : 원)

구분	보리	쌀
2022년	120	180
2023년	150	220
2024년	180	270

※ [물가상승률(%)] = $\dfrac{(\text{해당연도 소비자물가지수}) - (\text{기준연도 소비자물가지수})}{(\text{기준연도 소비자물가지수})} \times 100$

※ 소비자물가는 연간 국민이 소비한 상품 및 서비스의 총 가격임

① 10%   ② 30%

③ 50%   ④ 100%

⑤ 150%

08 다음은 갑~병 통신사의 스마트폰 소매가격 및 평가점수 자료이다. 이에 대한 〈보기〉의 설명 중 옳은 것을 모두 고르면?

〈통신사별 스마트폰의 소매가격 및 평가점수〉

(단위 : 달러, 점)

구분	스마트폰	소매가격	평가항목					종합품질 점수
			화질	내비게이션	멀티미디어	배터리 수명	통화성능	
갑	A	150	3	3	3	3	1	13
	B	200	2	2	3	1	2	( )
	C	200	3	3	3	1	1	( )
을	D	180	3	3	3	2	1	( )
	E	100	2	3	3	2	1	11
	F	70	2	1	3	2	1	( )
병	G	200	3	3	3	2	2	( )
	H	50	3	2	3	2	1	( )
	I	150	3	2	2	3	2	12

※ 스마트폰의 종합품질점수는 해당 스마트폰의 평가항목별 평가점수의 합임

보기

ㄱ. 소매가격이 200달러인 스마트폰 중 종합품질점수가 가장 높은 스마트폰은 C이다.

ㄴ. 소매가격이 가장 낮은 스마트폰은 종합품질점수도 가장 낮다.

ㄷ. 통신사 각각에 대해서 해당 통신사 스마트폰의 통화성능 평가점수의 평균을 계산하여 통신사별로 비교하면 병이 가장 높다.

ㄹ. 평가항목 각각에 대해서 스마트폰 A~I 평가점수의 합을 계산하여 평가항목별로 비교하면 멀티미디어가 가장 높다.

① ㄱ   ② ㄷ

③ ㄱ, ㄴ   ④ ㄴ, ㄹ

⑤ ㄷ, ㄹ

09 다음은 2024년 G시 5개 구 주민의 돼지고기 소비량에 대한 자료이다. 〈조건〉에 따라 변동계수가 3번째로 큰 구를 고르면?

〈5개 구 주민의 돼지고기 소비량 통계〉

(단위 : kg)

구분	평균(1인당 소비량)	표준편차
A구	( )	5.0
B구	( )	4.0
C구	30.0	6.0
D구	12.0	4.0
E구	( )	8.0

※ (변동계수)$=\dfrac{(표준편차)}{(평균)}\times100$

조건
- A구의 1인당 소비량과 B구의 1인당 소비량을 합하면 C구의 1인당 소비량과 같다.
- A구의 1인당 소비량과 D구의 1인당 소비량을 합하면 E구 1인당 소비량의 2배와 같다.
- E구의 1인당 소비량은 B구의 1인당 소비량보다 6.0kg 더 많다.

① A구
② B구
③ C구
④ D구
⑤ E구

10 I기업에서는 사무실에서 쓸 가습기 50대를 구매하기 위해 업체 간 판매조건을 비교 중이다. A업체는 가습기 10대 구매 시 그중 1대를 무료로 제공하고, 추가로 100만 원당 5만 원을 할인해 준다. B업체는 가습기 9대 구매 시 그중 1대를 무료로 제공하고, 추가로 가격 할인은 제공하지 않는다. 어느 업체에서 구매하는 것이 얼마만큼 더 저렴한가?(단, 가습기 1대당 가격은 10만 원이다)

① A업체, 10만 원
② A업체, 20만 원
③ B업체, 10만 원
④ B업체, 20만 원
⑤ B업체, 30만 원

CHAPTER 03 문제해결능력 핵심이론

01 문제해결능력의 의의

(1) 문제의 의의

① 문제와 문제점

문제	업무를 수행하면서 답을 요구하는 질문이나 의논하여 해결해야 하는 사항
문제점	문제의 원인이 되는 사항으로 문제해결을 위해서 조치가 필요한 대상

난폭운전으로 전복사고가 일어난 경우는 '사고의 발생'이 문제이며, '난폭운전'은 문제점이다.

② 문제의 유형

 ㉠ 기능에 따른 분류 : 제조 문제, 판매 문제, 자금 문제, 인사 문제, 경리 문제, 기술상 문제

 ㉡ 시간에 따른 분류 : 과거 문제, 현재 문제, 미래 문제

 ㉢ 해결방법에 따른 분류 : 논리적 문제, 창의적 문제

③ 발생형 문제, 탐색형 문제, 설정형 문제

발생형 문제 (보이는 문제)	• 눈앞에서 발생되어 이를 해결하기 위해 고민하는 문제를 말하며 원인 지향적인 문제라고도 함 • 이탈 문제 : 어떤 기준을 이탈함으로써 생기는 문제 • 미달 문제 : 기준에 미달하여 생기는 문제
탐색형 문제 (보이지 않는 문제)	• 현재의 상황을 개선하거나 효율을 높이기 위한 문제를 말하며 문제를 방치하면 뒤에 큰 손실이 따르거나 해결할 수 없게 되는 것 • 잠재 문제 : 문제가 잠재되어 있어 인식하지 못하다가 결국 문제가 확대되어 해결이 어려운 문제 • 예측 문제 : 현재에는 문제가 아니지만 계속해서 현재 상태로 진행될 경우를 가정하면 앞으로 일어날 수 있는 문제 • 발견 문제 : 현재는 문제가 없으나 좋은 제도나 기법, 기술을 발견하여 개선, 향상시킬 수 있는 문제
설정형 문제 (미래의 문제)	• 장래의 경영전략을 통해 앞으로 어떻게 할 것인가 하는 문제 • 새로운 목표를 설정함에 따라 일어나는 문제로서 목표 지향적 문제라고도 함 • 많은 창조적인 노력이 요구되어 창조적 문제라고도 함

(2) 문제해결의 의의

① 문제해결이란?

 목표와 현상을 분석하고, 이 분석 결과를 토대로 주요 과제를 도출하여 최적의 해결책을 찾아 바람직한 상태나 기대되는 결과가 나타나도록 실행, 평가해가는 활동을 말한다.

PART 2

② 문제해결에 필요한 기본요소

- 체계적인 교육훈련
- 창조적 스킬의 습득
- 전문영역에 대한 지식 습득
- 문제에 대한 체계적인 접근

③ 문제해결의 장애요소

- 문제를 철저하게 분석하지 않는 것
- 고정관념에 얽매이는 것
- 쉽게 떠오르는 단순한 정보에 의지하는 것
- 너무 많은 자료를 수집하려고 노력하는 것

④ 문제해결에 필요한 기본적 사고

ㄱ 전략적 사고
ㄴ 분석적 사고

구분	요구되는 사고
성과 지향의 문제	기대하는 결과를 명시하고 효과적으로 달성하는 방법을 사전에 구상하고 실행에 옮길 것
가설 지향의 문제	현상 및 원인분석 전에 지식과 경험을 바탕으로 일의 과정이나 결과, 결론을 가정한 다음 검증 후 사실일 경우 다음 단계의 일을 수행할 것
사실 지향의 문제	일상 업무에서 일어나는 상식, 편견을 타파하여 객관적 사실로부터 사고와 행동을 출발할 것

ㄷ 발상의 전환
ㄹ 내·외부자원의 효과적 활용

(3) 제3자를 통한 문제해결

구분	내용
소프트 어프로치	• 대부분의 기업에서 볼 수 있는 전형적인 스타일 • 조직 구성원들이 같은 문화적 토양을 가짐 • 직접적인 표현보다는 암시를 통한 의사전달 • 제3자 : 결론을 미리 그려가면서 권위나 공감에 의지하여 의견 중재 • 결론이 애매하게 산출되는 경우가 적지 않음
하드 어프로치	• 조직 구성원들이 서로 다른 문화적 토양을 가짐 • 직설적인 주장을 통한 논쟁과 협상 • 논리, 즉 사실과 원칙에 근거한 토론 • 제3자 : 지도와 설득을 통해 전원이 합의하는 일치점 추구 • 이론적으로는 가장 합리적인 방법 • 창조적인 아이디어나 높은 만족감을 이끌어내기 어려움
퍼실리테이션	• 그룹의 지향점을 알려주고, 공감을 이룰 수 있도록 도와주는 것 • 제3자 : 깊이 있는 커뮤니케이션을 통해 창조적인 문제해결 도모 • 창조적인 해결방안 도출, 구성원의 동기와 팀워크 강화 • 퍼실리테이터의 줄거리대로 결론이 도출되어서는 안됨

02 사고력

(1) 창의적 사고와 브레인스토밍

① 창의적 사고란?

당면한 문제를 해결하기 위해 경험적 지식을 해체하여 새로운 아이디어를 다시 도출하는 것으로, 개인이 가지고 있는 경험과 지식을 통해 참신한 아이디어를 산출하는 힘이다.

② 창의적 사고의 특징

- 발전적(확산적) 사고
- 새롭고 유용한 아이디어를 생산해 내는 정신적인 과정
- 기발하거나, 신기하며 독창적인 것
- 유용하고 적절하며, 가치가 있는 것
- 기존의 정보들을 새롭게 조합시킨 것

③ 브레인스토밍

미국의 알렉스 오즈번이 고안한 그룹발산기법으로, 창의적인 사고를 위한 발산방법 중 가장 흔히 사용되는 방법이다. 집단의 효과를 살려서 아이디어의 연쇄반응을 일으켜 자유분방한 아이디어를 내고자 하는 것이다.

④ 브레인스토밍 진행 방법

- 주제를 구체적이고 명확하게 정한다.
- 구성원의 얼굴을 볼 수 있는 좌석 배치와 큰 용지를 준비한다.
- 구성원들의 다양한 의견을 도출할 수 있는 사람을 리더로 선출한다.
- 구성원은 다양한 분야의 사람들로 5 ∼ 8명 정도로 구성한다.
- 발언은 누구나 자유롭게 할 수 있도록 하며, 모든 발언 내용을 기록한다.
- 아이디어에 대한 평가는 비판해서는 안 된다.

(2) 창의적 사고의 개발 방법

① 자유 연상법 – 생각나는 대로 자유롭게 발상 – 브레인 스토밍

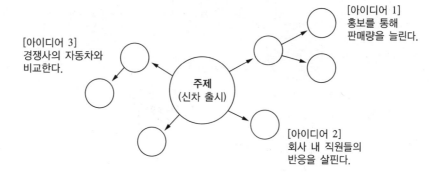

② 강제 연상법 – 각종 힌트와 강제적으로 연결지어서 발상 – 체크리스트

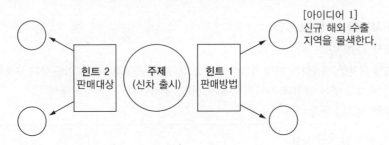

③ 비교 발상법 – 주제의 본질과 닮은 것을 힌트로 발상 – NM법, Synectics

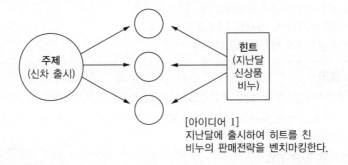

(3) 논리적 사고

① 논리적 사고란?

> • 사고의 전개에 있어서 전후의 관계가 일치하고 있는가를 살피고, 아이디어를 평가하는 능력을 말한다.
> • 업무 수행 중에 자신이 만든 계획이나 주장을 주위 사람에게 이해시켜 실현시키기 위해서는 체계적인 설득 과정을 거쳐야 하는데, 이때 필요로 하는 것이 논리적 사고이다.

② 논리적 사고의 5요소

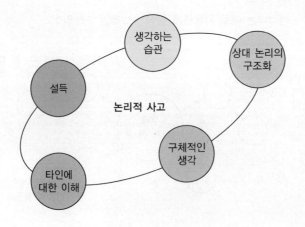

③ 논리적 사고를 개발하기 위한 방법

　㉠ 피라미드 기법

　　보조 메시지들을 통해 주요 메인 메시지를 얻고, 다시 메인 메시지를 종합한 최종적인 정보를 도출해 내는 방법이다.

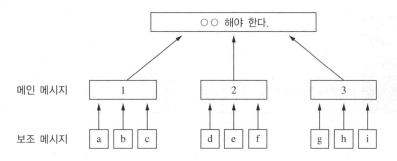

　㉡ So What 기법

　　"그래서 무엇이지?"하고 자문자답하는 의미로, 눈앞에 있는 정보로부터 의미를 찾아내어 가치 있는 정보를 이끌어 내는 사고이다. "So what?"은 단어나 체언만으로 표현하는 것이 아니라 주어와 술어가 있는 글로 표현함으로써 "어떻게 될 것인가?", "어떻게 해야 한다"라는 내용이 포함되어야 한다.

(4) 비판적 사고

① 비판적 사고의 의의

　어떤 주제나 주장 등에 대해서 적극적으로 분석하고 종합하며 평가하는 능동적인 사고를 말한다. 이는 문제의 핵심을 중요한 대상으로 하며, 지식과 정보를 바탕으로 한 합당한 근거에 기초를 두고 현상을 분석하고 평가하는 사고이다.

② 비판적 사고에 필요한 태도

구분	내용
문제의식	문제의식을 가지고 있다면 주변의 사소한 일에서도 정보를 수집할 수 있으며, 이러한 정보를 통해서 새로운 아이디어를 끊임없이 생산해 낼 수 있다.
고정관념의 타파	고정관념은 사물을 보는 시각에 영향을 주며, 일방적인 평가를 내리기 쉽게 한다. 따라서 지각의 폭을 넓히기 위해 고정관념을 타파해야 한다.

03 문제처리능력

(1) 문제 인식

① 문제 인식 절차

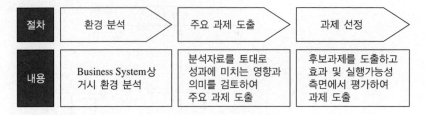

절차	환경 분석	주요 과제 도출	과제 선정
내용	Business System상 거시 환경 분석	분석자료를 토대로 성과에 미치는 영향과 의미를 검토하여 주요 과제 도출	후보과제를 도출하고 효과 및 실행가능성 측면에서 평가하여 과제 도출

② 환경 분석

㉠ 3C 분석

사업환경을 구성하고 있는 요소인 자사, 경쟁사, 고객을 3C라고 하며, 3C에 대한 체계적인 분석을 통해서 환경 분석을 수행할 수 있다.

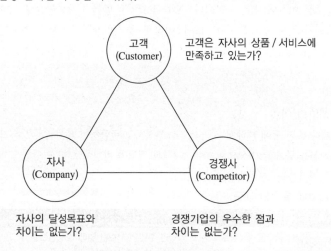

㉡ SWOT 분석

• 의의 : 기업 내부의 강점, 약점과 외부 환경의 기회, 위협요인을 분석 평가하고 이들을 서로 연관 지어 전략을 개발하고 문제해결 방안을 개발하는 방법이다.

		내부 환경요인	
		강점 (Strengths)	약점 (Weaknesses)
외부 환경요인	기회 (Opportunities)	SO 내부강점과 외부기회 요인을 극대화	WO 외부기회를 이용하여 내부약점을 강점으로 전환
	위협 (Threats)	ST 외부위협을 최소화하기 위해 내부강점을 극대화	WT 내부약점과 외부위협을 최소화

- SWOT 분석 방법

외부환경 분석	• 좋은 쪽으로 작용하는 것은 기회, 나쁜 쪽으로 작용하는 것은 위협으로 분류 • 언론매체, 개인 정보망 등을 통하여 입수한 상식적인 세상의 변화 내용을 시작으로 당사자에게 미치는 영향을 순서대로 점차 구체화 • 인과관계가 있는 경우 화살표로 연결 • 동일한 Data라도 자신에게 긍정적으로 전개되면 기회로, 부정적으로 전개되면 위협으로 구분 • 외부환경분석 시에는 SCEPTIC 체크리스트를 활용 ① Social(사회), ② Competition(경쟁), ③ Economic(경제), ④ Politic(정치), ⑤ Technology(기술), ⑥ Information(정보), ⑦ Client(고객)
내부환경 분석	• 경쟁자와 비교하여 나의 강점과 약점을 분석 • 강점과 약점의 내용 : 보유하거나 동원 가능하거나 활용 가능한 자원 • 내부환경분석에는 MMMITI 체크리스트를 활용 ① Man(사람), ② Material(물자), ③ Money(돈), ④ Information(정보), ⑤ Time(시간), ⑥ Image(이미지)

- SWOT 전략 수립 방법

내부의 강점과 약점을, 외부의 기회와 위협을 대응시켜 기업 목표 달성을 위한 SWOT 분석을 바탕으로 구축한 발전전략의 특성은 다음과 같다.

SO전략	외부환경의 기회를 활용하기 위해 강점을 사용하는 전략 선택
ST전략	외부환경의 위협을 회피하기 위해 강점을 사용하는 전략 선택
WO전략	자신의 약점을 극복함으로써 외부환경의 기회를 활용하는 전략 선택
WT전략	자신의 약점을 보완해 미래의 위협에 대응하거나 비상시에 대처하기 위한 전략 선택

③ 주요 과제 도출

과제 도출을 위해서는 한 가지 안이 아닌 다양한 과제 후보안을 도출해내는 일이 체계적이며 바람직하다. 주요 과제 도출을 위한 과제안 작성 시 과제안 간의 수준은 같아야 하며, 표현의 구체성, 기간 내 해결 가능성 등을 확인해야 한다.

④ 과제 선정

과제안 중 효과 및 실행 가능성 측면을 평가하여 우선순위를 부여한 후 가장 우선순위가 높은 안을 선정하며, 우선순위 평가 시에는 과제의 목표, 자원현황 등을 종합적으로 고려하여 평가한다.

⑤ 과제안 평가기준

과제해결의 중요성, 과제 착수의 긴급성, 과제해결의 용이성을 고려하여 여러 개의 평가 기준을 동시에 설정하는 것이 바람직하다.

(2) 문제 도출

① 문제 도출 절차

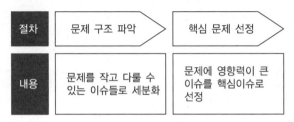

② 문제 구조 파악

전체 문제를 개별화된 세부 문제로 쪼개는 과정으로 문제의 내용 및 미치고 있는 부정적인 영향 등을 파악하여 문제의 구조를 도출해내는 것이다.

③ Logic Tree 방법

주요 과제를 나무모양으로 분해, 정리하는 기술로서, 제한된 시간 동안 문제의 원인을 깊이 파고든다든지, 해결책을 구체화할 때 유용하게 사용된다.

(3) 원인 분석

① 원인 분석 절차

절차	Issue 분석	Data 분석	원인 파악
내용	핵심이슈 설정 가설 설정 Output 이미지 결정	Data 수집계획 수립 Data 정리 / 가공 Data 해석	근본 원인을 파악하고 원인과 결과를 도출

② Issue 분석

구분	내용
핵심이슈 설정	업무에 가장 크게 영향을 미치는 문제로 선정하며, 사내외 고객 인터뷰 등을 활용한다.
가설 설정	이슈에 대해 자신의 직관, 경험 등에 의존하여 일시적인 결론을 예측하는 것이며, 설정된 가설은 관련자료 등을 통해 검증할 수 있어야 하며, 논리적이며 객관적이어야 한다.
Output 이미지 결정	가설검증계획에 따라 분석결과를 미리 이미지화하는 것이다.

③ Data 분석

구분	내용
Data 수집계획 수립	데이터 수집 시에는 목적에 따라 수집 범위를 정하고 전체 자료의 일부인 표본을 추출하는 전통적인 통계학적 접근과 전체 데이터를 활용한 빅데이터 분석을 구분해야 한다. 이때, 객관적인 사실을 수집해야 하며 자료의 출처를 명확히 밝힐 수 있어야 한다.
Data 정리 / 가공	데이터 수집 후에는 목적에 따라 수집된 정보를 항목별로 분류 정리하여야 한다.
Data 해석	정리된 데이터는 "무엇을", "왜", "어떻게" 측면에서 의미를 해석해야 한다.

④ 원인 파악

구분	내용
단순한 인과 관계	원인과 결과를 분명하게 구분할 수 있는 경우로, 날씨가 더우면 아이스크림 판매량이 증가하는 경우가 이에 해당한다.

닭과 계란의 인과 관계	원인과 결과를 구분하기가 어려운 경우로, 브랜드의 향상이 매출확대로 이어지고, 매출확대가 다시 브랜드의 인지도 향상으로 이어져 원인과 결과를 쉽게 밝혀내기 어려운 상황이 이에 해당한다.
복잡한 인과 관계	단순한 인과 관계와 닭과 계란의 인과 관계의 유형이 복잡하게 서로 얽혀 있는 경우로, 대부분의 문제가 이에 해당한다.

(4) 해결안 개발

① 해결안 개발 절차

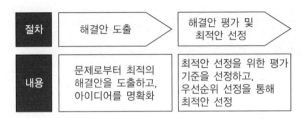

② 해결안 도출과정

- 근본원인으로 열거된 내용을 어떠한 방법으로 제거할 것인지를 명확히 한다.
- 독창적이고 혁신적인 방안을 도출한다.
- 유사한 방법이나 목적을 가진 내용을 군집화한다.
- 최종 해결안을 정리한다.

③ 해결안 평가 및 최적안 선정

문제(What), 원인(Why), 방법(How)을 고려해서 해결안을 평가하고, 가장 효과적인 해결안을 선정해야 하며 중요도와 실현가능성 등을 고려해서 종합적인 평가를 내리고, 채택 여부를 결정하는 과정이다.

(5) 실행 및 후속 조치

① 실행 및 후속 조치 절차

② 실행계획 수립

세부 실행내용의 난이도를 고려하여 가급적 구체적으로 세우는 것이 좋으며, 해결안별 실행계획서를 작성함으로써 실행의 목적과 과정별 진행내용을 일목요연하게 파악하도록 하는 것이 필요하다.

③ 실행 및 후속 조치

㉠ 사전 조사를 통해 문제점을 발견하고, 해결안을 보완한 후 대상 범위를 넓혀서 전면적으로 실시해야 한다. 그리고 실행상의 문제점 및 장애요인을 신속히 해결하기 위해서 모니터링 체제를 구축하는 것이 바람직하다.

ⓛ 모니터링 시 고려사항

- 바람직한 상태가 달성되었는가?
- 문제가 재발하지 않을 것을 확신할 수 있는가?
- 사전에 목표한 기간 및 비용은 계획대로 지켜졌는가?
- 혹시 또 다른 문제를 발생시키지 않았는가?
- 해결책이 주는 영향은 무엇인가?

핵심예제

두 사람의 대화 내용에서 ㉠과 ㉡에 들어갈 문제해결 절차를 바르게 나열한 것은?

강대리 : 팀장님, 아무래도 저희 시스템에 문제가 좀 있는 것 같습니다.
최팀장 : 갑자기 그게 무슨 소린가?
강대리 : _____㉠_____
최팀장 : 그런 현상이 자꾸 발생한다면 큰 문제가 될 텐데, 왜 그런 현상이 나타나는 거지?
강대리 : _____㉡_____

	㉠	㉡
①	문제 인식	문제 도출
②	문제 도출	원인 분석
③	원인 분석	실행 및 평가
④	해결안 개발	실행 및 평가
⑤	문제 도출	해결안 개발

| **해설** | 문제해결 절차는 '문제 인식 → 문제 도출 → 원인 분석 → 해결안 개발 → 실행 및 평가'이다.
㉠은 강대리가 문제 인식을 하고 팀장님께 보고한 후 어떤 문제가 발생했는지 도출해 내는 단계이므로 문제를 명확히 하는 '문제 도출' 단계이다.
㉡은 최팀장에게 왜 그런 현상이 나타나는 것인지에 대해 대답할 차례이므로 문제가 나타나는 현상에 대한 원인을 분석하는 '원인 분석' 단계이다.

정답 ②

01 문제해결에 어려움을 겪고 있는 A대리는 상사인 B부장에게 면담을 요청하였고 B부장이 다음과 같이 대답하였다. B부장이 A대리에게 제시한 문제해결 사고방식으로 옳은 것은?

> 현재 당면하고 있는 문제와 그 해결 방법에만 집착하지 말고, 그 문제와 해결 방안이 상위 시스템과 어떻게 연결되어 있는지를 생각해 보세요.

① 분석적 사고   ② 발상의 전환
③ 내·외부자원의 활용   ④ 창의적 사고
⑤ 전략적 사고

02 다음 중 SWOT 분석에 대한 설명으로 옳지 않은 것은?

① 문제를 해결하기 위한 전략을 수립하는 과정에서 외부의 환경과 내부의 역량을 동시에 분석하는 방법이다.
② WT전략은 외부의 위협에 대해 대응할 수 있는 조직 내부의 역량이 부족하거나, 약점 밖에 없는 상태이므로 사업을 축소하거나 철수를 고려하는 전략이다.
③ 조직 내부의 강점, 약점을 외부의 기회, 위협 요인과 대응시켜 전략을 개발하는 방법이다.
④ WO전략은 내부의 약점을 극복하여 외부 환경의 기회를 활용하는 전략이다.
⑤ ST전략은 내부의 강점을 이용하여 외부의 기회를 포착하는 전략이다.

03 문제해결절차의 실행 및 평가 단계가 다음과 같을 때, 실행계획 수립 단계에서 고려해야 할 사항으로 옳지 않은 것은?

실행계획 수립	→	실행	→	후속 조치

① 인적자원, 물적자원, 예산, 시간을 고려하여 계획을 세운다.

② 세부 실행내용의 난도를 고려하여 구체적으로 세운다.

③ 해결안별 구체적인 실행계획서를 작성한다.

④ 실행의 목적과 과정별 진행내용을 일목요연하게 파악할 수 있도록 작성한다.

⑤ 실행상의 문제점 및 장애요인을 신속하게 해결하기 위해 모니터링 체제를 구축한다.

04 다음 사례를 읽고 유과장이 최대리에게 해줄 수 있는 조언으로 옳지 않은 것은?

최대리는 오늘도 기분이 별로다. 팀장에게 오전부터 싫은 소리를 들었기 때문이다. 늘 하던 일을 하던 방식으로 처리한 것이 빌미였다. 관행에 매몰되지 말고 창의적이고 발전적인 모습을 보여 달라는 게 팀장의 주문이었다. '창의적인 일처리'라는 말을 들을 때마다 주눅이 드는 자신을 발견할 때면 더욱 의기소침해지고 자신감이 없어진다. 어떻게 해야 창의적인 인재가 될 수 있을까 고민도 해보지만 뾰족한 수가 보이지 않는다. 자기만 뒤처지는 것 같아 불안하기도 하고 남들은 어떤지 궁금하기도 하다.

① 창의적인 사람은 새로운 경험을 찾아 나서는 사람을 말하는 것 같아.

② 그래, 그들의 독특하고 기발한 재능은 선천적으로 타고나는 것이라 할 수 있어.

③ 창의적인 사고는 후천적 노력에 의해서도 개발이 가능하다고 생각해.

④ 창의력은 본인 스스로 자신의 틀에서 벗어나도록 노력해야 한다고 생각해.

⑤ 창의적 사고는 전문지식이 필요하지 않으니 자신의 경험을 바탕으로 생각해 봐.

05 다음 SWOT 분석에 대한 설명을 읽고 추론한 내용으로 옳은 것은?

> SWOT 분석에서 강점은 경쟁기업과 비교하여 소비자로부터 강점으로 인식되는 것이 무엇인지, 약점은 경쟁기업과 비교하여 소비자로부터 약점으로 인식되는 것이 무엇인지, 기회는 외부환경에서 유리한 기회요인은 무엇인지, 위협은 외부환경에서 불리한 위협요인은 무엇인지를 찾아내는 것이다. SWOT 분석의 가장 큰 장점은 기업의 내부 및 외부 환경의 변화를 동시에 파악할 수 있다는 것이다.

① 제품의 우수한 품질은 SWOT 분석의 기회 요인으로 볼 수 있다.

② 초고령화 사회는 실버산업에 있어 기회 요인으로 볼 수 있다.

③ 기업의 비효율적인 업무 프로세스는 SWOT 분석의 위협 요인으로 볼 수 있다.

④ 살균제 달걀 논란은 빵집에게 있어 약점 요인으로 볼 수 있다.

⑤ 근육운동 열풍은 헬스장에게 있어 강점 요인으로 볼 수 있다.

06 다음은 A, B사원의 직업기초능력을 평가한 결과이다. 이에 대한 설명으로 옳은 것은?

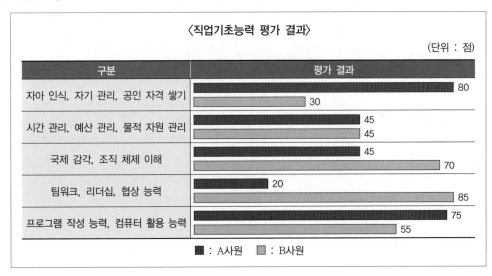

〈직업기초능력 평가 결과〉

(단위 : 점)

구분	평가 결과
자아 인식, 자기 관리, 공인 자격 쌓기	80 / 30
시간 관리, 예산 관리, 물적 자원 관리	45 / 45
국제 감각, 조직 체제 이해	45 / 70
팀워크, 리더십, 협상 능력	20 / 85
프로그램 작성 능력, 컴퓨터 활용 능력	75 / 55

■ : A사원   ▨ : B사원

① A사원은 B사원보다 스스로를 관리하고 개발하는 능력이 우수하다.

② A사원은 B사원보다 조직의 체제와 경영을 이해하는 능력이 우수하다.

③ B사원은 A사원보다 정보를 검색하고 정보기기를 활용하는 능력이 우수하다.

④ B사원은 A사원보다 업무 수행에 필요한 시간, 자본 등의 자원을 예측 계획하여 할당하는 능력이 우수하다.

⑤ A사원은 B사원보다 업무 수행 시 만나는 사람들과 원만하게 지내는 능력이 우수하다.

07 H화장품 회사의 기획팀에 근무 중인 A ~ E직원 5명은 신제품 개발 프로젝트와 관련하여 회의를 진행하였으나, 별다른 해결 방안을 얻지 못했다. 다음 회의 내용을 바탕으로 할 때, A ~ E직원의 문제 해결을 방해하는 장애요소가 잘못 연결된 것은?

> A직원 : 요즘 10대들이 선호하는 스타일을 조사해보았습니다. 스트릿 패션이나 편한 캐주얼 룩을 좋아하면서도 유행에 민감한 모습을 보이는 것으로 나타났습니다. 물론 화장품에 대한 관심은 계속해서 높아지고 있음을 알 수 있었습니다.
>
> B직원 : 10대들의 패션보다는 화장품에 대한 관심이 이번 회의에 중요하지 않을까요? 이번에 고등학교에 올라가는 제 조카는 귀여운 디자인의 화장품을 좋아하던데요. 아무래도 귀여운 디자인으로 승부를 보는 게 좋을 것 같아요.
>
> C직원 : 아! 제가 지금 좋은 생각이 떠올랐어요! 10대들의 지나친 화장품 사용을 걱정하는 학부모들을 위해 자사의 친환경적인 브랜드 이미지를 강조하는 것은 어떨까요?
>
> D직원 : 제 생각에는 구매력이 낮은 10대보다는 만족을 중시하는 '욜로' 소비성향을 보이는 20 ~ 30대를 위한 마케팅이 필요할 것 같아요.
>
> E직원 : 이번 신제품은 10대를 위한 제품이라고 하지 않았나요? 저는 신제품 광고 모델로 톱스타 F씨를 추천합니다! 어린 학생들이 좋아하는 호감형 이미지의 F씨를 모델로 쓴다면 매출은 보장되지 않을까요?

① A직원 – 너무 많은 자료를 수집하려고 노력하는 경우
② B직원 – 고정관념에 얽매이는 경우
③ C직원 – 쉽게 떠오르는 단순한 정보에 의지하는 경우
④ D직원 – 너무 많은 자료를 수집하려고 노력하는 경우
⑤ E직원 – 고정관념에 얽매이는 경우

08 다음 글을 근거로 판단할 때, 〈보기〉에서 옳은 설명을 모두 고르면?

◉ 사업개요
  1. 사업목적
    취약계층 아동에게 맞춤형 통합서비스를 제공하여 아동의 건강한 성장과 발달을 도모하고, 공평한 출발기회를 보장함으로써 건강하고 행복한 사회구성원으로 성장할 수 있도록 지원함
  2. 사업대상
    만 12세까지의 취약계층 아동
    ※ 0세는 출생 이전의 태아와 임산부를 포함
    ※ 초등학교 재학생이라면 만 13세 이상도 포함

◉ 운영계획
  1. 지역별 인력구성
    • 전담공무원 : 3명
    • 아동통합서비스 전문요원 : 4명 이상
    ※ 아동통합서비스 전문요원은 대상 아동 수에 따라 최대 7명까지 배치 가능
  2. 사업예산
    시·군·구별 최대 3억 원(국비 100%) 한도에서 사업 환경을 반영하여 차등지원
    ※ 단, 사업예산의 최대 금액은 기존사업지역 3억 원, 신규사업지역 1억 5천만 원으로 제한

보기

ㄱ. 임신 6개월째인 취약계층 임산부는 사업대상에 해당되지 않는다.
ㄴ. 내년 초등학교 졸업을 앞둔 만 14세 취약계층 학생은 사업대상에 해당한다.
ㄷ. 대상 아동 수가 많은 지역이더라도 해당 사업의 전담공무원과 아동통합서비스 전문요원을 합한 인원은 10명을 넘을 수 없다.
ㄹ. 해당 사업을 신규로 추진하고자 하는 △△시는 사업예산을 최대 3억 원까지 국비로 지원받을 수 있다.

① ㄱ, ㄴ
② ㄱ, ㄹ
③ ㄴ, ㄷ
④ ㄴ, ㄹ
⑤ ㄷ, ㄹ

09 부산에 사는 어느 고객이 버스터미널에서 근무하는 A씨에게 버스 정보에 대해 문의를 해왔다. 〈보기〉의 대화에서 A씨가 고객에게 바르게 안내한 것을 모두 고르면?

〈부산 터미널〉

구분	서울 종합 버스터미널
출발 시간	매일 15분 간격(06:00 ~ 23:00)
소요 시간	4시간 30분 소요
운행 요금	우등 29,000원 / 일반 18,000원

〈부산 동부 터미널〉

구분	서울 종합 버스터미널
출발 시간	06:30, 08:15, 13:30, 17:15, 19:30
소요 시간	4시간 30분 소요
운행 요금	우등 30,000원 / 일반 18,000원

※ 도로 교통 상황에 따라 소요 시간에 차이가 있을 수 있음

보기

고객 : 안녕하세요. 제가 서울에 볼일이 있어 버스를 타고 가려고 하는데요. 어떻게 하면 되나요?

(가) : 네, 고객님 부산에서 서울로 출발하는 버스 터미널은 부산 터미널과 부산 동부 터미널이 있는데요. 고객님 댁이랑 어느 터미널이 더 가깝나요?

고객 : 부산 동부 터미널이 더 가까운 것 같아요.

(나) : 부산 동부보다 부산 터미널에 더 많은 버스들이 배차되고 있거든요. 새벽 6시부터 밤 11시까지 15분 간격으로 운행되고 있으니 부산 터미널을 이용하시는 것이 좋을 것 같습니다.

고객 : 그럼 서울에 1시까지는 도착해야 하는데 몇 시 버스를 이용하는 것이 좋을까요?

(다) : 부산에서 서울까지 4시간 30분 정도 소요되므로 1시 이전에 여유 있게 도착하시려면 오전 8시 또는 8시 15분 출발 버스를 이용하시면 될 것 같습니다.

고객 : 4시간 30분보다 더 소요되는 경우도 있나요?

(라) : 네, 도로 교통 상황에 따라 소요시간에 차이가 있을 수 있습니다.

고객 : 그럼 운행 요금은 어떻게 되나요?

(마) : 부산 터미널 출발 서울 종합 버스터미널 도착 운행요금은 29,000원입니다.

① (가), (나)
② (가), (다)
③ (가), (다), (라)
④ (다), (라), (마)
⑤ (나), (다), (라), (마)

10 어떤 고고학 탐사대가 발굴한 4개의 유물 A ~ D에 대하여 다음과 같은 사실을 알게 되었다. 발굴된 유물을 시대 순으로 오래된 것부터 나열한 것은?

> • B보다 시대가 앞선 유물은 2개다.
> • C는 D보다 시대가 앞선 유물이다.
> • A는 C에 비해 최근의 유물이다.
> • D는 B가 만들어진 시대 이후에 제작된 유물이다.

① C−A−B−D
② C−A−D−B
③ C−B−D−A
④ C−D−A−B
⑤ C−D−B−A

01 자기개발능력의 의의

(1) 자기개발의 의미와 중요성

① 자기개발의 의미

자신의 능력, 적성 및 특성 등에서 강점과 약점을 찾아 확인해 강점을 강화하고, 약점을 관리해 성장을 위한 기회로 활용하는 것이다.

② 자기개발의 특징

- 자기개발의 주체와 객체는 모두 자기 자신이다.
- 자기개발을 통해 지향하는 바와 선호하는 방법 등이 사람마다 다르다.
- 평생에 걸쳐 이루어지는 과정이다.
- 일과 관련해 이루어지는 활동이다.
- 생활 가운데 이루어져야 한다.
- 모든 사람이 해야 하는 것이다.

③ 자기개발의 필요성

- 효과적인 업무 처리 즉, 업무 성과의 향상을 위해 필요하다.
- 빠르게 변화하는 환경에 적응하기 위해 필요하다.
- 주변 사람들과 긍정적인 인간관계를 형성하기 위해 필요하다.
- 달성하고자 하는 목표의 성취를 위해 필요하다.
- 개인적으로 보람된 삶을 살기 위해 필요하다.

(2) 자기개발의 방법

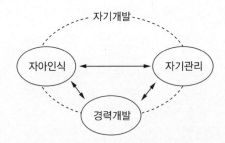

① 자아인식

의미	• 자신의 가치, 신념 등 자신이 누구인지 아는 것 • 자신이 어떠한 특성을 가지고 있는 지를 인식할 수 있어야 함
방법	내가 아는 나를 확인하는 방법, 다른 사람과의 대화를 통해 알아가는 방법, 표준화된 검사 척도를 이용하는 방법 등

② 자기관리

의미	자신을 이해하고, 목표의 성취를 위해 자신의 행동 및 업무수행을 관리하는 것
과정	자신에 대한 이해를 토대로 비전·목표를 수립 → 과제를 발견 → 자신의 일정을 수립·조정해 자기관리를 수행 → 반성 및 피드백

③ 경력개발

경력	일생에 걸쳐서 지속적으로 이루어지는 일과 관련된 경험
경력개발	개인의 경력 목표와 전략을 수립하고 실행하며 피드백하는 과정
경력계획	자신과 상황을 인식하고 경력 관련 목표를 설정해 목표를 달성하기 위한 과정
경력관리	경력계획을 준비하고 실행하며 피드백함

(3) 자기개발 계획

① 자기개발 설계 전략

　㉠ 장단기 목표의 수립

　㉡ 인간관계의 고려

　㉢ 현재의 직무 고려

　㉣ 구체적인 방법으로 계획

　㉤ 자신의 브랜드화

　　단순히 자신을 알리는 것을 넘어 다른 사람과 자신을 차별화하는 특징을 밝혀내고 이를 부각시키기 위해 지속적인 자기개발을 하며 알리는 것(PR; Public Relations)을 말한다.

② 자기개발 계획 수립의 장애 요인

자기 정보의 부족, 내·외부 작업 정보의 부족, 의사결정 시 자신감의 부족, 일상생활의 요구사항, 주변 상황의 제약

02 자아인식능력

(1) 자아인식의 개념

① 자아인식의 의미

자신의 요구를 파악하고 자신의 능력 및 기술을 이해하여 자신의 가치를 확신하는 것으로, 개인과 팀의 성과를 높이는 데 필수적으로 요구된다.

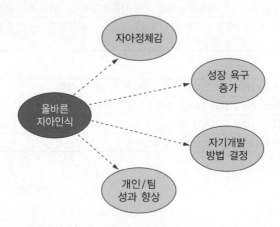

② 자아존중감

개인의 가치에 대한 주관적인 평가와 판단을 통해 자기결정에 도달하는 과정이며, 스스로에 대한 긍정적 또는 부정적 평가를 통해 가치를 결정짓는 것이다.

구분	내용
가치 차원	다른 사람들이 자신을 가치 있게 여기며 좋아한다고 생각하는 것
능력 차원	과제를 완수하고 목표를 달성할 수 있다는 신념
통제감 차원	자신이 세상에서 경험하는 일들과 거기에 영향을 미칠 수 있다고 느끼는 정도

③ 나를 아는 방법

㉠ 본인 스스로에게 질문하는 방법

㉡ 다른 사람과의 대화를 통하는 방법

㉢ 표준화된 검사 도구를 활용하는 방법

(2) 자아성찰

① 자아성찰의 필요성

- 다른 일을 할 때 필요한 노하우의 축적
- 성장의 기회
- 신뢰감 형성
- 창의적인 사고

② 자아성찰을 연습하는 방법

구분	내용
성찰노트의 작성	잘했던 일과 잘못했던 일을 매일 성찰하고, 이에 대한 이유와 개선점을 자유롭게 적는다.
끊임없는 질문	• 지금 일이 잘 진행되거나, 그렇지 않은 이유는 무엇인가? • 이 상태를 변화시키거나, 유지하기 위해 해야 하는 일은 무엇인가?

03 자기관리능력

(1) 자기관리 단계별 계획

① 비전 및 목적 정립

> • 나에게 가장 중요한 것은 무엇인가?
> • 나의 가치관은?
> • 내 삶의 목적은 어디에 있는가?

② 과제 발견

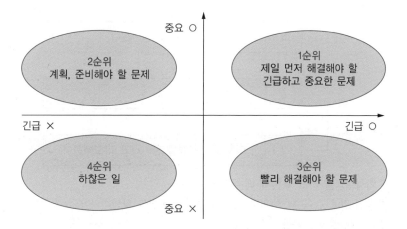

③ 일정 수립

구분	내용
월간 계획	장기적인 관점에서 계획하고 준비해야 될 일을 작성
주간 계획	우선순위가 높은 일을 먼저 하도록 계획을 세움
일간 계획	보다 자세하게 시간 단위로 작성

④ 수행

내가 하려고 하는 일은 무엇인지, 이 일에 영향을 미치는 요소들은 무엇인지, 이를 관리하기 위한 방법은 어떤 것이 있는지 찾아 계획한 대로 바람직하게 수행한다.

⑤ 반성 및 피드백

(2) 합리적인 의사결정

① 합리적인 의사결정의 중요성

합리적인 의사결정은 자신의 목표를 정해 대안들을 찾아보고 가장 실행 가능한 최상의 방법을 선택해 행동하는 것이다.

② 합리적인 의사결정 과정

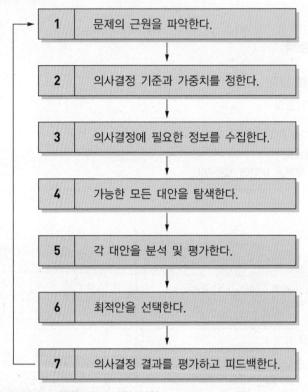

1	문제의 근원을 파악한다.
2	의사결정 기준과 가중치를 정한다.
3	의사결정에 필요한 정보를 수집한다.
4	가능한 모든 대안을 탐색한다.
5	각 대안을 분석 및 평가한다.
6	최적안을 선택한다.
7	의사결정 결과를 평가하고 피드백한다.

③ 거절의 의사결정을 하고 표현할 때 유의할 사항

㉠ 상대방의 말을 들을 때 주의를 기울여 문제의 본질을 파악한다.

㉡ 거절의 의사결정은 빠를수록 좋다.

㉢ 거절할 때에는 분명한 이유를 만들어 제시해야 한다.

㉣ 대안을 제시한다.

(3) 자신의 내면 관리와 성과 향상 방법

① 인내심 키우기

② 긍정적인 마음 가지기

③ 업무수행 성과를 높이기 위한 행동전략

- 일을 미루지 않는다.
- 업무를 묶어서 처리한다.
- 회사와 팀의 업무 지침을 따른다.
- 역할 모델을 설정한다.

04 경력개발능력

(1) 경력개발의 의미

① 경력개발

개인이 경력목표와 전략을 수립하고 실행하며 피드백하는 과정으로, 개인은 한 조직의 구성원으로서 조직과 함께 상호작용하며 자신의 경력을 개발한다.

② 경력개발능력

자신의 진로에 대해 단계적 목표를 설정하고 목표 성취에 필요한 역량을 개발해 나가는 능력을 말한다.

③ 경력개발능력의 필요성

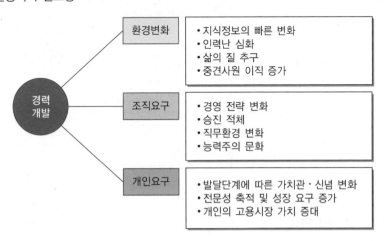

(2) 경력단계의 과정

① 경력개발단계별 세부 내용

직업선택 (0세 ~ 25세)	• 최대한 여러 직업의 정보를 수집하여 탐색 후 나에게 적합한 최초의 직업 선택 • 관련학과 외부 교육 등 필요한 교육 이수
조직입사 (18세 ~ 25세)	• 원하는 조직에서 일자리 얻음 • 정확한 정보를 토대로 적성에 맞는 적합한 직무선택
경력 초기 (25세 ~ 40세)	• 조직의 규칙과 규범에 대해 배움 • 직업과 조직에 적응해 감 • 역량(지식, 기술, 태도)을 증대시킴
경력 중기 (40세 ~ 55세)	• 경력초기를 재평가함 • 성인 중기에 적합한 선택을 하고 지속적으로 열심히 일함
경력 말기 (55세 ~ 퇴직)	• 지속적으로 열심히 일함 • 자존심 유지 • 퇴직준비의 자세한 계획(경력 중기부터 준비하는 것이 바람직)

② 경력개발 계획의 단계

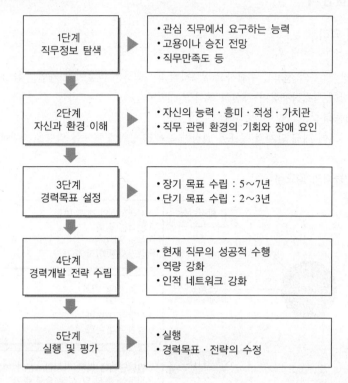

(3) 경력개발 관련 최근 이슈

① 평생학습 사회
② 투잡스(Two-jobs)
③ 청년 실업
④ 창업 경력
⑤ 독립근로자와 같은 새로운 노동형태의 등장
⑥ 일과 생활의 균형(WLB, 워라밸)

경력단계는 직업 선택, 조직 입사, 경력 초기, 경력 중기, 경력 말기로 구분된다. 경력단계 중 다음 〈보기〉의 내용과 관련 있는 것은?

> **보기**
>
> 회사에서 차장으로 재직 중인 45세 P씨는 입사 동기 대부분이 부장으로 승진하였거나 퇴사한 상태이다. 조금 있으면 후배 차장들이 승진할 차례이고, 점차 빠르게 변화해가는 조직에서 적응하기도 나름 힘들다는 걸 느끼고 있다. 퇴근 후에는 마음 놓고 속을 털어놓을 동료나 후배가 없어 혼자 포장마차에서 술을 마시고 퇴근하는 경우가 많다. 매일의 반복되는 생활 속에서 새로운 변화를 꿈꾸기도 하여 서점에서 도움이 될 만한 자격증 서적을 찾아서 구입하기도 한다.

① 그동안 성취한 것을 재평가하고 생산성을 그대로 유지하는 단계이다.
② 자신에게 적합한 직업이 무엇인지를 탐색하고, 이를 선택한 후 여기에 필요한 능력을 키우는 과정이다.
③ 자신이 선택한 경력 분야에서 원하는 조직의 일자리를 얻으며 직무를 선택하는 과정이다.
④ 조직의 생산적인 기여자로 남고 자신의 가치를 지속적으로 유지하기 위하여 노력하며, 동시에 퇴직을 고려하게 되는 단계이다.
⑤ 자신이 맡은 업무 내용을 파악하고, 새로 들어간 조직의 규칙이나 규범, 분위기를 알아가는 단계이다.

| 해설 | 보기의 P씨는 경력 중기에 해당하는 위치에 있다. 경력 중기는 자신이 그동안 성취한 것을 재평가하고, 생산성을 그대로 유지하는 단계이다. 그러나 경력 중기에 이르면 직업 및 조직에서 어느 정도 입지를 굳히게 되어 더 이상 수직적인 승진 가능성이 적은 경력 정체 시기에 이르게 되며, 새로운 환경의 변화(과학기술, 관리방법의 변화 등)에 직면하게 되어 생산성을 유지하는 데 어려움을 겪기도 한다. 또한 개인적으로 현 직업이나 라이프스타일에 대한 불만을 느끼며, 매일의 반복적인 일상에 따분함을 느끼기도 한다.

오답분석
② 직업 선택의 단계에 해당한다.
③ 조직 입사의 단계에 해당한다.
④ 경력 말기의 단계에 해당한다.
⑤ 경력 초기의 단계에 해당한다.

정답 ①

정답 및 해설 p.046

01 다음 C사원의 하소연에 대해서 해줄 수 있는 조언으로 가장 적절한 것은?

> C사원 : 거절을 분명하게 결정하고 이를 표현하는 것은 너무 어려운 것 같아. 사람들이 내가 거절을 할 때, 능력이 없다고 보거나 예의가 없다고 보지는 않을까 걱정되기도 하고, 대인관계가 깨지지 않을까 하는 고민도 있어. 이렇게 고민하다보니 거절을 제대로 하지 못하는 점도 고민이야.

① 거절을 결정했다면 상대방의 말을 더 들을 필요는 없어. 시간 낭비일 뿐이야.

② 거절을 할 때에는 신중하고 천천히 표현하는 것이 좋아.

③ 거절을 할 때에는 이유를 제시할 필요는 없어. 핑계라고 생각할 뿐이야.

④ 거절을 하고, 상대방이 납득할 수 있는 대안을 제시하는 것이 좋아.

⑤ 문제의 본질보다는 너의 판단에 따라 거절하는 것이 중요해.

02 다음 자기개발의 특징에 대한 설명을 읽고 이해한 내용으로 옳지 않은 것은?

> **〈자기개발의 특징〉**
> • 자기개발에서 개발의 주체는 타인이 아니라 자신이다.
> • 자기개발은 개별적인 과정으로서 자기개발을 통해 지향하는 바와 선호하는 방법 등은 사람마다 다르다.
> • 자기개발은 평생에 걸쳐서 이루어지는 과정이다.
> • 자기개발은 일과 관련하여 이루어지는 활동이다.
> • 자기개발은 생활 가운데 이루어져야 한다.
> • 자기개발은 모든 사람이 해야 하는 것이다.

① 자기개발은 보다 보람되고 나은 삶을 영위하고자 노력하는 사람이라면 누구나 해야 하는 것이다.

② 개인은 대부분 일과 관련하여 인간관계를 맺으며, 자신의 능력을 발휘하기 때문에 자기개발은 일과 관련하여 이루어져야 한다.

③ 개인은 자신의 이해를 바탕으로 자신에게 앞으로 닥칠 환경변화를 예측하고, 자신에게 적합한 목표를 설정함으로써 자신에게 알맞은 자기개발 전략이나 방법을 선정하여야 한다.

④ 자기개발의 객체는 자신이므로 스스로 자신의 능력, 적성, 특성 등을 이해하고, 목표성취를 위해 자신을 관리하며 개발하여야 한다.

⑤ 자기개발은 교육기관에서 이루어지는 교육이며, 특정한 사건과 요구가 있을 경우 이루어지는 과정이다.

03 H사원과 I사원은 회사 복지 차원에서 이루어지는 특강을 들으러 왔다. 오늘 특강의 주제는 '나의 숨겨진 능력을 찾기 위한 자기개발'이다. 이 특강을 듣고 둘이 나눈 대화 내용으로 옳지 않은 것은 무엇인가?

① H사원 : 나의 숨겨진 능력을 찾기 위해서는 어떻게 해야 할까?

　 I사원 : 일단 내가 현재 하고 있는 직무를 고려해서 찾아봐야겠지.

② H사원 : 자기개발을 하기 위해 앞으로 계획을 세워야겠어.

　 I사원 : 계획은 장기적인 미래를 보고 세우는 것이 좋아.

③ H사원 : 계획을 어떤 식으로 세우지?

　 I사원 : 미래 일을 알 수 없으니 구체적으로는 세우지 않아도 돼.

④ H사원 : 목표를 세울 때 몇 가지를 세우는 것이 좋을까?

　 I사원 : 매일의 목표, 한 달 목표, 길게는 10년 목표까지도 세워야 해.

⑤ H사원 : 자기개발을 위해 고려해야 될 사항은 무엇이 있을까?

　 I사원 : 직무지식뿐 아니라 인간관계까지 고려하며 계획을 세워야 해.

04 다음은 E사원이 자기관리의 과정에서 자신에게 스스로 질문한 내용들이다. 이 중 그 성격이 다른 하나는?

① 어떤 목표를 성취하였는가?

② 일을 수행하는 동안 어떤 문제에 직면했는가?

③ 어떻게 결정을 내리고 행동했는가?

④ 우선순위, 일정에 따라 계획적으로 수행하였는가?

⑤ 나에게 가장 중요한 것은 무엇인가?

05 다음 중 자아효능감에 대한 설명으로 옳지 않은 것은?

① 자아효능감이 높은 사람은 낮은 사람에 비해 좀 더 어려운 목표를 설정한다.

② 자아효능감이 낮은 사람은 높은 사람에 비해 계획 설정에 어려움을 겪으며 보다 많은 스트레스를 경험한다.

③ 업무 실행 과정에서 장애물이 있을 때 자아효능감이 낮은 사람은 쉽게 포기하는 반면, 높은 사람은 더 많은 노력을 한다.

④ 높은 자아효능감이 성과를 높이고, 높아진 성과는 다시 자아효능감을 높인다.

⑤ 자아효능감이 낮으면 실패 원인을 능력 부족으로 보고, 자아효능감이 높으면 실패 원인을 역량 부족으로 본다.

06 다음 중 밑줄 친 ㉠의 이유로 옳지 않은 것은?

> 샐러던트(Saladent)란 '샐러리맨(Salary Man)'과 '학생'을 뜻하는 '스튜던트(Student)'가 합쳐져서 만들어진 신조어로, ㉠ 현재 직장에 몸담고 있으면서 지속적으로 현 분야 또는 새로운 분야에 대해서 공부를 하는 직장인을 의미한다.

① 업무의 성과 향상을 위해
② 변화하는 환경에 적응하기 위해
③ 회사가 추구하는 목표를 성취하기 위해
④ 긍정적인 인간관계를 형성하기 위해
⑤ 삶의 질을 향상시키고, 보람된 삶을 살기 위해

07 다음 중 사례의 L씨가 경력개발 계획을 수립하고 실행하는 과정에서 나타나지 않은 단계는?

> 자산관리 회사에서 근무 중인 L씨는 투자 전문가가 되고자 한다. L씨는 주변 투자 전문가를 보면서 그들이 높은 보수를 받고 있으며, 직업에 대한 만족도도 높다는 것을 알았다. 또한 얼마 전 실시했던 적성 검사 결과를 보니, 투자 전문가의 업무가 자신의 적성과 적합한 것 같았다. L씨는 투자 전문가가 되기 위해 본격적으로 알아본 결과 많은 경영학 지식과 관련 자격증이 필요하다는 것을 알게 되었다. 이를 위해 퇴근 후 저녁시간을 활용하여 공부를 해야겠다고 다짐하면서 투자 전문가 관련 자격증을 3년 내에 취득하는 것을 목표로 설정하였다.

① 직무정보 탐색   ② 자기 탐색
③ 경력목표 설정   ④ 경력개발 전략수립
⑤ 환경 탐색

08 다음 〈보기〉 중 신입사원 A씨가 흥미나 적성을 개발하기 위해 취할 수 있는 방법으로 옳지 않은 것을 모두 고르면?

> **보기**
> ㉠ '나는 지금 주어진 일이 적성에 맞는다.'라고 마인드컨트롤을 한다.
> ㉡ 업무를 수행할 때 작은 단위로 나누어 수행한다.
> ㉢ 기업의 문화나 풍토를 파악하는 것보다는 흥미나 적성검사를 수행한다.
> ㉣ 커다란 업무를 도전적으로 수행하여 성취를 높인다.

① ㉠, ㉡   ② ㉡, ㉢
③ ㉢, ㉣   ④ ㉠, ㉡, ㉢
⑤ ㉠, ㉡, ㉣

09 다음은 신입사원을 대상으로 실시한 교육에서 B대리가 신입사원들에게 해줄 조언을 적은 메모이다. 자아인식 단계에서의 성찰과 관련한 B대리의 조언으로 옳지 않은 것은?

〈업무상 실수를 했다면, 반드시 그 실수에 대해 성찰하는 시간을 가져야 한다.〉

• 성찰의 필요성
  - 노하우 축적
  - 지속적 성장 기회 제공
  - 신뢰감 형성
  - 창의적 사고 개발
• 성찰 연습 방법
  - 성찰노트 작성
  - 성찰과 관련된 질문

① 앞으로 다른 일을 해결해 나가는 노하우를 축적할 수 있게 된다.
② 세운 목표에 따라 매일 노력하게 된다면 지속적으로 성장할 수 있는 기회가 된다.
③ 같은 실수를 반복하지 않음으로써 다른 사람에게 신뢰감을 줄 수 있다.
④ 성찰을 통해 창의적인 사고 개발이 가능하다.
⑤ 성찰노트 작성은 한 번의 성찰을 통해 같은 실수를 반복하지 않도록 도와준다.

10 다음은 교육 팀에서 근무하는 L사원이 직장동료에게 자신에 대한 평가결과를 이야기하는 내용이다. L사원의 자기개발 실패 원인으로 옳은 것은?

"이번 회사에서 사원평가를 했는데 나보고 자기개발능력이 부족하다고 하네. 6시 퇴근시각에 바로 퇴근을 하더라도 집이 머니까 도착하면 8시고, 바로 씻고 저녁 먹고 잠깐 쉬면 금방 10시야. 방 정리하고 설거지하면 어느새 11시가 되는데, 어느 틈에 자기개발을 하라는 건지 이해도 잘 안 되고 답답하기만 해."

① 자기중심적이고 제한적인 사고
② 현재하고 있는 일을 지속하려는 습성
③ 자신의 주장과 반대되는 주장에 대한 배척
④ 자기개발 방법에 대한 정보 부족
⑤ 인간의 욕구와 감정의 작용

CHAPTER 05 자원관리능력 핵심이론

01 자원관리능력의 의의

(1) 자원과 자원관리

① 자원이란?

사전적으로는 인간생활에 도움이 되는 자연계 일부를 말하며, 이를 확장하여 사람들이 가지고 있는 기본적인 자산을 물질적 자산(물적 자원), 재정적 자산(돈), 인적 자산(인적 자원)으로 나누기도 한다. 최근에는 시간도 중요한 자원 중 하나로 보고 있다.

② 자원의 유한성

주어진 시간은 제한되기 마련이어서 정해진 시간을 어떻게 활용하느냐가 중요하며, 돈과 물적자원 역시 제한적일 수밖에 없다. 또한, 인적자원 역시 제한된 사람들을 알고 활용할 수밖에 없다. 이러한 자원의 유한성으로 인해 자원을 효과적으로 확보, 유지, 활용하는 자원관리는 매우 중요하다고 할 수 있다.

③ 자원관리의 분류

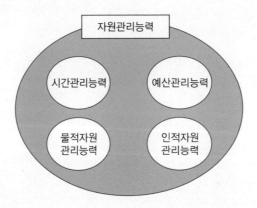

(2) 자원관리의 과정

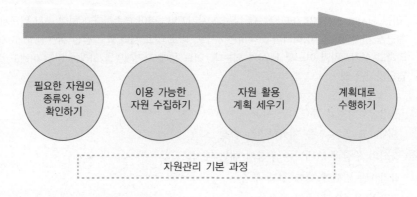

02 시간관리능력

(1) 시간관리의 효과

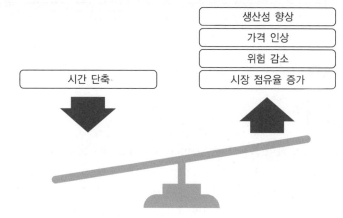

※ '가격 인상'은 기업의 입장에서 일을 수행할 때 소요되는 시간을 단축함으로써 비용이 절감되고, 상대적으로 이익이 늘어남으로써 사실상 '가격 인상' 효과가 있다는 의미이다.

(2) 시간관리에 대한 오해

시간관리는 상식에 불과하다. 나는 회사에서 일을 잘하고 있기 때문에 시간관리도 잘한다고 말할 수 있다.

나는 시간에 쫓기면 일을 더 잘하는데, 시간을 관리하면 오히려 나의 이런 강점이 없어질지도 모른다.

시간관리에 대한 오해

나는 약속을 표시해 둔 달력과 해야 할 일에 대한 목록만으로 충분하다.

시간관리 자체는 유용할지 모르나 창의적인 일을 하는 나에게는 잘 맞지 않는다. 나는 일상적인 업무에 얽매이는 것이 싫다.

(3) 시간계획

① 시간계획의 의의

시간이라고 하는 자원을 최대한 활용하기 위하여 가장 많이 반복되는 일에 가장 많은 시간을 분배하고, 최단시간에 최선의 목표를 달성하는 것을 의미한다.

② 시간계획 작성의 순서

㉠ 명확한 목표 설정

㉡ 일의 우선순위 판단(Stenphen R. Covey)

중요성	결과와 연관되는 사명과 가치관, 목표에 기여하는 정도
긴급성	즉각적인 처리가 요구되고 눈앞에 보이며, 심리적으로 압박감을 주는 정도

㉢ 예상 소요 시간 결정

㉣ 시간 계획서 작성

③ 60 : 40의 법칙

계획된 행동(60%)	계획 외의 행동(20%)	자발적 행동(20%)

├──────────────── 총 시간 ────────────────┤

03 예산관리능력

(1) 예산관리능력의 의의

① 예산이란?

필요한 비용을 미리 헤아려 계산하는 것이나 그 비용을 의미한다.

② 예산관리의 필요성

예산관리란 이용 가능한 예산을 확인하고, 어떻게 사용할 것인지 계획하여 그 계획대로 사용하는 능력을 의미하며, 최소의 비용으로 최대의 효과를 얻기 위해 요구된다.

③ 예산책정의 원칙

④ 예산관리의 의의

아무리 예산을 정확하게 수립하였다 하더라도 활동이나 사업을 진행하는 과정에서 계획에 따라 적절히 하지 않으면 아무런 효과가 없다. 따라서 활동이나 사업에 드는 비용을 산정하고, 예산 편성뿐만 아니라 예산을 통제하는 과정이 필요하며, 이 과정을 예산관리라 한다.

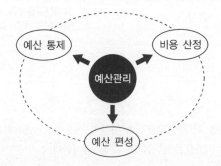

(2) 예산의 구성요소

① 직접비용

간접비용에 상대되는 용어로서, 제품 생산 또는 서비스를 창출하기 위해 직접 소비된 것으로 여겨지는 비용을 말한다.

② 직접비용의 구성

구분	내용
재료비	제품의 제조를 위하여 구매된 재료에 지출된 비용
원료와 장비	제품을 제조하는 과정에서 소모된 원료나 과제를 수행하기 위해 필요한 장비에 지출된 비용. 이 비용에는 실제 구매된 비용이나 임대한 비용이 모두 포함
시설비	제품을 효과적으로 제조하기 위한 목적으로 건설되거나 구매된 시설에 지출한 비용
여행(출장)경비 및 잡비	제품 생산 또는 서비스를 창출하기 위해 출장이나 타 지역으로의 이동이 필요한 경우와 기타 과제 수행상에서 발생하는 다양한 비용을 포함
인건비	제품 생산 또는 서비스 창출을 위한 업무를 수행하는 사람들에게 지급되는 비용. 계약에 의해 고용된 외부 인력에 대한 비용도 인건비에 포함. 일반적으로 인건비는 전체 비용 중에서 가장 비중이 높은 항목

③ 간접비용

- 제품을 생산하거나 서비스를 창출하기 위해 소비된 비용 중에서 직접비용을 제외한 비용으로, 제품 생산에 직접 관련되지 않은 비용을 말한다.
- 보험료, 건물관리비, 광고비, 통신비, 사무비품비, 각종 공과금 등이 대표적인 예이다.

(3) 예산수립절차와 예산집행

① 예산수립절차

필요한 과업 및 활동 구명 ➡ 우선순위 결정 ➡ 예산 배정

② 예산집행

효과적으로 예산을 관리하기 위해서는 예산집행 과정에 대한 관리가 중요하다. 개인 차원에서는 가계부 등을 작성함으로 인해 관리할 수 있으며, 프로젝트나 과제와 같은 경우는 예산집행 실적을 워크시트를 작성함으로써 효과적인 예산관리를 할 수 있다.

04 물적자원관리능력

(1) 물적자원관리의 의의

① 물적자원의 종류

ㄱ 자연자원 : 석탄, 석유 등의 자연상태 그대로의 자원

ㄴ 인공자원 : 시설, 장비 등 인위적으로 가공한 자원

② 물적자원관리의 중요성

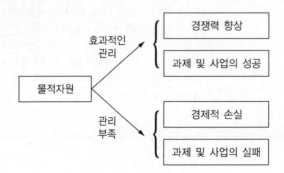

③ 물적자원 활용의 방해요인

- 보관 장소를 파악하지 못하는 경우
- 훼손된 경우
- 분실한 경우
- 분명한 목적 없이 물건을 구입한 경우

(2) 물적자원관리 과정과 기법

① 물적자원관리의 과정

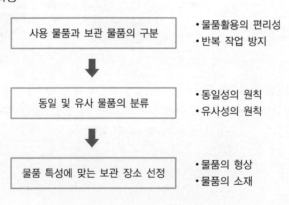

② 바코드와 QR코드

바코드	컴퓨터가 쉽게 판독하고 데이터를 빠르게 입력하기 위하여 굵기가 다른 검은 막대와 하얀 막대를 조합시켜 문자나 숫자를 코드화한 것
QR코드	• 격자무늬 패턴으로 정보를 나타내는 매트릭스 형식의 바코드 • 기존 바코드가 용량 제한에 따라 가격과 상품명 등 한정된 정보만 담는 데 비해 QR코드는 넉넉한 용량을 강점으로 다양한 정보를 담을 수 있음

05 인적자원관리능력

(1) 인적자원의 의의

① 인적자원관리란?

- 필요한 인적자원을 기업이 조달, 확보, 유지, 개발하여 경영조직 내에서 구성원들이 능력을 최고로 발휘하게 하는 것
- 근로자 스스로가 자기만족을 얻게 하는 동시에 경영 목적을 효율적으로 달성하게끔 관리하는 것

② 효율적이고 합리적인 인사관리 원칙

구분	내용
적재적소 배치의 원칙	해당 직무 수행에 가장 적합한 인재를 배치해야 한다.
공정 보상의 원칙	근로자의 인권을 존중하고 공헌도에 따라 노동의 대가를 공정하게 지급해야 한다.
공정 인사의 원칙	직무 배당, 승진, 상벌, 근무 성적의 평가, 임금 등을 공정하게 처리해야 한다.
종업원 안정의 원칙	근로자에게 직장에서 신분이 보장되고 계속해서 근무할 수 있다는 믿음을 갖게 하여 근로자가 안정된 회사 생활을 할 수 있도록 해야 한다.
창의력 계발의 원칙	근로자가 창의력을 발휘할 수 있도록 새로운 제안, 건의 등의 기회를 마련하고 적절한 보상을 하여 인센티브를 제공해야 한다.
단결의 원칙	직장 내에서 구성원들이 소외감을 갖지 않도록 배려하고, 서로 유대감을 가지고 협동·단결하는 체제를 이루도록 한다.

(2) 인맥과 인적자원

① 인맥

자신이 알고 있거나 관계를 형성하고 있는 사람들, 일반적으로 가족이나 친구, 직장동료, 선후배, 동호회 등 다양한 사람들을 포함한다.

구분	내용
핵심 인맥	자신과 직접적인 관계가 있는 사람들
파생 인맥	핵심 인맥으로부터 파생되어 자신과 연결된 사람들

② 인적자원의 특성

구분	내용
능동성	물적자원으로부터의 성과는 자원 자체의 양과 질에 의해 지배되는 수동적인 특성을 지니고 있는 반면, 인적자원의 경우는 욕구와 동기, 태도와 행동 그리고 만족감 여하에 따라 성과가 결정된다.
개발가능성	인적자원은 자연적인 성장과 성숙, 그리고 교육 등을 통해 개발될 수 있는 잠재능력과 자질을 보유하고 있다는 것이다. 환경변화와 이에 따른 조직의 변화가 심할수록 중요성이 커지는 특성을 지닌다.
전략적 중요성	조직의 성과는 인적자원, 물적자원 등을 효과적이고 능률적으로 활용하는 데 달려있는데, 이러한 자원을 활용하는 것이 바로 사람이기 때문에 인적자원에 대한 중요성이 강조된다.

(3) 인력배치의 원리

① 인력배치의 3원칙

㉠ 적재적소주의

팀의 효율성을 높이기 위해 팀원의 능력이나 성격 등과 가장 적합한 위치에 배치하여 팀원 개개인의 능력을 최대로 발휘해 줄 것을 기대하는 것이다.

ⓛ 능력주의

개인에게 능력을 발휘할 수 있는 기회와 장소를 부여하고, 그 성과를 바르게 평가하고, 평가된 능력과 실적에 대해 그에 상응하는 보상을 주는 원칙을 말한다. 적재적소주의 원칙의 상위개념이라고 할 수 있다.

ⓒ 균형주의

모든 팀원에 대한 평등한 적재적소, 즉 팀 전체의 적재적소를 고려할 필요가 있다는 것이다.

② 배치의 3가지 유형

구분	내용
양적배치	부분의 작업량과 조업도, 여유 또는 부족 인원을 감안하여 소요인원을 결정하여 배치하는 것
질적배치	적재적소주의와 동일한 개념
적성배치	팀원의 적성 및 흥미에 따라 배치하는 것

③ 과업세부도

할당된 과업에 따른 책임자와 참여자를 명시하여 관리함으로써 업무 추진에 차질이 생기는 것을 막기 위한 문서이다.

핵심예제

다음 사례에 나타난 A씨의 자원 낭비요인은?

〈사례〉

A씨는 요즘 밤늦게까지 게임을 하느라 잠이 부족하다. 어젯밤에도 다음날 오전에 친구와 약속이 있다는 것을 알면서도 새벽까지 게임을 하느라 아침이 다 되어 잠이 들었다. 알람이 울려 잠시 눈을 떴지만, 잠을 더 자야겠다는 생각에 알람을 끄고 다시 눈을 감았다. 결국 해가 중천에 뜨고 나서야 일어난 A씨는 잔뜩 화가 난 친구의 문자를 확인하고 친구에게 전화를 걸었지만, 친구는 전화를 받지 않았다.

① 비계획적 행동
② 편리성 추구
③ 자원에 대한 인식 부재
④ 노하우 부족
⑤ 잘못된 가치 판단

| 해설 | 편리성 추구는 너무 편한 방향으로 자원으로 활용하는 것을 의미한다. 일회용품을 사용하는 것, 늦잠을 자는 것, 주위 사람들에게 멋대로 대하는 것 등이 이에 포함된다. 지나친 편리성 추구는 물적자원뿐만 아니라 시간과 돈의 낭비를 초래할 수 있으며, 주위의 인맥도 줄어들게 될 수 있다.

오답분석
① 비계획적 행동 : 자원을 어떻게 활용하는 것인가에 대한 계획이 없는 것으로, 계획 없이 충동적이고 즉흥적으로 행동하여 자원을 낭비하게 된다.
③ 자원에 대한 인식 부재 : 자신이 가지고 있는 중요한 자원을 인식하지 못하는 것으로, 무의식적으로 중요한 자원을 낭비하게 된다.
④ 노하우 부족 : 자원관리의 중요성을 인식하면서도 자원관리에 대한 경험이나 노하우가 부족하여 자원을 효과적으로 활용할 줄 모르는 경우를 말한다.

정답 ②

01 다음은 10월 달력이다. 제시된 〈조건〉에 맞게 근무를 배정했을 때, 대체근무가 필요한 횟수는?

10 | October

일 SUN	월 MON	화 TUE	수 WED	목 THU	금 FRI	토 SAT
						1
2	3 개천절	4	5	6	7	8
9 한글날	10	11	12	13	14	15
16	17	18	19	20	21	22
32	24	25	26	27	28	29
30	31					

조건
- 3조 2교대이며 근무 패턴은 주간1 – 주간2 – 야간1 – 야간2 – 비번 – 휴무이다.
- 1팀은 팀장 1명, 주임 1명, 2팀은 팀장 1명, 주임 1명, 3팀은 팀장 1명, 주임 2명이다.
- 각 팀장과 주임은 한 달에 한 번 지정휴무 1일을 사용할 수 있다.
- 근무마다 최소 팀장 1명, 주임 1명이 유지되어야 한다.
- 10월 1일 1팀은 야간1이었고, 2팀은 비번, 3팀은 주간1이었다.
- 1팀의 팀장은 27일부터 31일까지 여행을 떠난다(근무일에 연차 사용).
- 대체근무의 횟수는 최소화한다.
- 공휴일도 정상 근무일에 포함한다.

① 2번
② 4번
③ 6번
④ 8번
⑤ 10번

02 다음 중 예산관리에 대한 설명으로 옳지 않은 것은?

① 무조건 비용을 적게 들이는 것이 좋다.

② 예산을 통제하는 것도 예산관리에 포함된다.

③ 예산관리는 예산통제, 비용산정, 예산편성 등을 포함한다.

④ 개발 책정 비용이 개발 실제 비용보다 더 크면 경쟁력 손실을 입는다.

⑤ 정해진 예산을 효율적으로 사용하여 최대한의 성과를 내기 위해 필요하다.

03 다음 〈보기〉는 시간계획을 할 때 명심해야 할 사항에 대한 설명이다. ㉠, ㉡이 지칭하는 것이 바르게 짝지어진 것은?

> **보기**
> ㉠ 체크리스트나 스케줄표를 사용하여 계획을 반드시 기록하여 전체상을 파악할 수 있게 하여야 함
> ㉡ 여러 일 중에서 어느 일을 가장 우선적으로 처리해야 할 것인가를 결정하여야 함

	㉠	㉡
①	종이에 기록할 것	우선순위
②	정리할 시간	우선순위
③	종이에 기록할 것	권한위양
④	정리할 시간	권한위양
⑤	종이에 기록할 것	현실적인 계획

04 A사원은 인적자원의 효과적 활용에 대한 강연을 듣고, 인맥을 활용하였을 때의 장점에 대해 다음과 같이 정리하였다. ㉠ ~ ㉣ 중 A사원이 잘못 메모한 내용의 개수는?

〈인적자원의 효과적 활용〉

• 인적자원이란?

··· 중략 ···

• 인맥 활용 시 장점
  - ㉠ 각종 정보와 정보의 소스 획득
  - ㉡ '나' 자신의 인간관계나 생활에 대해서 알 수 있음
    ↳ ㉢ 자신의 인생에 탄력이 생김
  - ㉣ '나' 자신만의 사업을 시작할 수 있음 ← 참신한 아이디어 획득

---

① 0개   ② 1개
③ 2개   ④ 3개
⑤ 4개

PART 2

05 A유통업체의 물류창고에서는 다량의 물품에 대한 정보를 다음과 같이 기호화하여 관리하고 있다. 다음 중 A유통업체가 사용한 물품관리 방법에 대한 설명으로 옳지 않은 것은?

9 791125 459972

① 문자나 숫자를 기계가 읽을 수 있는 흑과 백의 막대모양 기호로 조합하였다.
② 데이터를 빠르게 입력할 수 있으며, 컴퓨터가 판독하기 쉽다.
③ 물품의 수명기간 동안 무선으로 물품을 추적 관리할 수 있다.
④ 광학식 마크판독장치를 통해 판독이 가능하다.
⑤ 막대의 넓이와 수, 번호에 따라 물품을 구분한다.

CHAPTER 05 자원관리능력 • **257**

06 T회사는 직원들의 문화생활을 위해 매달 티켓을 준비하여 신청을 받는다. 인사부서에서 선정한 이달의 문화생활은 다음과 같고, 마지막 주 수요일 오후 업무시간에 모든 직원들이 하나의 문화생활에 참여한다고 할 때, 이번 달 티켓 구매에 필요한 예산은?

〈부서별 문화생활 신청현황〉

(단위 : 명)

구분	연극 '지하철 1호선'	영화 '강철비'	음악회 '차이코프스키'	미술관 '마네·모네'
A부서	5	6	4	0
B부서	1	8	4	0
C부서	0	3	0	1
D부서	4	2	3	1
E부서	3	2	0	1
F부서	1	5	2	1

〈문화생활 정보〉

구분	연극 '지하철 1호선'	영화 '강철비'	음악회 '차이코프스키'	미술관 '마네·모네'
정원	20명	30명	10명	30명
1인당 금액	20,000원	12,000원	50,000원	13,000원
기타 사항	단체 10명 이상 총금액의 15% 할인	마지막 주 수요일은 1인당 50% 할인	-	단체 10명 이상 총금액의 20% 할인

※ 정원이 초과된 문화생활은 정원이 초과되지 않은 것으로 다시 신청함
※ 정원이 초과된 인원은 1인당 금액이 비싼 문화생활 순으로 남은 정원을 모두 채움

① 920,600원
② 958,600원
③ 997,000원
④ 100,000원
⑤ 97,000원

07 다음 글과 〈조건〉을 근거로 판단할 때, A복지관에 채용될 2명의 후보자는?

A복지관은 청소년업무 담당자 2명을 채용하고자 한다. 청소년업무 담당자들은 심리상담, 위기청소년지원, 진학지도, 지역안전망구축 등 4가지 업무를 수행해야 한다. 채용되는 2명은 서로 다른 업무를 맡아 4가지 업무를 빠짐없이 분담해야 한다.

4가지 업무에 관련된 직무역량으로는 의사소통역량, 대인관계역량, 문제해결역량, 정보수집역량, 자원관리역량 등 5가지가 있다. 각 업무를 수행하기 위해서는 반드시 해당 업무에 필요한 직무역량을 모두 갖춰야 한다. 다음은 이를 표로 정리한 것이다.

구분	필요 직무역량
심리상담	의사소통역량, 대인관계역량
위기청소년지원	의사소통역량, 문제해결역량
진학지도	문제해결역량, 정보수집역량
지역안전망구축	대인관계역량, 자원관리역량

조건

• A복지관의 채용후보자는 4명(甲, 乙, 丙, 丁)이며, 각 채용후보자는 5가지 직무역량 중 3가지씩을 갖추고 있다.
• 자원관리역량은 丙을 제외한 모든 채용후보자가 갖추고 있다.
• 丁이 진학지도업무를 제외한 모든 업무를 수행하려면, 의사소통역량만 추가로 갖추면 된다.
• 甲은 심리상담업무를 수행할 수 있고, 乙과 丙은 진학지도업무를 수행할 수 있다.
• 대인관계역량을 갖춘 채용후보자는 2명이다.

① 甲, 乙
② 甲, 丙
③ 乙, 丙
④ 乙, 丁
⑤ 丙, 丁

08 K회사에서 근무하는 김사원은 수출계약건으로 한국에 방문하는 바이어를 맞이하기 위해 인천공항에 가야 한다. 미국 뉴욕에서 오는 바이어는 현지시각으로 21일 오전 8시 30분에 한국행 비행기에 탑승할 예정이며, 비행시간은 17시간이다. K회사에서 인천공항까지는 1시간 30분이 걸리고, 바이어의 도착 예정시각 30분 전에 대기하려고 할 때, 김사원은 늦어도 언제까지 회사에서 출발해야 하는가?(단, 뉴욕은 한국보다 13시간이 느리다)

① 21일 10시 30분 ② 21일 12시 30분
③ 22일 12시 ④ 22일 12시 30분
⑤ 22일 14시 30분

09 다음은 A기업 직원들의 이번 주 추가근무 계획표이다. 하루에 3명 이상 추가근무를 할 수 없고, 직원들은 각자 일주일에 6시간을 초과하여 추가근무를 할 수 없다. 추가근무 일정을 수정해야 하는 사람은?

〈일주일 추가근무 일정〉

구분	추가근무 일정	구분	추가근무 일정
유진실	금요일 3시간	김수철	월요일 2시간
김은선	월요일 6시간	김남준	화요일 3시간, 일요일 4시간
이영희	토요일 4시간	박수빈	토요일 6시간
최유화	목요일 1시간	유민지	화요일 4시간, 금요일 1시간
김석진	화요일 5시간	김태형	수요일 6시간
박지민	수요일 3시간, 일요일 2시간	박시혁	목요일 1시간

① 김은선 ② 김석진
③ 박지민 ④ 김남준
⑤ 유민지

10 과장인 귀하는 올해 입사한 사원의 중간 평가를 해야 한다. 사원 A~C를 업무 능력, 리더십, 인화력의 세 영역에서 평가한다. 평가는 절대 평가 방식에 따라 −1(부족), 0(보통), 1(우수)로 이루어지고, 세 영역의 점수를 합산하여 개인별로 총점을 낸다. 다음 〈조건〉을 근거로 할 때, 가능한 평가 결과표의 개수는?

〈평가 결과표〉

사원＼영역	업무 능력	리더십	인화력
A			
B			
C			

조건

- 각자의 총점은 0이다.
- 각 영역의 점수 합은 0이다.
- 인화력 점수는 A가 제일 높고, 그다음은 B, C 순이다.

① 3개   ② 4개

③ 5개   ④ 6개

⑤ 7개

CHAPTER 06 대인관계능력 핵심이론

01 대인관계능력의 의의

(1) 대인관계

① 직장에서 타인과 협조적인 관계를 유지하고, 조직 내·외부의 갈등을 원만히 해결하며, 고객의 요구를 충족시킬 수 있는 능력이다.

② 인간관계를 형성할 때 무엇을 말하고 어떻게 행동하느냐보다 사람됨이 가장 중요한 요소이다.

(2) 대인관계 양식의 유형과 특징

구분	특징	보완점
지배형	• 대인관계에 자신 있으며 자기주장이 강하고 주도권을 행사함 • 지도력과 추진력, 지휘 • 강압적, 독단적, 논쟁적, 마찰 발생 • 지시에 순종하지 않고 거만하게 보임	• 경청과 수용의 자세 • 자신의 지배적 욕구를 깊이 성찰
실리형	• 이해관계에 예민하며 성취 지향적 • 자기중심적, 경쟁적, 이익 우선 → 타인에 대한 관심과 배려 부족 • 타인을 신뢰하지 못함 • 불공평한 대우에 예민	• 타인을 배려하는 노력 • 타인과 신뢰를 형성
냉담형	• 이성적이고 냉철하며, 의지가 강하고 타인과 거리를 둠 • 타인의 감정에 무관심 • 긍정적인 감정 표현에 어려움 • 오랜 기간 깊게 사귀기 어려움	타인의 감정에 관심을 가지고 긍정적 감정을 표현하는 기술 습득
고립형	• 혼자 일하는 것을 좋아하며 감정을 드러내지 않음 • 사회적 상황을 회피하며 감정을 지나치게 억제 • 침울하고 우유부단하여 고립 가능성 있음	• 대인관계의 중요성 인식 • 타인에 대한 불편함과 두려움에 대해 깊이 성찰
복종형	• 수동적이고 의존적임 • 자신감 낮고 주목받는 일을 피함 • 자신의 의사를 전달하기 어려움 • 상급자의 위치에서 일하는 것에 부담을 느낌	• 자기표현, 자기주장이 필요 • 독립성 향상
순박형	• 단순하고 솔직하여 너그럽고 겸손함 • 주관 없이 끌려 다니기 쉬움 → 이용당할 가능성 • 원치 않은 의견에 반대하지 못함	• 타인의 의도를 깊게 판단하고 행동하는 신중함 • 자신의 의견을 표현하는 노력

02 팀워크능력

(1) 팀워크의 의의

① 팀워크의 정의

'Team'과 'Work'의 합성어로, 팀 구성원이 공동의 목적을 달성하기 위해 상호 관계성을 가지고 협력해 업무를 수행하는 것을 말한다.

팀워크	응집력
구성원이 공동의 목적을 달성하기 위해 상호 관계성을 가지고 서로 협력해 업무를 수행하는 것	사람들이 집단에 머물도록 하고, 그 집단의 구성원으로 계속 남아 있기를 원하게 만드는 힘

② 팀워크의 유형

협력·통제·자율 등의 3가지 기제를 통해 구분되는데, 조직이나 팀의 목적, 추구하는 사업 분야에 따라 서로 다른 유형의 팀워크를 필요로 한다.

③ 팀워크를 저해하는 요소

- 조직에 대한 이해 부족
- 이기주의
- 자아의식 과잉
- 질투나 시기로 인한 파벌주의
- 그릇된 우정과 인정
- 사고방식의 차이에 대한 무시

(2) 팀워크의 촉진

① 건설적 피드백

문제 제기	해당 팀원으로 하여금 업무 수행이나 근무태도의 특정 사안에 시정해야 할 부분이 있음을 알게 하는 것으로, 업무목표 달성과 관련된 경우나 자신이 해야 할 일이 아닌 업무를 하고 있을 때 문제를 제기하는 단계
상황 이해	업무 수행과 근무태도가 부서에 미치는 영향에 관해 기술하고 상호 이해에 도달함으로써 해당 팀원이 무엇이 문제인지를 알게 하는 단계
문제해결	바람직한 결과를 끌어내기 위해서 해당 팀원이 현재 상황을 개선할 수 있도록 행동을 취하게 하는 단계

② 갈등의 해결

㉠ 성공적으로 운영되는 팀은 갈등의 해결에 능숙하다. 효과적인 갈등관리로 혼란과 내분을 방지하고 팀 진전 과정에서의 방해 요소를 미리 없앤다.

㉡ 팀원 사이의 갈등을 발견하면 제3자로서 신속히 개입해 중재해야 한다.

03 리더십능력

(1) 리더십의 의의

① 리더십의 의의

모든 조직구성원이 각자의 위치에서 가질 수 있는 것으로, '조직의 공통된 목적을 달성하기 위하여 개인이 조직원들에게 영향을 미치는 과정'을 의미한다.

② 리더와 관리자

리더(Leader)	관리자(Manager)
새로운 상황 창조자	상황에 수동적
혁신지향적	유지지향적
'내일'에 초점을 맞춘다.	'오늘'에 초점을 맞춘다.
사람을 중시	체제나 기구를 중시
정신적	기계적
계산된 위험(Risk)을 취한다.	위험(Risk)을 회피한다.
'무엇을 할까?'를 생각한다.	'어떻게 할까?'를 생각한다.

(2) 리더십의 유형

① 독재자 유형

㉠ 정책 의사결정과 대부분의 핵심 정보를 자신에게만 국한해 소유한다.

㉡ 통제가 없이 방만한 상태에 있을 때 혹은 가시적인 성과물이 보이지 않을 때 효과적이다.

㉢ 특징 : 질문 금지, 모든 정보는 내 것이라는 생각, 실수를 용납하지 않음

② 민주주의 근접 유형

㉠ 독재자 유형보다는 관대하다. 그룹에 정보를 전달하려고 노력하고, 전체 그룹 구성원 모두를 목표 방향 설정에 참여시킴으로써 구성원들에게 확신을 심어주려고 노력한다.

㉡ 혁신적이고 탁월한 부하 직원들을 거느리고, 그러한 방향을 계속적으로 지향할 때 가장 효과적이다.

㉢ 특징 : 참여, 토론의 장려, 거부권

③ 파트너십 유형

㉠ 리더와 집단 구성원 사이의 구분이 희미하고, 리더가 조직의 구성원이 되기도 한다.

㉡ 소규모 조직에서 풍부한 경험과 재능을 소유한 조직원이 있을 때 적합하고, 신뢰, 정직, 구성원들의 능력에 대한 믿음이 파트너십의 핵심 요소이다.

㉢ 특징 : 평등, 집단의 비전, 책임 공유

④ 변혁적 유형

㉠ 개개인과 팀이 유지해 온 업무 수행 상태를 뛰어넘으려 한다. 조직에 획기적인 변화가 요구될 때 효과적이다.

㉡ 특징 : 카리스마, 자기 확신, 존경심과 충성심, 풍부한 칭찬, 감화

(3) 동기부여와 임파워먼트(Empowerment)

① 동기부여의 의의

'동기부여'는 리더십의 핵심 개념이다. 성과와 목표의 실현은 동기부여의 직접적인 결과이며, 자신에게 동기를 부여해야 좋은 결과를 얻을 수 있다.

② 임파워먼트(Empowerment)

㉠ 임파워먼트의 의의

직원들에게 일정 권한을 위임하면 자신의 능력을 인정받았다고 인식해 업무 효율성이 높아지므로 훨씬 쉽게 목표를 달성할 수 있다.

㉡ 임파워먼트 환경의 특징

- 도전적이고 흥미 있는 일
- 학습과 성장의 기회
- 높은 성과와 지속적인 개선을 가져오는 요인들에 대한 통제
- 성과에 대한 지식
- 긍정적인 인간관계
- 개인들이 공헌하며 만족한다는 느낌
- 상부로부터의 지원

(4) 변화관리의 단계

① 1단계 : 변화의 이해

② 2단계 : 변화의 인식

③ 3단계 : 변화의 수용

04 갈등관리능력

(1) 갈등의 의의

① '갈등'의 일반적 의미

조직을 구성하는 개인과 집단, 조직 간에 잠재적 또는 현재적으로 대립하고 마찰하는 사회적·심리적 상태를 말한다.

② 갈등과 조직성과 사이의 관계

우측의 그래프에서 갈등이 X_1 수준일 때 조직의 직무성과가 가장 높아진다. 즉, 갈등수준이 전혀 없거나 낮을 때에는 조직 내부는 의욕이 상실되고 환경 변화에 대한 적응력도 떨어져 조직성과가 낮아지게 된다. 그러나 갈등수준이 적정(X_1)할 때는 조직 내부에 생동감이 넘치고 변화지향적이며 문제해결능력이 발휘된다. 그 결과 조직성과는 높아지고, 갈등의 순기능이 작용한다.

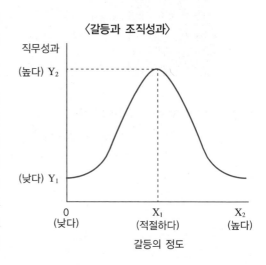

〈갈등과 조직성과〉

(2) 갈등의 두 가지 유형

① 불필요한 갈등

> • 개개인이 저마다 문제를 다르게 인식하거나 정보가 부족한 경우, 편견 때문에 발생한 의견 불일치
>   로 적대적 감정이 생길 때 불필요한 갈등이 일어난다.
> • 자신이 중요하게 생각하는 문제가 타인으로 인해 해결되지 못한다는 생각이 들 때, 불필요한 갈등
>   이 생긴다.
> • 관리자의 신중하지 못한 태도로 인해 갈등이 발생했을 때, 불필요한 갈등이 심각한 수준에 이를
>   수 있다.

② 해결할 수 있는 갈등

두 사람이 반대되는 욕구나 목표, 가치, 이해에 놓였을 때는 해결 가능한 갈등이 일어난다. 목표와 욕망, 가치, 문제를 바라보는 시각과 이해하는 시각이 다를 경우에 일어날 수 있는 갈등이다.

(3) 갈등을 해결하기 위한 방법

① 갈등의 과정

② 갈등 해결 방법

회피형 (Avoiding)	• 자신과 상대방에 대한 관심이 모두 낮은 경우 • 개인의 갈등상황으로부터 철회 또는 회피하는 것 • '나도 지고 너도 지는 방법(I Lose-You Lose)'
경쟁형 (Competing)	• 지배형이라고도 함 • 자신에 대한 관심은 높고 상대방에 대한 관심은 낮은 경우 • '나는 이기고 너는 지는 방법(Win-Lose)', 제로섬(Zero Sum)
수용형 (Accomodating)	• 자신에 대한 관심은 낮고 상대방에 대한 관심은 높은 경우 • '나는 지고 너는 이기는 방법(I Lose-You Win)' • 상대방이 거친 요구를 해오는 경우에 전형적으로 나타나는 반응
타협형 (Compromising)	• 서로가 받아들일 수 있는 결정을 하기 위하여 타협적으로 주고받는 방식(Give and Take) • 갈등 당사자들이 반대의 끝에서 시작하여 중간 정도 지점에서 타협하여 해결점을 찾는 것
통합형 (Integrating)	• 협력형(Collaborating)이라고도 함 • 자신은 물론 상대방에 대한 관심이 모두 높은 경우로서 '나도 이기고 너도 이기는 방법 (Win-Win)' • 가장 바람직한 갈등 해결 유형

(4) 윈 - 윈(Win-Win) 갈등관리법

문제해결을 위해 서로의 관점과 공동의 책임을 수용하도록 하는 방법으로, 팀원들에게 서로의 역할을 바꾸어서 수행해보도록 하는 것 등을 예시로 들 수 있다. 어떤 모델을 적용할지 미리 결정하는 것보다 팀 내에서 대립이 있을 때마다 적절한 모델을 적용하는 것이 중요하다.

05 협상능력

(1) 협상의 단계

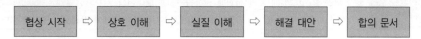

협상 시작 ⇨ 상호 이해 ⇨ 실질 이해 ⇨ 해결 대안 ⇨ 합의 문서

(2) 협상 전략의 종류

구분	내용
협력전략 (문제해결전략 : Cooperative Strategy)	• 'I Win, You Win, We Win' 전략 • 협상 참여자들이 협동과 통합으로 문제를 해결하고자 하는 협력적 문제 해결 전략 • 문제를 해결하는 합의에 이르기 위해서 협상 당사자들이 서로 협력하는 것 • 협상전술 : 협동적 원인 탐색, 정보수집과 제공, 쟁점의 구체화, 대안 개발, 개발된 대안들에 대한 공동평가, 협동하여 최종안 선택
유화전략 (양보전략 : Smoothing Strategy)	• 'I Lose, You Win' 전략 • 상대방이 제시하는 것을 일방적으로 수용하여 협상의 가능성을 높이려는 전략 • 상대방의 욕구와 주장에 자신의 욕구와 주장을 조정하고 순응시켜 굴복 • 협상전술 : 유화, 양보, 순응, 수용, 굴복, 요구사항의 철회 등
회피전략 (무행동전략 : Avoiding Strategy)	• 'I Lose, You Lose, We Lose' 전략 • 협상을 피하거나 잠정적으로 중단하거나 철수하는 전략 • 협상의 가치가 낮거나 중단하고자 할 때나 혹은 상대방에게 필요한 양보를 얻어내고자 할 때, 또는 협상 이외의 방법으로 대안이 존재할 경우에 회피전략 사용 • 협상전술 : 협상을 회피, 무시, 상대방의 도전에 대한 무반응, 협상안건을 타인에게 넘겨주기, 협상으로부터 철수 등
강압전략 (경쟁전략 : Forcing Strategy)	• 'I Win, You Lose' 전략 • 상대방의 주장을 무시하고 자신의 힘으로 일방적으로 밀어붙여 상대방에게 자신의 입장을 강요하는 전략 • 상대방에 비해 자신의 힘이 강하거나 서로 인간관계가 나쁘고, 신뢰가 전혀 없는 상황에서 자신의 실질적 결과를 극대화하고자 할 때 강압전략이 사용 • 협상전술 : 위압적인 입장 천명, 협박과 위협, 협박적 설득, 확고한 입장에 대한 논쟁, 협박적 회유와 설득, 상대방 입장에 대한 강압적 설명 요청

06 고객서비스능력

(1) 고객서비스의 의의

다양한 고객의 요구를 파악하고 대응법을 마련하여 고객에게 양질의 서비스를 제공하는 것을 말한다.

(2) 고객불만 처리 프로세스와 고객만족 조사

① 고객불만 처리 프로세스

경청	고객의 항의를 경청하고, 선입관을 버리고 문제를 파악한다.
감사와 공감 표시	• 일부러 시간을 내서 해결의 기회를 준 것에 감사를 표시한다. • 고객의 항의에 공감을 표시한다.
사과	문제점에 대해 인정하고 잘못된 부분에 대해 사과한다.
해결 약속	고객이 불만을 느낀 상황에 대해 관심과 공감을 보이며, 문제의 빠른 해결을 약속한다.

정보 파악	• 문제해결을 위해 꼭 필요한 질문만 하여 정보를 얻는다. • 최선의 해결 방법을 찾기 어려우면 고객에게 어떻게 해 주면 만족스러울지를 묻는다.
신속 처리	잘못된 부분을 신속하게 시정한다.
처리 확인과 사과	불만 처리 후 고객에게 처리 결과에 만족하는지를 물어본다.
피드백	고객불만 사례를 회사 및 전 직원에게 알려 다시는 동일한 문제가 발생하지 않도록 한다.

② 고객만족 조사

고객의 주요 요구를 파악해 가장 중요한 요구를 도출하고, 자사가 가지고 있는 자원을 토대로 경영 프로세스의 개선에 활용함으로써 경쟁력을 증대시키기 위한 것이다.

핵심예제

다음 자료는 갈등해결을 위한 6단계 프로세스이다. 3단계에 해당하는 대화의 예로 가장 적절한 것은?

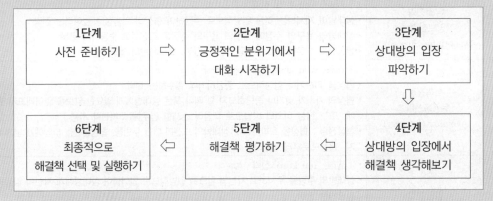

① 그럼 A씨의 생각대로 진행해 보시죠.
② 제 생각은 이런데, A씨의 생각은 어떠신지 말씀해 주시겠어요?
③ 저도 좋아요. 그것으로 결정해요.
④ 저는 모두가 만족하는 해결책을 찾고 싶어요.
⑤ A씨의 말은 아무리 들어도 이해가 안 되는데요.

| **해설** | 3단계는 상대방의 입장을 파악하는 단계이다. 따라서 자기 생각을 말한 뒤 A씨의 견해를 물으며 상대방의 입장을 파악하려는 ②가 3단계에 해당하는 대화로 가장 적절하다.

정답 ②

정답 및 해설 p.051

01 다음을 읽고 K팀장에게 조언할 수 있는 내용으로 옳지 않은 것은?

> K팀장은 팀으로 하여금 기존의 틀에 박힌 업무 방식에서 벗어나게 하고, 변화를 통해 효과적인 업무 방식을 도입하고자 한다. 하지만 변화에 대한 팀원들의 걱정이 염려스럽다. 변화가 일어나면 모든 팀원들이 눈치를 채기 마련이며, 이들은 변화에 대한 소문이 돌거나 변화 내용에 대한 설명도 하기도 전에 그것을 알아차림으로써 불확실하고 의심스러운 분위기가 조성될 수 있기 때문이다. 이로 인해 직원들은 두려움과 스트레스에 시달리며, 사기는 땅으로 떨어질 수 있다.

① 주관적인 자세를 유지한다.
② 개방적인 분위기를 조성한다.
③ 변화의 긍정적인 면을 강조한다.
④ 직원들의 감정을 세심하게 살핀다.
⑤ 변화에 적응할 시간을 준다.

02 다음 대화를 읽고 이해한 내용으로 옳지 않은 것은?

> A팀장 : 협상은 업무 중 언제든지 필요할 수 있는 의사결정과정으로 볼 수 있어요. 만약 여러분이 옷가게 매장 직원이라고 생각해 봅시다. 한 손님이 환불이 불가능한 옷을 가져와서 다짜고짜 환불처리를 해달라고 할 경우, 여러분들은 어떻게 대처할 것인가요?
> B사원 : 저는 고객에게 사과드린 후, 고객에게 연락처를 받아 잠시 갈등상황을 피해야 한다고 생각합니다. 작전상 잠시 후퇴하는 것으로 볼 수 있겠죠.
> C사원 : 저는 충분히 고객에게 이 옷이 환불이 불가능한 이유를 설명드린 후, 서로에게 모두 만족할만한 방법을 찾아볼 것 같아요.
> D사원 : 계속 이렇게 환불처리를 요구할 경우 경찰을 부를 수도 있음을 명시하고, 절대 환불해주어서는 안된다고 생각합니다.
> E사원 : 우선 고객의 기분이 풀릴 수 있도록 환불처리를 신속히 해드리는 것이 현명한 방법 아닐까요?

① B사원의 협상전략은 자신이 얻게 되는 결과나 인간관계 모두에 관심이 없는 경우에 유리한 협상 전략으로 볼 수 있다.
② C사원의 협상전략은 자신에게 돌아올 결과와 상대방에게 돌아갈 결과 모두 중요하게 여겨서 서로가 협력해야 한다.
③ C사원의 협상전략은 협상 당사자 간에 신뢰가 쌓여 있는 경우 유리한 협상전략으로 볼 수 있다.
④ D사원의 협상전략은 일방적인 의사소통으로 일방적인 양보를 받아내는 것을 말한다.
⑤ E사원의 협상전략은 상대방에 비해 자신의 힘이 강한 경우 유리한 협상전략으로 볼 수 있다.

03 다음 〈보기〉 중 올바른 갈등해결방법을 모두 고르면?

> **보기**
>
> ㉠ 사람들이 당황하는 모습을 보는 것은 되도록 피한다.
> ㉡ 사람들과 눈을 자주 마주친다.
> ㉢ 어려운 문제는 피하지 말고 맞선다.
> ㉣ 논쟁을 통해 해결한다.
> ㉤ 어느 한쪽으로 치우치지 않는다.

① ㉠, ㉡, ㉣   ② ㉠, ㉢, ㉤
③ ㉡, ㉢, ㉣   ④ ㉡, ㉢, ㉤
⑤ ㉢, ㉣, ㉤

04 최근의 연구 결과를 보면 대인관계능력이 높은 사람이 성공하는 경우가 더 많았으며, 과거와 다르게 학교성적은 성공과 크게 관련이 없다는 것이 밝혀졌다. 대인관계능력이 성공과 밀접한 관련이 있다고 할 경우, 다음 중 직장생활에서 성공하기 어려운 사람으로 바르게 짝지어진 것은?

> • B가 근무하는 부서에 신입사원 A가 입사하였다. 평소 B는 입사 때 회사선배로부터 일을 제대로 못 배워 동기들보다 승진이 늦어졌다고 생각하여, A에게 일을 제대로 가르친다는 생각으로 잘한 점은 도외시하고 못한 점만 과장하여 지적하여 A가 항상 긴장상태에서 일 처리를 하도록 하였다.
> • C의 입사동기이자 업무능력이 뛰어난 동료 D는 회사의 큰 프로젝트를 담당하고 있으며, 이 프로젝트를 성공리에 완수할 경우 올해 말에 C보다 먼저 승진할 가능성이 높았음에도 불구하고, D가 업무 도움을 요청하자 C는 흔쾌히 D의 업무를 도와주었다.
> • E는 자기 팀이 작년 연말평가에서 최하 등급을 받아서 팀 내 분위기가 어수선해지자, 팀의 발전이 자신의 발전이라고 생각하여 매일 아침에 모닝커피를 타서 팀원 전체에게 돌리고, 팀 내의 힘들고 궂은일을 솔선수범하여 처리하였다.
> • F는 대인관계에서 가장 중요한 것은 인간관계 기법과 테크닉이라고 생각하여, 진심에서 우러나오지 않지만 항상 무엇을 말하느냐, 어떻게 행동하느냐를 중시하였다.

① B, C   ② B, F
③ C, E   ④ C, F
⑤ E, F

※ 다음을 읽고 이어지는 질문에 답하시오. [5~6]

> B는 K비서실에서 사장 비서로 근무하고 있으며, 비서실에서 H비서실장, J대리와 함께 사장을 보좌하고 있다. 군대를 제대하고 입사한 B와 J대리는 동갑이나 J대리가 입사 선배이므로 비서실에서 선후배로 지내고 있다.

05 다음 중 비서실 내에서의 바람직한 인간관계를 유지하기 위한 설명으로 옳지 않은 것은?

① 선배 비서의 업무처리 방식이 자신의 방식과 다르더라도 선배의 업무스타일을 존중하고 맞추도록 노력하는 것이 좋다.

② 사장을 보좌하는 비서이지만, 비서실장의 지휘하에 업무를 수행하도록 한다.

③ 사장에게 보고할 내용이 있으면 비서실장에게 먼저 보인 후 사장에게 보고한다.

④ 비서실장과 선배 비서가 갈등 관계에 있다면, 사장에게 조언을 구한 후 지시에 따른다.

⑤ 업무를 모르는 일이 있다면, 독단적으로 처리하지 말고 선배 비서 등에게 조언을 구한다.

06 B비서는 최근 J선배가 다른 임원 비서에게 자신의 험담을 하는 것을 듣게 되어 선배 비서에게 약간의 실망감을 느꼈다. B비서와 선배 비서와의 갈등을 해결하는 방법으로 옳은 것은?

① 선배가 나에 대해 부정적이라는 것을 알았으므로 되도록 공동의 업무를 줄여나간다.

② 다른 임원 비서에게 오해를 적극적으로 해명하고 J대리와의 관계를 설명해 준다.

③ 업무시간이 끝난 후 회식 등의 모임에서 J선배에게 다가가려고 노력하여 친구로 지낸다.

④ J선배가 가입한 사내 등산모임에 가입하여 자연스럽게 오해를 풀도록 노력한다.

⑤ 업무 이외의 사적인 이야기는 아예 꺼내지 않도록 한다.

07 다음은 S공단 총무부에 근무하는 최과장과 S공단에 사무용품을 납품하는 협력업체 정사장의 대화이다. 거래처 관리를 위한 최과장의 업무처리 방식으로 바람직한 것은?

> 정사장 : 과장님, 이번 달 사무용품 주문량이 급격히 감소하여 궁금해 찾아왔습니다. 저희 물품에 무슨 문제라도 있습니까?
> 최과장 : 사장님께서 지난 7년간 계속 납품해 주고 계시는 것에 저희는 정말 만족하고 있습니다. 그런데 아시다시피 요즘 들어 경기가 침체되어 저희 내부에서도 비용절약운동을 하고 있어요. 그래서 개인책상 및 서랍 정리를 통해 사용 가능한 종이와 펜들이 많이 수거되었지요. 아마 이런 이유 때문이 아닐까요?
> 정사장 : 그렇군요. 그런데 얼마 전 저희에게 주문하시던 종이가방을 다른 업체에서도 견적서를 받으신 것을 우연히 알게 되었습니다. 저희 종이가방에 어떤 하자가 있었나요?
> 최과장 : 아, 그러셨군요. 사실 회사의 임원께서 종이가방의 비용이 많이 든다는 지적을 하셨습니다. 그래서 가격비교 차원에서 다른 업체의 견적서를 받아 본 것입니다.

① 유사 서비스를 제공하는 업체는 많으므로 늘 가격 비교 및 서비스 비교를 통해 업체를 자주 변경하는 것이 유리하다.
② 오래된 거래업체라고 해도 가끔 상호관계와 서비스에 대해 교차점검을 하는 것이 좋다.
③ 사내 임원이나 동료의 추천으로 거래처를 소개받았을 경우에는 기존의 거래처에서 변경하는 것이 좋다.
④ 한 번 선정된 업체는 될 수 있는 대로 변경하지 않고 동일 조건으로 계속 거래를 유지하는 것이 가장 바람직하다.
⑤ 거래할 때마다 다른 거래처와 거래를 함으로써 여러 거래처를 아는 것이 좋다.

08 다음은 동네 가게 주인 B씨에 대한 협상 사례이다. 제시된 사례를 읽고 옆 가게 주인과 비교하여 B씨에게 나타나는 협상의 문제점으로 옳은 것을 고르면?

> B씨는 동네 가게 주인이다. 어느 날 한 청년이 헐레벌떡 들어와 "목이 마르니 콜라를 주세요."라고 말하였다. 하지만 며칠 동안 콜라 도매상이 들리지 않는 바람에 콜라가 다 떨어진 것을 확인한 B씨는 "죄송합니다. 지금 콜라가 다 떨어졌네요."하고 대답했다. 그러자 그 청년은 밖으로 나가더니 바로 옆 가게로 들어가는 것이 아닌가? B씨는 그 모습을 보고 옆 가게에도 도매상이 들리지 않았으니 청년이 빈손으로 나올 것이라고 예상했다. 하지만 예상과 달리 청년은 콜라 대신에 사이다를 가지고 나왔다. B씨는 어떻게 사이다를 팔았는지 궁금해서 옆 가게 주인에게 물어보자, 옆 가게 주인은 "난 그저 콜라가 없지만 사이다를 대신 마시는 것은 어떤지 물어본 걸세."하고 대답했다.

① 협상 당사자의 주장에 대해 적극적으로 경청하지 않았다.
② 협상에 대해 자신이 원하는 바에 대한 주장을 제시하지 못했다.
③ 협상을 위해 상대방이 제시하는 것을 일방적으로 수용하지 않았다.
④ 협상 당사자가 실제로 원하는 것을 확인하지 못했다.
⑤ 협상 당사자와의 인간관계를 중요하게 여기지 않았다.

09 다음과 같은 상황에서 올바른 대응방안은?

> 고객이 상품을 주문했는데 배송이 일주일이 걸렸다. 상품을 막상 받아보니 사이즈가 작아 반품을 했으나, 주문처에서 갑자기 반품 배송비용을 청구하였다. 고객은 반품 배송비용을 고객이 부담해야 한다는 공지를 받은 적이 없어 당황해했으며 기분 나빠했다.

① 배송을 빨리 하도록 노력하겠습니다.
② 사이즈를 정확하게 기재하겠습니다.
③ 반품 배송비가 있다는 항목을 제대로 명시하겠습니다.
④ 주문서를 다시 한 번 확인하겠습니다.
⑤ 고객에게 사이즈를 교환해 주겠습니다.

10 C사원은 L닷컴에서 근무하고 있다. 하루는 같은 팀 E사원이 다음 자료를 보여주면서 보완할 것이 없는지 검토해달라고 부탁했다고 할 때, E사원에게 조언해줄 수 있는 말로 옳지 않은 것은?

① 고객 보고 후 피드백이 이루어지면 좋겠어요.
② 대책 수립 후 재발 방지 교육을 실시한 뒤 고객 보고가 이루어지면 좋겠어요.
③ 고객 불만 접수, 고객 보고 단계에 '사과'를 추가하면 좋겠어요.
④ 1단계에서는 고객의 불만을 경청하는 태도가 중요할 것 같아요.
⑤ 단계별로 진행 상황을 고객에게 통보해 준다면 좋겠어요.

CHAPTER 07 정보능력 핵심이론

01 정보능력의 의의

(1) 정보의 의의

① 정보능력의 의미

컴퓨터를 활용하여 필요한 정보를 수집, 분석, 활용하는 능력이다.

② 자료(Data), 정보(Information), 지식(Knowledge)

구분	일반적 정의	사례
자료	객관적 실체를 전달이 가능하게 기호화한 것	스마트폰 활용 횟수
정보	자료를 특정한 목적과 문제 해결에 도움이 되도록 가공한 것	20대의 스마트폰 활용 횟수
지식	정보를 체계화하여 보편성을 갖도록 한 것	스마트폰 디자인에 대한 20대의 취향

일반적으로 '자료 ⊇ 지식 ⊇ 정보'의 포함관계로 나타낼 수 있다.

③ 정보의 핵심특성

㉠ 적시성 : 정보는 원하는 시간에 제공되어야 한다.

㉡ 독점성 : 정보는 공개가 되고 나면 정보가치가 급감하나(경쟁성), 정보획득에 필요한 비용이 줄어드는 효과도 있다(경제성).

구분	공개 정보	반(半)공개 정보	비(非)공개 정보
경쟁성	낮음	⟶	높음
경제성	높음	⟵	낮음

(2) 정보화 사회

① 정보화 사회의 의의

정보가 사회의 중심이 되는 사회로 IT 기술을 활용해 필요한 정보가 창출되는 사회이다.

② 정보화 사회의 특징

- 정보의 사회적 중요성이 요구되며, 정보 의존성이 강화된다.
- 전 세계를 하나의 공간으로 여기는 수평적 네트워크 커뮤니케이션이 가능해진다.
- 경제 활동의 중심이 유형화된 재화에서 정보, 서비스, 지식의 생산으로 옮겨간다.
- 정보의 가치 생산을 중심으로 사회 전체가 움직이게 된다.

③ 미래 사회의 특징

- 지식 및 정보 생산 요소에 의한 부가가치 창출
- 세계화의 진전
- 지식의 폭발적 증가

(3) 정보 처리 과정

| 기획 | ⇨ | 수집 | ⇨ | 관리 | ⇨ | 활용 |

① 기획

정보 활동의 가장 첫 단계이며, 정보 관리의 가장 중요한 단계이다.

5W	What(무엇을)	정보의 입수대상을 명확히 한다.
	Where(어디에서)	정보의 소스(출처)를 파악한다.
	When(언제)	정보의 요구 시점을 고려한다.
	Why(왜)	정보의 필요 목적을 염두에 둔다.
	Who(누가)	정보 활동의 주체를 확정한다.
2H	How(어떻게)	정보의 수집 방법을 검토한다.
	How much(얼마나)	정보 수집의 효용성을 중시한다.

② 수집

㉠ 다양한 정보원으로부터 목적에 적합한 정보를 입수하는 것이다.

㉡ 정보 수집의 최종적인 목적은 '예측'을 잘하기 위함이다.

③ 관리

㉠ 수집된 다양한 형태의 정보를 사용하기 쉬운 형태로 바꾸는 것이다.

㉡ 정보관리의 3원칙

목적성	사용 목적을 명확히 설명해야 한다.
용이성	쉽게 작업할 수 있어야 한다.
유용성	즉시 사용할 수 있어야 한다.

④ 활용

최신 정보기술을 통한 정보들을 당면한 문제에 활용하는 것이다.

02 컴퓨터활용능력

(1) 인터넷 서비스의 종류

① 전자우편

- 인터넷을 이용하여 다른 이용자들과 정보를 주고받는 통신 방법을 말한다.
- 포털, 회사, 학교 등에서 제공하는 전자우편 시스템에 계정을 만들어 이용가능하다.

② 웹하드

웹서버에 대용량의 저장 기능을 갖추고 사용자가 개인의 하드디스크와 같은 기능을 인터넷을 통해 이용할 수 있게 하는 서비스를 말한다.

③ 메신저

컴퓨터를 통해 실시간으로 메시지와 데이터를 주고받을 수 있는 서비스이며, 응답이 즉시 이루어져 가장 보편적으로 사용되는 서비스이다.

④ 클라우드

> • 사용자들이 별도의 데이터 센터를 구축하지 않고도 인터넷 서버를 활용해 정보를 보관하고 있다가 필요할 때 꺼내 쓰는 기술을 말한다.
> • 모바일 사회에서는 장소와 시간에 관계없이 다양한 단말기를 통해 사용가능하다.

⑤ SNS

온라인 인맥 구축을 목적으로 개설된 커뮤니티형 웹사이트를 말하며 트위터, 페이스북, 인스타그램과 같은 1인 미디어와 정보 공유 등을 포괄하는 개념이다.

(2) 정보 검색

① 검색 엔진 유형

구분	내용
키워드 검색 방식	• 정보와 관련된 키워드를 직접 입력하여 정보를 찾는 방식 • 검색의 방법이 간단하나 키워드를 불명확하게 입력하면 효율적인 검색이 어려움
주제별 검색 방식	• 주제별, 계층별로 문서들을 정리해 DB를 구축한 후 이용하는 방식 • 원하는 정보를 찾을 때까지 분류된 내용을 차례로 선택해 검색
자연어 검색 방식	• 문장 형태의 질의어를 형태소 분석을 거쳐 각 질문에 답이 들어 있는 사이트를 연결해 주는 방식
통합형 검색 방식	• 검색엔진 자신만의 DB를 구축하지 않음 • 검색어를 연계된 다른 검색 엔진에 보낸 후 검색 결과를 보여줌

② 정보 검색 연산자

대문자, 소문자의 구분이 없으며, 앞뒤로 반드시 공백을 넣어야 한다.

기호	연산자	검색조건
*, &	AND	두 단어가 모두 포함된 문서를 검색 예 인공위성 and 자동차, 인공위성 * 자동차
|	OR	두 단어가 모두 포함되거나, 두 단어 중에서 하나만 포함된 문서를 검색 예 인공위성 or 자동차, 인공위성 | 자동차
-, !	NOT	'-' 기호나 '!' 기호 다음에 오는 단어는 포함하지 않는 문서를 검색 예 인공위성 not 자동차, 인공위성 ! 자동차
~, near	인접검색	앞 / 뒤의 단어가 가깝게 인접해 있는 문서를 검색 예 인공위성 near 자동차

(3) 업무용 소프트웨어

① 워드프로세서

㉠ 문서를 작성, 편집, 저장, 인쇄할 수 있는 프로그램을 말하며, 키보드 등으로 입력한 문서의 내용을 화면으로 확인하면서 쉽게 고칠 수 있어 편리하다.

㉡ 흔글과 MS-Word가 가장 대표적으로 활용되는 프로그램이다.

ⓒ 워드프로세서의 주요 기능

구분	내용
입력	키보드나 마우스를 통해 문자, 그림 등을 입력할 수 있는 기능
표시	입력한 내용을 표시 장치를 통해 나타내주는 기능
저장	입력된 내용을 저장하여 필요할 때 사용할 수 있는 기능
편집	문서의 내용이나 형태 등을 변경해 새롭게 문서를 꾸미는 기능
인쇄	작성된 문서를 프린터로 출력하는 기능

② 스프레드시트

ⓖ 수치나 공식을 입력하여 그 값을 계산해내고 결과를 차트로 표시할 수 있는 프로그램을 말하며, 다양한 함수를 이용해 복잡한 수식도 계산할 수 있다.

ⓛ Excel이 가장 대표적으로 활용되는 프로그램이다.

ⓒ 스프레드시트의 구성단위

스프레드시트는 셀, 열, 행, 영역의 4가지 요소로 구성된다. 그중에서 셀은 가로행과 세로열이 교차하면서 만들어지는 공간을 말하며 이는 정보를 저장하는 기본단위이다.

③ 프리젠테이션

ⓖ 컴퓨터 등을 이용하여 그 속에 담겨 있는 각종 정보를 전달하는 행위를 프리젠테이션이라고 하며, 이를 위해 사용되는 프로그램들을 프리젠테이션 프로그램이라고 한다.

ⓛ Power Point와 Keynote가 가장 대표적으로 활용되는 프로그램이다.

(4) 데이터베이스

① 데이터베이스의 의의

여러 개의 서로 연관된 파일을 데이터베이스라 하며, 이 연관성으로 인해 사용자는 여러 개의 파일에 있는 정보를 한 번에 검색할 수 있다.

데이터베이스 관리시스템	데이터와 파일의 관계를 생성, 유지, 검색할 수 있게 하는 소프트웨어
파일 관리시스템	한 번에 한 개의 파일만 생성, 유지, 검색할 수 있는 소프트웨어

② 데이터베이스의 필요성

구분	내용
데이터 중복 감소	데이터를 한 곳에서만 갖고 있으므로 유지 비용이 절감된다.
데이터 무결성 증가	데이터가 변경될 경우 한 곳에서 수정하는 것만으로 해당 데이터를 이용하는 모든 프로그램에 반영된다.
검색의 용이	한 번에 여러 파일에서 데이터를 찾을 수 있다.
데이터 안정성 증가	사용자에 따라 보안등급에 차등을 둘 수 있다.

03 정보처리능력

(1) 1차 자료와 2차 자료

1차 자료	원래의 연구 성과가 기록된 자료
2차 자료	1차 자료를 효과적으로 찾아보기 위한 자료 혹은 1차 자료에 포함되어 있는 정보를 압축, 정리한 자료

(2) 인포메이션과 인텔리전스

인포메이션	하나하나의 개별적인 정보
인텔리전스	인포메이션 중 몇 가지를 선별해 그것을 연결시켜 판단하기 쉽게 도와주는 하나의 정보 덩어리

(3) 정보 분석의 절차

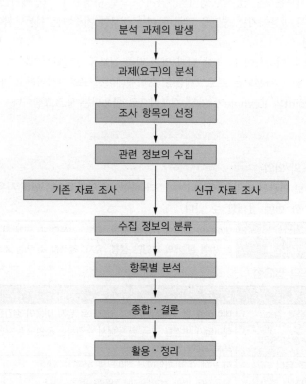

분석 과제의 발생
↓
과제(요구)의 분석
↓
조사 항목의 선정
↓
관련 정보의 수집

기존 자료 조사　　　신규 자료 조사

↓
수집 정보의 분류
↓
항목별 분석
↓
종합 · 결론
↓
활용 · 정리

(4) 정보의 서열화와 구조화

① 1차 정보가 포함하는 내용을 몇 개의 카테고리로 분석해 각각의 상관관계를 확정하고,

② 1차 정보가 포함하는 주요 개념을 대표하는 용어(키워드)를 추출하며,

③ 이를 간결하게 서열화·구조화해야 한다.

(5) 효율적인 정보 관리 방법

① 목록을 이용한 정보 관리

정보에서 중요 항목을 찾아 기술한 후 정리해 목록을 만드는 것이며, 디지털 파일로 저장해 두면 특정 용어를 입력하는 것만으로 결과물을 쉽게 찾을 수 있다.

② 색인을 이용한 정보 관리

㉠ 목록과 색인의 차이

목록	한 정보원에 하나의 목록이 대응된다.
색인	한 정보원에 여러 색인을 부여할 수 있다.

㉡ 색인의 구성요소

③ 분류를 이용한 정보 관리

유사한 정보를 하나로 모아 분류하여 정리하는 것은 신속한 정보 검색을 가능하게 한다.

(6) 개인정보의 보호

① 개인정보의 의미

생존하는 개인에 관한 정보로서, 정보에 포함된 성명 등에 의해 개인을 식별할 수 있는 정보를 의미한다. 단일 정보뿐만 아니라 다른 정보와 결합해 식별할 수 있는 것도 이에 해당한다.

② 개인정보의 유출 방지

- 회원 가입 시 이용 약관 확인
- 이용 목적에 부합하는 정보를 요구하는지 확인
- 정기적인 비밀번호 교체
- 정체가 불분명한 사이트 접속 자제
- 가입 해지 시 정보 파기 여부 확인
- 생년월일, 전화번호 등 유추 가능한 비밀번호 사용 자제

A전자는 사원들만 이용할 수 있는 사내 공용 서버를 운영하고 있다. 이 서버는 아이디와 패스워드를 입력하지 않고, 자유롭게 접속하여 업무 관련 파일들을 올리고 내릴 수 있다. 하지만 얼마 전부터 공용 서버의 파일을 다운로드 받은 개인용 컴퓨터에서 바이러스가 감지되어 우선적으로 공용 서버의 바이러스를 모두 치료하였다. 이런 상황에서 발생한 문제에 대처하기 위한 추가 조치 사항으로 옳은 것만을 〈보기〉에서 모두 고르면?

보기

ㄱ. 접속하는 모든 컴퓨터를 대상으로 바이러스를 치료한다.
ㄴ. 공용 서버에서 다운로드한 파일을 모두 실행한다.
ㄷ. 접속 후에는 쿠키를 삭제한다.
ㄹ. 임시 인터넷 파일의 디스크 공간을 최대로 늘린다.

① ㄱ, ㄴ
② ㄱ, ㄷ
③ ㄴ, ㄷ
④ ㄷ, ㄹ
⑤ ㄴ, ㄹ

| 해설 | ㄱ. 공용 서버 안의 모든 바이러스를 치료한 후에 접속하는 모든 컴퓨터를 대상으로 바이러스 검사를 하고 치료해야 한다.
ㄷ. 쿠키는 공용으로 사용하는 PC로 인터넷에 접속했을 때 개인 정보 유출을 방지하기 위해 삭제한다.

오답분석
ㄴ. 다운로드 받은 감염된 파일을 모두 실행하면 바이러스가 더욱 확산된다.
ㄹ. 바이러스 치료에 대한 조치 사항과는 무관한 내용이다.

정답 ②

정답 및 해설 p.053

01 다음 중 디지털 컴퓨터와 아날로그 컴퓨터의 차이점에 대한 설명으로 옳은 것은?

① 디지털 컴퓨터는 전류, 전압, 온도 등 다양한 입력 값을 처리하며, 아날로그 컴퓨터는 숫자 데이터만을 처리한다.

② 디지털 컴퓨터는 증폭 회로로 구성되며, 아날로그 컴퓨터는 논리 회로로 구성된다.

③ 아날로그 컴퓨터는 미분이나 적분 연산을 주로 하며, 디지털 컴퓨터는 산술이나 논리 연산을 주로 한다.

④ 아날로그 컴퓨터는 범용이며, 디지털 컴퓨터는 특수 목적용으로 많이 사용된다.

⑤ 디지털 컴퓨터는 연산속도가 빠르지만 아날로그 컴퓨터는 느리다.

02 다음 A사원과 B사원의 대화를 볼 때, 빈칸에 들어갈 단축키로 옳은 것은?

> A사원 : 오늘 야근 예정이네. 이걸 다 언제하지?
> B사원 : 무슨 일인데 그래?
> A사원 : 아니 부장님이 오늘 가입한 회원들 중 30대의 데이터만 모두 추출하라고 하시잖아. 오늘 가입한 사람들만 1,000명이 넘는데….
> B사원 : 엑셀의 자동필터 기능을 사용하면 되잖아. 단축키는 _____ 야.
> A사원 : 이런 기능이 있었구나! 덕분에 오늘 일찍 퇴근할 수 있겠군. 고마워!

① Ctrl + Shift + L

② Ctrl + Shift + 5

③ Ctrl + Shift + 7

④ Ctrl + Shift + :

⑤ Ctrl + Shift + F

03 S공사의 K사원이 윈도우 10의 바탕화면에서 마우스 오른쪽 버튼을 클릭하였더니 그림과 같은 설정 창이 나타났다. 다음 설정 창에서 볼 수 있는 기능이 아닌 것은?

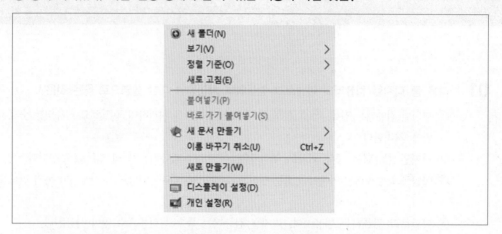

① 디스플레이 설정에 들어가서 야간 모드를 설정할 수 있다.

② 디스플레이 설정에 들어가서 잠금 화면을 설정할 수 있다.

③ 개인 설정에 들어가서 배경화면 색을 바꿀 수 있다.

④ 개인 설정에 들어가서 작업표시줄 기능을 바꿀 수 있다.

⑤ 개인 설정에 들어가서 윈도우 테마를 바꿀 수 있다.

04 다음을 읽고 정보관리의 3원칙에 해당하는 것을 고르면?

'구슬이 서말이라도 꿰어야 보배'라는 속담처럼, 여러 가지 채널과 갖은 노력 끝에 입수한 정보가 우리가 필요한 시점에 즉시 활용되기 위해서는 모든 정보가 차곡차곡 정리되어 있어야 한다. 이처럼 정보의 관리란 수집된 다양한 형태의 정보를 어떤 문제해결이나 결론도출에 사용하기 쉬운 형태로 바꾸는 일이다. 정보를 관리할 때에는 특히 정보에 대한 사용목표가 명확해야 하며, 정보를 쉽게 작업할 수 있어야 하고, 또한 즉시 사용할 수 있어야 한다.

① 목적성, 용이성, 유용성   ② 다양성, 용이성, 통일성

③ 용이성, 통일성, 다양성   ④ 통일성, 목적성, 유용성

⑤ 통일성, 목적성, 용이성

05 우리의 주위에는 수많은 정보가 있지만, 그 자체로는 의미가 없으며 정보를 분석하고 가공하여야만 정보로서의 가치를 가질 수 있다. 다음 중 정보분석에 대한 설명으로 옳지 않은 것은?

① 정보분석이란 여러 정보를 상호 관련지어 새로운 정보를 생성해내는 활동이다.

② 서로 상반되거나 큰 차이가 있는 정보의 내용을 판단해서 새로운 해석을 할 수 있다.

③ 좋은 자료는 항상 훌륭한 분석이 될 수 있다.

④ 한 개의 정보로써 불분명한 사항을 다른 정보로써 명백히 할 수 있다.

⑤ 반드시 고도의 수학적 기법을 요구하는 것만은 아니다.

PART 2

06 창고 물품 내역에 대해 작성한 재고량 조사표의 수정 사항 중 옳은 것을 〈보기〉에서 모두 고르면?

〈창고 물품 내역〉

• A열 : LCD 모니터 3대, 스캐너 2대, 마우스 2대
• B열 : 스피커 5대, USB 메모리 15개, 키보드 10대
• C열 : 레이저 프린터 3대, 광디스크 4개

〈재고량 조사표〉

(단위 : 개)

구분	입력 장치	출력 장치	저장 장치
수량	14	15	19

보기

ㄱ. 입력 장치의 수량을 12개로 한다.
ㄴ. 출력 장치의 수량을 11개로 한다.
ㄷ. 저장 장치의 수량을 16개로 한다.

① ㄱ   ② ㄴ

③ ㄱ, ㄷ   ④ ㄴ, ㄷ

⑤ ㄱ, ㄴ, ㄷ

07 다음은 회사 게시판을 관리하는 A사원과 B사원의 대화이다. 빈칸에 들어갈 내용으로 옳지 않은 것은?

> A사원 : 요즘 회사 게시판을 이용하면서 네티켓을 지키지 않는 사람들이 많은 것 같아.
> B사원 : 맞아. 게시판에 올린 글은 많은 사람들이 보고 있다는 것을 인식하면 좋을텐데.
> A사원 : 회사 게시판 사용 네티켓을 안내하는 것은 어떨까?
> B사원 : 좋은 생각이야. 게시판 사용 네티켓으로는 '_____'는 내용이 포함되어야 해.

① 글의 내용은 길게 작성하기보다 간결하게 요점만 작성한다.

② 게시판의 주제와 관련 없는 내용은 올리지 않는다.

③ 글을 쓰기 진에 이미 같은 내용의 글이 없는지 확인한다.

④ 글의 내용 중 잘못된 점이 있으면 빨리 수정하거나 삭제한다.

⑤ 글의 제목에는 함축된 단어를 가급적 사용하지 않는다.

08 다음 중 ㉠, ㉡에 들어갈 기능으로 옳은 것은?

> ____㉠____은/는 특정 값의 변화에 따른 결괏값의 변화 과정을 한 번의 연산으로 빠르게 계산하여 표의 형태로 표시해 주는 도구이고, ____㉡____은/는 비슷한 형식의 여러 데이터의 결과를 하나의 표로 통합하여 요약해 주는 도구이다.

	㉠	㉡
①	데이터 표	통합
②	정렬	시나리오 관리자
③	데이터 표	피벗 테이블
④	해 찾기	데이터 유효성 검사
⑤	통합	정렬

09 다음 〈보기〉의 (가) ~ (라)는 워드프로세서의 출력장치와 관련된 용어를 설명한 것이다. 이에 대한 설명으로 옳지 않은 것을 모두 고르면?

> **보기**
>
> (가) 프린터 버퍼(Print Buffer) : 인쇄할 내용을 임시 보관하는 장소
> (나) 하드 카피(Hard Copy) : 화면에 표시된 문서나 내용을 그 상태 그대로 프린터에 출력하는 기능
> (다) 스풀(Spool) : 워드프로세서의 산출된 출력 값을 특정 프린터 모델이 요구하는 형태로 번역해 주는 소프트웨어
> (라) 폼피드(Form Feed) : 용지 넘김이라고 하며, 프린터에서 그 다음 페이지의 맨 처음 위치까지 종이를 밀어 올리는 것

① (가)
② (다)
③ (가), (나)
④ (다), (라)
⑤ (가), (나), (다)

10 다음 중 스프레드시트의 차트에 대한 설명으로 옳지 않은 것은?

① 표면형 차트 : 두 개의 데이터 집합에서 최적의 조합을 찾을 때 사용한다.
② 방사형 차트 : 분산형 차트의 한 종류로, 데이터 계열 간의 항목 비교에 사용된다.
③ 분산형 차트 : 데이터의 불규칙한 간격이나 묶음을 보여주는 것으로, 주로 과학이나 공학용 데이터 분석에 사용된다.
④ 이중 축 차트 : 특정 데이터 계열의 값이 다른 데이터 계열의 값과 현저하게 차이가 날 경우나 두 가지 이상의 데이터 계열을 가진 차트에 사용한다.
⑤ 원형 차트 : 데이터 계열 하나에 있는 항목의 크기가 항목 합계에 비례하여 표시되며, 데이터 요소는 원형 전체에 대한 백분율로 표시된다. 원형 차트는 각 항목의 값들이 항목 합계의 비율로 표시되므로 중요한 요소를 강조할 때 사용하기 좋다.

CHAPTER 08 기술능력 핵심이론

01 기술능력의 의의

(1) 기술의 의의

① 기술의 의미

지적인 도구를 특정한 목적에 사용하는 지식 체계를 말하며 제품이나 용역을 생산하는 원료, 생산 공정 등에 대한 지식의 집합체를 의미한다.

② 노하우(Know-how)와 노와이(Know-why)

원래 노하우의 개념이 강하였으나 시대가 지남에 따라 노하우와 노와이가 결합하는 모습을 보이고 있다.

노하우	• 특허권을 수반하지 않는 엔지니어 등이 가지고 있는 체화된 기술 • 경험적, 반복적인 행위를 통해 얻게 됨
노와이	• 어떻게 기술이 성립하고 작용하는가에 대한 원리적 측면 • 이론적인 지식으로서, 과학적인 탐구를 통해 얻게 됨

③ 광의의 기술과 협의의 기술

광의의 기술	직업 세계에서 필요로 하는 기술적 요소
협의의 기술	구체적 직무수행능력

(2) 기술 교양과 기술 능력

기술 교양	기술의 특성 등에 대해 일정 수준의 지식을 갖추는 것
기술 능력	일상적으로 요구되는 수단·도구·조작 등에 대한 기술적인 요소들을 이해하고, 적절한 기술을 선택·적용하는 능력. 기술교양의 개념을 구체화시킨 개념

(3) 산업재해

① 산업재해의 의미

산업 활동 중의 사고로 인해 사망·부상을 당하거나 유해 물질에 의한 중독 등으로 직업성 질환, 신체적 장애를 가져오는 것

② 산업재해의 원인

교육적 원인	안전지식의 불충분, 안전수칙의 오해, 훈련의 불충분 등
기술적 원인	기계 장치의 설계불량, 구조물의 불안정, 생산 공정의 부적당 등
작업 관리상 원인	안전관리 조직의 결함, 작업 준비 불충분, 인원 배치의 부적당 등

286 · 대기업·공기업 고졸채용 인적성검사 및 NCS

③ 산업재해 예방 대책 5단계

안전관리 조직	• 경영자 : 사업장의 안전 목표 설정, 안전관리 책임자 선정 • 안전관리 책임자 : 안전계획 수립, 시행, 감독
사실의 발견	사고 조사, 현장 분석, 관찰 및 보고서 연구, 면담 등
원인 분석	발생 장소, 재해 형태, 재해 정도, 공구 및 장비의 상태 등
시정책의 선정	기술적 개선, 인사 조정 및 교체, 공학적 조치 등
시정책의 적용	안전에 대한 교육 및 훈련 실시, 결함 개선 등

④ 불안전한 행동과 상태의 제거

불안전한 행동 제거	안전수칙 제정, 상호간 불안전한 행동 지적, 쾌적한 작업 환경 등
불안전한 상태 제거	안전성이 보장된 설비제작, 사고 요인의 사전 제거

02 기술이해능력

(1) 기술이해능력의 의의

기본적인 업무 수행에 필요한 기술의 원리 및 절차를 이해하는 능력이다.

(2) 기술 시스템의 의의

개별 기술들이 네트워크로 결합하여 새로운 기술이 만들어지는 것을 말한다.

(3) 기술 시스템의 발전 4단계

1단계	• 발명, 개발, 혁신의 단계 • 기술 시스템이 탄생하고 성장하며, 기술자의 역할이 중요
2단계	• 이전의 단계 • 성공적인 기술이 다른 지역으로 이동하며, 기술자의 역할이 중요
3단계	• 성장의 단계 • 기술 시스템 사이의 경쟁이 이루어지며 기업가의 역할이 중요
4단계	• 공고화 단계 • 경쟁에서 승리한 기술시스템이 관성화되며 자문 엔지니어의 역할이 중요

03 기술선택능력

(1) 기술선택의 의의

기업이 어떤 기술을 외부로부터 도입할 것인지 자체 개발할 것인지를 결정하는 것이다.

(2) 의사결정 방법

상향식 기술선택	• 연구자나 엔지니어들이 자율적으로 기술을 선택한다. • 고객의 니즈와 동떨어진 기술이 선택될 수 있다.
하향식 기술선택	• 경영진과 기획담당자들에 의한 체계적인 분석이 이루어진다. • 내부역량과 외부환경 분석, 전략수립을 통해 우선순위를 결정한다.

(3) 기술선택 절차

(4) 벤치마킹

① 벤치마킹의 의의
특정 분야에서 뛰어난 기술 등을 배워 합법적으로 응용하는 것으로, 단순한 모방이 아니라 자사의 환경에 맞추어 재창조하는 것을 말한다.

② 벤치마킹의 종류

비교대상에 따른 분류	내부 벤치마킹	• 대상 : 같은 기업 내의 유사한 활용 • 자료 수집이 용이하고 다각화된 우량기업의 경우 효과가 크나, 관점이 제한적일 수 있다.
	경쟁적 벤치마킹	• 대상 : 동일 업종에서 고객을 공유하는 경쟁기업 • 기술에 대한 비교가 가능하지만, 대상의 적대적인 태도로 인해 자료 수집이 어렵다.
	비경쟁적 벤치마킹	• 대상 : 우수한 성과를 거둔 비경쟁 기업 • 혁신적인 아이디어의 창출 가능성이 높으나, 환경이 상이하다는 것을 감안하지 않으면 효과가 없다.
	글로벌 벤치마킹	• 대상 : 최고로 우수한 동일 업종의 비경쟁적 기업 • 자료 수집이 용이하나, 문화, 제도적인 차이로 인한 차이를 감안하지 않으면 효과가 없다.
수행방식에 따른 분류	직접적 벤치마킹	• 직접 접촉하여 자료를 입수하고 조사하기 때문에 정확도가 높으며 지속가능하다. • 벤치마킹 대상의 선정이 어렵고 수행비용 및 시간이 과다하게 소요된다.
	간접적 벤치마킹	• 인터넷 및 문서 형태의 자료를 통해서 수행한다. • 비용과 시간이 절약되나 벤치마킹 결과가 피상적이며 핵심 자료의 수집이 어렵다.

(5) 지식재산권
인간의 창조적 활동 또는 경험 등을 통해 창출되거나 발견한 지식·정보·기술이나 표현·표시, 그 밖에 무형적인 것으로서, 재산적 가치가 실현될 수 있는 지적 창작물에 부여된 권리를 말한다.

04 기술적용능력

(1) 기술적용능력과 기술경영

① 기술적용능력의 의의

직장생활에 필요한 기술을 실제로 적용하고 결과를 확인하는 능력을 말한다.

② 기술적용의 형태

기술을 그대로 적용	• 시간과 비용의 절감 • 기술이 적합하지 않을 경우 실패할 가능성 높음
기술을 그대로 적용하되 불필요한 기술은 버리고 적용	• 시간과 비용의 절감, 프로세스의 효율성 • 버린 기술이 과연 불필요한가에 대한 문제제기
기술을 분석하고 가공	• 시간과 비용의 소요 • 업무 환경에 맞는 프로세스를 구축할 수 있음

③ 기술적용 시 고려사항

> • 기술적용에 따른 비용이 많이 드는가?
> • 기술의 수명주기는 어떻게 되는가?
> • 기술의 전략적 중요도는 어떻게 되는가?
> • 잠재적으로 응용 가능성이 있는가?

(2) 네트워크 혁명과 융합기술

① 네트워크 혁명의 의의

사람과 사람을 연결하는 방법, 정보를 교환하는 방법 등 대상 간의 연결 방법에 혁명적인 변화가 생기고 있는 현상을 말하며, 인터넷이 상용화된 1990년대 이후에 촉발되었다.

② 네트워크 혁명의 특징

> • 정보통신 네트워크의 전 지구성에 따라 네트워크 혁명도 전 지구적이다.
> • 상호 영향이 보편화되면서 사회의 위험과 개인의 불안이 증가한다.
> • '이타적 개인주의'라는 공동체 철학이 부각된다.

③ 네트워크 혁명의 3가지 법칙

무어의 법칙	컴퓨터의 파워가 18개월마다 2배씩 증가
메트칼피의 법칙	네트워크의 가치는 사용자 수의 제곱에 비례
카오의 법칙	창조성은 네트워크가 가진 다양성이 비례

④ 융합기술의 의의

나노기술(NT), 생명공학기술(BT), 정보기술(IT), 인지과학(CS)의 4대 핵심기술(NBIC)이 상호 의존적으로 결합되는 것을 의미한다.

A씨는 반도체 회사의 기술연구팀에서 연구원으로 근무하고 있다. 하루는 인사팀에서 '기술능력이 뛰어난 신입사원' 한 명을 추천해달라는 요청을 받았다. A씨는 추천에 앞서 먼저 해당 추천서에 필요한 평가 항목을 정하려고 한다. 다음 중 추천서의 평가 항목으로 옳지 않은 것은?

① 문제를 해결하기 위해 다양한 해결책을 개발하고 평가하려는 사람인가?
② 실질적 문제해결을 위해 필요한 지식이나 자원을 선택하고 적용할 줄 아는 사람인가?
③ 아무런 제약이 없다면 자신의 능력을 최대한 발휘할 수 있는 사람인가?
④ 처리하는 기술적 문제 사항이 실제 업무에 효용성이 있는가?
⑤ 해결에 필요한 문제를 예리하게 간파할 줄 아는 사람인가?

| 해설 | 기술능력이 뛰어난 사람은 한계가 주어지더라도 문제를 잘 해결할 줄 아는 사람이다. 따라서 기술능력이 뛰어난 신입사원을 평가하는 항목에서 아무런 제약이 없을 때의 가능성을 묻는 질문은 옳지 않다.

기술능력이 뛰어난 사람
• 실질적 해결을 필요로 하는 문제를 인식할 줄 아는 사람
• 인식한 문제를 위해 여러 해결책을 개발할 줄 아는 사람
• 문제해결을 위해 지식이나 자원 등의 사항들을 선택하여 적용할 줄 아는 사람
• 한계가 주어지거나 자원이 제한적이더라도 일할 줄 아는 사람
• 효용적으로 기술적 해결이 가능한 사람
• 다양한 상황 속에서도 기술적 체계와 도구를 사용하고 배울 줄 아는 사람

정답 ③

01 다음을 읽고 추론할 수 있는 기술혁신의 특성으로 옳은 것은?

> 인간의 개별적인 지능과 창의성, 상호학습을 통해 발생하는 새로운 지식과 경험은 빠른 속도로 축적되고 학습되지만, 이러한 지식은 문서화되기 어렵기 때문에 다른 사람들에게 쉽게 전파될 수 없다. 따라서 연구개발에 참가한 연구원과 엔지니어들이 그 기업을 떠나는 경우 기술과 지식의 손실이 크게 발생하여 기술 개발을 지속할 수 없는 경우가 종종 발생한다.

① 기술혁신은 그 과정 자체가 매우 불확실하다.
② 기술혁신은 장기간의 시간을 필요로 한다.
③ 기술혁신은 지식 집약적인 활동이다.
④ 기술혁신 과정의 불확실성과 모호함은 기업 내에서 많은 갈등을 유발할 수 있다.
⑤ 기술혁신은 조직의 경계를 넘나든다.

02 다음에서 드러난 산업재해에 대한 원인으로 옳지 않은 것은?

> 전선 제조 사업장에서 고장난 변압기 교체를 위해 K전력 작업자가 변전실에서 작업 준비하던 중 특고압 배전반 내 충전부 COS 1차 홀더에 접촉 감전되어 치료 도중 사망하였다. 증언에 따르면 변전실 TR-5 패널의 내부는 협소하고, 피재해자의 키에 비하여 경첩의 높이가 높아 문턱 위에 서서 불안전한 작업자세로 작업을 실시하였다고 한다. 또한 피재해자는 전기 관련 자격이 없었으며, 복장은 일반 안전화, 면장갑, 패딩점퍼를 착용한 상태였다.

① 불안전한 행동   ② 불안전한 상태
③ 작업 관리상 원인   ④ 기술적 원인
⑤ 작업 준비 불충분

03 다음 자료를 참고할 때, 빈칸에 들어갈 말로 옳은 것은?

> 우선 지역의 특성을 살려 진열 방법을 바꿨다. 즉, 가족 고객이 많은 지역의 매장에는 패밀리 코디를 강조하는 것이다. 그리고 대학가 지역에는 젊은 층을 공략한 코디를 전시하도록 했다. 이처럼 동일한 상품이지만 판에 박힌 진열 방식을 완전히 뒤집은 것이 가장 큰 성공전략이었다.

> 귀하는 의류회사의 마케팅팀에서 팀장으로 근무하고 있다. 다음 자료와 같은 기사를 본 귀하는 해당 기업을 벤치마킹하여 제품진열 _____ 변경에 대한 회의 안건을 제안하려 한다.

① 매뉴얼   ② 약관
③ 정관   ④ 계약서
⑤ 작업지시서

04 귀하는 캐나다 정부에서 막대한 예산을 투입해 토양 청정화 기술을 지원한다는 기사를 읽고, 현재 추진 중인 프로젝트에 접목해 보려고 한다. 다음 〈보기〉에서 귀하가 선택할 만한 계획으로 옳은 것을 모두 고르면?

> **보기**
> ㄱ. 고갈되는 에너지를 최대한 활용해 낭비적 소비 형태를 지양하는 방향으로 추진해 보자.
> ㄴ. 미래 세대보다는 현재 세대의 발전과 환경적 상황을 고려해야 돼.
> ㄷ. 자원의 재생산뿐 아니라 얼마나 생산적인 방식으로 사용되는지도 고려해 봐야겠다.
> ㄹ. 기술적 효용뿐 아니라 환경적 효용까지 추구해야 할 거야.

① ㄱ   ② ㄴ
③ ㄹ   ④ ㄱ, ㄴ
⑤ ㄷ, ㄹ

05 겨울철 난방뿐만 아니라 임산부 산후조리, 신경통 환자 등 수요가 늘어나면서 전기요 매출이 해마다 늘고 있고 이에 따라 고객의 문의도 늘어나고 있는 추세이다. 고객상담팀에서 근무하고 있는 김과장은 사원 정기 교육을 앞두고 제품 매뉴얼을 점검하고 있다. 다음 중 전기요 사용 시 지켜야 할 사항으로 옳지 않은 것은?

〈올바른 사용법〉

• 침대 사용 시 전기요·전기장판을 구김 없이 바르게 펼쳐 밀리지 않도록 고정하여 사용하십시오.
• 바닥에서 사용하실 때는 카펫을 깔고 그 위에 전기요를 펼치고 위에 얇은 패드를 깔아서 사용하시면 보온효과가 크고 전력소모도 적게 들어 경제적입니다.
• 전기요 본체의 접속기와 온도 조절기의 접속코드를 정확하게 꽂아주십시오.
• AC 220V 전원 플러그를 정확히 꽂아 사용하십시오.
• 선택된 온도는 실온에 따라 자동조절이 됩니다.

〈사용 시 주의사항〉

• 제품을 접어서 방석용으로 사용하지 마십시오.
• 구겨진 상태나 젖은 채로 사용하지 마십시오.
• 무거운 물체를 올려놓지 마십시오.
• 온도 조절기는 반드시 본체(이불) 밖으로 내어놓고 사용하십시오.
• 장시간 사용할 때에는 취침 모드 또는 저온으로 사용하십시오.
• 본 제품은 옥외용이 아닙니다.
• 베개는 가급적 본체 밖에 놓고 사용하십시오.
• 사용 중에 이불을 개어 본체 위 한쪽에 쌓아 놓은 채로 사용하지 마십시오.
• 라텍스 매트리스 사용 시에는 보온력이 높아 과열될 수 있으니 취침 모드 또는 저온으로 사용하십시오.
• 온도 조절기는 절대로 다른 조절기와 바꾸어 사용하지 마십시오.
• 사용하지 않을 때는 반드시 전원 플러그를 콘센트에서 빼 주십시오.
• 온도 조절기는 수분이 많은 곳을 피해야 하며, 물이 묻었을 때는 말린 후에 사용하시거나 A/S센터에 문의 바랍니다.
• 온도 조절기 내부를 임의로 열거나 조작하면 화재나 불량의 원인이 됩니다.
• 온도 조절기가 낡거나 손상을 입지 않았는지 자주 살펴보아야 합니다.
• 전기요 본체를 세탁할 때는 드럼 세탁기 사용이 가능(울 코스)합니다.
• 전기요 세탁 후 말릴 때는 잘 펴서 햇볕에 말려 주세요.
• 전기요 커버는 세탁기 세탁이 가능합니다.
• 전기요 커버를 세탁할 때는 표백제 사용을 하시면 안 됩니다.
• 먼지를 턴다고 두드리지 마십시오.
• 사용하지 않을 시에는 가볍게 접어서 제일 위에 올려 놓습니다.

---

① 열선 손상의 위험이 있기 때문에 보관 및 사용 시 접지 않아야 한다.
② 맨바닥에 깔면 안 된다.
③ 커버 및 본체는 세탁기 사용이 가능하다.
④ 본체에 압력이 가해지면 안 된다.
⑤ 사용 시 가장 경계해야 할 환경 요소는 습도이다.

06 다음을 읽고 이해한 내용으로 가장 적절한 것은?

> 최근 환경오염의 주범이었던 화학회사들이 환경 보호 정책을 표방하고 나섰다. 기업의 분위기가 변하면서 대학의 엔지니어뿐만 아니라 기업에 고용된 엔지니어들도 점차 대체기술, 환경기술, 녹색 디자인 등을 추구하는 방향으로 전환해 가고 있는 것이다.
> 또한, 최근 각광받고 있는 3R의 구호[줄이고(Reduce), 재사용하고(Reuse), 재활용하자(Recycle)]는 엔지니어들로 하여금 미래 사회를 위한 자신들의 역할에 대해 방향을 제시해 주고 있다.

① 개발이라는 이름으로 행해지는 개발독재의 사례로 볼 수 있어.
② 자연과학기술에 대한 연구개발의 사례로 적절하구나.
③ 균형과 조화를 위한 지속가능한 개발의 사례로 볼 수 있어.
④ 기술이나 자금을 위한 개발수입의 사례인 것 같아.
⑤ 기업의 생산능률을 위한 조직개발의 사례로 볼 수 있겠구나.

07 다음은 A공사가 신기술 개발과 사업화 역량에 집중하고자 선정한 10대 핵심전략기술이다. 이에 대한 설명으로 옳지 않은 것은?

> 〈A공사 선정 10대 핵심전략기술 중 일부〉
> • CCUS(탄소포집 저장 활용)   • Micro Grid
> • Smart Grid   • ESS(에너지저장장치)
> • ICT 융복합

① CCUS : 이산화탄소를 고순도로 포집하여 압축, 저장, 활용하는 기술
② Micro Grid : 전력설비 안전성 강화 및 효율 증대 원천기술 및 공정 신소재 개발(자기치유, 슈퍼 커패시터, 3D프린팅 등)
③ Smart Grid : 기존 전력망에 ICT를 접목, 에너지 효율을 최적화, 전력사용 절감을 유도하는 전력망
④ ESS : 전력에너지를 필요시 저장, 공급하여 에너지 효율을 향상시키는 시스템
⑤ ICT 융복합 : 사물인터넷(IoT), 빅데이터, 보안 등 최신 ICT 기술을 활용, 전력분야 신사업 기반 창출

08 D사에는 직원들의 편의를 위해 휴게실에 전자레인지가 구비되어 있다. E사원은 회사의 기기를 관리하는 업무를 맡고 있다. 어느 날, 동료 사원들로부터 전자레인지를 사용할 때 가끔씩 불꽃이 튀고 음식이 잘 데워지지 않는다는 이야기를 들었다. 다음 제품설명서를 바탕으로 서비스를 접수하기 전에 점검할 사항이 아닌 것은?

구분	원인	조치 방법
전자레인지가 작동하지 않는다.	• 전원 플러그가 콘센트에 바르게 꽂혀 있습니까? • 문이 확실히 닫혀 있습니까? • 배전판 퓨즈나 차단기가 끊어지지 않았습니까? • 조리방법을 제대로 선택하셨습니까? • 혹시 정전은 아닙니까?	• 전원 플러그를 바로 꽂아주십시오. • 문을 다시 닫아 주십시오. • 끊어졌으면 교체하고 연결시켜 주십시오. • 취소를 누르고 다시 시작하십시오.
동작 시 불꽃이 튄다.	• 조리실 내벽에 금속 제품 등이 닿지 않았습니까? • 금선이나 은선으로 장식된 그릇을 사용하고 계십니까? • 조리실 내에 찌꺼기가 있습니까?	• 벽에 닿지 않도록 하십시오. • 금선이나 은선으로 장식된 그릇은 사용하지 마십시오. • 깨끗이 청소해 주십시오.
조리 상태가 나쁘다.	조리 순서, 시간 등 사용 방법을 잘 선택하셨습니까?	요리책을 다시 확인하고 사용해 주십시오.
회전 접시가 불균일하게 돌거나 돌지 않는다.	회전 접시와 회전 링이 바르게 놓여 있습니까?	각각을 정확한 위치에 놓아 주십시오.
불의 밝기나 동작 소리가 불균일하다.	출력의 변화에 따라 일어난 현상이니 안심하고 사용하셔도 됩니다.	

① 조리실 내 위생 상태 점검   ② 사용 가능 용기 확인
③ 사무실, 전자레인지 전압 확인   ④ 조리실 내벽 확인
⑤ 조리 순서, 시간 확인

※ K기업은 6월 농번기를 앞두고 5월 한 달 동안 G군 농민들을 대상으로 트랙터 안전 사용법 및 주의사항에 대한 교육을 실시할 예정이다. 이어지는 질문에 답하시오. **[9~10]**

〈5월 트랙터 안전 사용법 및 주의사항 교육〉

■ **사용 방법**

① 시동 전에 윤활유, 연료, 냉각수량을 필히 점검하고 트랙터에 승차한다.

② 주차브레이크와 변속레버의 중립을 먼저 확인한다. 그 후 클러치 페달을 완전히 밟은 채로 시동키를 돌린다(클러치 페달을 완전히 밟지 않은 경우 시동모터 작동이 되지 않음).

③ 추운 날씨에는 시동키를 왼쪽으로 돌려 30 ~ 40초 정도 예열시킨 후 시동한다.

④ 작업기 연결에 앞서 작업기와 상부링크, 링크볼의 일치여부, 체크체인을 점검한다.

⑤ 트랙터 후진 후 하부링크를 내리고 작업기와 트랙터가 수직이 되도록 트랙터를 정지하고 시동을 끈다(주차브레이크는 이때 풀어둔다).

⑥ 뒷바퀴를 움직여가며 하부링크를 들어올려 왼쪽 – 오른쪽 순서로 작업기의 마운팅 핀에 끼운다.

⑦ 유니버설조인트를 연결하고 반드시 커버를 씌운다.

⑧ 상부링크 연결 후 작업기의 전후, 좌우 수평을 조절한다.

■ **주의사항**

① 운전자 외에는 절대 탑승하지 않는다(별도의 좌석이 있는 경우는 제외).

② 시동이 걸린 상태에서는 절대 하차해서는 안 된다.

③ 경사지에 주차할 때는 반드시 시동을 끄고 주차 브레이크를 채운 후 받침목을 한다.

④ 포장에 드나들 때는 트랙터를 똑바로 진입시킨다.

■ **오작동 시 확인 사항 및 조치 방법**

현상	원인	조치 방법
트랙터 엔진이 시동되지 않음	① 연료가 없음 ② 연료계통에 공기가 들어있음 ③ 연료필터 막힘 ④ 에어클리너 엘리먼트 막힘 ⑤ 예열플러그의 단선	① 경유를 보충함 ② 연료탱크에서 분사펌프까지 연료파이프 점검 ③ 연료필터 세척 및 교환 ④ 에어클리너 엘리먼트 청소 및 교환 ⑤ 예열플러그 교환
트랙터 시동모터가 회전하지 않음	① 배터리 방전 ② 안전스위치 조정 불량 ③ 시동모터 불량 ④ 키 스위치 불량	① 배터리 충전 ② 안전스위치 조정 ③ 시동모터 수리 또는 교환 ④ 배선점검, 수리 후 새로운 퓨즈링 교환
트랙터 소음기에서 흰 연기가 나옴	① 엔진 오일량의 과다 ② 엔진 오일 점도가 낮음	① 엔진 오일을 규정량까지 뺌 ② 점도가 높은 오일로 교환
충전경고등이 소등되지 않음	① 퓨즈가 끊어짐 ② 팬벨트의 늘어남 ③ 팬벨트 끊어짐	① 배선점검, 수리 후 새 퓨즈로 교환 ② 장력을 조정 ③ 교환
소음기에서 검은 연기가 나옴	① 에어클리너 엘리먼트 막힘 ② 과부하 운전을 함 ③ 경유 이외의 연료를 사용	① 세척 또는 교환 ② 부하를 가볍게 함 ③ 경유로 교환

※ 안내한 조치 방법으로 해결되지 않을 경우 담당자에게 연락바랍니다.

09 교육을 받고 돌아온 농업인 P씨는 트랙터 엔진이 시동되지 않는 원인을 파악한 후 조치를 취하고자 한다. 다음 중 문제의 원인을 파악하기 위해 확인해야 할 사항과 그에 따른 조치 방법으로 옳지 않은 것은?

① 연료의 유무를 확인한 후, 연료가 없다면 경유를 보충한다.

② 연료계통에 공기가 들어있는지 확인하고, 만일 공기가 들어있다면 연료탱크에서 분사펌프까지 연료파이프를 점검한다.

③ 배터리의 방전 유무를 확인한 후, 배터리를 충전한다.

④ 연료필터가 막혔는지 확인한 후, 연료필터를 세척하거나 교환한다.

⑤ 예열플러그의 단선일 경우 예열플러그를 교환한다.

10 귀하는 트랙터 안전 사용법 및 주의사항 교육의 담당자이다. 교육을 마친 후의 질문 및 답변 시간에 답변한 내용 중 옳지 않은 것은?

① Q : 추운 날씨에는 트랙터 시동을 어떻게 해야 하나요?

  A : 추운 날씨에는 시동키를 왼쪽으로 돌려 30 ~ 40초 정도 예열시킨 후, 시동하면 됩니다.

② Q : 저번에 주차브레이크와 변속레버의 중립을 확인한 후 클러치 페달을 밟은 채로 시동키를 돌렸는데도 시동이 켜지지 않던데 그건 왜 그런가요?

  A : 클러치 페달을 완전히 밟지 않았기 때문입니다. 반드시 클러치 페달을 완전히 밟아야지 시동이 켜집니다.

③ Q : 트랙터 후진 후 하부링크를 내릴 때, 트랙터가 수직이 되도록 트랙터를 정지하고 시동을 끌 때 특별히 주의해야 할 사항들이 있나요?

  A : 주차 브레이크는 반드시 풀어주셔야 합니다.

④ Q : 트랙터에 승차하기 전 확인해야 할 사항들은 무엇이 있나요?

  A : 반드시 상부링크, 체크체인 확인, 그리고 링크볼의 일치여부를 점검한 후 승차해야 합니다.

⑤ Q : 이번 주에 손주들이 놀러 와서 제 옆에 앉힌 후 트랙터를 운전하게 하고 싶은데 특별한 주의사항이 있을까요?

  A : 트랙터는 별도의 좌석이 있는 경우를 제외하고는 운전자 외에는 절대 탑승해서는 안 됩니다.

CHAPTER 09 조직이해능력 핵심이론

01 조직이해능력의 의의

(1) 조직과 조직이해능력

① 조직의 의의

두 사람 이상이 공동의 목표를 달성하기 위해 의식적으로 구성되며 상호작용과 조정을 행하는 행동의 집합체를 말한다.

② 조직의 기능

경제적 기능	재화나 서비스를 생산함
사회적 기능	조직 구성원들에게 만족감을 주고 협동을 지속시킴

③ 조직이해능력의 의의

자신이 속한 조직의 경영과 체제를 이해하고, 직장생활과 관련된 국제감각을 가지는 능력을 말한다.

(2) 조직의 유형

① 공식성에 따른 분류

비공식조직으로부터 공식화가 진행되어 공식조직으로 발전되지만, 공식조직 내에서 인간관계를 지향하면서 비공식조직이 새롭게 생성되기도 한다.

공식조직	조직의 구조, 기능, 규정 등이 조직화되어 있는 조직
비공식조직	개인들의 협동과 상호작용에 따라 형성된 자발적인 집단 조직

② 영리성에 따른 분류

영리조직	기업과 같이 이윤을 목적으로 하는 조직
비영리조직	정부조직을 비롯해 공익을 추구하는 조직

③ 조직 규모에 따른 분류

소규모조직	가족 소유의 상점과 같이 규모가 작은 조직
대규모조직	대기업과 같이 규모가 큰 조직, 최근에는 동시에 둘 이상의 국가에서 법인을 설립하고 경영 활동을 벌인은 다국적 기업이 증가하고 있음

(3) 조직의 변화

① 조직 변화의 의의

급변하는 환경에 맞춰 조직이 생존하려면 조직은 새로운 아이디어와 행동을 받아들이는 조직 변화에 적극적이어야 한다.

② 조직 변화의 과정

| 환경변화 인지 | ⇨ | 조직 변화방향 수립 | ⇨ | 조직변화 실행 | ⇨ | 변화결과 평가 |

02 경영이해능력

(1) 경영의 의의

① 경영이란?

조직의 목적을 달성하기 위한 전략·관리·운영 활동을 의미하며, 조직은 목적을 달성하기 위해 지속적인 관리와 운영이 요구된다.

② 경영의 구성요소

경영 목적	조직의 목적을 어떤 과정과 방법을 통해 수행할 것인가를 구체적으로 제시함
조직 구성원	조직에서 일하고 있는 임직원들로, 이들이 어떠한 역량을 가지고 어떻게 직무를 수행하는지에 따라 경영 성과가 달라짐
자금	경영 활동에 사용할 수 있는 돈으로, 이윤 추구를 목적으로 하는 사기업에서 자금은 새로운 이윤을 창출하는 기초가 됨
경영 전략	기업 내 모든 인적, 물적 자원을 경영 목적을 달성하기 위해 조직화하고, 이를 실행에 옮겨 경쟁우위를 달성하는 일련의 방침 및 활동

③ 경영의 과정

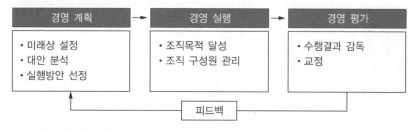

④ 경영 활동의 유형

외부 경영 활동	조직 외부에서 조직의 효과성을 높이기 위해 이루어지는 활동, 즉 외적 이윤 추구 활동을 말하며, 마케팅 활동이 이에 해당한다.
내부 경영 활동	조직 내부에서 인적·물적 및 기술을 관리하는 것을 말하며 인사, 재무, 생산 관리가 이에 해당한다.

(2) 의사결정과정

① 확인단계 : 의사결정이 필요한 문제를 인식하는 단계

② 개발단계 : 확인된 문제의 해결 방안을 모색하는 단계

③ 선택단계 : 실행 가능한 해결안을 선택하는 단계

(3) 브레인스토밍

① 브레인스토밍의 의의

여러 명이 한 가지의 문제를 놓고 아이디어를 비판 없이 제시해 그중에서 최선책을 찾아내는 방법을 말한다.

② 브레인스토밍의 규칙

> • 다른 사람이 아이디어를 제시할 때에는 비판하지 않는다.
> • 문제에 대한 제안은 자유롭게 이루어질 수 있다.
> • 아이디어는 많이 나올수록 좋다.
> • 모든 아이디어들이 제안되고 나면 이를 결합하여 해결책을 마련한다.

03 체제이해능력

(1) 조직 구조

① 조직 구조의 유형

기계적 조직	• 구성원들의 업무가 분명하게 정의됨 • 다수의 규칙과 규제가 존재함 • 상하 간 의사소통이 공식적인 경로를 통해 이루어짐 • 위계질서가 엄격함
유기적 조직	• 의사결정권한이 하부 구성원들에게 많이 위임됨 • 업무가 고정되지 않고 공유가 가능함 • 비공식적인 의사소통이 원활함 • 규제나 통제의 정도가 낮아 변화에 따라 쉽게 변화할 수 있음

② 조직 구조의 결정 요인

전략	• 조직의 목적을 달성하기 위해 수립한 계획 • 조직이 자원을 배분하고 경쟁적 우위를 달성하기 위한 주요 방침
규모	• 대규모조직은 소규모조직에 비해 업무가 전문화·분화되어 있고 많은 규칙과 규정이 존재함
기술	• 조직이 투입 요소를 산출물로 전환시키는 지식, 절차 등을 의미 • 소량생산 기술은 유기적 조직, 대량생산 기술은 기계적 조직과 연결
환경	• 안정적이고 확실한 환경에는 기계적 조직 • 급변하는 환경에는 유기적 조직이 적합

(2) 조직 구조의 형태

① 기능적 조직 구조

> • 조직의 최상층에 최고경영자(CEO)가 위치하고, 구성원들이 단계적으로 배열되는 구조
> • 환경이 안정되었거나 일상적인 기술을 사용하는 경우에 유리함
> • 기업의 규모가 작을 때 업무의 내용이 유사한 것들을 결합하여 조직을 구성함

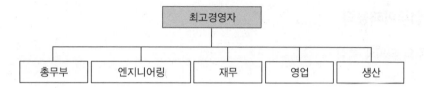

② 사업별 조직 구조

- 급변하는 환경에 대응하고 제품·지역·고객별 차이에 신속하게 대응하기 위함
- 의사결정이 분권화되어 이루어짐
- 개별 제품, 서비스, 프로젝트 등에 따라 조직화됨

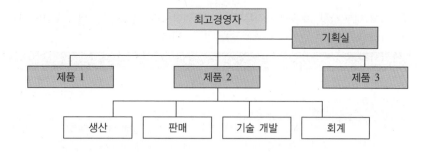

(3) 조직 내 집단

① 집단의 유형

공식적인 집단	• 조직의 공식적인 목표를 추구하기 위해 의도적으로 만든 집단 • 목표, 임무가 비교적 명확하게 규정 • 참여하는 구성원들도 인위적으로 결정 • 각종 위원회, 임무 수행을 위한 태스크 포스 팀
비공식적인 집단	• 조직 구성원들의 요구에 따라 자발적으로 형성된 집단 • 공식적인 업무 수행 이외의 다양한 요구에 의해 이루어짐 • 스터디 모임, 봉사활동 동아리, 각종 친목회

② 집단 간 경쟁

조직 내의 한정된 자원을 더 많이 가지려 하거나 서로 상반되는 목표를 추구하기 때문에 발생하게 된다.

순기능	집단 내부에서는 응집성이 강화되고, 집단의 활동이 더욱 조직화됨
역기능	경쟁이 과열되면 자원의 낭비, 업무 방해, 비능률 등의 문제가 발생

04 업무이해능력

(1) 업무의 의의와 특성

① 업무의 의의

상품이나 서비스를 창출하기 위한 생산적인 활동으로, 조직의 목적 달성을 위한 근거가 된다.

② 업무의 종류

㉠ 조직의 목적·규모에 따라 업무는 다양하게 구성되며, 같은 규모의 조직도 업무의 종류·범위가 다를 수 있다.

㉡ 업무의 종류를 세분화할 것인가, 업무의 수를 줄일 것인가의 문제도 조직에 따라 다양하게 결정될 수 있다.

㉢ 조직마다 외부 상황, 특유의 조직문화와 내부 권력 구조, 성공 여건 내지 조직의 강점·약점 등이 서로 다르기 때문에 업무의 종류도 달라질 수 있다.

구분	업무 예시
총무부	주주총회 및 이사회 개최 관련 업무, 의전 및 비서 업무, 집기·비품 및 소모품의 구입과 관리, 사무실 임차 및 관리, 차량 및 통신시설의 운영, 국내외 출장 업무 협조, 복리·후생 업무, 법률 자문과 소송 관리, 사내외 홍보·광고 업무
인사부	조직 기구의 개편 및 조정, 업무분장 및 조정, 인력 수급 계획 및 관리, 직무 및 정원의 조정 종합, 노사 관리, 평가 관리, 상벌 관리, 인사 발령, 교육 체계 수립 및 관리, 임금 제도, 복리·후생 제도 및 지원 업무, 복무 관리, 퇴직 관리
기획부	경영 계획 및 전략 수립, 전사 기획 업무 종합 및 조정, 중장기 사업 계획의 종합 및 조정, 경영 정보 조사 및 기획 보고, 경영 진단 업무, 종합예산 수립 및 실적 관리, 단기 사업 계획 종합 및 조정, 사업 계획, 손익 추정, 실적 관리 및 분석
회계부	회계 제도의 유지 및 관리, 재무 상태 및 경영 실적 보고, 결산 관련 업무, 재무제표 분석 및 보고, 법인세·부가가치세·국세·지방세 업무 자문 및 지원, 보험 가입 및 보상 업무, 고정자산 관련 업무
영업부	판매 계획, 판매 예산의 편성, 시장조사, 광고 선전, 견적 및 계약, 제조지시서의 발행, 외상매출금의 청구 및 회수, 제품의 재고 조절, 거래처로부터의 불만 처리, 제품의 애프터서비스, 판매원가 및 판매가격의 조사·검토

③ 업무의 특성

공통된 목적 지향	업무는 조직 목적의 효과적 달성을 위해 세분화된 것이므로 궁극적으로 같은 목적을 지향한다.
적은 재량권	개인이 선호하는 업무를 임의로 선택할 수 있는 재량권이 적다.
다른 업무와의 관련성	업무는 서로 독립적으로 이루어지지만 업무 간에는 서열이 있어서 순차적으로 이루어지기도 하며, 서로 정보를 주고 받기도 한다.
업무권한	구성원들이 업무를 공적으로 수행할 수 있는 힘을 말하며, 구성원들은 이에 따라 자신이 수행한 일에 대한 책임도 부여받는다.

(2) 업무 수행 계획 수립의 절차

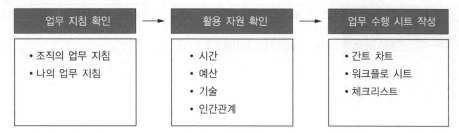

업무 지침 확인	활용 자원 확인	업무 수행 시트 작성
• 조직의 업무 지침 • 나의 업무 지침	• 시간 • 예산 • 기술 • 인간관계	• 간트 차트 • 워크플로 시트 • 체크리스트

(3) 업무 수행 시트의 종류

① 간트 차트

단계별로 업무를 시작해서 끝내는 데 걸리는 시간을 바 형식으로 표시한다. 전체 일정을 한눈에 볼 수 있고, 단계별로 소요되는 시간과 각 업무활동 사이의 관계를 파악할 수 있다.

② 워크플로 시트

일의 흐름을 동적으로 보여주는 데 효과적이며, 사용되는 도형을 다르게 표현함으로써 각각의 작업의 특성을 구분하여 표현할 수 있다.

③ 체크리스트

업무의 각 단계를 효과적으로 수행했는지 자가 점검해 볼 수 있으며 각 활동별로 기대되는 수행 수준을 달성했는지를 확인하는 데 효과적이다. 단, 시간의 흐름을 표현하기는 어렵다.

05 국제감각

(1) 국제감각이란

① 국제감각의 의미

업무를 하는 중에 다른 나라의 문화를 이해하고 국제적인 동향을 이해하는 능력을 말한다.

② 글로벌화의 의미

활동 범위가 세계로 확대되는 것으로, 경제나 산업 등의 측면에서 벗어나 문화나 정치 등 다른 영역까지 확대되는 개념을 말한다.

③ 글로벌화에 따른 변화

세계적인 경제 통합	• 신기술을 확보한 기업이 국경을 넘어 확장 • 다국적 기업의 증가에 따른 국가 간 경제 통합 강화
FTA 체결	• 무역장벽을 없애기 위한 노력

(2) 외국인과의 커뮤니케이션

① 문화충격(Culture Shock)

• 한 문화권에 속한 사람이 다른 문화를 접하게 되었을 때 체험하는 충격
• 상대문화를 이질적으로 대하게 되고 불일치, 위화감, 심리적 부적응 상태를 경험
• 문화충격에 대비하려면 다른 문화에 대해 개방적인 태도를 견지해야 함
• 자신의 기준으로 다른 문화를 평가하지 않되, 자신의 정체성은 유지해야 함

② 이문화(Intercultural) 커뮤니케이션

언어적 커뮤니케이션	• 언어를 통해 의사소통하는 것으로 상대방에게 의사를 전달할 때 직접적으로 이용되는 것이다. • 외국어 사용능력과 직결된다.
비언어적 커뮤니케이션	• 생활양식, 행동규범 등을 통해 상대방과 의사소통하는 것을 말한다. • 외국어능력이 유창해도 문화적 배경을 잘 모르면 언어에 내포된 의미를 오해하거나 수용하지 못할 수 있다.

핵심예제

귀하는 A회사의 영업팀에 채용돼 일주일간의 신입사원 교육을 마친 뒤, 오늘부터 본격적인 업무를 시작하게 되었다. 영업팀 팀장은 첫 출근한 귀하를 자리로 불러 "다른 팀장들에게 인사하기 전에, 인사기록카드를 작성해서 관련 팀에 제출하도록 하세요. 그리고 우리 팀 비품 신청 건이 어떻게 처리되고 있는지도 좀 부탁해요."라고 하셨다. 팀장의 지시를 모두 처리하기 위한 귀하의 행동으로 가장 적절한 것은?

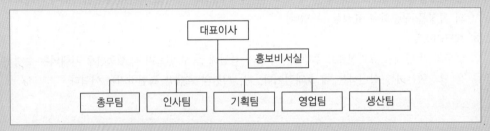

① 비서실에 가서 인사기록카드를 제출하고, 영업팀 비품 신청 상황을 묻는다.
② 인사팀에 가서 인사기록카드를 제출하고, 영업팀 비품 신청 상황을 묻는다.
③ 기획팀에 가서 인사기록카드를 제출하고, 영업팀 비품 신청 상황을 묻는다.
④ 인사팀에 가서 인사기록카드를 제출하고, 총무팀에 가서 영업팀 비품 신청 상황을 묻는다.
⑤ 생산팀에 가서 인사기록카드를 제출하고, 총무팀에 가서 영업팀 비품 신청 상황을 묻는다.

| 해설 | 부서 명칭만 듣고도 대략 어떤 업무를 담당하는지 알고 있어야 한다. 인사팀의 주요 업무는 근태관리・채용관리・인사관리 등이 있다. 인사기록카드 작성은 인사팀의 업무인 인사관리에 해당하는 부분이므로, 인사팀에 제출하는 것이 적절하다. 한편, 총무팀은 회사의 재무와 관련된 전반적 업무를 총괄한다. 회사의 부서 구성을 보았을 때, 비품 구매는 총무팀의 소관 업무로 보는 것이 적절하다.

정답 ④

01 직업인은 조직의 구성원으로서 조직체제의 구성 요소를 이해하는 체제이해능력이 요구된다. 조직체제의 구성 요소가 다음과 같을 때, 이에 대한 설명으로 옳지 않은 것은?

① 조직의 규칙과 규정은 조직구성원들의 자유로운 활동범위를 보장하는 기능을 가진다.
② 조직구조에서는 의사결정권이 하부구성원들에게 많이 위임되는 유기적 조직도 볼 수 있다.
③ 조직의 목표는 조직이 달성하려는 장래의 상태로, 조직이 존재하는 정당성과 합법성을 제공한다.
④ 조직문화는 조직구성원들의 사고와 행동에 영향을 미치며, 일체감과 정체성을 부여한다.
⑤ 조직구조는 의사결정권의 집중정도, 명령계통, 최고경영자의 통제 등에 따라 달라진다.

02 다음 중 S기업의 경영구조에 대한 설명으로 옳지 않은 것은?

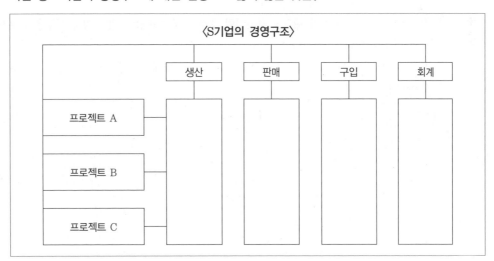

① 고객의 이중적 요구에 대응할 수 있다.
② 대규모로 물건을 생산하는 대규모조직에 적합하다.
③ 기술의 개발을 효율적으로 수행할 수 있다.
④ 명령구조가 이원화되어 있다.
⑤ 유연성이 있어서 변화에 적응하기가 수월하다.

03 다음은 대부분의 조직에서 활용하고 있는 부서명과 담당 업무의 예를 나타낸 자료이다. 이를 근거로 할 때, 부서명과 그 담당 업무의 내용이 옳지 않은 것은?

구분	업무 내용
총무부	주주총회 및 이사회개최 관련 업무, 의전 및 비서업무, 집기비품 및 소모품의 구매와 관리, 사무실 임차 및 관리, 차량 및 통신시설의 운영, 국내외 출장 업무 협조, 복리후생 업무, 법률자문과 소송관리, 사내외 홍보 광고업무
인사부	조직기구의 개편 및 조정, 업무분담 및 조정, 인력수급계획 및 관리, 직무 및 정원의 조정 종합, 노사관리, 평가관리, 상벌관리, 인사발령, 교육체계 수립 및 관리, 임금제도, 복리후생제도 및 지원업무, 복무관리, 퇴직관리
기획부	경영계획 및 전략 수립, 전사기획업무 종합 및 조정, 중장기 사업계획의 종합 및 조정, 경영정보 조사 및 기획보고, 경영진단업무, 종합예산수립 및 실적관리, 단기사업계획 종합 및 조정, 사업계획, 손익추정, 실적관리 및 분석
회계부	회계제도의 유지 및 관리, 재무상태 및 경영실적 보고, 결산 관련 업무, 재무제표 분석 및 보고, 법인세, 부가가치세, 국세 지방세 업무자문 및 지원, 보험가입 및 보상업무, 고정자산 관련 업무
영업부	판매 계획, 판매예산의 편성, 시장조사, 광고 선전, 견적 및 계약, 제조지시서의 발행, 외상매출금의 청구 및 회수, 제품의 재고 조절, 거래처로부터의 불만처리, 제품의 사후관리, 판매원가 및 판매가격의 조사 검토

① 지난달 퇴직자의 퇴직급여 수령액에 문제가 있어 인사부 직원은 회사 퇴직급여 규정을 찾아보고 정정 사항을 바로잡았다.

② 작년 판매분 중 일부 제품에 하자가 발생하여 고객의 클레임을 접수하고 하자보수 등의 처리를 담당하는 것은 영업부의 주도적인 역할이다.

③ 회사의 지속가능경영보고서에 수록되어 주주들에게 배포될 경영실적 관련 자료를 준비하느라 회계부 직원들은 연일 야근 중이다.

④ 사무실 이전 계획에 따라 새로운 사무실의 층간 배치와 해당 위치별 공용 사무용기 분배 관련 작업은 총무부에서 실시한다.

⑤ 사옥 이전에 따르는 이전 비용 산출과 신사옥 입주를 대내외에 홍보해야 할 업무는 기획부 소관 업무이다.

04 귀하의 회사는 몇 년째 실적 부진으로 골머리를 앓고 있다. 문제를 해결하기 위해 귀하를 비롯한 회사의 임직원들이 모여 회사의 문제점을 파악하고 구체적인 해결책을 마련해보는 시간을 가졌다. 다음 중 각 사원이 말한 문제점과 해결책으로 옳지 않은 것은?

① A사원 : 우리 회사의 문제점은 자신이 소속된 부서 이외에는 별로 관심이 없다는 것입니다. 이번 기회로 부서들끼리 자주 소통하는 자리를 마련해 다른 부서의 업무를 파악하는 데 주의를 기울일 필요가 있을 것 같습니다.

② B사원 : 각 부서의 목표가 너무 상이하다는 것도 문제입니다. 분기별로 회의를 통해 하나의 목표를 설정한 뒤 모든 부서가 그 목표를 달성하기 위해 힘을 모으는 것이 좋겠습니다.

③ C사원 : 직원들의 업무 독립성이 좀 더 뚜렷해질 필요도 있습니다. 예를 들어 A라는 업무는 A사원이 담당해 처음부터 끝까지 모든 과정을 책임지는 거죠. 지금은 업무과정이 너무 유기적이에요.

④ D사원 : 직원들의 성과급이 너무 적어서 업무 만족도나 의욕 등이 점점 낮아지고 있다고 생각해요. 성과가 있을 때마다 회사에서 그에 합당한 보상을 확실히 해 준다면 직원들의 업무 의욕도 점점 커질 것입니다.

⑤ E사원 : 분기별로 업무 계획을 확실히 세우고 매일매일 그것을 확인해 가는 방식으로 일을 해보는 것은 어떨까요? 우리 회사는 구체적인 계획을 세우기보다 즉흥적으로 일을 해나가는 점이 문제인 것 같아서요.

05 다음 중 조직목표의 기능에 대한 설명으로 옳지 않은 것은?

① 조직 구성원의 의사결정 기준의 기능을 한다.
② 조직이 나아갈 방향을 제시해 주는 기능을 한다.
③ 조직 구성원의 행동에 동기를 유발시키는 기능을 한다.
④ 조직을 운영하는 데에 융통성을 제공하는 기능을 한다.
⑤ 조직구조나 운영과정과 같이 조직 체제를 구체화할 수 있는 기준이 된다.

06 같은 말이나 행동도 나라에 따라서 다르게 받아들여질 수 있기 때문에 직업인은 국제매너를 갖춰야 한다. 국제매너에 대한 다음 설명 중 옳은 것을 모두 고르면?

> ⊙ 미국 바이어와 악수를 할 때는 눈이나 얼굴을 보면서 손끝만 살짝 잡거나 왼손으로 상대방의 왼손을 힘주어서 잡았다가 놓아야 한다.
> ⓒ 이라크 사람들은 시간을 돈과 같이 생각해서 시간엄수를 중요하게 생각하므로 약속 시간에 늦지 않게 주의해야 한다.
> ⓒ 러시아와 라틴아메리카 사람들은 친밀함의 표시로 포옹을 한다.
> ② 명함은 받으면 구기거나 계속 만지지 않고 한번 보고 나서 탁자 위에 보이는 채로 대화를 하거나 명함집에 넣는다.
> ⑩ 수프는 바깥쪽에서 몸 쪽으로 숟가락을 사용한다.
> ⑪ 생선요리는 뒤집어 먹지 않는다.
> ⑭ 빵은 아무 때나 먹어도 관계없다.

① ⓒ, ②, ⑪ ② ⓒ, ②, ⑪
③ ②, ⑩, ⑪ ④ ⊙, ⓒ, ②, ⑩
⑤ ⓒ, ⓒ, ②, ⑪

07 다음 체크리스트의 성격을 볼 때, 빈칸에 들어갈 내용으로 옳은 것은?

No.	항목	현재능력				
		매우 낮음	낮음	보통	높음	매우 높음
1	경쟁국 업체의 주요 현황을 알고 있다.	①	②	③	④	⑤
2	다른 나라의 문화적 차이를 인정하고 이에 대해 개방적인 태도를 견지하고 있다.	①	②	③	④	⑤
3	현재 세계의 정치적 이슈가 무엇인지 잘 알고 있다.	①	②	③	④	⑤
4	업무와 관련된 최근 국제이슈를 잘 알고 있다.	①	②	③	④	⑤
5		①	②	③	④	⑤

① 분기별로 고객 구매 데이터를 분석하고 있다.
② 업무와 관련된 국제적인 법규를 이해하고 있다.
③ 인사 관련 경영 자료의 내용을 파악하고 있다.
④ 자신의 연봉과 연차수당을 계산할 수 있다.
⑤ 구성원들의 국제증명서를 관리하고 발급할 수 있다.

08 다음에서 알 수 있는 조직의 사례로 적절하지 않은 것은?

> 조직은 두 사람 이상이 공동의 목표를 달성하기 위해 의식적으로 구성된 상호작용과 조정을 행하는 행동의 집합체이다. 그러나 단순히 사람들이 모였다고 해서 조직이라고 하지는 않는다. 조직은 목적을 가지고 있고, 구조가 있으며, 목적을 달성하기 위해 구성원들은 서로 협동적인 노력을 하고, 외부 환경과도 긴밀한 관계를 가지고 있어야 한다. 조직은 일반적으로 재화나 서비스의 생산이라는 경제적 기능과 조직 구성원들에게 만족감을 주고 협동을 지속시키는 사회적 기능을 갖는다.

① 병원에서 일하고 있는 의사와 간호사
② 유기견을 구조하고 보호하는 시민단체
③ 백화점에 모여 있는 직원과 고객
④ 편의점을 운영 중인 가족
⑤ 다문화 가정을 돕고 있는 종교단체

09 다음 중 주혜정씨가 가장 마지막에 처리할 업무는?

> Henry Thomas의 부하직원 주혜정은 Mr. Thomas와 국내 방송사 기자와의 인터뷰 일정을 최종 점검 중이다.
> 다음은 기자와의 통화내용이다.
> 주혜정 : 공진호 기자님, 안녕하세요. 저는 Sun Capital의 주혜정입니다. Mr. Thomas와의 인터뷰 일정 확인 차 연락드립니다. 지금 통화 가능하세요?
> 공진호 : 네, 말씀하세요.
> 주혜정 : 인터뷰 예정일이 7월 10일 오후 2시인데 변동사항이 있나 확인하고자 합니다.
> 공진호 : 네, 예정된 일정대로 진행 가능합니다. Sun Capital의 회의실에서 하기로 했죠?
> 주혜정 : 맞습니다. 인터뷰 준비 관련해서 저희 측에서 더 준비해야 하는 사항이 있나요?
> 공진호 : 카메라 기자와 함께 가니 회의실 공간이 좀 넓어야 하겠고, 회의실 배경이 좀 깔끔해야 할 텐데 준비가 가능할까요?

① 총무팀에 연락하여 인터뷰 당일 회의실 예약을 미리 해놓는다.
② 기자에게 인터뷰의 방영 일자를 확인하여 인터뷰 영상 내용을 자료로 보관한다.
③ 인터뷰 당일 점심 식사 약속을 연기한다.
④ 인터뷰 진행 시 통역이 필요한지 아닌지 확인하고, 질문지를 사전에 받아 Mr. Thomas에게 전달한다.
⑤ 인터뷰 할 질문을 미리 정리한다.

10 다음은 K공단 디자인팀의 주간회의록이다. 이에 대한 설명으로 옳은 것은?

주간회의록					
회의일시	2024-10-14(월)	부서	디자인팀	작성자	이사원
참석자	김과장, 박주임, 최사원, 이사원				
회의안건	1. 개인 주간 스케줄 및 업무 점검 2. 2025년 회사 홍보 브로슈어 기획				

	내용			비고	
회의내용	1. 개인 주간 스케줄 및 업무 점검 　• 김과장 : 브로슈어 기획 관련 홍보팀 미팅, 　　　　　 외부 디자이너 미팅 　• 박주임 : 신제품 SNS 홍보 이미지 작업, 　　　　　 회사 영문 서브페이지 2차 리뉴얼 작업 진행 　• 최사원 : 2025년도 홈페이지 개편 작업 진행 　• 이사원 : 10월 사보 편집 작업 2. 2025년도 회사 홍보 브로슈어 기획 　• 브로슈어 주제 : '신뢰' 　　− 창립 ○○주년을 맞아 고객의 신뢰로 회사가 성장했음을 　　　강조 　　− 한결같은 모습으로 고객들의 지지를 받아왔음을 기업 이미 　　　지로 표현 　• 20페이지 이내로 구성 예정			• 10월 18일 AM 10:00 디자인팀 전시회 관람 • 10월 16일까지 홍보팀에서 2025년도 브로슈어 최종원고 전달 예정	

	내용	작업자	진행일정		
결정사항	브로슈어 표지 이미지 샘플 조사	최사원, 이사원	2024-10-14 ~ 2024-10-15		
	브로슈어 표지 시안 작업 및 제출	박주임	2024-10-14 ~ 2024-10-18		
특이사항	다음 회의 일정 : 10월 21일 • 브로슈어 표지 결정, 내지 1차 시안 논의				

① K공단은 외부 디자이너에게 브로슈어 표지 이미지 샘플을 요청하였다.

② 디자인팀은 이번 주 수요일에 전시회를 관람할 예정이다.

③ 김과장은 이번 주에 내부 미팅, 외부 미팅을 모두 할 예정이다.

④ 이사원은 이번 주에 10월 사보 편집 작업만 하면 된다.

⑤ 최사원은 2025년도 홈페이지 개편 작업을 완료한 후 브로슈어 표지 시안을 제출할 예정이다.

CHAPTER 10 직업윤리 핵심이론

01 직업윤리의 의의

(1) 직업과 직업윤리

① 직업의 의미

직업은 본인의 자발적 의사에 의한 것이며, 생활에 필요한 경제적 보상을 주고, 평생에 걸쳐 물질적인 보수 외에 만족감, 명예 등 자아실현의 중요한 기반이 된다.

② 직업의 특징

구분	내용
계속성	주기적으로 일을 하거나 명확한 주기가 없어도 계속 행해지며, 현재 하고 있는 일을 계속할 의지와 가능성이 있어야 함을 의미한다.
경제성	경제적 거래 관계가 성립되는 활동이어야 한다. 따라서 무급 자원봉사나 전업 학생은 직업으로 보지 않으며, 자연 발생적인 이득의 수취나 우연하게 발생하는 경제적 과실에 전적으로 의존하는 활동도 직업으로 보지 않는다.
윤리성	비윤리적인 영리 행위나 반사회적인 활동을 통한 경제적 이윤추구는 직업 활동으로 인정되지 않음을 의미한다.
사회성	모든 직업 활동이 사회 공동체적 맥락에서 의미 있는 활동이어야 한다는 것이다.
자발성	속박된 상태에서의 제반 활동은 경제성이나 계속성의 여부와 상관없이 직업으로 보지 않는다는 것이다.

③ 직업윤리의 의미

직업 활동을 하는 개인이 자신의 직무를 잘 수행하고 자신의 직업과 관련된 직업과 사회에서 요구하는 규범에 부응하여 개인이 갖추고 발달시키는 직업에 대한 신념, 태도, 행위를 의미한다.

④ 직업윤리의 5대 기본원칙

구분	내용
객관성의 원칙	업무의 공공성을 바탕으로 공사 구분을 명확히 하고, 모든 것을 숨김없이 투명하게 처리하는 것을 말한다.
고객 중심의 원칙	고객에 대한 봉사를 최우선으로 생각하고 현장 중심, 실천 중심으로 일하는 것을 말한다.
전문성의 원칙	자기 업무에 전문가로서의 능력과 의식을 가지고 책임을 다하며, 능력을 연마하는 것을 말한다.
정직과 신용의 원칙	업무와 관련된 모든 것을 숨김없이 정직하게 수행하고, 본분과 약속을 지켜 신뢰를 유지하는 것을 말한다.
공정 경쟁의 원칙	법규를 준수하고, 경쟁 원리에 따라 공정하게 행동하는 것을 말한다.

02 근로윤리

(1) 근면한 태도

① 근면의 개념적 특성

  ㉠ 고난의 극복 : 근면은 과거의 고난을 극복한 경험을 통해 형성되고, 현재의 고난을 극복할 수 있는 자원이 된다.

  ㉡ 개인의 절제나 금욕 : 근면은 고난을 극복하기 위해서 금전과 시간, 에너지를 사용할 수 있도록 준비하는 것이다.

  ㉢ 장기적이고 지속적인 행위 과정 : 근면은 고난을 극복하기 위해서 어려움 속에서도 목표를 완성시킴으로써 결과에 만족하고 이를 마무리하면서 그 가치를 완성하는 것이다.

② 근면의 종류

구분	내용
외부로부터 강요당한 근면	• 삶(생계)의 유지를 위한 필요에 의해서 강요된 근면 • 상사의 명령에 따라 잔업을 하는 것 • 오직 삶의 유지를 위해 열악한 노동 조건에서 기계적으로 일하는 것
자진해서 하는 근면	• 자신의 것을 창조하며 조금씩 자신을 발전시키고, 시간의 흐름에 따라 자아를 확립시켜 가는 근면 • 회사 내 진급시험을 위해 외국어를 열심히 공부하는 것 • 세일즈맨이 자신의 성과를 높이기 위해 노력하는 것

(2) 정직과 성실

① 정직의 의의

> • 타인이 전하는 말・행동이 사실과 부합된다는 신뢰가 없다면 일일이 직접 확인해야 하므로 사람들의 행동은 상당한 제약을 피할 수 없으며, 조직과 사회 체제의 유지 자체가 불가능해진다.
> • 따라서 정직에 기반을 두는 신뢰가 있어야만 사람과 사람이 함께 살아가는 사회 시스템이 유지・운영될 수 있다.

② 성실의 의미

사전적 의미	정성스럽고 참됨을 의미하며 단어의 본질을 살펴보았을 때, 그 의미가 근면함보다는 충(忠) 혹은 신(信)의 의미와 더 가깝다.
심리학적 의미	사회규범이나 법을 존중하고 충동을 통제하며 목표 지향적 행동을 조직하고 유지하며 목표를 추구하도록 동기를 부여하는 것을 의미하기도 한다.

03 공동체윤리

(1) 봉사와 책임의식

① 봉사와 책임의식의 의미

봉사	다른 사람과 공동체에 대하여 봉사하는 정신을 갖추고 실천하는 태도를 의미하며, 나아가 고객의 가치를 최우선으로 하는 고객 서비스 개념
책임의식	직업에 대한 사회적 역할과 책무를 충실히 수행하고 책임지려는 태도이며, 맡은 업무를 어떠한 일이 있어도 수행해 내는 태도

② 기업의 사회적 책임(CSR; Corporate Social Responsibility)

단순히 이윤 추구를 하는 집단의 형태를 벗어나 자신들이 벌어들인 이익의 일부분을 사회로 환원하는 개념을 말한다.

(2) 직장에서의 예절

① 예절의 의미

일정한 생활문화권에서 오랜 생활 습관을 통해 하나의 공통된 생활 방법으로 정립되어 관습적으로 행해지는 사회계약적인 생활 규범을 말한다.

② 에티켓과 매너

에티켓	사람과 사람 사이에 마땅히 지켜야 할 규범으로서 형식적 측면이 강함
매너	생활 속에서의 관습이나 몸가짐 등 일반적인 룰

③ 비즈니스 매너

㉠ 인사 예절

> • 악수는 윗사람이 아랫사람에게, 여성이 남성에게 청한다.
> • 소개를 할 때는 나이 어린 사람을 연장자에게, 내가 속해 있는 회사의 관계자를 타 회사의 관계자에게, 동료를 고객에게 소개한다.
> • 명함을 건넬 때는 하위인 사람이 먼저 왼손으로 받치고 오른손으로 건네는데, 자신의 이름이 상대방을 향하도록 한다.

㉡ 전화 예절

> • 전화가 연결되면 자신을 소개하고 간결하고 정확하게 용건을 전달한다. 전화를 끊기 전 내용을 다시 한 번 정리해 확인하고 담당자가 없을 땐 전화번호를 남긴다.
> • 전화를 받을 때는 벨이 3～4번 울리기 전에 받는다.

㉢ 이메일 예절

> • 이메일을 쓸 때는 서두에 소속과 이름을 밝힌다.
> • 업무 성격에 맞는 형식을 갖추고 간결하면서도 명확하게 쓴다.
> • 메일 제목은 반드시 쓰고 간결하면서 핵심을 알 수 있게 작성한다.

④ 직장 내 괴롭힘

근로기준법에 따른 사용자 등이 사업장 내의 모든 근로자에게, 지위 또는 관계 등의 우위를 이용하여 업무상 적정 범위를 넘는 행위를 통해 신체적, 정신적 고통을 주거나 근무환경을 악화시키는 행위를 할 경우

PART 2

⑤ 직장 내 성희롱

- 성희롱의 당사자 요건 충족
- 지위를 이용하거나 업무와의 관련성이 있을 것
- 성적인 언어나 행동, 또는 이를 조건으로 하는 행위일 것
- 고용상 불이익을 초래하거나 성적 굴욕감을 유발하여 고용환경을 악화시키는 경우

핵심예제

A기업의 김팀장은 신입사원을 대상으로 올바른 사내 예절에 대한 교육을 진행하려고 한다. 진행에 앞서 강의할 내용을 다음과 같이 메모했을 때, 잘못된 부분을 모두 고르면?

〈직장에서의 예절〉

1. 나의 신입사원 시절 실수담
2. 인사 예절
   - 악수 예절
     ㉠ 왼손잡이의 경우 왼손으로 해도 무방하다.
     ㉡ 윗사람에게는 먼저 목례를 한 후에 악수를 한다.
     ㉢ 상대의 눈을 보지 않고 하는 악수는 실례이다.
     ㉣ 오른손에 가방을 들고 있다면 왼손으로 악수한다.
   - 소개 예절
                          … (중략) …

① ㉠, ㉡   ② ㉠, ㉣
③ ㉡, ㉢   ④ ㉡, ㉣
⑤ ㉢, ㉣

| 해설 | ㉠ 악수는 오른손으로 하는 것이 원칙이다.
         ㉣ 오른손에 가방을 들고 있다면 악수에 대비해서 왼손으로 바꿔 든다.

정답 ②

정답 및 해설 p.059

01 다음을 참고할 때, 직업윤리의 5대 원칙으로 볼 수 없는 것은?

〈직업윤리의 5대 원칙〉

1. 업무의 공공성을 바탕으로 공사구분을 명확히 하고, 모든 것을 숨김없이 투명하게 처리하는 원칙
2. 고객에 대한 봉사를 최우선으로 생각하고 현장중심, 실천중심으로 일하는 원칙
3. 자기업무에 전문가로서의 능력과 의식을 가지고 책임을 다하며, 능력을 연마하는 것
4. 업무와 관련된 모든 것을 숨김없이 정직하게 수행하고, 본분과 약속을 지켜 신뢰를 유지하는 것
5. 법규를 준수하고, 경쟁원리에 따라 공정하게 행동하는 것

① 정직과 신용의 원칙
② 전문성의 원칙
③ 공정경쟁의 원칙
④ 고객중심의 원칙
⑤ 주관성의 원칙

02 다음을 읽고 이해한 내용으로 옳지 않은 것은?

A와 B는 전파사를 운영하고 있다. A는 간단한 일로 부르는 고객의 집에는 바쁘다는 핑계로 가기를 거부하고, 전기의 합선을 고치는 따위의 돈벌이가 됨직한 일만 찾아다녔다. 뿐만 아니라 고객에게 터무니없이 많은 대가를 요구하는 버릇이 있었다. 반면 B는 고객의 요청만 있으면 일의 크고 작음을 가리지 않고 곧장 달려갔을 뿐만 아니라, 부당하게 많은 돈을 받는 일도 없었다. 이처럼 불성실하게 가게를 운영하던 A의 전파사는 매출이 오르지 않아 가게를 줄여서 변두리로 나가게 되었고, 성실하게 가게를 운영한 B의 전파사는 동생에게도 기술을 가르쳐 또 하나의 가게를 낼 수 있을 정도로 성업을 이루었다.

① A의 경우 고객에 대해 부정직한 모습도 볼 수 있다.
② 당장 눈앞의 이익이 되는 일보다는 바람직한 일을 해야 한다.
③ A의 경우 단시간에 돈을 벌기 위해서 성실하지 않은 태도를 보였다.
④ 장기적으로 볼 때에는 성실한 사람이 결국 성공하게 됨을 알 수 있다.
⑤ B를 통해 항상 해오던 방식이 언제나 옳은 것은 아님을 알 수 있다.

03 다음 중 고객접점 서비스(MOT; Moments Of Truth)에 대한 설명으로 옳지 않은 것은?

① 고객이 매장에 들어서서 구매를 결정하기까지 단 한 번 경험하는 짧지만 결정적인 순간을 '진실의 순간' 또는 '결정적 순간'이라고 한다.

② '결정적 순간'이란 고객이 기업조직의 어떠한 측면과 접촉하는 순간이며, 그 서비스의 품질에 대하여 무언가 인상을 얻을 수 있는 순간이다.

③ 서비스 상품을 구매하는 동안의 모든 고객접점 순간을 관리하고 고객을 만족시켜줌으로써 지속적으로 고객을 유지하고자 하는 방법이 고객접점 마케팅이다.

④ 고객접점에 있는 서비스 요원은 책임과 권한을 가지고 고객의 선택이 가장 좋은 선택이라는 사실을 고객에게 입증시켜야 한다.

⑤ 고객접점에 있는 서비스 요원들에게 권한을 부여하면서 철저한 교육이 필요하며, 고객과 상호적용에 의하여 서비스가 순발력 있게 제공될 수 있는 서비스 전달시스템을 갖추어야 한다.

04 다음 글을 읽고 직장생활에 바르게 적용한 사람은 누구인가?

> 정의는 선행이나 호의를 베푸는 것과 아주 밀접한 관련이 있다. 그러나 선행이나 호의에도 몇 가지 주의할 점이 있다. 첫째, 받는 자에게 피해가 되지 않도록 주의하고 둘째, 베푸는 자는 자신이 감당할 수 있는 능력 내에서 베풀어야 하며 셋째, 각자 받을 만한 가치에 따라서 베풀어야 한다.
> – 키케로 『의무론』
>
> 공자께서 말씀하시기를 "윗사람으로서 아랫사람을 너그럽게 관용할 줄 모르고, 예도를 행함에 있어 공경심이 없으며, 사람이 죽어 장례를 치르는 문상자리에서도 애도할 줄 모른다면 그런 인간을 어찌 더 이상 볼 가치가 있다 하겠느냐?"라고 하였다.
> –『논어』팔일 3-26

① A사원 : 며칠 후에 우리 부장님 생신이라 비상금을 털어서 고급 손목시계 하나 해 드리려고.

② B과장 : 출근해서 사원들과 즐겁게 아침인사를 나누었어. 내가 먼저 반갑게 아침인사를 건네면 기분이 좋아져 좋은 하루를 보낼 수 있거든.

③ C사원 : 내가 준 김밥을 먹고 배탈이 났다고? 냉장보관을 안 하긴 했는데….

④ D부장 : G사원이 어제 회식자리에서 내 옷에 김칫국물을 흘렸으니 세탁비를 받아야겠어.

⑤ E사원 : 지난주에 장례식장에 갔는데 육개장이 그렇게 맛있더라고.

05 다음은 A기업의 전화응대 매뉴얼이다. 이를 참고하여 가장 바르게 답변한 것은?

〈전화응대 매뉴얼〉

1. 전화를 받을 땐 먼저 본인의 소속과 이름을 밝힌다.
2. 동료가 자리를 비울 땐 전화를 당겨 받는다.
3. 전화 당겨 받기 후 상대방에게 당겨 받은 이유를 설명한다.
4. 친절하게 응대한다.
5. 통화내용을 메모로 남긴다.
6. 전화를 끊기 전 메모 내용을 다시 한 번 확인한다.
7. 시간 지체가 없도록 펜과 메모지를 항상 준비해 둔다.

A사원 : 네, 전화받았습니다. ·· ①
B사원 : 안녕하세요. 송전부 C대리님 자리에 안 계신가요?
A사원 : 네, C대리님이 오늘부터 이틀간 지방 출장이셔서 제가 대신 받았습니다. ····· ②
B사원 : 네, 그렇군요. 여기는 서비스부서입니다.
A사원 : 서비스부에서 웬일이세요? ··· ③
B사원 : 다름이 아니라 고객 문의 사항 회신 관련 답변이 없어 전화했습니다.
A사원 : 죄송합니다만, 제 담당이 아니라 잘 알지 못합니다.
B사원 : 그러면 담당자 분께 고객이 직접 전화 달라는 내용 좀 전해 주시겠습니까?
A사원 : 네, 잠시만요. 메모지 좀 찾을게요… ·· ④
　　　　담당자가 오시면 메모 전해 드리겠습니다. ····································· ⑤
B사원 : 네, 감사합니다.

06 다음 〈보기〉 중 직장에서의 바람직한 소개 예절에 해당하지 않는 것을 모두 고르면?

> **보기**
> ㄱ. 신입에게 부서원을 소개할 때에는 고참자를 신입에게 먼저 소개한다.
> ㄴ. 동료임원을 고객 및 손님에게 먼저 소개한다.
> ㄷ. 소속 회사의 관계자를 타 회사의 관계자에게 먼저 소개한다.
> ㄹ. 나이 어린 사람을 연장자에게 먼저 소개한다.

① ㄱ
② ㄴ
③ ㄱ, ㄷ
④ ㄴ, ㄹ
⑤ ㄱ, ㄷ, ㄹ

07 다음 사례에서 총무부 L부장에게 가장 필요한 태도는?

> 총무부 L부장은 신입사원 K가 얼마 전 처리한 업무로 인해 곤경에 빠졌다. 신입사원 K가 처리한
> 서류에서 기존 금액에 0이 하나 추가되어 회사에 엄청난 손실을 끼치게 생긴 것이다.

① 개인적인 일을 먼저 해결하려는 자세가 필요하다.
② 나 자신뿐만 아니라 나의 부서의 일은 내 책임이라고 생각한다.
③ '왜 이런 일이 나에게 일어났는지' 생각해 본다.
④ 다른 사람의 입장에서 생각해보는 태도가 필요하다.
⑤ 책임을 가리기 위해 잘잘못을 분명하게 따져본다.

08 다음 중 직장 내 다양한 인간관계 속에서 직업인이 지켜야 할 예절로 옳지 않은 것은?

① 외부 인사와 첫인사로 악수를 할 때는 서로의 이름을 말하고 간단한 인사 몇 마디를 주고받는
정도의 시간 안에 끝내야 한다.
② 비즈니스상 소개를 할 때는 직장 내에서의 서열과 나이, 성별을 고려해야 한다.
③ 명함을 교환할 때는 하위에 있는 사람이 먼저 꺼내는데 상위자에 대해서는 왼손으로 가볍게 받치
는 것이 예의이며, 동위자·하위자에게는 오른손으로만 쥐고 건넨다.
④ 전화를 받을 때는 전화벨이 3~4번 울리기 전에 받고 자신이 누구인지를 즉시 말한다.
⑤ 휴대폰 이용 시 지나친 SNS의 사용은 업무에 지장을 주므로 휴식시간을 이용한다.

09 다음 중 업무 관련 이메일(E-mail) 예절에 대한 설명으로 옳지 않은 것은?

① 내용을 보낼 때는 용건을 간단히 하여 보낸다.

② 용량이 큰 파일은 압축하여 첨부한다.

③ 주소가 정확한지 다시 확인하고 발송하도록 한다.

④ SNS에서 사용되는 함축어나 이모티콘 등을 활용한다.

⑤ 내용을 쉽게 알 수 있도록 적당한 제목을 붙인다.

10 다음 중 직장 내에서 정직성에 어긋나는 사례로 옳은 것은?

① 몸이 힘든 날에도 근태를 엄격히 준수한다.

② 업무 처리에서 발생한 실수를 있는 그대로 상사에게 보고하였다.

③ 점심시간을 15분 늦게 시작했기 때문에 정해진 시간보다 15분 늦게 들어왔다.

④ 급한 일이 생겨도 사적인 용건에 회사 전화를 쓰지 않는다.

⑤ 동료의 부정행위를 보면 상사에게 보고한다.

먼저 행동으로 옮기고 말을 하라.

– 스티븐 스필버그 –

최종점검
모의고사

01 | 언어능력검사

01 다음 제시된 단어와 동의 또는 유의 관계인 단어는?

성취

① 성장　　　　　　　　　　② 번성
③ 달성　　　　　　　　　　④ 취득
⑤ 고취

02 다음 제시된 단어의 대응 관계로 볼 때, 빈칸에 들어가기에 알맞은 것은?

돛단배 : 바람 = 전등 : (　　)

① 어둠　　　　　　　　　　② 전기
③ 태양　　　　　　　　　　④ 에어컨
⑤ 빛

03 다음 중 반의 관계가 아닌 것은?
① 외연 - 내포　　　　　　② 우량 - 열악
③ 우연 - 필연　　　　　　④ 우호 - 친교
⑤ 증오 - 연민

04 다음 중 수효가 가장 작은 단위 명사는?

① 톳   ② 강다리

③ 손   ④ 우리

⑤ 접

05 다음 중 호칭어가 잘못 연결된 것은?

① 손위 올케 – 언니, 새언니

② 손아래 누이의 남편 – 매형

③ 남편의 여동생 – 아가씨

④ 시동생 – 도련님, 서방님

⑤ 오빠의 아내 – 올케

06 다음 중 밑줄 친 부분의 표기가 옳지 않은 것은?

① 어려운 문제의 답을 <u>맞혀야</u> 높은 점수를 받을 수 있다.

② 공책에 선을 <u>반듯이</u> 긋고 그 선에 맞춰 글을 쓰는 연습을 해.

③ 생선을 간장에 10분 동안 <u>졸이면</u> 요리가 완성된다.

④ 미안하지만 지금은 바쁘니까 <u>이따가</u> 와서 얘기해.

⑤ 땅 주인은 땅을 사려는 사람에게 흥정을 <u>붙였다</u>.

07 다음 상황에 가장 적절한 사자성어는?

> 아무개는 어릴 때부터 능력이 뛰어났다. 학교를 다니며 전교 1등을 놓친 적이 없고, 운동도 잘해서 여러 운동부에서 가입을 권유받기도 하였다. 그런 아무개는 주변 사람들을 무시하면서 살았고, 시간이 지나자 그의 주변에는 아무도 없게 되었다. 후에 아무개는 곤경에 처해 도움을 청해보려 했지만 연락을 해도 아무도 도와주지 않았다. 아무개는 이 상황에 처해서야 지난날의 자신의 삶을 반성하며 돌아보게 되었다. 이후 아무개는 더 이상 주변 사람을 무시하거나 우쭐대지 않고, 자신의 재능을 다른 사람을 위해 사용하기 시작했다.

① 새옹지마(塞翁之馬)   ② 개과천선(改過遷善)

③ 전화위복(轉禍爲福)   ④ 사필귀정(事必歸正)

⑤ 자과부지(自過不知)

08 다음 중 띄어쓰기가 옳은 것은?

① 이 건물을 짓는데 몇 년이나 걸렸습니까?

② 김철수씨는 지금 창구로 와 주시기 바랍니다.

③ 걱정하지 마. 그 일은 내가 알아서 해결할 게.

④ 물건을 교환하시려면 일주일 내에 방문하셔야 합니다.

⑤ 다음 주에 발표할 보고서가 아직 완성이 안됐다.

09 [제시문 A]를 읽고, [제시문 B]가 참인지 거짓인지 혹은 알 수 없는지 고르면?

> [제시문 A]
> • 미희는 매주 수요일마다 요가 학원에 간다.
> • 미희가 요가 학원에 가면 항상 9시에 집에 온다.
>
> [제시문 B]
> 미희가 9시에 집에 오는 날은 수요일이다.

① 참   ② 거짓   ③ 알 수 없음

10 다음 A와 B가 참일 때, C가 참인지 거짓인지 알 수 없는지 고르면?

> A. 비판적 사고를 하는 모든 사람은 반성적 사고를 한다.
> B. 반성적 사고를 하는 모든 사람은 창의적 사고를 한다.
> C. 비판적 사고를 하는 사람은 창의적 사고도 한다.

① 참   ② 거짓   ③ 알 수 없음

※ 다음 글을 읽고 각 문제가 항상 참이면 ①, 거짓이면 ②, 알 수 없으면 ③을 고르시오. [11~13]

경제성장률은 기술 수준을 고려한 1인당 국민소득 수준과 장기균형 국민소득 수준의 격차에 비례해서 결정되고 장기적으로는 기술 증가율에 의해 결정된다. 이를 보면 기술 수준의 변화를 고려하지 않는다고 하더라도 경제성장률을 결정해 주는 것은 경제규모인 총 국민소득이 아니라 1인당 국민소득 수준이라는 것을 쉽게 알 수 있다. 세계은행이 발표한 자료 중 가장 많은 국가들이 포함된 연도인 2003년의 2000년 기준 실질자료를 보면 경제규모를 반영하는 국내총생산(GDP)의 경우 세계 180개국 중 한국은 미국(1위), 일본(2위), 브라질(10위), 멕시코(11위) 다음인 12위였다. 반면 1인당 국민소득을 반영하는 1인당 GDP는 룩셈부르크 (1위), 노르웨이(2위) 등에 비해 한국은 1만 2,245달러로 세계에서 35위였다. 반면에 최근 고속성장을 하는 중국과 인도를 보자. 중국은 GDP 기준으로 세계 4위에 해당되지만 1인당 GDP는 1,209달러로 세계 111위에 해당되고, 인도는 GDP로는 세계 13위이지만 1인당 GDP는 512달러로 141위에 해당한다. 경제의 성숙도를 경제규모 기준으로 본다면 중국이 한국보다 훨씬 높은 성숙단계의 국가가 되고 이는 최근 5년간 성장률이 10%에 이르는 중국이 한국(4.8%)보다 앞서는 것을 설명하기 어렵다. 또한 유사한 경제규모를 갖고 있는 인도의 경우 최근 5년간 약 7.8%의 성장률을 보여 같은 기간 우리보다 높은 경제성장률을 보여 주는 것도 설명하기 어렵다. 이는 국가의 성숙도를 경제규모가 아닌 1인당 국민소득으로 봐야 함을 뜻한다.

11 중국이 인도보다 1인당 GDP가 더 높다.

① 참   ② 거짓   ③ 알 수 없음

12 경제성장률을 결정해 주는 것은 경제규모인 총 국민소득이다.

① 참   ② 거짓   ③ 알 수 없음

13 한국은 인도보다 총 국민소득이 많다.

① 참   ② 거짓   ③ 알 수 없음

14 다음 제시된 명제가 참일 때, 항상 옳은 것은?

> • 짬뽕을 좋아하는 사람은 군만두도 좋아한다.
> • 자장면을 좋아하는 사람은 짬뽕도 좋아한다.
> • 탕수육을 좋아하지 않는 사람은 군만두도 좋아하지 않는다.

① 군만두를 좋아하는 사람은 짬뽕도 좋아한다.
② 탕수육을 좋아하는 사람은 군만두도 좋아한다.
③ 짬뽕을 좋아하지 않는 사람은 군만두도 좋아하지 않는다.
④ 탕수육을 좋아하지 않는 사람은 짬뽕도 좋아하지 않는다.
⑤ 군만두를 좋아하지 않는 사람은 탕수육을 좋아하지 않는다.

15 제시된 내용을 바탕으로 내린 결론 A, B에 대한 판단으로 적절한 것은?

> • 정육점에는 다섯 종류의 고기를 팔고 있다.
> • 소고기가 닭고기보다 비싸다.
> • 오리고기보다 비싸면 돼지고기이다.
> • 소고기 2kg의 가격이 염소고기 4kg의 가격과 같다.
> • 오리고기가 소고기보다 비싸다.

> A : 닭고기보다 비싼 고기 종류는 세 가지이다.
> B : 가격의 순위를 정하는 경우의 수는 세 가지이다.

① A만 옳다.
② B만 옳다.
③ A, B 모두 옳다.
④ A, B 모두 틀리다.
⑤ A, B 모두 옳은지 틀린지 판단할 수 없다.

16 다음 제시된 문장을 논리적 순서대로 바르게 나열한 것은?

> (가) 밥상에 오르는 곡물이나 채소가 국내산이라고 하면 보통 그 종자도 우리나라의 것이라고 생각하기 쉽다.
>
> (나) 심지어 청양고추 종자는 우리나라에서 개발했음에도 현재는 외국 기업이 그 소유권을 가지고 있으며, 국내 채소 종자 시장의 경우 종자 매출액의 50%가량을 외국 기업이 차지하고 있다는 조사 결과도 있다.
>
> (다) 하지만 실상은 많은 작물의 종자를 수입하고 있으며, 양파, 토마토, 배 등의 종자 자급률은 약 16%, 포도는 약 1%에 불과할 정도로 자급률이 매우 낮다.
>
> (라) 이런 상황이 지속될 경우, 우리의 종자를 심고 키우기 어려워질 것이고, 종자를 수입하거나 로열티를 지급하는 데 지금보다 훨씬 많은 비용이 들어가는 상황이 발생할 수도 있다.

① (가) - (나) - (다) - (라)   ② (가) - (다) - (나) - (라)
③ (가) - (라) - (나) - (다)   ④ (나) - (다) - (라) - (가)
⑤ (나) - (라) - (다) - (가)

17 다음은 '지역민을 위한 휴식 공간 조성'에 대한 글을 쓰기 위한 개요이다. 개요의 수정 · 보완 및 자료 제시 방안으로 적절하지 않은 것은?

> I. 서론 ··· ㉠
> II. 본론
>   1. 휴식 공간 조성의 필요성
>   가. 휴식 시간의 부족에 대한 직장인의 불만 증대 ················ ㉡
>   나. 여가를 즐길 수 있는 공간에 대한 지역민의 요구 증가
>   2. 휴식 공간 조성의 장애 요인
>   가. 휴식 공간을 조성할 지역 내 장소 확보 ························· ㉢
>   나. 비용 마련의 어려움
>   3. 해결 방안 ·· ㉣
>   가. 휴식 공간을 조성할 지역 내 장소 부족
>   나. 무분별한 개발로 훼손되고 있는 도시 경관 ··················· ㉤
> III. 결론 : 지역민을 위한 휴식 공간 조성 촉구

① ㉠ - 지역 내 휴식 공간의 면적을 조사한 자료를 통해 지역의 휴식 공간 실태를 나타낸다.
② ㉡ - 글의 주제를 고려하여 '휴식 공간의 부족에 대한 지역민의 불만 증대'로 수정한다.
③ ㉢ - 상위 항목과의 연관성을 고려하여 'II - 3 - 가'와 위치를 바꾼다.
④ ㉣ - 'II - 2 - 나'의 내용을 고려하여 '지역 공동체와의 협력을 통한 비용 마련'을 하위 항목으로 추가한다.
⑤ ㉤ - 상위 항목과 어울리지 않으므로 'II - 2'의 하위 항목으로 옮긴다.

18 다음 글의 주제로 가장 적절한 것은?

> 높은 휘발유세는 자동차를 사용함으로써 발생하는 다음과 같은 문제들을 줄이는 교정적 역할을 수행한다. 첫째, 휘발유세는 사람들의 대중교통수단 이용을 유도하고, 자가용 사용을 억제함으로써 교통 혼잡을 줄여준다. 둘째, 교통사고 발생 시 대형 차량이나 승합차가 중소형 차량에 비해 보다 치명적인 피해를 줄 가능성이 높다. 이와 관련해서 휘발유세는 휘발유를 많이 소비하는 대형 차량을 운행하는 사람에게 보다 높은 비용을 치르게 함으로써 교통사고 위험에 대한 간접적인 비용을 징수하는 효과를 가진다. 셋째, 휘발유세는 휘발유 소비를 억제함으로써 대기오염을 줄이는 데 기여한다.

① 휘발유세의 용도　　　　　　　　② 높은 휘발유세의 정당성
③ 휘발유세의 지속적 인상　　　　　④ 에너지 소비 절약
⑤ 휘발유세의 감소 원인

19 다음 글의 내용으로 적절하지 않은 것은?

> '갑'이라는 사람이 있다고 하자. 이때 사회가 갑에게 강제적 힘을 행사하는 것이 정당화되는 근거는 무엇일까? 그것은 갑이 다른 사람에게 미치는 해악을 방지하려는 데 있다. 특정 행위가 갑에게 도움이 될 것이라든가, 이 행위가 갑을 더욱 행복하게 할 것이라든가 또는 이 행위가 현명하다든가 혹은 옳은 것이라든가 하는 이유를 들면서 갑에게 이 행위를 강제하는 것은 정당하지 않다. 이러한 이유는 갑에게 권고하거나 이치를 이해시키거나 무엇인가를 간청하거나 할 때는 충분한 이유가 된다. 그러나 갑에게 강제를 가하는 이유 혹은 어떤 처벌을 가할 이유는 되지 않는다. 이와 같은 사회적 간섭이 정당화되기 위해서는 갑이 행하려는 행위가 다른 어떤 이에게 해악을 끼칠 것이라는 점이 충분히 예측되어야 한다. 한 사람이 행하고자 하는 행위 중에서 그가 사회에 대해서 책임을 져야 할 유일한 부분은 다른 사람에게 관계되는 부분이다.

① 타인과 관계되는 행위는 사회적 책임이 따른다.
② 개인에 대한 사회의 간섭은 어떤 조건이 필요하다.
③ 행위 수행 혹은 행위 금지의 도덕적 이유와 법적 이유는 구분된다.
④ 한 사람의 행위는 타인에 대한 행위와 자신에 대한 행위로 구분된다.
⑤ 사회는 개인의 해악에 관해서는 관심이 있지만, 그 해악을 방지할 강제성의 근거는 가지고 있지 않다.

20 다음 글의 바로 뒤에 이어질 내용으로 가장 적절한 것은?

> 언론 보도에 노출된 범죄 피의자는 경제적 · 직업적 · 가정적 불이익을 당할 뿐만 아니라, 인격이 심하게 훼손되거나 심지어는 생명을 버리기까지도 한다. 따라서 사회적 공기(公器)인 언론은 개인의 초상권을 존중하고 언론 윤리에 부합하는 범죄 보도가 될 수 있도록 신중을 기해야 한다. 범죄 보도가 초래하는 법적 · 윤리적 논란은 언론계 전체의 신뢰도에 치명적인 손상을 가져올 수도 있다.

① 다시 말해, 기자정신을 갖지 않는 기자가 많아졌다는 말이다.

② 범죄 보도를 통하여 국민들에게 범죄에 대한 경각심을 키워줄 수 있다.

③ 하지만 범죄 보도에 관한 윤리적인 기준이 모호하기 때문에 계속해서 많은 문제가 발생하고 있다.

④ 이는 범죄가 언론에는 매혹적인 보도 소재이지만, 자칫 부메랑이 되어 언론에 큰 문제를 일으킬 수 있다는 말이다.

⑤ 언론에 의한 초상권 침해의 유형으로는 본인의 동의를 구하지 않은 무단 촬영 · 보도, 승낙의 범위를 벗어난 촬영 · 보도, 몰래 카메라를 동원한 촬영 · 보도 등을 들 수 있다.

01 1,000 이하의 자연수 중 18과 42로 나누어떨어지는 자연수의 개수는?

① 4개   ② 5개

③ 6개   ④ 7개

⑤ 8개

02 $13^2 - 7^2$을 계산하면?

① 100   ② 110

③ 120   ④ 130

⑤ 140

03 다음 중 계산 결과가 다른 하나는?

① $\dfrac{1}{5} \times 3 \times 4 \div 2$ ② $(2.4 - 1.8) \times 2$

③ $(68.8 \div 2 - 16 \times 2) \div 2$ ④ $\dfrac{8}{5} + 3.8 - 8.4 \div 2$

⑤ $3 - 3.8 \times \dfrac{2}{5}$

04 다음 빈칸에 들어갈 수 있는 값으로 옳은 것은?

$$\frac{7}{3} < (\quad) < \frac{16}{3}$$

① 1.956   ② 2.984

③ 4.346   ④ 5.432

⑤ 5.963

05 6,540의 4푼은 얼마인가?

① 2,616 ② 261.6

③ 26.16 ④ 2.616

⑤ 0.2616

06 어느 해의 10월 1일은 월요일이다. 다음 해의 3월 1일은 무슨 요일인가?(단, 다음 해는 윤년이다)

① 수요일 ② 목요일

③ 금요일 ④ 토요일

⑤ 일요일

07 A사원은 회사 근처 카페에서 거래처와 미팅을 갖기로 했다. 처음에는 4km/h로 걸어가다가 약속 시간에 늦을 것 같아서 10km/h로 뛰어서 24분 만에 미팅 장소에 도착했다. 회사에서 카페까지의 거리가 2.5km일 때, A사원이 뛴 거리는?

① 0.6km ② 0.9km

③ 1.2km ④ 1.5km

⑤ 1.7km

08 판매자 A씨는 원가가 400원인 포도에 x원 만큼의 금액을 가산한 정가로 80개를 판매하여 원가로 판매했을 때보다 9,600원의 이익을 남겼다. x의 값은 얼마인가?

① 120 ② 220

③ 320 ④ 420

⑤ 520

09 S미술관의 올해 신입사원 수는 작년보다 남자는 50% 증가하고, 여자는 40% 감소하여 60명이다. 작년의 전체 신입사원 수가 55명이었을 때, 올해 입사한 여자 신입사원 수는?

① 11명　　　　　　　　　　② 12명
③ 13명　　　　　　　　　　④ 14명
⑤ 15명

10 빵집에서 크루아상 60개, 소보로 52개, 단팥빵 48개를 똑같이 나누어 가능한 많은 상자를 포장하려고 할 때, 상자의 최대 개수는?

① 1상자　　　　　　　　　　② 2상자
③ 3상자　　　　　　　　　　④ 4상자
⑤ 5상자

11 A와 B는 모두 두 자리 자연수이고 일의 자리 숫자는 같으며 십의 자리 숫자는 A가 B보다 1만큼 작을 때, A+B의 최댓값은?

① 182　　　　　　　　　　② 184
③ 186　　　　　　　　　　④ 188
⑤ 190

12 수영장에 오염농도가 5%인 물 20kg이 있다. 이 물에 깨끗한 물을 넣어 오염농도를 1%p 줄이려고 한다. 이때 물을 얼마나 넣어야 하는가?

① 3kg　　　　　　　　　　② 4kg
③ 5kg　　　　　　　　　　④ 6kg
⑤ 7kg

13 회사 전체 사원을 대상으로 한 명을 뽑았을 때, 신입사원이면서 남자일 확률은?

> • 전체 사원 중 한 명을 뽑았을 때, 신입사원일 확률은 0.8이다.
> • 기존 사원 중 한 명을 뽑았을 때, 여자일 확률은 0.6이다.
> • 전체 사원 중 한 명을 뽑았을 때 남자일 확률은 0.4이다.

① 20% ② 30%

③ 40% ④ 50%

⑤ 60%

14 사내 체육대회의 응원단장 투표를 홈페이지에서 진행하려고 한다. 부서별로 한 명씩 총 8명의 후보 중 3명을 선출하는 경우는 몇 가지인가?

① 56가지 ② 58가지

③ 60가지 ④ 62가지

⑤ 64가지

15 다음은 A씨가 1월부터 4월까지 지출한 외식비이다. 1월부터 5월까지의 평균 외식비가 120,000원 이상 130,000원 이하가 되게 하려고 할 때, A씨가 5월에 최대로 사용할 수 있는 외식비는?

〈월별 외식비〉

(단위 : 원)

1월	2월	3월	4월	5월
110,000	180,000	50,000	120,000	

① 14만 원 ② 15만 원

③ 18만 원 ④ 19만 원

⑤ 22만 원

※ 다음은 A, B, C사의 농기계에 대한 직원들의 평가를 나타낸 자료이다. 이어지는 질문에 답하시오.
   [16~18]

〈A, B, C사 트랙터 만족도〉

(단위 : 점)

구분	가격	성능	안전성	디자인	연비	사후관리
A사	5	4	5	4	2	4
B사	4	5	3	4	3	4
C사	4	4	4	4	3	5

〈A, B, C사 이앙기 만족도〉

(단위 : 점)

구분	가격	성능	안전성	디자인	연비	사후관리
A사	4	3	5	4	3	4
B사	5	5	4	4	2	4
C사	4	5	4	5	4	5

〈A, B, C사 경운기 만족도〉

(단위 : 점)

구분	가격	성능	안전성	디자인	연비	사후관리
A사	3	3	5	5	4	4
B사	4	4	3	4	4	4
C사	5	4	3	4	3	5

※ 모든 항목의 만족도는 5점(최상) ~ 1점(최하)으로 1점 단위로 평가함

16 세 가지 농기계의 평가를 모두 고려했을 때, 직원들이 가장 선호하는 회사와 만족도 점수는 어떻게 되는가?(단, 만족도 비교는 해당 점수의 총합으로 한다)

① A사, 71점
② B사, 70점
③ B사, 73점
④ C사, 72점
⑤ C사, 75점

17 가격과 성능만을 고려하여 세 가지 농기계를 한 회사에서 구입하려고 할 때, 해당 회사와 만족도 점수는 어떻게 되는가?(단, 만족도 비교는 해당 점수의 총합으로 한다)

① A사, 22점   ② B사, 27점

③ C사, 26점   ④ B사, 28점

⑤ C사, 25점

18 안전성과 연비만을 고려하여 세 가지 농기계를 한 회사에서 구입하려고 할 때, 해당 회사와 만족도의 점수는 어떻게 되는가?(단, 만족도 비교는 해당 점수의 총합으로 한다)

① A사, 24점   ② B사, 15점

③ A사, 21점   ④ B사, 27점

⑤ C사, 26점

19 매일의 날씨 자료를 수집 및 분석한 결과, 전날의 날씨를 기준으로 그다음 날의 날씨가 변할 확률은 다음과 같았다. 만약 내일 날씨가 화창하다면, 사흘 뒤에 비가 올 확률은 얼마인가?

<비가 올 확률>

전날 날씨	다음 날 날씨	확률
화창	화창	25%
화창	비	30%
비	화창	40%
비	비	15%

※ 날씨는 '화창'과 '비'로만 구분하여 분석함

① 12%   ② 13%

③ 14%   ④ 15%

⑤ 11%

20 다음은 OECD 회원국의 고용률을 조사한 자료이다. 이에 대한 설명으로 옳지 않은 것은?

〈OECD 회원국 고용률 추이〉

(단위 : %)

구분	2019년	2020년	2021년	2022년				2023년	
				1분기	2분기	3분기	4분기	1분기	2분기
OECD 전체	65.0	65.0	66.5	66.5	65.0	66.0	66.5	67.0	66.3
미국	67.5	67.5	68.7	68.5	68.7	68.7	69.0	69.3	69.0
일본	70.6	72.0	73.3	73.0	73.5	73.5	73.7	73.5	74.5
영국	70.0	70.5	73.0	72.5	72.5	72.7	73.5	73.7	74.0
독일	73.0	73.5	74.0	74.0	73.0	74.0	74.5	74.0	74.5
프랑스	64.0	64.5	63.5	64.5	63.0	63.0	64.5	64.0	64.0
한국	64.5	64.5	65.7	65.7	64.6	65.0	66.0	66.0	66.0

① 2019년부터 2023년 2분기까지 프랑스와 한국의 고용률은 OECD 전체 고용률을 넘은 적이 한 번도 없었다.

② 2019년부터 영국의 고용률은 계속 증가하고 있다.

③ 2023년 1분기 6개 국가의 고용률 중 가장 높은 국가와 가장 낮은 국가의 고용률 차이는 10%p 이다.

④ 2023년 1분기와 2분기에서 고용률이 변하지 않은 국가는 프랑스와 한국이다.

⑤ 2023년 2분기 OECD 전체 고용률은 전년 동분기 대비 2% 증가하였다.

※ 일정한 규칙으로 수를 나열할 때, 빈칸에 들어갈 알맞은 수를 고르시오. [1~5]

01

9   ( )   18   108   36   216

① 24   ② 44
③ 54   ④ 64
⑤ 68

02

2   ( )   4   6   9   14   22   35

① 3   ② 5
③ 8   ④ 10
⑤ 12

03

5   6   13 $\dfrac{3}{2}$ $\dfrac{3}{2}$ 3   12   ( ) -1

① 4   ② $\dfrac{11}{3}$

③ $\dfrac{10}{3}$ ④ 3

⑤ 2

04

2   8   14   20   ( )   32   38

① 22   ② 24
③ 26   ④ 28
⑤ 30

05

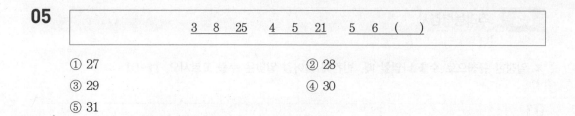

$$\underline{3 \quad 8 \quad 25} \quad \underline{4 \quad 5 \quad 21} \quad \underline{5 \quad 6 \quad (\quad)}$$

① 27   ② 28
③ 29   ④ 30
⑤ 31

※ 일정한 규칙으로 문자를 나열할 때, 빈칸에 들어갈 알맞은 문자를 고르시오. [6~10]

06

ㅈ   ㄷ   ㅅ   ㅁ   ㅁ   (   )

① ㄷ   ② ㅁ
③ ㅅ   ④ ㅊ
⑤ ㅎ

07

ㄴ   ㅁ   ㅈ   ㅎ   ㅂ   (   )

① ㅍ   ② ㅂ
③ ㅈ   ④ ㄱ
⑤ ㅊ

08

			E	N	(	)	K	T	H	

① D   ② I
③ J   ④ L
⑤ Y

09

		A	D	G	J	M	P	(	)	V	

① Q   ② S
③ P   ④ T
⑤ V

10

		N	ㅅ	R	ㅈ	T	ㅊ	(	)	

① ㅁ   ② U
③ K   ④ ㅎ
⑤ ㄷ

※ 일정한 규칙으로 도형을 나열할 때, 물음표에 들어갈 알맞은 도형을 고르시오. [11~17]

11

①

②

③

④

⑤

12

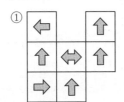 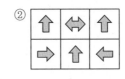

①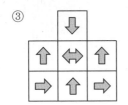

②

③

④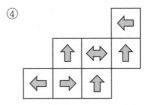

⑤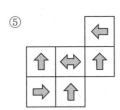

13

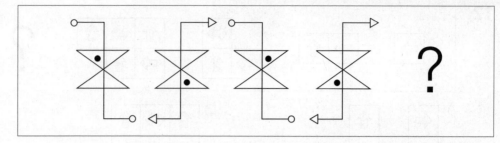

①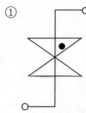

②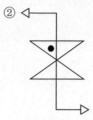

③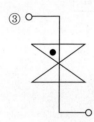

④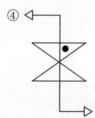

⑤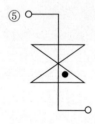

14

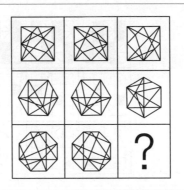

①

②

③

④

⑤

15

①

②

③

④

⑤

16

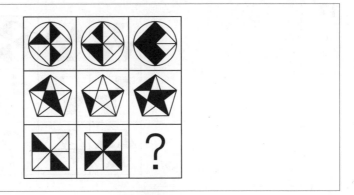

①

②

③

④

⑤

17

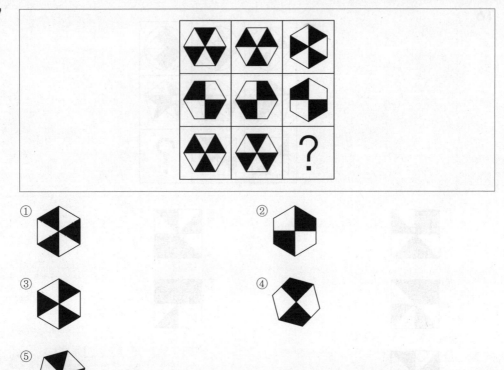

①

②

③

④

⑤

18

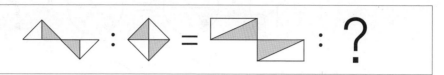

①

②

③

④

⑤

19

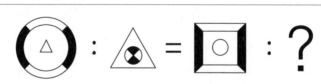

①

②

③

④

⑤

20

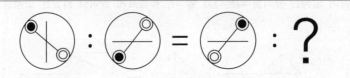

①

②

③

④

⑤

※ 다음 중 제시된 도형과 같은 것을 고르시오(단, 도형은 회전이 가능하다). [1~2]

01

①

②

③

④

⑤

02

① 　　　②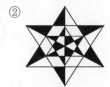

③ 　　　④

⑤

※ 다음 중 나머지 도형과 다른 것을 고르시오. [3~4]

03　① 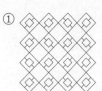　　　②

③ 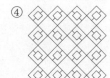　　　④

⑤

04

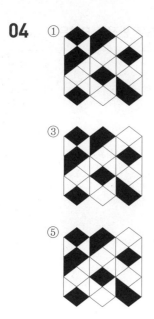

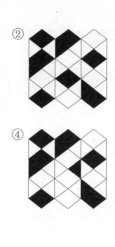

05 다음 도형을 좌우 반전한 후, 시계 방향으로 90° 회전한 모양은?

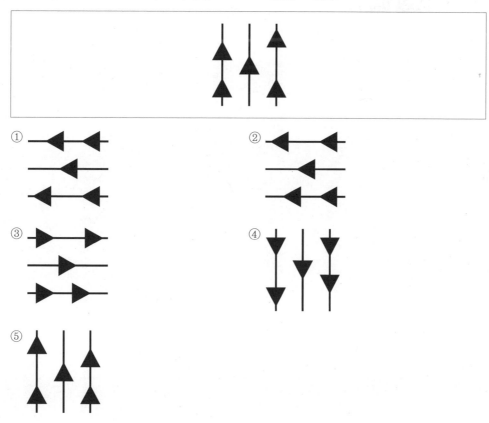

06 다음 도형을 상하 반전하고 시계 반대 방향으로 90° 회전한 후, 좌우 반전한 모양은?

①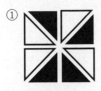

②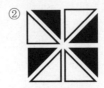

③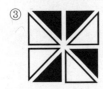

④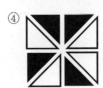

⑤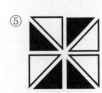

07 제시된 전개도로 정육면체를 만들 때, 나올 수 있는 입체도형은?

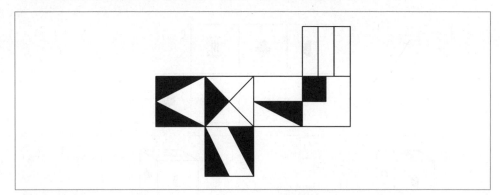

①

②

③

④

⑤

08 제시된 전개도로 정육면체를 만들 때, 나올 수 없는 입체도형은?

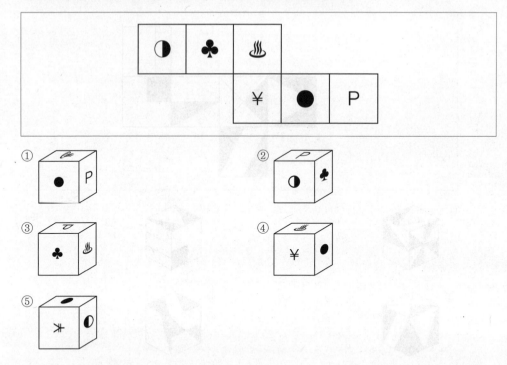

① ② ③ ④

⑤

09

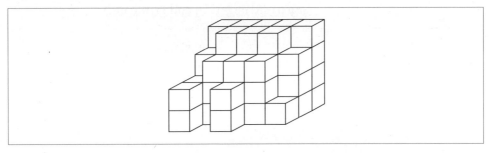

① 50개   ② 52개

③ 54개   ④ 56개

⑤ 58개

10

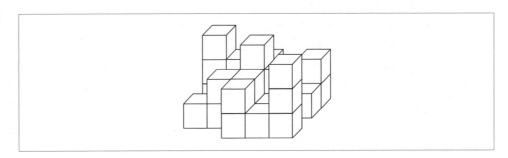

① 29개   ② 30개

③ 31개   ④ 32개

⑤ 33개

11 다음 제시된 숫자와 같은 것의 개수는?

818

610	331	601	838	811	818	848	688	881	918	998	518
306	102	37	98	81	881	668	618	718	993	523	609
109	562	640	718	266	891	871	221	105	691	860	216
881	913	571	130	164	471	848	946	220	155	676	819

① 1개   ② 2개

③ 3개   ④ 4개

⑤ 5개

12 다음 제시된 좌우의 문자 또는 기호를 비교하여 같으면 ①을, 다르면 ②를 고르면?

ⓗ⑭ⓧⓕⓓⓘ⑧ⓩ [　] ⓗ⑭ⓧⓕⓓⓘ⑧ⓩ

① 같음　　　　　　　　　　　② 다름

13 다음 표에 제시되지 않은 문자는?

413	943	483	521	253	653	923	653	569	467	532	952
472	753	958	551	956	538	416	567	955	282	568	954
483	571	462	933	457	353	442	482	668	533	382	682
986	959	853	492	957	558	955	453	913	531	963	421

① 467　　　　　　　　　　　② 568
③ 531　　　　　　　　　　　④ 482
⑤ 953

14 다음에서 왼쪽에 제시된 문자와 같은 것의 개수는?

神	防北神放放頌防珍防快神新快快神快珍珍新快神鎭珍珍防北放放快防神放

① 4개　　　　　　　　　　　② 5개
③ 6개　　　　　　　　　　　④ 7개
⑤ 8개

※ 제시된 문자와 동일한 문자를 〈보기〉에서 찾아 몇 번째에 위치하는지 고르시오(단, 가장 왼쪽 문자를 시작 지점으로 한다). [15~17]

보기
♡　♭　☺　♑　♈　◑　♉　🔔　◕　✹

15

☺

① 1번째　　　　　　　② 2번째
③ 3번째　　　　　　　④ 4번째
⑤ 5번째

16

🔔

① 6번째　　　　　　　② 7번째
③ 8번째　　　　　　　④ 9번째
⑤ 10번째

17

♡

① 1번째　　　　　　　② 2번째
③ 3번째　　　　　　　④ 4번째
⑤ 5번째

18 다음 중 좌우를 비교했을 때 다른 것은 몇 개인가?

141378450 – 151296450

① 1개   ② 2개
③ 3개   ④ 4개
⑤ 5개

19 다음 중 좌우가 서로 다른 것은?
① 43453261 – 43453261
② 書徐恕緒矛記 – 書徐恕緒矛記
③ OQQRSOQO – OQQRSOQO
④ 앵행앹헿헹앵 – 앵행앹헿행앵
⑤ ↗↑↓↔←↑←↑↑↘ – ↗↑↓↔←↑←↑↑↘

20 다음 규칙에 따라 알맞게 변형한 것은?

%a&b – 갸겨교규

① a%b& – 겨갸교규   ② ba&% – 규겨갸교
③ &%ba – 교겨갸규   ④ %ba& – 갸규겨교
⑤ &ab% – 겨겨교갸

※ 다음 제시된 단어와 반대되는 의미를 지닌 단어를 고르시오. [1~3]

01

diligent

① lazy　　　　　　　　　② stupid

③ eager　　　　　　　　　④ latest

⑤ simple

02

ill

① suffer　　　　　　　　② energy

③ worth　　　　　　　　④ healthy

⑤ belly

03

obvious

① distinct　　　　　　　② unclear

③ certain　　　　　　　④ conservative

⑤ familiar

04

convince

① persuade   ② decline
③ deliberate   ④ dispose
⑤ contribute

05

obscure

① obsolete   ② insolent
③ eccentric   ④ abnormal
⑤ unknown

06

predict

① advantage   ② solitary
③ tolerable   ④ foresee
⑤ familiar

07 다음 글의 빈칸에 들어갈 단어로 가장 적절한 것은?

In the 1970s and 1980s, greater numbers of working women meant that men were no longer the sole breadwinner. A father's emotional involvement with his family also became more _____. Forty years ago, almost no husbands were present in the delivery room when their wives gave birth. Today, it is generally expected for male partners to attend childbirth classes, be there for the delivery, and to take more responsibility for child rearing than their fathers or grandfathers did.

① conventional
② important
③ monetary
④ changeable
⑤ limited

08 다음 글의 밑줄 친 부분 중 어법상 옳지 않은 것은?

Semin's family has decided ① to take a special vacation this year. They are going to ② visit Jejudo. Semin and his sisters ③ has never been there, so ④ they are very ⑤ excited.

09 다음 대화에서 빈칸에 들어갈 말로 가장 적절한 것은?

A : I'd like to return this pants.
B : I'm sorry about it. Would you like to exchange it for _____?

① any other one
② another one
③ other one
④ others one
⑤ the other one

10 다음 대화 중 어색한 것은?

① A : This school was established in 1975.

　B : Oh, was it?

② A : My mom is working as a teacher.

　B : Oh, is she?

③ A : We will consider your situation.

　B : Oh, will they?

④ A : You did a good job on your presentation.

　B : Oh, did I?

⑤ A : I want to give some financial rewards to you.

　B : Oh, do you?

11 제시된 문장에 이어질 내용을 순서대로 바르게 나열한 것은?

How long are you planning to stay?

(A) Just ten days.
(B) I'm here on a tour.
(C) What's the purpose of your trip?

① (A) – (B) – (C)　　　　　　　② (A) – (C) – (B)

③ (B) – (A) – (C)　　　　　　　④ (B) – (C) – (A)

⑤ (C) – (A) – (B)

12 다음 글의 밑줄 친 부분과 의미가 가장 가까운 것은?

> All along the route were thousands of homespun attempts to <u>pay tribute to</u> the team, including messages etched in cardboard, snow and construction paper.

① honor
② compose
③ publicize
④ join
⑤ throw

13 다음 대화가 이루어지는 장소로 가장 적절한 곳은?

> A : Good evening! How can I help you?
> B : I have a sore throat.
> A : Take this medicine and it's $5.
> B : Here it is. Thanks.

① 약국
② 은행
③ 도서관
④ 동물원
⑤ 학교

14 다음 글의 빈칸에 들어갈 말로 옳은 것은?

> This year's profits _____ the accountant by next monday.

① was known to

② will has been known to

③ will be known to

④ will know

⑤ is known to

15 다음 글의 빈칸에 들어갈 접속사로 가장 적절한 것은?

> Yousuf Karsh had a gift for capturing the soul of his subjects in his portraits. He once said, "Within every man and woman a secret is hidden, and it is my task to reveal it." To reveal the hidden secret, Karsh communicated with and studied all his subjects before taking their photographs. _____, when he took a picture of a musician, he listened to all his or her music. When he photographed a novelist, he read all the writer's books. As a result, viewers feel as if they have truly seen a moment in a famous person's life.

① In fact

② However

③ Nevertheless

④ Consequently

⑤ Regrettably

16 다음 중 빈칸에 공통으로 들어갈 단어로 가장 적절한 것은?

> • The meeting will _____ place at a hotel.
> • They _____ advantage of the dry weather.

① put

② come

③ look

④ take

⑤ to

17 다음 글의 밑줄 친 (A), (B)에 들어갈 단어가 바르게 연결된 것은?

A fossil fuel buried deep in the ground, oil is a finite resource that experts concur is fast running out. Greenhouse gas emissions from rampant oil consumption are having a devastating impact on the environment, too. Bio-fuels, however, are far more environmentally-friendly. This is the main reason why many scientists and politicians around the world have begun to promote the production and use of bio-fuels as an (A) alternative / approach / assistance to our reliance on oil. Because bio-fuels are renewable, they can also help ensure greater stability in fuel prices. In spite of the apparent advantages, however, many remain skeptical about the benefits of switching to bio-fuels. In particular, there are fears that, as farmers switch to more profitable fuel crops such as corn, worldwide prices for rice, grain and other basic foods will increase massively. In addition, modern production methods used in growing and producing bio-fuels consume a lot more water than the traditional refining process for fossil fuels. With more and more regions switching to bio-fuel farming, it could (B) aggregate / moderate / exacerbate the growing water management plight.

	(A)	(B)
①	assistance	aggregate
②	approach	aggregate
③	alternative	moderate
④	alternative	exacerbate
⑤	assistance	exacerbate

18 다음 글의 주제로 가장 적절한 것은?

We are wasting too much food. There are solutions to this problem. When you go shopping for groceries, make a list and buy exactly what you need. When you order food, only order what you will eat. We should not throw away a fruit or vegetable simply because its appearance is not good enough.

① How to Be a Good Chef
② How to Make Healthy Food
③ How to Reduce Food Waste
④ How to Grow Organic Vegetables
⑤ How to Make a List

19 다음 글에서 필자가 주장하는 바로 가장 적절한 것은?

In the United States, some people maintain that TV media will create a distorted picture of a trial, while leading some judges to pass harsher sentences than they otherwise might. However, there are some benefits connected to the televising of trials. It will serve to educate the public about the court process. It will also provide full and accurate coverage of exactly what happens in any given case. Therefore, it is necessary to televise trials to increase the chance of a fair trial. And, if trials are televised, a huge audience will be made aware of the case, and crucial witnesses who would otherwise have been ignorant of the case may play their potential role in it.

① 범죄 예방을 위해 재판 과정을 공개해야 한다.
② 준법 정신 함양을 위해 재판 과정을 공개해야 한다.
③ 재판 중계권을 방송국별로 공정하게 배분해야 한다.
④ 재판의 공정성을 높이기 위해 재판 과정을 중계해야 한다.
⑤ 증인의 신변 보호를 위하여 법정 공개는 금지되어야 한다.

20 다음 글의 내용으로 가장 적절한 것은?

Some people in the city like pigeons. These people think pigeons make the city people feel closer to nature. But some people in the city do not like pigeons at all. These people think pigeons carry diseases.

① Pigeons do not carry diseases.
② All city people like pigeons.
③ Not all city people like pigeons.
④ No city people like pigeons.
⑤ Pigeons live in the nature.

01 다음은 문서 작성 시 유의해야 할 한글 맞춤법 및 어법에 대한 내용이다. 이를 참고할 때, 표기가 옳지 않은 것은?

〈한글 맞춤법 및 어법〉

1) 고 / 라고
   앞말이 직접 인용되는 말임을 나타내는 조사는 '라고'이다. '고'는 앞말이 간접 인용되는 말임을 나타내는 격조사이다.

2) 로써 / 로서
   지위나 신분 또는 자격을 나타내는 격조사는 '로서'이며, '로써'는 어떤 일의 수단이나 도구를 나타내는 격조사이다.

3) 율 / 률
   받침이 있는 말 뒤에서는 '렬, 률', 받침이 없는 말이나 'ㄴ' 받침으로 끝나는 말 뒤에서는 '열, 율'로 적는다.

4) 년도 / 연도
   한자음 '녀, 뇨, 뉴, 니'가 단어 첫머리에 올 때는 두음 법칙에 따라 '여, 요, 유, 이'로 적는다. 단, 의존명사의 경우 두음 법칙을 적용하지 않는다.

5) 연월일의 표기
   아라비아 숫자만으로 연월일을 표시할 경우 마침표는 연월일 다음에 모두 사용해야 한다.

---

① 이사장은 "이번 기회를 통해 소중함을 깨닫게 되었으면 좋겠다."라고 말했다.

② 모든 것이 말로써 다 표현되는 것은 아니다.

③ 올해의 상반기 목표 성장률을 달성하기 위해서는 모두가 함께 노력해야 한다.

④ 노인 일자리 추가 지원 사업을 시작한 지 일 연도 되지 않았는데 지원이 끝이 났다.

⑤ 시험 원서 접수는 2025. 01. 01.(수)에 마감됩니다.

02 다음 제시된 문장을 논리적 순서대로 바르게 나열한 것은?

> (가) 환경부 국장은 "급식인원이 하루 50만 명에 이르는 E놀이공원이 음식문화 개선에 앞장서는 것은 큰 의미가 있다."면서, "이번 협약을 계기로 대기업 중심의 범국민적인 음식문화 개선 운동이 빠르게 확산될 것으로 기대한다."고 말했다.
>
> (나) 놀이공원은 하루 평균 15,000여 톤에 이르는 과도한 음식물쓰레기 발생으로 연간 20조 원의 경제적인 낭비가 초래되고 있는 심각성을 인식하며, 환경부와 상호협력하여 음식물쓰레기 줄이기를 적극 추진하기로 했다.
>
> (다) 이날 체결한 협약에 따라 E놀이공원에서 운영하는 전국 500여 단체급식 사업장과 외식사업장에서는 구매, 조리, 배식 등 단계별로 음식물쓰레기 줄이기 활동을 전개하고, 사업장별 특성에 맞는 감량 활동 및 다양한 홍보 캠페인 실시, 인센티브 제공을 통해 이용 고객들의 적극적인 참여를 유도할 계획이다.
>
> (라) 이에 환경부 국장과 E놀이공원 사업부장은 지난 26일, 환경부, 환경연구소 및 E놀이공원관계자 등이 참석한 가운데, 음식문화 개선대책에 관한 자발적 협약을 체결하였다.

① (나) – (라) – (가) – (다)   ② (나) – (라) – (다) – (가)
③ (라) – (나) – (다) – (가)   ④ (라) – (다) – (가) – (나)
⑤ (라) – (다) – (나) – (가)

03 다음 중 〈보기〉와 같은 갈등 상황을 유발하는 원인으로 가장 적절한 것은?

> **보기**
>
> 기획팀의 K대리는 팀원 3명과 함께 프로젝트를 수행하고 있다. K대리는 이번 프로젝트를 조금 여유 있게 진행할 것을 팀원들에게 요청하였다. 팀원들은 프로젝트 진행을 위해 회의를 진행하였는데, L사원과 P사원의 의견이 서로 대립하는 바람에 결론을 내리지 못한 채 회의를 마치게 되었다. K대리가 회의 내용을 살펴본 결과 L사원은 프로젝트 기획 단계에서 좀 더 꼼꼼하고 상세한 자료를 모으자는 의견이었고, 반대로 P사원은 여유 있는 시간을 프로젝트 수정·보완 단계에서 사용하자는 의견이었다.

① L사원과 P사원이 K대리의 의견을 서로 다르게 받아들였기 때문이다.
② L사원은 K대리의 고정적 메시지를 잘못 이해하고 있기 때문이다.
③ L사원과 P사원이 자신의 정보를 상대방이 이해하기 어렵게 표현하고 있기 때문이다.
④ L사원과 P사원이 서로 잘못된 정보를 전달하고 있기 때문이다.
⑤ L사원과 P사원이 서로에 대한 선입견을 갖고 있기 때문이다.

04 다음 중 경청의 중요성에 대한 설명으로 적절하지 않은 것은?

〈경청의 중요성〉

㉠ 경청을 함으로써 상대방을 한 개인으로 존중하게 된다.
㉡ 경청을 함으로써 상대방을 성실한 마음으로 대하게 된다.
㉢ 경청을 함으로써 상대방의 입장에 공감하며, 상대방을 이해하게 된다.

① ㉠ - 상대방의 감정, 사고, 행동을 평가하거나 비판하지 않고 있는 그대로 받아들인다.
② ㉡ - 상대방과의 관계에서 느낀 감정과 생각 등을 솔직하고 성실하게 표현한다.
③ ㉡ - 상대방과의 솔직한 의사 및 감정의 교류를 가능하게 도와준다.
④ ㉢ - 자신의 생각이나 느낌, 가치관 등으로 상대방을 이해하려 한다.
⑤ ㉢ - 상대방으로 하여금 자신이 이해받고 있다는 느낌을 갖도록 한다.

05 다음은 직장에서 문서를 작성할 경우 지켜야 하는 문서작성 원칙이다. A ~ E 중 문서작성 원칙에 대해 잘못 이해하고 있는 사람은?

〈문서작성의 원칙〉

• 문장은 짧고, 간결하게 작성하도록 한다.
• 상대방이 이해하기 쉽게 쓴다.
• 중요하지 않은 경우 한자의 사용을 자제해야 한다.
• 간결체로 작성한다.
• 문장은 긍정문의 형식으로 써야 한다.
• 간단한 표제를 붙인다.
• 문서의 주요한 내용을 먼저 쓰도록 한다.

① A : 문장에서 끊을 수 있는 부분은 가능한 한 끊어서 짧은 문장으로 작성하되, 실질적인 내용을 담아 작성해야 해.
② B : 상대방이 이해하기 어려운 글은 좋은 글이 아니야. 우회적인 표현이나 현혹적인 문구는 되도록 삭제하는 것이 좋겠어.
③ C : 문장은 되도록 자세하게 작성하여 빠른 이해를 돕도록 하고, 문장마다 행을 바꿔 문서가 깔끔하게 보이도록 해야겠군.
④ D : 표제는 문서의 내용을 일목요연하게 파악할 수 있게 도와줘. 간단한 표제를 붙인다면 상대방이 내용을 쉽게 이해할 수 있을 거야.
⑤ E : 일반적인 글과 달리 직장에서 작성하는 문서에서는 결론을 먼저 쓰는 것이 좋겠군.

06 다음은 문서의 기능에 대한 설명이다. 빈칸에 들어갈 말이 바르게 연결된 것은?

---

1) 문서는 사람의 의사를 구체적으로 표현하는 기능을 갖는다. 사람이 가지고 있는 주관적인 의사는 문자·숫자·기호 등을 활용하여 종이나 다른 매체에 표시하여 문서화함으로써 그 내용이 ___㉠___ 된다.

2) 문서는 자신의 의사를 타인에게 ___㉡___ 하는 기능을 갖는다. 문서에 의한 의사 ___㉡___ 은 전화나 구두로 ___㉡___ 하는 것보다 좀 더 정확하고 변함없는 내용을 ___㉡___ 할 수 있다.

3) 문서는 의사를 오랫동안 ___㉢___ 하는 기능을 갖는다. 문서로써 ___㉡___ 된 의사는 지속적으로 ___㉢___ 할 수 있고 역사자료로서 가치를 갖기도 한다.

	㉠	㉡	㉢
①	상징회	교환	정리
②	상징화	전달	정리
③	상징화	전달	보존
④	구체화	전달	보존
⑤	구체화	교환	보존

07 귀하는 K사의 작업장 안전관리를 담당하고 있다. 최근 작업장의 바닥이 미끄러워서 재해가 발생된 사례가 있어 다음과 같은 예방 대책 및 관리 방법을 마련하였다. 귀하가 작업장 내에 있는 작업자에게 경고할 내용으로 적절하지 않은 것은?

> • 재해예방 대책
>   – 옥내·외 작업장 바닥의 상태와 정리정돈 상태를 확인한다.
>   – 옥내·외 작업장의 바닥이 근로자가 넘어지거나 미끄러지는 등의 위험이 없도록 안전하고 청결한 상태를 잘 유지하고, 제품·자재·부재 등이 넘어지지 않도록 지지 등의 안전조치를 한다.
>   – 작업장 정리정돈은 모든 생산 활동에 있어 꼭 필요한 안전조치 사항이며, 품질과 생산성 향상에도 큰 영향을 주므로 근로자 스스로 작업장을 정리정돈하고 이를 습관화하도록 하여야 한다.
> • 주요 넘어짐 위험에 대한 관리 방법
>
> | 구분 | 관리 방법 |
> | --- | --- |
> | 물질의 엎지름으로 인한 축축한 바닥 | • 엎질러진 것을 즉시 치운다.
• 바닥을 깨끗하게 하고 난 후에는 바닥이 잠시 동안 축축할 수 있기 때문에 이때 적당한 표시로 바닥이 아직도 축축하다고 공지하고 대안으로 우회로를 만든다. |
> | 케이블의 끌림 | • 케이블이 보행로를 가로지르는 것을 피하기 위해 장비를 제자리에 위치시킨다.
• 표면에 안전하게 고정시키기 위해 케이블 커버를 사용하고 접촉을 막기 위해 출입을 통제한다. |
> | 잡다한 쓰레기 | 주위를 깨끗하게 유지하고, 쓰레기를 치워서 쌓이지 않게 한다. |
> | 양탄자·매트 | 양탄자·매트는 안전하게 고정시키고 가장자리가 주름지지 않게 한다. |
> | 매끄러운 표면 | 바닥 표면이 미끄러워진 원인을 조사하고 그에 상응한 대책을 세운다. |
> | 불량한 조명 | 바닥의 모든 곳에 조명이 골고루 비치게 하기 위해 조명 밝기와 조명 위치를 개선한다. |
> | 젖은 바닥에서 건조한 바닥 표면으로 변화 | • 적합한 신발을 신는다.
• 표지를 이용하여 위험을 알리고 변화가 있는 곳에 매트를 놓는다. |
> | 높이 변화 | 조명을 개선하고, 계단 발판에 디딤코를 덧댄다. |
> | 경사 | 계단 난간을 만들고, 바닥 표시를 하고, 시야를 확보한다. |
> | 시야를 가리고 있는 연기·증기 | • 위험 지역의 연기·증기의 방향을 바꿈으로써 연기·증기를 없애거나 조절한다.
• 환기를 개선한다. |
> | 부적합한 신발류 | 특히 발바닥의 정확한 형태에 맞추어 근로자가 적당한 신발류를 선택하게 한다. 만일 작업 형태가 특수한 보호 신발류를 필요로 하면 근로자에게 그것을 무료로 제공한다. |

① 작업장 전체를 청결한 상태로 유지하시고, 특히 작업자가 지나다니는 길에 적재물이 넘어지지 않도록 조치해 주세요.

② 바닥 청소 후 축축할 경우, 경고판을 설치하고 통행을 금지해 사고위험을 제거해 주세요.

③ 작업상 매트를 설치할 경우, 가장자리가 주름지지 않도록 안전하게 고정해 주세요.

④ 바닥에 조명이 골고루 비칠 수 있도록 밝기와 위치를 점검하시고, 불량한 조명은 개선해 주세요.

⑤ 작업자에게 맞는 신발류를 선택하도록 권고하시고, 특수한 업무를 진행할 경우 그에 맞는 보호 신발류를 무료로 제공해 주세요.

08 다음 글의 밑줄 친 부분을 어법에 따라 수정할 때 적절하지 않은 것은?

> 나는 내가 <u>시작된</u> 일은 반드시 내가 마무리 지어야 한다는 사명감을 가지고 있었다. 그래서 이번 문제 역시 다른 사람의 도움 없이 스스로 해결해야겠다고 다짐했었다. 그러나 일은 생각만큼 쉽게 풀리지 <u>못했다</u>. 이번에 새로 올린 기획안이 사장님의 <u>제가</u>를 받기 어려울 것이라는 이야기가 들렸다. 같은 팀의 박 대리는 내게 사사로운 감정을 기획안에 <u>투영하지</u> 말라는 충고를 전하면서 커피를 건넸고, 화가 난 나는 뜨거운 커피를 그대로 마시다가 하얀 셔츠에 모두 쏟고 말았다. 오늘 회사 내에서 만나는 사람마다 모두 커피를 쏟은 내 셔츠의 사정에 관해 물었고, 그들에 의해 나는 오늘 온종일 <u>칠칠한</u> 사람이 되어야만 했다.

① 시작된 → 시작한
② 못했다 → 않았다
③ 제가 → 재가
④ 투영하지 → 투영시키지
⑤ 칠칠한 → 칠칠하지 못한

09 다음 글의 논지 전개 구조에 대한 설명으로 가장 적절한 것은?

> ㉠ 중국에 생원이 있듯이 우리나라에는 양반이 있다. 중국의 고정림(顧亭林)이 온 천하 사람이 생원이 되는 것을 우려하였던 것처럼 나는 온 나라 사람이 양반이 되는 것을 우려한다.
> ㉡ 그런데 양반의 폐단은 더욱 심한 바가 있다. 생원은 실제로 과거에 응시해서 생원 칭호를 얻는 것이지만, 양반은 문무관(文武官)도 아니면서 허명(虛名)만 무릅쓰는 것이다.
> ㉢ 생원은 정원(定員)이 있으나 양반은 도대체 한절(限節)이 없으며, 생원은 세월이 지남에 따라 변천이 있으나 양반은 한번 얻으면 백세토록 버리지 않는다.
> ㉣ 항차 생원의 폐는 양반이 모두 다 겸하여 지녔음에랴.
> ㉤ 그러하니 내가 바라는 것은, 온 나라 사람이 양반이 되어 온 나라에 양반이 없는 것과 같이 되도록 하는 것이다.

① ㉡·㉢·㉣은 ㉤의 근거가 된다.
② ㉠은 이 글의 중심 문단이다.
③ ㉡은 ㉠의 상술 문단이다.
④ ㉢은 ㉠의 상술 문단이다.
⑤ ㉣은 ㉠의 부연 문단이다.

10 농도를 모르는 소금물 300g에 농도 5%의 소금물 200g을 모두 섞었더니 섞은 소금물의 농도는 9%가 되었다. 처음 300g의 소금물에 들어있는 소금은 몇 g인가?

① 30g   ② 32g

③ 35g   ④ 38g

⑤ 40g

11 A사에서 워크숍을 위해 강당 대여요금을 알아보고 있다. 강당의 대여요금은 기본요금의 경우 30분까지 동일하며, 그 후에는 1분마다 추가요금이 발생한다. 1시간 대여료는 50,000원, 2시간 대여할 경우 110,000원이 대여료일 때, 3시간 대여 시 요금은 얼마인가?

① 170,000원   ② 180,000원

③ 190,000원   ④ 200,000원

⑤ 210,000원

※ 다음은 2024년 지역별 에너지원별 소비량을 나타낸 자료이다. 이어지는 질문에 답하시오. [12~13]

〈지역별 에너지원별 소비량〉

[단위 : 만 톤(ton), 만 톤(toe)]

구분	석탄	석유	천연가스	수력·풍력	원자력
서울	885	2,849	583	2	574
인천	1,210	3,120	482	4	662
경기	2,332	2,225	559	3	328
대전	1,004	998	382	0.5	112
강원	3,120	1,552	101	28	53
부산	988	1,110	220	6	190
충청	589	1,289	88	4	62
전라	535	1,421	48	2	48
경상	857	1,385	58	2	55
대구	1,008	1,885	266	1	258
울산	552	888	53	1	65
광주	338	725	31	1	40
제주	102	1,420	442	41	221
합계	13,520	20,867	3,313	95.5	2,668

12 다음 〈보기〉에서 지역별 에너지원별 소비량에 대한 설명으로 옳은 것을 모두 고르면?

보기

㉠ 석유와 천연가스, 원자력의 소비량 상위 3개 지역은 동일하다.
㉡ 강원의 소비량 1위인 에너지원은 총 2가지이다.
㉢ 석유의 소비량이 가장 많은 지역의 소비량은 가장 적은 지역의 소비량의 4배 이상이다.
㉣ 수력·풍력의 소비량 상위 5개 지역의 소비량의 합은 전체 소비량의 90% 이상을 차지한다.

① ㉠, ㉡   ② ㉠, ㉢
③ ㉠, ㉣   ④ ㉡, ㉢
⑤ ㉢, ㉣

13 에너지원별 소비량이 가장 적은 지역의 소비량이 전체 소비량에서 차지하는 비율을 구해 그 비율이 큰 순서대로 에너지원을 나열하면?(단, 소수점 셋째 자리에서 반올림한다)

① 원자력 – 석유 – 천연가스 – 석탄 – 수력·풍력
② 석유 – 천연가스 – 원자력 – 석탄 – 수력·풍력
③ 석유 – 원자력 – 석탄 – 천연가스 – 수력·풍력
④ 석유 – 원자력 – 천연가스 – 수력·풍력 –석탄
⑤ 석유 – 원자력 – 천연가스 – 석탄 – 수력·풍력

14 직원 수가 36명인 A사가 워크숍을 떠나려 한다. 워크숍에는 전체 남직원의 $\frac{1}{6}$ 과 전체 여직원의 $\frac{1}{3}$ 이 참가하였다. 워크숍에 참가한 총 직원이 A사 전체 직원의 $\frac{2}{9}$ 라고 할 때, A사의 남직원은 총 몇 명인가?

① 12명　　　　　　　　　　　② 16명
③ 18명　　　　　　　　　　　④ 20명
⑤ 24명

15 A와 B 두 사람이 각각 80m/분, 60m/분의 속력으로 운동장을 돌 때, 같은 지점에서 출발하여 서로 반대 방향으로 돌면 20분 후에 다시 만난다. 이때, 운동장의 둘레는?

① 2,200m　　　　　　　　　　② 2,400m
③ 2,600m　　　　　　　　　　④ 2,800m
⑤ 3,000m

16 증권회사에 근무 중인 귀하는 자사의 HTS 및 MTS 프로그램 인지도를 파악하기 위하여 설문조사 계획을 수립하려고 한다. 장소는 유동인구가 100,000명인 명동에서, 시간은 퇴근시간대인 16:00 ~ 20:00에 30 ~ 40대를 대상으로 실시할 예정이다. 설문조사를 원활하게 진행하기 위해서 사전에 설문지를 준비할 계획인데, 시간대별 유동인구 현황을 찾아본 결과, 일부 정보가 누락되어 있었다. 다음 자료를 참고하였을 때, 귀하는 30 ~ 40대에게 배포하기 위하여 최소 몇 장의 설문지를 준비하여야 하는가?

〈시간대별 명동 유동인구 현황〉

(단위 : %)

구분	10대	20대	30대	40대	50대	60대	70대	소계
08:00 ~ 12:00	1	1	3	4	1	0	1	11
12:00 ~ 16:00	0	2	3		3	1	0	13
16:00 ~ 20:00		3			2	1	1	32
20:00 ~ 24:00	5	6		13		2	0	44
소계	10	12	30		10		2	100

① 4,000장　　　　　　　　　　② 11,000장
③ 13,000장　　　　　　　　　④ 21,000장
⑤ 32,000장

17 한별이가 회사 근처로 이사를 하고 처음으로 수도세 고지서를 받은 결과, 한 달 동안 사용한 수도량의 요금이 17,000원이었다. 다음 수도 사용요금 요율표를 참고할 때, 한별이가 한 달 동안 사용한 수도량은 몇 m^3인가?(단, 구간 누적요금을 적용한다)

〈수도 사용요금 요율표〉

(단위 : 원)

구분	사용 구분(m^3)	m^3당 단가
수도	30 이하	300
	30 초과 50 이하	500
	50 초과	700
기본료		2,000

① $22m^3$ ② $32m^3$

③ $42m^3$ ④ $52m^3$

⑤ $62m^3$

18 다음은 K공사의 2020년부터 2024년까지 부채현황에 대한 자료이다. 이에 대해 〈보기〉의 직원 중 옳은 설명을 한 사람을 모두 고르면?

〈K공사 부채현황〉

(단위 : 백만 원)

구분	2020년	2021년	2022년	2023년	2024년
자산	40,544	41,968	44,167	44,326	45,646
자본	36,642	38,005	39,295	40,549	41,800
부채	3,902	3,963	4,072	3,777	3,846
금융부채	–	–	–	–	–
연간이자	–	–	–	–	–
부채비율	10.7%	10.4%	10.4%	9.3%	9.2%
당기순이익	1,286	1,735	1,874	1,902	1,898

보기

김대리 : 2021년부터 2023년까지 당기순이익과 부채의 전년 대비 증감 추이는 동일해.
이주임 : 2023년 부채의 전년 대비 감소율은 10% 미만이야.
최주임 : 2022년부터 2024년까지 부채비율은 전년 대비 매년 감소하였어.
박사원 : 자산 대비 자본의 비율은 2023년에 전년 대비 증가하였다.

① 김대리, 이주임 ② 김대리, 최주임

③ 최주임, 박사원 ④ 이주임, 박사원

⑤ 김대리, 최주임, 박사원

19 A초등학교 1, 2학년 학생들에게 다섯 가지 색깔 중 선호하는 색깔을 선택하게 하였다. 1학년 전체 학생 중 빨강을 좋아하는 학생 수의 비율과 2학년 전체 학생 중 노랑을 좋아하는 학생 수의 비율을 바르게 나열한 것은?(단, 각 학년의 인원수는 250명이다)

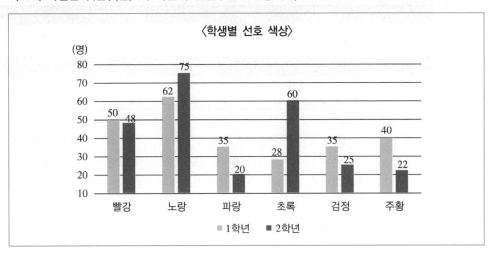

① 20%, 30%

② 25%, 25%

③ 30%, 30%

④ 20%, 25%

⑤ 30%, 50%

20 다음은 분식점에 대한 SWOT 분석 결과이다. 이에 대한 대응 방안으로 가장 적절한 것은?

〈분식점 SWOT 분석 결과〉

S(강점)	W(약점)
• 좋은 품질의 재료만 사용 • 청결하고 차별화된 이미지	• 타 분식점에 비해 한정된 메뉴 • 배달서비스를 제공하지 않음
O(기회)	T(위협)
• 분식점 앞에 곧 학교가 들어설 예정 • 최근 TV프로그램 섭외 요청을 받음	• 프랜차이즈 분식점들로 포화상태 • 저렴한 길거리 음식으로 취급하는 경향이 있음

① ST전략 : 비싼 재료들을 사용하여 가격을 올려 저렴한 길거리 음식이라는 인식을 바꾼다.

② WT전략 : 다른 분식점들과 차별화된 전략을 유지하기 위해 배달서비스를 시작한다.

③ SO전략 : TV프로그램에 출연해 좋은 품질의 재료만 사용한다는 점을 부각시킨다.

④ WO전략 : TV프로그램 출연용으로 다양한 메뉴를 일시적으로 개발한다.

⑤ WT전략 : 포화 상태의 시장에서 살아남기 위해 다른 가게보다 저렴한 가격으로 판매한다.

21 업무수행과정에서 발생하는 문제를 발생형, 탐색형, 설정형의 세 가지 문제 유형으로 분류한다고 할 때, 다음 중 탐색형 문제에 해당하는 것은?

① 판매된 제품에서 이물질이 발생했다는 고객의 클레임이 발생하였다.

② 국내 생산 공장을 해외로 이전할 경우 발생할 수 있는 문제들을 파악하여 보고해야 한다.

③ 대외경쟁력과 성장률을 강화하기 위해서는 생산성을 15% 이상 향상시켜야 한다.

④ 공장의 생산 설비 오작동으로 인해 제품의 발주량을 미처 채우지 못하였다.

⑤ 향후 5년간 시장의 흐름을 예측한 후 자사의 새로운 성장 목표를 설정하기로 하였다.

22 다음은 J기술원 소속 인턴들의 직업선호 유형 및 책임자의 관찰 사항에 대한 자료이다. 아래 자료를 참고할 때, 소비자들의 불만을 접수해서 처리하는 업무를 맡기기에 가장 적합한 인턴은?

〈직업선호 유형 및 책임자의 관찰 사항〉

구분	유형	유관 직종	책임자의 관찰 사항
A인턴	RI	DB개발, 요리사, 철도기관사, 항공기 조종사, 직업군인, 운동선수, 자동차 정비원	부서 내 기기 사용에 문제가 생겼을 때 해결방법을 잘 찾아냄
B인턴	AS	배우, 메이크업 아티스트, 레크리에이션 강사, 광고기획자, 디자이너, 미술교사, 사회복지사	자기주장이 강하고 아이디어가 참신한 경우가 종종 있었음
C인턴	CR	회계사, 세무사, 공무원, 비서, 통역가, 영양사, 사서, 물류전문가	무뚝뚝하나 잘 흥분하지 않으며, 일처리가 신속하고 정확함
D인턴	SE	사회사업가, 여행안내원, 교사, 한의사, 응급구조 요원, 스튜어디스, 헤드헌터, 국회의원	부서 내 사원들에게 인기 있으나 일처리는 조금 늦은 편임
E인턴	IA	건축설계, 게임기획, 번역, 연구원, 프로그래머, 의사, 네트워크엔지니어	분석적이나 부서 내에서 잘 융합되지 못하고, 겉도는 것처럼 보임

① A인턴
② B인턴
③ C인턴
④ D인턴
⑤ E인턴

23 자사에 적합한 인재를 채용하기 위해 면접을 진행 중인 L회사의 2차 면접에서는 비판적 사고를 중심으로 평가한다고 한다. 다음 중 가장 낮은 평가를 받게 될 지원자는?

① A지원자 : 문제에 대한 개선방안을 찾기 위해서는 먼저 자료를 충분히 분석하고, 이를 바탕으로 객관적이고 과학적인 해결방안을 제시해야 한다고 생각합니다.

② B지원자 : 저는 문제의 원인을 찾기 위해서는 항상 왜, 언제, 누가, 어디서 등의 다양한 질문을 던져야 한다고 생각합니다. 이러한 호기심이 결국 해결방안을 찾는 데 큰 도움이 된다고 생각하기 때문입니다.

③ C지원자 : 저는 제 나름의 신념을 갖고 문제에 대한 해결방안을 찾으려 노력합니다. 상대방의 의견이 제 신념에서 벗어난다면 저는 인내를 갖고 끝까지 상대를 설득할 것입니다.

④ D지원자 : 해결방안을 도출하는 데 있어서는 개인의 감정적·주관적 요소를 배제해야 합니다. 사사로운 감정이나 추측보다는 경험적으로 입증된 증거나 타당한 논증을 토대로 판단해야 합니다.

⑤ E지원자 : 저는 제가 생각한 해결방안이 부적절할 수도 있음을 이해하고 있습니다. 다른 사람의 해결방안이 더 적절하다면 그 사람의 의견을 받아들이는 태도가 필요하다고 생각합니다.

24 다음에서 설명하는 문제에 해당하는 사례로 옳지 않은 것은?

> 아직 일어나지 않은, 즉 눈에 보이지 않는 문제로, 잠재문제, 예측문제, 발견문제로 나눌 수 있다. 잠재문제는 문제를 인식하지 못하다가 결국은 문제가 확대되어 해결이 어려운 문제를 의미하며, 예측문제는 지금 현재는 문제가 없으나 앞으로 일어날 수 있는 문제가 생길 것을 알 수 있는 문제를 의미한다. 그리고 발견문제는 앞으로 개선 또는 향상시킬 수 있는 문제를 말한다.

① 어제 구입한 알람시계가 고장 났다.
② 바이러스가 전 세계적으로 확산됨에 따라 제품의 원가가 향상될 것으로 보인다.
③ 자사 제품의 생산성을 향상시킬 수 있는 프로그램이 개발되었다.
④ 자사 내부 점검 중 작년에 판매된 제품에서 문제가 발생할 수 있다는 것을 발견하였다.
⑤ 이번 달에는 물건의 품질을 10% 향상시킴으로써 매출의 5% 증대를 계획해야 한다.

25 다음 중 브레인스토밍(Brainstorming) 방식으로 회의를 진행할 때 옳지 않은 것은?
① 아이디어가 많을수록 질적으로 우수한 아이디어가 나온다.
② 다수의 의견을 도출해낼 수 있는 사람을 회의의 리더로 선출한다.
③ 논의하고자 하는 주제를 구체적이고 명확하게 정한다.
④ 다른 사람의 의견을 듣고 자유롭게 비판한다.
⑤ 자유롭게 의견을 공유하고 모든 의견을 기록한다.

26 다음 중 3C 분석에 대한 설명으로 옳은 것은?

① 고객, 경쟁사, 자사를 각각 분석한다.

② 제품, 가격, 유통경로, 프로모션을 효과적으로 조합한다.

③ 기업 내부의 강점과 약점, 외부 환경의 기회, 위협요인을 조사한다.

④ 시장을 세분화하고, 목표시장을 설정한 후 적절한 제품 포지셔닝을 한다.

⑤ 산업환경에 영향을 미치는 신규진입의 위협, 공급자의 협상력, 구매자의 협상력, 대체재, 기존 사업자 요인을 분석한다.

27 귀하는 부하직원 A ~ E 5명을 대상으로 마케팅 전략에 대한 찬반 의견을 물었고, 이에 대해 부하직원은 다음 〈조건〉에 따라 찬성과 반대 둘 중 하나의 의견을 제시하였다. 다음 중 항상 옳은 것은?

> **조건**
> • A 또는 D 둘 중 적어도 하나가 반대하면, C는 찬성하고 E는 반대한다.
> • B가 반대하면, A는 찬성하고 D는 반대한다.
> • D가 반대하면 C도 반대한다.
> • E가 반대하면 B도 반대한다.
> • 적어도 한 사람은 반대한다.

① A는 찬성하고 B는 반대한다.　　② A는 찬성하고 E는 반대한다.

③ B와 D는 반대한다.　　④ C는 반대하고 D는 찬성한다.

⑤ C와 E는 찬성한다.

※ L공사는 직원들의 복지를 개선하고자 체육관 개선공사를 계획하고 있다. 다음은 체육관 개선공사 입찰에 참여한 A ~ F기업을 입찰기준에 따라 분야별로 10점 척도로 점수화한 자료이다. 이어지는 질문에 답하시오. [28~29]

〈입찰업체의 분야별 점수〉

(단위 : 점)

입찰기준 / 입찰업체	운영건전성 점수	환경친화자재 점수	시공실적 점수	디자인 점수	공간효율성 점수
A	6	7	3	4	7
B	7	3	9	8	5
C	5	9	6	1	3
D	8	2	8	2	9
E	9	6	5	8	5
F	6	4	6	3	4

〈입찰업체별 입찰가격〉

구분	입찰가격(억 원)
A	5
B	11
C	7
D	6
E	9
F	10

28 L공사는 아래의 선정방식에 따라 체육관 개선공사 업체를 선정하고자 한다. 다음 중 최종 선정될 업체는?

- 입찰가격이 9억 원 이하인 업체를 선정대상으로 한다.
- 운영건전성 점수와 시공실적 점수, 공간효율성 점수에 1 : 2 : 2의 가중치를 적용하여 합산한 값이 가장 높은 3개 업체를 중간 선정한다.
- 중간 선정된 업체들 중 디자인 점수가 가장 높은 곳을 최종 선정한다.

① A
② C
③ D
④ E
⑤ F

29 L공사가 내부 판단에 따라 환경친화자재 점수도 포함하여 공정하게 업체를 선정하고자 한다. 다음 변경된 선정방식에 따라 최종 선정될 업체는?

> • 입찰가격이 11억 원 미만인 업체를 선정대상으로 한다.
> • 운영건전성 점수, 환경친화자재 점수, 시공실적 점수, 디자인 점수의 가중치를 2 : 1 : 3 : 1로 하여 점수를 합산한다.
> • 시공실적 점수가 16점 미만인 업체는 선정에서 제외한다.
> • 합산한 점수가 가장 높은 2개 업체를 중간 선정한다.
> • 중간 선정된 업체들 중 운영건전성 점수가 더 높은 곳을 최종 선정한다.

① A   ② B
③ C   ④ D
⑤ E

30 한 종합병원에는 3개의 층이 있고, 각 층에는 1개의 접수처와 7개의 진료과가 위치하고 있다. 다음에 근거하여 바르게 추론한 것은?(단, 7개의 진료과는 내과, 산부인과, 입원실, 외과, 정신과, 정형외과, 피부과이다)

> • 가장 아래층에는 총 두 개의 진료과와 접수처가 위치한다.
> • 정신과보다 높은 층에 있는 시설은 없다.
> • 정형외과와 피부과보다 아래에 있는 시설은 없다.
> • 정신과와 같은 층에는 하나의 진료과만 존재한다.
> • 입원실과 내과는 같은 층에 위치한다.
> • 산부인과는 2층에 위치한다.

① 정형외과에서 층 이동을 하지 않고도 정신과에 갈 수 있다.
② 산부인과가 있는 층에서 한 층을 올라가면 정형외과에 갈 수 있다.
③ 가장 낮은 층에 있는 것은 입원실이다.
④ 입원실과 내과는 정신과와 접수처의 사이 층에 위치한다.
⑤ 피부과는 산부인과와 같은 층에 위치한다.

31 다음 사례를 볼 때, K사원에게 해줄 수 있는 조언으로 가장 적절한 것은?

> 보험회사에 다니는 K사원은 이번 달 초에 원대한 목표를 수립하였다. 자신의 모든 역량을 총 동원하여 이번 분기 보험 판매왕이 되기로 결심한 것이다.
> 그런데 한 달이 다 되어 가도록 성과가 없어서 자기 자신에 대한 실망감이 이만저만이 아니다. 보험을 판매하려고 해도 주변에 아는 사람도 별로 없고, 다른 사람 앞에서 보험 얘기를 한다는 게 너무 수줍기도 했던 것이다. K사원은 자신이 보험 상품을 잘 알고 있다는 자신감으로부터 출발하였지만 날마다 허탕만 치고, 아침부터 밤까지 발품만 팔고 있다.
> 사실 K사원은 판매라는 직업이 자신에게 맞지 않는다는 생각을 오래전부터 해왔지만, 이미 자신이 정한 직업이기 때문에 이제 와서 되돌릴 수도 없었고, 이로 인해 많은 고민에 빠지게 되었다.

① 자신의 장기적인 경력을 위해서라도 성실하게 업무에 임할 필요가 있어.
② 보험 상품 판매를 위해 자신에게 어떤 능력이 필요한지 구체적으로 알아볼 필요가 있어.
③ 무엇보다 고객에게 신뢰받을 수 있는 책임감을 가지기 위해 노력할 필요가 있어.
④ 자신이 어떤 분야에 흥미가 있고, 어떤 능력의 소유자인지 아는 것이 중요해.
⑤ 자신이 현재 수행하고 있는 업무에 있어 장단점은 무엇인지 파악해야 해.

32 자기개발의 구성요소 중 서로 관련된 것끼리 바르게 연결한 것은?
① 자아인식 – 직업 흥미 분석
② 경력개발 – 자기개발의 첫 단계
③ 자기관리 – 표준화된 검사 척도 이용
④ 경력개발 – 비전과 목표 수립
⑤ 자기관리 – 자기 적성 분석

33 다음 정의에 따른 경력개발 방법으로 적절하지 않은 것을 〈보기〉에서 모두 고르면?

〈정의〉

경력개발은 개인이 경력목표와 전략을 수립하고 실행하며 피드백하는 과정으로 직업인은 한 조직의 구성원으로서 조직과 함께 상호작용하며, 자신의 경력을 개발해 나간다.

보기

㉠ 영업직에 필요한 것은 사교성일 수도 있지만, 무엇보다 사람에 대한 믿음과 성실함이 기본이어야 한다고 생각한다. 영업팀에서 10년째 근무 중인 나는 인맥을 쌓기 위해 오랜 기간 인연을 지속한 사람들을 놓치지 않으려고 노력하였다.

㉡ 전략기획팀에서 근무하고 있는 나는 앞으로 회사의 나아갈 방향을 설정하는 업무를 주로 하고 있다. 따라서 시대의 흐름을 놓쳐서는 안 된다. 나의 이러한 감각을 배양하기 위해 전문 서적을 탐독하고, 경영환경 변화에 대한 공부를 끊임없이 하고 있다.

㉢ 나는 지난달부터 체력단련을 위해 헬스를 하고 있다. 자동차 동호회 활동을 통해 취미활동도 게을리 하지 않는다.

㉣ 직장 생활도 중요하지만, 개인적인 삶을 풍요롭게 할 필요가 있다. 회사는 내가 필요한 것과 내 삶을 윤택하게 하는 데 도움을 주는 요소이다. 그러므로 회사 내의 활동이나 모임 등에 집중하기보다는 나를 위한 투자(운동, 개인학습 등)에 소홀하지 않아야 한다.

① ㉠, ㉡
② ㉠, ㉢
③ ㉡, ㉢
④ ㉡, ㉣
⑤ ㉢, ㉣

34 A패션회사의 기획홍보부에 근무하는 P대리는 자신이 해야 할 일들을 아래와 같이 메모하였고, 일이 차질 없이 진행되도록 〈보기〉의 표에 업무를 나누어 적어보려고 한다. 다음 중 업무에 해당하는 순위를 바르게 나열한 것은?

〈해야 할 일(1월 1일 기준)〉

㉠ 기획홍보부 신입사원 사내 기본교육 및 업무 인수인계 진행(다음 주까지)
㉡ 경쟁업체 신규 매장 오픈(4월 1일)으로 인한 경영전략 수립(3월 중 유통부와 공조하여 진행)
㉢ 3월 1일에 시작하는 봄맞이 프로모션 준비 : 할인 품목 및 할인율 재점검, 프로모션 전략자료 준비(2월 1일까지 제출)
㉣ 어학학원 수강신청 및 등록

보기

<table>
<tr><td colspan="3" align="center">중요한 것</td></tr>
<tr><td>긴급하지 않은 것</td><td align="center">2순위
계획하고 준비해야 할 문제</td><td align="center">1순위
제일 먼저 해결해야 할
긴급하고 중요한 문제</td><td>긴급한 것</td></tr>
<tr><td></td><td align="center">4순위
상대적으로 하찮은 일</td><td align="center">3순위
신속히 해결해야 할 문제</td><td></td></tr>
<tr><td colspan="3" align="center">중요하지 않은 것</td></tr>
</table>

	1순위	2순위	3순위	4순위
①	㉠	㉡	㉢	㉣
②	㉡	㉢	㉠	㉣
③	㉢	㉠	㉡	㉣
④	㉢	㉡	㉠	㉣
⑤	㉣	㉢	㉠	㉡

35 자원의 낭비요인을 다음과 같이 4가지로 나누어볼 때, 〈보기〉의 사례에 해당하는 낭비요인을 순서대로 바르게 나열한 것은?

〈자원의 낭비요인〉

(가) 비계획적 행동 : 자원을 어떻게 활용할 것인가에 대한 계획 없이 충동적이고 즉흥적으로 행동하여 자원을 낭비하게 된다.

(나) 편리성 추구 : 자원을 편한 방향으로만 활용하는 것을 의미하며, 물적자원뿐만 아니라 시간, 돈의 낭비를 초래할 수 있다.

(다) 자원에 대한 인식 부재 : 자신이 가지고 있는 중요한 자원을 인식하지 못하는 것으로, 무의식적으로 중요한 자원을 낭비하게 된다.

(라) 노하우 부족 : 자원관리의 중요성을 인식하면서도 자원관리에 대한 경험이나 노하우가 부족한 경우를 말한다.

보기

㉠ A는 가까운 거리에 있는 패스트푸드점을 직접 방문하지 않고 배달 앱을 통해 배달료를 지불하고 음식을 주문한다.

㉡ B는 의자를 만들어 달라는 고객의 주문에 공방에 남은 재료와 주문할 재료를 떠올리고는 일주일 안으로 완료될 것이라고 이야기하였지만, 재료의 배송 기간을 생각지 못해 약속된 기한 내에 완료하지 못했다.

㉢ 수습사원인 C는 처음으로 프로젝트를 담당하게 되면서 나름대로 계획을 세우고 열심히 수행했지만, 예상치 못한 상황이 발생하자 당황하여 처음 계획했던 대로 진행할 수 없었고 결국 아쉬움을 남긴 채 프로젝트를 완성하였다.

㉣ D는 TV에서 홈쇼핑 채널을 시청하면서 품절이 임박했다는 쇼호스트의 말을 듣고는 무작정 유럽 여행 상품을 구매하였다.

	(가)	(나)	(다)	(라)
①	㉡	㉣	㉠	㉢
②	㉢	㉣	㉡	㉠
③	㉢	㉠	㉡	㉣
④	㉣	㉠	㉡	㉢
⑤	㉣	㉢	㉡	㉠

36 해외영업부 A대리는 B부장과 함께 샌프란시스코에 출장을 가게 되었다. 샌프란시스코의 시각은 한국보다 16시간 느리고, 비행시간은 10시간 25분일 때 샌프란시스코 현지 시각으로 11월 17일 오전 10시 35분에 도착하는 비행기를 타려면 한국 시각으로 인천공항에 몇 시까지 도착해야 하는가?

〈비행 시각〉

구분	날짜	출발 시각	비행 시간	날짜	도착 시각
인천 → 샌프란시스코	11월 17일		10시간 25분	11월 17일	10:35
샌프란시스코 → 인천	11월 21일	17:30	12시간 55분	11월 22일	22:25

※ 단, 비행기 출발 1시간 전에 공항에 도착해 표를 구매해야 함

① 13:10
② 14:10
③ 15:10
④ 16:10
⑤ 17:10

37 다음 중 물적자원관리의 과정에 대한 설명으로 옳지 않은 것은?

① 물품의 정리 및 보관 시 물품을 앞으로 계속 사용할 것인지 그렇지 않을지를 구분해야 한다.
② 유사성의 원칙은 유사품을 같은 장소에 보관하는 것을 말하며, 이는 보관한 물품을 보다 쉽고 빠르게 찾을 수 있도록 하기 위해서 필요하다.
③ 물품이 특성에 맞는 보관장소를 선정해야 하므로, 종이류와 유리 등은 그 재질의 차이로 인해서 보관장소의 차이를 두는 것이 바람직하다.
④ 물품의 정리 시 회전대응 보관의 원칙은 입출하의 빈도가 높은 품목은 출입구 가까운 곳에 보관하는 것을 말한다.
⑤ 물품의 무게와 부피에 따라서 보관 장소를 달리해야 한다. 무게가 무겁거나 부피가 큰 것은 별도로 취급하여 개별 물품의 훼손이 생기지 않게 보관한다.

38 다음은 이번 달 H사원의 초과 근무 기록이다. H사원의 연봉은 3,600만 원이고, 시급 산정 시 월평균 근무시간은 200시간이다. H사원이 받는 야근ㆍ특근 근무 수당은 얼마인가?(단, 소득세는 고려하지 않는다)

〈이번 달 초과 근무 기록〉

일요일	월요일	화요일	수요일	목요일	금요일	토요일
			1	2 18:00 ~ 19:00	3	4
5 09:00 ~ 11:00	6	7 19:00 ~ 21:00	8	9	10	11
12	13	14	15 18:00 ~ 22:00	16	17	18 13:00 ~ 16:00
19	20 19:00 ~ 20:00	21	22	23	24	25
26	27	28	29 19:00 ~ 23:00	30 18:00 ~ 21:00	31	

〈초과 근무 수당 규정〉

• 평일 야근 수당은 시급에 1.2배를 한다.
• 주말 특근 수당은 시급에 1.5배를 한다.
• 식대는 10,000원을 지급하며(야근ㆍ특근 수당에 포함되지 않는다), 평일 야근 시 20시 이상 근무할 경우에 지급한다(주말 특근에는 지급하지 않는다).
• 야근시간은 오후 7 ~ 10시이다(초과시간 수당 미지급).

① 265,500원
② 285,500원
③ 300,000원
④ 310,500원
⑤ 330,500원

※ H공사에서 일하는 B조의 팀장 K씨는 필리핀 연수 일정을 짜려고 한다. 이어지는 질문에 답하시오.
[39~40]

〈필리핀 연수 프로그램〉

구분	소요시간(시간)	비고
세미나	2	–
토론	5	첫날만 이수 가능
팀워크	4	–
리더십 교육	5	비상대응역량 교육 이수 후 참여 가능
비상대응역량 교육	2	–
어학	1	–
원전수출 대상국 현지 전문가 과정 1	3	–
원전수출 대상국 현지 전문가 과정 2	3	현지 전문가 과정 1 이수 후 참여 가능
원전수출 대상국 현지 전문가 과정 3	3	현지 전문가 과정 2 이수 후 참여 가능
특강	1	–

39 A조와 B조는 같은 날 같은 비행기를 타고 출국할 예정이다. 첫째 날은 오전에 필리핀 공항에 도착하므로 오후부터 프로그램을 이수할 수 있다. A조의 연수 일정이 다음과 같이 정해졌을 때, B조는 A조와 연수 프로그램이 겹치지 않도록 〈조건〉에 따라 최대한 빨리 일정을 끝내려 한다. 다음 중 B조의 총 연수기간은?

〈A조 연수 일정〉

구분		첫째 날		둘째 날		셋째 날	
		오전	오후	오전	오후	오전	오후
A조	프로그램	공항도착	토론	현지 전문가 과정 1	팀워크	비상대응 역량 교육	리더십 교육
	시간	×	5	3	4	2	5

조건
• 연수 프로그램 운영시간은 09:00 ~ 18:00이며 점심시간(12:00 ~ 13:00)을 기준으로 오전과 오후를 나눈다.
• 오전, 오후에 각각 한 개의 프로그램만 이수할 수 있다.
• 마지막 날에는 프로그램이 오후에 끝나도 그날 귀국한다.
• 연수 프로그램은 최소 18시간을 이수해야 한다.
• B조는 어학 프로그램을 반드시 이수해야 한다.
• 연수기간은 최대 5일까지 가능하다.

① 1박 2일
② 2박 3일
③ 3박 4일
④ 4박 5일
⑤ A조의 일정을 바꾸어야 5일 안에 연수 가능

40 다음은 B조가 연수를 다녀와야 할 달의 달력이다. **39번 문제에서** 구한 연수기간과 아래의 비행기 시간표를 참고할 때, 출국일과 귀국일을 바르게 나열한 것은?

〈달력〉

일	월	화	수	목	금	토
	1	2	3	4	5	6
7	8	9	10	11	12	13
14	15	16	17	18	19	20
21	22	23	24	25	26	27
28	29	30				

※ 연수 일정은 주말도 포함함
※ 귀국 다음 날 연수 과정을 정리하여 본사의 상사에게 보고해야 함(본사 토·일 휴무)
※ 연수원은 공항에서 1시간 거리에 있음
※ 5일, 9일은 회사 행사로 연수가 불가능함

〈비행기 시간표(출발지 시간 기준)〉

한국 → 필리핀	4일	6일	9일	16일	20일	22일
오전 출발	07:00	07:00	08:00	06:00	07:00	07:00
오후 출발	–	–	–	–	–	–

필리핀 → 한국	8일	11일	19일	23일	25일	26일
오전 출발	10:00	09:00	11:00	10:00	11:00	12:00
오후 출발	17:00	15:00	13:00	–	14:00	14:00

※ 한국 시각은 필리핀 시각보다 1시간 빠름
※ 한국 – 필리핀 간 비행 시간은 4시간임

	출국일	귀국일
①	6일	8일
②	9일	11일
③	16일	19일
④	20일	23일
⑤	22일	25일

41 다음 글의 밑줄 친 '이것'에 대해 바르게 이해한 사람을 〈보기〉에서 모두 고르면?

> 이것은 과제를 수행하기 위해 소비된 비용 중 생산에 직접 관련되지 않은 비용을 말한다. 과제에 따라 매우 다양하게 발생하며, 과제가 수행되는 상황에 따라서도 다양하게 나타날 수 있다. 여기에는 보험료, 건물관리비, 광고비, 각종 공과금 등이 포함되며, 이러한 비용을 적절히 예측하여 계획을 세우고 관리하는 것이 중요하다.

보기

> 창수 : '이것'의 구성은 과제를 위해 활동이나 과업을 수행하는 사람들에게 지급되는 비용도 포함이군.
> 장원 : '이것'은 직접비용에 상대되는 비용을 뜻해.
> 휘동 : 기업의 사무비품비가 '이것'에 포함되겠군.
> 경원 : 개인의 보험료도 '이것'에 포함돼.

① 창수, 장원　　　　　　　　② 창수, 휘동
③ 장원, 휘동　　　　　　　　④ 창수, 장원, 경원
⑤ 장원, 휘동, 경원

42 다음은 H기업 직원들의 주말 당직 일정표이다. 오전 9시부터 오후 4시까지 반드시 한 명 이상이 사무실에 당직을 서야 하며, 토요일과 일요일 연속하여 당직을 설 수는 없다. 또 월 2회 이상 월 최대 10시간 미만으로 당직을 서야 한다. 다음 중 당직 일정을 수정해야 하는 사람은 누구인가? (단, 점심시간 12 ~ 13시는 당직시간에서 제외한다)

〈주말 당직 일정표〉

당직일	당직자	당직일	당직자
첫째 주 토요일	유지선 9시 ~ 14시 이윤미 12시 ~ 16시	첫째 주 일요일	임유리 9시 ~ 16시 서유진 13시 ~ 16시 이준혁 10시 ~ 14시
둘째 주 토요일	정지수 9시 ~ 13시 이윤미 12시 ~ 16시 길민성 12시 ~ 15시	둘째 주 일요일	이선옥 9시 ~ 12시 최기태 10시 ~ 16시 김재욱 13시 ~ 16시
셋째 주 토요일	최기태 9시 ~ 12시 김재욱 13시 ~ 16시	셋째 주 일요일	유지선 9시 ~ 12시 이준혁 10시 ~ 16시
넷째 주 토요일	이윤미 9시 ~ 13시 임유리 10시 ~ 16시 서유진 9시 ~ 16시	넷째 주 일요일	이선옥 9시 ~ 12시 길민성 9시 ~ 14시 정지수 14시 ~ 16시

① 유지선　　　　　　　　② 이준혁
③ 임유리　　　　　　　　④ 서유진
⑤ 길민성

43 대학교 입학을 위해 지방에서 올라온 S씨는 자취방을 구하려고 한다. 대학교 근처 자취방의 월세와 대학교까지 거리는 아래와 같다. 한 달을 기준으로 S씨가 지출하게 될 자취방 월세와 자취방에서 대학교까지 왕복 시 거리비용을 합산할 때, S씨가 선택할 수 있는 가장 저렴한 비용의 자취방은?

〈자취방별 월세 및 거리〉

구분	월세	대학교까지 거리
A자취방	330,000원	1.8km
B자취방	310,000원	2.3km
C자취방	350,000원	1.3km
D자취방	320,000원	1.6km
E자취방	340,000원	1.4km

※ 대학교 통학일(한 달 기준) : 15일
※ 거리비용 : 1km당 2,000원

① A자취방   ② B자취방
③ C자취방   ④ D자취방
⑤ E자취방

44 다음 중 팀워크에 대한 설명으로 옳지 않은 것은?

① 팀워크가 좋은 팀의 구성원은 공동의 목적을 달성하기 위하여 서로 협력한다.
② 팀워크는 팀의 구성원으로서 계속 남아 있기를 원하게 만드는 힘을 의미한다.
③ 목적이 다른 조직은 서로 다른 유형의 팀워크를 필요로 한다.
④ 팀워크는 협력, 통제, 자율을 통해 다양한 유형으로 구분된다.
⑤ 팀워크가 좋은 팀일수록 명확한 목적을 공유한다.

※ 당신은 G기관의 상담사이며, 현재 불만고객 응대 프로세스에 따라 불만고객 응대를 하고 있는 중이다. 이어지는 질문에 답하시오. [45~46]

상담사 : 안녕하십니까. G기관 상담사 □□□입니다.

고객 : 학자금 대출 이자 납입건으로 문의할 게 있어서요.

상담사 : 네, 고객님 어떤 내용이신지 말씀해 주시면 제가 도움을 드리도록 하겠습니다.

고객 : 제가 G기관으로부터 대출을 받고 있는데 아무래도 대출 이자가 잘못 나간 것 같아서요. 안 그래도 바쁘고 시간도 없는데 이것 때문에 비 오는데 우산도 없이 은행에 왔다 갔다 했네요. 도대체 일을 어떻게 처리하는 건지….

상담사 : 아 그러셨군요, 고객님. 번거롭게 해드려서 죄송합니다. 확인을 위해서 고객님 성함과 전화번호를 불러주시겠어요?

고객 : 네, △△△이구요, 전화번호는 000-0000-0000입니다.

상담사 : 확인해 주셔서 감사합니다.

_____ ㉠ _____

---

45 위 대화의 불만고객은 다음 중 어떤 유형의 불만고객에 해당하는가?

① 거만형   ② 의심형
③ 트집형   ④ 빨리빨리형
⑤ 우유부단형

46 위 대화에서 상담사의 마지막 발언 직후에 빈칸 ㉠에 이어질 내용으로 적절한 것끼리 바르게 짝지어진 것은?

(A) 어떤 해결 방안을 제시해 주는 것이 좋은지 고객에게 의견을 묻는다.
(B) 고객 불만 사례를 동료에게 전달하겠다고 한다.
(C) 고객이 불만을 느낀 상황에 대한 빠른 해결을 약속한다.
(D) 대출 내역을 검토한 후 어떤 부분에 문제가 있었는지 확인하고 답변해 준다.

① (A) – (B)   ② (B) – (C)
③ (C) – (D)   ④ (A) – (D)
⑤ (B) – (D)

47 다음 〈보기〉 중 정보, 자료, 지식에 대한 설명으로 옳은 것을 모두 고르면?

> **보기**
> ㄱ. 자료와 정보 가치의 크기는 절대적이다.
> ㄴ. 정보는 특정한 상황에 맞도록 평가한 의미 있는 기록이다.
> ㄷ. 정보는 사용하는 사람과 사용하는 시간에 따라 달라질 수 있다.
> ㄹ. 지식은 평가되지 않은 상태의 숫자나 문자들의 나열을 의미한다.

① ㄱ, ㄴ   ② ㄱ, ㄷ
③ ㄴ, ㄷ   ④ ㄴ, ㄹ
⑤ ㄷ, ㄹ

48 다음 엑셀 시트에서 [A8] 셀에 수식 「＝A$1＋$A5」를 입력한 후 [A8] 셀을 복사하여 [C7] 셀에 붙여넣은 뒤, [C7]을 다시 복사하여 [B8] 셀에 붙여넣기를 하였을 때, 나타나는 결괏값은?

	A	B	C
1	62	23	34
2	3	56	5
3	45	4	45
4	34	56	67
5	23	76	3
6			
7			
8			
9			

① 68   ② 46
③ 85   ④ 90
⑤ 94

49 다음 중 엑셀의 틀 고정 기능에 대한 설명으로 옳지 않은 것은?

① 고정하고자 하는 행의 위 또는 열의 왼쪽에 셀 포인터를 위치시킨 후 [보기] – [틀 고정]을 선택한다.

② 틀을 고정하면 셀 포인터의 이동에 상관없이 고정된 행이나 열이 표시된다.

③ 문서의 내용이 많은 경우 셀 포인터를 이동하면 문서의 제목 등이 안보이므로 틀 고정을 사용한다.

④ 인쇄할 때는 틀 고정을 해놓은 것이 적용이 안되므로 인쇄를 하려면 설정을 바꿔줘야 한다.

⑤ 틀 고정을 취소할 때에는 셀 포인터의 위치는 상관없이 [보기] – [틀 고정 취소]를 클릭한다.

50 다음 〈보기〉 중 정보관리에 대한 설명으로 옳지 않은 것을 모두 고르면?

> **보기**
>
> ㉠ 목록을 이용하여 정보를 관리하는 경우, 중요한 항목을 찾아 정리하는 과정으로 이루어진다.
> ㉡ 정보 내에 포함된 키워드 등 세부요소를 찾고자 하는 경우, 목록을 이용한 정보관리가 효율적이다.
> ㉢ 색인을 이용해 정보를 관리하는 경우, 색인은 색인어와 위치정보로 구성된다.

① ㉠   ② ㉡

③ ㉠, ㉡   ④ ㉡, ㉢

⑤ ㉠, ㉡, ㉢

51 다음 글에서 설명하는 것은?

> 기술 혁신은 신기술이 발생, 발전, 채택되고, 다른 기술에 의해 사라질 때까지의 일정한 패턴을 가지고 있다. 기술의 발달은 처음에는 서서히 시작되다가 성과를 낼 수 있는 힘이 축적되면 급속한 진전을 보인다. 그리고 기술의 한계가 오면 성과는 점차 줄어들게 되고, 한계가 온 기술은 다시 성과를 내는 단계로 상승할 수 없으며, 여기에 혁신적인 새로운 기술이 출현한다. 혁신적인 새로운 기술은 기존의 기술이 한계에 도달하기 전에 출현하는 경우가 많으며, 기존에 존재하는 시장의 요구를 만족시키면서 전혀 새로운 지식을 기반으로 하는 기술이다. 이러한 기술의 예로 필름카메라에서 디지털카메라로, 콤팩트디스크(Compact Disk)에서 MP3플레이어로의 전환 등을 들 수 있다.

① 바그너 법칙   ② 기술의 S곡선

③ 빅3 법칙   ④ 생산비의 법칙

⑤ 기술경영

52 다음 중 ㉠사와 ㉡사가 활용한 벤치마킹에 대한 종류가 바르게 연결된 것은?

㉠사는 기존 신용카드사가 시도하지 않았던 새로운 분야를 개척하며 성장했다. ㉠사만의 독특한 문화와 경영방식 중 상당 부분은 회사 바깥에서 얻었다. 이런 작업의 기폭제가 바로 'Insight Tour'이다. ㉠사 직원들은 업종을 불문하고 새로운 마케팅으로 주목받는 곳을 방문한다. 심지어 혁신적인 미술관이나 자동차 회사까지 찾아간다. 금융회사는 가급적 가지 않는다. 카드사는 고객이 결제하는 카드만 취급하는 것이 아니라 회사의 고객 라이프 스타일까지 디자인하는 곳이라는 게 ㉠사의 시각이다. ㉠사의 브랜드 실장은 "카드사는 생활과 밀접한 분야에서 통찰을 얻어야 한다. 'Insight Tour'는 고객의 삶을 업그레이드시키는 데 역점을 둔다."고 강조했다.

㉡사의 첫 벤치마킹 대상은 선반이 높은 창고형 매장을 운영한 월마트였다. 하지만 한국 문화에 맞지 않았다. 3년 후 일본 할인점인 이토요카토로 벤치마킹 대상을 바꿨다. 신선식품에 주력하고 시식 행사도 마련하였고, 결과는 성공이었다. 또한, 자체브랜드(PL; Private Label) 전략도 벤치마킹을 통해 가다듬었다. 기존 ㉡사의 PL은 저가 이미지가 강했지만, 이를 극복하기 위해 ㉡사는 'PL 종주국' 유럽을 벤치마킹했다. 유럽의 기업인 테스코는 PL 브랜드를 세분화해서 '테스코 파이니스트 – 테스코 노멀 – 테스코 벨류'란 브랜드를 달았다. 이와 유사하게 B사도 '베스트 – 벨류 – 세이브' 등의 브랜드로 개편했다.

	㉠사	㉡사
①	경쟁적 벤치마킹	비경쟁적 벤치마킹
②	간접적 벤치마킹	글로벌 벤치마킹
③	비경쟁적 벤치마킹	글로벌 벤치마킹
④	직접적 벤치마킹	경쟁적 벤치마킹
⑤	비경쟁적 벤치마킹	경쟁적 벤치마킹

53 다음은 산업 재해가 발생한 상황을 바탕으로 예방 대책을 세운 것이다. 이 중 누락되어 보완해야 할 사항은?

〈산업 재해에 대한 예방 대책〉

사고사례
B소속 정비공인 피재자 A가 대형 해상크레인의 와이어로프 교체작업을 위해 고소작업대(차량탑재형 이동식크레인) 바스켓에 탑승하여 해상크레인 상부 붐(33m)으로 공구를 올리던 중 해상크레인 붐이 바람과 파도에 의해 흔들려 피재자가 탑승한 바스켓에 충격을 가하였고, 바스켓 연결부(로드셀)가 파손되면서 바스켓과 함께 도크바닥으로 떨어져 사망한 재해임

재해 예방 대책	1단계	사고 조사, 안전 점검, 현장 분석, 작업자의 제안 및 여론 조사, 관찰 및 보고서 연구 등을 통하여 사실을 발견한다.
	2단계	재해의 발생 장소, 재해 형태, 재해 정도, 관련 인원, 직원 감독의 적절성, 공구 장비의 상태 등을 정확히 분석한다.
	3단계	원인 분석을 토대로 적절한 시정책, 즉 기술적 개선, 인사 조정 및 교체, 교육, 설득, 공학적 조치 등을 선정한다.
	4단계	안전에 대한 교육 및 훈련 시행, 안전시설과 장비의 결함 개선, 안전 감독 실시 등의 선정된 시정책을 적용한다.

① 안전 관리 조직   ② 시정책 선정
③ 원인 분석   ④ 시정책 적용 및 뒤처리
⑤ 사실의 발견

54 다음은 산업재해를 예방하기 위해 제시되고 있는 하인리히의 법칙이다. 이를 근거로 할 때, 산업 재해의 예방을 위해 조치를 취해야 하는 단계는 무엇인가?

1931년 미국의 한 보험회사에서 근무하던 하인리히는 회사에서 접한 수많은 사고를 분석하여 하나의 통계적 법칙을 발견하였다. 1 : 29 : 300 법칙이라고도 불리는 이 법칙은 큰 사고로 인해 산업 재해가 발생하면 이 사고가 발생하기 이전에 같은 원인으로 발생한 작은 사고 29번, 잠재적 사고 징후가 300번이 있었다는 것을 나타낸다.
하인리히는 이처럼 심각한 산업 재해의 발생 전에 여러 단계의 사건이 도미노처럼 발생하기 때문에 앞 단계에서 적절히 대처한다면 산업재해를 예방할 수 있다고 주장한다.

① 사회 환경적 문제가 발생한 단계
② 개인 능력의 부족이 보이는 단계
③ 기술적 결함이 나타난 단계
④ 불안전한 행동 및 상태가 나타난 단계
⑤ 작업 관리상 문제가 나타난 단계

55 다음은 K공사의 해외시장 진출 및 지원 확대를 위한 전략과제의 필요성을 제시한 자료이다. 이를 통해 도출된 과제의 추진방향으로 적절하지 않은 것은?

〈전략과제 필요성〉

• 해외시장에서 기관이 수주할 수 있는 산업 발굴
• 국제사업 수행을 통한 경험축적 및 컨소시엄을 통한 기술·노하우 습득
• 해당 산업 관련 민간기업의 해외진출 활성화를 위한 실질적 지원

---

① 국제기관의 다양한 자금을 활용하여 사업을 발굴하고, 해당 사업의 해외진출을 위한 기술역량을 강화한다.
② 해외봉사활동 등과 연계하여 기관 이미지 제고 및 사업에 대한 사전조사, 시장조사를 통한 선제적 마케팅 활동을 추진한다.
③ 국제경쟁입찰의 과열 경쟁 심화와 컨소시엄 구성 시 민간기업과 업무배분, 이윤추구성향 조율에 어려움이 예상된다.
④ 해당 산업 민간(중소)기업을 대상으로 입찰 정보제공, 사업전략 상담, 동반 진출 등을 통한 실질적 지원을 확대한다.
⑤ 국제사업에 참여하여 경험을 축적시키고, 컨소시엄을 통해 습득한 기술 등을 재활용할 수 있는 사업을 구상하고 연구진을 지원한다.

56 다음을 읽고 A대리가 근무시간에 여유가 생겼을 때 실천할 수 있는 행동으로 가장 적절한 것은?

A대리는 국내 유명 자동차 회사에 근무 중이다. 월요일부터 금요일까지 아침 9시가 되면 어김없이 출근해서 12시까지 일을 하고 점심을 먹는다. 점심식사 이후에 오후 1시부터 6시까지 하루 8시간 근무를 한다. A대리가 하는 일은 조립된 자동차의 안전점검을 하는 것이다. 하지만 요새 회사 실적이 안 좋아져 안전점검을 받는 차량이 부쩍 적어졌다. A대리는 부쩍 줄어든 일거리 때문에 근무시간에 책을 본다거나 컴퓨터 게임 등을 하고 있다. 그럴 때마다 한편으로는 '이러다 회사가 심하게 안 좋아지면 어떡하나!' 하며 내심 불안해한다.

---

① 자신의 직무 능력을 향상시키는 역량개발 활동
② 은퇴 이후의 직업 설계와 관련된 공부
③ 모바일 메신저를 이용한 친구들과의 대화
④ 다른 팀원들과 잡담을 통한 친목
⑤ 미래를 위한 타기업 이직 준비

57 다음 중 조직문화(집단문화)의 순기능에 해당하지 않는 것은?

① 구성원에게 행동지침을 제공하여 조직체계의 안정성을 높인다.

② 다른 조직과 구별되는 정체성을 형성한다.

③ 조직(집단)구성원을 사회화시키고 학습하는 도구가 된다.

④ 구성원의 창의적 사고를 증진시킨다.

⑤ 집단적 몰입을 통해 시너지를 형성한다.

58 언어적 커뮤니케이션과 달리 상대국의 문화적 배경의 생활양식, 행동규범, 가치관 등을 이해하여 서로 다른 문화적 배경을 지닌 사람과 소통하는 것을 비언어적 커뮤니케이션이라고 한다. 다음 중 비언어적 커뮤니케이션을 위한 행동으로 옳지 않은 것은?

① 스페인에서는 악수할 때 손을 강하게 잡을수록 반갑다는 의미를 가지고 있다. 따라서 스페인 사람 과 첫 협상 시에는 강하게 악수하여 반가움을 표현하는 것이 적절하다.

② 이탈리아에서는 연회 시 소금이나 후추 등이 다른 사람 손에 거치면 좋지 않다는 풍습이 있다. 따라서 이탈리아에서 연회 참가 시 소금과 후추가 필요할 때는 웨이터를 부르도록 한다.

③ 일본에서 칼은 관계의 단절을 의미한다. 따라서 일본인에게 선물할 때 칼은 피하는 것이 좋다.

④ 중국에서는 상대방이 선물을 권할 때 선뜻 받기보다는 세 번 정도 거절하는 것이 예의라고 생각한 다. 따라서 중국인에게 선물할 때 세 번 거절당하더라도 한 번 더 받기를 권하는 것이 좋다.

⑤ 키르키즈스탄에서는 왼손을 더러운 것으로 느끼는 풍습이 있다. 따라서 키르키즈스탄인에게 명 함을 건넬 경우에는 반드시 오른손으로 주도록 한다.

59 다음은 K공사 내 성희롱 예방 교육을 위한 유인물이다. 이를 읽고 A사원과 B대리가 〈보기〉와 같이 대화를 나누었을 때, B대리의 마지막 말에 들어갈 내용으로 가장 적절한 것은?

〈직장 내 성희롱 예방 교육〉

▶ **성희롱과 성폭력의 차이**

성희롱과 성폭력은 상대방이 원치 않는 성적 언동으로 성적 자기결정권을 침해하거나 성적 불쾌감을 유발하는 행위라는 본질적인 공통점이 있다. 다만, 그것을 규율하는 법률과 취지 등에 차이가 있다.

성폭력은 개인의 성적 자기결정권을 침해하는 범죄로서 행위자 개인의 처벌을 목적으로 하여 '성폭력범죄의 처벌 등에 관한 특례법(이하 '성폭력특별법')'과 '형법'의 적용을 받는다. 이는 다른 범죄와 마찬가지로 고의성을 요하는 등 범죄로서의 요건이 충족되어야 한다. 실무상으로는 신체적 접촉이 없는 언어적·시각적 행위는 범죄로 인정되기 어려운 경향이 있다.

'남녀고용평등법', '인권위법', '양성평등기본법' 등에서 규율하는 성희롱은 행위자 개인에 대한 형사처벌이 목적이 아니고 조직 내 성희롱의 예방 및 근절을 목적으로 하는 것이기 때문에 행위자의 고의가 없어도 성희롱이 될 수 있고, 신체적 접촉이 없어도 성적 혐오감을 유발하는 언어적·시각적 성적 언동도 성희롱이 된다.

하나의 행위가 남녀고용평등법, 인권위법상 성희롱 관련 규정과 성폭력특별법 및 형법 등의 성폭력 관련 규정의 적용을 동시에 받을 수도 있다. 반면, 고의성이 없거나 신체적 접촉이 없는 경우 성희롱 법규만 적용될 가능성이 높다.

보기

A사원 : 유인물에서 성희롱과 성폭력 차이에 대해서 글로만 설명해 놓으니까 이해도가 떨어지는 것 같은데 어떡하죠?
B대리 : 그렇다면 각각의 사례를 제시하면 어떨까요?
A사원 : 외설적인 사진을 개인 메시지로 전송한 사례와 자신의 지위를 사용해 상대방이 원치 않는 성관계를 맺은 사례를 추가해야겠어요.
B대리 : 그럼 첫 번째는 ___(가)___ , 두 번째는 ___(나)___ 사례가 되겠네요.

	(가)	(나)
①	성희롱	성희롱
②	성희롱	성폭력
③	성폭력	성희롱
④	성폭력	성폭력
⑤	해당 없음	

60 다음 〈보기〉 중 직장에서 근면한 생활을 하는 사람을 모두 고르면?

> **보기**
>
> A사원 : 저는 이제 더 이상 일을 배울 필요가 없을 만큼 업무에 익숙해졌어요. 실수 없이 완벽하게
> 업무를 해결할 수 있어요.
> B사원 : 저는 요즘 매일 운동을 하고 있어요. 일에 지장이 가지 않도록 건강관리에 힘쓰고 있습니다.
> C대리 : 나도 오늘 할 일을 내일로 미루지 않으려고 노력 중이야. 그래서 업무 시간에는 개인적인
> 일을 하지 않아.
> D대리 : 나는 업무 시간에 잡담을 하지 않아. 대신 사적인 대화는 사내 메신저를 활용하는 편이야.

① A사원, B사원
② A사원, C대리
③ B사원, C대리
④ B사원, D대리
⑤ C대리, D대리

업무를 수행하면서 능률적인 성과물을 만들기 위해서는 개인의 능력과 경험 그리고 회사의 교육 및 훈련 등이 필요하지만, 개인의 성격이나 성향 역시 중요하다. 여러 직무분석 연구에서 나온 결과에 따르면, 직무에서의 성공과 관련된 특성 중 최고 70% 이상이 능력보다는 성격과 관련이 있다고 한다. 따라서 최근 기업들은 인성검사의 비중을 높이고 있는 추세다.

현재 기업들은 인성검사를 KIRBS(한국행동과학연구소)나 SHR(에스에이치알) 등의 전문기관에 의뢰해서 시행하고 있다. 전문기관에 따라서 인성검사 방법에 차이가 있고, 보안을 위해서 인성검사를 의뢰한 기업을 공개하지 않을 수 있기 때문에 특정 기업의 인성검사를 정확하게 판단할 수 없지만, 지원자들이 후기에 올린 문제를 통해 유형을 예상할 수 있다.

1. 인성검사 수검요령

인성검사는 특별한 수검요령이 없다. 다시 말하면 모범답안이 없고, 정답이 없다는 이야기다. 국어문제처럼 말뜻을 풀이하는 것도 아니다. 군이 수검요령을 말하자면, 진실하고 솔직한 내 생각이 답변이라고 할 수 있을 것이다.

인성검사에서 가장 중요한 것은 첫째, 솔직한 답변이다. 지금까지의 경험을 통해 축적된 내 생각과 행동을 허구 없이 솔직하게 기재해야 한다. 예를 들어, "나는 타인의 물건을 훔치고 싶은 충동을 느껴본 적이 있다."라는 질문에 피검사자들은 많은 생각을 하게 된다. 생각해 보라. 유년기에 또는 성인이 되어서도 타인의 물건을 훔친 적은 없다 해도 마음속에서 훔치고 싶은 충동은 누구나 조금은 느껴보았을 것이다. 그런데 이 질문에 고민하는 사람이 간혹 있다. 이 질문에 "예"라고 대답하면 담당 검사관들이 나를 사회적으로 문제가 있는 사람으로 여기지는 않을까 하는 생각에 "아니요"라는 답을 기재하게 된다. 이런 솔직하지 않은 답변은 답변의 신뢰와 솔직함을 나타내는 타당성 척도에 좋지 않은 점수를 준다.

둘째, 일관성 있는 답변이다. 인성검사의 수많은 질문 문항 중에는 비슷한 뜻의 질문이 여러 개 숨어 있는 경우가 많다. 그 질문들은 피검사자의 솔직한 답변과 심리적인 상태를 알아보기 위해 내포되어 있는 문항들이다. 가령 "나는 유년시절 타인의 물건을 훔친 적이 있다."라는 질문에 "예"라고 대답했는데, "나는 유년시절 타인의 물건을 훔쳐보고 싶은 충동을 느껴본 적이 있다."라는 질문에는 "아니요"라는 답을 기재한다면 어떻겠는가. 일관성 없이 '대충 기재하자'라는 식의 심리적 무성의성 답변이 되거나, 정신적으로 문제가 있는 사람으로 보일 수 있다.

인성검사는 많은 문항 수를 풀어나가기 때문에 피검사자들은 지루함과 따분함, 반복된 뜻의 질문으로 인해 인내 상실 등이 나타날 수 있다. 인내하면서 솔직하게 내 생각을 대답하는 것이 무엇보다 중요한 요령이 될 것이다.

2. 인성검사 시 유의사항

(1) 충분한 휴식으로 불안을 없애고 정서적인 안정을 취한다. 심신이 안정되어야 자신의 마음을 표현할 수 있다.

(2) 생각나는 대로 솔직하게 응답한다. 자신을 너무 과대포장하지도, 너무 비하시키지도 마라. 답변을 꾸며 서 하면 앞뒤가 맞지 않게끔 구성돼 있어 불리한 평가를 받게 되므로 솔직하게 답하도록 한다.

(3) 검사문항에 대해 지나치게 생각해서는 안 된다. 지나치게 몰두하면 엉뚱한 답변이 나올 수 있으므로 불 필요한 생각은 삼간다.

(4) 검사시간에 너무 신경 쓸 필요는 없다. 인성검사는 시간제한이 없는 경우가 많으며 있다 해도 시간은 충분하다.

(5) 인성검사는 대개 문항 수가 많기에 자칫 건너뛰는 경우가 있는데, 가능한 한 모든 문항에 답해야 한다. 응답하지 않은 문항이 많을 경우 평가자가 정확한 평가를 내리지 못해 불리한 평가를 내릴 수 있기 때문 이다.

3. 인성검사 모의연습

※ 인성검사는 정답이 따로 없는 유형의 검사이므로 결과지를 제공하지 않습니다.

> 유형 1

※ 다음 질문내용을 읽고 ① ~ ⑤ 중 본인에 해당하는 것을 고르시오(① 전혀 그렇지 않다, ② 약간 그렇 지 않다, ③ 보통이다, ④ 약간 그렇다, ⑤ 매우 그렇다). [1~250]

번호	질문	응답				
01	결점을 지적받아도 아무렇지 않다.	①	②	③	④	⑤
02	피곤할 때도 명랑하게 행동한다.	①	②	③	④	⑤
03	실패했던 경험을 생각하면서 고민하는 편이다.	①	②	③	④	⑤
04	언제나 생기가 있다.	①	②	③	④	⑤
05	선배의 지적을 순수하게 받아들일 수 있다.	①	②	③	④	⑤
06	매일 목표가 있는 생활을 하고 있다.	①	②	③	④	⑤
07	열등감으로 자주 고민한다.	①	②	③	④	⑤
08	남에게 무시당하면 화가 난다.	①	②	③	④	⑤
09	무엇이든지 하면 된다고 생각하는 편이다.	①	②	③	④	⑤
10	자신의 존재를 과시하고 싶다.	①	②	③	④	⑤
11	사람을 많이 만나는 것을 좋아한다.	①	②	③	④	⑤
12	사람들이 당신에게 말수가 적다고 하는 편이다.	①	②	③	④	⑤
13	특정한 사람과 교제를 하는 편이다.	①	②	③	④	⑤
14	친구에게 먼저 말을 하는 편이다.	①	②	③	④	⑤
15	친구만 있으면 된다고 생각한다.	①	②	③	④	⑤
16	많은 사람 앞에서 말하는 것이 서툴다.	①	②	③	④	⑤
17	반 편성과 교실 이동을 싫어한다.	①	②	③	④	⑤
18	다과회 등에서 자주 책임을 맡는다.	①	②	③	④	⑤

번호	질문	응답
19	새 팀 분위기에 쉽게 적응하지 못하는 편이다.	① ② ③ ④ ⑤
20	누구하고나 친하게 교제한다.	① ② ③ ④ ⑤
21	충동구매는 절대 하지 않는다.	① ② ③ ④ ⑤
22	컨디션에 따라 기분이 잘 변한다.	① ② ③ ④ ⑤
23	옷 입는 취향이 오랫동안 바뀌지 않고 그대로이다.	① ② ③ ④ ⑤
24	남의 물건이 좋아 보인다.	① ② ③ ④ ⑤
25	광고를 보면 그 물건을 사고 싶다.	① ② ③ ④ ⑤
26	자신이 낙천주의자라고 생각한다.	① ② ③ ④ ⑤
27	에스컬레이터에서 걷지 않는다.	① ② ③ ④ ⑤
28	꾸물대는 것을 싫어한다.	① ② ③ ④ ⑤
29	고민이 생겨도 심각하게 생각하지 않는다.	① ② ③ ④ ⑤
30	반성하는 일이 거의 없다.	① ② ③ ④ ⑤
31	남의 말을 호의적으로 받아들인다.	① ② ③ ④ ⑤
32	혼자 있을 때가 편안하다.	① ② ③ ④ ⑤
33	친구에게 불만이 있다.	① ② ③ ④ ⑤
34	남의 말을 좋은 쪽으로 해석한다.	① ② ③ ④ ⑤
35	남의 의견을 절대 참고하지 않는다.	① ② ③ ④ ⑤
36	기분 나쁜 일은 금세 잊는 편이다.	① ② ③ ④ ⑤
37	선배와 쉽게 친해진다.	① ② ③ ④ ⑤
38	슬럼프에 빠지면 좀처럼 헤어나지 못한다.	① ② ③ ④ ⑤
39	자신의 소문에 관심을 기울인다.	① ② ③ ④ ⑤
40	주위 사람에게 인사하는 것이 귀찮다.	① ② ③ ④ ⑤
41	기호에 맞지 않으면 거절하는 편이다.	① ② ③ ④ ⑤
42	여간해서 흥분하지 않는 편이다.	① ② ③ ④ ⑤
43	옳다고 생각하면 밀고 나간다.	① ② ③ ④ ⑤
44	항상 무슨 일이든지 해야만 한다.	① ② ③ ④ ⑤
45	휴식시간에도 일하고 싶다.	① ② ③ ④ ⑤
46	걱정거리가 생기면 머릿속에서 떠나지 않는 편이다.	① ② ③ ④ ⑤
47	매일 힘든 일이 너무 많다.	① ② ③ ④ ⑤
48	시험 전에도 노는 계획을 세운다.	① ② ③ ④ ⑤
49	슬픈 일만 머릿속에 남는다.	① ② ③ ④ ⑤
50	사는 것이 힘들다고 느낀 적은 없다.	① ② ③ ④ ⑤
51	처음 만난 사람과 이야기하는 것이 피곤하다.	① ② ③ ④ ⑤
52	비난을 받으면 신경이 쓰인다.	① ② ③ ④ ⑤
53	실패해도 또 다시 도전한다.	① ② ③ ④ ⑤
54	남에게 비판을 받으면 불쾌하다.	① ② ③ ④ ⑤
55	다른 사람의 지적을 순수하게 받아들일 수 있다.	① ② ③ ④ ⑤
56	자신의 프라이드가 높다고 생각한다.	① ② ③ ④ ⑤
57	자신의 입장을 잊어버릴 때가 있다.	① ② ③ ④ ⑤
58	남보다 쉽게 우위에 서는 편이다.	① ② ③ ④ ⑤
59	목적이 없으면 마음이 불안하다.	① ② ③ ④ ⑤
60	일을 할 때에 자신이 없다.	① ② ③ ④ ⑤
61	상대방이 말을 걸어오기를 기다리는 편이다.	① ② ③ ④ ⑤

번호	질문	응답				
62	친구 말을 듣는 편이다.	①	②	③	④	⑤
63	싸움으로 친구를 잃은 경우가 있다.	①	②	③	④	⑤
64	모르는 사람과 말하는 것은 귀찮다.	①	②	③	④	⑤
65	아는 사람이 많아지는 것이 즐겁다.	①	②	③	④	⑤
66	신호대기 중에도 조바심이 난다.	①	②	③	④	⑤
67	매사를 심각하게 생각하는 것을 싫어한다.	①	②	③	④	⑤
68	자신이 경솔하다고 자주 느낀다.	①	②	③	④	⑤
69	상대방이 통화 중이어도 자꾸 전화를 건다.	①	②	③	④	⑤
70	충동적인 행동을 하지 않는 편이다.	①	②	③	④	⑤
71	칭찬도 나쁘게 받아들이는 편이다.	①	②	③	④	⑤
72	자신이 손해를 보고 있다고 생각한다.	①	②	③	④	⑤
73	어떤 상황에서나 만족할 수 있다.	①	②	③	④	⑤
74	무슨 일이든지 자신의 생각대로 하지 못한다.	①	②	③	④	⑤
75	부모님에게 불만을 느낀다.	①	②	③	④	⑤
76	깜짝 놀라면 당황하는 편이다.	①	②	③	④	⑤
77	주위의 평판이 좋다고 생각한다.	①	②	③	④	⑤
78	자신이 소문에 휘말려도 좋다.	①	②	③	④	⑤
79	긴급사태에도 당황하지 않고 행동할 수 있다.	①	②	③	④	⑤
80	윗사람과 이야기하는 것이 불편하다.	①	②	③	④	⑤
81	정색하고 화내기 쉬운 화제를 올릴 때가 있다.	①	②	③	④	⑤
82	남들이 자신이 좋아하는 연예인을 욕해도 화가 나지 않는다.	①	②	③	④	⑤
83	남을 비판할 때가 있다.	①	②	③	④	⑤
84	주체할 수 없을 만큼 여유가 많은 것은 싫어한다.	①	②	③	④	⑤
85	의견이 어긋날 때는 한 발 양보한다.	①	②	③	④	⑤
86	싫은 사람과도 협력할 수 있다.	①	②	③	④	⑤
87	사람은 너무 고통거리가 많다고 생각한다.	①	②	③	④	⑤
88	걱정거리가 있으면 잠을 잘 수가 없다.	①	②	③	④	⑤
89	즐거운 일보다는 괴로운 일이 더 많다.	①	②	③	④	⑤
90	싫은 사람이라도 인사를 한다.	①	②	③	④	⑤
91	사소한 일에도 신경을 많이 쓰는 편이다.	①	②	③	④	⑤
92	누가 나에게 말을 걸기 전에 내가 먼저 말을 걸지는 않는다.	①	②	③	④	⑤
93	이따금 결심을 빨리 하지 못하기 때문에 손해 보는 경우가 많다.	①	②	③	④	⑤
94	사람들은 누구나 곤경을 벗어나기 위해 거짓말을 할 수 있다.	①	②	③	④	⑤
95	어떤 일을 실패하면 두고두고 생각한다.	①	②	③	④	⑤
96	비교적 말이 없는 편이다.	①	②	③	④	⑤
97	기왕 일을 한다면 꼼꼼하게 하는 편이다.	①	②	③	④	⑤
98	지나치게 깔끔한 척을 하는 편에 속한다.	①	②	③	④	⑤
99	나를 기분 나쁘게 한 사람을 쉽게 잊지 못하는 편이다.	①	②	③	④	⑤
100	수줍음을 많이 타서 많은 사람 앞에 나서길 싫어한다.	①	②	③	④	⑤
101	혼자 지내는 시간이 즐겁다.	①	②	③	④	⑤
102	내 주위 사람이 잘되는 것을 보면 상대적으로 내가 실패한 것 같다.	①	②	③	④	⑤
103	어떤 일을 시도하다가 잘 안되면 금방 포기한다.	①	②	③	④	⑤
104	이성 친구와 웃고 떠드는 것을 별로 좋아하지 않는다.	①	②	③	④	⑤

번호	질문	응답
105	낯선 사람과 만나는 것을 꺼리는 편이다.	① ② ③ ④ ⑤
106	밤낮없이 같이 다닐만한 친구들이 거의 없다.	① ② ③ ④ ⑤
107	연예인이 되고 싶은 마음은 조금도 가지고 있지 않다.	① ② ③ ④ ⑤
108	여럿이 모여서 얘기하는 데 잘 끼어들지 못한다.	① ② ③ ④ ⑤
109	사람들은 이득이 된다면 옳지 않은 방법이라도 쓸 것이다.	① ② ③ ④ ⑤
110	사람들이 정직하게 행동하는 건 다른 사람의 비난이 두렵기 때문이다.	① ② ③ ④ ⑤
111	처음 보는 사람들과 쉽게 얘기하거나 친해지는 편이다.	① ② ③ ④ ⑤
112	모르는 사람들이 많이 모여 있는 곳에서도 활발하게 행동하는 편이다.	① ② ③ ④ ⑤
113	여기저기에 친구나 아는 사람들이 많이 있다.	① ② ③ ④ ⑤
114	모임에서 말을 많이 하고 적극적으로 행동한다.	① ② ③ ④ ⑤
115	슬프거나 기쁜 일이 생기면 부모나 친구에게 얘기하는 편이다.	① ② ③ ④ ⑤
116	활발하고 적극적이라는 말을 자주 듣는다.	① ② ③ ④ ⑤
117	시간이 걸리는 일이나 놀이에 싫증을 내고, 새로운 놀이나 활동을 원한다.	① ② ③ ④ ⑤
118	혼자 조용히 있거나 책을 읽는 것보다는 사람들과 어울리는 것을 좋아한다.	① ② ③ ④ ⑤
119	새로운 유행이 시작되면 다른 사람보다 먼저 시도해 보는 편이다.	① ② ③ ④ ⑤
120	기분을 잘 드러내기 때문에 남들이 본인의 기분을 금방 알게 된다.	① ② ③ ④ ⑤
121	비유적이고 상징적 표현보다는 구체적이고 정확한 표현을 더 잘 이해한다.	① ② ③ ④ ⑤
122	주변 사람들의 외모나 다른 특징들을 자세히 기억한다.	① ② ③ ④ ⑤
123	꾸준하고 참을성이 있다는 말을 자주 듣는다.	① ② ③ ④ ⑤
124	공부할 때 세부적인 내용을 암기할 수 있다.	① ② ③ ④ ⑤
125	손으로 직접 만지거나 조작하는 것을 좋아한다.	① ② ③ ④ ⑤
126	상상 속에서 이야기를 잘 만들어 내는 편이다.	① ② ③ ④ ⑤
127	종종 물건을 잃어버리거나 어디에 두었는지 기억을 못하는 때가 있다.	① ② ③ ④ ⑤
128	창의력과 상상력이 풍부하다는 이야기를 자주 듣는다.	① ② ③ ④ ⑤
129	다른 사람들이 생각하지도 않는 엉뚱한 행동이나 생각을 할 때가 종종 있다.	① ② ③ ④ ⑤
130	이것저것 새로운 것에 관심이 많고 새로운 것을 배우고 싶어 한다.	① ② ③ ④ ⑤
131	'왜?'라는 질문을 자주 한다.	① ② ③ ④ ⑤
132	의지와 끈기가 강한 편이다.	① ② ③ ④ ⑤
133	궁금한 점이 있으면 꼬치꼬치 따져서 궁금증을 풀고 싶어 한다.	① ② ③ ④ ⑤
134	참을성이 있다는 말을 자주 듣는다.	① ② ③ ④ ⑤
135	남의 비난에도 잘 견딘다.	① ② ③ ④ ⑤
136	다른 사람의 감정에 민감하다.	① ② ③ ④ ⑤
137	자신의 잘못을 쉽게 인정하는 편이다.	① ② ③ ④ ⑤
138	싹싹하고 연하다는 소리를 잘 듣는다.	① ② ③ ④ ⑤
139	쉽게 양보를 하는 편이다.	① ② ③ ④ ⑤
140	음식을 선택할 때 쉽게 결정을 못 내릴 때가 많다.	① ② ③ ④ ⑤
141	계획표를 세밀하게 짜 놓고 그 계획표에 따라 생활하는 것을 좋아한다.	① ② ③ ④ ⑤
142	대체로 먼저 할 일을 해 놓고 나서 노는 편이다.	① ② ③ ④ ⑤
143	시험보기 전에 미리 여유 있게 공부 계획표를 짜 놓는다.	① ② ③ ④ ⑤
144	마지막 순간에 쫓기면서 일하는 것을 싫어한다.	① ② ③ ④ ⑤
145	계획에 따라 규칙적인 생활을 하는 편이다.	① ② ③ ④ ⑤
146	자기 것을 잘 나누어주는 편이다.	① ② ③ ④ ⑤
147	자신의 소지품을 덜 챙기는 편이다.	① ② ③ ④ ⑤

번호	질문	응답				
148	신발이나 옷이 떨어져도 무관심한 편이다.	①	②	③	④	⑤
149	자기 것을 덜 주장하고, 덜 고집하는 편이다.	①	②	③	④	⑤
150	활동이 많으면서도 무난하고 점잖다는 말을 듣는 편이다.	①	②	③	④	⑤
151	몇 번이고 생각하고 검토한다.	①	②	③	④	⑤
152	여러 번 생각한 끝에 결정을 내린다.	①	②	③	④	⑤
153	어떤 일이든 따지려 든다.	①	②	③	④	⑤
154	일단 결정하면 행동으로 옮긴다.	①	②	③	④	⑤
155	앞에 나서기를 꺼린다.	①	②	③	④	⑤
156	규칙을 잘 지킨다.	①	②	③	④	⑤
157	나의 주장대로 행동한다.	①	②	③	④	⑤
158	지시나 충고를 받는 것이 싫다.	①	②	③	④	⑤
159	급진적인 변화를 좋아한다.	①	②	③	④	⑤
160	규칙은 반드시 지킬 필요가 없다.	①	②	③	④	⑤
161	혼자서 일하기를 좋아한다.	①	②	③	④	⑤
162	미래에 대해 별로 염려를 하지 않는다.	①	②	③	④	⑤
163	새로운 변화를 싫어한다.	①	②	③	④	⑤
164	조용한 분위기를 좋아한다.	①	②	③	④	⑤
165	도전적인 직업보다는 안정된 직업이 좋다.	①	②	③	④	⑤
166	친구를 잘 바꾸지 않는다.	①	②	③	④	⑤
167	남의 명령을 듣기 싫어한다.	①	②	③	④	⑤
168	모든 일에 앞장서는 편이다.	①	②	③	④	⑤
169	다른 사람이 하는 일을 보면 답답하다.	①	②	③	④	⑤
170	남을 지배하는 사람이 되고 싶다.	①	②	③	④	⑤
171	규칙적인 것이 싫다.	①	②	③	④	⑤
172	매사에 감동을 자주 받는다.	①	②	③	④	⑤
173	새로운 물건과 일에 대한 생각을 자주 한다.	①	②	③	④	⑤
174	창조적인 일을 하고 싶다.	①	②	③	④	⑤
175	나쁜 일은 오래 생각하지 않는다.	①	②	③	④	⑤
176	사람들의 이름을 잘 기억하는 편이었다.	①	②	③	④	⑤
177	외딴 곳보다는 사람들이 북적거리는 곳에 살고 싶었다.	①	②	③	④	⑤
178	제조업보다는 서비스업이 마음에 들었다.	①	②	③	④	⑤
179	농사를 지으면서 자연과 더불어 살고 싶었다.	①	②	③	④	⑤
180	예절 같은 것은 별로 신경 쓰지 않았다.	①	②	③	④	⑤
181	거칠고 반항적인 사람보다 예의바른 사람들과 어울리고 싶었다.	①	②	③	④	⑤
182	대인관계에서 상황을 빨리 파악하는 편이었다.	①	②	③	④	⑤
183	계산에 밝은 사람은 꺼려졌다.	①	②	③	④	⑤
184	친구들과 노는 것보다 혼자 노는 것이 편했다.	①	②	③	④	⑤
185	교제범위가 넓은 편이라 사람을 만나는 데 많은 시간을 소비한다.	①	②	③	④	⑤
186	손재주는 비교적 있는 편이다.	①	②	③	④	⑤
187	기획과 섭외 중 기획을 더 잘할 수 있을 것 같다.	①	②	③	④	⑤
188	도서실 등에서 책을 정리하고 관리하는 일을 싫어하지 않는다.	①	②	③	④	⑤
189	선입견으로 판단하지 않고 이론적으로 판단하는 편이다.	①	②	③	④	⑤
190	예술제나 미술전 등에 관심이 많다.	①	②	③	④	⑤

번호	질문	응답				
191	행사의 사회나 방송 등 마이크를 사용하는 분야에 관심이 많다.	①	②	③	④	⑤
192	하루 종일 방에 틀어 박혀 연구하거나 몰두해야 하는 일은 싫다.	①	②	③	④	⑤
193	공상이나 상상을 많이 하는 편이다.	①	②	③	④	⑤
194	모르는 사람과도 마음이 맞으면 쉽게 마음을 터놓고 바로 친해진다.	①	②	③	④	⑤
195	물건을 만들거나 도구를 사용하는 일이 싫지는 않다.	①	②	③	④	⑤
196	새로운 아이디어를 생각해내는 일이 좋다.	①	②	③	④	⑤
197	회의에서 사회나 서기를 맡는다면 서기 쪽이 맞을 것 같다.	①	②	③	④	⑤
198	사건 뒤에 숨은 본질을 생각해 보기를 좋아한다.	①	②	③	④	⑤
199	색채감각이나 미적 센스가 풍부한 편이다.	①	②	③	④	⑤
200	다른 사람들의 눈길을 끌고 주목을 받는 것이 아무렇지도 않다.	①	②	③	④	⑤
201	문화재 위원과 체육대회 위원 중 체육대회 위원을 하고 싶다.	①	②	③	④	⑤
202	보고 들은 것을 문장으로 옮기기를 좋아한다.	①	②	③	④	⑤
203	남에게 뭔가 가르쳐주는 일이 좋다.	①	②	③	④	⑤
204	많은 사람과 장시간 함께 있으면 피곤하다.	①	②	③	④	⑤
205	엉뚱한 일을 하기 좋아하고 발상도 개성적이다.	①	②	③	④	⑤
206	전표 계산 또는 장부 기입 같은 일을 싫증내지 않고 할 수 있다.	①	②	③	④	⑤
207	책이나 신문을 열심히 읽는 편이다.	①	②	③	④	⑤
208	신경이 예민한 편이며, 감수성도 예민하다.	①	②	③	④	⑤
209	연회석에서 망설임 없이 노래를 부르거나 장기를 보이는 편이다.	①	②	③	④	⑤
210	즐거운 캠프를 위해 계획세우기를 좋아한다.	①	②	③	④	⑤
211	데이터를 분류하거나 통계내는 일을 싫어하지는 않는다.	①	②	③	④	⑤
212	드라마나 소설 속의 등장인물의 생활과 사고방식에 흥미가 있다.	①	②	③	④	⑤
213	자신의 미적 표현력을 살리면 상당히 좋은 작품이 나올 것 같다.	①	②	③	④	⑤
214	화려한 것을 좋아하며 주위의 평판에 신경을 쓰는 편이다.	①	②	③	④	⑤
215	여럿이서 여행할 기회가 있다면 즐겁게 참가한다.	①	②	③	④	⑤
216	여행 소감을 쓰기를 좋아한다.	①	②	③	④	⑤
217	상품전시회에서 상품설명을 한다면 잘할 수 있을 것 같다.	①	②	③	④	⑤
218	변화가 적고 손이 많이 가는 일도 꾸준히 하는 편이다.	①	②	③	④	⑤
219	신제품 홍보에 흥미가 있다.	①	②	③	④	⑤
220	열차시간표 한 페이지 정도라면 정확하게 옮겨 쓸 자신이 있다.	①	②	③	④	⑤
221	자신의 장래에 대해 자주 생각해본다.	①	②	③	④	⑤
222	혼자 있는 것에 익숙하다.	①	②	③	④	⑤
223	근심이 별로 없다.	①	②	③	④	⑤
224	나의 환경에 아주 만족한다.	①	②	③	④	⑤
225	상품을 고를 때 디자인과 색에 신경을 많이 쓴다.	①	②	③	④	⑤
226	극단이나 탤런트 양성소에서 공부해보고 싶다는 생각을 한 적 있다.	①	②	③	④	⑤
227	외출할 때 날씨가 좋지 않아도 그다지 신경을 쓰지 않는다.	①	②	③	④	⑤
228	손님을 불러들이는 호객행위도 마음만 먹으면 할 수 있을 것 같다.	①	②	③	④	⑤
229	신중하고 주의 깊은 편이다.	①	②	③	④	⑤
230	하루 종일 책상 앞에 앉아 있어도 지루해하지 않는 편이다.	①	②	③	④	⑤
231	알기 쉽게 요점을 정리한 다음 남에게 잘 설명하는 편이다.	①	②	③	④	⑤
232	생물 시간보다는 미술 시간에 흥미가 있다.	①	②	③	④	⑤
233	남이 자신에게 상담을 해오는 경우가 많다.	①	②	③	④	⑤

번호	질문	응답				
234	친목회나 송년회 등의 총무역할을 좋아하는 편이다.	①	②	③	④	⑤
235	실패하든 성공하든 그 원인은 꼭 분석한다.	①	②	③	④	⑤
236	실내장식품이나 액세서리 등에 관심이 많다.	①	②	③	④	⑤
237	남에게 보이기 좋아하고 지기 싫어하는 편이다.	①	②	③	④	⑤
238	대자연 속에서 마음대로 몸을 움직이는 일이 좋다.	①	②	③	④	⑤
239	파티나 모임에서 자연스럽게 돌아다니며 인사하는 성격이다.	①	②	③	④	⑤
240	무슨 일에 쉽게 빠져드는 편이며 장인의식도 강하다.	①	②	③	④	⑤
241	우리나라 분재를 파리에서 파는 방법 따위를 생각하기 좋아한다.	①	②	③	④	⑤
242	하루 종일 거리를 돌아다녀도 그다지 피곤을 느끼지 않는다.	①	②	③	④	⑤
243	컴퓨터의 키보드 조작도 연습하면 잘할 수 있을 것 같다.	①	②	③	④	⑤
244	자동차나 모터보트 등의 운전에 흥미를 갖고 있다.	①	②	③	④	⑤
245	특정 연예인의 인기비결을 곧잘 생각해본다.	①	②	③	④	⑤
246	과자나 빵을 판매하는 일보다 만드는 일이 나에게 맞을 것 같다.	①	②	③	④	⑤
247	대체로 걱정하거나 고민하지 않는다.	①	②	③	④	⑤
248	비판적인 말을 들어도 쉽게 상처받지 않았다.	①	②	③	④	⑤
249	초등학교 선생님보다는 등대지기가 더 재미있을 것 같았다.	①	②	③	④	⑤
250	남의 생일이나 명절 때 선물을 사러 다니는 일이 귀찮게 느껴진다.	①	②	③	④	⑤

유형 2

※ 다음 질문내용을 읽고 '예', '아니요' 중 본인에 해당하는 곳에 〇표 하시오. [1~133]

번호	질문	응답	
01	조심스러운 성격이라고 생각한다.	예	아니요
02	사물을 신중하게 생각하는 편이라고 생각한다.	예	아니요
03	동작이 기민한 편이다.	예	아니요
04	포기하지 않고 노력하는 것이 중요하다.	예	아니요
05	일주일의 예정을 만드는 것을 좋아한다.	예	아니요
06	노력의 여하보다 결과가 중요하다.	예	아니요
07	자기주장이 강하다.	예	아니요
08	장래의 일을 생각하면 불안해질 때가 있다.	예	아니요
09	소외감을 느낄 때가 있다.	예	아니요
10	훌쩍 여행을 떠나고 싶을 때가 자주 있다.	예	아니요
11	대인관계가 귀찮다고 느낄 때가 있다.	예	아니요
12	자신의 권리를 주장하는 편이다.	예	아니요
13	낙천가라고 생각한다.	예	아니요
14	싸움을 한 적이 없다.	예	아니요
15	자신의 의견을 상대에게 잘 주장하지 못한다.	예	아니요
16	좀처럼 결단하지 못하는 경우가 있다.	예	아니요
17	하나의 취미를 오래 지속하는 편이다.	예	아니요

번호	질문	응답	
18	한 번 시작한 일은 끝을 맺는다.	예	아니요
19	행동으로 옮기기까지 시간이 걸린다.	예	아니요
20	다른 사람들이 하지 못하는 일을 하고 싶다.	예	아니요
21	해야 할 일은 신속하게 처리한다.	예	아니요
22	병이 아닌지 걱정이 들 때가 있다.	예	아니요
23	다른 사람의 충고를 기분 좋게 듣는 편이다.	예	아니요
24	다른 사람에게 의존적이 될 때가 많다.	예	아니요
25	타인에게 간섭받는 것은 싫다.	예	아니요
26	의식 과잉이라는 생각이 들 때가 있다.	예	아니요
27	수다를 좋아한다.	예	아니요
28	잘못된 일을 한 적이 한 번도 없다.	예	아니요
29	모르는 사람과 이야기하는 것은 용기가 필요하다.	예	아니요
30	끙끙거리며 생각할 때가 있다.	예	아니요
31	다른 사람에게 항상 움직이고 있다는 말을 듣는다.	예	아니요
32	매사에 얽매인다.	예	아니요
33	잘하지 못하는 게임은 하지 않으려고 한다.	예	아니요
34	어떠한 일이 있어도 출세하고 싶다.	예	아니요
35	막무가내라는 말을 들을 때가 많다.	예	아니요
36	신경이 예민한 편이라고 생각한다.	예	아니요
37	쉽게 침울해한다.	예	아니요
38	쉽게 싫증을 내는 편이다.	예	아니요
39	옆에 사람이 있으면 싫다.	예	아니요
40	토론에서 이길 자신이 있다.	예	아니요
41	친구들과 남의 이야기를 하는 것을 좋아한다.	예	아니요
42	푸념을 한 적이 없다.	예	아니요
43	남과 친해지려면 용기가 필요하다.	예	아니요
44	통찰력이 있다고 생각한다.	예	아니요
45	집에서 가만히 있으면 기분이 우울해진다.	예	아니요
46	매사에 느긋하고 차분하게 매달린다.	예	아니요
47	좋은 생각이 떠올라도 실행하기 전에 여러모로 검토한다.	예	아니요
48	누구나 권력자를 동경하고 있다고 생각한다.	예	아니요
49	몸으로 부딪혀 도전하는 편이다.	예	아니요
50	당황하면 갑자기 땀이 나서 신경 쓰일 때가 있다.	예	아니요
51	친구들이 진지한 사람으로 생각하고 있다.	예	아니요
52	감정적으로 될 때가 많다.	예	아니요
53	다른 사람의 일에 관심이 없다.	예	아니요
54	다른 사람으로부터 지적받는 것은 싫다.	예	아니요
55	지루하면 마구 떠들고 싶어진다.	예	아니요
56	부모에게 불평을 한 적이 한 번도 없다.	예	아니요
57	내성적이라고 생각한다.	예	아니요

번호	질문	응답	
58	돌다리도 두들기고 건너는 타입이라고 생각한다.	예	아니요
59	굳이 말하자면 시원시원하다.	예	아니요
60	끈기가 강하다.	예	아니요
61	전망을 세우고 행동할 때가 많다.	예	아니요
62	일에는 결과가 중요하다고 생각한다.	예	아니요
63	활력이 있다.	예	아니요
64	항상 천재지변을 당하지는 않을까 걱정하고 있다.	예	아니요
65	때로는 후회할 때도 있다.	예	아니요
66	다른 사람에게 위해를 가할 것 같은 기분이 든 때가 있다.	예	아니요
67	진정으로 마음을 허락할 수 있는 사람은 없다.	예	아니요
68	기다리는 것에 짜증내는 편이다.	예	아니요
69	친구들로부터 줏대 없는 사람이라는 말을 듣는다.	예	아니요
70	사물을 과장해서 말한 적은 없다.	예	아니요
71	인간관계가 폐쇄적이라는 말을 듣는다.	예	아니요
72	매사에 신중한 편이라고 생각한다.	예	아니요
73	눈을 뜨면 바로 일어난다.	예	아니요
74	난관에 봉착해도 포기하지 않고 열심히 해본다.	예	아니요
75	실행하기 전에 재확인할 때가 많다.	예	아니요
76	리더로서 인정을 받고 싶다.	예	아니요
77	어떤 일이 있어도 의욕을 가지고 열심히 하는 편이다.	예	아니요
78	다른 사람의 감정에 민감하다.	예	아니요
79	다른 사람들이 남을 배려하는 마음씨가 있다는 말을 한다.	예	아니요
80	사소한 일로 우는 일이 많다.	예	아니요
81	반대에 부딪혀도 자신의 의견을 바꾸는 일은 없다.	예	아니요
82	누구와도 편하게 이야기할 수 있다.	예	아니요
83	가만히 있지 못할 정도로 침착하지 못할 때가 있다.	예	아니요
84	다른 사람을 싫어한 적은 한 번도 없다.	예	아니요
85	그룹 내에서는 누군가의 주도하에 따라가는 경우가 많다.	예	아니요
86	차분하다는 말을 듣는다.	예	아니요
87	스포츠 선수가 되고 싶다고 생각한 적이 있다.	예	아니요
88	모두가 싫증을 내는 일에도 혼자서 열심히 한다.	예	아니요
89	휴일은 세부적인 예정을 세우고 보낸다.	예	아니요
90	완성된 것보다 미완성인 것에 흥미가 있다.	예	아니요
91	잘하지 못하는 것이라도 자진해서 한다.	예	아니요
92	가만히 있지 못할 정도로 불안해질 때가 많다.	예	아니요
93	자주 깊은 생각에 잠긴다.	예	아니요
94	이유도 없이 다른 사람과 부딪힐 때가 있다.	예	아니요
95	타인의 일에는 별로 관여하고 싶지 않다고 생각한다.	예	아니요
96	무슨 일이든 자신을 가지고 행동한다.	예	아니요
97	유명인과 서로 아는 사람이 되고 싶다.	예	아니요

번호	질문	응답	
98	지금까지 후회를 한 적이 없다.	예	아니요
99	의견이 다른 사람과는 어울리지 않는다.	예	아니요
100	무슨 일이든 생각해 보지 않으면 만족하지 못한다.	예	아니요
101	다소 무리를 하더라도 피로해지지 않는다.	예	아니요
102	굳이 말하자면 장거리 주자에 어울린다고 생각한다.	예	아니요
103	여행을 가기 전에는 세세한 계획을 세운다.	예	아니요
104	능력을 살릴 수 있는 일을 하고 싶다.	예	아니요
105	성격이 시원시원하다고 생각한다.	예	아니요
106	굳이 말하자면 자의식 과잉이다.	예	아니요
107	스스로를 쓸모없는 인간이라고 생각할 때가 있다.	예	아니요
108	주위의 영향을 받기 쉽다.	예	아니요
109	지인을 발견해도 만나고 싶지 않을 때가 많다.	예	아니요
110	다수의 반대가 있더라도 자신의 생각대로 행동한다.	예	아니요
111	번화한 곳에 외출하는 것을 좋아한다.	예	아니요
112	지금까지 다른 사람의 마음에 상처준 일이 없다.	예	아니요
113	다른 사람에게 자신이 소개되는 것을 좋아한다.	예	아니요
114	실행하기 전에 재고하는 경우가 많다.	예	아니요
115	몸을 움직이는 것을 좋아한다.	예	아니요
116	완고한 편이라고 생각한다.	예	아니요
117	신중하게 생각하는 편이다.	예	아니요
118	커다란 일을 해보고 싶다.	예	아니요
119	계획을 생각하기보다 빨리 실행하고 싶어한다.	예	아니요
120	작은 소리도 신경 쓰인다.	예	아니요
121	자질구레한 걱정이 많다.	예	아니요
122	이유도 없이 화가 치밀 때가 있다.	예	아니요
123	융통성이 없는 편이다.	예	아니요
124	다른 사람보다 기가 세다.	예	아니요
125	다른 사람보다 쉽게 우쭐해진다.	예	아니요
126	다른 사람을 의심한 적이 한 번도 없다.	예	아니요
127	어색해지면 입을 다무는 경우가 많다.	예	아니요
128	하루의 행동을 반성하는 경우가 많다.	예	아니요
129	격렬한 운동도 그다지 힘들어하지 않는다.	예	아니요
130	새로운 일에 처음 한 발을 좀처럼 떼지 못한다.	예	아니요
131	앞으로의 일을 생각하지 않으면 진정이 되지 않는다.	예	아니요
132	인생에서 중요한 것은 높은 목표를 갖는 것이다.	예	아니요
133	무슨 일이든 선수를 쳐야 이긴다고 생각한다.	예	아니요

※ 다음 문항을 읽고, 자신의 성향과 가까운 정도에 따라 1 ~ 7점을 부여한다(① 매우 그렇지 않다, ② 거의 그렇지 않다, ③ 조금 그렇지 않다, ④ 보통이다, ⑤ 조금 그렇다, ⑥ 거의 그렇다, ⑦ 매우 그렇다). 그리고 3개의 문장 중 자신과 가장 가까운 것과 가장 먼 것에 체크하시오. [1~50]

01

문항군	응답 1							응답 2	
	전혀 아님	《	보통	》	매우 그러함			멀다	가깝다
A. 사물을 신중하게 생각하는 편이라고 생각한다.	①	②	③	④	⑤	⑥	⑦	멀	가
B. 포기하지 않고 노력하는 것이 중요하다.	①	②	③	④	⑤	⑥	⑦	멀	가
C. 자신의 권리를 주장하는 편이다	①	②	③	④	⑤	⑥	⑦	멀	가

02

문항군	응답 1							응답 2	
	전혀 아님	《	보통	》	매우 그러함			멀다	가깝다
A. 노력의 여하보다 결과가 중요하다.	①	②	③	④	⑤	⑥	⑦	멀	가
B. 자기주장이 강하다.	①	②	③	④	⑤	⑥	⑦	멀	가
C. 어떠한 일이 있어도 출세하고 싶다.	①	②	③	④	⑤	⑥	⑦	멀	가

03

문항군	응답 1							응답 2	
	전혀 아님	《	보통	》	매우 그러함			멀다	가깝다
A. 다른 사람의 일에 관심이 없다.	①	②	③	④	⑤	⑥	⑦	멀	가
B. 때로는 후회할 때도 있다.	①	②	③	④	⑤	⑥	⑦	멀	가
C. 진정으로 마음을 허락할 수 있는 사람은 없다.	①	②	③	④	⑤	⑥	⑦	멀	가

04

문항군	응답 1							응답 2	
	전혀 아님	《	보통	》	매우 그러함			멀다	가깝다
A. 한번 시작한 일은 반드시 끝을 맺는다.	①	②	③	④	⑤	⑥	⑦	멀	가
B. 다른 사람들이 하지 못하는 일을 하고 싶다.	①	②	③	④	⑤	⑥	⑦	멀	가
C. 좋은 생각이 떠올라도 실행하기 전에 여러모로 검토한다.	①	②	③	④	⑤	⑥	⑦	멀	가

05

문항군	응답 1							응답 2	
	전혀 아님	《	보통	》	매우 그러함			멀다	가깝다
A. 다른 사람에게 항상 움직이고 있다는 말을 듣는다.	①	②	③	④	⑤	⑥	⑦	멀	가
B. 옆에 사람이 있으면 싫다.	①	②	③	④	⑤	⑥	⑦	멀	가
C. 친구들과 남의 이야기를 하는 것을 좋아한다.	①	②	③	④	⑤	⑥	⑦	멀	가

06

문항군	응답 1							응답 2	
	전혀 아님	≪	보통	≫	매우 그러함			멀다	가깝다
A. 모두가 싫증을 내는 일에도 혼자서 열심히 한다.	①	②	③	④	⑤	⑥	⑦	멀	㉮
B. 완성된 것보다 미완성인 것에 흥미가 있다.	①	②	③	④	⑤	⑥	⑦	멀	㉮
C. 능력을 살릴 수 있는 일을 하고 싶다.	①	②	③	④	⑤	⑥	⑦	멀	㉮

07

문항군	응답 1							응답 2	
	전혀 아님	≪	보통	≫	매우 그러함			멀다	가깝다
A. 번화한 곳에 외출하는 것을 좋아한다.	①	②	③	④	⑤	⑥	⑦	멀	㉮
B. 다른 사람에게 자신이 소개되는 것을 좋아한다.	①	②	③	④	⑤	⑥	⑦	멀	㉮
C. 다른 사람보다 쉽게 우쭐해진다.	①	②	③	④	⑤	⑥	⑦	멀	㉮

08

문항군	응답 1							응답 2	
	전혀 아님	≪	보통	≫	매우 그러함			멀다	가깝다
A. 다른 사람의 감정에 민감하다.	①	②	③	④	⑤	⑥	⑦	멀	㉮
B. 다른 사람들이 나에게 남을 배려하는 마음씨가 있다는 말을 한다.	①	②	③	④	⑤	⑥	⑦	멀	㉮
C. 사소한 일로 우는 일이 많다.	①	②	③	④	⑤	⑥	⑦	멀	㉮

09

문항군	응답 1							응답 2	
	전혀 아님	≪	보통	≫	매우 그러함			멀다	가깝다
A. 통찰력이 있다고 생각한다.	①	②	③	④	⑤	⑥	⑦	멀	㉮
B. 몸으로 부딪혀 도전하는 편이다.	①	②	③	④	⑤	⑥	⑦	멀	㉮
C. 감정적으로 될 때가 많다.	①	②	③	④	⑤	⑥	⑦	멀	㉮

10

문항군	응답 1							응답 2	
	전혀 아님	≪	보통	≫	매우 그러함			멀다	가깝다
A. 타인에게 간섭받는 것을 싫어한다.	①	②	③	④	⑤	⑥	⑦	멀	㉮
B. 신경이 예민한 편이라고 생각한다.	①	②	③	④	⑤	⑥	⑦	멀	㉮
C. 난관에 봉착해도 포기하지 않고 열심히 한다.	①	②	③	④	⑤	⑥	⑦	멀	㉮

11

문항군	응답 1							응답 2	
	전혀 아님	≪	보통	≫		매우 그러함		멀다	가깝다
A. 해야 할 일은 신속하게 처리한다.	①	②	③	④	⑤	⑥	⑦	㉧	㉮
B. 매사에 느긋하고 차분하다.	①	②	③	④	⑤	⑥	⑦	㉧	㉮
C. 끙끙거리며 생각할 때가 있다.	①	②	③	④	⑤	⑥	⑦	㉧	㉮

12

문항군	응답 1							응답 2	
	전혀 아님	≪	보통	≫		매우 그러함		멀다	가깝다
A. 하나의 취미를 오래 지속하는 편이다.	①	②	③	④	⑤	⑥	⑦	㉧	㉮
B. 낙천가라고 생각한다.	①	②	③	④	⑤	⑥	⑦	㉧	㉮
C. 일주일의 예정을 만드는 것을 좋아한다.	①	②	③	④	⑤	⑥	⑦	㉧	㉮

13

문항군	응답 1							응답 2	
	전혀 아님	≪	보통	≫		매우 그러함		멀다	가깝다
A. 자신의 의견을 상대에게 잘 주장하지 못한다.	①	②	③	④	⑤	⑥	⑦	㉧	㉮
B. 좀처럼 결단하지 못하는 경우가 있다.	①	②	③	④	⑤	⑥	⑦	㉧	㉮
C. 행동으로 옮기기까지 시간이 걸린다.	①	②	③	④	⑤	⑥	⑦	㉧	㉮

14

문항군	응답 1							응답 2	
	전혀 아님	≪	보통	≫		매우 그러함		멀다	가깝다
A. 돌다리도 두드리며 건너는 타입이라고 생각한다.	①	②	③	④	⑤	⑥	⑦	㉧	㉮
B. 굳이 말하자면 시원시원하다.	①	②	③	④	⑤	⑥	⑦	㉧	㉮
C. 토론에서 이길 자신이 있다.	①	②	③	④	⑤	⑥	⑦	㉧	㉮

15

문항군	응답 1							응답 2	
	전혀 아님	≪	보통	≫		매우 그러함		멀다	가깝다
A. 쉽게 침울해진다.	①	②	③	④	⑤	⑥	⑦	㉧	㉮
B. 쉽게 싫증을 내는 편이다.	①	②	③	④	⑤	⑥	⑦	㉧	㉮
C. 도덕 / 윤리를 중시한다.	①	②	③	④	⑤	⑥	⑦	㉧	㉮

16

문항군	응답 1							응답 2	
	전혀 아님	〈〈	보통	〉〉	매우 그러함			멀다	가깝다
A. 매사에 신중한 편이라고 생각한다.	①	②	③	④	⑤	⑥	⑦	멀	㉮
B. 실행하기 전에 재확인할 때가 많다.	①	②	③	④	⑤	⑥	⑦	멀	㉮
C. 반대에 부딪혀도 자신의 의견을 바꾸는 일은 없다.	①	②	③	④	⑤	⑥	⑦	멀	㉮

17

문항군	응답 1							응답 2	
	전혀 아님	〈〈	보통	〉〉	매우 그러함			멀다	가깝다
A. 전망을 세우고 행동할 때가 많다.	①	②	③	④	⑤	⑥	⑦	멀	㉮
B. 일에는 결과가 중요하다고 생각한다.	①	②	③	④	⑤	⑥	⑦	멀	㉮
C. 다른 사람으로부터 지적받는 것은 싫다.	①	②	③	④	⑤	⑥	⑦	멀	㉮

18

문항군	응답 1							응답 2	
	전혀 아님	〈〈	보통	〉〉	매우 그러함			멀다	가깝다
A. 다른 사람에게 위해를 가할 것 같은 기분이 들 때가 있다.	①	②	③	④	⑤	⑥	⑦	멀	㉮
B. 인간관계가 폐쇄적이라는 말을 듣는다.	①	②	③	④	⑤	⑥	⑦	멀	㉮
C. 친구들로부터 줏대 없는 사람이라는 말을 듣는다.	①	②	③	④	⑤	⑥	⑦	멀	㉮

19

문항군	응답 1							응답 2	
	전혀 아님	〈〈	보통	〉〉	매우 그러함			멀다	가깝다
A. 누구와도 편하게 이야기할 수 있다.	①	②	③	④	⑤	⑥	⑦	멀	㉮
B. 다른 사람을 싫어한 적은 한 번도 없다.	①	②	③	④	⑤	⑥	⑦	멀	㉮
C. 리더로서 인정을 받고 싶다.	①	②	③	④	⑤	⑥	⑦	멀	㉮

20

문항군	응답 1							응답 2	
	전혀 아님	〈〈	보통	〉〉	매우 그러함			멀다	가깝다
A. 기다리는 것에 짜증내는 편이다.	①	②	③	④	⑤	⑥	⑦	멀	㉮
B. 지루하면 마구 떠들고 싶어진다.	①	②	③	④	⑤	⑥	⑦	멀	㉮
C. 남과 친해지려면 용기가 필요하다.	①	②	③	④	⑤	⑥	⑦	멀	㉮

21

문항군	응답 1							응답 2	
	전혀 아님	<<	보통	>>	매우 그러함			멀다	가깝다
A. 사물을 과장해서 말한 적은 없다.	①	②	③	④	⑤	⑥	⑦	⑨	㉮
B. 항상 천재지변을 당하지 않을까 걱정하고 있다.	①	②	③	④	⑤	⑥	⑦	⑨	㉮
C. 어떤 일이 있어도 의욕을 가지고 열심히 하는 편이다.	①	②	③	④	⑤	⑥	⑦	⑨	㉮

22

문항군	응답 1							응답 2	
	전혀 아님	<<	보통	>>	매우 그러함			멀다	가깝다
A. 그룹 내에서는 누군가의 주도하에 따라가는 경우가 많다.	①	②	③	④	⑤	⑥	⑦	⑨	㉮
B. 내성적이라고 생각한다.	①	②	③	④	⑤	⑥	⑦	⑨	㉮
C. 모르는 사람과 이야기하는 것은 용기가 필요하다.	①	②	③	④	⑤	⑥	⑦	⑨	㉮

23

문항군	응답 1							응답 2	
	전혀 아님	<<	보통	>>	매우 그러함			멀다	가깝다
A. 집에서 가만히 있으면 기분이 우울해진다.	①	②	③	④	⑤	⑥	⑦	⑨	㉮
B. 당황하면 갑자기 땀이 나서 신경 쓰일 때가 있다.	①	②	③	④	⑤	⑥	⑦	⑨	㉮
C. 차분하다는 말을 듣는다.	①	②	③	④	⑤	⑥	⑦	⑨	㉮

24

문항군	응답 1							응답 2	
	전혀 아님	<<	보통	>>	매우 그러함			멀다	가깝다
A. 어색해지면 입을 다무는 경우가 많다.	①	②	③	④	⑤	⑥	⑦	⑨	㉮
B. 융통성이 없는 편이다.	①	②	③	④	⑤	⑥	⑦	⑨	㉮
C. 이유도 없이 화가 치밀 때가 있다.	①	②	③	④	⑤	⑥	⑦	⑨	㉮

25

문항군	응답 1							응답 2	
	전혀 아님	<<	보통	>>	매우 그러함			멀다	가깝다
A. 자질구레한 걱정이 많다.	①	②	③	④	⑤	⑥	⑦	⑨	㉮
B. 다른 사람을 의심한 적이 한 번도 없다.	①	②	③	④	⑤	⑥	⑦	⑨	㉮
C. 지금까지 후회를 한 적이 없다.	①	②	③	④	⑤	⑥	⑦	⑨	㉮

26

문항군	응답 1							응답 2	
	전혀 아님	《	보통	》	매우 그러함			멀다	가깝다
A. 무슨 일이든 자신을 가지고 행동한다.	①	②	③	④	⑤	⑥	⑦	멀	㉮
B. 자주 깊은 생각에 잠긴다.	①	②	③	④	⑤	⑥	⑦	멀	㉮
C. 가만히 있지 못할 정도로 불안해질 때가 많다.	①	②	③	④	⑤	⑥	⑦	멀	㉮

27

문항군	응답 1							응답 2	
	전혀 아님	《	보통	》	매우 그러함			멀다	가깝다
A. 스포츠 선수가 되고 싶다고 생각한 적이 있다.	①	②	③	④	⑤	⑥	⑦	멀	㉮
B. 유명인과 서로 아는 사람이 되고 싶다.	①	②	③	④	⑤	⑥	⑦	멀	㉮
C. 연예인에 대해 동경한 적이 없다.	①	②	③	④	⑤	⑥	⑦	멀	㉮

28

문항군	응답 1							응답 2	
	전혀 아님	《	보통	》	매우 그러함			멀다	가깝다
A. 휴일은 세부적인 예정을 세우고 보낸다.	①	②	③	④	⑤	⑥	⑦	멀	㉮
B. 잘하지 못하는 것이라도 자진해서 한다.	①	②	③	④	⑤	⑥	⑦	멀	㉮
C. 이유도 없이 다른 사람과 부딪힐 때가 있다.	①	②	③	④	⑤	⑥	⑦	멀	㉮

29

문항군	응답 1							응답 2	
	전혀 아님	《	보통	》	매우 그러함			멀다	가깝다
A. 타인의 일에는 별로 관여하고 싶지 않다고 생각한다.	①	②	③	④	⑤	⑥	⑦	멀	㉮
B. 의견이 다른 사람과는 어울리지 않는다.	①	②	③	④	⑤	⑥	⑦	멀	㉮
C. 주위의 영향을 받기 쉽다.	①	②	③	④	⑤	⑥	⑦	멀	㉮

30

문항군	응답 1							응답 2	
	전혀 아님	《	보통	》	매우 그러함			멀다	가깝다
A. 지인을 발견해도 만나고 싶지 않을 때가 많다.	①	②	③	④	⑤	⑥	⑦	멀	㉮
B. 굳이 말하자면 자의식 과잉이다.	①	②	③	④	⑤	⑥	⑦	멀	㉮
C. 몸을 움직이는 것을 좋아한다.	①	②	③	④	⑤	⑥	⑦	멀	㉮

31

문항군	응답 1							응답 2	
	전혀 아님	《	보통	》	매우 그러함			멀다	가깝다
A. 무슨 일이든 생각해 보지 않으면 만족하지 못한다.	①	②	③	④	⑤	⑥	⑦	멀	갠
B. 다수의 반대가 있더라도 자신의 생각대로 행동한다.	①	②	③	④	⑤	⑥	⑦	멀	갠
C. 지금까지 다른 사람의 마음에 상처준 일이 없다.	①	②	③	④	⑤	⑥	⑦	멀	갠

32

문항군	응답 1							응답 2	
	전혀 아님	《	보통	》	매우 그러함			멀다	가깝다
A. 실행하기 전에 재고하는 경우가 많다.	①	②	③	④	⑤	⑥	⑦	멀	갠
B. 완고한 편이라고 생각한다.	①	②	③	④	⑤	⑥	⑦	멀	갠
C. 작은 소리도 신경 쓰인다.	①	②	③	④	⑤	⑥	⑦	멀	갠

33

문항군	응답 1							응답 2	
	전혀 아님	《	보통	》	매우 그러함			멀다	가깝다
A. 다소 무리를 하더라도 피로해지지 않는다.	①	②	③	④	⑤	⑥	⑦	멀	갠
B. 다른 사람보다 고집이 세다.	①	②	③	④	⑤	⑥	⑦	멀	갠
C. 성격이 밝다는 말을 듣는다.	①	②	③	④	⑤	⑥	⑦	멀	갠

34

문항군	응답 1							응답 2	
	전혀 아님	《	보통	》	매우 그러함			멀다	가깝다
A. 다른 사람이 부럽다고 생각한 적이 한 번도 없다.	①	②	③	④	⑤	⑥	⑦	멀	갠
B. 자신의 페이스를 잃지 않는다.	①	②	③	④	⑤	⑥	⑦	멀	갠
C. 굳이 말하면 이상주의자다.	①	②	③	④	⑤	⑥	⑦	멀	갠

35

문항군	응답 1							응답 2	
	전혀 아님	《	보통	》	매우 그러함			멀다	가깝다
A. 가능성에 눈을 돌린다.	①	②	③	④	⑤	⑥	⑦	멀	갠
B. 튀는 것을 싫어한다.	①	②	③	④	⑤	⑥	⑦	멀	갠
C. 방법이 정해진 일은 안심할 수 있다.	①	②	③	④	⑤	⑥	⑦	멀	갠

36

문항군	응답 1							응답 2	
	전혀 아님	《	보통	》	매우 그러함			멀다	가깝다
A. 매사에 감정적으로 생각한다.	①	②	③	④	⑤	⑥	⑦	⑩	㉮
B. 스케줄을 짜고 행동하는 편이다.	①	②	③	④	⑤	⑥	⑦	⑩	㉮
C. 지나치게 합리적으로 결론짓는 것은 좋지 않다.	①	②	③	④	⑤	⑥	⑦	⑩	㉮

37

문항군	응답 1							응답 2	
	전혀 아님	《	보통	》	매우 그러함			멀다	가깝다
A. 다른 사람의 의견에 귀를 기울인다.	①	②	③	④	⑤	⑥	⑦	⑩	㉮
B. 사람들 앞에 잘 나서지 못한다.	①	②	③	④	⑤	⑥	⑦	⑩	㉮
C. 임기응변에 능하다.	①	②	③	④	⑤	⑥	⑦	⑩	㉮

38

문항군	응답 1							응답 2	
	전혀 아님	《	보통	》	매우 그러함			멀다	가깝다
A. 꿈을 가진 사람에게 끌린다.	①	②	③	④	⑤	⑥	⑦	⑩	㉮
B. 직감적으로 판단한다.	①	②	③	④	⑤	⑥	⑦	⑩	㉮
C. 틀에 박힌 일은 싫다.	①	②	③	④	⑤	⑥	⑦	⑩	㉮

39

문항군	응답 1							응답 2	
	전혀 아님	《	보통	》	매우 그러함			멀다	가깝다
A. 친구가 돈을 빌려달라고 하면 거절하지 못한다.	①	②	③	④	⑤	⑥	⑦	⑩	㉮
B. 어려움에 처한 사람을 보면 원인을 생각한다.	①	②	③	④	⑤	⑥	⑦	⑩	㉮
C. 매사에 이론적으로 생각한다.	①	②	③	④	⑤	⑥	⑦	⑩	㉮

40

문항군	응답 1							응답 2	
	전혀 아님	《	보통	》	매우 그러함			멀다	가깝다
A. 혼자 꾸준히 하는 것을 좋아한다.	①	②	③	④	⑤	⑥	⑦	⑩	㉮
B. 튀는 것을 좋아한다.	①	②	③	④	⑤	⑥	⑦	⑩	㉮
C. 굳이 말하자면 보수적이라 생각한다.	①	②	③	④	⑤	⑥	⑦	⑩	㉮

41

문항군	응답 1							응답 2	
	전혀 아님	<<	보통	>>	매우 그러함			멀다	가깝다
A. 다른 사람과 만났을 때 화제에 부족함이 없다.	①	②	③	④	⑤	⑥	⑦	멀	갑
B. 그때그때의 기분으로 행동하는 경우가 많다.	①	②	③	④	⑤	⑥	⑦	멀	갑
C. 현실적인 사람에게 끌린다.	①	②	③	④	⑤	⑥	⑦	멀	갑

42

문항군	응답 1							응답 2	
	전혀 아님	<<	보통	>>	매우 그러함			멀다	가깝다
A. 병이 아닌지 걱정이 들 때가 있다.	①	②	③	④	⑤	⑥	⑦	멀	갑
B. 자의식 과잉이라는 생각이 들 때가 있다.	①	②	③	④	⑤	⑥	⑦	멀	갑
C. 막무가내라는 말을 들을 때가 많다.	①	②	③	④	⑤	⑥	⑦	멀	갑

43

문항군	응답 1							응답 2	
	전혀 아님	<<	보통	>>	매우 그러함			멀다	가깝다
A. 푸념을 한 적이 없다.	①	②	③	④	⑤	⑥	⑦	멀	갑
B. 수다를 좋아한다.	①	②	③	④	⑤	⑥	⑦	멀	갑
C. 부모에게 불평을 한 적이 한 번도 없다.	①	②	③	④	⑤	⑥	⑦	멀	갑

44

문항군	응답 1							응답 2	
	전혀 아님	<<	보통	>>	매우 그러함			멀다	가깝다
A. 친구들이 나를 진지한 사람으로 생각하고 있다.	①	②	③	④	⑤	⑥	⑦	멀	갑
B. 엉뚱한 생각을 잘한다.	①	②	③	④	⑤	⑥	⑦	멀	갑
C. 이성적인 사람이라는 말을 듣고 싶다.	①	②	③	④	⑤	⑥	⑦	멀	갑

45

문항군	응답 1							응답 2	
	전혀 아님	<<	보통	>>	매우 그러함			멀다	가깝다
A. 예정에 얽매이는 것을 싫어한다.	①	②	③	④	⑤	⑥	⑦	멀	갑
B. 굳이 말하자면 장거리주자에 어울린다고 생각한다.	①	②	③	④	⑤	⑥	⑦	멀	갑
C. 여행을 가기 전에는 세세한 계획을 세운다.	①	②	③	④	⑤	⑥	⑦	멀	갑

46

문항군	응답 1							응답 2	
	전혀 아님	《	보통	》	매우 그러함			멀다	가깝다
A. 굳이 말하자면 기가 센 편이다.	①	②	③	④	⑤	⑥	⑦	⑩	㉮
B. 신중하게 생각하는 편이다.	①	②	③	④	⑤	⑥	⑦	⑩	㉮
C. 계획을 생각하기보다는 빨리 실행하고 싶어 한다.	①	②	③	④	⑤	⑥	⑦	⑩	㉮

47

문항군	응답 1							응답 2	
	전혀 아님	《	보통	》	매우 그러함			멀다	가깝다
A. 자신을 쓸모없는 인간이라고 생각할 때가 있다.	①	②	③	④	⑤	⑥	⑦	⑩	㉮
B. 아는 사람을 발견해도 피해버릴 때가 있다.	①	②	③	④	⑤	⑥	⑦	⑩	㉮
C. 앞으로의 일을 생각하지 않으면 진정이 되지 않는다.	①	②	③	④	⑤	⑥	⑦	⑩	㉮

48

문항군	응답 1							응답 2	
	전혀 아님	《	보통	》	매우 그러함			멀다	가깝다
A. 격렬한 운동도 그다지 힘들어하지 않는다.	①	②	③	④	⑤	⑥	⑦	⑩	㉮
B. 무슨 일이든 먼저 해야 이긴다고 생각한다.	①	②	③	④	⑤	⑥	⑦	⑩	㉮
C. 예정이 없는 상태를 싫어한다.	①	②	③	④	⑤	⑥	⑦	⑩	㉮

49

문항군	응답 1							응답 2	
	전혀 아님	《	보통	》	매우 그러함			멀다	가깝다
A. 잘하지 못하는 게임은 하지 않으려고 한다.	①	②	③	④	⑤	⑥	⑦	⑩	㉮
B. 다른 사람에게 의존적이 될 때가 많다.	①	②	③	④	⑤	⑥	⑦	⑩	㉮
C. 대인관계가 귀찮다고 느낄 때가 있다.	①	②	③	④	⑤	⑥	⑦	⑩	㉮

50

문항군	응답 1							응답 2	
	전혀 아님	《	보통	》	매우 그러함			멀다	가깝다
A. 장래의 일을 생각하면 불안해질 때가 있다.	①	②	③	④	⑤	⑥	⑦	⑩	㉮
B. 가만히 있지 못할 정도로 침착하지 못할 때가 있다.	①	②	③	④	⑤	⑥	⑦	⑩	㉮
C. 침울해지면 아무것도 손에 잡히지 않는다.	①	②	③	④	⑤	⑥	⑦	⑩	㉮

CHAPTER 02 UK작업태도검사

01 UK작업태도검사

인간은 잠을 잘 때를 제외하곤 항상 어떤 작업을 하고 있으므로 작업 중에 인격적 요인이 반영될 수밖에 없다. 따라서 일정한 조건 아래 단순한 작업을 시키고 나서 그 작업량의 패턴에서 인격을 파악하려고 하는 것이 UK작업태도검사다. 일반적으로 이 방법은 실시가 간단해 집단적으로 실시할 수 있고, 비언어적인 과제를 사용하고 있으므로 언어 이해력을 필요로 하지 않는다는 이점이 있으나 성격 전반에 대한 정보를 얻는 것은 무리다.

작업검사의 대표적인 검사방법으로는 우리나라에서 UK검사라는 약칭으로 통용되는 우치다 – 크레펠린 정신작업검사가 있다. 이 검사의 기초가 된 것은 크레펠린(Kraepelin)이 실험심리학의 연구법으로 개발한 단순가산작업이지만, 이것을 인격검사에 받아들인 것은 우치다 유우자부로(內田勇三郎)다.

우치다 – 크레펠린 정신검사는 1행의 숫자가 가로 91자, 세로 34행으로 된 용지를 사용하는데 1분에 한 행씩 각 행의 숫자를 가산해서 답의 일의 자리 숫자만 쓰는 작업이 주어진다. 검사결과의 정리방법은 우선 각 행의 작업이 이루어진 최후의 숫자를 연결하는 것에 의해 작업곡선을 기입한다.

1. 측정요인

평균작업량	휴식 후 15분간 작업량의 평균작업량을 측정한다.
초두효과율	작업에 대한 처음의 좋음이나 순조로움을 보이는 요인으로서 작업개시 시의 의지와 긴장 정도를 재는 것이다.
평균오류량	휴식 전후(前後)의 1줄에 대한 평균오류량을 측정한다.
휴식효과율	전반부와 후반부의 작업량을 비교하여 휴식 후의 작업증가율을 나타내는 요인으로서 휴식단계에서 피로가 줄었음에도 불구하고 작업량이 휴식 전보다 낮다면 휴식효과가 낮게 나타난다. 특히 정신분열증 환자의 경우에는 이 휴식효과율이 낮다고 되어 있다.

(1) 양적 측정

휴식 후 15분간 작업량의 평균작업량을 기준으로 측정한다. 일반적으로 UK검사의 작업량은 계산의 연속이기 때문에 피검사자의 IQ(지능지수)와 많은 연관성이 있지만 성격상의 결함이 있는 사람이 많고, 휴식효과율이 낮은 사람이 있기 때문에 직접적으로 지능지수와 연관성을 맺기에는 무리가 있다. 양적 측정은 말 그대로 작업량의 많고 적음을 나타내기도 하고, 휴식효과에 관련해서 정서, 집중력, 가변성 등의 판단결과가 나타난다고 볼 수 있다.

(2) 질적 측정

휴식 전 작업곡선과 휴식 후 작업곡선을 기준으로 초두노력의 결여, 평균오류량, 휴식효과율 등을 판정하여 성격적인 측면을 검사한다.

정형	곡선의 양단이 중앙부보다 높고, 완만하게 하강하고 다시 완만하게 상승하는 형
상승형	전반부가 높고 후반부가 낮아지는 형
중고형	정형과 반대의 형
하강형	전반부가 낮고 후반부가 높아지는 형
수평형	1줄의 작업 최대차가 5 이내로, 상승도 하강도 하지 않는 형
파상형	전체적으로 일정한 규칙이 없이 곡선의 진폭이 크고, 파도치듯이 나타나는 형

2. 검사방법

(1) 검사마다 다르지만 보통 전반 15분, 휴식 5분, 후반 15분의 형태로 실시한다.

(2) 두 개의 숫자를 더하여 10자리(앞자리)를 제외한 1자리(뒷자리)만 숫자와 숫자 사이 아래에 적는다.

(3) 1줄에 1분씩 연속해서 실시한다.

(4) 검사가 끝나면 틀린 부분을 ×표시한다.

(5) ×표시가 있는 부분만큼 기재한 숫자 중 2개씩을 끝부분에서 제외한다.

(6) 끝부분을 연결한다.

01

```
2 4 1 5 7 7 8 9 6 5 4 1 2 5 4 7 8 9 6 3 2 1 0 5 4 0 2 5 4 5 5 8 9 6 3 0 1 1
2 4 5 6 6 9 7 6 8 9 7 4 2 3 5 8 4 2 3 6 7 9 4 2 8 3 7 9 5 1 6 8 0 3 7 9 5 4
3 8 6 1 6 7 9 5 3 8 0 4 9 7 5 8 1 2 6 8 1 6 8 5 9 6 4 7 9 5 4 3 6 5 7 7 5 6
3 0 5 7 5 9 7 6 8 5 6 4 9 6 5 1 2 4 5 2 8 6 4 3 5 9 6 5 4 2 8 9 3 5 4 9 3 8
6 2 4 8 2 8 2 4 6 3 8 2 1 6 9 3 7 4 4 2 8 1 8 6 4 9 3 8 6 4 2 5 6 8 2 6 7 5
8 9 6 4 2 6 5 8 7 3 6 3 5 4 7 9 2 3 6 3 2 8 4 3 9 6 4 6 9 2 0 6 5 9 7 5 2 1
9 7 6 3 5 4 0 8 7 9 6 5 4 8 6 3 5 3 3 4 8 4 6 9 2 5 7 1 8 9 6 2 4 8 9 6 8 7
3 5 4 9 1 3 7 6 2 7 4 3 0 4 7 9 5 4 3 8 4 9 6 8 4 2 3 8 4 3 6 8 4 2 6 8 7 4
5 6 1 0 6 8 7 4 9 3 8 7 7 5 1 3 6 8 5 2 8 7 2 4 6 9 5 2 7 8 9 5 2 4 6 9 5 4
7 6 9 8 4 4 8 7 5 3 5 4 7 8 5 4 7 8 5 1 5 7 5 9 6 2 4 4 7 5 6 9 8 7 8 0 2 3
0 1 4 5 7 8 9 9 6 5 4 2 3 5 4 7 7 8 4 5 2 9 8 4 5 6 3 2 4 5 5 7 8 5 6 5 2 4
0 8 2 3 6 5 5 4 1 2 4 1 2 5 4 1 2 5 4 1 2 5 4 1 2 5 4 1 1 2 5 4 5 3 6 6 7 5
2 1 4 9 2 4 5 6 8 7 4 6 5 8 4 2 4 4 2 6 8 2 2 3 6 3 8 7 8 5 4 2 6 8 2 1 6
1 5 6 9 7 0 9 9 5 4 3 7 6 1 8 2 7 5 4 9 6 7 3 8 4 2 3 6 7 9 4 2 8 3 7 9 5 1
6 8 0 3 7 9 5 4 3 8 6 1 6 7 9 5 3 8 0 4 9 7 5 8 1 2 6 8 1 6 8 5 9 6 4 7 9 5
4 3 6 5 7 3 4 1 6 9 4 7 1 4 6 3 9 1 0 2 4 0 1 4 8 9 0 1 2 0 2 5 1 4 1 0 4 7
7 6 3 0 4 1 6 9 5 7 5 8 4 2 2 3 6 4 7 5 9 6 3 5 4 9 7 4 2 3 5 6 9 8 4 4 8 7
5 3 5 4 7 8 5 4 7 8 5 1 5 7 5 9 6 2 4 4 7 5 6 9 8 7 8 0 2 3 0 1 4 5 7 8 9 9
6 5 4 2 3 5 4 3 4 1 6 9 4 7 1 4 6 3 9 1 0 2 4 0 1 4 8 9 0 1 2 0 2 5 1 4 1 0
4 7 7 6 3 0 4 1 6 9 5 7 5 8 4 2 2 3 6 4 2 5 8 6 3 5 4 6 9 8 4 4 8 7 5 3 5 4
7 8 5 4 7 8 5 1 5 7 5 9 6 2 4 4 7 5 6 9 8 7 8 0 2 3 0 1 4 5 7 8 9 9 6 5 4 2
3 5 4 7 7 8 4 5 2 9 8 4 5 6 3 2 4 5 5 7 8 5 6 5 2 4 0 8 2 3 6 5 5 4 1 2 4 1
2 5 4 1 2 5 4 1 2 5 4 1 2 5 4 1 1 2 5 4 5 3 6 6 7 5 2 1 4 6 5 4 2 3 8 4 7 9
5 4 2 3 6 5 4 1 2 2 3 6 5 0 7 8 9 4 7 9 2 1 9 7 8 4 2 3 6 7 8 9 4 3 5 7 8 9
5 4 2 3 4 5 7 0 6 7 5 4 7 8 5 9 6 8 8 9 6 2 2 0 5 8 7 5 6 9 8 7 4 5 8 7 4 9
5 7 7 0 3 2 5 6 6 8 7 4 2 4 9 6 2 4 8 6 2 4 7 8 0 6 1 5 6 9 8 3 5 4 7 8 9 5
4 5 1 0 5 4 7 9 6 5 5 4 2 3 6 9 4 5 7 9 2 1 0 2 3 6 0 1 4 7 5 8 8 5 6 0 3 2
4 5 3 0 5 5 4 6 8 2 4 6 2 6 5 7 2 4 9 5 5 1 9 7 3 5 8 4 2 6 8 4 5 7 5 8 4 2
6 9 5 1 3 5 7 1 5 5 6 3 8 7 1 3 1 1 4 7 8 9 6 3 2 4 5 4 7 5 8 5 8 5 4 8 6 3
2 4 1 5 7 7 8 9 6 5 4 1 2 5 4 7 8 9 6 3 2 1 0 5 4 0 2 5 4 5 5 8 9 6 3 0 1 1
```

02

```
4 3 6 5 7 3 4 1 6 9 4 7 1 4 6 3 9 1 0 2 4 0 1 4 8 9 0 1 2 0 2 5 1 4 1 0 4 7
7 6 3 0 4 1 6 9 5 7 5 8 4 2 2 3 6 4 7 5 9 6 3 5 4 9 7 4 2 3 5 6 9 8 4 4 8 7
5 3 5 4 7 8 5 4 7 8 5 1 5 7 5 9 6 2 4 4 7 5 6 9 8 7 8 0 2 3 0 1 4 5 7 8 9 9
6 5 4 2 3 5 4 3 4 1 6 9 4 7 1 4 6 3 9 1 0 2 4 0 1 4 8 9 0 1 2 0 2 5 1 4 1 0
4 7 7 6 3 0 4 1 6 9 5 7 5 8 4 2 2 3 6 4 2 5 8 6 3 5 4 6 9 8 4 4 8 7 5 3 5 4
7 8 5 4 7 8 5 1 5 7 5 9 6 2 4 4 7 5 6 9 8 7 8 0 2 3 0 1 4 5 7 8 9 9 6 5 4 2
3 5 4 7 7 8 4 5 2 9 8 4 5 6 3 2 4 5 5 7 8 5 6 5 2 4 0 8 2 3 6 5 5 4 1 2 4 1
2 5 4 1 2 5 4 1 2 5 4 1 2 5 4 1 1 2 5 4 5 3 6 6 7 5 2 1 4 6 5 4 2 3 8 4 7 9
5 4 2 3 6 5 4 1 2 2 3 6 5 0 7 8 9 4 7 9 2 1 9 7 8 4 2 3 6 7 8 9 4 3 5 7 8 9
5 4 2 3 4 5 7 0 6 7 5 4 7 8 5 9 6 8 8 9 6 2 2 0 5 8 7 5 6 9 8 7 4 5 8 7 4 9
5 7 7 0 3 2 5 6 6 8 7 4 2 4 9 6 2 4 8 6 2 4 7 8 0 6 1 5 6 9 8 3 5 4 7 8 9 5
4 5 1 0 5 4 7 9 6 5 5 4 2 3 6 9 4 5 7 9 2 1 0 2 3 6 0 1 4 7 5 8 8 5 6 0 3 2
4 5 3 0 5 5 4 6 8 2 4 6 2 6 5 7 2 4 9 5 5 1 9 7 3 5 8 4 2 6 8 4 5 7 5 8 4 2
6 9 5 1 3 5 7 1 5 5 6 3 8 7 1 3 1 1 4 7 8 9 6 3 2 4 5 4 7 5 8 5 8 5 4 8 6 3
2 4 1 5 7 7 8 9 6 5 4 1 2 5 4 7 8 9 6 3 2 1 0 5 4 0 2 5 4 5 5 8 9 6 3 0 1 1
2 4 1 5 7 7 8 9 6 5 4 1 2 5 4 7 8 9 6 3 2 1 0 5 4 0 2 5 4 5 5 8 9 6 3 0 1 1
2 4 5 6 6 9 7 6 8 9 7 4 2 3 5 8 4 2 3 6 7 9 4 2 8 3 7 9 5 1 6 8 0 3 7 9 5 4
3 8 6 1 6 7 9 5 3 8 0 4 9 7 5 8 1 2 6 8 1 6 8 5 9 6 4 7 9 5 4 3 6 5 7 7 5 6
3 0 5 7 5 9 7 6 8 5 6 4 9 6 5 1 2 4 5 2 8 6 4 3 5 9 6 5 4 2 8 9 3 5 4 9 3 8
6 2 4 8 2 8 2 4 6 3 8 2 1 6 9 3 7 4 4 2 8 1 8 6 4 9 3 8 6 4 2 5 6 8 2 6 7 5
8 9 6 4 2 6 5 8 7 3 6 3 5 4 7 9 2 3 6 3 2 8 4 3 9 6 4 6 9 2 0 6 5 9 7 5 2 1
9 7 6 3 5 4 0 8 7 9 6 5 4 8 6 3 5 3 3 4 8 4 6 9 2 5 7 1 8 9 6 2 4 8 9 6 8 7
3 5 4 9 1 3 7 6 2 7 4 3 0 4 7 9 5 4 3 8 4 9 6 8 4 2 3 8 4 3 6 8 4 2 6 8 7 4
5 6 1 0 6 8 7 4 9 3 8 7 7 5 1 3 6 8 5 2 8 7 2 4 6 9 5 2 7 8 9 5 2 4 6 9 5 4
7 6 9 8 4 4 8 7 5 3 5 4 7 8 5 4 7 8 5 1 5 7 5 9 6 2 4 4 7 5 6 9 8 7 8 0 2 3
0 1 4 5 7 8 9 9 6 5 4 2 3 5 4 7 7 8 4 5 2 9 8 4 5 6 3 2 4 5 5 7 8 5 6 5 2 4
0 8 2 3 6 5 5 4 1 2 4 1 2 5 4 1 2 5 4 1 2 5 4 1 2 5 4 1 1 2 5 4 5 3 6 6 7 5
2 1 4 9 2 4 5 6 8 7 4 6 5 8 4 2 4 4 2 6 8 2 2 3 3 6 3 8 7 8 5 4 2 6 8 2 1 6
1 5 6 9 7 0 9 9 5 4 3 7 6 1 8 2 7 5 4 9 6 7 3 8 4 2 3 6 7 9 4 2 8 3 7 9 5 1
6 8 0 3 7 9 5 4 3 8 6 1 6 7 9 5 3 8 0 4 9 7 5 8 1 2 6 8 1 6 8 5 9 6 4 7 9 5
```

03

```
0 8 2 3 6 5 5 4 1 2 4 1 2 5 4 1 2 5 4 1 2 5 4 1 2 5 4 1 1 2 5 4 5 3 6 6 7 5
2 1 4 9 2 4 5 6 8 7 4 6 5 8 4 2 4 4 2 6 8 2 2 3 3 6 3 8 7 8 5 4 2 6 8 2 1 6
6 8 0 3 7 9 5 4 3 8 6 1 6 7 9 5 3 8 0 4 9 7 5 8 1 2 6 8 1 6 8 5 9 6 4 7 9 5
1 5 6 9 7 0 9 9 5 4 3 7 6 1 8 2 7 5 4 9 6 7 3 8 4 2 3 6 7 9 4 2 8 3 7 9 5 1
5 3 5 4 7 8 5 4 7 8 5 1 5 7 5 9 6 2 4 4 7 5 6 9 8 7 8 0 2 3 0 1 4 5 7 8 9 9
6 5 4 2 3 5 4 3 4 1 6 9 4 7 1 4 6 3 9 1 0 2 4 0 1 4 8 9 0 1 2 0 2 5 1 4 1 0
4 7 7 6 3 0 4 1 6 9 5 7 5 8 4 2 2 3 6 4 2 5 8 6 3 5 4 6 9 8 4 4 8 7 5 3 5 4
7 8 5 4 7 8 5 1 5 7 5 9 6 2 4 4 7 5 6 9 8 7 8 0 2 3 0 1 4 5 7 8 9 9 6 5 4 2
3 5 4 7 7 8 4 5 2 9 8 4 5 6 3 2 4 5 5 7 8 5 6 5 2 4 0 8 2 3 6 5 5 4 1 2 4 1
4 3 6 5 7 3 4 1 6 9 4 7 1 4 6 3 9 1 0 2 4 0 1 4 8 9 0 1 2 0 2 5 1 4 1 0 4 7
7 6 3 0 4 1 6 9 5 7 5 8 4 2 2 3 6 4 7 5 9 6 3 5 4 9 7 4 2 3 5 6 9 8 4 4 8 7
3 5 4 9 1 3 7 6 2 7 4 3 0 4 7 9 5 4 3 8 4 9 6 8 4 2 3 8 4 3 6 8 4 2 6 8 7 4
2 5 4 1 2 5 4 1 2 5 4 1 2 5 4 1 1 2 5 4 5 3 6 6 7 5 2 1 4 6 5 4 2 3 8 4 7 9
5 4 2 3 6 5 4 1 2 2 3 6 5 0 7 8 9 4 7 9 2 1 9 7 8 4 2 3 6 7 8 9 4 3 5 7 8 9
5 4 2 3 4 5 7 0 6 7 5 4 7 8 5 9 6 8 8 9 6 2 2 0 5 8 7 5 6 9 8 7 4 5 8 7 4 9
2 4 5 6 6 9 7 6 8 9 7 4 2 3 5 8 4 2 3 6 7 9 4 2 8 3 7 9 5 1 6 8 0 3 7 9 5 4
3 8 6 1 6 7 9 5 3 8 0 4 9 7 5 8 1 2 6 8 1 6 8 5 9 6 4 7 9 5 4 3 6 5 7 7 5 6
3 0 5 7 5 9 7 6 8 5 6 4 9 6 5 1 2 4 5 2 8 6 4 3 5 9 6 5 4 2 8 9 3 5 4 9 3 8
6 2 4 8 2 8 2 4 6 3 8 2 1 6 9 3 7 4 4 2 8 1 8 6 4 9 3 8 6 4 2 5 6 8 2 6 7 5
8 9 6 4 2 6 5 8 7 3 6 3 5 4 7 9 2 3 6 3 2 8 4 3 9 6 4 6 9 2 0 6 5 9 7 5 2 1
9 7 6 3 5 4 0 8 7 9 6 5 4 8 6 3 5 3 3 4 8 4 6 9 2 5 7 1 8 9 6 2 4 8 9 6 8 7
5 7 7 0 3 2 5 6 6 8 7 4 2 4 9 6 2 4 8 6 2 4 7 8 0 6 1 5 6 9 8 3 5 4 7 8 9 5
4 5 1 0 5 4 7 9 6 5 5 4 2 3 6 9 4 5 7 9 2 1 0 2 3 6 0 1 4 7 5 8 8 5 6 0 3 2
4 5 3 0 5 5 4 6 8 2 4 6 2 6 5 7 2 4 9 5 5 1 9 7 3 5 8 4 2 6 8 4 5 7 5 8 4 2
6 9 5 1 3 5 7 1 5 5 6 3 8 7 1 3 1 1 4 7 8 9 6 3 2 4 5 4 7 5 8 5 8 5 4 8 6 3
2 4 1 5 7 7 8 9 6 5 4 1 2 5 4 7 8 9 6 3 2 1 0 5 4 0 2 5 4 5 5 8 9 6 3 0 1 1
2 4 1 5 7 7 8 9 6 5 4 1 2 5 4 7 8 9 6 3 2 1 0 5 4 0 2 5 4 5 5 8 9 6 3 0 1 1
5 6 1 0 6 8 7 4 9 3 8 7 7 5 1 3 6 8 5 2 8 7 2 4 6 9 5 2 7 8 9 5 2 4 6 9 5 4
7 6 9 8 4 4 8 7 5 3 5 4 7 8 5 4 7 8 5 1 5 7 5 9 6 2 4 4 7 5 6 9 8 7 8 0 2 3
0 1 4 5 7 8 9 9 6 5 4 2 3 5 4 7 7 8 4 5 2 9 8 4 5 6 3 2 4 5 5 7 8 5 6 5 2 4
```

```
6 5 4 2 3 5 4 3 4 1 6 9 4 7 1 4 6 3 9 1 0 2 4 0 1 4 8 9 0 1 2 0 2 5 1 4 1 0
0 1 4 5 7 8 9 9 6 5 4 2 3 5 4 7 7 8 4 5 2 9 8 4 5 6 3 2 4 5 5 7 8 5 6 5 2 4
9 7 6 3 5 4 0 8 7 9 6 5 4 8 6 3 5 3 3 4 8 4 6 9 2 5 7 1 8 9 6 2 4 8 9 6 8 7
3 8 6 1 6 7 9 5 3 8 0 4 9 7 5 8 1 2 6 8 1 6 8 5 9 6 4 7 9 5 4 3 6 5 7 7 5 6
4 3 6 5 7 3 4 1 6 9 4 7 1 4 6 3 9 1 0 2 4 0 1 4 8 9 0 1 2 0 2 5 1 4 1 0 4 7
6 2 4 8 2 8 2 4 6 3 8 2 1 6 9 3 7 4 4 2 8 1 8 6 4 9 3 8 6 4 2 5 6 8 2 6 7 5
8 9 6 4 2 6 5 8 7 3 6 3 5 4 7 9 2 3 6 3 2 8 4 3 9 6 4 6 9 2 0 6 5 9 7 5 2 1
3 5 4 7 7 8 4 5 2 9 8 4 5 6 3 2 4 5 5 7 8 5 6 5 2 4 0 8 2 3 6 5 5 4 1 2 4 1
2 5 4 1 2 5 4 1 2 5 4 1 2 5 4 1 1 2 5 4 5 3 6 6 7 5 2 1 4 6 5 4 2 3 8 4 7 9
3 5 4 9 1 3 7 6 2 7 4 3 0 4 7 9 5 4 3 8 4 9 6 8 4 2 3 8 4 3 6 8 4 2 6 8 7 4
5 6 1 0 6 8 7 4 9 3 8 7 7 5 1 3 6 8 5 2 8 7 2 4 6 9 5 2 7 8 9 5 2 4 6 9 5 4
7 6 9 8 4 4 8 7 5 3 5 4 7 8 5 4 7 8 5 1 5 7 5 9 6 2 4 4 7 5 6 9 8 7 8 0 2 3
4 5 3 0 5 5 4 6 8 2 4 6 2 6 5 7 2 4 9 5 5 1 9 7 3 5 8 4 2 6 8 4 5 7 5 8 4 2
6 9 5 1 3 5 7 1 5 5 6 3 8 7 1 3 1 1 4 7 8 9 6 3 2 4 5 4 7 5 8 5 8 5 4 8 6 3
2 4 5 6 6 9 7 6 8 9 7 4 2 3 5 8 4 2 3 6 7 9 4 2 8 3 7 9 5 1 6 8 0 3 7 9 5 4
0 8 2 3 6 5 5 4 1 2 4 1 2 5 4 1 2 5 4 1 2 5 4 1 2 5 4 1 1 2 5 4 5 3 6 6 7 5
2 1 4 9 2 4 5 6 8 7 4 6 5 8 4 2 4 4 2 6 8 2 2 3 3 6 3 8 7 8 5 4 2 6 8 2 1 6
1 5 6 9 7 0 9 9 5 4 3 7 6 1 8 2 7 5 4 9 6 7 3 8 4 2 3 6 7 9 4 2 8 3 7 9 5 1
3 0 5 7 5 9 7 6 8 5 6 4 9 6 5 1 2 4 5 2 8 6 4 3 5 9 6 5 4 2 8 9 3 5 4 9 3 8
2 4 1 5 7 7 8 9 6 5 4 1 2 5 4 7 8 9 6 3 2 1 0 5 4 0 2 5 4 5 5 8 9 6 3 0 1 1
6 8 0 3 7 9 5 4 3 8 6 1 6 7 9 5 3 8 0 4 9 7 5 8 1 2 6 8 1 6 8 5 9 6 4 7 9 5
4 7 7 6 3 0 4 1 6 9 5 7 5 8 4 2 2 3 6 4 2 5 8 6 3 5 4 6 9 8 4 4 8 7 5 3 5 4
7 8 5 4 7 8 5 1 5 7 5 9 6 2 4 4 7 5 6 9 8 7 8 0 2 3 0 1 4 5 7 8 9 9 6 5 4 2
5 4 2 3 6 5 4 1 2 2 3 6 5 0 7 8 9 4 7 9 2 1 9 7 8 4 2 3 6 7 8 9 4 3 5 7 8 9
7 6 3 0 4 1 6 9 5 7 5 8 4 2 2 3 6 4 7 5 9 6 3 5 4 9 7 4 2 3 5 6 9 8 4 4 8 7
5 3 5 4 7 8 5 4 7 8 5 1 5 7 5 9 6 2 4 4 7 5 6 9 8 7 8 0 2 3 0 1 4 5 7 8 9 9
5 7 7 0 3 2 5 6 6 8 7 4 2 4 9 6 2 4 8 6 2 4 7 8 0 6 1 5 6 9 8 3 5 4 7 8 9 5
2 4 1 5 7 7 8 9 6 5 4 1 2 5 4 7 8 9 6 3 2 1 0 5 4 0 2 5 4 5 5 8 9 6 3 0 1 1
4 5 1 0 5 4 7 9 6 5 5 4 2 3 6 9 4 5 7 9 2 1 0 2 3 6 0 1 4 7 5 8 8 5 6 0 3 2
5 4 2 3 4 5 7 0 6 7 5 4 7 8 5 9 6 8 8 9 6 2 2 0 5 8 7 5 6 9 8 7 4 5 8 7 4 9
```

```
6 9 5 1 3 5 7 1 5 5 6 3 8 7 1 3 1 1 4 7 8 9 6 3 2 4 5 4 7 5 8 5 8 5 4 8 6 3
7 8 5 4 7 8 5 1 5 7 5 9 6 2 4 4 7 5 6 9 8 7 8 0 2 3 0 1 4 5 7 8 9 9 6 5 4 2
2 4 5 6 6 9 7 6 8 9 7 4 2 3 5 8 4 2 3 6 7 9 4 2 8 3 7 9 5 1 6 8 0 3 7 9 5 4
0 8 2 3 6 5 5 4 1 2 4 1 2 5 4 1 2 5 4 1 2 5 4 1 2 5 4 1 1 2 5 4 5 3 6 6 7 5
9 7 6 3 5 4 0 8 7 9 6 5 4 8 6 3 5 3 3 4 8 4 6 9 2 5 7 1 8 9 6 2 4 8 9 6 8 7
3 8 6 1 6 7 9 5 3 8 0 4 9 7 5 8 1 2 6 8 1 6 8 5 9 6 4 7 9 5 4 3 6 5 7 7 5 6
4 3 6 5 7 3 4 1 6 9 4 7 1 4 6 3 9 1 0 2 4 0 1 4 8 9 0 1 2 0 2 5 1 4 1 0 4 7
6 2 4 8 2 8 2 4 6 3 8 2 1 6 9 3 7 4 4 2 8 1 8 6 4 9 3 8 6 4 2 5 6 8 2 6 7 5
5 3 5 4 7 8 5 4 7 8 5 1 5 7 5 9 6 2 4 4 7 5 6 9 8 7 8 0 2 3 0 1 4 5 7 8 9 9
5 7 7 0 3 2 5 6 6 8 7 4 2 4 9 6 2 4 8 6 2 4 7 8 0 6 1 5 6 9 8 3 5 4 7 8 9 5
2 4 1 5 7 7 8 9 6 5 4 1 2 5 4 7 8 9 6 3 2 1 0 5 4 0 2 5 4 5 5 8 9 6 3 0 1 1
4 5 1 0 5 4 7 9 6 5 5 4 2 3 6 9 4 5 7 9 2 1 0 2 3 6 0 1 4 7 5 8 8 5 6 0 3 2
5 4 2 3 4 5 7 0 6 7 5 4 7 8 5 9 6 8 8 9 6 2 2 0 5 8 7 5 6 9 8 7 4 5 8 7 4 9
8 9 6 4 2 6 5 8 7 3 6 3 5 4 7 9 2 3 6 3 2 8 4 3 9 6 4 6 9 2 0 6 5 9 7 5 2 1
3 5 4 9 1 3 7 6 2 7 4 3 0 4 7 9 5 4 3 8 4 9 6 8 4 2 3 8 4 3 6 8 4 2 6 8 7 4
6 8 0 3 7 9 5 4 3 8 6 1 6 7 9 5 3 8 0 4 9 7 5 8 1 2 6 8 1 6 8 5 9 6 4 7 9 5
7 6 9 8 4 4 8 7 5 3 5 4 7 8 5 4 7 8 5 1 5 7 5 9 6 2 4 4 7 5 6 9 8 7 8 0 2 3
4 5 3 0 5 5 4 6 8 2 4 6 2 6 5 7 2 4 9 5 5 1 9 7 3 5 8 4 2 6 8 4 5 7 5 8 4 2
6 5 4 2 3 5 4 3 4 1 6 9 4 7 1 4 6 3 9 1 0 2 4 0 1 4 8 9 0 1 2 0 2 5 1 4 1 0
2 1 4 9 2 4 5 6 8 7 4 6 5 8 4 2 4 4 2 6 8 2 2 3 3 6 3 8 7 8 5 4 2 6 8 2 1 6
1 5 6 9 7 0 9 9 5 4 3 7 6 1 8 2 7 5 4 9 6 7 3 8 4 2 3 6 7 9 4 2 8 3 7 9 5 1
3 0 5 7 5 9 7 6 8 5 6 4 9 6 5 1 2 4 5 2 8 6 4 3 5 9 6 5 4 2 8 9 3 5 4 9 3 8
5 6 1 0 6 8 7 4 9 3 8 7 7 5 1 3 6 8 5 2 8 7 2 4 6 9 5 2 7 8 9 5 2 4 6 9 5 4
2 4 1 5 7 7 8 9 6 5 4 1 2 5 4 7 8 9 6 3 2 1 0 5 4 0 2 5 4 5 5 8 9 6 3 0 1 1
4 7 7 6 3 0 4 1 6 9 5 7 5 8 4 2 2 3 6 4 2 5 8 6 3 5 4 6 9 8 4 4 8 7 5 3 5 4
0 1 4 5 7 8 9 9 6 5 4 2 3 5 4 7 7 8 4 5 2 9 8 4 5 6 3 2 4 5 5 7 8 5 6 5 2 4
5 4 2 3 6 5 4 1 2 2 3 6 5 0 7 8 9 4 7 9 2 1 9 7 8 4 2 3 6 7 8 9 4 3 5 7 8 9
7 6 3 0 4 1 6 9 5 7 5 8 4 2 2 3 6 4 7 5 9 6 3 5 4 9 7 4 2 3 5 6 9 8 4 4 8 7
3 5 4 7 7 8 4 5 2 9 8 4 5 6 3 2 4 5 5 7 8 5 6 5 2 4 0 8 2 3 6 5 5 4 1 2 4 1
2 5 4 1 2 5 4 1 2 5 4 1 2 5 4 1 1 2 5 4 5 3 6 6 7 5 2 1 4 6 5 4 2 3 8 4 7 9
```

```
5 7 7 0 3 2 5 6 6 8 7 4 2 4 9 6 2 4 8 6 2 4 7 8 0 6 1 5 6 9 8 3 5 4 7 8 9 5
2 4 1 5 7 7 8 9 6 5 4 1 2 5 4 7 8 9 6 3 2 1 0 5 4 0 2 5 4 5 5 8 9 6 3 0 1 1
8 9 6 4 2 6 5 8 7 3 6 3 5 4 7 9 2 3 6 3 2 8 4 3 9 6 4 6 9 2 0 6 5 9 7 5 2 1
3 5 4 7 7 8 4 5 2 9 8 4 5 6 3 2 4 5 5 7 8 5 6 5 2 4 0 8 2 3 6 5 5 4 1 2 4 1
3 5 4 9 1 3 7 6 2 7 4 3 0 4 7 9 5 4 3 8 4 9 6 8 4 2 3 8 4 3 6 8 4 2 6 8 7 4
3 8 6 1 6 7 9 5 3 8 0 4 9 7 5 8 1 2 6 8 1 6 8 5 9 6 4 7 9 5 4 3 6 5 7 7 5 6
4 3 6 5 7 3 4 1 6 9 4 7 1 4 6 3 9 1 0 2 4 0 1 4 8 9 0 1 2 0 2 5 1 4 1 0 4 7
6 2 4 8 2 8 2 4 6 3 8 2 1 6 9 3 7 4 4 2 8 1 8 6 4 9 3 8 6 4 2 5 6 8 2 6 7 5
5 3 5 4 7 8 5 4 7 8 5 1 5 7 5 9 6 2 4 4 7 5 6 9 8 7 8 0 2 3 0 1 4 5 7 8 9 9
4 5 1 0 5 4 7 9 6 5 5 4 2 3 6 9 4 5 7 9 2 1 0 2 3 6 0 1 4 7 5 8 8 5 6 0 3 2
5 4 2 3 4 5 7 0 6 7 5 4 7 8 5 9 6 8 8 9 6 2 2 0 5 8 7 5 6 9 8 7 4 5 8 7 4 9
6 8 0 3 7 9 5 4 3 8 6 1 6 7 9 5 3 8 0 4 9 7 5 8 1 2 6 8 1 6 8 5 9 6 4 7 9 5
2 5 4 1 2 5 4 1 2 5 4 1 1 2 5 4 5 3 6 6 7 5 2 1 4 6 5 4 2 3 8 4 7 9
7 6 9 8 4 4 8 7 5 3 5 4 7 8 5 4 7 8 5 1 5 7 5 9 6 2 4 4 7 5 6 9 8 7 8 0 2 3
2 4 5 6 6 9 7 6 8 9 7 4 2 3 5 8 4 2 3 6 7 9 4 2 8 3 7 9 5 1 6 8 0 3 7 9 5 4
4 5 3 0 5 5 4 6 8 2 4 6 2 6 5 7 2 4 9 5 5 1 9 7 3 5 8 4 2 6 8 4 5 7 5 8 4 2
6 5 4 2 3 5 4 3 4 1 6 9 4 7 1 4 6 3 9 1 0 2 4 0 1 4 8 9 0 1 2 0 2 5 1 4 1 0
1 5 6 9 7 0 9 9 5 4 3 7 6 1 8 2 7 5 4 9 6 7 3 8 4 2 3 6 7 9 4 2 8 3 7 9 5 1
3 0 5 7 5 9 7 6 8 5 6 4 9 6 5 1 2 4 5 2 8 6 4 3 5 9 6 5 4 2 8 9 3 5 4 9 3 8
5 6 1 0 6 8 7 4 9 3 8 7 7 5 1 3 6 8 5 2 8 7 2 4 6 9 5 2 7 8 9 5 2 4 6 9 5 4
6 9 5 1 3 5 7 1 5 5 6 3 8 7 1 3 1 1 4 7 8 9 6 3 2 4 5 4 7 5 8 5 8 5 4 8 6 3
9 7 6 3 5 4 0 8 7 9 6 5 4 8 6 3 5 3 3 4 8 4 6 9 2 5 7 1 8 9 6 2 4 8 9 6 8 7
0 1 4 5 7 8 9 9 6 5 4 2 3 5 4 7 7 8 4 5 2 9 8 4 5 6 3 2 4 5 5 7 8 5 6 5 2 4
7 8 5 4 7 8 5 1 5 7 5 9 6 2 4 4 7 5 6 9 8 7 8 0 2 3 0 1 4 5 7 8 9 9 6 5 4 2
2 1 4 9 2 4 5 6 8 7 4 6 5 8 4 2 4 4 2 6 8 2 2 3 3 6 3 8 7 8 5 4 2 6 8 2 1 6
2 4 1 5 7 7 8 9 6 5 4 1 2 5 4 7 8 9 6 3 2 1 0 5 4 0 2 5 4 5 5 8 9 6 3 0 1 1
4 7 7 6 3 0 4 1 6 9 5 7 5 8 4 2 2 3 6 4 2 5 8 6 3 5 4 6 9 8 4 4 8 7 5 3 5 4
0 8 2 3 6 5 5 4 1 2 4 1 2 5 4 1 2 5 4 1 2 5 4 1 2 5 4 1 1 2 5 4 5 3 6 6 7 5
5 4 2 3 6 5 4 1 2 2 3 6 5 0 7 8 9 4 7 9 2 1 9 7 8 4 2 3 6 7 8 9 4 3 5 7 8 9
7 6 3 0 4 1 6 9 5 7 5 8 4 2 2 3 6 4 7 5 9 6 3 5 4 9 7 4 2 3 5 6 9 8 4 4 8 7
```

```
9 7 6 3 5 4 0 8 7 9 6 5 4 8 6 3 5 3 3 4 8 4 6 9 2 5 7 1 8 9 6 2 4 8 9 6 8 7
0 1 4 5 7 8 9 9 6 5 4 2 3 5 4 7 7 8 4 5 2 9 8 4 5 6 3 2 4 5 5 7 8 5 6 5 2 4
3 5 4 9 1 3 7 6 2 7 4 3 0 4 7 9 5 4 3 8 4 9 6 8 4 2 3 8 4 3 6 8 4 2 6 8 7 4
3 8 6 1 6 7 9 5 3 8 0 4 9 7 5 8 1 2 6 8 1 6 8 5 9 6 4 7 9 5 4 3 6 5 7 7 5 6
7 8 5 4 7 8 5 1 5 7 5 9 6 2 4 4 7 5 6 9 8 7 8 0 2 3 0 1 4 5 7 8 9 9 6 5 4 2
4 3 6 5 7 3 4 1 6 9 4 7 1 4 6 3 9 1 0 2 4 0 1 4 8 9 0 1 2 0 2 5 1 4 1 0 4 7
6 2 4 8 2 8 2 4 6 3 8 2 1 6 9 3 7 4 4 2 8 1 8 6 4 9 3 8 6 4 2 5 6 8 2 6 7 5
4 5 1 0 5 4 7 9 6 5 5 4 2 3 6 9 4 5 7 9 2 1 0 2 3 6 0 1 4 7 5 8 8 5 6 0 3 2
4 7 7 6 3 0 4 1 6 9 5 7 5 8 4 2 2 3 6 4 2 5 8 6 3 5 4 6 9 8 4 4 8 7 5 3 5 4
5 4 2 3 4 5 7 0 6 7 5 4 7 8 5 9 6 8 8 9 6 2 2 0 5 8 7 5 6 9 8 7 4 5 8 7 4 9
6 8 0 3 7 9 5 4 3 8 6 1 6 7 9 5 3 8 0 4 9 7 5 8 1 2 6 8 1 6 8 5 9 6 4 7 9 5
2 5 4 1 2 5 4 1 2 5 4 1 2 5 4 1 1 2 5 4 5 3 6 6 7 5 2 1 4 6 5 4 2 3 8 4 7 9
7 6 9 8 4 4 8 7 5 3 5 4 7 8 5 4 7 8 5 1 5 7 5 9 6 2 4 4 7 5 6 9 8 7 8 0 2 3
0 8 2 3 6 5 5 4 1 2 4 1 2 5 4 1 2 5 4 1 2 5 4 1 1 2 5 4 5 3 6 6 7 5
5 4 2 3 6 5 4 1 2 2 3 6 5 0 7 8 9 4 7 9 2 1 9 7 8 4 2 3 6 7 8 9 4 3 5 7 8 9
7 6 3 0 4 1 6 9 5 7 5 8 4 2 2 3 6 4 7 5 9 6 3 5 4 9 7 4 2 3 5 6 9 8 4 4 8 7
2 4 5 6 6 9 7 6 8 9 7 4 2 3 5 8 4 2 3 6 7 9 4 2 8 3 7 9 5 1 6 8 0 3 7 9 5 4
4 5 3 0 5 5 4 6 8 2 4 6 2 6 5 7 2 4 9 5 5 1 9 7 3 5 8 4 2 6 8 4 5 7 5 8 4 2
6 5 4 2 3 5 4 3 4 1 6 9 4 7 1 4 6 3 9 1 0 2 4 0 1 4 8 9 0 1 2 0 2 5 1 4 1 0
1 5 6 9 7 0 9 9 5 4 3 7 6 1 8 2 7 5 4 9 6 7 3 8 4 2 3 6 7 9 4 2 8 3 7 9 5 1
3 0 5 7 5 9 7 6 8 5 6 4 9 6 5 1 2 4 5 2 8 6 4 3 5 9 6 5 4 2 8 9 3 5 4 9 3 8
5 6 1 0 6 8 7 4 9 3 8 7 7 5 1 3 6 8 5 2 8 7 2 4 6 9 5 2 7 8 9 5 2 4 6 9 5 4
5 7 7 0 3 2 5 6 6 8 7 4 2 4 9 6 2 4 8 6 2 4 7 8 0 6 1 5 6 9 8 3 5 4 7 8 9 5
2 4 1 5 7 7 8 9 6 5 4 1 2 5 4 7 8 9 6 3 2 1 0 5 4 0 2 5 4 5 5 8 9 6 3 0 1 1
8 9 6 4 2 6 5 8 7 3 6 3 5 4 7 9 2 3 6 3 2 8 4 3 9 6 4 6 9 2 0 6 5 9 7 5 2 1
3 5 4 7 7 8 4 5 2 9 8 4 5 6 3 2 4 5 5 7 8 5 6 5 2 4 0 8 2 3 6 5 5 4 1 2 4 1
6 9 5 1 3 5 7 1 5 5 6 3 8 7 1 3 1 1 4 7 8 9 6 3 2 4 5 4 7 5 8 5 8 5 4 8 6 3
2 1 4 9 2 4 5 6 8 7 4 6 5 8 4 2 4 4 2 6 8 2 2 3 3 6 3 8 7 8 5 4 2 6 8 2 1 6
2 4 1 5 7 7 8 9 6 5 4 1 2 5 4 7 8 9 6 3 2 1 0 5 4 0 2 5 4 5 5 8 9 6 3 0 1 1
5 3 5 4 7 8 5 4 7 8 5 1 5 7 5 9 6 2 4 4 7 5 6 9 8 7 8 0 2 3 0 1 4 5 7 8 9 9
```

CHAPTER 03　인성검사 결과로 예상 면접 준비하기

인성검사는 특히 면접질문과 관련성이 높은 부분이다. 면접관은 지원자의 인성검사 결과를 토대로 질문을 하게 된다. 그렇다고 해서 자신의 성격을 꾸미는 것은 바람직하지 않다. 실제 시험은 매우 복잡하여 전문가라 해도 일관된 성격을 유지하면서 답변을 하는 것이 불가능하기 때문이다. 따라서 인성검사는 솔직하게 임하되 인성검사 모의연습으로 자신의 성향을 정확히 파악하고 아래 예상 면접질문을 참고하여 자신의 단점은 보완하면서 강점은 어필할 수 있는 답변을 준비하도록 하자.

1. 사회적 내향성 척도

(1) 득점이 낮은 사람

- 자기가 선택한 직업에 대해 어떤 인상을 가지고 있습니까?
- 부모님을 객관적으로 봤을 때 어떻게 생각합니까?
- 사의 사장님 성함을 알고 있습니까?

> 수다스럽기 때문에 내용이 없다는 인상을 주기 쉽다. 질문의 요지를 파악하여 논리적인 발언을 하도록 유의하자. 한 번에 많은 것을 이야기하려 하면 이야기가 다른 곳으로 빠지게 되므로 내용을 정리하여 간결하게 발언하자.

(2) 득점이 높은 사람

- 친구들에게 있어 당신은 어떤 사람입니까?
- 특별히 무언가 묻고 싶은 것이 있습니까?
- 친구들의 상담을 받는 쪽입니까?

> 높은 득점은 마이너스 요인이다. 면접에서 보완해야 하므로 자신감을 가지고 발언할 때에는 끝까지 또박또박 큰 소리로 말하도록 하자. 절대 얼버무리거나 기어들어가는 목소리는 안 된다.

2. 내성성 척도

(1) 득점이 낮은 사람

- 학생시절에 후회되는 일은 없습니까?
- 학생과 사회인의 차이는 무엇이라고 생각합니까?
- 당신이 가장 흥미를 가지고 있는 것에 대해 이야기해 주십시오.

> 답변 내용을 떠나 일단 평소보다 천천히 말하자. 생각나는 대로 말해 버리면 이야기가 두서없이 이곳저곳으로 빠져 부주의하고 경솔하다는 인식을 줄 수 있으므로 머릿속에서 내용을 정리하고 이야기하도록 유의하자. 응답은 가능한 한 간결하게 한다.

(2) 득점이 높은 사람

- 인생에는 무엇이 중요하다고 생각합니까?
- 좀 더 큰소리로 이야기해 주십시오.
- 애독하는 책이나 잡지는 무엇입니까?

> 과도하게 긴장해서 불필요한 생각을 하다가 반응이 늦어버리면 곤란하다. 특히 새로운 질문을 받았는데도 했던 대답을 재차 하면 전체 흐름을 저해하게 되므로 평소부터 이러한 습관을 의식하면서 적절한 타이밍의 대화를 하도록 하자.

3. 신체활동성 척도

(1) 득점이 낮은 사람

- 휴일은 어떻게 보냅니까?
- 학창시절에 무엇에 열중했습니까?

> 영어회화, 컴퓨터 능력 등 사회인으로서 도움이 되는 경험이 있다면 적극 어필한다. 이미 면접담당자는 면접자를 소극적이라고 생각하고 있으며, 적극적이라고 말해도 성격프로필의 결과와 모순되므로 일부러 꾸며 말하지 않는다.

(2) 득점이 높은 사람

- 제대로 질문을 듣고 있습니까?
- 희망하는 직종으로 배속되지 않으면 어떻게 하겠습니까?

> 일부러 긴장시키고 반응을 살피는 경우가 있다. 활동적이지만 침착함이 없다는 인상을 줄 수 있으므로 머릿속에서 생각을 정리하는 습관을 들이자. 행동할 때도 마찬가지다. 편하게 행동하는 것은 플러스 요인이지만, 반사적인 언동이 많으면 마이너스가 되므로 주의한다.

4. 지속성 척도

(1) 득점이 낮은 사람

- 일에 활용할 수 있을 만한 자격이나 특기, 또는 취미가 있습니까?
- 오랫동안 배운 것에 대해 들려주십시오.

> 금방 싫증내서 무언가를 오래 지속하지 못하는 이미지는 마이너스다. 쉽게 포기하고 내팽개치는 사람은 어느 곳에서도 필요로 하지 않는다는 것을 상기한다. 면접을 보는 동안 금방 싫증내는 성격으로 보이지는 않겠지만, 대기시간에도 주의하여 차분하지 못한 행동을 하지 않도록 한다.

PART 4

(2) 득점이 높은 사람

- 이런 것도 모릅니까?
- 이 직업에 맞지 않는 것은 아닙니까?

> 짓궂은 질문을 받으면 감정적이 되거나 옹고집을 부릴 가능성이 있다. 냉정하고 침착하게 받아넘겨야 한다. 비슷한 경험을 쌓다보면 차분하게 응답할 수 있게 되므로 모의면접 등의 기회를 활용한다.

5. 신중성 척도

(1) 득점이 낮은 사람

- 당신에게 부족한 것은 어떤 점입니까?
- 결점을 극복하기 위해 어떻게 노력하고 있습니까?

> 질문의 요지를 잘못 받아들이거나, 불필요한 이야기까지 하는 등 대답에 일관성이 없으면 마이너스다. 직감적인 언동을 하지 않도록 평소부터 논리적으로 생각하는 습관을 키우자.

(2) 득점이 높은 사람

- 주위 사람에게 욕을 들으면 어떻게 하겠습니까?
- 출세하고 싶습니까?
- 제 질문에 대한 답이 아닙니다.

> 예상외의 질문에 답이 궁해지거나 깊이 생각하게 되면 역시나 신중이 지나쳐 결단이 늦다는 인상을 주게 된다. 주위의 상황을 파악하고 발언하려는 나머지 반응이 늦어지고 집단면접 등에서 시간이 걸리게 되면 행동이 느리다는 인식을 주게 되므로 주의한다.

6. 달성의욕 척도

(1) 득점이 낮은 사람

- 인생의 목표를 들려주십시오.
- 입사하면 무엇을 하고 싶습니까?
- 지금까지 목표를 향해 노력하여 달성한 적이 있습니까?

> 결과에 대한 책임감이 낮다, 지시에 따르기만 할 뿐 주체성이 없다는 인상을 준다면 매우 곤란하다. 목표의식이나 의욕의 유무, 주위의 상황에 휩쓸리는 경향 등에 대해 물어오면 의욕이 낮다는 인식을 주지 않도록 목표를 향해 견실하게 노력하려는 자세를 강조하자.

(2) 득점이 높은 사람

- 도박을 좋아합니까?
- 다른 사람에게 지지 않는다고 말할 수 있는 것이 있습니까?

> 행동이 따르지 않고 말만 앞선다면 평가가 낮아진다. 목표나 이상을 바라보고 노력하지 않는 태도는 한번 도박으로 일확천금을 노리는 것과 같다는 사실을 명심하고 자신이 어떤 목표를 이루기 위해 노력한 경험이 있는지 생각해 두어 행동적인 부분을 어필하는 답변을 하도록 하자.

7. 활동의욕 척도

(1) 득점이 낮은 사람

- 어떤 일을 할 때 주도적으로 이끄는 편입니까?
- 신념이나 신조에 대해 말해 주십시오.
- 질문의 답이 다른 사람과 똑같습니다.

> 의표를 찌르는 질문을 받더라도 당황하지 말고 수비에 강한 면을 어필하면서, 무모한 공격을 하기보다는 신중하게 매진하는 성격이라는 점을 강조할 수 있는 답을 준비해 두자.

(2) 득점이 높은 사람

- 친구들로부터 어떤 성격이라는 이야기를 듣습니까?
- 협조성이 있다고 생각합니까?

> 사고과정을 전달하지 않으면 너무 막무가내이거나, 경박하고 생각 없이 발언한다는 인식을 줄 수 있으므로 갑자기 결론을 내리거나 단숨에 본인이 하고 싶은 말만 하는 것은 피하자.

8. 민감성 척도

(1) 득점이 낮은 사람

- 좌절한 경험에 대해 이야기해 주십시오.
- 스스로에 대해 어떻게 생각합니까?
- 당신이 약하다고 느낄 때는 어떤 때입니까?

> 구체적으로 대답하기 어려운 질문이나 의도를 알기 어려운 질문을 통해 감수성을 시험하게 된다. 냉정하게 자기분석을 하여 독선적이지 않은 응답을 하자.

(2) 득점이 높은 사람

- 지금까지 신경이 예민하다는 이야기를 들은 적이 있습니까?
- 채용되지 못하면 어떻게 하시겠습니까?
- 당신의 성격에서 고치고 싶은 부분이 있습니까?

> 예민한 성격이라는 부분을 마음에 두고 있으면 직접적인 질문을 받았을 때 당황하게 된다. 신경이 예민하다기보다 세세한 부분도 눈에 잘 들어오는 성격이라고 어필하자.

9. 자책성 척도

(1) 득점이 낮은 사람

- 학생시절을 통해 얻은 것은 무엇이라고 생각합니까?
- 당신의 생활신조를 들려주십시오.
- 자기 자신을 분석했을 때 좋아하는 면은 무엇입니까?

> 낙관적인 것은 면접관이 이미 알고 있으므로 솔직한 부분이나 신념을 가지고 의의가 있는 삶을 살고 있다는 점을 어필하자.

(2) 득점이 높은 사람

- 곤란한 상황에 어떻게 대처하겠습니까?
- 실수한 경험과 그 실수에서 얻은 교훈을 들려주십시오.
- 장점과 단점을 말해 주십시오.

> 좋지 않은 쪽으로 생각해서 불필요하게 긴장하면 더욱 사태가 악화된다. 쉽게 비관하는 성격이므로, 면접을 받는 동안은 면접담당자의 눈을 보며 밝게 응답하고, 말끝을 흐리지 않고 또박또박 말하도록 유의하자. 또한 '할 수 없다', '자신이 없다' 등의 발언이 많으면 좋은 평가를 받을 수 없으므로 평소부터 부정적인 말을 사용하지 않도록 긍정적으로 사고하는 습관을 들여야 한다.

10. 기분성 척도

(1) 득점이 낮은 사람

- 친구와 의견차이가 있을 때 어떻게 해결하였습니까?
- 만약 리더가 된다면 어떻게 보여지리라 생각합니까?
- 업무수행 중 상사와 의견이 다르면 어떻게 하겠습니까?

> 자기주장이 너무 강하여 집단생활에 맞지 않다고 생각될 수 있다. 냉정하고 의지가 강할 뿐 아니라, 다른 사람을 배려하고 소중히 하는 협조성도 갖추고 있음을 어필하자. 집단면접 시에는 주위의 의견을 잘 듣고 자신의 의견을 밀어붙이거나 토론의 흐름을 무시하지 않도록 주의한다.

(2) 득점이 높은 사람

- 어떻게 우리 회사에서 근무할 수 있다고 생각했는지 모르겠군요.
- 이 업무에는 어울리지 않네요.
- 상식이 없는 것은 아닌지요?
- 화가 났을 때 어떻게 대처합니까?

> 기분성의 득점이 높은 것을 이미 알고 짓궂은 질문을 통해 감정의 기복이나 의존성 등 정서적으로 불안정한 부분이 없는지를 시험받게 된다. 감정에 치우치지 말고 침착하고 의연하게 받아넘기자.

11. 독자성 척도

(1) 득점이 낮은 사람

- 취직활동에 대해서 누군가와 상담했습니까?
- 질문의 답이 다른 사람과 똑같네요.
- 지금 가장 흥미가 있는 것은 어떠한 것입니까?

> 일반론이 아닌 자신의 생각이 있다는 것을 전달해야 한다. 발언의 근거를 명확히 하는 것이 중요하다. 그러나 자신의 생각을 어필한다고 영합이나 반대를 하는 것은 건설적이지 못하므로 주의한다.

(2) 득점이 높은 사람

- 당신의 친한 친구는 어떤 회사에 취직하려고 합니까?
- 최근 부모님과 어떤 이야기를 나눴습니까?
- 다른 사람과 대립했을 때는 어떻게 합니까?

> 독자성의 득점이 높다는 것은 일단 플러스 요인이지만, 극단적일 경우에는 자신만의 세계에 갇히게 될 수 있고 조직의 일원으로 적합하게 보이지 않을 수 있다. 위화감을 주지 않도록 주의한다.

12. 자신감 척도

(1) 득점이 낮은 사람

- 당신의 장점을 말해 주십시오.
- 지금까지 성공한 경험은 있습니까?
- 취직활동에 대해 누군가에게 상담했습니까?

> 질문에 대해 깊이 생각하거나, 망설이지 않는다. 발언횟수는 적더라도 중요한 곳에서 내용 있는 발언을 하여 자신의 존재를 어필하자. 응답할 때는 끝까지 또박또박 이야기한다.

(2) 득점이 높은 사람

- 본인이 본 조직에서 어떠한 공헌을 할 수 있다고 생각합니까?
- 상사와 의견 차이를 보이면 어떻게 합니까?
- 정규과정 이외에서 무언가 공부하는 것이 있습니까?

> 자신이 있으면 무엇을 설명하는 데도 자랑하는 듯한 태도가 되는 버릇이 있을 수 있다. 자신과잉이나 고압적인 태도가 되지 않도록 겸허하게 응답하자.

13. 고양성 척도

(1) 득점이 낮은 사람

- 리더의 경험이 있습니까?
- 친구들 사이에서는 어떤 역할을 맡고 있습니까?

> 어둡고 수수한 인상은 성격프로필 표에 이미 나와 있기 때문에 무리해서 밝고 적극적임을 어필하려고 하면 오히려 역효과를 볼 수 있다. 노력하지 않고 낙관적인 사람보다 훨씬 양심적이므로 진지하고 차분한 면을 강조하자.

(2) 득점이 높은 사람

- 인간관계의 실패담을 들려주십시오.
- 오랫동안 계속하고 있는 취미가 있습니까?
- 당신에게 있어 일은 무엇입니까?

> 밝고 낙천적이므로 우쭐해 하지만 않으면 인상은 나쁘지 않다. 변덕스러움이나 흥분하기 쉬운 부분이 확인되기 때문에 냉정하고 침착한 부분을 강조하는 것이 필요하므로 오랫동안 계속 유지하고 있는 취미가 없어도 무언가 찾아내고 그 이유도 준비한다.

14. 라이 스케일(타당성) 척도

라이 스케일의 설문은 전체 설문 속에 교묘하게 섞여 들어가 있다. 본서에서는 자기분석의 편의를 도모하여 일정 주기로 같은 척도에 관한 설문이 되어 있지만, 실제 시험에서는 컴퓨터로 채점하기 때문에 더욱 복잡한 구조이다. 따라서 자신도 모르게 채용시험이라는 부담감에 이상론이나 겉치레적인 답을 하게 되면 회답태도에 허위성이 그대로 드러나게 되는 것이다. 예를 들어, '화를 낸 적이 없다.'는 어지간한 성인군자라도 어렵다. 이와 마찬가지로 '거짓말을 한 적이 한 번도 없다.'에 '예'로 답하고, '때로는 거짓말을 하기도 한다.'에 '아니요'라고 답하면 라이 스케일의 득점이 올라가게 되며, 그렇게 되면 모든 회답에 신빙성이 사라지고 '자신을 돋보이게 하려는 사람'이라는 평가를 받을 수 있다.

PART

5

면접

01 취업 준비

(1) 직업이란?

① 일생 동안 수행하는 일 중에서 특정시점에서 수행하는 일의 역할

② 시속석으로 수행하는 경제 및 사회활동

※ 단, 가정주부, 학생, 법률 위반에 의한 강제 노동자와 매각, 사회복지 정책, 배당금, 사유재산을 통해 얻는 수입의 경우는 직업이 아님

(2) 직업의 요소

① **생계유지** : 인간의 기본적 욕구인 의식주 해결을 위함

② **사회적 책무** : 필연적으로 사회에 소속되는 인간은, 일정한 사회적 책무를 분담해야 함

③ **개성 발휘** : 직업을 통해 타고난 소질과 기량을 발휘할 수 있고, 자아실현 가능

④ **계속성** : 주기적으로, 혹은 지속적으로 하고 있어야 함

⑤ **노동** : 정신적·육체적 노동이 반드시 수반되어야 함

(3) 기술·생산직 알아보기

① 전기·전자제품 및 부품 조립 및 검사원

   ⊙ 직무 개요

     • 설정된 절차나 작업 지시서에 따라 가정용 및 산업용 전기장비 또는 전자장비의 구성품이나 부품을 조립한다. 이들은 전기장비 제조업, 전자부품 제조업체에 고용되어 있다.

   ⓛ 수행 직무

     • 담당한 작업내용과 영역을 숙지하고 전기장비의 구성품 또는 부품에 대한 교육을 이수한다.

     • 컨베이어나 자동화 라인 중에 수공구, 동력공구, 측정장비 등의 장비로서 부품을 삽입·접합·분리·검사·조립한다.

     • 다음 조립단계로 넘기기 전에 간단한 검사장비로 반제품의 검사를 실시하기도 한다.

     • 작업 중 문제가 된 부품이나 제품은 수리실이나 검사실로 옮겨 문제해결 업무를 수행하기도 한다.

     • 부품, 하위 부품 및 최종 생산품을 검사하고 시험하여, 최종 생산품이 품질기준에 적합한가를 확인한다.

② 전기 및 전자설비 조작원

ㄱ 직무 개요

사업체 및 건물 내에 설치되어 있는 전기공작물, 전기시설, 전기장비 등의 원활한 가동 및 유지를 위하여 수배전설비, 조명설비, 건축물 유지설비 등을 보수·유지·수리를 한다. 이들은 병원, 대학, 공공기관, 상업시설물 등에 고용되어 있다.

ㄴ 수행 직무

- 사업체나 건축물의 전기배선설계도를 검토한다.
- 전기수리작업에 따른 안전수칙과 수리 방법 및 절차를 숙지하고 작업에 필요한 보호구 및 수리도구를 준비하여 성능을 점검한다.
- 수리가 필요한 작업 장소의 주전원 스위치 개폐상태를 확인하고 작업 표시판을 부착한다.
- 전기설비의 온도, 동작상태, 체결상태, 절연저항, 부식여부 등을 점검·검사하여 고장 원인과 고장부품을 찾고 신품과 교체하거나 수리절차에 따라 제반 문제점을 해결한다.
- 건축물 내의 누전, 합선 등을 방지하기 위하여 절연시험을 한다. 지선을 설치하고 퓨즈상태, 이상소음, 진동상태, 가열 여부 등을 점검·확인한다. 작업내용, 시간, 소요부품, 작업자 등을 안전작업일지에 기록한다.

③ 섬유 관련 등급원 및 검사원

ㄱ 직무 개요

견본을 검사해서 제품이 제대로 만들어졌는지 확인한다. 이들은 섬유관련 회사에 고용되어 있다.

ㄴ 수행 직무

- 검단기 등을 작동하여 원단이나 섬유제품이 규격에 맞게 만들어졌는가를 검사한다.
- 크기, 상태, 무게별로 원피나 가죽을 검사하고 등급을 매긴다.
- 직물의 형태와 직물 길이를 기록한다.
- 실·분필·스티커로 결점을 표시한다.
- 수선 가능한 결점은 가위·칼·세척용제 등으로 수선하기도 한다.
- 기록된 기준에 맞추어 직물의 질을 조사하기도 한다.
- 품질에 따라 포장을 하기도 한다.

④ 통신 및 관련 장비 설치 및 수리원

ㄱ 직무 개요

유선통신장비, 무선통신장비 등을 설치하고 수리한다. 주로 방송국, CATV, 위성, 통신업체, 멀티미디어 시설, 영상 및 음향을 전문으로 하는 엔지니어회사, 영상 및 음향기자재 무역회사, 음향, 조명 대행시설 및 용역업체에 주로 근무한다.

ㄴ 수행 직무

- 유선, 무선 통신설비에 따라 해당 업무에 차이가 있는데 유선통신장비 설치 및 수리원의 경우, 송신소와 수신소를 연결하는 금속 또는 유전체 회로에 전류흐름의 변화로 두 지점 간에 음성 및 기타 메시지를 전달해주는 유선송신기, 유선수신기, 방송통신기, 신호변환기, 유선 전화용 기기 등의 각종 유선통신장비를 설치하고 수리한다.
- 유선통신장비 설치 및 수리원의 경우, 무선송신기, 무선전기, 정보통신장비, 이동 무선·휴대용 무선 통신장비, 통신위성, 무선전신기 및 기타 무선통신기를 설치하고 수리한다.

- 기타 통신케이블 가·포설 및 유지보수원의 경우, 통신용 케이블의 가설, 포설, 접속연공시험 및 보수공사에 종사한다.

⑤ 보일러 설치 및 정비원
　㉠ 직무 개요
　　산업용 및 건물 난방용 보일러를 설치하기 위하여 보일러, 탱크, 압력용기 등을 조립하여 배관·용접하거나 고장이 난 보일러를 수리한다.
　㉡ 수행 직무
- 시공도면을 읽고 천정, 바닥, 벽면에 구멍을 뚫고 슬리브(Sleeve)를 설치한다.
- 보일러 기초의 앵커볼트와 형강 받침대를 너트로 연결한다.
- 장비를 이용하여 보일러 받침대에 수평으로 올려놓고 볼트와 너트로 고정시킨다.
- 펌프를 기초 위에 설치하고 앵커볼트에 진동방지용 고무를 대고 펌프와 고정시킨다.
- 응축수 탱크와 펌프 사이를 용접하여 배관하고 수량계와 인젝터를 설치한다.
- 연료탱크와 오일버너를 적당한 위치에 설치하고 파이프를 이용하여 탱크모서리에 누유검사구를 만든다.
- 탱크와 연소장치 사이에 연료 이송관을 연결하고 케이트, 밸브, 첵밸브, 유수분리기, 오일필터 등을 연료 이송관에 나사이음으로 조립한다.
- 철판을 성형하여 연도를 만들고 연도 중간에 온도계와 가스 채취구를 설치하여 버너 배기구에 설치한다.
- 보일러의 주밸브와 건물 난방용 배관구 또는 산업기기의 스팀 밸브 사이에 관을 연결하여 용접하고 압력계를 설치한다.
- 급유 및 급수상태, 밸브의 위치 등을 조정·점검하고 시운전을 한다.
- 보일러가 고장이 났을 경우 이를 수리한다.

> **Tip**
>
> 고용24 홈페이지, '직업·진로(www.work.go.kr/jobMain.do)'에서 다양한 직업 관련 정보를 얻을 수 있고 커리어 상담도 받을 수 있다.

(1) 진로 찾기

자신에게 적합한 직업을 찾기 위해서는 무엇보다도 그 일을 하면서 흥미를 느낄 수 있어야 한다. 흥미가 어떤 일을 잘 할 수 있는 능력을 나타내는 것은 아니지만 꾸준히 일을 하기 위해서는 자신이 좋아하는 것이 무엇인지 파악하는 것이 중요하다.

(2) Holland 진로탐색검사

Holland의 이론은 개인의 특성과 직업세계의 특징과의 최적의 조화를 가장 강조하였다. 개인의 직업적 적응 또는 직업적 적합성은 그 개인의 초기경험의 산물인 인성에 따라 이루어진다는 이론적 전제 아래 사람들은 자신의 인성을 표현할 수 있는 적합한 환경을 추구한다는 것이다. 또한 이 이론은 사람의 행동은 그들의 성격에 적절한 직업 환경 특성 간의 상호작용에 의해 결정된다고 본다. Holland는 개인의 인성은 그들의 직업적 선택을 통해서 표현되며, 개인의 직업적 만족, 안정, 성취 그리고 적응은 그들의 인성과 직업 환경 간의 적절한 연결에 달려 있다고 보았다.

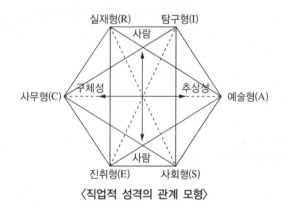

〈직업적 성격의 관계 모형〉

① 실재형(Realistic)

㉠ 성격

남성적이고, 솔직하고, 성실하며, 검소하고, 지구력이 있고, 신체적으로 건강하며, 소박하고, 말이 적으며, 고집이 있고, 직선적이며, 단순하다.

㉡ 좋아하는 직업 활동

분명하고, 질서 정연하고, 체계적인 대상·연장·기계·동물들의 조작을 주로 하는 활동 내지는 신체적 기술들을 좋아하고, 교육적·치료적 활동은 좋아하지 않는다.

ⓒ 특징

기계적이거나 운동적인 능력은 있으나 대인 관계 능력은 부족하다. 수공, 농업, 전기, 기술적 능력은 높으나 교육적 능력은 부족하다.

ⓔ 대표 직업

기계기술자, 조종사, 정비사, 농부, 엔지니어, 전기, 기계기사, 운동선수, 중장비기사, 자동차정비기술자, 전기기술자, 항공정비사, 전투조종사, 제도사, 건축가, 기계제도 기능사

② 탐구형(Investigative)

ⓐ 성격

탐구심이 많고, 논리적·분석적·합리적이며, 정확하고, 호기심이 많으며, 지적이고 학구적이며, 나서지 않고, 비판적·내성적이고, 수줍음을 잘 타며, 신중하다.

ⓑ 좋아하는 직업 활동

관찰적·상징적·체계적인 물리적·생물학적·문화적 현상의 창조적인 탐구를 수반하는 활동들에 흥미를 보이지만, 사회적이고 반복적인 활동들에서는 관심이 부족한 면이 있다.

ⓒ 특징

학구적이고 지적인 자부심을 가지고 있으며, 수학적이고 과학적인 능력은 높으나 지도력이나 설득력이 부족하다. 연구능력이 높다.

ⓔ 대표 직업

과학자, 천문학자, 의료기술자, 의사, 수학자, 인류학자, 사회과학자, 과학 잡지편집자, 물리학자, 화학자, 생물학자, 의학자, 생리학자, 유전공학자, 기술서적 저자, 지질학자

③ 예술형(Artistic)

ⓐ 성격

상상력과 감수성이 풍부하고, 자유분방하며, 개방적이고, 직관적이고, 까다로우며, 순응하지 않고, 즉흥적이고, 감정이 풍부하고, 독창적이고, 개성이 강하고, 협동적이지 않다.

ⓑ 좋아하는 직업 활동

변화와 다양성을 좋아하고, 틀에 박힌 것을 싫어한다. 모호하고 자유롭고, 상징적인 활동들을 좋아하지만 명쾌하고, 체계적이고 구조화된 활동에는 흥미가 없다.

ⓒ 특징

미술적·음악적 능력은 있으나 사무적 기술은 부족하다. 상징적이고, 자유적이나 체계적인 능력은 부족하다.

ⓔ 대표 직업

예술가, 시인, 소설가, 미술가, 디자이너, 상업미술가, 극작가, 화가, 기타연주가, 성악가, 조각가, 연극인, 음악가, 음악평론가, 작곡가, 무용가, 만화가

④ 사회형(Social)

ⓐ 성격

사람들을 좋아하며, 어울리기 좋아하고, 친절하고, 이해심이 많으며, 우호적이다. 사회성이 있어 관대하고, 남을 잘 도와주고, 감정적이며, 이상주의적이다.

ⓑ 좋아하는 직업 활동

타인의 문제를 듣고 이해하고 도와주고 치료해주고, 봉사하는 활동들에 흥미를 보이지만 기계·도구·물질과 함께하는 명쾌하고 질서 정연하고, 체계적인 활동에는 흥미가 없다.

ⓒ 특징

사회적·교육적 지도력과 대인관계 능력은 있으나 기계적·과학적 능력은 부족하다. 기계적이고 체계적인 능력이 부족하다.

ⓔ 대표 직업

종교지도자, 상담가, 언어치료사, 사회사업가, 간병인, 비행청소년전문가, 사회복지사, 상담교사, 보건교사, 특수아동교사, 교육심리학자, 언어학자, 레크레이션지도자, 간호사, 청소년지도자, 유아원장

⑤ 진취형(Enterprising)

ⓐ 성격

지배력·통솔력·지도력이 있으며, 말을 잘하고, 설득적이며, 경쟁적이고, 쟁취적이며, 모험심이 강하다. 야심적이며, 외향적이고, 낙관적이고, 열성적이다.

ⓑ 좋아하는 직업 활동

조직의 목적과 경제적 이익을 얻기 위해 타인을 선도·계획·통제·관리하는 일과 그 결과로 얻어지는 위신·인정·권위를 얻는 활동들을 좋아하지만, 관찰적·상징적·체계적 활동에는 흥미가 없다.

PART 5

© 특징

적극적이고, 사회적이고, 지도력과 언어의 능력은 있으나 과학적인 능력은 부족하다. 대인 간 설득적인 능력은 있으나 체계적 능력은 부족하다.

② 대표 직업

기업경영인, 판사, 영업사원, 상품구매인, 보험회사원, 판매원, 연출가, 행정가, 영업부장, 증권거래인, 자동차 판매원, 보험계약업자, 공인중개사, 판매관리사, 노동조합지도자

⑥ 사무형(Conventional)

㉠ 성격

정확하고, 빈틈이 없고, 조심성이 있으며, 세밀하고, 계획성이 있으며, 보수적이고 순응적이다. 방어적·실천적·사무적·능률적인 성격으로 완고하고, 책임감이 강하다.

㉡ 좋아하는 직업 활동

정해진 원칙과 계획에 따라 자료를 기록·정리·조직하는 일을 좋아하고, 체계적인 직업 환경에서 사무적으로 계산하는 것을 좋아한다. 창의적이고 자율적인 비체계적 활동은 매우 혼란을 느낀다.

㉢ 특징

사무적이며, 계산적이고 회계 정리 능력은 있지만 예술적·상상적인 능력은 부족하다. 체계성·정확성은 있으나 탐구적·독창적 능력은 부족하다.

㉣ 대표 직업

공인회계사, 도서관 사서, 안전관리사, 법원 속기사, 계리사, 세관원, 자료처리사, 행정사무원, 보험수리사, 세무사, 은행원, 신용조사원, 컴퓨터프로그래머, 법무사

(3) 직업심리검사의 종류와 특징

① 청소년 진로발달검사

㉠ 청소년 진로 특성에 근거한 검사

진로에 대한 태도, 진로와 관련된 지식의 정도, 이에 맞는 진로 행동의 정도 등을 포함하는 진로성숙 수준뿐만 아니라, 성격요인, 정보요인, 갈등요인 등을 포함하는 진로미결정 정도를 동시에 파악하도록 구성되어 있기 때문에 보다 포괄적인 수준에서 진로발달의 정도를 파악할 수 있도록 구성되어 있다.

ⓒ 진로 행동의 평가 및 촉진 가능

　　　진로 행동의 정도를 평가하기 때문에 검사 실시 자체가 피검사자들에게 자극이 될 수 있고 행동적 노력을 촉진시키는 계기를 마련한다.

　　ⓒ 진로 및 직업상담의 목표와 내용 제시 가능

　　　청소년 진로발달검사의 결과는 피검사자가 자신의 진로발달을 위하여 앞으로 좀 더 보완해야 할 부분이 무엇인지를 명확하게 제시한다.

　　ⓔ 진로상담과 심리상담의 통합적 적용 가능

　　　성격요인(동기, 결정성, 불안) 및 갈등요인(직업과 자신 간의 갈등, 외적인 조건들과 자신 간의 갈등)을 파악할 수 있기 때문에 진로문제에 내재되어 있는 심리적 문제의 근원을 알 수 있으며, 이를 근거로 진로상담과 심리상담의 통합적 적용을 통한 보다 효율적인 문제해결을 도모한다.

② 청소년 직업흥미검사

　　㉠ 청소년 직업흥미검사는 전 세계적으로 진로 및 직업상담 시 가장 많이 활용되고 있는 Holland 흥미이론에 기초하여 제작된 것이다.

　　㉡ 본 검사는 개인의 흥미를 보다 넓은 관점에서의 일반 흥미 유형과 이보다 좁고 구체적인 측면에서의 기초 흥미 분야로 나누어 단계적으로 측정하고 있으므로, 개인의 흥미에 대한 충분한 탐색과 구체적인 진로설계에 효과적으로 활용 가능하다.

　　㉢ 직업 흥미를 측정함에 있어서 단순히 특정 활동들에 대한 '좋음', '싫음'이 아닌 자신감과 직업선호를 함께 측정하므로 다양한 관점에서 흥미에 대한 해석이 가능하다.

③ 청소년 적성검사

　　㉠ 고등학생의 적성능력을 측정하여 적합한 직업분야 및 학업분야를 추천해준다.

　　㉡ 본 검사는 직업 추천을 우선 추천 직업, 고려해볼 수 있는 직업, 비추천 직업 등으로 세분화하여 정보를 제공하고, 직업 분야에 대한 추천뿐 아니라 다양한 31가지 학업 전공 분야에서 필요로 하는 학업 적성 정보도 제공한다.

　　㉢ 자신의 희망직업에서 요구하는 적성요인들과 자신의 검사점수를 비교할 수 있도록 정보를 제공한다.

　　㉣ 청소년 적성검사는 고려 가능한 직업들에 대해서 보다 상세한 정보를 제공함으로써 직접적인 직업선택뿐만 아니라 가능한 진로를 탐색하는 데 초점을 둔다.

④ 직업가치관검사

　　㉠ 직업선택 및 경력설계 등의 직업의사결정에 도움

　　　직업가치관검사는 개인이 중요하게 생각하는 직업가치관에 대해 측정하여 개인의 직업가치를 실현하기 위해 가장 적합한 직업을 안내해준다.

　　㉡ 피검사자의 희망직업과의 비교가 가능

　　　피검사자가 희망하는 직업에서 요구하는 가치점수와 자신의 가치점수를 비교할 수 있도록 하여, 자신이 바라는 직업을 선택하기 위해 어떤 가치가 유사하고 어떤 가치가 차이를 나타내는지를 세부적으로 안내한다.

　　㉢ 직업에 종사하고 있는 재직자들에 대한 실사조사를 통하여 얻어진 가치기준점수를 활용하여 직업을 추천

　　㉣ 적합 직업에 대한 상세한 직업정보를 탐색

　　　검사결과상에서 제시되는 직업정보는 한국고용정보원에서 제공되는 각종 직업정보와 연계되어 자신에게 적합한 직업에 대한 상세한 직업정보를 탐색한다.

⑤ 청소년 직업인성검사

    ㉠ 직업인성검사는 진단용 검사가 아니라 개개인의 성격특성을 알아보는 검사이다. 따라서 '좋다', '나쁘다'로 이해하기보다 '누구는 이러한 특성이고 누구는 이러한 특성의 성격이구나'로 이해하는 검사이다.

    ㉡ 본 검사의 결과를 가지고 상담할 때 상담자는 5요인 모델에 대한 용어들을 내담자에게 설명해줌으로써 내담자와 상담자가 분명하고 간결하게 내담자의 인성에 대해 서로 의사소통할 수 있고, 내담자의 행동에 영향을 미치는 동기에 대해서 토론할 수 있다.

    ㉢ 내담자가 검사결과를 보고 자신이 생각하는 성격이 아니라든가, 자신이 맘에 들지 않는 성격으로 나와서 싫다는 얘기를 하는 경우도 있을 수 있는데, 이때 검사결과를 하나의 결론으로 전제하며 내담자가 결과를 받아들이도록 설득하는 방식이 아닌 내담자의 얘기를 수용하면서 어떻게 차이가 나는지, 자신의 맘에 들지 않는 이유가 무엇인지, 피검자의 검사에 대한 태도, 검사에 대한 선입견 여부 등 검사결과에 대한 이해를 높일 수 있도록 결과해석 자료를 구성한다.

    ㉣ 다양한 하위요인의 역동을 고려하여 내담자에게 보다 적절한 상담접근을 결정할 수 있고 각 사람에게 적절한 상담접근법에 따라 진로상담을 할 수 있도록 결과해석 자료를 구성할 수 있다.

(4) 채용 정보 확인하기

지원 회사의 사이트뿐만 아니라 채용 공고 사이트, 취업 준비 카페 등을 통해 다양한 채용 정보를 확인할 수 있다.

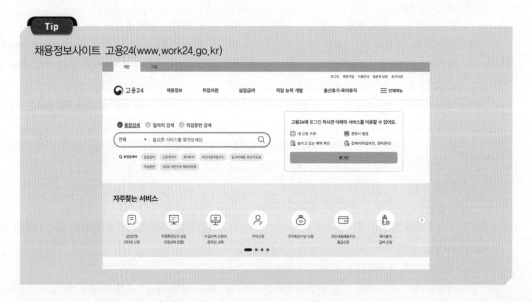

Tip

채용정보사이트 고용24(www.work24.go.kr)

CHAPTER 02 이력서 작성하기

이력서는 학력, 경력, 자격 사항 등 구직자에 대한 정보가 간결하게 정리된 문서로, 입사를 위한 첫 단계이기도 하다. 인사 담당자가 한 장의 이력서를 보는 데는 평균 30초이다. 수많은 지원자의 입사지원서 중에서 눈에 띄는 입사지원서를 작성하기 위해서는 체계적인 전략이 필요하다.

(1) 입사지원서 작성 시 준비할 사항

　① 내가 살아온 길 되돌아보기

　　• 본적 및 가족사항

　　• 학창시절, 입학 및 졸업예정일 확인

　　• 경력사항(봉사활동 및 동아리 활동 등)

　　• 학생생활기록부, 각종 상장 및 수료증, 추천서

　　• 보유 자격증

　② 내가 앞으로 살아갈 방향 생각해보기

　　• 내가 좋아하는 일이 무엇인지 파악하기

　　• 내가 잘할 수 있는 일 파악하기

　　• 내가 희망하는 회사 알아보기

　　• 지원 분야의 전망 살펴보기

　③ 준비사항

　　• 규격에 맞는 사진

　　• 주민등록등본과 자격증 사본

(2) 입사지원서 양식 예시

입사지원서

입사구분	신입 / 경력	응시부문		희망연봉		만 원
제목						

사진 (3.5×4.5)	성명	한글) 漢子) 영문)				
	생년월일	년 월 일 (만 세)		성별		남 · 여
	주소	(우편번호: -)				
	선화번호			국가보훈 여부	대상 ( ) 비대싱( )	

학력사항	기간	학교 / 교육기관	학과명(학점)	졸업구분
	~	고등학교		

경력사항	기간	근무처	담당업무	세부내용
	~			
	~			
	~			

주요활동	기간	활동단체명	직책	세부내용

자격 / 면허	자격(면허)명	등급	취득일	발행처

외국어	외국어명		IT 능력	S/W 및 언어	
	점수			활용능력	
	구사정도			S/W 및 언어	
	해외연수			활용능력	

수상 경력	수상명	수상일	수상기관	내용

(3) 이렇게 작성하자!

① 두괄식 표현 또는 헤드라인은 읽는 사람을 배려하고 임팩트를 주어 호기심을 유발하는 효과가 있다.

② 사진은 가능한 최근에 찍은 사진을 부착하고, 화려하게 꾸민 모습보다는 단정하고 밝은 인상을 보일 수 있도록 한다.

③ 급하게 연락을 할 수 있기 때문에 연락 가능한 번호를 2개 이상 기재한다.

④ 호주와의 관계는 호주 쪽에서 본 자신의 관계임을 유의한다.

⑤ 학력은 고등학교 졸업부터 적는 것이 일반적이다.

⑥ 오탈자와 인터넷 용어, 이모티콘 등을 사용하지 않는다. 틀린 맞춤법이 있는지 확인하는 것은 필수적이다.

⑦ 종교나 개인적 취향, 건강상태 등 회사에서 요구하지 않은 불필요한 내용을 일일이 적지 않는다.

⑧ 고등학교를 졸업하고 바로 취업하는 경우 다른 경력사항이 많지 않기 때문에 아르바이트 경험이나 봉사활동의 경험, 동아리 활동 등의 경험을 기록한다.

⑨ 지원 분야 업무와 관련된 자격증 취득 내용을 우선 기재한다. 또한 국가공인 자격증뿐만 아니라 민간 자격증도 모두 기재하여 가능한 공란을 두지 않는다.

⑩ 한 이력서를 여러 회사에 보내다 보면 다른 회사의 이름으로 지원하는 실수를 범할 수 있다. 회사 이름이나 지원 분야를 꼭 확인하여 기록한다.

Tip

E-mail 접수 시 유의사항

• 회사의 입사지원서 양식이 있다면 반드시 그 양식을 사용한다.
• 긴급 연락처도 추가 기입하는 것이 좋다.
  예 ps. 010-1234-5678
• 접수 시, 제목에는 이름과 지원 분야만 간단하게 적는다.
  예 금번 하반기 공채 기술 생산직 파트에 지원하는 OOO입니다. (O)
      귀사의 기술 생산직에서 꼭 뽑히고 싶은 OOO입니다!!! (×)
• E-mail Nickname에 주의한다.
• 제출 서류의 파일 첨부를 잊지 않는다(자격증 사본, 증명서 등). 단, 압축은 피한다.

Tip

E-mail 접수 시 본문 예시

인사 담당자님께
안녕하십니까? 저는 귀사의 반도체 생산직에 관한 공고를 보고 입사 지원하는 OO고등학교 OOO과 3학년 OOO입니다.
전자제품 개발에 관심이 많아 귀사의 사보나 기사는 빠뜨리지 않고 모아왔습니다. 또한 3년간 기술실무를 배우고 관련 자격을 취득하여 처음 일을 시작할 때 빨리 적응하고 정확하게 처리할 것이라고 확신합니다.
채용공고를 보고 이메일로 귀사에 대한 저의 관심을 전해드리며 연락 기다리겠습니다.
그럼 안녕히 계십시오. 감사합니다.
2025. O. O
OOO 드림

CHAPTER 03 자기소개서 작성하기

(1) 좋은 자기소개서란?

① 직무를 먼저 확실하게 정한다.

② 해당 직무를 맡을 인재가 갖추어야 할 능력 몇 가지를 생각해 본다.

③ 해당 키워드를 드러낼 수 있는 에피소드를 생각해 본다.

④ 자기소개서 각 항목에 키워드와 에피소드를 배치한다.

⑤ 에피소드를 구체화시켜 설득력을 드러낸다.

(2) 자기소개서 쓸 때 주의할 점

① 두서없이 주절주절 쓰지 않는다.

태어나서부터 현재까지의 모든 이야기를 쓰려고 하면 끝도 없을 뿐더러 인사 담당자는 모든 성장과정을 궁금해 하지 않는다. 지원 분야를 선택하게 된 동기가 되는 경험을 핵심적으로 쓴다.

② 과장되거나 거짓된 정보를 쓰지 않는다.

동시에 지나친 솔직함도 금물이다. 알릴 필요가 없는 자신의 단점까지 노출할 필요는 없다.

③ 진부한 표현을 쓰지 않는다.

"꼭 뽑히고 싶다.", "뽑아만 주신다면 열심히 하겠다."와 같은 상투적인 표현은 하지 않는다. 왜 선발되어야 하는지, 선발되면 어떤 일을 할 수 있는지에 대한 구체적인 내용을 적는다.

④ 경쟁자와의 차별성을 드러낸다.

수많은 지원자 가운데 돋보이지 않는다면 이미 합격의 가능성은 없어진 것이다. 자신만의 색깔이 두드러질 수 있는 전략을 세워보자.

⑤ 포괄적이고 애매모호한 표현을 쓰지 않는다.

자신의 역량을 나타낼 수 있는 정확한 데이터나 수치화를 알려 주는 것이 효과적이다.

자기소개서에 사용하면 안 되는 단어

미국 CNN 인터넷판은 최근 '이력서에 적어서는 안 될 25개 단어들(25 words that hurt your resume)'이라는 제목으로 커리어빌더닷컴 로라 모쉬(Laura Morsch)의 글을 올렸다. 모쉬는 베넷이 제시한 '이력서에 쓰지 말아야 할 멋있지만 모호한 낱말 25개'를 나열했다.

- 적극적인(Aggressive)
- 패기 있는(Ambitious)
- 능력 있는(Competent)
- 창조적인(Creative)
- 꼼꼼한(Detail-oriented)
- 단호한(Etermined)
- 능률적인(Efficient)
- 경험 많은(Experienced)
- 융통성 있는(Flexible)
- 목표의식이 강한(Goal-oriented)
- 열심히 일하는(Hard-working)
- 독립심이 강한(Independent)
- 혁신적인(Innovative)

- 아는 게 많은(Knowledgeable)
- 논리적인(Logical)
- 자극하는(Motivated)
- 신중한(Meticulous)
- 막연한 의미의 사람(People, Person)
- 전문적인(Professional)
- 믿을 만한(Reliable)
- 수완이 좋은(Resourceful)
- 혼자서도 잘하는(Self-motivated)
- 성공적인(Successful)
- 팀워크가 좋은(Team Player)
- 계획적인(Well-organized)

(3) 자기소개서 예시

다음에 제시된 자기소개서들은 각 기업체에서 합격한 자기소개서이다. 인사 담당자에게 합격 점수를 받은 데에는 세 가지 비밀이 있다.

① 에피소드로 설득력을 높였다.

② 두괄식 표현으로 읽는 사람을 배려하였다.

③ 지원하는 직무에 필요한 핵심 역량을 표현하였다.

이와 같은 특징을 살려 인사 담당자에게 합격 점수를 받은 자기소개서를 살펴보자.

성장과정 (핵심키워드 → 봉사심, 빠른 작업속도)
"설거지 속도가 남보다 2배 빠릅니다."

6살 때부터 저와 언니는 친할머니 손에서 성장하였습니다. 손녀 둘을 정성껏 돌봐주시는 할머니의 따뜻한 마음을 배워서 저 또한 봉사심을 기를 수 있었습니다. 가난한 사람들에게 음식을 제공하는 푸드뱅크에서 봉사활동으로 한 달 동안 설거지를 매일 4시간씩 하였는데 다른 자원봉사자들보다 2배 속도로 셀 수 없을 만큼의 그릇을 닦아냈습니다. 사랑을 받은 사람이 사랑을 베풀 수 있다고 생각합니다. 어려운 환경이었지만 많은 분들의 격려와 사랑을 받으며 자라왔기 때문에 늘 감사하는 마음으로 어떤 직원보다 2배 더 열심히 일할 수 있을 것 같습니다.

성격의 장단점 (핵심키워드 → 팔로워십, 대인관계능력)
"반장이 예뻐해 주는 학생"

같은 나이에 학급의 리더로 일하는 반장을 보면 참 대단해 보입니다. 저는 앞에서 누군가를 이끌어 가기보다는 뒤에서 서포트해주는 일을 더 좋아하기 때문입니다. 다른 친구들은 동갑내기 반장을 무시하기도 하고 말을 잘 안 들어주는데 저는 반장의 리더 권한을 존중해주고 시키는 대로 잘 따릅니다. 그래서 반장이 저를 너무 예뻐합니다. 이렇게 뒤에서 리더를 지지해 주는 것이 저의 가장 큰 장점입니다. 반면에 앞에 나서서 사람들을 이끄는 것은 부끄러움을 타서 잘 하지 못하는 것이 단점입니다. 그러나 리더는 지지자가 없으면 무용지물이기에 리더를 지켜주는 지지자가 어쩌면 더 중요한 것 같습니다.

학창시절 및 경험사항 (핵심키워드 → 회계능력)
"전문계고에서 전자상거래과를 전공하면서 회계능력을 키웠습니다."

전자상거래과에 진학하면서 2학년 때부터는 회계와 ERP라는 과목을 배웠습니다. 회계 과목은 흥미가 있어 늘 상위권에 속했습니다. 그리고 현재 전산회계 자격증을 준비하면서 실무에 필요한 지식과 정보를 갖춰나가고 있습니다. 특히 카임과 더존 프로그램 두 가지 중에 요즘 기업에서 많이 쓴다는 더존 프로그램으로 공부를 더 하고 있습니다. 언제라도 바로 투입되어서 업무를 할 수 있는 준비된 인재입니다.

지원동기 및 입사 후 포부 (핵심키워드 → 인내심, 체력)
"검단산을 올랐던 인내심과 체력으로"

고등학교는 중학교와 또 다르게 공부하는 과목도 많아지고 야간자율학습도 해야 하는 등 힘든 일이 많았습니다. 그때 제가 선택한 것은 검단산을 오르는 일이었습니다. 처음에는 중턱까지 밖에 오르지 못하고 내려와야 했습니다. 등산하는 법을 잘 몰랐고 무엇보다도 길이 잘 보이지 않아 두려웠던 제 마음의 벽을 뛰어 넘지 못했던 것 같습니다. 그 후에 다시 올랐습니다. 그리고 또 정상까지 올라가지 못했습니다. 그러나 세 번째 등산에서 결국 정상에 오를 수 있었습니다. 이 경험을 통해서 목표를 분명히 가지고 꾸준히 노력하면 꼭 이루어진다는 것을 배웠습니다. 분명 사회생활도 힘든 일이 많겠지만 그때마다 검단산을 오르며 인내심과 체력을 다져서 맑은 정신을 바탕으로 맡은 일에 최선을 다하는 인재가 되겠습니다.

[자기소개서 예시문 2]

성장과정 (핵심키워드 → 체력, 신뢰감)

"체력이 국력이다."라는 아버지 뜻에 따라 다양한 운동을 하면서 성장하였습니다. 특히 아버지는 산악자전거를 자주 타시는데 저도 어렸을 때부터 자전거를 타면서 신체를 건강히 하였습니다. '건강한 신체에 건강한 정신이 깃든다.'는 말이 있습니다. 덕분에 주변 어르신들께 늘 예의 바른 학생으로 칭찬을 받았고 이웃집의 아이들을 돌봐줄 수 있는 기회도 많이 얻게 되었습니다. 어린 학생한테 어린아이를 맡긴 것은 '신뢰감'을 쌓은 덕분이라고 생각합니다. 주변 사람들한테 성실한 이미지로 신뢰감을 받으며 성장하였습니다.

성격의 장단점 (핵심키워드 → 꼼꼼함, 청결함)

"학급의 미화부장을 담당할 정도로 꼼꼼함을 지녔습니다."

매년 학기 초가 되면 모든 학급은 '환경미화대회'라는 큰 행사에 몰두합니다. 게시판을 아름답게 꾸미고 청소를 깨끗이 하는 반이 우승을 하는 것입니다. 고등학교 3학년 때 저는 이 대회를 총괄하는 '미화부장'에 당선되었습니다. 그리고 선생님과 학급 친구들과 협력하여 전체 1등을 수상하였습니다. 손재주가 좋아서 예쁘게 꾸미는 것도 잘하고 성격이 꼼꼼하여 창틀의 먼지까지도 말끔하게 닦는 성격입니다. 주변 친구들은 너무 깔끔한 것을 추구하는 것은 결벽증이라고 저의 단점이라고도 합니다. 그러나 회사생활을 하는 데 청결한 생활태도는 큰 도움이 될 것이라고 생각합니다.

학창시절 및 경험사항 (핵심키워드 → 원칙준수, 기본을 지키는 성향)

비누공예 동아리에서 비누를 만들어서 바자회를 했던 경험이 있습니다. 천연비누 재료를 받아 든 모든 친구들은 선생님의 설명을 다 듣지도 않은 채 이것저것 섞고 만들고 하였습니다. 설명서대로 하지 않아서 색과 향기도 좋지 않았습니다. 그러나 저는 모든 설명서를 꼼꼼하게 읽고 천천히 만들었습니다. 결국 바자회에서 제일 잘 팔린 것은 설명서대로 만든 작품들이었습니다. 덕분에 작은 일에도 원칙을 지키는 것이 중요하다는 교훈을 얻을 수 있었습니다. 학교생활과 회사생활의 공통점은 사람이 사는 사회이기 때문에 규칙을 지키는 것이라고 생각합니다. 많은 이들이 규칙을 고리타분하게 여기지만 저는 공동의 목표를 위해 원칙을 잘 지켜야 한다고 생각합니다.

지원동기 및 입사 후 포부 (핵심키워드 → 다양한 일을 한 번에 처리하는 능력)

"요리, 서빙, 배달, 설거지, 청소 5가지를 한 번에 하는 멀티플레이어입니다."

태어나기 전부터 어머니는 식당을 운영하셨습니다. 덕분에 어려서부터 요리하기, 손님이 오시면 서빙하기 등 다양한 경험들을 할 수 있었습니다. 초등학교 5학년 때는 처음으로 배달도 했습니다. 어린 나이에 남의 집에 배달하러 가는 것이 쑥스러울 수 있었지만 어머니를 도와드릴 수 있다는 생각에 기쁜 마음으로 했습니다. 이제는 학교 마치고 집에 가서 제가 식당의 거의 모든 일을 다 합니다. 주문을 받으면 요리부터 서빙, 설거지까지 일사천리로 일하는 법을 배웠습니다. 회사에 입사하게 되면 시켜서 하는 사원이 아니라 알아서 일을 찾아서 하는 일꾼이 되겠습니다. 한 번에 다양한 일을 시키셔도 잘 해내는 멀티플레이어 인재가 되겠습니다.

[자기소개서 예시문 3]

성장과정 (핵심키워드 → 성실함)

초·중·고 12년의 학창 생활 동안 단 한 번의 결석도 하지 않았습니다. 이런 성실함은 사회인의 기본이라고 생각합니다. 물론 몸이 좋지 않은 날도 있었지만 양호실에서 쉬어가면서도 학교는 빠지지 않았습니다. 결근은 절대 하지 않겠다는 약속은 자신 있게 할 수 있습니다. 사회생활을 하다 보면 많이 지치고 힘들겠지만 스스로 격려하고 동기부여하며 맡은 일에 성실함을 다하여 일하겠습니다.

성격상의 장단점 (핵심키워드 → 정직성, 책임감)

중학교 3학년 때 조별 청소하는 날이었습니다. 다른 친구들이 선생님 몰래 하나둘씩 도망가기 시작하였습니다. 결국 혼자 남아서 열 명의 몫을 청소해야만 했습니다. 친구들은 이렇게 요령을 피우지 못하고 미련하게 일을 하는 것이 저의 단점이라고 합니다. 물론 혼자 큰 교실을 청소하는 것이 버거웠고 저 또한 도망가고 싶었지만 제 스스로에게 떳떳하지 못한 기분이 싫었습니다. 결국 지나가시던 담임선생님께서 제가 혼자 청소하는 것을 보시고 함께 청소해주시며 칭찬해 주셨습니다. 이번 일을 계기로 반 대표로 표창장까지 받았습니다. 요령 피우는 것은 짧게 보면 이로울 것 같으나 결국 도망간 학생들은 선생님으로부터 신뢰를 잃었고 한 달 동안 벌로 청소를 해야 했습니다. 원칙을 지키고 책임감을 다해 맡은 일을 끝내면 바보처럼 보일지 몰라도 길게 봤을 때 더 좋다는 것을 배울 수 있었던 계기가 되었습니다. 맡은 일에 책임을 다하는 것이 저의 가장 큰 장점입니다.

지원동기 및 입사 후 포부 (핵심키워드 → 인내심, 서비스마인드)

고등학교 2학년 때 용돈을 마련하기 위해 배스킨라빈스라는 아이스크림 전문점에서 아르바이트를 하였습니다. 오전 10시부터 오후 4시까지 6시간 동안 서서 딱딱한 아이스크림을 쉴 새 없이 퍼내는 것이 생각보다 지치고 힘들었습니다. 손가락이 후들후들 떨리고 계속 서 있는 것도 힘겨웠습니다. 그러나 고객이 들어오시면 늘 밝게 인사를 하였습니다. 고객을 맞이하는 30초라는 짧은 순간이 저희 가게의 이미지를 결정할 것이라 생각했기 때문이었습니다. 결국 방학이 끝나서 아르바이트를 마칠 때 점장님께서 학생 같지 않게 잘해주었다고 칭찬해 주셨습니다. 힘들어도 늘 미소를 잃지 않는 일꾼이 되겠습니다.

CHAPTER 04 면접 준비하기

01 면접이란?

면접이야말로 지원자의 자질과 능력, 끼, 창의력, 업무추진력, 조직적응력 등 총체적인 모습을 평가할 수 있는 가장 유력한 방법이다. 이런 이유로 기업에서는 다양한 면접 방법을 동원해 우수인재를 찾기 위해 고심 중이다. 지원자를 난처하게 만드는 질문부터, 전공과 관련된 전문적인 질문까지 갈수록 다양해지고 어려워지는 면접, 취업 성공으로 가기 위한 마지막 기회인만큼 후회 없이 가지고 있는 모든 것을 보여주어야 할 것이다.

면접의 사전적 정의는 면접관이 지원자를 직접 만나보고 인품(人品)이나 언행(言行) 따위를 시험하는 일로, 흔히 필기시험 후에 최종적으로 심사하는 방법이다.

최근 주요 기업의 인사담당자들을 대상으로 채용 시 면접이 차지하는 비중을 설문조사했을 때, 50~80% 이상이라고 답한 사람이 전체 응답자의 80%를 넘었다. 이와 대조적으로 지원자들을 대상으로 취업 시험에서 면접을 준비하는 기간을 물었을 때, 대부분의 응답자가 2~3일 정도라고 대답했다.

지원자가 일정 수준의 스펙을 갖추기 위해 자격증 시험과 토익을 치르고 이력서와 자기소개서까지 쓰다 보면 면접까지 챙길 여유가 없는 것이 사실이다. 그리고 서류전형과 인적성검사를 통과해야만 면접을 볼 수 있기 때문에 자연스럽게 면접은 취업시험 과정에서 그 비중이 작아질 수밖에 없다. 하지만 아이러니하게도 실제 채용 과정에서 면접이 차지하는 비중은 절대적이라고 해도 과언이 아니다.

기업들은 채용 과정에서 토론 면접, 인성 면접, 프레젠테이션 면접, 역량 면접 등의 다양한 면접을 실시한다. 1차 커트라인이라고 할 수 있는 서류전형을 통과한 지원자들의 스펙이나 능력은 서로 엇비슷하다고 판단되기 때문에 서류상 보이는 자격증이나 토익 성적보다는 지원자의 인성을 파악하기 위해 면접을 더욱 강화하는 것이다. 일부 기업은 의도적으로 압박 면접을 실시하기도 한다. 지원자가 당황할 수 있는 질문을 던져서 그것에 대한 지원자의 반응을 살펴보는 것이다.

면접은 다르게 생각한다면 '나는 누구인가?'에 대한 물음에 해답을 줄 수 있는 가장 현실적이고 미래적인 경험이 될 수 있다. 취업난 속에서 자격증을 취득하고 토익 성적을 올리기 위해 앞만 보고 달려온 지원자들은 자신에 대해서 고민하고 탐구할 수 있는 시간을 평소 쉽게 가질 수 없었을 것이다. 자신을 잘 알고 있어야 자신에 대해서 자신감 있게 말할 수 있다. 대체로 사람들은 자신에게 관대한 편이기 때문에 자신에 대해서 어떤 기대와 환상을 가지고 있는 경우가 많다. 하지만 면접은 제삼자에 의해 개인의 능력을 객관적으로 평가받는 시험이다. 어떤 지원자들은 다른 사람에게 자신을 표현하는 것을 어려워한다. 평소에 잘 사용하지 않는 용어를 내뱉으면서 거창하게 자신을 포장하는 지원자도 많다. 면접에서 가장 기본은 자기 자신을 면접관에게 알기 쉽게 표현하는 것이다.

이러한 표현을 바탕으로 자신이 앞으로 하고자 하는 것과 그에 대한 이유를 설명해야 한다. 최근에는 자신감을 향상시키거나 말하는 능력을 높이는 학원도 많기 때문에 얼마든지 자신의 단점을 극복할 수 있다.

(1) 고등학생의 면접은 다르다!

① 기출질문을 사전에 파악하는 것이 좋다.

② 생활기록부가 면접에 반영된다.

③ 교복을 착용하고 면접을 진행한다.

④ 같은 학교 지원자와 함께 면접을 보기도 한다.

⑤ 적극적인 지원자를 선호한다.

⑥ 순수하고 솔직해서 탈락하는 경우가 많다.

(2) 회사가 나에게 확인하고 싶은 것들

① 회사에서 원하는 능력과 지식을 가지고 있는지

② 필요한 기술을 능숙하게 충분히 사용할 수 있는지

③ 일하는 자세나 태도가 좋은지

④ 회사에 적응할 수 있는 성격인지

⑤ 업무에 맞는 경험이나 경력을 가지고 있는지

⑥ 필요한 자격을 갖추고 있는지

⑦ 회사에 오래 근무할 수 있는 사람인지

(3) 면접 전날 준비사항

① 면접장 위치, 교통편, 소요시간 확인

② 옷, 구두 상태 점검

③ 이력서와 기타 제출 서류 챙기기

1. 자기소개의 기술

자기소개를 시키는 이유는 면접자가 지원자의 자기소개서를 압축해서 듣고, 지원자의 첫인상을 평가할 시간을 가질 수 있기 때문이다. 면접을 위한 워밍업이라고 할 수 있으며, 첫인상을 결정하는 과정이므로 매우 중요한 순간이다.

(1) 정해진 시간에 자기소개를 마쳐야 한다.

쉬워 보이지만 의외로 지원자들이 정해진 시간을 넘기거나 혹은 빨리 끝내서 면접관에게 지적을 받는 경우가 많다. 본인이 면접을 받는 마지막 지원자가 아닌 이상, 정해진 시간을 지키지 않는 것은 수많은 지원자를 상대하기에 바쁜 면접관과 대기 시간에 지친 다른 지원자들에게 불쾌감을 줄 수 있다. 또한 회사에서 시간관념은 절대적인 것이므로 반드시 자기소개 시간을 지켜야 한다. 말하기는 1분에 200자 원고지 2장 분량의 글을 읽는 만큼의 속도가 가장 적당하다. 이를 A4 용지에 10point 글자 크기로 작성하면 반 장 분량이 된다.

(2) 간단하지만 신선한 문구로 자기소개를 시작하자.

요즈음 많은 지원자가 이 방법을 사용하고 있기 때문에 웬만한 소재의 문구가 아니면 면접관의 관심을 받을 수 없다. 이러한 문구는 시대적으로 유행하는 광고 카피를 패러디하는 경우와 격언 등을 인용하는 경우, 그리고 지원한 회사의 CI나 경영이념, 인재상 등을 사용하는 경우 등이 있다. 지원자는 이러한 여러 문구 중에 자신의 첫인상을 북돋아 줄 수 있는 것을 선택해서 말해야 한다. 자신의 이름을 문구 속에 적절하게 넣어서 말한다면 좀 더 효과적인 자기소개가 될 것이다.

(3) 무엇을 먼저 말할 것인지 고민하자.

면접관이 많이 던지는 질문 중 하나가 지원동기이다. 그래서 성장기를 바로 건너뛰고, 지원한 회사에 들어오기 위해 그동안 어떻게 준비했는지를 설명하는 자기소개가 대세이다.

(4) 면접관의 호기심을 자극해 관심을 불러일으킬 수 있게 말하라.

면접관에게 질문을 많이 받는 지원자의 합격률이 반드시 높은 것은 아니지만, 질문을 전혀 안 받는 것보다는 좋은 평가를 기대할 수 있다.

지원한 분야와 관련된 수상 경력이나 프로젝트 등을 말하는 것도 좋다. 이는 지원자의 업무 능력과 직접 연결되는 것이므로 효과적인 자기 홍보가 될 수 있다. 일부 지원자들은 자신만의 특별한 경험을 이야기하는데, 이때는 그 경험이 보편적으로 사람들의 공감대를 얻을 수 있는 것인지 다시 생각해봐야 한다.

(5) 마지막 고개를 넘기가 가장 힘들다.

첫 단추도 중요하지만, 마지막 단추도 중요하다. 하지만 왠지 격식을 따지는 인사말은 지나가는 인사말 같고, 다르게 하자니 예의에 어긋나는 것 같은 기분이 든다. 이때는 처음에 했던 자신만의 문구를 다시 한 번 말하는 것도 좋은 방법이다. 자연스러운 끝맺음이 될 수 있도록 적절한 연습이 필요하다.

2. 1분 자기소개 시 주의사항

(1) 자기소개서와 자기소개가 똑같다면 감점일까?

아무리 자기소개서를 외워서 말한다 해도 자기소개가 자기소개서와 완전히 똑같을 수는 없다. 자기소개서의 분량이 더 많고 회사마다 요구하는 필수 항목들이 있기 때문에 군이 고민할 필요는 없다. 오히려 자기소개서의 내용을 잘 정리한 자기소개가 더 좋은 결과를 만들 수 있다. 하지만 자기소개서와 상반된 내용을 말하는 것은 적절하지 않다. 지원자의 신뢰성이 떨어진다는 것은 곧 불합격을 의미하기 때문이다.

(2) 말하는 자세를 바르게 익혀라.

지원자가 자기소개를 하는 동안 면접관은 지원자의 동작 하나하나를 관찰한다. 그렇기 때문에 바른 자세가 중요하다는 것은 우리가 익히 알고 있다. 하지만 문제는 무의식적으로 나오는 습관 때문에 자세가 흐트러져 나쁜 인상을 줄 수 있다는 것이다. 이러한 습관을 고칠 수 있는 가장 좋은 방법은 캠코더 등으로 자신의 모습을 담는 것이다. 거울을 사용할 경우에는 시선이 자꾸 자기 눈과 마주치기 때문에 집중하기 힘들다. 하지만 촬영된 동영상은 제삼자의 입장에서 자신을 볼 수 있기 때문에 많은 도움이 된다.

(3) 정확한 발음과 억양으로 자신 있게 말하라.

지원자의 모양새가 아무리 뛰어나도, 목소리가 작고 발음이 부정확하면 큰 감점을 받는다. 이러한 모습은 지원자의 좋은 점에까지 악영향을 끼칠 수 있다. 직장을 흔히 사회생활의 시작이라고 말하는 시대적 정서에서 사람들과 의사소통을 하는 데 문제가 있다고 판단되는 지원자는 부적절한 인재로 평가될 수밖에 없다.

3. 대화법

전문가들이 말하는 대화법의 핵심은 '상대방을 배려하면서 이야기하라.'는 것이다. 대화는 나와 다른 사람의 소통이다. 내용에 대한 공감이나 이해가 없다면 대화는 더 진전되지 않는다.

베스트셀러 『카네기 인간관계론』의 작가인 철학자 카네기가 말하는 최상의 대화법은 자신의 경험을 토대로 이야기하는 것이다. 즉, 살아오면서 직접 겪은 경험이 상대방의 관심을 끌 수 있는 가장 좋은 이야깃거리인 것이다. 특히, 어떤 일을 이루기 위해 노력하는 과정에서 겪은 실패나 희망에 대해 진솔하게 얘기한다면 상대방은 어느새 당신의 편에 서서 그 이야기에 동조할 것이다.

독일의 사업가이자, 동기부여 트레이너인 위르겐 힐러의 연설법 중 가장 유명한 것은 '시즐(Sizzle)'을 잡는 것이다. 시즐이란, 새우튀김이나 돈가스가 기름에서 지글지글 튀겨질 때 나는 소리이다. 즉, 자신의 말을 듣고 시즐처럼 반응하는 상대방의 감정에 적절하게 대응하라는 것이다.

말을 시작한 지 10 ~ 15초 안에 상대방의 '시즐'을 알아차려야 한다. 자신의 이야기에 대한 상대방의 첫 반응에 따라 말하기 전략도 달라져야 한다. 첫 이야기의 반응이 미지근하다면 가능한 한 그 이야기를 빨리 마무리하고 새로운 이야깃거리를 생각해내야 한다. 길지 않은 면접 시간 내에 몇 번 오지 않는 대답의 기회를 살리기 위해서 보다 전략적이고 냉철해야 하는 것이다.

4. 차림새

(1) 구두

면접에 어떤 옷을 입어야 할지를 며칠 동안 고민하면서 정작 구두는 면접 보는 날 현관을 나서면서 즉흥적으로 신고 가는 지원자들이 많다. 구두를 보면 그 사람의 됨됨이를 알 수 있다고 한다. 면접관 역시 이러한 것을 놓치지 않기 때문에 지원자는 자신의 구두에 더욱 신경을 써야 한다. 스타일의 마무리는 발끝에서 이루어지는 것이다. 아무리 멋진 옷을 입고 있어도 구두가 어울리지 않는다면 전체 스타일이 흐트러지기 때문이다.

정장용 구두는 디자인이 깔끔하고, 에나멜 가공처리를 하여 광택이 도는 페이턴트 가죽 소재 제품이 무난하다. 검정 계열 구두는 회색과 감색 정장에, 브라운 계열의 구두는 베이지나 갈색 정장에 어울린다. 참고로 구두는 오전에 사는 것보다 발이 충분히 부은 상태인 저녁에 사는 것이 좋다. 마지막으로 당연한 일이지만 반드시 면접을 보는 전날 구두 뒤축이 닳지는 않았는지 확인하고 구두에 광을 내 둔다.

(2) 양말

양말은 정장과 구두의 색상을 비교해서 골라야 한다. 특히 검정이나 감색의 진한 색상의 바지에 흰 양말을 신는 것은 시대에 뒤쳐지는 일이다. 일반적으로 양말의 색깔은 바지의 색깔과 같아야 한다. 또한 양말의 길이도 신경 써야 한다. 바지를 입을 경우, 의자에 바르게 앉거나 다리를 꼬아서 앉을 때 다리털이 보여서는 안 된다. 반드시 긴 정장 양말을 신어야 한다.

(3) 정장

지원자는 평소에 정장을 입을 기회가 많지 않기 때문에 면접을 볼 때 본인 스스로도 옷을 어색하게 느끼는 경우가 많다. 옷을 불편하게 느끼기 때문에 자세마저 불안정한 지원자도 볼 수 있다. 그러므로 면접 전에 정장을 입고 생활해보는 것도 나쁘지는 않다.

일반적으로 면접을 볼 때는 상대방에게 신뢰감을 줄 수 있는 남색 계열의 옷이나 어떤 계절이든 무난하고 깔끔해보이는 회색 계열의 정장을 많이 입는다. 정장은 유행에 따라서 재킷의 디자인이나 버튼의 개수가 바뀌기 때문에 너무 오래된 옷을 입어서 다른 사람의 옷을 빌려 입고 나온 듯한 인상을 주어서는 안 된다.

(4) 헤어스타일과 메이크업

헤어스타일에 자신이 없다면 미용실에 다녀오는 것도 좋은 방법이다. 또한 자신에게 어울리는 메이크업을 하는 것도 괜찮다. 지나치게 화려한 메이크업이 아니라면 보다 준비된 지원자처럼 보일 수 있다.

5. 첫인상

(1) 면접을 위한 이미지 메이킹

면접에서 첫인상은 매우 중요하다. 다음은 첫인상을 결정하는 데 영향을 미치는 요소를 나타낸 것이다. 시각적인 요소가 사람의 첫인상에 많은 영향을 끼치고 있음을 알 수 있다. 따라서 면접에 임할 때에도 좋은 이미지를 선보일 수 있도록 준비하는 것이 필요하다.

취업을 위해 성형수술을 받는 사람들에 대한 이야기는 더 이상 뉴스거리가 되지 않는다. 그만큼 많은 사람이 좁은 취업문을 뚫기 위해 이미지 향상에 신경을 쓰고 있다. 이는 면접관에게 좋은 첫인상을 주기 위한 것으로, 지원서에 올리는 증명사진을 이미지 프로그램을 통해 수정하는 이른바 '사이버 성형'이 유행하는 것과 같은 맥락이다. 실제로 외모가 채용 과정에서 영향을 끼치는가에 대한 설문조사에서도 60% 이상의 인사담당자들이 그렇다고 답변했다.

하지만 외모와 첫인상을 절대적인 관계로 이해하는 것은 잘못된 판단이다. 외모가 첫인상에서 많은 부분을 차지하지만, 외모 외에 다른 결점이 발견된다면 그로 인해 장점들이 가려질 수도 있다. 이러한 현상은 아래에서 다시 논하겠다.

첫인상은 말 그대로 한 번밖에 기회가 주어지지 않으며 몇 초 안에 결정된다. 첫인상을 결정짓는 요소 중 시각적인 요소가 80% 이상을 차지한다. 첫눈에 들어오는 생김새나 복장, 표정 등에 의해서 결정되는 것이다. 면접을 시작할 때 자기소개를 시키는 것도 지원자별로 첫인상을 평가하기 위해서이다. 첫인상이 중요한 이유는 만약 첫인상이 부정적으로 인지될 경우, 지원자의 다른 좋은 면까지 거부당하기 때문이다. 이러한 현상을 심리학에서는 초두효과(Primacy Effect)라고 한다.

그래서 한 번 형성된 첫인상은 여간해서 바꾸기 힘들다. 이는 첫인상이 나중에 들어오는 정보까지 영향을 주기 때문이다. 첫인상의 정보가 나중에 들어오는 정보 처리의 지침이 되는 것을 심리학에서는 맥락효과(Context Effect)라고 한다. 따라서 평소에 첫인상을 좋게 만들기 위한 노력을 꾸준히 해야만 하는 것이다.

좋은 첫인상이 반드시 외모에만 집중되는 것은 아니다. 오히려 깔끔한 옷차림과 부드러운 표정 그리고 말과 행동 등에 의해 전반적인 이미지가 만들어진다. 누구나 이러한 것 중에 한두 가지 단점을 가지고 있다. 요즈음은 이미지 컨설팅을 통해서 자신의 단점들을 보완하는 지원자도 있다. 특히, 표정이 밝지 않은 지원자는 평소 웃는 연습을 의식적으로 하여 면접을 받는 동안 계속해서 여유 있는 표정을 짓는 것이 중요하다. 성공한 사람들은 인상이 좋다는 것을 명심하자.

(2) 면접 인사법 및 자세

면접에서 좋은 인상은 매우 중요하다. 면접실에 들어갈 때부터 면접을 끝내고 나올 때까지 좋은 인상을 남길 수 있도록 해야 한다. 면접관에게 좋은 인상을 남길 수 있는 방법을 알아보자.

① 면접실에 들어가서 면접관을 향해 서서 미소를 지으며 인사를 한다.
② 면접관이 앉으라고 하면 자리에 앉는다.
③ 허리는 반듯이 세워서 앉고 두 손은 무릎 위에 올린다.
④ 면접관과 눈을 마주치며, 지나치게 눈을 깜박이거나 천장 혹은 바닥을 응시하지 않는다.
⑤ 다른 사람이 이야기하는 것을 경청하는 모습을 보여준다.
⑥ 면접 시간 동안 옷매무새를 다듬거나 자세를 흐트러뜨리지 않는다.
⑦ "~했습니다.", "~입니다."로 분명하게 말끝을 맺는다.
⑧ 줄임말, 신조어, 외래어 등을 사용하지 않는다.
⑨ 질문에 대해 솔직하게 말하고, 모르는 질문에는 "잘 모르겠습니다."라고 말한다.
⑩ 면접을 잘 못 본 것 같아도 면접이 끝나면 면접관에게 밝은 미소로 인사하고 나온다.

1. 면접의 유형

과거 천편일률적인 일대일 면접과 달리 면접에는 다양한 유형이 도입되어 현재는 "면접은 이렇게 보는 것이다."라고 말할 수 있는 정해진 유형이 없어졌다. 그러나 삼성그룹 면접에서는 현재까지는 집단 면접과 다대일 면접이 진행되고 있으므로 어느 정도 유형을 파악하여 사전에 대비가 가능하다. 면접의 기본인 단독 면접부터, 다대일 면접, 집단 면접의 유형과 그 대책에 대해 알아보자.

(1) 단독 면접

단독 면접이란 응시자와 면접관이 일대일로 마주하는 형식을 말한다. 면접위원 한 사람과 응시자 한 사람이 마주 앉아 자유로운 화제를 가지고 질의응답을 되풀이하는 방식이다. 이 방식은 면접의 가장 기본적인 방법으로 소요시간은 10 ~ 20분 정도가 일반적이다.

① 장점

필기시험 등으로 판단할 수 없는 성품이나 능력을 알아내는 데 가장 적합하다고 평가받아 온 면접방식으로 응시자 한 사람 한 사람에 대해 여러 면에서 비교적 폭넓게 파악할 수 있다. 응시자의 입장에서는 한 사람의 면접관만을 대하는 것이므로 상대방에게 집중할 수 있으며, 긴장감도 다른 면접방식에 비해서는 적은 편이다.

② 단점

면접관의 주관이 강하게 작용해 객관성을 저해할 소지가 있으며, 면접 평가표를 활용한다 하더라도 일면적인 평가에 그칠 가능성을 배제할 수 없다. 또한 시간이 많이 소요되는 것도 단점이다.

> **단독 면접 준비 Point**
>
> 단독 면접에 대비하기 위해서는 평소 1대1로 논리 정연하게 대화를 나눌 수 있는 능력을 기르는 것이 중요하다. 그리고 면접장에서는 면접관을 선배나 선생님 혹은 아버지를 대하는 기분으로 면접에 임하는 것이 부담도 훨씬 적고 실력을 발휘할 수 있는 방법이 될 것이다.

(2) 다대일 면접

다대일 면접은 일반적으로 가장 많이 사용되는 면접방법으로 보통 2 ~ 5명의 면접관이 1명의 응시자에게 질문하는 형태의 면접방법이다. 면접관이 여러 명이므로 다각도에서 질문을 하여 응시자에 대한 정보를 많이 알아낼 수 있다는 점 때문에 선호하는 면접방법이다.

하지만 응시자의 입장에서는 질문도 면접관에 따라 각양각색이고 동료 응시자가 없으므로 숨 돌릴 틈도 없게 느껴진다. 또한 관찰하는 눈도 많아서 조그만 실수라도 지나치는 법이 없기 때문에 정신적 압박과 긴장감이 높은 면접방법이다. 따라서 응시자는 긴장을 풀고 한 시험관이 묻더라도 면접관 전원을 향해 대답한다는 기분으로 또박또박 대답하는 자세가 필요하다.

① 장점

면접관이 집중적인 질문과 다양한 관찰을 통해 응시자가 과연 조직에 필요한 인물인가를 완벽히 검증할 수 있다.

② 단점

면접시간이 보통 10 ~ 30분 정도로 좀 긴 편이고 응시자에게 지나친 긴장감을 조성하는 면접방법이다.

다대일 면접 준비 Point

질문을 들을 때 시선은 면접위원을 향하고 다른 데로 돌리지 말아야 하며, 대답할 때에도 고개를 숙이거나 입속에서 우물거리는 소극적인 태도는 피하도록 한다. 면접위원과 대등하다는 마음가짐으로 편안한 태도를 유지하면 대답도 자연스러운 상태에서 좀 더 충실히 할 수 있고, 이에 따라 면접위원이 받는 인상도 달라진다.

(3) 집단 면접

집단 면접은 다수의 면접관이 여러 명의 응시자를 한꺼번에 평가하는 방식으로 짧은 시간에 능률적으로 면접을 진행할 수 있다. 각 응시자에 대한 질문내용, 질문횟수, 시간배분이 똑같지는 않으며, 모두에게 같은 질문이 주어지기도 하고, 각각 다른 질문을 받기도 한다.

또한 어떤 응시자가 한 대답에 대한 의견을 묻는 등 그때그때의 분위기나 면접관의 의향에 따라 변수가 많다. 집단 면접은 응시자의 입장에서는 개별 면접에 비해 긴장감은 다소 덜한 반면에 다른 응시자들과의 비교가 확실하게 나타나므로 응시자는 몸가짐이나 표현력·논리성 등이 결여되지 않도록 자신의 생각이나 의견을 솔직하게 발표하여 집단 속에 묻히거나 밀려나지 않도록 주의해야 한다.

① 장점

집단 면접의 장점은 면접관이 응시자 한 사람에 대한 관찰시간이 상대적으로 길고, 비교 평가가 가능하기 때문에 결과적으로 평가의 객관성과 신뢰성을 높일 수 있다는 점이며, 응시자는 동료들과 함께 면접을 받기 때문에 긴장감이 다소 덜하다는 것을 들 수 있다. 또한 동료가 답변하는 것을 들으며, 자신의 답변 방식이나 자세를 조정할 수 있다는 것도 큰 이점이다.

② 단점

응답하는 순서에 따라 응시자마다 유리하고 불리한 점이 있고, 면접위원의 입장에서는 각각의 개인적인 문제를 깊게 다루기가 곤란하다는 것이 단점이다.

집단 면접 준비 Point

너무 자기 과시를 하지 않는 것이 좋다. 대답은 자신이 말하고 싶은 내용을 간단명료하게 말해야 한다. 내용이 없는 발언을 한다거나 대답을 질질 끄는 태도는 좋지 않다. 또 말하는 중에 내용이 주제에서 벗어나거나 자기중심적으로만 말하는 것도 피해야 한다. 집단 면접에 대비하기 위해서는 평소에 설득력을 지닌 자신의 논리력을 계발하는 데 힘써야 하며, 다른 사람 앞에서 자신의 의견을 조리 있게 개진할 수 있는 발표력을 갖추는 데에도 많은 노력을 기울여야 한다.

• 실력에는 큰 차이가 없다는 것을 기억하라.
• 동료 응시자들과 서로 협조하라.
• 답변하지 않을 때의 자세가 중요하다.
• 개성 표현은 좋지만 튀는 것은 위험하다.

(4) 집단 토론식 면접

집단 토론식 면접은 집단 면접과 형태는 유사하지만 질의응답이 아니라 응시자들끼리의 토론이 중심이 되는 면접방법으로 최근 들어 급증세를 보이고 있다. 이는 공통의 주제에 대해 다양한 견해들이 개진되고 결론을 도출하는 과정, 즉 토론을 통해 응시자의 다양한 면에 대한 평가가 가능하다는 집단 토론식 면접의 장점이 널리 확산된 데 따른 것으로 보인다. 사실 집단 토론식 면접을 활용하면 주제와 관련된 지식 정도와 이해력, 판단력, 설득력, 협동성은 물론 리더십, 조직 적응력, 적극성과 대인관계 능력 등을 쉽게 파악할 수 있다.

토론식 면접에서는 자신의 의견을 명확히 제시하면서도 상대방의 의견을 경청하는 토론의 기본자세가 필수적이며, 지나친 경쟁심이나 자기 과시욕은 접어두는 것이 좋다. 또한 집단 토론의 목적이 결론을 도출해 나가는 과정에 있다는 것을 감안하여 무리하게 자신의 주장을 관철시키기보다 오히려 토론의 질을 높이는 데 기여하는 것이 좋은 인상을 줄 수 있다는 점을 알아야 한다. 취업 희망자들은 토론식 면접이 급속도로 확산되는 추세임을 감안해 특히 철저한 준비를 해야 한다. 평소에 신문의 사설이나 매스컴 등의 토론 프로그램을 주의 깊게 보면서 논리 전개방식을 비롯한 토론 과정을 익히도록 하고, 친구들과 함께 간단한 주제를 놓고 토론을 진행해 볼 필요가 있다. 또한 사회·시사문제에 대해 자기 나름대로의 관점을 정립해두는 것도 꼭 필요하다.

(5) PT 면접

PT 면접, 즉 프레젠테이션 면접은 최근 들어 집단 토론 면접과 더불어 그 활용도가 점차 커지고 있다. PT 면접은 기업마다 특성이 다르고 인재상이 다른 만큼 인성 면접만으로는 알 수 없는 지원자의 문제해결 능력, 전문성, 창의성, 기본 실무능력, 논리성 등을 관찰하는 데 중점을 두는 면접으로, 지원자 간의 변별력이 높아 대부분의 기업에서 적용하고 있으며, 확산되는 추세이다.

면접 시간은 기업별로 차이가 있지만, 전문지식, 시사성 관련 주제를 제시한 다음, 보통 20~50분 정도 준비하여 5분가량 발표할 시간을 준다. 면접관과 지원자의 단순한 질의응답식이 아닌, 주제에 대해 일정 시간 동안 지원자의 발언과 발표하는 모습 등을 관찰하게 된다. 정확한 답이나 지식보다는 논리적 사고와 의사표현력이 더 중시되기 때문에 자신의 생각을 어떻게 설명하느냐가 매우 중요하다.

PT 면접에서 같은 주제라도 직무별로 평가요소가 달리 나타난다. 예를 들어, 영업직은 설득력과 의사소통 능력에 중점을 둘 수 있겠고, 관리직은 신뢰성과 창의성 등을 더 중요하게 평가한다.

> **PT 면접 준비 Point**
>
> • 면접관의 관심과 주의를 집중시키고, 발표 태도에 유의한다.
> • 모의 면접이나 거울 면접을 통해 미리 점검한다.
> • PT 내용은 세 가지 정도로 정리해서 말한다.
> • PT 내용에는 자신의 생각이 담겨 있어야 한다.
> • 중간에 자문자답 방식을 활용한다.
> • 평소 지원하는 업계의 동향이나 직무에 대한 전문지식을 쌓아둔다.
> • 부적절한 용어 사용이나 무리한 주장 등은 하지 않는다.

(6) 합숙 면접

합숙 면접은 대체로 1박 2일이나 2박 3일 동안 해당 기업의 연수원이나 수련원 등에서 이루어지는 면접으로, 평가 항목으로는 PT 면접, 토론 면접, 인성 면접 등을 기본으로 새벽등산, 레크리에이션, 게임 등 다양한 형태로 진행된다. 경쟁자들과 함께 생활하고 협동해야 하는 만큼 스트레스도 많이 받는 경우가 허다하다.

모든 지원자를 하루 동안 평가하게 되므로 지원자 1명을 평가하는 데 걸리는 시간은 짧게는 5분에서 길게는 1시간 이상 정도인데, 이 시간으로는 지원자를 제대로 평가하기에는 한계가 있다. 합숙 면접은 24시간 이상을 지원자와 면접관이 함께 생활하면서 다양한 프로그램을 통해 지원자의 역량을 폭넓게 평가할 수 있기 때문에 기업에서는 합숙 면접을 선호한다. 대체로 은행, 증권 등 금융권에서 합숙 면접을 통해 지원자의 의도되고 꾸며진 모습 외에 창의력, 의사소통 능력, 협동심, 책임감, 리더십 등 다양한 모습을 평가하였지만, 최근에는 기업에서도 많이 실시되고 있다.

합숙 면접에서 좋은 점수를 얻기 위해서는 무엇보다 팀워크를 중시하는 모습을 보여야 한다. 합숙 면접은 일반 면접과는 달리 개인보다는 그룹별로 과제가 주어지고 해결해야 하므로 조원 또는 동료와 얼마나 잘 어울리느냐가 중요한 평가기준이 된다. 장시간에 걸쳐 평가하기 때문에 힘든 부분도 있지만, 지원자들이 지쳐 있거나 당황하고 있는 사이에도 면접관들은 지원자들의 조직 적응력, 적극성, 사회성, 친화력 등을 꼼꼼하게 체크하기 때문에 잠시도 긴장을 늦춰서는 안 된다.

2. 면접의 실전 대책

(1) 면접 대비사항

① 지원 회사에 대한 사전지식을 충분히 준비한다.

필기시험에서 합격 또는 서류전형에서의 합격통지가 온 후 면접시험 날짜가 정해지는 것이 보통이다. 이때 수험자는 면접시험을 대비해 사전에 자기가 지원한 계열사 또는 부서에 대해 폭넓은 지식을 준비할 필요가 있다.

> **지원 회사에 대해 알아두어야 할 사항**
>
> - 회사의 연혁
> - 회장 또는 사장의 이름, 출신학교, 관심사
> - 회장 또는 사장이 요구하는 신입사원의 인재상
> - 회사의 사훈, 사시, 경영이념, 창업정신
> - 회사의 대표적 상품, 특색
> - 업종별 계열회사의 수
> - 해외지사의 수와 그 위치
> - 신 개발품에 대한 기획 여부
> - 자기가 생각하는 회사의 장단점
> - 회사의 잠재적 능력개발에 대한 제언

② 충분한 수면을 취한다.

충분한 수면으로 안정감을 유지하고 첫 출발의 상쾌한 마음가짐을 갖는다.

③ 얼굴을 생기 있게 한다.

첫인상은 면접에 있어서 가장 결정적인 당락요인이다. 면접관에게 좋은 인상을 줄 수 있도록 화장하는 것도 필요하다. 면접관들이 가장 좋아하는 인상은 얼굴에 생기가 있고 눈동자가 살아 있는 사람, 즉 기가 살아 있는 사람이다.

④ 아침에 인터넷 뉴스를 읽고 간다.

그날의 뉴스가 질문 대상에 오를 수가 있다. 특히 경제면, 정치면, 문화면 등을 유의해서 볼 필요가 있다.

> **출발 전 확인할 사항**
>
> 이력서, 자기소개서, 지갑, 신분증(주민등록증), 휴지, 볼펜, 메모지 등을 준비하자.

(2) 면접 시 옷차림

면접에서 옷차림은 간결하고 단정한 느낌을 주는 것이 가장 중요하다. 색상과 디자인 면에서 지나치게 화려한 색상이나, 노출이 심한 디자인은 자칫 면접관의 눈살을 찌푸리게 할 수 있다. 단정한 차림을 유지하면서 자신만의 독특한 멋을 연출하는 것, 지원하는 회사의 분위기를 파악했다는 센스를 보여주는 것 또한 코디네이션의 포인트이다.

> **복장 점검**
>
> • 구두는 잘 닦여 있는가?
> • 옷은 깨끗이 다려져 있으며 스커트 길이는 적당한가?
> • 손톱은 길지 않고 깨끗한가?
> • 머리는 흐트러짐 없이 단정한가?

(3) 면접 요령

① 첫인상을 중요시한다.

상대에게 인상을 좋게 주지 않으면 어떠한 얘기를 해도 이쪽의 기분이 충분히 전달되지 않을 수 있다. 예를 들어, '저 친구는 표정이 없고 무엇을 생각하고 있는지 전혀 알 길이 없다.'처럼 생각되면 최악의 상태이다. 우선 청결한 복장, 바른 자세로 침착하게 들어가야 한다. 건강하고 신선한 이미지를 주어야 하기 때문이다.

② 좋은 표정을 짓는다.

얘기를 할 때의 표정은 중요한 사항의 하나다. 거울 앞에서 웃는 연습을 해본다. 웃는 얼굴은 상대를 편안하게 하고, 특히 면접 등 긴박한 분위기에서는 천금의 값이 있다 할 것이다. 그렇다고 하여 항상 웃고만 있어서는 안 된다. 자기의 할 얘기를 진정으로 전하고 싶을 때는 진지한 얼굴로 상대의 눈을 바라보며 얘기한다. 면접을 볼 때 눈을 감고 있으면 마이너스 이미지를 주게 된다.

③ 결론부터 이야기한다.

자기의 의사나 생각을 상대에게 정확하게 전달하기 위해서 먼저 무엇을 말하고자 하는가를 명확히 결정해 두어야 한다. 대답을 할 경우에는 결론을 먼저 이야기하고 나서 그에 따른 설명과 이유를 덧붙이면 논지(論旨)가 명확해지고 이야기가 깔끔하게 정리된다.

한 가지 사실을 이야기하거나 설명하는 데는 3분이면 충분하다. 복잡한 이야기라도 어느 정도의 길이로 요약해서 이야기하면 상대도 이해하기 쉽고 자기도 정리할 수 있다. 긴 이야기는 오히려 상대를 불쾌하게 할 수가 있다.

④ 질문의 요지를 파악한다.

면접 때의 이야기는 간결성만으로는 부족하다. 상대의 질문이나 이야기에 대해 적절하고 필요한 대답을 하지 않으면 대화는 끊어지고 자기의 생각도 제대로 표현하지 못하여 면접자로 하여금 수험생의 인품이나 사고방식 등을 명확히 파악할 수 없게 한다. 무엇을 묻고 있는지, 무슨 이야기를 하고 있는지 그 요점을 정확히 알아내야 한다.

면접에서 고득점을 받을 수 있는 성공요령

1. 자기 자신을 겸허하게 판단하라.
2. 지원한 회사에 대해 100% 이해하라.
3. 실전과 같은 연습으로 감각을 익히라.
4. 단답형 답변보다는 구체적으로 이야기를 풀어나가라.
5. 거짓말을 하지 말아라.
6. 면접하는 동안 대화의 흐름을 유지하라.
7. 친밀감과 신뢰를 구축하라.
8. 상대방의 말을 성실하게 들으라.
9. 근로조건에 대한 이야기를 풀어나갈 준비를 하라.
10. 끝까지 긴장을 풀지 말아라.

CHAPTER 05 기업별 실제 면접 기출 질문

01 대기업 기출 질문

1. 삼성

[삼성전자]

- 입사 후, 하고 싶은 연구 분야는 무엇인가?
- 팀원 중 모두에게 피해를 주는 사람이 있을 때, 어떻게 해결할 것인가?
- 자신이 생각하는 리더십이란?
- 1분 PR 또는 자기소개를 간단히 해 보시오.
- 학창시절 자신에 대해 말해 보시오.
- 부모님은 어떤 사람인지 이야기해 보시오.
- 가장 존경하는 사람이 있는가? 있다면 누구이며, 존경하는 이유를 말해 보시오.
- 삼성전자가 왜 당신을 채용해야 하는가?
- 최근에 가장 인상 깊게 읽었던 책은 무엇인가?
- 삼성전자에 대해 아는 대로 말해 보시오.
- 살면서 좌절했던 경험과 이를 극복한 방법에 대해 말해 보시오.
- 자신을 한 단어로 표현한다면 무엇이라고 생각하는가?
- 주위에서 자신을 어떻게 평가하는가?
- 기억에 남거나 관심 있던 과목은 무엇인가?
- 왜 대학에 가지 않았는가?
- 옆 친구의 장단점을 말해 보시오.
- 생활기록부에 지각이 조금 있는데 왜 그랬는가?
- 세상은 공평한 것 같은가?
- 자신의 단점 때문에 충고를 들으면 기분이 나쁘지 않은가?
- 면접 보러 온 같은 학교 친구들의 성적은 어떠한가?
- 살면서 힘들었던 일과 기뻤던 일에 대해 말해 보시오.
- 살면서 가장 힘들었거나 어려웠던 점은?
- 한 달 용돈은 얼마인가?
- 자신은 잘못하거나 실수를 하지 않았는데 상사가 혼내면 어떻게 할 것인가?
- 다른 사람과 함께한 활동이 있는가?
- 친구란 무엇이라고 생각하는가?
- 자격증이 많은데, 가장 애착이 가는 자격증은 무엇인가?
- 친구들 사이에서 가장 입에 많이 오르내리는 기업은 어디인가?
- 창원지역에 삼성계열사는 어떤 것이 있는지 아는가?
- 자신의 좌우명은 무엇이며, 왜 그것으로 정했는가?
- 삼성전자에 입사해서 어떤 일을 하고 싶은가?
- 스트레스는 어떻게 해소하는가?

- 자신의 강점은 무엇이라고 생각하는가?
- 노조에 대해서 어떻게 생각하는가?
- 지금까지 살면서 가장 힘들거나 어려웠던 경험을 말해 보시오.
- 지방근무나 비연고지 근무가 가능한가?
- 창의력을 발휘한 경험이 있는가?
- 주변 사람들이 당신의 말을 무조건 아니라고 할 때, 당신은 어떻게 할 것인가?
- 이곳에서 몇 년까지 일할 생각인가?
- 마지막으로 하고 싶은 말이 있으면 해 보시오.

[삼성전기]
- 입사하면 구체적으로 무슨 일을 하고 싶은가?
- 당사에 대해 아는 대로 말해 보시오.
- 삼성전기에 지원한 이유는 무엇인가?
- 우리 회사가 만드는 것 중에 아는 것이 있는가?
- 준비해온 자기소개 말고, 즉석으로 자기소개를 해 보시오.
- 자신의 장단점에 대해 말해 보시오.
- 같이 일하는 동료와 의견충돌이 생겼을 경우 어떻게 해결하겠는가?
- 지금까지 살면서 불이익을 당한 경험이 있는가?
- 마지막으로 하고 싶은 말이 있으면 해 보시오.
- 전에 일을 하면서 곤란하거나 난감했던 적은? 어떻게 극복하였는가?
- 스트레스를 받은 경우에 본인만의 해소방안이 있는가?
- 인생을 살면서 협업을 해 본 경험이나 갈등을 관리해 본 경험이 있는가?

[삼성SDS]
- 프로젝트를 진행한 경험이 있는가? 있다면 구체적으로 설명할 수 있는가?
- 자기소개를 해 보시오.
- 입사하게 된다면 군대는 어떻게 할 것인가?
- 입사 후 구체적으로 어떻게 잘 할 것인가?
- 본인이 만족하지 못하는 직무를 주면 어떻게 할 것인가?
- 마지막으로 하고 싶은 말을 해 보시오.

[삼성에스원]
- 입사하면 어떤 일을 하고 싶은가?
- 자신만의 경쟁력을 말해 보시오.
- 일이 힘든데 할 수 있겠는가?
- 자신을 표현할 수 있는 단어를 말해 보시오.
- 본인의 아버지를 소개해 보시오.
- 좋아하는 운동은 무엇인가?
- 자기소개서가 있지만, 다시 한 번 자기소개를 해 보시오.
- 가족 안에서 자신의 역할은 무엇이라고 생각하는가?
- 친구들이 당신에 대하여 어떻다고 말을 하는가?
- 좌절을 경험해 본 적이 있는가?
- 본인이 생각하는 자신의 단점은 무엇이라 생각하는가?
- 가족 소개를 해 보시오.

- 자신의 강점에 대해 말해 보시오.
- 자신의 단점과 장점에 대해 말해 보시오.
- 최근 읽은 책이 있는가? 그 책에 대해 간단하게 설명해 보시오.
- 마지막으로 하고 싶은 말을 해 보시오.
- 가장 스트레스 받은 일은 무엇인가?
- 친구랑 싸우면 먼저 사과하는 편인가, 아니면 사과할 때까지 기다리는 편인가?
- 교과목 중에서 좋아하는 과목은 무엇이며, 그 이유는 무엇인가?
- 방과 후에 무엇을 하는가?
- 우리 회사 홈페이지에 들어가 봤는가?
- 우리 회사를 어떤 회사라고 생각하는가?
- 친구들이랑 면접 준비할 때 무슨 질문을 해봤는가?
- 같은 학교의 앞 지원자보다 나은 점은 무엇인가?
- 학생과 사회인의 차이점은 무엇인가?
- 자신의 장단점을 말해 보시오.
- 고민이 있을 경우 누구에게 말하는가?
- 친구와의 의견이 다르면 어떻게 하는가?
- 최근에 읽은 책에 대해 말해 보시오.
- 자신의 별명은 무엇이며, 그 이유를 말해 보시오.
- 학교 출결사항은 어떠했나?
- 교복 입고 온 것은 학교에서 지시한 것인가, 스스로 결정한 것인가?
- 좋아하는 연예인은 누구인가?

[삼성화재]
- 입사하면 어떤 일을 하고 싶은가?
- 해당 직무를 선택한 이유는?
- 지원 직무에서 어떤 일을 하는지 아는가?
- 만약 자신이 희망치 않는 분야에 배치된다면 어떻게 할 것인가?
- 동아리 경험을 말해 보시오.
- 이곳에 몇 시에 도착했는가?
- 월급을 받는다면 얼마를 어떻게 사용할 생각인가?
- 삼성화재에 들어오기 위해 무슨 일을 했는가?
- 보험회사 업무를 잘 알고 있는가?
- 지금 가입되어있는 보험이 있는가?
- 입사 후, 근무지가 생각했던 것과 다르다면 어떻게 하겠는가?
- 상사가 비효율적인 업무를 강요한다면 어떻게 하겠는가?
- 자기소개 아이디어는 어떻게 나왔는가?
- 가족 소개를 해 보시오.
- 운동은 어떻게 하는가?
- 대학교에 진학하는 친구들 보면 공부하고 싶거나 부럽지 않은가?
- 자신의 장단점에 대해 말해 보시오.
- 자신이 학교에서 성공했다고 생각하는 게 있다면?
- 자신의 성격의 장단점에 대해 말해 보시오.
- 근무지가 생각과 다르다면 어떻게 하겠는가?
- 마지막으로 하고 싶은 말이 있으면 해 보시오.

[삼성생명]

- 입사하면 구체적으로 어떤 일을 하고 싶은가?
- 살면서 힘들었던 경험을 말해 보시오.
- 아르바이트 경험이 있다면 소개해 보시오.
- 삼성생명에서 본인이 펼칠 수 있는 능력에 대해 말해 보시오.
- 존경하는 인물은 누구인가?
- 사는 곳이나 가족 또는 학교 자랑을 해 보시오.
- 어머니께 배울 점은 무엇인가?
- 한 달 용돈은 얼마이며, 어떻게 쓰는가?
- 시간근로를 해본 적이 있는가?
- 지망과 2지망과 3지망은 왜 중복지원을 안했는가?
- 가족 소개를 해 보시오.
- 마지막으로 하고 싶은 말이 있으면 해 보시오.

[삼성물산]

- 당사에 대해 아는 대로 말해 보시오.
- 중대 재해에 대해 아는 대로 말해 보시오.
- 당사 건축물에 대해 아는 대로 말해 보시오.
- 자기소개를 해 보시오.
- 지원동기를 말해 보시오.
- 왜 실업계 고등학교를 선택했는가?
- 이곳에서 무슨 일을 하는지 알고 있는가?
- 10년 후의 자신의 모습은 어떨 것 같은가?
- 마지막으로 하고 싶은 말이 있으면 해 보시오.

[삼성카드]

- 당사 지원 동기는 무엇인가?
- 당사가 나아가야 할 방향을 말해 보시오.
- 지원 직무에서 어떤 일을 하는지 아는가?
- 지방(비연고지) 근무가 가능한가?
- 핸드폰에 친구 전화번호가 몇 개 있는가?
- 지금까지 살아오면서 행복하다고 생각하며 살았는가?
- 이력서에 적은 취미와는 다른 취미나 특기가 있는가?
- 삼성카드에 대해 어느 정도 알고 있는가? 5가지만 말해 보시오.
- 스트레스는 어떻게 푸는가?
- 면접이 끝나면 제일 먼저 어디에 가고 싶은가?
- 자신의 장점 1개와 단점 2개를 말해 보시오.
- 삼성카드에서 무슨 일을 하는지 아는가?
- 현재 가장 갖고 싶은 것이 무엇인가?
- 자신의 성격 중에서 고치고 싶은 점은 무엇인가?
- 친구들이 바라보는 자신의 모습은?
- 살면서 가장 좌절감이 들었던 적은 있는가?
- 반에서 몇 등 하는가?
- 선생님들과 친하게 지내서 친구들이 시기하지 않았는가?
- 적극적인 성격은 선천적인가, 후천적인가?
- 손님과 종업원 입장을 둘 다 경험해봤는데, 손님에게 어떻게 대해야겠다고 생각하는가?

2. SK

[SK이노베이션]
- 희망하지 않는 분야에 배치된다면?
- 어려움을 극복했던 경험을 말해 보시오.
- 상사와 갈등이 계속 생긴다면 어떻게 할 것인가?
- 자기소개를 해 보시오.
- 취미는 무엇인가?
- 학창시절 가장 기억에 남는 것은 무엇인가?
- 기존의 틀을 벗어난 방법으로 문제를 해결해 본 경험이 있는가?
- 본인이 한 일 중 가장 성취도가 높았던 경험을 말해 보시오.
- 부당한 지시를 받았다면 어떻게 행동할 것인가?
- 동아리 활동 경험에 대해 말해 보시오.
- 법이나 규칙 등을 위반했던 경험을 말해 보시오.
- 지금까지 가장 열정을 다했던 경험에 대해 설명해 보시오.
- SK이노베이션에 입사하기 위해 어떠한 노력을 했는지 설명해 보시오.
- 자신의 장단점에 대해 말해 보시오.
- 여행 간 지역은 어디이고, 그곳에 왜 갔는지, 무엇이 감명 깊었는지 말해 보시오.
- 5년 후에 어떤 모습일지 생각해 본적 있는가?
- 다른 지원자들과 차별화되는 역량 5가지를 말해 보시오.

[SK하이닉스]
- 당사의 신제품이나 신상품 중 아는 것이 있으면 말해 보시오.
- 1분간 자기소개를 해 보시오.
- SK하이닉스에 지원한 동기는 무엇인가?
- 우리 회사의 무엇을 보고 지원하였는가?
- 출결 사항이 안 좋은 이유는 무엇인가?
- 본인의 장점과 단점에 대해 말해 보시오.
- 좋아하는 과목은 무엇인가?
- 취미는 무엇인가?
- 최근에 본 영화는 무엇인가?
- 학교를 소개해 보시오.
- 전공이 직무와 관련이 없는데, 왜 이 일을 하려고 하는가?
- SK하이닉스에 공장이 몇 개 있는지 아는가?
- 도체와 부도체의 차이는 무엇인가?
- 공장에서 어떤 제품을 만드는지 아는가?
- 우리 회사가 본인을 왜 뽑아야 하는지 말해 보시오.
- SK하이닉스에 입사 후 20년 뒤의 자신의 모습은 어떨지 말해 보시오.
- 마지막으로 하고 싶은 말이 있다면 해 보시오.
- 하이닉스 내부에 들어오고 나서 느낀 점에 대해 설명해 보시오.
- 본인의 생활신조는 무엇인가?
- SK하이닉스의 사업 분야에 대해 말해 보시오.

[SK케미칼]

- 화학공학과 고분자공학의 차이를 설명해 보시오.
- 자신이 회사와 잘 맞는다고 생각하는가?
- 당사 비전에 대해 말해 보시오.
- 우리 회사가 본인을 뽑아야 하는 이유는 무엇인가?
- 자신의 장단점에 대해 말해 보시오.
- 체력은 좋은 편인가?
- 직무에 대해 아는 것이 있는가?

[SK에너지]

- 자신이 최고가 되려고 했던 경험을 말해 보시오.
- 경험해본 사회경험이나 사회활동을 말해 보시오.
- 자신이 지원한 직무에 적합하다고 생각하는 이유는 무엇인가?
- 학생과 직장인의 차이가 무엇이라고 생각하는가?
- 동시에 일을 수행하여 성공해 본 경험이 있는가?
- 휴일근무를 계속 해야 한다면 어떻게 할 것인가?
- 책임감을 느껴본 경험이 있는가?
- 주어진 규칙을 위반한 경험이 있다면 그 사례는 무엇인가?
- 인간관계에서 가장 어려운 것은 무엇이라고 생각하는가?
- 실패한 경험이 있는가? 실패의 이유는 무엇이고, 그것을 극복하기 위해 어떻게 하였는가?
- 의도했던 목표를 초과 달성했던 경험이 있었는가?
- 리더십 발휘 경험이 있는가?

[SK종합화학]

- 가장 기억에 남는 실험과 그 이유는?
- 공정모사 프로그램을 사용해본 경험이 있는가?
- 자신의 미래는 어떻게 되리라 보는가?
- 성적이 좋지 않은데, 그 이유는 무엇인가?
- 스트레스를 받았던 경험에 대해 말해 보시오.
- 입사를 한다고 가정하고, 자신만의 각오를 말해 보시오.
- 신입사원이 갖춰야 할 자질과 덕목은 무엇인가?

3. 포스코

- 화학공학 관련해서 진행한 프로젝트가 있다면 말해 보시오.
- 기계요소를 아는 대로 말해 보시오.
- 포스코에 입사하려고 하는 이유는 무엇인가?
- 포스코의 좋은 점이나 안 좋은 점에 대해 들은 것이 있다면 말해 보시오.
- 본인의 성격 중 안 좋은 부분이 있다면 말해 보시오.
- 본인의 안 좋은 성격이 최근에 생활 속에서 드러난 경험이 있다면 말해 보시오.
- 학교생활 중 친구와 갈등이 생긴 경험이 있는지, 있다면 그 갈등을 어떻게 해결했는지 말해 보시오.
- 친구들에게 인기가 많은 편인가?
- 자신의 단점은 무엇인가? 그 단점이 생활 속에서 나타난 경험을 말해 보시오.
- 자격증이 별로 없는데 그 이유는 무엇인가?
- 취득한 자격증을 업무에 어떻게 활용할 것인가?
- 사람을 사귈 때 본인만의 기준이 있다면 말해 보시오.
- 회사 또는 국가가 역사관, 국가관을 중요시하는 이유를 무엇이라고 생각하는가?
- 원하지 않는 부서에 배치된다면 어떻게 할 것인가?
- 공백기간 동안 무엇을 했는가?
- 포스코의 핵심가치 5가지를 말해 보시오.
- 상사와의 갈등을 어떻게 해결할 것인가?
- 노조에 대해 어떻게 생각하는가?
- 최근에 읽은 책은 무엇이며 읽고 무엇을 느꼈는지 말해 보시오.
- 안전에 대한 본인의 생각을 말해 보시오.

4. 기아

- 100초 동안 자기소개를 해 보시오.
- 기아에 지원한 이유는 무엇인가?
- 고교성적이 상당히 좋은데, 대학진학 생각은 없었는가?
- 스트레스 해소법은?
- 본인의 장단점은 무엇인가?
- 고등학교 졸업하고 지금까지 무엇을 했는가?
- 기아에 들어오려면 요구되는 게 무엇이라고 생각하고 본인은 입사하기 위해 무엇을 했는가?
- 작업현장에 방진(먼지) 때문에 건강에 문제가 생길 수도 있는데, 어떻게 해결할 것인가?
- 만약 방진(먼지)이 많은 현장에 있어야 한다는 가정하에 건강과 작업 중 무엇을 택하겠는가?
- 본인이 생각하는 은퇴 또는 퇴직의 나이와 그 이유는?
- 기아 인재상 중 한 가지와 연결 지어 본인의 경험을 말해 보시오.
- 친구가 많은 편인가?
- 기아보다 더 좋은 회사가 많은데, 왜 이곳에 지원했는가?
- 본인을 정직한 사람이라고 생각하는가? 만약 정직하다면 어떤 면에서 정직하고, 바른 사람인지 말해 보시오.
- 돈을 많이 주는 일과 여유가 많은 일 중 무엇을 선택할 것인가?
- 본인이 바라는 상사는 어떤 상사인가?
- 성적이 낮은데, 그 이유는 무엇인가?
- 기아가 앞으로 벤츠처럼 되려면 어떻게 해야 하는가?
- 기업의 현 상황에 대한 본인의 생각을 말해 보시오.
- 기아의 미래 발전 가능성에 대한 생각을 말해 보시오.

5. GS칼텍스

- 직장 내에서 다른 사람과의 불화가 일어나면 어떻게 해결할 것인가?
- 안전에 대해 어떻게 생각하는가?
- GS칼텍스에서 일하는 것은 당신에게 어떤 의미인가?
- 자기 PR을 해보시오.
- GS칼텍스에 지원하기 위해 무엇을 준비하였는가?
- 취미는 무엇인가?
- 자신의 성실함을 증명해 보시오.
- 자신의 목표에 대해 말해 보시오.
- 자신의 특기에 대해 말해 보시오.
- 교내 활동이나 동아리 활동을 한 적이 있는가? 있다면 그 경험에 대해 말해 보시오.
- 입사 후 포부는 무엇인가?
- 주량은 얼마나 되는가?
- 본인이 지원한 직무가 정확히 어떠한 일을 하는 것인지 알고 있는가?
- 30대, 또는 40대가 되었을 때 자신이 어떤 모습일지 말해 보시오.
- 최근에 본 영화가 있는가?
- 살면서 가장 힘들거나 어려웠던 때는 언제인가?
- 당신이 정말 마음을 터놓고 모든 것을 이야기할 수 있는 친구는 몇 명이나 되는가?
- 친구들이 말하는 자신의 장점은 무엇인가?
- 준비해 왔는데 아직 하지 못한 말이 있는가? 있다면 해 보시오.
- 하기 싫은 일을 했던 경험에 대해 말해 보시오.
- 직무에 대해 아는 것을 말해 보시오.
- 최근에 읽은 책은 무엇인가?
- 가장 성과가 있었던 경험과 가장 힘들었던 경험은 무엇인가?
- 주변 동료에게 나쁜 평가를 받아본 적이 있는가?
- 본인 직무에서 가장 필요한 역량은 무엇인가?

1. 한국전력공사

- 퇴근 시간이 임박했는데 악성 민원이 왔을 때 어떻게 대처할 것인가?
- 무엇인가를 끈질기게 한 경험이 있는가? 있다면 설명해 보시오.
- 한국전력공사의 비전을 말해 보시오.
- 최근에 본 한국전력공사 뉴스는 어떤 것이 있었는가?
- 최근 읽은 책과 그 책에 대해 느낀 점을 말해 보시오.
- 입사 후, 친구가 자신에게 전기세가 비싸다고 따진다면 어떻게 대처하겠는가?
- 전기하면 생각나는 것은 무엇인가?
- 공기업이 뭐라고 생각하는가?
- 공기업의 장단점을 말해 보시오.
- 살면서 가장 억울했던 경험에 대해 말해 보시오.
- 자신이 희생해서 한 일에 대해 말해 보시오.
- 본인이 지원한 분야가 한전에서 어떤 일을 하고 있는지 알고 있는가?
- 전류·전기·저항에 대해 아는가?
- 지금까지 살아오면서 멘토라고 생각하는 사람 혹은 존경하는 사람에 대해 말해 보시오.
- 자신의 단점을 말해 보시오.
- 한전에 대한 이슈를 말해 보시오.
- 한전에 들어와서 어떤 일을 하고 싶은가?
- 직업을 선택하는 기준과 한전을 선택한 이유는 무엇인가?
- 집이 가난할 때 부모님께 어떻게 힘이 되어 드렸는가?
- 자격증이 한전에 어떤 식으로 도움이 될 것인가?
- 힘들었던 일을 극복한 경험을 말해 보시오.
- 자신과 맞지 않는 사람들과는 어떻게 할 것인가?
- 닮고 싶지 않은 상사가 있다면 어떤 사람인가?
- 친구들을 사귈 때 어떤 것에 중점을 두는가?
- 배우자를 택할 때 어떤 것에 중점을 두는가?
- 인생의 목표는 무엇인가?
- 인생에 돈은 몇 %를 차지하는가?
- 본인은 무엇으로 스트레스를 받는가?
- 어떤 상사랑 일하고 싶은가?
- 학교에서 큰 잘못을 친구와 둘이 했을 때, 한 명만 용서를 받을 수 있다면 누가 용서를 받겠는가?
- 한전의 첫인상과 현재의 인상을 말해 보시오.
- 한전의 이미지에 대해 말해 보시오.
- 자신이 다른 지원자에 비해 가진 경쟁력을 말해 보시오.
- 어렸을 때 꿈이 무엇이었는가?
- 지원 동기와 입사 후 얻고 싶은 부분에 대해 말해 보시오.
- 한국전력공사가 중점적으로 추진해야 하는 사업이 무엇인지 말해 보시오.
- 자신의 장점과 단점을 말하고, 장점을 활용하여 적극적으로 문제를 해결한 경험에 대해 말해 보시오.
- 본인의 가치관과 조직 생활이 충돌했던 경험에 대해 말해 보시오.

2. 한국수력원자력

- 직업 특성상 오지에서 근무해야 하는데 가능한가?
- 안전과 효율이 있을 때, 효율을 위해서라면 어느 정도의 안전성을 내어줄 수 있는가?
- 자신의 의견에 대한 비판을 받고서 그 의견을 수용한 경험이 있는가?
- 다른 사람들과 어울리는 것을 좋아하는가?
- 한수원에 대해 얼마나 알고 있는가?
- 입사 후 본인의 역량을 어떻게 활용하겠는가?
- 한수원에 입사하게 된다면 하고 싶은 업무를 말해 보시오.
- 열정을 보였던 일에 대해 말해 보시오.
- 한수원에 대해 얼마나 알고 있는가?
- 본인의 장단점에 대해 말해 보시오.
- 가족들과 대화를 많이 나누는 편인가?
- 한수원과 다른 회사의 차이점은 무엇인가?
- 지금까지 한 일 들 중 가장 많은 성취감을 느낀 일은 무엇인가?
- 취미와 특기는 무엇인가?
- 원자력의 단점에 대해 말해 보시오.

3. 한국중부발전

- 본인이 청소년 프로그램을 진행할 때, 그에 기여할 수 있는 부분은?
- 제시한 청소년 프로그램에 구체적으로 어떤 체험학습을 넣고 싶은가?
- 자기 소개를 해 보시오.
- 회사가 당신을 뽑아야 하는 이유를 말해 보시오.
- 살면서 가장 성취감을 느낀 적은 언제인가?
- 주말에 주로 무엇을 하는가?
- 친구랑 크게 싸운 적이 있는가?
- 10년 후의 자신의 모습에 대해 말해 보시오.
- 인생의 목표는 무엇인가?
- 스스로 생각하는 장점과 단점은 무엇인가?
- 리더십을 발휘한 경험이 있는지 말해 보시오.
- 외국인 친구를 데려가고 싶은 장소가 있다면 말해 보시오.
- 가장 도전적인 경험에 대해 말해 보시오.
- 유연 근무에 대해 어떻게 생각하는가?
- 한 곳에서 꾸준히 근무하는 것과 다양한 곳에서 경험을 쌓는 것 중 어떤 것이 좋은가?
- 퇴근 후 동료들과 다른 활동을 하는 것에 동의하는가?
- 업무를 순차적으로 두 개를 부여받았을 때 어떤 업무를 먼저 시작할 것인가?
- 미래산업 중 가장 발전가능성이 있는 분야는 무엇이라고 생각하는가?

4. 한국가스공사

- 어떤 조에 당신이 속해 있을 때, 당신은 리더인가?
- 현장에서 협력업체와 갈등이 생길 때 어떻게 하겠는가?
- 로또에 당첨된다면 하고 싶은 일은 무엇인가?
- 원하는 배우자 상을 말해 보시오.
- 한국가스공사의 핵심가치를 알고 있는가?
- 본인이 축구선수를 한다면 어떤 포지션일지 선택하고, 그 이유를 말해 보시오.
- 청소년들의 스마트폰 중독에 대해 어떻게 생각하는가?
- 주변 사람들이 본인에 대해 어떻게 평가하는가?
- 취미생활은 무엇인가?
- 채용정보를 어떻게 알고 지원했는가?
- 가장 열정적으로 했던 일은 무엇인가?
- 입사 후 포부를 말해 보시오.
- 좌우명은 무엇인가?
- 존경하는 사람에 대해 말해 보시오.
- 회사와 자신이 맞지 않는다면 어떻게 할 것인가?
- 올해의 목표를 말해 보시오.
- 봉사활동을 해 본 경험이 있는가?
- 최근 본 사람 중 가장 열정적인 사람이 있는가?
- 귀하의 모습 중 한국가스공사의 인재상에 부합하는 것이 있는가?
- 본인의 장단점을 말해 보시오.
- 창의적인 경험으로 문제를 해결했던 적이 있는가?

5. 한국철도공사

- 누군가와 협력했던 사례가 있는가? 있다면 그 사례에 관해 설명해 보시오.
- 코레일 직원으로서 가져야 할 사명감은 무엇이라고 생각하는가?
- 살면서 가장 기뻤던 일과 가장 슬펐던 일에 대해 말해 보시오.
- 인생에서 가장 중요하게 생각하는 것을 말해 보시오.
- 변압기가 무엇인지 말해 보시오.
- 철도 민영화에 대한 생각을 말해 보시오.
- 최근 코레일에 대한 뉴스를 접한 것이 있는가?
- 카페열차의 이용 활성화 방안에 대해 말해 보시오.
- 자신의 장단점에 대해 말해 보시오.
- 취미는 무엇인가?
- 학교 수업 외 다른 경험에 대해 말해 보시오.
- 코레일을 홍보해 보시오.
- 일을 하다가 급한 일이 생기면 어떻게 하겠는가?
- 철도를 이용하면서 느꼈던 점에 대해 말해 보시오.
- 존경하는 사람은 누구이며, 그 이유에 대해 말해 보시오.
- 파업에 대한 견해를 말해 보시오.
- 일을 하다보면 다툼이 생길 수 있는데 어떻게 처리할 것인가?
- 입사 후의 계획을 말해 보시오.
- 주변 사람이 부적절한 일을 했을 때 어떻게 해결했는지 말해 보시오.
- 코레일의 직무를 수행하기 위해 특별히 더 노력한 부분이 있다면 말해 보시오.
- 인간관계에서 스트레스를 받은 경험이 있다면 말해 보시오.
- 팀워크를 발휘한 경험이 있다면 본인의 역할과 성과에 대해 말해 보시오.
- 상사와 가치관이 대립한다면 어떻게 해결할 것인지 말해 보시오.
- 상사가 불법적인 일을 시킨다면 어떻게 행동할 것인지 말해 보시오.

PART 5

6. 한국토지주택공사

- 효율적이라고 생각하는 타인과의 소통방법과 그것이 효과적이라고 생각한 이유는?
- 단지설계는 무엇이고, 어떤 일을 하는가?
- 살면서 가장 자랑할 만한 일을 말해 보시오.
- 보람 있는 경험을 말해 보시오.
- 본인의 장점은 무엇인가?
- LH의 사업에 대해 아는 것을 말해 보시오.
- LH에서 근무할 때 필요한 역량은 무엇이라고 생각하는가?
- 좌우명이 무엇인가?
- LH가 어떤 일을 하는지 아는가?
- 상사가 부당한 업무를 지시한다면 어떻게 할 것인가?
- 본인은 리더와 서포터 중 무엇을 선호하는가?
- 남들과 차별화되는 본인만의 공부 방법에 대해 말해 보시오.
- 좋은 상사란 무엇이라고 생각하는가?
- 본인은 스트레스를 어떤 상황에 받고, 어떻게 푸는가?
- 전셋값이 계속 오르는 이유와 안정화시키기 위한 해결 방안을 말해 보시오.
- LH에서 진행하고 있는 사업 중 관심 있는 사업과 그 이유는 무엇인가?
- 가장 최근에 실패한 경험과 그것을 어떻게 극복하였는지 말해 보시오.
- 지금까지 살면서 겪은 일 중 가장 자랑할 만한 일을 말해 보시오.
- 소통을 잘할 수 있는 방법이 무엇이라고 생각하는가?

7. 한국도로공사

- 당사가 하는 일이 무엇인지 설명해 보시오.
- 당사에 지원하기 위해 준비한 것을 말해 보시오.
- 다른 사원들에게 부정적인 평가를 들었을 때 본인의 대처는?
- 고속도로 터널 내 화재 시 재난대처방안에 대해 말해 보시오.
- 한국도로공사가 개선해야할 점은 무엇인가?
- 고속도로를 이용하면서 불편했던 점을 말해 보시오.
- 한국도로공사 입사를 위해 무슨 노력을 했는지 말해 보시오.
- 기계직 업무가 무슨 일을 하는지 알고 있는가?
- 자신의 장단점에 대해 말해 보시오.
- 터널 관련 사고를 줄이기 위한 방안에 대해 말해 보시오.
- 일반국도와 고속도로를 비교해 보시오.
- 취미가 무엇이고 그 취미를 좋아하는 이유를 말해 보시오.
- 자기 자신에게 실망했던 적이 있는가?
- 형제관계가 어떻게 되며 사이가 좋은가?
- 최근에 읽은 책에 대해 말해 보시오.
- 최근에 본 영화에 대해 말해 보시오.
- 고속도로의 장점과 단점에 대해 말해 보시오.
- 명절 고속도로 정체의 해소 방안에 대해 말해 보시오.
- 입사 후 자기계발을 위해 무엇을 하겠는가?

8. 국민건강보험공단

- 상사가 부당한 지시를 했을 때 어떻게 대처했는가?
- 어떤 일을 할 때 본인의 탁월한 능력으로 성과를 거둔 적이 있는가?
- 갈등을 극복한 경험이 있는가?
- 공단 입사 후 업무를 하면서 가장 좋을 것 같은 점과 가장 힘들 것 같은 점을 말해 보시오.
- 본인이 생각했을 때 가장 좋은 성품과 고치고 싶은 습관은 무엇인가?
- 갈등 상황에서 타인의 의견을 수용하고 해결한 경험을 말해 보시오.
- 타 지원자와 다른 나만의 경쟁력을 말해 보시오.
- 민원인과의 충돌이 있을 경우 어떻게 대처하겠는가?
- 대인관계에서 가장 중요한 것이 무엇이라고 생각하는가?
- 가장 열정적으로 한 일이 무엇인가?
- 꾸준한 관계를 유지하는 데 무엇이 중요한가?
- 처음 보는 사람에게 신뢰를 얻을 수 있는 방법이 무엇인가?
- 인재상 중 본인에게 부합하는 가치가 무엇이라고 생각하는가?
- 타인을 배려한 경험이 있는가?
- 본인의 장단점에 대해 말해 보시오.
- 국민건강보험공단에 대해 아는 것을 말해 보시오.
- 고객의 입장에서 국민건강보험공단이 개선해야 할 점에 대해 말해 보시오.
- 자신의 장단점과 단점을 보완하기 위해 하는 일을 말해 보시오.
- 국민건강보험공단이 하는 일과 자신의 장점이 어떻게 부합되는가?
- 감명 깊게 본 책이나 영화에 대해 말해 보시오.
- 본인의 10년 후 모습에 대해 말해 보시오.
- 실패하거나 힘들었던 경험에서 후회하는 부분은 무엇이며 지금 다시 돌아간다면 어떻게 할 것인가?
- 상사의 긍정적 또는 부정적 피드백을 받은 경험이 있는가?
- 동료와의 갈등상황이 생긴다면 어떻게 대처하겠는가?
- 끈기를 가지고 노력했던 경험이 있는가?
- 공공기관 직원이 갖춰야 할 중요한 가치나 덕목은 무엇이라고 생각하는가?

9. 건강보험심사평가원

- 자기소개를 해 보시오. 외운 대로 하지 말고, 진짜 내가 누구인지를 알 수 있게 해 보시오.
- 건강보험심사평가원이 어떤 일을 하는 곳인지 아는가?
- 건강보험심사평가원이 하는 일 중 가장 인상 깊은 것을 말해 보시오.
- 가장 뛰어나다고 생각하는 발명을 말해 보시오.
- 자기소개와 10년 후 목표에 대해 말해 보시오.
- 자신의 강점이 건강보험심사평가원에 어떠한 도움을 줄 수 있다고 생각하는가?
- 자신이 꿈이 무엇인지 말해 보시오.
- 본인의 단점으로 인해 발생할 수 있는 문제와 이를 개선하기 위한 방안을 말해 보시오.
- 본인의 강점을 직무와 연관지어 말해 보시오.
- 팀원들과 함께 해오던 프로젝트를 갈아 엎어야 하는 상황이 발생한다면 어떻게 대처할지 말해 보시오.
- 힘들지만 끝까지 해낸 경험이 있다면 말해 보시오.
- 건강보험심사평가원의 가치 중 가장 중요하다 생각하는 것은 무엇인지 말해 보시오.
- 건강보험심사평가원에서 해 보고 싶은 업무가 있다면 무엇인지 말해 보시오.

합 격 의
공 식
시대에듀

"오늘 당신의 노력은 아름다운 꽃의 물이 될 것입니다."

그러나, 이 꽃을 볼 때 사람들은 이 꽃의 아름다움과 향기만을 사랑하고 칭찬하였지, 이 꽃을 그렇게 아름답게 어여쁘게 만들어 주는 병 속의 물은 조금도 생각지 않는 것이 보통입니다.

만일 이 꽃병 속에 들어 있는 물을 죄다 쏟아 버리고 빈 병에다 이 꽃을 꽂아 보십시오.

아무리 아름답고 어여쁜 꽃이기로서니 단 한 송이의 꽃을 피울 수 있으며, 단 한 번이라도 꽃 향기를 날릴 수 있겠습니까?

우리는 여기서 아무리 본바탕이 좋고 아름다운 꽃이라도 보이지 않는 물의 숨은 힘이 없으면 도저히 그 빛과 향기를 자랑할 수 없는 것을 알았습니다.

－방정환의 「우리 뒤에 숨은 힘」 중－

아이들이 답이 있는 질문을 하기 시작하면
그들이 성장하고 있음을 알 수 있다.

－ 존 J. 플롬프 －

앞선 정보 제공! 도서 업데이트

언제, 왜 업데이트될까?

도서의 학습 효율을 높이기 위해 자료를 추가로 제공할 때!
공기업 · 대기업 필기시험에 변동사항 발생 시 정보 공유를 위해!
공기업 · 대기업 채용 및 시험 관련 중요 이슈가 생겼을 때!

01 시대에듀 도서
www.sdedu.co.kr/book
홈페이지 접속

02 상단 카테고리
「도서업데이트」
클릭

03 해당
기업명으로
검색

참고자료, 시험 개정사항 등 정보 제공으로 학습효율을 높여 드립니다.

더 이상의
고졸 · 전문대졸 필기시험 시리즈는 없다!

"알차다"
꼭 알아야 할 내용을 담고 있으니까

"친절하다"
핵심 내용을 쉽게 설명하고 있으니까

"핵심을 뚫는다"
시험 유형과 유사한 문제를 다루니까

"명쾌하다"
상세한 풀이로 완벽하게 익힐 수 있으니까

성공은 나를 응원하는 **사람**으로부터 **시작**됩니다.
시대에듀가 당신을 힘차게 응원합니다.

최신판

2025

대기업·공기업

편저 | **SDC(Sidae Data Center)**

정답 및 해설

고졸채용

인적성검사 / NCS 직업기초능력평가

시대에듀

PART

1

적성검사

끝까지 책임진다! 시대에듀!

QR코드를 통해 도서 출간 이후 발견된 오류나 개정법령, 변경된 시험 정보, 최신기출문제, 도서 업데이트
자료 등이 있는지 확인해 보세요! **시대에듀 합격 스마트 앱**을 통해서도 알려 드리고 있으니 구글 플레이나
앱 스토어에서 다운받아 사용하세요. 또한, 파본 도서인 경우에는 구입하신 곳에서 교환해 드립니다.

CHAPTER 01 언어능력검사 적중예상문제

01 언어유추

01	02	03	04	05	06	07	08	09	10
②	③	②	③	⑤	⑤	⑤	④	④	③
11	12	13	14	15	16	17	18	19	20
①	②	③	②	③	⑤	②	②	②	④
21	22	23	24	25	26	27	28	29	30
②	②	②	④	③	④	②	⑤	②	④

01
정답 ②

제시된 단어는 유의 관계이다.
남을 시기하고 샘을 잘 내는 마음이나 행동을 의미하는 '암상'의 유의어는 '시기심'이고, 예로부터 해 오던 방식이나 수법을 좇아 그대로 행함을 의미하는 '답습'의 유의어는 '흉내'이다.

02
정답 ③

제시된 단어는 유의 관계이다.
'거드름'의 유의어는 '거만'이고, '삭임'의 유의어는 '소화'이다.

03
정답 ②

제시된 단어는 유의 관계이다.
'참하다'는 '성질이 찬찬하고 얌전하다.'는 뜻으로 '얌전하다'는 말과 같은 의미를 가지며, '아결하다'는 '단아하며 깨끗하다.'는 뜻으로 '고결하다'는 말과 같은 의미를 가진다.

04
정답 ③

제시된 단어는 한자어와 고유어의 관계이다.
'보유하다'의 고유어는 '갖다'이고, '조성하다'의 고유어는 '만들다'이다.

05
정답 ⑤

제시된 단어는 유의 관계이다.
'겨냥하다'는 '목표물을 겨누다.'는 뜻으로 '목표나 기준에 맞고 안 맞음을 헤아려 보다.'라는 뜻인 '가늠하다'와 유의 관계이다. 따라서 '기초나 터전 따위를 굳고 튼튼하게 하다.'는 뜻을 가진 '다지다'와 유의 관계인 단어는 '세력이나 힘을 더 강하고 튼튼하게 하다.'라는 뜻인 '강화하다'이다.

오답분석
① 진거하다 : 앞으로 나아가다.
② 겉잡다 : 겉으로 보고 대강 짐작하여 헤아리다.
③ 요량하다 : 앞일을 잘 헤아려 생각하다.
④ 약화하다 : 세력이나 힘이 약해지다.

06
정답 ⑤

제시된 단어는 유의 관계이다.
'변변하다'는 '지체나 살림살이가 남보다 떨어지지 아니하다.'는 뜻으로 '살림살이가 모자라지 않고 여유가 있다.'라는 뜻인 '넉넉하다'와 유의 관계이다. 따라서 '여럿이 떠들썩하게 들고 일어나다.'는 뜻을 가진 '소요(騷擾)하다'와 유의 관계인 단어는 '시끄럽고 어수선하다.'라는 뜻인 '소란하다'이다.

오답분석
① 치유하다 : 치료하여 병을 낫게 하다.
② 한적하다 : 한가하고 고요하다.
③ 공겸하다 : 삼가는 태도로 겸손하게 자기를 낮추다.
④ 소유하다 : 가지고 있다.

07
정답 ⑤

제시된 단어는 반의 관계이다.
'미비'는 '아직 다 갖추지 못한 상태에 있음'을 나타내고, '완구'는 '빠짐없이 완전히 갖춤'을 나타내므로 반의 관계이다. 따라서 '진취'는 '적극적으로 나아가서 일을 이룩함'을 뜻하고, '퇴영'은 '활기나 진취적 기상이 없음'을 뜻하므로 반의 관계이다.

오답분석
① 완비 : 빠짐없이 완전히 갖춤
② 퇴각 : 뒤로 물러감, 금품 등을 물리침
③ 퇴출 : 물러나서 나감
④ 퇴로 : 뒤로 물러날 길

08

정답 ④

제시된 단어는 유의 관계이다.
'만족'과 '흡족'은 '모자란 것 없이 충분하고 넉넉함'을 뜻하는 단어로 유의 관계이다. 따라서 '요구되는 기준이나 양에 미치지 못해 충분하지 않음'을 뜻하는 '부족'의 유의어는 '있어야 하는 것이 모자라거나 없음'을 뜻하는 '결핍'이다.

[오답분석]
① 미미 : 보잘것없이 매우 작음
② 곤궁 : 가난하여 살림이 구차하고 딱함
③ 궁핍 : 몹시 가난함
⑤ 가난 : 살림살이가 부족함

09

정답 ④

제시된 단어는 유의 관계이다.
'중요'는 '귀중하고 요긴함'의 뜻으로 '요긴'과 유의 관계이다. 따라서 '일정한 사물에만 있는 특수한 성질'을 뜻하는 '특성'은 '특별한 기질이나 성질'을 뜻하는 '특질'과 유의 관계이다.

[오답분석]
① 성질 : 사람이 지닌 마음의 본바탕
② 특별 : 보통과 구별되게 다름
③ 특이 : 보통 것이나 보통 상태에 비하여 두드러지게 다름
⑤ 특수 : 특별히 다른 것

10

정답 ③

제시된 단어는 반의 관계이다.
'세입'은 '국가나 지방 자치 단체의 한 회계 연도에 있어서의 모든 수입'이라는 뜻으로, '국가나 지방 자치 단체의 한 회계 연도에 있어서의 모든 지출'을 뜻하는 '세출'과 반의 관계이다. '할인'은 '일정한 값에서 얼마를 뺌'을 뜻하고, '할증'은 '일정한 값에 얼마를 더함'을 뜻하므로 반의 관계이다.

[오답분석]
① 상승 : 낮은 데서 위로 올라감
② 인상 : 물건 따위를 끌어 올림
④ 감소 : 양이나 수치가 줆. 또는 양이나 수치를 줄임
⑤ 인하 : 물건 따위를 끌어내림

11

정답 ①

제시된 단어는 목적어와 서술어 관계이다.
'시간'을 '보내다'이고, '차례'를 '지내다'이다.

12

정답 ②

제시된 단어는 유의 관계이다.
'피곤하다'의 유의어는 '곤하다'이며, '심심하다'의 유의어는 '밍밍하다'이다.

13

정답 ③

제시된 단어는 직업과 일의 관계이다.
'목수'는 '건축'을 하고, '운동선수'는 '운동'을 한다.

14

정답 ②

제시된 단어는 반의 관계이다.
'왜소하다'의 반의어는 '거대하다'이며, '감퇴하다'의 반의어는 '증진하다'이다.

15

정답 ③

제시된 단어는 도구와 결과물의 관계이다.
'선풍기'로 '바람'을 만들고, '제빙기'로 '얼음'을 만든다.

16

정답 ⑤

제시된 단어는 부분 관계이다.
'흑연'은 '탄소'로 이루어져 있으며, '단백질'은 '아미노산'으로 이루어져 있다.

17

정답 ②

제시된 단어는 상하 관계이다.
'곤충'의 하위어는 '잠자리'이며, '운동'의 하위어는 '축구'이다.

18

정답 ②

제시된 단어는 상하 관계이다.
'명절'의 하위어는 '설날'이며, '양식'의 하위어는 '스테이크'이다.

19

정답 ②

제시된 단어는 반의 관계이다.
'근면'의 반의어는 '나태'이며, '부정'의 반의어는 '수긍'이다.

20
정답 ④

뒷말의 첫소리 모음 앞에서 'ㄴㄴ' 소리가 덧나는 경우에는 사이시옷을 밝혀 적어야 하므로 '예삿일'이 맞는 표기이다.

오답분석

① 두 음절로 된 다음 한자어 '곳간, 셋방, 숫자, 찻간, 툇간, 횟수'는 예외적으로 사이시옷을 밝혀 적는다.
② 뒷말의 첫소리가 된소리로 나면 사이시옷을 밝혀 적는다.
③·⑤ 뒷말의 첫소리 'ㄴ, ㅁ' 앞에서 'ㄴ' 소리가 덧나는 경우에 사이시옷을 밝혀 적는다.

21
정답 ②

'간극'과 '극간'은 '사물 사이의 틈'을 뜻한다.

오답분석

① 간헐 : 얼마 동안의 시간 간격을 두고 되풀이하여 일어났다 쉬었다 함
③ 간조 : 간단하고 조잡함
④ 간섭 : 직접 관계가 없는 남의 일에 부당하게 참견함
⑤ 간과 : 큰 관심 없이 대강 보아 넘김

22
정답 ②

②의 '고치다'는 '고장이 나거나 못 쓰게 된 물건을 손질하여 제대로 되게 하다.'라는 의미이다.

오답분석

①·③·④·⑤ '잘못되거나 틀린 것을 바로 잡다.'라는 의미이다.

23
정답 ②

청명(淸明)은 봄에 속하는 절기로, 춘분과 곡우 사이에 들며, 4월 5~6일경이다.

오답분석

① 4월 20~21일경
③ 6월 5~6일경
④ 10월 8~9일경
⑤ 12월 21~22일경

24
정답 ④

'꾸러미'는 달걀 10개를 묶어 세는 단위이므로 달걀 한 꾸러미는 10개이다.

오답분석

① 굴비를 묶어 세는 단위인 '갓'은 '굴비 10마리'를 나타내므로 굴비 두 갓은 20마리이다.
② 일정한 길이로 말아 놓은 피륙을 세는 단위인 '필'의 길이는 40자에 해당되므로 명주 한 필은 40자이다.
③ '제'는 한약의 분량을 나타내는 단위로, 한 제는 탕약 20첩을 나타내므로 탕약 세 제는 60첩이다.
⑤ '거리'는 오이나 가지 따위를 묶어 세는 단위로, 한 거리는 오이나 가지 50개를 나타내므로 오이 한 거리는 50개이다.

25
정답 ③

미수(米壽)는 88세를 이르는 말이다. 80세를 의미하는 말은 '산수(傘壽)'이다.

26
정답 ④

부인의 남동생의 아내를 '처남댁'이라고 부른다.

27
정답 ②

'손님, 주문하신 커피 나오셨습니다.'에서 커피가 손님의 것이긴 하지만 커피까지 높이는 것은 옳지 않다.

28
정답 ⑤

• 금세 : 지금 바로. '금시에'가 줄어든 말로 구어체에서 많이 사용된다.
• 금새 : 물건의 값. 또는 물건 값의 비싸고 싼 정도
• 일절 : 아주, 전혀, 절대로의 뜻으로, 흔히 행위를 그치게 하거나 어떤 일을 하지 않을 때에 사용된다.
• 일체 : 모든 것
• 낳았다 : 어떤 결과를 이루거나 가져오다.
• 나았다 : 감기 등의 병이 나았을 때 사용된다.

29

정답 ②

'발(이) 빠르다'는 '알맞은 조치를 신속히 취하다'는 의미의 관용구로 띄어 쓴다.

오답분석

① 손 쉽게 가꿀 수 있는 → 손쉽게 가꿀 수 있는
: '손쉽다'는 '어떤 것을 다루거나 어떤 일을 하기가 퍽 쉽다.'의 의미를 지닌 한 단어이므로 붙여 써야 한다.

③ 겨울한파에 언마음이 → 겨울한파에 언 마음이
: '언'은 동사 '얼다'에 관형사형 어미인 '-ㄴ'이 결합한 관형어이므로 '언 마음'과 같이 띄어 써야 한다.

④ 깃발 아래 한 데 뭉치자. → 깃발 아래 한데 뭉치자.
: '한데'는 '한곳이나 한군데'의 의미를 지닌 한 단어이므로 붙여 써야 한다.

⑤ 도농간 소통하는 시간을 → 도농 간 소통하는 시간을
: '간'은 '관계'의 의미를 지닌 의존 명사로 앞말과 띄어 쓴다.

30

정답 ④

'호랑이 없는 골에 토끼가 왕 노릇 한다.'는 뛰어난 사람이 없는 곳에서 보잘것없는 사람이 득세함을 비유적으로 이르는 말로, 제시된 상황에 적절하다.

오답분석

① 싸움을 통해 오해를 풀어 버리면 오히려 더 가까워지게 된다.
② 무슨 일을 잘못 생각한 후에야 이랬더라면 좋았을 것을 하고 궁리한다.
③ 굶주렸던 사람이 배가 부르도록 먹으면 만족하게 된다.
⑤ 기껏 한 일이 결국 남 좋은 일이 되었다.

02 언어추리

01	02	03	04	05	06	07	08	09	10
①	③	①	③	②	③	①	①	③	③
11	12	13	14	15	16	17	18	19	20
①	②	②	③	②	③	③	②	③	③
21	22	23	24	25					
④	③	③	⑤	③					

01

정답 ①

'야구를 좋아함'을 A, '여행을 좋아함'을 B, '그림을 좋아함'을 C, '독서를 좋아함'을 D라고 할 때, 제시문 A를 간단히 나타내면 A → B, C → D, ~B → ~D이다. 따라서 A → B와 C → D → B가 성립하므로 C → B인 제시문 B는 참이다.

02

정답 ③

제시된 조건을 정리하면 산을 정복하고자 하는 사람은 도전정신과 끈기가 있고 공부를 잘한다.
하지만 이의 역 명제가 성립하는지의 여부는 알 수 없다.

03

정답 ①

수박과 참외는 과즙이 많고, 과즙이 많은 과일은 갈증해소와 이뇨작용에 좋다고 했으므로 참이다.

04

정답 ③

중국으로 출장을 간 사람은 일본으로 출장을 가지 않지만, 홍콩으로 출장을 간 사람이 일본으로 출장을 가는지 가지 않는지는 알 수 없다.

05

정답 ②

차가운 물로 샤워를 하면 순간적으로 체온이 내려가나, 체온이 내려가면 다시 일정한 온도를 유지하기 위해 열이 발생하므로 체온을 낮게 유지할 수는 없다.

06

정답 ③

민수와 철수 모두 정현보다 나이가 많다는 것만을 알 수 있을 뿐, 그 둘의 나이를 비교하여 알 수는 없다.

07 정답 ①

'나무가 마르지 않으면 나무에 물을 주었다.'는 A의 대우이므로 참이다. 따라서 C는 참이다.

08 정답 ①

혜진이가 영어 회화 학원에 다니면 미진이는 중국어 회화 학원에 다니고, 미진이가 중국어 회화 학원에 다니면 아영이는 일본어 회화 학원에 다닌다. 따라서 혜진이가 영어 회화 학원에 다니면 아영이는 일본어 회화 학원에 다니므로 이 명제의 대우는 '아영이가 일본어 회화 학원에 다니지 않으면 혜진이는 영어 회화 학원에 다니지 않는다.'이다. 따라서 C는 참이다.

09 정답 ③

유화를 잘 그리는 화가는 수채화를 잘 그리고, 수채화를 잘 그리는 화가는 한국화를 잘 그리지만, 희정이가 화가인지 아닌지 알 수 없으므로 유화를 잘 그리는 희정이가 한국화도 잘 그리는지는 알 수 없다. 따라서 C는 알 수 없다.

10 정답 ③

'인슐린이 제대로 생기지 않는 사람은 당뇨병에 걸리게 된다.'는 '인슐린은 당뇨병에 걸리지 않게 하는 호르몬이다.'의 역과 같으며, 역은 참일 수도 있고 거짓일 수도 있다. 따라서 C는 알 수 없다.

11 정답 ①

A와 B는 하루 안에 거래를 마쳐야 할 정도로 빨리 시드는 청과물을 생산한다. 따라서 도매시장에 도착해서 거래가 끝날 때까지도 최소 하루가 걸리는 '경매' 방식을 가장 기피한다. 또한 A는 안정된 가격에 팔기 원하기 때문에 가격변동이 발생하지 않는 '밭떼기' 방식을 가장 선호하고, B는 가격의 변동을 이용하여 평균가격보다 높게 팔려고 하기 때문에, '수의계약' 방식을 가장 선호한다.

12 정답 ②

A, B와 다르게 C, D는 거래에 일주일 이상의 여유가 있으므로 '경매' 방식도 가능하다. 이때 두 명 모두 가격의 변동을 이용하여 평균가격보다 높게 팔려고 하는 성향이 있으므로, '밭떼기' 방식을 가장 기피한다. 또한 이러한 성향의 정도가 동일하다고 했으므로, 두 명이 가장 선호하는 거래 방식은 같다.

13 정답 ②

농장이 가장 먼 곳이라도 도매시장까지 6시간이면 도착한다. 또한 C와 D가 생산하는 청과물은 빨리 시들지 않아 거래에 일주일 이상의 여유가 있다. 따라서 청과물의 품질 하락으로 인한 손실 가능성이 가장 적은 농가는 C와 D이다.

14 정답 ③

제시문에서 현대인들의 돌연사 원인에 대해 언급하고 있기는 하지만, 과거 전통적 사회에서 돌연사가 존재하지 않았는지는 알 수 없다.

15 정답 ②

제시문에서 돌연사의 특징으로 외부의 타격이 없다는 점을 꼽고 있다.

16 정답 ③

아직 돌연사의 원인이 분명히 밝혀지지 않은 경우도 많다. 건강한 삶을 통해 돌연사 발생 비율을 낮출 수 있을 뿐, 완벽한 예방이 가능한지는 알 수 없다.

17 정답 ③

일본인과 관련한 내용은 제시문에 나타나 있지 않다.

18 정답 ②

제시문에 국제우주정거장 건설에 소요된 비용이 200조 원에 달하였다고 나와 있다.

19 정답 ③

제시문에 미국, 유럽, 러시아, 일본 등 16개국이 참여했다고만 나와 있을 뿐, 한국에 대한 언급은 없으므로 알 수 없다.

20 정답 ③

부피가 큰 상자 순서대로 나열하면 초록 상자>노란 상자=빨간 상자>파란 상자이다. 따라서 초록 상자는 파란 상자에 들어가지 않는다.

21
정답 ④

한나는 장미를 좋아하고, 장미를 좋아하면 사과를 좋아한다. 즉, 한나는 사과를 좋아한다. 두 번째 명제의 대우 명제는 '사과를 좋아하면 노란색을 좋아하지 않는다.'이다. 따라서 '한나는 노란색을 좋아하지 않는다'를 유추할 수 있다.

오답분석

① 세 번째 명제의 대우 명제는 '사과를 좋아하지 않는 사람은 장미를 좋아하지 않는다.'이다.
② 해당 문장은 두 번째 명제의 이 명제이다. 따라서 옳은지 판단할 수 없다.
③ 두 번째 명제와 세 번째 명제의 대우 명제를 결합하면 '노란색을 좋아하는 사람은 장미를 좋아하지 않는다.'를 유추할 수 있다.
⑤ 제시된 명제를 통해 유추할 수 없다.

22
정답 ③

대부분이 모두를 뜻하지 않으므로, 책 읽기를 좋아하는 사람 중에는 어린이가 아닌 사람이 있다.

23
정답 ③

설사 등 증세 → 생활에 나쁜 영향
수분 비율 일정 수치 이하 → 탈수 현상
~설사 등 증세 → ~탈수 현상
• A : 탈수 현상이 발생하면 설사 등의 증세가 일어나고, 이는 생활에 나쁜 영향을 준다.
• B : 몸의 수분 비율이 일정 수치 이하로 떨어지면 탈수 현상이 발생하고, 그러면 설사 등의 증세가 일어난다.

24
정답 ⑤

닭고기<돼지고기
닭고기<소고기<오리고기<생선
• A : 태민이가 돼지고기보다 오리고기를 좋아하는지는 알 수 없다.
• B : 생선보다 돼지고기를 더 좋아할 가능성도 있기 때문에 생선을 가장 좋아하는지는 알 수 없다.

25
정답 ③

도우미 5가 목요일에 배치되므로, 세 번째 조건에 따라 도우미 3은 월요일이나 화요일, 도우미 2는 화요일이나 수요일에 배치된다. 그러나 도우미 1이 화요일 또는 수요일에 배치된다고 했으므로 도우미는 월요일부터 '3 - 2 - 1 - 5 - 4' 순서대로 배치되는 것을 알 수 있다.
• A : 도우미 4는 금요일에 배치된다.
• B : 도우미 2는 화요일에 배치된다.

03 언어논리

01	02	03	04	05	06	07	08	09	10
④	①	④	④	①	④	③	④	③	④
11	12	13	14	15	16	17	18	19	20
①	③	③	③	④	④	②	⑤	③	③
21	22	23	24	25	26	27	28	29	30
①	②	④	③	④	③	②	②	②	④

01
정답 ④

제시문은 여름에도 감기에 걸리는 이유와 예방 및 치료방법에 대해 설명하고 있다. 따라서 (마) 의외로 여름에도 감기에 걸림 – (가) 찬 음식과 과도한 냉방기 사용으로 체온이 떨어져 면역력이 약해짐 – (라) 감기 예방을 위해 찬 음식은 적당히 먹고 충분한 휴식을 취하고, 귀가 후 손발을 씻어야 함 – (나) 감기에 걸렸다면 수분을 충분히 섭취해야 함 – (다) 열이나 기침이 날 때에는 따뜻한 물을 여러 번 나눠 먹는 것이 좋음 순으로 연결되어야 한다.

02
정답 ①

(가) 친환경 농업은 건강과 직결되어 있기 때문에 각광받고 있음 – (나) 병충해를 막기 위해 사용된 농약은 완전히 제거하기 어려우며 신체에 각종 손상을 입힘 – (다) 생산량 증가를 위해 사용한 농약과 제초제가 오히려 인체에 해를 입힐 수 있음 순으로 연결되어야 한다.

03
정답 ④

제시문은 나전칠기의 개념을 제시하고 우리나라 나전칠기의 특징, 제작방법 그리고 더 나아가 국내의 나전칠기 특산지에 대해 설명하고 있다. 따라서 (라) 나전칠기의 개념 – (가) 우리나라 나전칠기의 특징 – (다) 나전칠기의 제작방법 – (나) 나전칠기 특산지 소개의 순서로 연결되어야 한다.

04
정답 ④

도덕 실재론에 대한 설명인 (나)와 정서주의에 대한 (다) 중, 전환 기능의 접속어 '한편'이 (다)에 포함되어 있으므로 (나)의 도덕 실재론에 대한 설명이 더 앞에 위치한다. 다음으로, 환언 기능의 접속어 '즉'으로 시작하며 도덕적 진리를 과학적 명제처럼 판단하는 도덕 실재론에 대한 부연설명을 하고 있는 (라)가 오고, (다)에서 앞의 도덕 실재론과 다른 정서주의의 특징을 설명하고, (다)에 대한 부연설명인 (가)가 이어져야 한다.

05 　정답 ①

㉠이 있는 문장의 서술어가 '때문이다.'이므로 이와 호응하는 '왜냐하면'이 와야 한다. ㉡은 문장의 내용이 앞 문장과 상반되는 내용이 아닌, 앞 문장을 부연하는 내용이므로 병렬 기능의 접속부사 '그리고'가 들어가야 한다. ㉢은 내용상 결론에 해당하므로 '그러므로'가 적절하다.

06 　정답 ④

㉠ 뒤의 문장에서는 앞에서 언급한 플라스틱에 새겨진 숫자의 특정 번호에 대해 이야기하므로 ㉠에는 '예를 들어'가 적절하다. 다음으로 ㉡ 뒤의 문장에서는 5번 플라스틱의 특징으로 인해 컵이나 도시락 등에 사용된다고 하였으므로 ㉡에는 '그래서'가 적절하다. 마지막으로 ㉢ 뒤의 문장에서는 6번 플라스틱의 장점을 설명하는 앞 문장과 달리 약한 내열성 등의 단점을 이야기하므로 ㉢에는 역접의 접속어인 '그러나'가 적절하다.

07 　정답 ③

'Ⅱ-2'에서는 나트륨 과다 섭취의 원인을 개인적 측면과 사회적 측면에서 나누어 제시하고 있으므로 ㉢에는 사회적 측면에서의 원인이 들어가야 한다. 그러나 '국과 찌개류를 즐겨 먹는 식습관'은 사회적 측면보다는 개인적 측면에 가까우므로 ㉢에 들어갈 내용으로 적절하지 않다. 또한 'Ⅱ-3-2)'에서 제시하는 정부의 급식소를 확대해야 한다는 개선 방안에 대한 원인으로도 보기 어렵다.

08 　정답 ④

'Ⅱ-1-나'에 따르면 온라인상에서 저작권 침해 문제가 발생하는 원인으로 주로 해외 서버를 통해 이루어지는 불법 복제를 단속하기 위해 필요한 다른 나라와의 협조 체제가 부족함을 제시하고 있다. '업로드 속도를 향상하기 위한 국내 서버 증설'은 이러한 내용과 어긋날 뿐만 아니라 불법 복제를 단속하기 위한 방안으로 보기 어렵다.

09 　정답 ③

뉴스의 내용은 감사원이 국세청의 감사를 제대로 하지 않고 있다는 내용이다. 질문에 대한 답으로 미루어 보았을 때, ③이 가장 적절하다.

10 　정답 ④

마지막 문단의 '기다리지 못함도 삼가고 아무것도 안함도 삼가야 한다. 작동 중에 있는 자연스런 성향이 발휘되도록 기다리면서도 전력을 다할 수 있도록 돕는 노력도 멈추지 말아야 한다.'를 통해 '잠재력을 발휘하도록 하려면 의도적 개입과 방관적 태도 모두를 경계해야 한다.'가 제시문의 중심 내용임을 알 수 있다.

오답분석

① 인위적 노력을 가하는 것은 일을 '조장(助長)'하지 말라고 한 맹자의 말과 반대된다.
② 싹이 성장하도록 기다리는 것도 중요하지만 '전력을 다할 수 있도록 돕는 노력'도 해야 한다.
③ 명확한 목적성을 강조하는 부분은 제시문에 나와 있지 않다.
⑤ 맹자는 '싹 밑의 잡초를 뽑고, 김을 매주는 일'을 통해 '성장을 보조해야 한다.'라고 말하며 적당한 인간의 개입이 필요함을 말하고 있다.

11 　정답 ①

제시문은 고전 범주화 이론에 바탕을 두고 있는 성분 분석 이론이 단어의 의미를 충분히 설명하지 못한다는 것을 말하고 있는 글이지 '새' 자체가 주제인 것은 아니다. 따라서 주제로 가장 적절한 것은 '고전 범주화 이론의 한계'이다.

오답분석

②·③·⑤ '새'가 계속 언급되는 것은 고전적인 성분 분석의 예로서 언급되는 것이기 때문에 주제가 될 수 없다.
④ 성분 분석 이론의 바탕은 고전 범주화 이론이고, 이는 너무 포괄적이기 때문에 글의 주제가 될 수 없다.

12 　정답 ③

제시문은 멸균에 대해 언급하며, 멸균 방법을 물리적·화학적으로 구분하여 다양한 멸균 방법에 대해 설명하고 있다. 따라서 주제로 가장 적절한 것은 ③이다.

13 　정답 ③

제시문은 크게 두 부분으로 나눌 수 있다. 첫 번째 문단은 맥주의 주원료에 대해서, 그 이후부터 마지막까지는 맥주의 제조공정 중 발효에 대해 설명하며 이에 따른 맥주의 종류에 대해 설명하고 있다. 따라서 주제로 가장 적절한 것은 ③이다.

14 정답 ③

첫 번째 문단 마지막 문장인 '그럼에도 불구하고 ~ 과학혁명의 출발점이다.'를 통해 기존의 이론이 설명 못하는 현상이 존재하면 과학혁명이 발생할 수 있음을 알 수 있다.

오답분석
① · ② 첫 번째 문단에 의하면 문제 해결의 성과는 기존 이론에 훨씬 못 미치지만, 기존 이론이 설명하지 못하는 어떤 현상을 새 이론이 설명할 수 있을 때 소수의 과학자들이 새 이론을 선택하며, 이것이 과학혁명의 시작이다.
④ 두 번째 문단에서 과학자들은 이론의 심미적 특성 같은 주관적 판단에 의해 새로 제안된 이론을 선택한다고 하였다.
⑤ 마지막 문단에서 과학자 공동체는 결국 개별 과학자들로 이루어진 것이라고 명시하고 있다.

15 정답 ④

'서도(書道)라든가 다도(茶道)라든가 꽃꽂이라든가 하는 일을 과외로 즐길 줄 아는 사람을 우리는 생활의 멋을 아는 사람이라고 말한다.'의 문장을 통해 알 수 있다.

오답분석
① · ⑤ 언급되지 않은 내용이다.
② 값비싸고 화려한 복장을 한 사람이라고 해서 공리적 계산을 하는 사람은 아니다.
③ 소탈한 생활 태도는 경우에 따라 멋있게 생각될 수 있을 뿐, 가장 중요한 것은 아니다.

16 정답 ④

네 번째 문단에서 조선백자는 넉넉한 곡선과 비대칭의 아름다움, 그러면서도 여유 있고 균형 잡힌 형태감을 지니고 있다고 하였다. '대칭과 완벽'은 중국 자기의 특징이고, '기교'는 일본 자기의 특징이다.

오답분석
① · ② 두 번째 문단에서 확인할 수 있다.
③ 마지막 문단에서 확인할 수 있다.
⑤ 세 번째 문단에서 확인할 수 있다.

17 정답 ②

한국인들은 달항아리가 일그러졌다고 해서 깨뜨리거나 대들보가 구부러졌다고 해서 고쳐 쓰지는 않았지만, 곧은 대들보와 완벽한 모양의 달항아리를 좋아하지 않았다는 언급은 없다.

18 정답 ⑤

네 번째 문단의 마지막 두 문장에서 편협형 정치 문화와 달리 신민형 정치 문화는 최소한의 인식이 있는 상태이며, 독재 국가의 정치 체계가 이에 해당한다고 설명하고 있다.

19 정답 ③

제시문의 마지막 문장에서 '언어 변화의 여러 면을 이해할 수 있다.'라고 언급했으므로 맨 앞에 나오는 문장은 일반적인 상위 진술인 '접촉의 형식도 언어 변화에 영향을 미치는 요소로 지적되고 있다.'가 가장 적절함을 알 수 있다.

20 정답 ③

오답분석
① 마지막 문장을 통해 알 수 있다.
② · ④ 세 번째 문장을 통해 알 수 있다.
⑤ 첫 번째 문장을 통해 알 수 있다.

21 정답 ①

제시문은 '발전'에 대한 개념을 설명하고 있다. 이러한 유형의 문제는 빈칸 앞뒤의 문맥을 먼저 살피는 것도 하나의 요령이다. 빈칸 앞에는 '발전'에 대해 '모든 형태의 변화가 전부 발전에 해당하는 것은 아니다.'라고 하면서 '교통신호등'을 예로 들고, 빈칸 뒤에는 '사태의 진전 과정에서 나중에 나타나는 것은 적어도 그 이전 단계에 내재적으로나마 존재했던 것의 전개에 해당한다는 것이다.'라고 설명하고 있다. 여기에 첫 번째 문장까지 고려한다면, ①의 내용이 빈칸에 들어가는 것이 가장 적절하다.

22 정답 ②

빈칸 앞 문장에서 강조하는 어구가 '인간'이므로 '인간'이 들어간 ②가 가장 적절하다.

23 정답 ④

제시문은 오존층 파괴 시 나타나는 문제점에 대해 설명하고 있다. 마지막 문단에서 극지방 성층권의 오존 구멍은 줄었지만, 많은 인구가 거주하는 중위도 저층부에서는 오히려 오존층이 얇아졌다고 언급하고 있으므로 ④가 가장 적절하다.

① 극지방 성층권의 오존 구멍보다 중위도 지방의 오존층이 얇아지는 것이 더욱 큰 문제이다.
② 제시문에서 오존층을 파괴하는 원인은 찾아볼 수 없으며, 인구가 많이 거주하는 지역일수록 오존층의 파괴에 따른 피해가 크다는 것이다.
③ 극지방이 아닌 중위도 지방에서의 얇아진 오존층이 사람들을 더 많은 자외선에 노출시키며, 오히려 극지방의 오존 구멍은 줄어들었다.
⑤ 지표면이 아닌 성층권에서의 오존층의 역할 및 문제점에 대해 설명하고 있다.

24

정답 ③

빈칸 앞뒤 문맥의 의미에 따라 추론하면 기업주의 이익추구에 따른 병폐가 우리 소비자에게 간접적으로 전해진다는 것이다. 따라서 빈칸에 들어갈 내용으로 ③이 가장 적절하다.

25

정답 ③

매슬로의 인간 욕구 5단계 이론을 소개한 (나) – 다섯 가지 욕구와 그 우선순위를 설명하는 (라) – 다섯 단계의 욕구를 더 자세히 설명하는 (다) – 인간 욕구 5단계 이론이 경영학 중 하나인 인사 분야에서 사용됨을 설명하는 (가) – 마지막으로 경영학 중 다른 하나인 마케팅 분야에서 사용됨을 설명하는 (마) 순으로 연결되어야 한다.

26

정답 ③

노후 대비를 위해 연금보험에 가입한 것은 경제적 위험으로부터 보호받고 싶어 하는 안전 욕구에 해당한다.

① 자아실현 욕구 사례이다.
② 생리적 욕구 사례이다.
④ 소속과 애정의 욕구 사례이다.
⑤ 존경 욕구 사례이다.

27

정답 ②

제시문은 '예술 작품에 대한 감상과 판단'에 대해서 첫 번째 문단에서는 '어떤 사람의 감상이나 판단은 다른 사람들보다 더 좋거나 나쁠 수도 있지 않을까? 혹은 덜 발달되었을 수도, 더 세련되었을 수도 있지 않을까?'라는 의문을, 세 번째 문단에서는 '예술 비평가들의 판단이나 식별이 올바르다는 것은 어떻게 알 수 있는가?'라는 의문을, 마지막 문단에서는 '자격을 갖춘 비평가들, 심지어는 최고의 비평가들에게서조차 의견의 불일치가 생겨나는 것'에 대한 의문을 제기하면서 흄의 견해에 근거하여 순차적으로 답변하며 글을 전개하고 있다.

28

정답 ④

『돈키호테』에 나오는 일화에 등장하는 두 명의 전문가는 둘 다 포도주의 맛이 이상하다고 하였는데 한 사람은 쇠 맛이 살짝 난다고 했고, 또 다른 사람은 가죽 맛이 향을 망쳤다고 했으므로, 포도주의 이상한 맛에 대한 원인을 다르게 판단한 것은 비평가들 사이에서 비평의 불일치가 생겨난 것에 해당한다고 볼 수 있다.

29

정답 ②

제시문은 스타 시스템에 대한 문제점을 지적한 다음, 글쓴이 나름대로의 대안을 모색하고 있다.

30

정답 ④

욕망의 주체인 ⓑ만 ⓒ를 이상적 존재로 두고 닮고자 한다.

CHAPTER 02 수리능력검사 적중예상문제

01 기초계산

01	02	03	04	05	06	07	08	09	10
①	②	③	①	③	④	①	④	④	③
11	12	13	14	15	16	17	18	19	20
③	③	④	①	③	③	④	①	②	④
21	22	23	24	25	26	27	28		
③	①	①	①	①	③	④	④		

01　　　　　　　　정답 ①

$(15 \times 108) - (303 \div 3) + 7 = 1,620 - 101 + 7 = 1,526$

02　　　　　　　　정답 ②

$0.901 + 5.468 - 2.166 = 6.369 - 2.166 = 4.203$

03　　　　　　　　정답 ③

$(0.9371 - 0.3823) \times 25 = 0.5548 \times 25 = 13.87$

04　　　　　　　　정답 ①

$(984 - 216) \div 48 = 768 \div 48 = 16$

05　　　　　　　　정답 ③

$(3,000 - 1,008) \div 664 = 1,992 \div 664 = 3$

06　　　　　　　　정답 ④

$\dfrac{5}{6} \times \dfrac{3}{4} - \dfrac{7}{16} = \dfrac{5}{8} - \dfrac{7}{16} = \dfrac{3}{16}$

$\left(\dfrac{1}{4} - \dfrac{2}{9}\right) \times \dfrac{9}{4} + \dfrac{1}{8} = \dfrac{1}{36} \times \dfrac{9}{4} + \dfrac{1}{8} = \dfrac{1}{16} + \dfrac{1}{8} = \dfrac{3}{16}$

오답분석

① $\dfrac{8}{3} - \dfrac{4}{7} \times \dfrac{2}{5} = \dfrac{8}{3} - \dfrac{8}{35} = \dfrac{256}{105}$

② $\dfrac{4}{5} \times \dfrac{2}{3} - \left(\dfrac{3}{7} - \dfrac{1}{6}\right) = \dfrac{4}{5} \times \dfrac{2}{3} - \dfrac{11}{42} = \dfrac{8}{15} - \dfrac{11}{42} = \dfrac{19}{70}$

③ $\dfrac{5}{6} \div \dfrac{5}{12} - \dfrac{3}{5} = \dfrac{5}{6} \times \dfrac{12}{5} - \dfrac{3}{5} = 2 - \dfrac{3}{5} = \dfrac{7}{5}$

⑤ $\dfrac{7}{2} \times \dfrac{2}{3} - \dfrac{1}{2} = \dfrac{7}{3} - \dfrac{1}{2} = \dfrac{11}{6}$

07　　　　　　　　정답 ①

$21 \times 39 + 6 = 819 + 6 = 825$

$31 \times 21 + 174 = 651 + 174 = 825$

오답분석

② $116 \times 4 + 362 = 464 + 362 = 826$

③ $5 \times 5 \times 32 = 5 \times 160 = 800$

④ $19 \times 25 + 229 = 475 + 229 = 704$

⑤ $8 \times 45 + 259 = 360 + 259 = 619$

08　　　　　　　　정답 ④

$36 \times 145 + 6,104 = 5,220 + 6,104 = 11,324$

$516 \times 31 - 4,672 = 15,996 - 4,672 = 11,324$

오답분석

① $901 \times 35 + 27 = 31,535 + 27 = 31,562$

② $385 \times 12 + 5,322 = 4,620 + 5,322 = 9,942$

③ $16,212 \div 28 + 8,667 = 579 + 8,667 = 9,246$

⑤ $246 \times 35 - 2,800 = 8,610 - 2,800 = 5,810$

09　　　　　　　　정답 ④

세 자연수 3, 9, 11의 최소공배수는 99이고 나머지가 1이므로 최소공배수에 1을 더하면 100이다.

10　　　　　　　　정답 ③

31, 87에서 각각에 해당하는 나머지를 빼면 30, 84이며, 이 두 수의 최대공약수는 6이다.

11
정답 ③

$735 \times 0.073 = 53.655$

12
정답 ③

6할 2푼 5리는 0.625이므로 62.5%이다.

13
정답 ④

$5 \div 200 = 0.025$이므로 2푼 5리이다.

14
정답 ①

$1,004 \times 0.807 = 810.228$

15
정답 ③

$12 \div 80 = 0.15$이므로 1할 5푼이다.

16
정답 ③

10과 15의 최소공배수는 30이다.
따라서 200 이하의 자연수 중 30의 배수는 총 6개가 있다.

17
정답 ④

$(1 \odot 6) + (4 \odot 2) = (1 - 6) + 6^2 + (4 - 2) + 2^2$
$= -5 + 62 + 2 + 22$
$= 81$

18
정답 ①

$\dfrac{1}{1 \times 2} + \dfrac{1}{2 \times 3} + \dfrac{1}{3 \times 4} + \cdots + \dfrac{1}{99 \times 10}$

$= \left(\dfrac{1}{1} - \dfrac{1}{2} \right) + \left(\dfrac{1}{2} - \dfrac{1}{3} \right) + \left(\dfrac{1}{3} - \dfrac{1}{4} \right) + \cdots + \left(\dfrac{1}{99} - \dfrac{1}{100} \right)$

$= 1 - \dfrac{1}{100} = \dfrac{99}{100}$

19
정답 ②

$2.5\text{m} + 3,250\text{mm} = 250\text{cm} + 325\text{cm} = 575\text{cm}$

20
정답 ④

$208 \times (\ ) = 44,951 + 19,945$
$\rightarrow 208 \times (\ ) = 64,896$
$\rightarrow (\ ) = 64,896 \div 208$
$\therefore (\ ) = 312$

21
정답 ③

$1.5 \times (\ ) \div 2 = 4 - 1$
$\rightarrow 1.5 \times (\ ) \div 2 = 3$
$\rightarrow 1.5 \times (\ ) = 3 \times 2 = 6$
$\rightarrow (\ ) = 6 \div 1.5$
$\therefore (\ ) = 4$

22
정답 ①

$(\ ) \div 6 = -(78 - 66 - 16)$
$\rightarrow (\ ) \div 6 = 4$
$\rightarrow (\ ) = 4 \times 6$
$\therefore (\ ) = 24$

23
정답 ①

$66 + 77 - 88 \times (\ ) = -825$
$\rightarrow 143 - 88 \times (\ ) = -825$
$\rightarrow -88 \times (\ ) = -825 - 143 = -968$
$\rightarrow (\ ) = -968 \div (-88)$
$\therefore (\ ) = 11$

24
정답 ①

$\text{A} : \dfrac{1}{2} + \dfrac{1}{4} + \dfrac{1}{6} = \dfrac{6 + 3 + 2}{12} = \dfrac{11}{12} = \dfrac{22}{24}$

$\text{B} : \dfrac{1}{3} + \dfrac{1}{4} + \dfrac{5}{24} = \dfrac{8 + 6 + 5}{24} = \dfrac{19}{24}$

$\therefore \text{A} > \text{B}$

25
정답 ①

$\text{A} : \dfrac{1}{110} = \dfrac{1}{10 \times 11} = \dfrac{1}{11 - 10} = \dfrac{1}{10} - \dfrac{1}{11} = 0.1 - \dfrac{1}{11}$

$\text{B} : 0.99 \div 10 - \dfrac{1}{11} = 0.099 - \dfrac{1}{11}$

$0.1 - \dfrac{1}{11} > 0.099 - \dfrac{1}{11}$

$\therefore \text{A} > \text{B}$

26

정답 ③

$9(\quad)3+14\div2=34$

$\rightarrow 9(\quad)3+7=34$

$\rightarrow 9(\quad)3=34-7$

$\rightarrow 9(\times)3=27$

27

정답 ④

$66(\quad)2+8+4=45$

$\rightarrow 66(\quad)2+12=45$

$\rightarrow 66(\quad)2=45-12$

$\rightarrow 66(\div)2=33$

28

정답 ④

$5.14\times0.5-6.72(\quad)3=0.33$

$\rightarrow 2.57-6.72(\quad)3=0.33$

$\rightarrow -6.72(\quad)3=0.33-2.57$

$\rightarrow -6.72(\div)3=-2.24$

01	02	03	04	05	06	07	08	09	10
③	①	①	④	②	②	②	④	③	④
11	12	13	14	15	16	17	18	19	20
④	④	①	④	①	②	④	④	③	⑤
21	22	23	24	25					
④	④	②	②	④					

01

정답 ③

7시 x분에 반대 방향으로 일직선을 이룬다고 하자.
- 시침이 움직인 각도 : $(7\times30+0.5x)°$
- 분침이 움직인 각도 : $6x°$

시침과 분침이 서로 반대 방향으로 일직선을 이룬다는 것은 시침의 각도가 분침의 각도보다 180° 더 크다는 것이므로,

$(7\times30+0.5x)-6x=180$

$\therefore x=\dfrac{60}{11}$

따라서 7시와 8시 사이의 분침이 일직선을 이룰 때의 시각은 7시 $\dfrac{60}{11}$ 분이다.

02

정답 ①

25와 30의 최소공배수는 1500이다. 따라서 $150\div7=21\cdots3$ 이므로 일요일이다.

03

정답 ①

2월 5일에서 8월 15일까지는 총 $24+31+30+31+30+31+15=192$일이다. 이를 7로 나누면 $192\div7=27\cdots3$이므로 8월 15일은 토요일이다.

04

정답 ④

6, 8, 9의 최소공배수는 $2\times3\times4\times3=72$이다. 9월은 30일, 10월은 31일까지 있으므로 9월 10일에 청소를 하고 72일 이후인 11월 21일에 세 사람이 같이 청소하게 된다.

05

정답 ②

철수와 영희가 처음 만날 때까지 걸린 시간을 x분이라고 하자.
x분 동안 철수와 영희의 이동거리는 각각 $70x$m, $30x$m이므로

$70x+30x=1,000$

$\therefore x=10$

따라서 철수와 영희가 처음 만날 때까지 걸린 시간은 10분이다.

06

정답 ②

서울에서 부산까지 무정차로 걸리는 시간은 $\dfrac{400}{120}=\dfrac{10}{3}=3$시간 20분이다.

9시에 출발해 13시 10분에 도착했으므로 걸린 시간은 4시간 10분이다.

따라서 무정차 시간과 비교하면 50분이 더 걸렸고, 역마다 정차하는 시간은 10분이므로 정차한 역의 수는 $50 \div 10 = 5$개이다.

07

정답 ②

나래가 자전거를 탈 때의 속력을 $x$km/h, 진혁이가 걷는 속력을 $y$km/h라고 하면 다음 식이 성립한다.

$1.5(x-y)=6 \cdots$ ㉠
$x+y=6 \cdots$ ㉡

㉠과 ㉡을 연립하면 $x=5$, $y=1$이다.

따라서 나래의 속력은 5km/h이다.

08

정답 ④

A, B기차의 속력은 일정하며 두 기차가 터널 양 끝에서 동시에 출발하면 $\dfrac{1}{3}$ 지점에서 만난다고 했으므로 두 기차 중 하나는 다른 기차 속력의 2배인 것을 알 수 있다. 또한, A기차보다 B기차가 터널을 통과하는 시간이 짧으므로 B기차의 속력이 더 빠르다.

A기차의 길이를 xm, 속력을 ym/s라고 하면 B기차의 속력은 $2y$m/s이다.

$570+x=50 \times y \cdots$ ㉠
$570+(x-60)=23 \times 2y \cdots$ ㉡

㉠과 ㉡을 연립하면

$60=4y \rightarrow y=15$

이를 ㉠에 대입하면

$x=50 \times 15-570 \rightarrow x=180$

따라서 A기차의 길이는 180m이다.

09

정답 ③

남녀가 다시 만나는 데 걸리는 시간을 x시간이라고 하면 거리에 대한 방정식은 다음과 같다.

$4 \times (x-0.5)+6 \times x=10$
$\rightarrow 4x-2+6x=10$
$\rightarrow 10x=12$
$\therefore x=1.2$

따라서 두 남녀가 다시 만나는 데 걸리는 시간은 1.2시간이므로 1시간 12분이다.

10

정답 ④

아버지의 나이를 x세, 형의 나이를 y세라고 하자.

동생의 나이는 $(y-2)$세이므로

$y+(y-2)=40 \rightarrow y=21$

어머니의 나이는 $(x-4)$세이므로

$x+(x-4)=6 \times 21 \rightarrow x=65$

따라서 아버지의 나이는 65세이다.

11

정답 ④

작년 남자 사원 수를 x명, 여자 사원 수를 y명이라고 하면 다음 식이 성립한다.

$x+y=500 \cdots$ ㉠
$0.9x+1.4y=500 \times 1.08 \rightarrow 0.9x+1.4y=540 \cdots$ ㉡

㉠과 ㉡을 연립하면 $x=320$, $y=180$이다.

따라서 작년 남자 사원은 320명이다.

12

정답 ④

1) 6석 테이블
   같은 국가에서 온 대표자는 같은 테이블에 앉을 수 없으므로 6석 테이블에는 5명이 앉는다.
2) 5석 테이블
   러시아에서 2명의 대표자가 방문했기 때문에 5석 테이블 한 개에는 4명이 앉는다.
3) 3석 테이블
   러시아를 제외한 4개국 대표자 중 3개국 대표자가 앉으면 된다.

따라서 최대 $5+5+4+3 \times 2=20$명이 앉는다.

13

정답 ①

A, B, C팀 사원 수를 각각 a, b, c로 가정하면 A, B, C의 총 근무만족도 점수는 각각 80a점, 90b점, 40c점이다. A팀과 B팀의 근무만족도, B팀과 C팀의 근무만족도에 대한 평균점수가 제공되었으므로 해당 식을 이용하여 방정식을 세운다.

A팀과 B팀의 근무만족도 평균은 88점인 것을 이용하면 다음과 같다.

$\dfrac{80a+90b}{a+b}=88$
$\rightarrow 80a+90b=88a+88b$
$\rightarrow 2b=8a$
$\therefore b=4a$

B팀과 C팀의 근무만족도 평균은 70점인 것을 이용하면 다음과 같다.

$\dfrac{90b+40c}{b+c}=70$
$\rightarrow 90b+40c=70b+70c$
$\rightarrow 20b=30c$
$\therefore 2b=3c$

따라서 2b=3c이므로 식을 만족하기 위해서 c는 짝수여야 한다.

오답분석

② 근무만족도 평균이 가장 낮은 팀은 C팀이다.

③ B팀의 사원 수는 A팀의 사원 수의 4배이다.

④ C팀은 A팀 사원의 수의 $\frac{8}{3}$ 배이다.

⑤ A, B, C팀의 근무만족도 점수는 $(80a+90b+40c)$점이며, 총 사원의 수는 $(a+b+c)$명이다. 이때, b와 c를 a로 정리하여 표현하면 세 팀의 총 근무만족도 점수 평균은

$$\frac{80a+90b+40c}{a+b+c}=\frac{80a+360a+\frac{320}{3}a}{a+4a+\frac{8}{3}a}$$

$$=\frac{240a+1,080a+320a}{3a+12a+8a}=\frac{1,640a}{23a}≒71.3점이다.$$

14   정답 ④

4명의 직원들에게 지급된 성과급 총액을 x만 원이라 하자.

• A직원이 받은 성과급 : $\left(\frac{1}{3}x+20\right)$만 원

• B직원이 받은 성과급 : $\frac{1}{2}\left[x-\left(\frac{1}{3}x+20\right)\right]+10$

    $=\frac{1}{3}x$만 원

• C직원이 받은 성과급 : $\frac{1}{3}\left[x-\left(\frac{1}{3}x+20+\frac{1}{3}x\right)\right]+60$

    $=\left(\frac{1}{9}x+\frac{160}{3}\right)$만 원

• D직원이 받은 성과급 :

    $\frac{1}{2}\left[x-\left(\frac{1}{3}x+20+\frac{1}{3}x+\frac{1}{9}x+\frac{160}{3}\right)\right]+70$

    $=\left(\frac{1}{9}x+\frac{100}{3}\right)$만 원

A~D직원이 받은 성과급을 모두 더하면 다음과 같다.

$x=\left(\frac{1}{3}x+20\right)+\frac{1}{3}x+\left(\frac{1}{9}x+\frac{160}{3}\right)+\left(\frac{1}{9}x+\frac{100}{3}\right)$

$\rightarrow 9x=8x+960$

$\therefore x=960$

따라서 4명의 직원에게 지급된 성과급은 총 960만 원이다.

15   정답 ①

지난달에는 $\frac{3,750,000}{12,500}=300$포대의 쌀을 구매하였으므로 이번 달에 쌀을 구매하는 데 사용한 금액은 $14,000×300=4,200,000$원이다.

따라서 이번 달의 쌀 구매비용은 지난달보다 $4,200,000-3,750,000=450,000$원 더 증가하였다.

16   정답 ②

치킨 1마리 값을 x원, 오리구이 100g당 가격을 y원이라고 하면 다음 식이 성립한다.

$x+4y=22,000\cdots㉠$

$2x+2y=35,000\cdots㉡$

㉠, ㉡을 연립하면 $x=16,000,\ y=1,500$이다.

따라서 오리구이 100g당 가격은 $1,500$원이다.

17   정답 ④

$\frac{2}{3}×\frac{3}{5}×100=\frac{2}{5}×100=40\%$

따라서 셋째 날에 해야 하는 일의 양은 전체 일의 양의 40%이다.

18   정답 ④

1바퀴를 도는 데 갑은 2분, 을은 3분, 병은 4분이 걸린다. 2, 3, 4의 최소공배수는 12이므로 세 사람이 다시 만나기까지 걸리는 시간은 12분이다.

따라서 출발점에서 다시 만나는 시각은 4시 42분이다.

19   정답 ③

수도 A, B가 1분 동안 채울 수 있는 물의 양은 각각 $\frac{1}{15}$L, $\frac{1}{20}$L이다.

수도 A, B를 동시에 틀어 놓을 경우 1분 동안 채울 수 있는 물의 양은 $\frac{1}{15}+\frac{1}{20}=\frac{7}{60}$L이므로, 30분 동안 $\frac{7}{60}×30=3.5$L의 물을 받을 수 있고, 물통은 3개를 가득 채울 수 있다.

20   정답 ⑤

4% 소금물의 양을 xg이라 하면, 다음 식이 성립한다.

$$\frac{24×\frac{8}{100}+x×\frac{4}{100}}{24+x}×100=5$$

$$\rightarrow \frac{192+4x}{24+x}=5$$

$$\rightarrow 192+4x=5(24+x)$$

$$\rightarrow 192+4x=120+5x$$

$$\therefore x=72$$

따라서 농도 4%의 소금물을 72g 넣어야 한다.

21

$$\frac{1}{3} \times \left(\frac{1}{3} \times \frac{2}{3} \times 2 \right) = \frac{4}{27}$$

따라서 구하고자 하는 확률은 $\frac{4}{27}$ 이다.

22

정답 ④

두 수의 곱이 홀수가 되려면 (홀수)×(홀수)여야 하므로 1에서 10까지 적힌 숫자카드를 임의로 두 장을 동시에 뽑았을 때, 두 장 모두 홀수일 확률을 구해야 한다.

$$\frac{_5C_2}{_{10}C_2} = \frac{\frac{5 \times 4}{2 \times 1}}{\frac{10 \times 9}{2 \times 1}} = \frac{5 \times 4}{10 \times 9} = \frac{2}{9}$$

따라서 구하고자 하는 확률은 $\frac{2}{9}$ 이다.

23

정답 ②

구입한 A제품의 수를 a개, B제품의 개수를 b개라고 하자(a, $b \geq 0$).

$600a + 1,000b = 12,000$

$\rightarrow 3a + 5b = 60$

위 식을 만족하는 a와 b를 (a, b)의 순서쌍으로 나타내면 다음과 같다.

$(0, 12)$, $(15, 3)$, $(10, 6)$, $(5, 9)$, $(20, 0)$

따라서 모두 5가지 방법이 있다.

24

정답 ②

327g보다 작으면서 가장 큰 2^ng의 추는 $2^8 = 256$g이다. 그다음에 남는 무게는 71g인데 이 역시 앞의 과정과 마찬가지로 하면 필요한 추는 $2^6 = 64$g, 그다음에 남는 무게인 7g에는 2^2g, 2^1g, 1g의 추가 필요하다.

따라서 최소로 필요한 추의 개수는 5개이다.

25

정답 ④

1층에서 16층까지는 15층 차이이므로 $0.2 \times 15 = 3$kPa이 떨어진다. 따라서 16층의 기압은 $200 - 3 = 197$kPa이다.

03 자료해석

01	02	03	04	05	06	07	08	09	10
③	③	④	⑤	④	②	①	③	④	②

01

정답 ③

수익률을 구하면 다음과 같다.

• 개인경영 : $\left(\frac{270}{150} - 1 \right) \times 100 = 80\%$

• 회사법인 : $\left(\frac{40}{25} - 1 \right) \times 100 = 60\%$

• 회사 이외의 법인 : $\left(\frac{17}{10} - 1 \right) \times 100 = 70\%$

• 비법인 단체 : $\left(\frac{3}{2} - 1 \right) \times 100 = 50\%$

따라서 수익률이 가장 높은 사업 형태는 개인경영이다.

오답분석

① 사업체 수를 보면 다른 사업 형태보다 개인경영 사업체 수가 많은 것을 확인할 수 있다.

② 사업체 1개당 매출액을 구하면 다음과 같다.

• 개인경영 : $\frac{270}{900} = 0.3$십억 원=3억 원

• 회사법인 : $\frac{40}{50} = 0.8$십억 원=8억 원

• 회사 이외의 법인 : $\frac{17}{85} = 0.2$십억 원=2억 원

• 비법인 단체 : $\frac{3}{15} = 0.2$십억 원=2억 원

따라서 사업체 1개당 매출액이 가장 큰 예식장 사업 형태는 회사법인이다.

④ 개인경영 형태의 예식장 수익률은 80%로 비법인 단체 형태의 예식장 수익률인 50%의 2배인 100% 미만이다.

⑤ 개인경영 형태 사업체 수는 900개로, 개인경영 형태를 제외한 나머지 예식장 사업 형태의 평균 사업체 수 $\frac{50 + 85 + 15}{3} = 50$개의 20배인 1,000개 미만이다.

02

정답 ③

경증 환자 수는 $8 + 14 + 10 + 18 = 50$명이므로 경증 환자 중 남성 환자의 비율은 $\frac{14 + 18}{50} \times 100 = \frac{32}{50} \times 100 = 64\%$이고, 중증 환자 수는 $9 + 9 + 9 + 23 = 50$명이므로 중증 환자 중 남성 환자의 비율은 $\frac{9 + 23}{50} \times 100 = \frac{32}{50} \times 100 = 64\%$로 같다.

오답분석

① 남성 환자 수는 $14 + 18 + 9 + 23 = 64$명, 여성 환자 수는 $8 + 10 + 9 + 9 = 36$명으로 차이는 $64 - 36 = 28$명이다.

16 · 대기업·공기업 고졸채용 인적성검사 및 NCS

② 여성 환자 중 중증 환자의 비율은 $\dfrac{9+9}{8+10+9+9}\times100$

$=\dfrac{18}{36}\times100=50\%$이다.

④ 50세 이상 환자 수 $10+18+9+23=60$명은 50세 미만 환자 수 $8+14+9+9=40$명의 $\dfrac{60}{40}=1.5$배이다.

⑤ 전체 당뇨병 환자 수는 $8+14+9+9+10+18+9+23=100$명이고, 중증 여성 환자 수는 $9+9=18$명이므로 전체 당뇨병 환자 중 중증 여성 환자의 비율은 $\dfrac{18}{100}\times100=18\%$이다.

03 정답 ④

현재기온이 가장 높은 수원은 이슬점 온도는 가장 높지만 습도는 65%로 다섯 번째로 높다. 습도가 가장 높은 곳은 백령도이다.

오답분석
① 파주의 시정은 20km로 가장 좋다.
② 수원이 이슬점 온도와 불쾌지수 모두 가장 높다.
③ 불쾌지수 70을 초과한 지역은 수원, 동두천 2곳이다.
⑤ 시정이 0.4km로 가장 좋지 않은 백령도의 경우 풍속이 4.4m/s로 가장 강하다.

04 정답 ⑤

• 2022년 : $5,850+5,476+126+1,755+10=13,217$개소
• 2024년 : $5,946+6,735+131+2,313+11=15,136$개소
따라서 2022년과 2024년의 차이는 $15,136-13,217=1,919$개소이다.

05 정답 ④

• 초등학교 : $\dfrac{5,654-5,526}{5,526}\times100 ≒ 2.32\%$

• 유치원 : $\dfrac{2,781-2,602}{2,602}\times100 ≒ 6.88\%$

• 특수학교 : $\dfrac{107-93}{93}\times100 ≒ 15.05\%$

• 보육시설 : $\dfrac{1,042-778}{778}\times100 ≒ 33.93\%$

• 학원 : $\dfrac{8-7}{7}\times100 ≒ 14.29\%$

따라서 보육시설의 증가율이 가장 크다.

06 정답 ②

• 2019년 : $5,365+2,369+76+619+5=8,434$개소
• 2024년 : $5,946+6,735+131+2,313+11=15,136$개소

따라서 2024년에는 2019년보다 $15,136-8,434=6,702$개소 증가했다.

07 정답 ①

2023년 3개 기관의 전반적 만족도의 합은 $6.9+6.7+7.6=21.2$이고 2024년 3개 기관의 임금과 수입 만족도의 합은 $5.1+4.8+4.8=14.7$이다. 따라서 2023년 3개 기관의 전반적 만족도의 합은 2024년 3개 기관의 임금과 수입 만족도의 합의 $\dfrac{21.2}{14.7} ≒ 1.4$배이다.

08 정답 ③

2024년에 기업, 공공연구기관의 임금과 수입 만족도는 전년 대비 증가하였으나, 대학의 임금과 수입 만족도는 감소했으므로 옳지 않은 설명이다.

오답분석
① 2023년, 2024년 현 직장에 대한 전반적 만족도는 대학 유형에서 가장 높은 것을 확인할 수 있다.
② 2024년 근무시간 만족도에서는 공공연구기관과 대학의 만족도가 6.2로 동일한 것을 확인할 수 있다.
④ 사내분위기 측면에서 2023년과 2024년 공공연구기관의 만족도는 5.8로 동일한 것을 확인할 수 있다.
⑤ 2024년 직장유형별 근무시간에 대한 만족도의 전년 대비 감소율은 다음과 같다.

• 기업 : $\dfrac{6.5-6.1}{6.5}\times100 ≒ 6.2\%$

• 공공연구기관 : $\dfrac{7.1-6.2}{7.1}\times100 ≒ 12.7\%$

• 대학 : $\dfrac{7.3-6.2}{7.3}\times100 ≒ 15.1\%$

따라서 옳은 설명이다.

09 정답 ④

• 2018년 대비 2020년 전국 인구 증가량 : $37,436-24,989=12,447$천 명
• 2021년 대비 2024년 전국 인구 증가량 : $47,279-43,411=3,868$천 명
따라서 $12,447-3,868=8,579$천 명 더 많다.

10 정답 ②

A시의 인구 증가량이 가장 높았던 해는 3,080천 명이 증가한 2019년이고, C시의 인구 증가량이 가장 높았던 해는 5,289천 명이 증가한 2021년이다.

01   수 · 문자추리

01	02	03	04	05	06	07	08	09	10
⑤	③	①	⑤	④	②	②	②	④	④
11	12	13	14	15	16	17	18	19	20
④	④	①	②	①	③	③	③	②	②

01   정답 ⑤

앞의 항에 ×3과 ÷9를 번갈아 가며 적용하는 수열이다.
따라서 ( )=3×3=9이다.

02   정답 ③

홀수 항은 ×(−5), 짝수 항은 ÷2를 하는 수열이다.
따라서 ( )=44×2=88이다.

03   정답 ①

(앞의 항)×(−2)+2=(다음 항)
따라서 ( )=150×(−2)+2=−298이다.

04   정답 ⑤

홀수 항은 ×(−9)이고 짝수 항은 +9인 수열이다.
따라서 ( )=20+9=29이다.

05   정답 ④

앞의 항에 +7, −16를 번갈아 가며 적용하는 수열이다.
따라서 ( )=49−16=33이다.

06   정답 ②

앞의 항에 ×(−4)를 하는 수열이다.
따라서 ( )=(−68)×(−4)=272이다.

07   정답 ②

분자는 6씩 더하고, 분모는 6씩 빼는 수열이다.
따라서 ( )=$\dfrac{59+6}{373-6}=\dfrac{65}{367}$ 이다.

08   정답 ②

앞의 항에 −0.7, +1.6를 번갈아 가며 적용하는 수열이다.
따라서 ( )=6.5+1.6=8.1이다.

09   정답 ④

나열된 수를 각각 A, B, C라고 하면
$\underline{A\ B\ C} \rightarrow (A \times B)-5=C$
따라서 ( )=(3+5)÷(−4)=−2이다.

10   정답 ④

나열된 수를 각각 A, B, C, D라고 하면
$\underline{A\ B\ C\ D} \rightarrow A-B=C-D$
따라서 ( )=25−16+9=18이다.

11   정답 ④

홀수 항은 2씩 더하고, 짝수 항은 4씩 곱하는 문자열이다.

c	A	(e)	D	g	P
3	1	5	4	7	16

12

정답 ④

앞의 항에서 2씩 빼는 문자열이다.

ㅍ	ㅋ	ㅈ	ㅅ	ㅁ	(ㄷ)
13	11	9	7	5	3

13

정답 ①

홀수 항은 +2, 짝수 항은 +3을 하는 문자열이다.

ㅁ	ㅅ	ㅅ	ㅊ	ㅈ	ㅍ	ㅋ	(ㄴ)
5	7	7	10	9	13	11	16 (=14+2)

14

정답 ②

앞의 항에 +1, -2, +3, -4, +5, … 을 하는 문자열이다.

F	G	E	H	D	(I)	C
6	7	5	8	4	9	3

15

정답 ①

홀수 항은 9씩 더하고, 짝수 항은 2씩 나누는 문자열이다.

F	X	O	L	X	(F)
6	24	15	12	24	6

16

정답 ③

앞의 항에 2, 3, 4, 5, 6, … 을 더하는 문자열이다.

ㄴ	D	(ㅅ)	K	ㄴ	V
2	4	7	11	16 (=14+2)	22

17

정답 ③

앞의 항에 2씩 곱하는 문자열이다.

A	B	D	H	P	(F)
1	2	4	8	16	32 (=26+6)

18

정답 ③

(앞의 항)×2-1=(다음 항)인 문자열이다.

B	C	E	I	Q	(G)
2	3	5	9	17	33 (=26+7)

19

정답 ②

홀수 항은 +1, 짝수 항은 ×2를 하는 문자열이다.

D	C	E	F	F	L	(G)	X
4	3	5	6	6	12	7	24

20

정답 ②

1	2	3	4	5	6	7	8	9	10	11	12	13
A	B	C	D	E	F	G	H	I	J	K	L	M
14	15	16	17	18	19	20	21	22	23	24	25	26
N	O	P	Q	R	S	T	U	V	W	X	Y	Z

위의 문자추리 표에 따라 제시된 문자를 숫자로 변환하면 다음과 같다.

1	2	1	12	2	23	4	2	( )

나열된 수를 각각 A, B, C라고 하면

$A\ B\ C \rightarrow A \times B - 1 = C$

따라서 ( )=4×2-1=7이므로 G이다.

02 도형추리

01	02	03	04	05	06	07	08	09	10
③	①	③	②	④	②	④	④	③	②

01 정답 ③

규칙은 가로로 적용된다.
첫 번째 도형과 두 번째 도형을 합친 후, 겹치는 부분을 색칠한 도형이 세 번째 도형이 된다.

02 정답 ①

규칙은 세로로 적용된다.
첫 번째 도형에서 두 번째 도형과 겹치는 부분을 제외하면 세 번째 도형이 된다.

03 정답 ③

규칙은 세로로 적용된다.
세 번째 도형과 두 번째 도형을 합치면 첫 번째 도형이 된다.

04 정답 ②

규칙은 세로로 적용된다.
첫 번째 도형을 시계 방향으로 90° 회전한 도형이 두 번째 도형이고, 두 번째 도형을 시계 방향으로 90° 회전한 도형이 세 번째 도형이 된다.

05 정답 ④

규칙은 세로로 적용된다.
첫 번째 도형과 두 번째 도형의 색칠된 부분을 합치면 세 번째 도형이 된다.

06 정답 ②

다각형은 점점 각이 하나씩 증가하는 형태이고, 원은 다각형 안쪽에 있다가 바깥쪽에 있다가를 반복한다.

07 정답 ④

아래의 색칠된 두 개의 사각형은 대각선 방향으로 대칭하고 있으며, 위의 색칠된 사각형은 시계 방향으로 90° 회전하고 있다.

08 정답 ④

왼쪽 도형을 상하대칭한 것이 오른쪽 도형이다.

09 정답 ③

각 점을 좌우대칭하고 가운데 줄을 색 반전한 것이 오른쪽 도형이다.

10 정답 ②

상하대칭 후 내부 도형을 색 반전한 것이 오른쪽 도형이다.

01 공간지각

01	02	03	04	05	06	07	08	09	10
①	②	④	②	①	④	③	②	⑤	②
11	12	13	14	15	16	17	18	19	20
③	④	②	③	③	①	②	①	④	②

01
정답 ①

제시된 도형을 시계 반대 방향으로 90° 회전한 것이다.

02
정답 ②

제시된 도형을 시계 방향으로 90° 회전한 것이다.

03
정답 ④

제시된 도형을 180° 회전한 것이다.

04
정답 ②

05
정답 ①

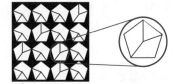

06
정답 ④

07
정답 ③

도형을 오른쪽으로 뒤집으면 , 이를 시계 반대 방

향으로 90° 회전하면 , 다시 위로 뒤집으면

이 된다.

08
정답 ②

도형을 좌우 반전하면 , 이를 180° 회전하면

이 된다.

09
정답 ⑤

도형을 시계 방향으로 90° 회전하면 , 이를 거울에

비추면 이 된다.

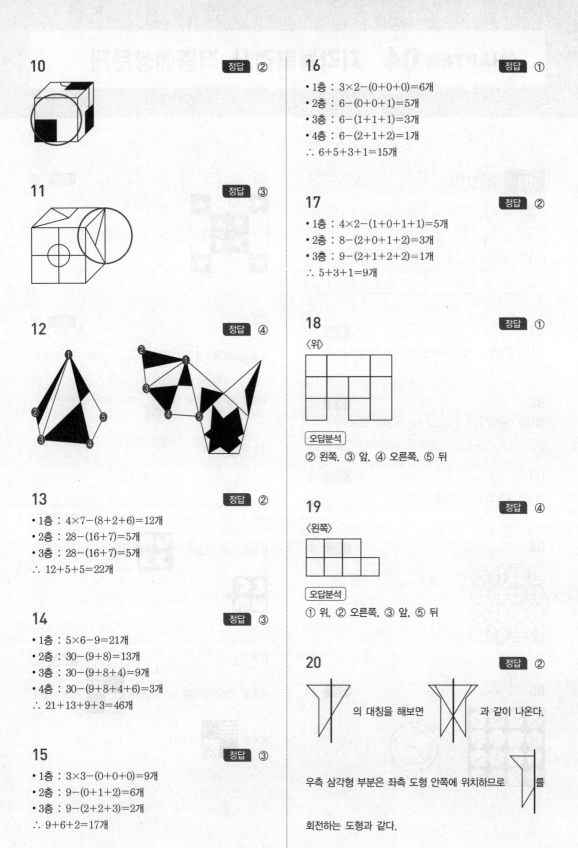

10　　정답 ②

11　　정답 ③

12　　정답 ④

13　　정답 ②

- 1층 : $4 \times 7 - (8+2+6) = 12$개
- 2층 : $28 - (16+7) = 5$개
- 3층 : $28 - (16+7) = 5$개
∴ $12 + 5 + 5 = 22$개

14　　정답 ③

- 1층 : $5 \times 6 - 9 = 21$개
- 2층 : $30 - (9+8) = 13$개
- 3층 : $30 - (9+8+4) = 9$개
- 4층 : $30 - (9+8+4+6) = 3$개
∴ $21 + 13 + 9 + 3 = 46$개

15　　정답 ③

- 1층 : $3 \times 3 - (0+0+0) = 9$개
- 2층 : $9 - (0+1+2) = 6$개
- 3층 : $9 - (2+2+3) = 2$개
∴ $9 + 6 + 2 = 17$개

16　　정답 ①

- 1층 : $3 \times 2 - (0+0+0) = 6$개
- 2층 : $6 - (0+0+1) = 5$개
- 3층 : $6 - (1+1+1) = 3$개
- 4층 : $6 - (2+1+2) = 1$개
∴ $6 + 5 + 3 + 1 = 15$개

17　　정답 ②

- 1층 : $4 \times 2 - (1+0+1+1) = 5$개
- 2층 : $8 - (2+0+1+2) = 3$개
- 3층 : $9 - (2+1+2+2) = 1$개
∴ $5 + 3 + 1 = 9$개

18　　정답 ①

〈위〉

오답분석
② 왼쪽, ③ 앞, ④ 오른쪽, ⑤ 뒤

19　　정답 ④

〈왼쪽〉

오답분석
① 위, ② 오른쪽, ③ 앞, ⑤ 뒤

20　　정답 ②

의 대칭을 해보면　　　과 같이 나온다.

우측 삼각형 부분은 좌측 도형 안쪽에 위치하므로　　　를

회전하는 도형과 같다.

02 사무지각

01	02	03	04	05	06	07	08	09	10
③	②	③	⑤	④	①	①	②	②	①
11	12	13	14	15	16	17	18	19	20
⑤	④	⑤	⑤	①	①	①	③	⑤	①
21	22	23	24	25	26	27	28	29	30
②	④	②	④	②	②	①	②	④	①
31	32	33							
③	③	③							

01 　　　정답 ③

둘	듈	동	듕	당	돈	둘	돔	듈	들
덜	돔	듈	듐	돌	들	듕	듕	듕	둘
등	돌	들	딜	듐	동	돌	듈	둔	둠

02 　　　정답 ②

528	328	228	528	628	228	628	328	528	628	528	628
228	628	428	328	418	528	428	528	438	528	328	428
328	418	438	418	428	438	328	228	628	418	628	228
428	438	418	328	428	228	528	228	628	428	528	328

03 　　　정답 ③

2489	5892	8291	4980	2842	5021	5984	1298	8951	3983	9591	5428
5248	5147	1039	7906	9023	5832	5328	1023	8492	6839	7168	9692
7178	1983	9572	5928	4726	9401	5248	5248	4557	4895	1902	5791
4789	9109	7591	8914	9827	2790	9194	3562	8752	7524	6751	1248

04 　　　정답 ⑤

05 　　　정답 ④

難	羅	卵	落	諾	拉	衲	捼	廊	朗	尼	內
奈	老	怒	路	懦	蘿	瑙	泥	多	羅	羅	茶
對	代	臺	道	都	羅	搗	儺	邏	頭	杜	羅
羅	徒	團	但	答	踏	蘿	累	淚	畓	荳	屠

06 　　　정답 ①

좌우 문자열 같음

07 　　　정답 ①

좌우 문자열 같음

08 　　　정답 ②

やづご<u>し</u>どなる – やづご<u>じ</u>どなる

09 　　　정답 ②

傑琉浴賦忍杜家 – 傑瑜浴賦忍杜家

10 　　　정답 ①

◎☆▽◆☆♤◐♠ – ○★▽■★♤◐♣

11 　　　정답 ⑤

<u>CV</u>NUTQERL – <u>CB</u>NUKQERL

12 　　　정답 ④

A<u>ii</u>o<u>X</u>T<u>V</u>cp – A<u>II</u>o<u>x</u>T<u>v</u>cb

13 　　　정답 ⑤

ⓩⒶⒺⓗⓚⓖⒺⓑ – ⓩⒶⒸⓐⓖⒺⓑ

14 정답 ⑤

ㄲ	ㅛ	ㅃ	ㅣ	ㅍ	ㅎ	ㅠ	ㅋ	ㅉ	ㄸ	ㅗ	ㅊ
ㅌ	ㅇ	ㄹ	ㅟ	ㅂ	ㅘ	ㅅ	ㅁ	ㅒ	ㅕ	ㄱ	ㄴ
ㅊ	ㅠ	ㅂ	ㄸ	ㅉ	ㅅ	ㅐ	ㅊ	ㅃ	ㅇ	ㅍ	ㅑ
ㅛ	ㄹ	ㅣ	ㄴ	ㅎ	ㅟ	ㅈ	ㅋ	ㄱ	ㅘ	ㅁ

15 정답 ①

HUB	HID	HCL	HHV	HGY	HDT	HKJ	HXO	HCP	HWI	HJL	HFL
HVY	HAO	HRP	HSE	HEW	HQK	HHP	HSN	HME	HZO	HGP	HKH
HDT	HSE	HQK	HGP	HVY	IICL	HME	HAO	HKH	HCP	HGY	HZO
HID	HFL	HHV	HWI	HXO	HRP	HSN	HUB	HKJ	HEW	HHP	HJL

16 정답 ①

1457	4841	3895	8643	3098	4751	6898	5785	6980	4617	6853	6893
1579	5875	3752	4753	4679	3686	5873	8498	8742	3573	3702	6692
3792	9293	8274	7261	6309	9014	3927	6582	2817	5902	4785	7389
3873	5789	5738	8936	4787	2981	2795	8633	4862	9592	5983	5722

17 정답 ①

サナマブワワゾキゾノホヘヌナピサグゾレリリルスゾゼテ
トゾゾノペハア

18 정답 ③

8205830589867823207834085398983253

19 정답 ⑤

∽은 8번째에 제시된 문자이므로 정답은 ⑤이다.

20 정답 ①

)은 1번째에 제시된 문자이므로 정답은 ①이다.

21 정답 ②

ə은 3번째에 제시된 문자이므로 정답은 ②이다.

22 정답 ④

▲은 4번째에 제시된 문자이므로 정답은 ④이다.

23 정답 ②

≥은 2번째에 제시된 문자이므로 정답은 ②이다.

24 정답 ④

오답분석
① 여야유요예 – 규계귀교크
② 예여요야유 – 크규교계귀
③ 요예유여야 – 교크귀규계
⑤ 여유요야예 – 규귀교계크

25 정답 ②

오답분석
① ∩⊂∪⊃ – ★☆○●
③ ⊂∪⊃∩ – ☆○●★
④ ⊃∩∪⊂ – ●★○☆
⑤ ∩∪⊃⊂ – ★○●☆

26 정답 ②

오답분석
① 켜켸캬큐쿄 – 녀녜냐뉴뇨
③ 쿄캬켸켜큐 – 뇨냐녜녀뉴
④ 캬쿄큐켸켜 – 냐뇨뉴녜녀
⑤ 큐큐쿄켜캬 – 뉴뉴뇨녀냐

27

정답 ①

오답분석

② ※q규⊃★ – 2≡6◎§

③ q규⊃★※ – ≡6◎§2

④ ★⊃※규q – §◎26≡

⑤ 규q※⊃★ – 6≡2◎§

28

정답 ②

오답분석

① □◎※▽△ – ☏☆∃≒※

③ ◎※▽△□ – ☆∃≒※☏

④ ▽□△※◎ – ≒☏※∃☆

⑤ □△▽※◎ – ☏※≒∃☆

29

정답 ④

PTOKI – OIC<u>TE</u>

30

정답 ①

♥♧♡♠♤ – ↔←←→↑↓

31

정답 ③

qptar – 규뎌예료<u>마</u>

32

정답 ③

ㅄ<u>ㄻ</u>ㄳ<u>ㄺ</u>ㄵ – ●▲★■◆

33

정답 ③

☆□▽◎○ – ⅲ ⅱ <u>ⅵ</u> ⅴ <u>ⅳ</u>

01	02	03	04	05	06	07	08	09	10
②	④	④	⑤	③	③	①	④	③	②
11	12	13	14	15	16	17	18	19	20
④	④	②	④	①	①	③	②	①	④
21	22	23	24	25	26	27	28	29	30
④	③	①	⑤	②	③	①	④	④	③
31	32	33	34	35	36	37	38	39	40
③	②	①	③	④	④	②	①	③	②
41	42	43	44	45	46	47	48	49	50
③	②	②	③	③	③	②	④	③	②
51	52	53	54	55					
②	③	④	⑤	③					

01　　　　　　　　　　정답 ②

①・③・④・⑤는 식물이다.
• 얼룩말

오답분석
① 민들레
③ 단풍나무
④ 선인장
⑤ 들국화

02　　　　　　　　　　정답 ④

①・②・③・⑤ 날씨를 나타내는 형용사이다.
• (두께가) 얇다

오답분석
① (날씨가) 쌀쌀하다
② (날씨가) 따뜻하다
③ (날씨가) 상쾌하다
⑤ (날씨가) 스산하다

03　　　　　　　　　　정답 ④

①・②・③・⑤는 음악과 관련된 직업이다.
• 화가

오답분석
① 작곡가
② 지휘자
③ 반주자
⑤ 합창단

04　　　　　　　　　　정답 ⑤

①・②・③・④는 곤충이다.
• 악어

오답분석
① 잠자리
② 모기
③ 나방
④ 풍뎅이

05　　　　　　　　　　정답 ③

①・②・④・⑤는 방송과 관련된 직업이다.
• 변호사

오답분석
① 아나운서
② 배우
④ 연출가
⑤ 가수

06　　　　　　　　　　정답 ③

제시된 단어의 의미는 '서술하다'로, 이와 같은 의미를 가진
단어는 ③이다.

오답분석
① (서로) 맞다
② 주목하다
④ 동의하지 않다
⑤ 보통의, 일반적인(전반적인)

07

정답 ①

제시된 단어의 의미는 '소리치다'로, 이와 같은 의미를 가진 단어는 ①이다.

오답분석
② 대하다
③ 의존하다
④ 응원하다
⑤ 그만두다

08

정답 ④

제시된 단어의 의미는 '성취하다'로, 이와 같은 의미를 가진 단어는 ④이다.

오답분석
① 설립하다
② 개선하다
③ 향상시키다
⑤ 나오다

09

정답 ③

제시된 단어의 의미는 '합의'로, 이와 같은 의미를 가진 단어는 ③이다.

오답분석
① 영구적인
② 유명한
④ 저명한
⑤ 탁월한

10

정답 ②

제시된 단어의 의미는 '실용적인'으로, 이와 같은 의미를 가진 단어는 ②이다.

오답분석
① 가치 없는
③ 실제의
④ 확실한
⑤ 가치 없는

11

정답 ④

제시된 단어의 의미는 '포함하다'이며, 이와 반대되는 '제외하다, 차단하다, 배제하다'는 의미를 가진 단어는 ④이다.

오답분석
① ~이 들어있다
② 포함하다, 수반하다
③ 포함하다, 의미하다, 구성되다
⑤ 다루다, 포함시키다

12

정답 ④

제시된 단어의 의미는 '촉진하다, 고취하다'이며, 이와 반대되는 '막다, 예방하다, 방지하다, 방해하다'라는 의미를 가진 단어는 ④이다.

오답분석
① 위안하다, 위로하다, 편하게 하다
② 환호, 갈채, 기운이 나다
③ 늘리다, 증가, 불어나다
⑤ 희망을 주다, 행복감을 주다

13

정답 ②

제시된 단어의 의미는 '거절하다'로, 이와 반대되는 '받아들이다'의 의미를 가진 단어는 ②이다.

오답분석
① 거절하다
③ 집행하다
④ 보장하다
⑤ 훔치다

14

정답 ④

제시된 단어의 의미는 '모으다'로, 이와 반대되는 '흩뿌리다'의 의미를 가진 단어는 ④이다.

오답분석
① 모으다
② 완료하다
③ 결론을 내리다
⑤ 평가하다

15

정답 ①

제시된 단어의 의미는 '나타나다'로, 이와 반대되는 '사라지다'의 의미를 가진 단어는 ①이다.

오답분석
② 남다
③ 함유하다
④ 요구하다
⑤ 추적하다

16

정답 ①

빈칸이 있는 문장은 believe의 목적어가 생략되었기 때문에 목적격 관계대명사인 whom이 들어가야 한다.

┃해석┃

A : 그 늙은이에 대해 어떻게 생각하니?
B : 내가 정직하다고 믿은 그 늙은이가 나를 기만했어.

17

정답 ③

종이가방과 플라스틱 가방의 단점을 이야기하고 있으므로 'harmful'이 들어가야 한다.

┃어휘┃

• suitable : 적합한
• paper bag : 종이가방
• plastic bag : 플라스틱 가방
• cut down : 자르다
• pollute : 오염시키다

┃해석┃

종이가방과 플라스틱 가방을 많이 사용하는 것은 환경에 해롭다. 종이가방을 만들기 위해서 많은 나무를 잘라야 한다. 그리고 플라스틱 가방은 지구를 오염시킨다.

18

정답 ②

불가능한 경우를 가정하는 가정법 미래 시제이므로, 조건절의 동사는 'were to'가 와야 한다.

┃어휘┃

• signer : (헌법) 제정자
• the Constitution : 미합중국 헌법
• return to life : 다시 살아나다
• opinion : 의견, 견해
• amendment : (헌법) 수정안

┃해석┃

만일 헌법 제정자 중 누가 단 하루라도 다시 살아 돌아온다면, 우리의 수정안에 대한 그의 견해는 흥미로울 것이다.

19

정답 ①

과거에는 완벽한 단백질인 줄 알았던 동물성 단백질이 사실은 지나친 콜레스테롤과 지방 함량으로 인해 사실 건강에 좋지 않다는 내용이다. 반면 콩 단백질로 대표되는 식물성 단백질은 콜레스테롤 함량이 높지 않다. 따라서 글의 마지막 부분은 동물성 단백질을 식물성 단백질로 대체해야 한다는 내용이므로 빈칸에는 '대체하다'의 의미를 가진 'replace'가 와야 한다.

┃해석┃

과거에 동물성 단백질들은 단백질 함유량이 가장 높았기 때문에 우수하다고 인식되었다. 오늘날 많은 전문가들은 동물성 단백질이 건강한 상태에 비해 너무 많은 단백질을 갖고 있다고 믿는다. 왜냐하면 그것이 체내에 독소나 지방의 형태로 저장되기 때문이다. 동물성 단백질은 꼭 필요한 아미노산을 공급해 주는 완벽한 단백질이라고 생각되었다. 이제 우리는 이것이 또한 건강에 좋지 않은 무기산도 포함하고 있다는 것을 안다. 동물성 단백질은 많은 철분과 아연을 공급해 주는 것 같았지만, 지금은 콜레스테롤, 지방과 칼로리도 공급하는 것으로 보인다. 휴스턴에 있는 Baylor 의과 대학의 중요한 연구에 따르면, 콩 단백질이 높은 식단을 섭취하는 남자는 동물성 단백질이 높은 식단을 섭취하는 남자와 비교해 콜레스테롤이 떨어지는 것을 경험했다. 그 연구는 남성이 반드시 그들의 육류 단백질 섭취를 식물성 단백질로 50%까지 대체해야 한다고 결론 내렸다.

20

정답 ④

제시문은 비자발적으로 지은 얼굴 표정이더라도 우리 감정에 강한 영향을 행사할 수 있음을 보여 주는 글이다. 미소 짓도록 지시받은 그룹은 행복한 기억을, 찌푸리도록 지시받은 그룹은 슬픈 기억을 더 잘 상기하였다. 따라서 빈칸에는 '심지어 자발적이 아닐 때에도 우리 감정에 강한 영향력을 행사한다.'가 와야 한다.

| 해석 |

1970년대에 수행된 한 흥미로운 연구에서 연구자들은 전극을 피실험자들의 얼굴에 부착했다. 그리고 연구자들은 피실험자들에게 다양한 근육을 수축해 달라는 단순한 요청을 했고, 피실험자들이 인식하지 못한 채 연구자들은 피실험자들의 얼굴을 웃음과 찡그림 등 감정 표현에 따라 움직였다. 미소 짓는 상황의 대상은 통제군보다 행복하다고 느꼈고, 반면 찡그린 상황의 대상은 통제군보다 분노를 느꼈다고 보고했다. 만화를 보여 줄 때, 미소 짓는 상태의 대상들은 만화를 찡그린 대상이 평가한 것보다 더 재밌다고 평가했다. 심지어 더욱 흥미로운 점은, 미소 짓는 상태의 대상들은 그들의 삶에서 행복한 사건들을 슬픈 사건들보다 더 잘 기억했고, 반면 "찌푸린" 상태의 대상들은 그들의 과거로부터 슬픈 경험을 더 잘 상기할 수 있었다. 얼굴 표현들은 심지어 자발적이 아닐 때에도 우리 감정에 강한 영향을 행사한다.

오답분석

① 심지어 자발적이 아닐 때에도 우리 기억에 강한 영향력을 행사한다.
② 그들이 자발적일 때 우리의 기억에 강한 영향력을 행사한다.
③ 자발적이든 아니든, 우리 기억에 강한 영향력을 행사한다.
⑤ 그들이 자발적일 때 우리 감정에 강한 영향력을 행사한다.

21

정답 ④

관계대명사 뒤에 know와 damages처럼 동사 2개가 나란히 있는 경우 삽입절이 들어가 있음을 파악해야 한다. we know가 삽입절이며, damages의 주어는 things이므로 복수 동사인 'damage'로 고쳐야 한다.

| 해석 |

때때로 병드는 것을 막기 위해 당신이 스스로 할 수 있는 게 아무것도 없다. 그러나 만약 당신이 건강한 인생을 이끌어 간다면, 당신은 아마 더 빨리 좋아질 수 있을 것이다. 우리는 담배를 피우거나 과음을 하거나, 해로운 약을 복용하는 것 같이 우리가 알고 있는, 몸을 손상시키는 행동들을 모두 피할 수 있다.

오답분석

① '~ 하기 위해서'라는 의미로 to 부정사가 올바르게 사용되었다.
② very가 아닌 much로 비교급이 올바르게 쓰였다.
③ avoid는 동명사를 목적어로 취하는 동사이므로 doing이 온다.
⑤ 앞에 smoking, drinking과 함께 or로 taking이 묶였으므로 형태가 올바르다.

22

정답 ③

'the United States' 앞에서 관계대명사 'that'이 생략되었기 때문에 'him'은 삭제되어야 한다.

| 어휘 |

• portray : 묘사하다
• virtually : 사실상
• unfavorable : 비판적인

| 해석 |

'1492년에 콜럼버스는 푸른 바다를 항해했다.' 모든 미국 아동들이 이 구절을 알고 미국 역사책들은 크리스토퍼 콜럼버스를 다른 어떤 역사적 인물들보다 더 많이 언급한다. 그 책들 안에서 그는 미국 최초의 위대한 영웅으로 묘사된다. 그는 미국이 국가 공휴일에 이름을 붙여 존경하는 2명 중 1명이기도 하다. 모든 역사 교과서들이 그의 이름을 담고 모든 아동들이 1492년을 기억할지라도 이들 교과서는 콜럼버스와 미국의 유럽 개척에 대해 알아야 할 거의 모든 중요한 비판적 사실들을 생략한다. 그러는 사이 그들은 더 나은 이야기를 만들 수 있는 모든 호의적인 세부 사항들을 꾸며 내고 독자들이 콜럼버스와 동질감을 갖도록 그를 인간적으로 만든다.

23

정답 ①

시간 부사구(At certain times)는 시간을 강조하기 위해 문장의 앞으로도 올 수 있다. 이 경우 주어와 동사를 도치하지 않으므로 this door와 may의 위치는 바뀌어야 한다.

오답분석

② 양보절에서 보어인 eloquent가 문두로 도치된 문장이다.
③ so ~ that 구문에서 강조를 위해 so 이하가 문두로 나온 경우 도치가 일어난다.
④ 접속사 as가 이끄는 양태의 부사절에서 도치가 일어났으므로 옳다.
⑤ 'Only+부사'가 문두로 나왔으므로 도치된다.

24

'delve into'는 '깊이 조사하다'는 뜻으로 '조사하다'라는 의미를 지닌 'investigate'와 가장 유사하다.

| 해석 |

(예전에) 채굴을 했지만 지금은 천식으로 고통 받고 있는 주민들의 여러 인터뷰를 포함하여, 그 다큐멘터리는 온타리오의 교외 지역에서의 탄광업 문제에 대해 <u>깊이 조사한다</u>.

오답분석

① 담론하다, 이야기하다
② 인증하다
③ 설명하다
④ 대화를 나누다

25

정답 ②

| 해석 |

A : 우리 수영하러 가자. 넌 어떠니?
B : <u>그래 좋아</u>.

오답분석

① 마음에 드시다니 다행입니다.
③ 그것 참 안됐군요.
④ 진심이 아닙니다.
⑤ 전혀 아닙니다.

26

정답 ③

| 해석 |

A : Hanna, 너 오늘 아주 멋져 보여.
B : 그래? 나 이 옷을 어제 막 샀어.
A : 진짜, 너에게 정말 잘 어울려. 어디서 구한 거야?
B : <u>번화가에 있는 백화점에서 샀어</u>.

오답분석

① 사실, 이 옷은 실크로 만들어졌어.
② 세일하고 있었어.
④ 언젠가 그것을 살 거야.
⑤ 아직 돈이 부족해.

27

정답 ①

| 해석 |

A : 제인, 우리 공원 갈래?
B : <u>미안하지만, 못 가</u>. 나 숙제해야 해.
A : 알겠어. 다음에 가자.

오답분석

② 네 의견에 동의해.
③ 물론, 나도 가고 싶어.
④ 너 정말 잘했다.
⑤ 정말 좋은 생각이다.

28

정답 ④

| 해석 |

W : 항공권이 초과 예약되어 늦게 이륙했어요.
M : 이상하네요. 나는 그 항공회사 예약에서 그런 문제가 한 번도 없었는데요.
W : 만약 그런 일이 한 번 더 발생한다면 다시는 그 회사 비행기를 안 탈 거예요.

여자가 화난 이유는 그녀의 비행기에 너무 많은 티켓이 발행되었기 때문이다.

오답분석

① 그녀의 비행기가 취소되었다.
② 그녀의 예약이 분실되었다.
③ 비행기에 음식이 충분하지 않았다.
⑤ 돈이 생각보다 많이 나왔다.

29

정답 ④

2시 15분 이후에 오는 급행열차를 타려면 45분을 기다려야 한다.

| 해석 |

A : 지금 2시 15분인데, 급행열차는 배차 간격이 어떻게 되나요?
B : 매 정시예요. 하지만 완행열차는 10분 후에 출발해요.
C : 고마워요. 그럼 저는 급행열차를 기다릴래요.

30

정답 ③

대화에서 B는 객실을 예약하려고 하므로 A와 B는 호텔 직원과 고객의 관계이다.

| 해석 |

A : 안녕하세요? 제가 도와드릴까요?
B : 예, 1인용 객실을 하나 예약하려고 전화했습니다.
A : 그렇군요. 얼마 동안이나 머무르고 싶으신가요?
B : 6일 동안이요.

31

정답 ③

부정의문문에 대한 대답도 긍정표현일 때는 'Yes+긍정문', 부정표현일 때는 'No+부정문' 형태이나, 번역은 우리말과 반대로 해야 한다. 따라서 바르게 영작한 것은 'Yes, it was very hot.'이다.

32

정답 ②

'My lips are sealed.'는 '내 입술은 봉인되었다.', 즉 비밀을 지킨다는 뜻이다. 이와 같은 뜻이 'I can keep a secret.'이다.

오답분석

① 나는 내부고발자이다.
③ 나는 매우 너그럽다.
④ 나는 들을 준비가 되었어.
⑤ 나는 먹고 싶은 만큼 먹을 수 있다.

33

정답 ①

A가 B의 상태를 파악한 뒤 보건교사에게 가볼 것을 권유했으므로 '교사 – 학생'의 관계이다.

| 해석 |

A : 얼굴이 창백해 보여. 무슨 일이니?
B : 복통이 심해요. 너무 아프네요. 토할 것 같아요.
A : 언제부터 아프기 시작했니?
B : 아침식사 후부터요.
A : 왜 그러는지 알겠니?
B : 제가 먹은 무언가 때문인 게 틀림없어요.
A : 어디 보자. 오, 너 열도 있구나. 보건교사에게 즉시 가보는 게 좋겠다.

34

정답 ②

예배당의 종소리와 새들이 감미롭게 지저귀는 소리가 울려 퍼지는 평화로운 주변 분위기가 잘 드러나 있으므로 'calm and peaceful(차분하고 평화로운)'이 적절하다.

| 해석 |

그 도시에는 예배 장소들이 몇 개 있었고, 그들의 낮은 종소리가 아침부터 저녁까지 마을에 울려 퍼졌다. 태양은 밝고 기분 좋게 빛났고 공기는 따뜻했다. 시냇물이 물거품을 내며 흘렀고 새들의 감미로운 노래가 도시 저편 들판에서 울려 퍼졌다. 나무들은 이미 잠에서 깨어났고 푸른 하늘이 그들을 감싸고 있었다. 이웃 주변의 모든 것들, 나무들, 하늘, 그리고 태양은 너무도 젊고 친밀해 보여서 영원히 지속될 마법을 깨뜨리려 하지 않았다.

35

정답 ③

Jane과 Mary는 어머니에게 편지를 쓴 것이 아니고, 선물을 준 숙모에게 감사의 편지를 썼다는 것을 알 수 있다.

| 어휘 |

• living room : 거실
• aunt : (외)숙모, 이모, 고모
• immediately : 즉시, 당장

| 해석 |

어느 일요일 아침, Jane과 그녀의 여동생 Mary는 거실에서 크리스마스에 대해 이야기하고 있었다. 그때 그들의 어머니가 상자 하나를 가지고 방으로 들어왔다. 그것은 매우 큰 상자였다.
"이 상자는 서울에 계신 너희 숙모한테서 온 선물이란다."하고 그녀는 말했다. 거기에는 2개의 예쁜 한국 인형이 들어 있었다. Mary는 "우리는 정말 행복해!"하고 외쳤다. 그들의 어머니는 Jane과 Mary에게 "즉시 그녀에게 편지를 쓰도록 하렴."이라고 말했다.

36

정답 ④

제시문은 모피 때문에 무자비하게 죽음을 당해 멸종 위기에 처한 비버가 되살리기 프로그램을 통해 다시 개체수가 회복되었다는 내용이므로, 비버의 생김새를 묘사하고 있는 ④는 글의 흐름을 벗어난다.

| 해석 |

비버만큼 모피를 얻으려는 목적으로 그렇게 무자비하게 착취된 동물은 거의 없었다. 18세기와 19세기에 비버 모피는 같은 무게의 금만큼이나 가치가 있었다. 결과적으로, 1896년쯤에는 미국의 최소 14개 주에서 그 주의 모든 비버가 죽임을 당했다고 발표했다. 20세기 초반 무렵에는 비버가 지구상에서 당장 사라질 것처럼 보였다. (비버는 크고 납작한 꼬리를 가지고 있는 커다란 쥐처럼 생긴 털이 많은 동물이다.) 그러나 비버를 생포해서 보호 구역, 특히 미국의 교외 지역에 있는 구역으로 이전시키는 비버 되살리기 프로그램 덕에 비버는 전국에 걸쳐 눈에 띄게 개체수를 회복했다.

37

정답 ②

다양한 회사 사람들과의 단합을 위해 체력 단련장을 설치하자고 제안하고 있으므로 ②가 글의 목적으로 가장 적절하다.

| 어휘 |

- isolating : 분리시키는, 격리시키는
- fortunate : 운 좋은
- parkade : 주차장
- company personnel : 직원

| 해석 |

이처럼 큰 회사에서 일하면서 이상하게 고립될 수 있다. 우리가 운 좋은 몇몇 동료들처럼 현장에 나가 있다면, 활동적으로 새로운 사람들을 만나고 돌아다닐 것이다. 그러나 우리 사무직들은 차를 지하 주차장에 두고 엘리베이터를 타고 올라가서 우리가 일하면서 하루를 보내는 좁은 구석으로 향할 뿐이다. 구내 식당은 모임 장소일 수 있지만 사람들은 같은 사무실이나 같은 층에서 일하는 사람들과 앉는 경향이 있다. 체력 단련장은 다른 부서와 사무실, 다양한 나이와 배경의 직원들을 모으는 편안한 장소를 제공할 것이라고 생각한다. 이 아이디어가 받아들여진다면, 그것을 설치할 적당한 장소는 현재 창고로 쓰이는 지하실의 뒷방이나 거의 쓰이지 않는 10층 휴게실이 될 수 있다. 단지 우리의 건강만을 위해서가 아니라 이러한 투자가 확실히 가치 있고 회사의 단합에 기여할 수도 있을 것이라고 생각한다.

38

정답 ①

| 어휘 |

- candor : 공평무사, 허심탄회
- sheepishly : 수줍어하며, 소심하게
- friendly : 친절하게
- charge : 부과하다

| 해석 |

내 인쇄기의 활자가 흐릿해지기 시작했을 때, 나는 지역 수리점에 전화를 걸었는데 친절한 남자 직원은 아마 인쇄기를 청소할 필요가 있을 것 같다고 말했다. 그 가게에서는 청소하는 데 50달러를 내야 하기 때문에, 그는 프린터기의 안내서를 읽고 내가 스스로 인쇄기를 청소하는 것이 더 나을 것이라고 말했다. 그의 공평무사함에 놀라면서 나는 물었다. "당신의 사장은 당신이 회사에 폐를 끼치고 있다는 것을 아나요?" 그 직원은 수줍어하며 말했다. "사실 그것은 저희 사장님의 생각입니다." "만약 사람들이 먼저 수리를 하도록 내버려두면, 우리는 보통 (그 이후의) 수리비용으로 더 많은 돈을 법니다."

39

정답 ③

두 번째 문장 'A good way to quit smoking is to exercise, drink more water and food with vitamin.'에서 ① · ② · ④ · ⑤는 제시되어 있지만 휴식 취하기는 언급되지 않았다.

| 어휘 |

- quit : 중단하다
- exercise : 운동하다

| 해석 |

당신이 담배를 끊고 싶다면, 할 수 있다. 담배를 끊는 데 할 수 있는 좋은 방법으로 운동하기, 껌 씹기, 물 많이 마시기, 비타민이 함유된 음식 섭취하기가 있다. 기억하라, 담배 끊기를 지체하면 할수록 더 힘들어질 것이다.

40

정답 ②

A little knowledge is dangerous. – 선무당이 사람 잡는다.

41

제시된 문장은 클래식 음악이 모든 구역에 흘러나온다는 내용 바로 앞에 들어가야 한다.

| 해석 |

호주의 어느 작은 마을에서 흥미로운 실험이 실시되었다. 지난 2년 동안, 그 마을에서는 길거리 범죄 수가 급격하게 늘어나고 있었다. 길거리 범죄 증가에 놀란 지역 주민들은 함께 모여서 그 문제에 대처하는 최선의 방법은 어두워진 후에 주요 도로에서 범죄자들을 없애는 것이라고 결정하였다. 거리에 무장한 경찰을 더 배치하는 대신에, 그들은 클래식 음악을 내보내기로 결정하였다. 모든 거리 구역마다 모차르트, 바흐, 베토벤, 브람스의 음악을 내보내기 시작했다. 일주일도 되지 않아 그 지역은 범죄가 급격히 줄어들었다고 보도되었다. 그 실험은 대단히 성공적이어서 덴마크의 코펜하겐에 있는 주요 기차역에서 동일한 접근을 시도하였고 역시 비슷한 결과를 얻었다.

42

'Use words to make the reader see'라고 주장하는 바를 직접적으로 언급하고 있다. 따라서 글의 필자가 주장하는 바로 가장 적절한 것은 '시각적으로 실감나게 글을 써야 한다.'이다.

| 해석 |

글을 쓸 때에는 몸짓을 사용하거나 표정을 짓거나, 독자들에게 물건을 제시할 수 없으므로, 말하고 보여주는 일을 하는 것을 모두 어휘에 의존해야 한다. 말보다는 보여주는 것을 더 많이 하라. 독자들이 '볼' 수 있도록 하기 위해 어휘를 사용하라. 예를 들어, 독자가 Laura의 아름다운 머리카락에 대해 추측하게 두지 말라. 그녀의 비단 같은 갈색 머리카락 끝을 부드러운 바람이 어떻게 어루만지는지 '보여줘라'. 당신이 행복감을 느꼈다고 단순히 말하지 말라. 당신이 계단을 한 번에 네 칸씩 뛰어 내려가고, 코드의 지퍼가 열린 채로, 바람을 맞으며 "만세, 내가 해냈어!"라고 외치는 모습을 '보여줘라'.

43

필자의 상태가 안 좋다고 의사가 말을 했기 때문에 필자는 절망감을 느꼈을 것이라고 추측할 수 있다.

| 해석 |

나는 나의 병이 앞으로 더 악화될 것이라는 것과 그들이 할 수 있는 것이 아무것도 없다는 것을 의사를 통하여 알고 있었다. 나는 더 자세히 물어보고 싶은 기분이 들지 않았다.

44

제시문은 비행기에서 승객들을 위한 매우 중요한 사람을 이야기하고 있으므로 '스튜어디스'가 가장 적절하다.

| 어휘 |

• passenger : 승객
• comfortable : 안락한
• pillow : 베개
• blanket : 담요
• point out : 지적하다, 언급하다

| 해석 |

그녀는 비행기에서 매우 중요한 사람이다. 그녀는 승객들이 편안하도록 도와준다. 그녀는 사용을 원하는 사람들을 위해 베개, 담요, 신문을 가지고 있다. 그녀는 승객들을 찾아다니며 비행기가 날고 있는 재미있는 곳들을 언급해 준다.

45

소년은 40센트의 참외를 구입하지 못해서 4센트로 덜 익은 참외를 구입하여 한두 주 후에 참외를 가져가기 위해 참외 줄기를 자르지 말아달라고 이야기하고 있다. 이는 '참외가 더 커졌을 때 가져가기 위해서'이다.

| 어휘 |

• vine : 줄기, 덩굴

| 해석 |

한 소년이 어느 농부의 참외밭으로 걸어 들어갔다. 그 농부는 "뭘 도와줄까?"하고 물었다. 소년은 크고 좋은 참외의 가격이 얼마냐고 물었다. 40센트라고 농부가 말하자 소년은 4센트밖에 없다고 말했다. 농부는 아주 작고 덜 익은 참외를 가리키며 "이건 어때?" 하고 미소 지으며 말했다. "좋아요, 이걸로 하겠어요." 그 유머러스한 소년은 말했다. "하지만 덩굴을 자르지는 마세요, 한두 주 후에 가지러 오겠습니다."

CHAPTER 05 영어능력검사 • 33

46

정답 ③

'two basic things'가 가리키는 것은 뒤의 문장에 나와 있다. 즉, 안전거리 확보와 좌석벨트(안전벨트) 착용이다.

| 어휘 |
- ignore : 무시하다
- wear seat belts : 좌석벨트(안전벨트)를 착용하다

| 해석 |

> 운전은 재밌다. 그러나 대부분의 운전자들이 <u>두 가지 기본적인 사항</u>을 무시한다.
> 그들은 앞차와의 안전거리 확보를 잊어버리고, 또한 좌석벨트(안전벨트)를 착용하지 않는다.

47

정답 ②

마지막 문장 'I feel jealous.'를 통해 글쓴이의 심경이 '질투심'이라는 것을 알 수 있다.

| 어휘 |
- comfortable : 편안한
- jealous : 질투하는

| 해석 |

> 나의 가장 친한 친구가 새로운 남자친구가 생겼다. 나는 그녀와 그녀의 남자친구와 있을 때 편안하지 않다. 그녀가 나와 함께 보낼 시간이 없다고 말할 때, 나는 질투심을 느낀다.

48

정답 ④

| 어휘 |
- be left open : 열린 채 남겨지다
- suffer : 시달리다, 고통 받다

| 해석 |

> 3살인 Martin과 그의 엄마는 지난 일요일 친구 집을 방문했다. 창문은 열려 있었고, Martin은 2층 40피트 높이에서 떨어졌다. 다행스럽게도, 그는 몇몇의 찰과상 말고는 더 다친 곳이 없었다.

| 오답분석 |
① 생후 3개월이 아니라 3살이다.
② 할머니 집이 아닌 친구 집에 갔다.
③ 혼자 창문을 연 것이 아니라 창문이 열려 있었다.
⑤ 중상이 아니라 약간의 찰과상만 입었다.

49

정답 ③

과거의 사람들이나 오늘날의 사람들 모두 변함없이 과학을 탐구하고 있으며 그것은 절대로 멈추지 않는다는 것이 중심 내용이다. 마지막 문장에서 '세상에는 항상 탐구할 무언가가 있다'는 말은 결국 '지속적인 과학 탐구의 당위성'을 가리키는 것이다.

| 어휘 |
- abandon : 버리다
- build on : ~를 추진하다
- bother : 수고스럽게 ~하다
- absolute : 절대적인
- memorize : 암기하다
- explore : 탐구하다, 개발하다

| 해석 |

> 과학은 생각을 시도해 보고 효과가 없는 것은 버리고 효과가 있는 것은 계속 추진하는 것에 관한 모든 것이다. 그것은 절대로 멈추지 않는다. 잘못된 아이디어를 가진 과거의 사람들은 바보가 아니었다. 그들은 그 시대의 지식을 이용하여, 할 수 있는 최선을 다하는 중이었다. 우리도 현재 같은 일을 한다. 미래에 사람들은 우리를 되돌아볼 것이고 우리가 지금 믿고 있는 일들 중 몇 가지를 우리가 왜 믿는지 의아해 할 것을 확신할 수 있다. 그것이 과학을 중요하지 않게 만드는가? 우리의 과학 이론 중 몇 가지가 거짓으로 판명난다면 왜 그것들을 공부하느라 힘들어하는가? 무언가를 절대적 진리라고 믿는다면 단지 그것을 암기하고 삶에서 이용할 수 있기만 하면 된다. 결국, 세상에는 항상 탐구할 무언가가 있다.

50

정답 ②

마지막 문장에서 '코미디언이 사용하는 기술을 관찰하고, 당신의 연설에 그것을 활용하라.'고 직접적으로 주장을 나타내고 있다.

| 해석 |

> The Pumkin Plan의 작가인 Mike Michalowicz는 코미디언들이 최고의 대중 연설가라고 주장한다. 예를 들어, 코미디언들은 청중들의 주의를 한 시간 이상 끌어야 하고, 공연을 하는 동안 쉬지도 못하고, 청중과 질의 응답을 하면서 시간을 때울 수도 있다. 사람들은 또한 그들이 자신들을 끊임없이 웃길 것이라고 기대한다. 그리고 청중들이 화면을 보려고 애쓰는 것이 아니라 자신들을 바라보기를 원하기 때문에, 발표를 위한 소프트웨어 프로그램조차 사용하지 않는다. 이러한 사실들은 당신이 공연을 잘하는 무대 위의 코미디언이 되어야 한다는 뜻은 아니다. 당신은 심지어 농담을 할 필요도 없다. 그러나 당신의 발표 기술을 향상시키기 위해서는 코미디언이 사용하는 기술을 관찰하고, 당신의 연설에 그것을 활용하라.

51 정답 ②

'A이다. 따라서(Therefore) B이다.'라고 이어지는 것이 문맥상 적절하다.

| 어휘 |
- common : 흔한, 공동의
- technique : 기법
- repeat : 반복하다
- imagine : 상상하다
- consumer : 소비자

| 해석 |

> 흔한 광고 기법 중의 하나는 바로 상품의 이름을 반복하는 것이다. 상품의 이름을 반복하는 것은 판매를 증가시킬 수 있다. 예를 들어, 당신이 샴푸를 쇼핑하러 가는데 어떤 걸 살지 결정하지 않은 상황을 상상해 보라. 당신 마음속에 가장 먼저 떠오르는 샴푸는 당신이 최근에 많이 들었던 이름을 가진 샴푸이다. 따라서 이름을 반복하는 것은 물건을 구매하는 소비자들로 이어질 수 있다.

52 정답 ③

제시문은 '제품의 이름(the product name)'을 '반복(repeating)'하는 광고 기법의 효과에 대해 이야기하고 있다. 따라서 주제로 가장 적절한 것은 ③이다.

53 정답 ④

글의 흐름이 자연스러워지려면 아드레날린 러시의 강렬한 영향에 이어 (D) 왜 위험 선호자들이 생기는지를 설명하고, (B) 그러나 왜 위험 선호자는 일부에 불과한가를 설명하는 다른 요인의 가능성을 제시한 후, (C) 심리학자들이 제시하는 요인이 될 수 있는 감각을 설명하는 순서가 되어야 한다.

| 해석 |

> (A) 비록 위험에 의해 작동되었다 할지라도 아드레날린의 급격한 분출과 (a) 그것에 따른 몸의 반응은 위험이 지나가고 나면 뚜렷하게 즐거운 감정을 생성한다. 위험을 찾아서가 아니라 우연히 (b) 그것을 마주한 사람이라 해도 나중에는 그것을 흥분되는 "아드레날린 러시"라고 말할 것이다. 몇몇 사람들에게는 그런 경험으로 인한 즐거움이 너무 강렬해서 그들은 (c) 그것을 인생의 가장 가치 있는 감각이라고 평가하게 된다.
> (D) 어떻게 이러한 신체적 쾌감이 심리적으로 매력적일 수 있는가를 알기란 쉽다. 위험 선호자는 아드레날린의 생물학적 효과를 좋아하고 (e) 그것을 만들어 낼 수 있는 환경에 끌리게 되는 것이다.
> (B) 그러나 이런 질문이 남는다. 왜 오직 우리 중 일부만이 위험 선호자가 되는가? 거기에는 위험 선호자와 위험 회피자 모두가 경험하는 아드레날린 러시 이외의 요인이 있기 때문일 것이다.
> (C) 심리학자들은 대부분 위험한 상황에서 살아남으로 인해 전해지는 통제력을 언급한다. 궁지에 몰렸다가 (d) 그것을 뛰어난 힘과 준비로 극복한 몇몇 사람들에게는 대단한 보상이 기다리고 있다. 바로 이 도식을 통해 위험 선호자들은 무모하게 위험을 찾는 사람이 아니라 그 자신이 감당할 만한 도전에 맞서는 사람이 된다.

54 정답 ⑤

(C)에서 위험 선호자들은 위험한 상황을 극복하고 나서 생기는 통제력을 원하는 것이라는 내용을 확인할 수 있다.

55 정답 ③

(c)는 'adrenaline rush'를 의미한다.

우리의 모든 꿈은 실현된다.
그 꿈을 밀고 나갈 용기만 있다면.

– 월트 디즈니 –

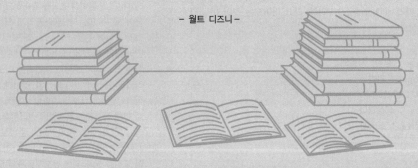

01	02	03	04	05	06	07	08	09	10
④	②	④	④	④	①	④	①	④	④

01

정답 ④

어떤 사안에 대한 '보고'를 한다는 것은 그 내용에 대한 충분한 이해가 되었다는 것이다. 따라서 그 내용과 관련해서 어떤 질문을 받아도 답변이 가능해야 한다.

오답분석
① 설명서에 해당하는 설명이다.
② 기획안에 해당하는 설명이다.
③ 이해를 돕기 위한 자료라 해도 양이 너무 많으면 오히려 내용 파악에 방해가 된다.
⑤ 한 장에 담아내야 하는 원칙이 적용되는 문서는 회사 외부로 전달되는 문서인 공문서이다.

02

정답 ②

문서의 마지막에 반드시 '끝'을 붙여야 하는 문서는 공문서이다.

03

정답 ④

ㄴ. 정보제공의 경우, 시각적 자료가 있으면 문서의 이해를 도울 수 있으므로 적절히 포함시키는 것이 좋다. 따라서 최소화하는 것은 바람직하지 못하다.
ㄹ. 제안서나 기획서의 경우, 객관적 사실 뿐 아니라 제안자의 주관적 판단과 계획도 반영되어야 한다.

04

정답 ④

㉠ 한 개의 사안은 한 장의 용지에 작성하는 것이 원칙이다.
㉡ 첨부자료는 반드시 필요한 내용만 첨부하여 산만하지 않게 하여야 한다.
㉣ 금액, 수량, 일자의 경우 정확성을 기하여 기재하여야 한다.

05

정답 ④

오답분석
① '왜?'라는 질문은 보통 진술을 가장한 부정적·추궁적·강압적인 표현이므로 사용하지 않는 것이 좋다.
② 요약하는 기술은 상대방에 대한 자신의 이해의 정확성을 확인하는 데 도움이 된다.
③ 상대방이 하는 말의 어조와 억양, 소리의 크기까지도 귀를 기울이는 방법이다.
⑤ 다른 사람의 메시지를 인정하는 것은 당신이 그와 함께하며, 그가 인도하는 방향으로 따라가고 있다는 것을 언어적·비언어적인 표현을 통하여 상대방에게 알려주는 방법이다.

06

정답 ①

자신이 전달하고자 하는 의사표현을 명확하고 정확하게 하지 못할 경우에는 자신이 평정을 어느 정도 찾을 때까지 의사소통을 연기한다. 하지만 조직 내에서 의사소통을 무한정으로 연기할 수는 없기 때문에 자신의 분위기와 조직의 분위기를 개선하도록 노력하는 등의 적극적인 자세도 필요하다.

07

정답 ④

기안문 작성 시 유의사항
• 정확성(바른 글)
  - 필요한 내용을 빠뜨리지 않고, 잘못된 표현이 없도록 문서를 작성한다.
  - 의미전달에 혼동을 일으키지 않도록 정확한 용어를 사용하고 문법에 맞게 문장을 구성한다.
  - 애매모호하거나 과장된 표현에 의하여 사실이 왜곡되지 않도록 한다.
• 용이성(쉬운 글)
  - 상대방의 입장에서 이해하기 쉽게 작성한다.
  - 추상적이고 일반적인 용어보다는 구체적이고 개별적인 용어를 쓴다.
• 성실성(호감 가는 글)
  - 문서는 성의 있고 진실하게 작성한다.
  - 감정적이고 위압적인 표현을 쓰지 않는다.
• 경제성(효율적으로 작성하는 글)
  - 용지의 규격·지질을 표준화한다.
  - 서식을 통일하여 규정된 서식을 사용하는 것이 경제적이다.

08

정답 ①

제시문은 급격하게 성장하는 호주의 카셰어링 시장을 언급하면서 이러한 성장 원인에 대해 분석하고 있으며, 호주 카셰어링 시장의 성장 가능성과 이에 따른 전망을 이야기하고 있다. 따라서 글의 제목으로 ①이 가장 적절하다.

09

정답 ④

마지막 문단을 보면 호주에서 차량 2대를 소유한 가족의 경우 차량 구매 금액을 비롯하여 차량 유지비에 쓰는 비용이 최대 연간 18,000호주 달러에 이른다고 하였다. 이처럼 차량 유지비에 대한 부담이 크기 때문에 차량 유지비가 들지 않는 카셰어링 서비스를 이용하려는 사람이 늘어나고 있다.

10

정답 ④

미생물을 끓는 물에 노출하면 영양세포나 진핵포자는 죽일 수 있으나, 세균의 내생포자는 사멸시키지 못한다. 멸균은 포자, 박테리아, 바이러스 등을 완전히 파괴하거나 제거하는 것이므로 물을 끓여서 하는 열처리 방식으로는 멸균이 불가능함을 알 수 있다. 따라서 빈칸에 들어갈 내용으로는 소독은 가능하지만, 멸균은 불가능하다는 ④가 가장 적절하다.

01	02	03	04	05	06	07	08	09	10
②	①	⑤	③	①	⑤	③	⑤	④	②

01

정답 ②

레이더 차트(방사형 그래프, 거미줄 그래프)에 대한 설명이다.

오답분석

① 막대 그래프 : 세로 또는 가로 막대로 사물의 양을 나타내며, 크고 작음을 한 눈에 볼 수 있기 때문에 편리하다.

③ 선 그래프 : 꺾은선 그래프라고도 하며, 시간에 따라 지속적으로 변화하는 것을 기록할 때 편리하다. 조사하지 않은 중간값도 대략 예측할 수 있다.

④ 층별 그래프 : 합계와 각 부분의 크기를 백분율 또는 실수로 나타내고, 시간적 변화를 보고자 할 때 쓰인다.

⑤ 점 그래프 : 통계학에서 데이터들의 분포를 점으로 나타내는 도표 또는 그러한 도표로 나타내는 방법으로, 점의 개수로 양의 많고 적음을 나타내는 그래프이다.

02

정답 ①

A사원의 집에서 회사까지의 거리는 A사원이 자동차를 타고 이동한 거리와 같다.

자동차의 속력은 시속이고, 시간은 분으로 주어졌으므로 30분은 $\frac{30}{60}=0.5$시간으로 바꾸어 계산한다.

따라서 (거리)=(속력)×(시간)이므로 A사원의 집에서 회사까지의 거리는 60×0.5=30km이다.

03

정답 ⑤

제시된 자료를 토대로 각 마을의 판매량과 구매량을 구해 보면 다음과 같은 데이터를 얻을 수 있다.

구분	판매량	구매량	거래량 계
갑 마을	570	610	1,180
을 마을	640	530	1,170
병 마을	510	570	1,080
정 마을	570	580	1,150
합계	2,290	2,290	4,580

따라서 갑 마을이 을 마을에 40kW를 더 판매했다면, 을 마을의 구매량은 530+40=570kW가 되어 병 마을의 구매량과 같게 된다.

오답분석

① 거래량 표에서 볼 수 있듯이 총거래량이 같은 마을은 없다.

② 마을별 거래량 대비 구매량의 비율은 다음과 같으므로 40% 이하인 마을은 없다.

- 갑 마을 : $610 \div 1,180 \times 100 ≒ 51.7\%$
- 을 마을 : $530 \div 1,170 \times 100 ≒ 45.3\%$
- 병 마을 : $570 \div 1,080 \times 100 ≒ 52.8\%$
- 정 마을 : $580 \div 1,150 \times 100 ≒ 50.4\%$

③ 제시된 거래량 표에서 알 수 있듯이 을 마을의 거래수지만 양의 값을 가짐을 알 수 있다.

④ 제시된 거래량 표에서 알 수 있듯이 판매량과 구매량이 가장 큰 마을은 각각 을 마을과 갑 마을이다.

04

정답 ③

㉠ 미혼률이 낮고 기혼률이 높을수록 그 격차는 커진다. 따라서 미혼율이 가장 낮고 기혼율이 가장 높은 제주가 미혼과 기혼인 여성의 비율의 격차가 가장 큰 지역이다.

㉣ 지역별 다자녀가구인 여성 수를 구하면 다음과 같다. 서울 382+123=505명, 경기 102+58=160명, 인천 554+283=837명, 강원 106+21=127명, 대구 123+36=159명, 부산 88+74=162명, 제주 21+13=34명으로 모든 지역이 자녀가 2명인 여성 수보다 적다.

오답분석

㉡ 자녀 수의 4명 이상을 4명이라 가정하고 서울의 자녀 수를 구하면 $(0 \times 982)+(1 \times 1,885)+(2 \times 562)+(3 \times 382)+(4 \times 123)=$ 4,647명이고, 제주의 자녀 수를 구하면 $(0 \times 121)+(1 \times 259)+(2 \times 331)+(3 \times 21)+(4 \times 13)=1,036$명이다. 따라서 서울의 자녀 수는 제주의 자녀 수의 약 $4,647 \div 1,036 ≒ 4.5$배로 5배 미만이다.

㉢ 자녀 수 항목에서 기혼 여성 수가 많은 상위 2개 항목은 서울·경기·대구·부산의 경우 '1명'과 '없음'이지만, 인천·강원·제주의 경우에는 '1명', '2명'으로 동일하지 않다.

05

정답 ①

미혼인 성인 여성의 수는 '(기혼 여성 수)$\times \dfrac{(미혼\ 여성\ 비율)}{(기혼\ 여성\ 비율)}$'로 구할 수 있다.

- 서울 : $3,934 \times \dfrac{31.3}{68.7} ≒ 1,792$명

오답분석

② 경기 : $3,165 \times \dfrac{28.9}{71.1} ≒ 1,286$명

③ 인천 : $3,799 \times \dfrac{29.1}{70.9} ≒ 1,559$명

④ 강원 : $1,057 \times \dfrac{21.5}{78.5} ≒ 289$명

⑤ 제주 : $745 \times \dfrac{17.5}{82.5} ≒ 158$명

06

제시된 상황을 벤 다이어그램으로 나타낸 후 계산하면 다음과 같다.

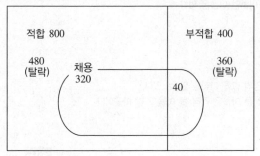

㉠ 오탈락률 : $\dfrac{480}{800} \times 100 = 60\%$

㉡ 오채용률 : $\dfrac{40}{400} \times 100 = 10\%$

07

소비자물가를 연도별로 계산해 보면 다음과 같다. 서비스는 존재하지 않기 때문에 재화만 고려한다.

구분	소비자물가	소비자물가지수
2022년	$120 \times 200 + 180 \times 300 = 78,000$원	100
2023년	$150 \times 200 + 220 \times 300 = 96,000$원	123
2024년	$180 \times 200 + 270 \times 300 = 117,000$원	150

보리와 쌀이 유일한 재화이므로, 물가지수는 보리와 쌀의 가격으로 구할 수 있다. 기준시점의 소비자 물가와 대비한 해당연도의 소비자 물가가 해당연도의 물가지수이다. 즉, '기준연도의 물가 : 기준연도의 물가지수=해당연도의 물가 : 해당연도의 물가지수'이 므로 2024년 물가지수를 x로 두면, 다음과 같다.

$78,000 : 100 = 117,000 : x$

$\therefore x = 150$

따라서 2024년도 물가상승률은 $\dfrac{150-100}{100} \times 100 = 50\%$이다.

08

ㄷ. 통신사별 스마트폰의 통화성능 평가점수의 평균을 계산하면 다음과 같다.

　갑 : $\dfrac{1+2+1}{3} = \dfrac{4}{3}$, 을 : $\dfrac{1+1+1}{3} = 1$, 병 : $\dfrac{2+1+2}{3} = \dfrac{5}{3}$

　따라서 병 통신사가 가장 높다.

ㄹ. 평가점수 항목별 합은 화질은 24점, 내비게이션은 22점, 멀티미디어는 26점, 배터리 수명은 18점, 통화성능은 12점으로 멀티 미디어의 총합이 가장 높다.

[오답분석]

ㄱ. 소매가격이 200달러인 스마트폰은 B, C, G이다. 이 중 종합품질점수는 B는 $2+2+3+1+2=10$점, C는 $3+3+3+1+1=11$ 점, G는 $3+3+3+2+2=13$점으로 G스마트폰이 가장 높다.

ㄴ. 소매가격이 가장 낮은 스마트폰은 50달러인 H이며, 종합품질점수는 $3+2+3+2+1=11$점으로 9점인 F보다 높다.

09

정답 ④

A, B, E구의 1인당 소비량을 각각 a, b, e라고 하자.

제시된 조건을 식으로 나타내면 다음과 같다.

• 첫 번째 조건 : $a+b=30 \cdots \text{㉠}$

• 두 번째 조건 : $a+12=2e \cdots \text{㉡}$

• 세 번째 조건 : $e=b+6 \cdots \text{㉢}$

㉢을 ㉡에 대입하여 식을 정리하면, $a+12=2(b+6) \rightarrow a-2b=0 \cdots \text{㉣}$

㉠$-$㉣을 하면 $3b=30 \rightarrow b=10$, $a=20$, $e=16$

A~E구의 변동계수를 구하면 다음과 같다.

• A구 : $\dfrac{5}{20} \times 100 = 25\%$

• B구 : $\dfrac{4}{10} \times 100 = 40\%$

• C구 : $\dfrac{6}{30} \times 100 = 20\%$

• D구 : $\dfrac{4}{12} \times 100 ≒ 33.33\%$

• E구 : $\dfrac{8}{16} \times 100 = 50\%$

따라서 변동계수가 3번째로 큰 구는 D구이다.

10

정답 ②

• A업체

| 9 ① | 9 ① | 9 ① | 9 ① | 9 ① |

=50대(①은 무료)

$9 \times 5 \times 10$만 원$=450$만 원

450만 원에서 100만 원당 5만 원 할인$=4 \times 5 = 20$만 원

∴ $450-20=430$만 원

• B업체

| 8 ① | 8 ① | 8 ① | 8 ① | 8 ① | 5 |

=50대(①은 무료)

∴ $8 \times 5 \times 10$만 원$=400$만 원$+(5 \times 10$만 원$)=450$만 원

따라서 A업체가 20만 원 저렴하다.

CHAPTER 03 문제해결능력 적중예상문제

01	02	03	04	05	06	07	08	09	10
⑤	⑤	⑤	②	②	①	④	③	③	①

01
정답 ⑤

전략적 사고란 현재 당면하고 있는 문제와 그 해결 방법에만 집착하지 않고, 그 문제와 해결 방안이 상위 시스템과 어떻게 연결되어 있는지를 생각하는 것을 의미한다.

오답분석

① 분석적 사고 : 전체를 각각의 요소로 나누어 그 요소의 의미를 도출한 다음 우선순위를 부여하여 구체적인 문제해결 방법을 실행하는 것을 의미한다.
② 발상의 전환 : 사물과 세상을 바라보는 기존의 인식 틀을 전환하여 새로운 관점에서 바라보는 것을 의미한다.
③ 내·외부자원의 활용 : 문제해결 시 기술, 재료, 방법, 사람 등 필요한 자원 확보 계획을 수립하고 내·외부자원을 효과적으로 활용한다.
④ 창의적 사고 : 당면한 문제를 해결하기 위해 이미 알고 있는 경험·지식을 해체하여 새로운 아이디어를 다시 도출하는 것을 의미한다.

02
정답 ⑤

ST전략은 외부 환경의 위협 회피를 위해 내부의 강점을 사용하는 전략이며, 내부의 강점을 이용하여 외부의 기회를 포착하는 전략은 SO전략이므로 옳지 않다.

오답분석

①·③ SWOT 분석의 정의 및 분석방법이다.
② WT전략의 맞는 설명이다.
④ WO전략의 맞는 설명이다.

03
정답 ⑤

실행계획 수립은 무엇을, 어떤 목적으로, 언제, 어디서, 누가, 어떤 방법으로의 물음에 대한 답을 가지고 계획하는 단계이다. 따라서 자원을 고려하여 수립해야 하며, 세부 실행내용의 난도를 고려하여 가급적 구체적으로 세우는 것이 좋으며, 각 해결안별 구체적인 실행계획서를 작성함으로써 실행의 목적과 과정별 진행내용을 일목요연하게 파악하도록 하는 것이 필요하다.

04
정답 ②

창의적 사고는 선천적으로 타고 날 수도 있지만, 후천적 노력에 의해 개발이 가능하기 때문에 조언으로 옳지 않다.

오답분석

① 새로운 경험을 찾아 나서는 사람은 적극적이고, 모험심과 호기심 등을 가진 사람으로 창의력 교육훈련에 필요한 요소를 가지고 있는 사람이다.
③ 창의적인 사고는 창의력 교육훈련을 통해 후천적 노력에 의해서도 개발이 가능하다.
④ 창의력은 본인 스스로 자신의 틀에서 벗어나도록 노력하는 것으로 통상적인 사고가 아니라, 기발하고 독창적인 것을 말한다.
⑤ 창의적 사고는 전문지식보다 자신의 경험 및 기존의 정보를 특정한 요구 조건에 맞추거나 유용하도록 새롭게 조합시킨 것이다.

05
정답 ②

초고령화 사회는 실버산업(기업)을 기준으로 외부환경 요소로 볼 수 있으며, 따라서 기회 요인으로 볼 수 있다.

오답분석

① 제품의 우수한 품질은 기업의 내부환경 요소로 볼 수 있으며, 따라서 강점 요인으로 볼 수 있다.
③ 기업의 비효율적인 업무 프로세스는 기업의 내부환경 요소로 볼 수 있으며, 따라서 약점 요인으로 볼 수 있다.
④ 살균제 달걀 논란은 빵집(기업)을 기준으로 외부환경 요소로 볼 수 있으며, 따라서 위협 요인으로 볼 수 있다.
⑤ 근육운동 열풍은 헬스장(기업)을 기준으로 외부환경 요소로 볼 수 있으며, 따라서 기회 요인으로 볼 수 있다.

06
정답 ①

자아 인식, 자기 관리, 공인 자격 쌓기 등의 평가 기준을 통해 A사원이 B사원보다 스스로 관리하고 개발하는 능력이 우수하다는 것을 알 수 있다.

07

정답 ④

D를 제외한 A, B, C, E의 발언을 보면 H화장품 회사의 신제품은 10대를 겨냥하고 있음을 알 수 있다. 그러나 D는 이러한 제품의 타깃층을 무시한 채 단순히 소비성향에 따라 20 ~ 30대를 위한 마케팅이 필요하다고 주장하고 있다. 따라서 D는 자신이 알고 있는 단순한 정보에 의존하여 잘못된 판단을 하고 있음을 알 수 있다.

08

정답 ③

ㄴ. 원칙적으로는 만 12세까지의 취약계층 아동이 사업대상이지만 해당 아동이 초등학교 재학생이라면 만 13세 이상도 포함한다고 하였으므로 해당 학생은 사업대상에 해당한다.
ㄷ. 지역별로 전담공무원을 3명, 아동통합서비스 전문요원을 최대 7명까지 배치 가능하다고 하였으므로 전체 인원은 최대 10명까지 배치 가능하다.

오답분석

ㄱ. 사업대상의 각주에서 0세는 출생 이전의 태아와 임산부를 포함한다고 하였으므로 임신 6개월째인 취약계층 임산부는 사업대상에 포함된다.
ㄹ. 원칙적인 지원 한도는 최대 3억 원이나 신규사업지역일 경우에는 1억 5천만 원으로 제한한다고 하였으므로 옳지 않은 내용이다.

09

정답 ③

(가) : 부산에서 서울로 가는 버스터미널은 2개이므로 고객에게 바르게 안내해 주었다.
(다) : 소요 시간을 고려하여 도착시간에 맞게 출발하는 버스 시간을 바르게 안내해 주었다.
(라) : 도로 교통 상황에 따라 소요 시간에 차이가 있다는 사실을 바르게 안내해 주었다.

오답분석

(나) : 고객의 집은 부산 동부 터미널이 가깝다고 하였으므로 출발해야 되는 시간 등을 물어 부산 동부 터미널에 적당한 차량이 있는지 확인하고, 없을 경우 부산 터미널을 권유하는 것이 맞다. 단지 배차간격이 많다는 이유만으로 부산 터미널을 이용하라고 안내하는 것은 옳지 않다.
(마) : 우등 운행 요금만 안내해 주었고, 일반 운행 요금에 대한 안내를 하지 않았다.

10

정답 ①

B보다 시대가 앞선 유물은 2개다.

1	2	3	4
		B	

나머지 명제를 도식화하면 'C-D, C-A, B-D'이다. 이에 따라 정리하면 다음과 같다.

1	2	3	4
C	A	B	D

따라서 시대 순으로 오래된 것부터 나열하면 'C-A-B-D'이다.

CHAPTER 04 자기개발능력 적중예상문제

01	02	03	04	05	06	07	08	09	10
④	⑤	③	⑤	⑤	③	④	③	⑤	⑤

01
정답 ④

거설의 의사결정에는 이 일을 거절함으로써 빌생될 문제들과 자신이 거절하지 못해서 그 일을 수락했을 때의 기회비용을 따져보고, 거절하기로 결정하였다면 이를 추진할 수 있는 의지가 필요하다. 따라서 거절의 의사결정을 하고 이를 표현하기 위해서는 다음을 유의하여야 한다.
- 상대방의 말을 들을 때에는 주의하여 귀를 기울여서 문제의 본질을 파악한다.
- 거절의 의사결정은 빠를수록 좋다. 오래 지체될수록 상대방은 긍정의 대답을 기대하게 되고, 의사결정자는 거절을 하기 더욱 어려워진다.
- 거절을 할 때에는 분명한 이유를 만들어야 한다.
- 대안을 제시한다.

02
정답 ⑤

자기개발은 교육기관 이외에도 실생활에서 이루어지며, 평생에 걸쳐서 이루어지는 과정이다. 우리의 직장생활을 둘러싸고 있는 환경은 끊임없이 변화하고 있으며, 이로 인해 특정한 사건과 요구가 있을 경우뿐만 아니라 지속적으로 학습할 것이 요구된다. 또한 우리는 날마다 다른 상황에 처하게 되는데, 이러한 상황에 대처하기 위해서는 학교교육에서 배우는 원리와 원칙을 넘어서 실생활에서도 지속적인 자기개발이 필요하다.

03
정답 ③

자기개발 계획을 세울 때에는 구체적인 방법으로 계획해야 한다. 애매모호한 방법으로 계획하게 되면 어떻게 해야 하는지 명확하게 알 수 없으므로 중간에 적당히 하게 되거나, 효율적이지 못하게 자신의 노력을 낭비하게 된다. 따라서 자신이 수행해야 할 자기개발 방법을 명확하고 구체적으로 수립하면 노력을 집중적이고 효율적으로 할 수 있고, 이에 대한 진행 과정도 손쉽게 파악할 수 있다.

04
정답 ⑤

자기관리의 절차 중 비전 및 목적을 설정하는 단계에서 필요한 질문이다.

오답분석

①·②·③·④ 일을 수행하고 난 결과를 피드백하기 위한 질문으로 반성 및 피드백의 단계에서 사용된다.

05
정답 ⑤

자아효능감이 높은 사람은 낮은 사람에 비해 어려운 목표를 설정하며, 도전적인 과제가 주어졌을 경우 쉽게 포기하지 않고 더 많은 노력을 한다. 실패했을 경우에도 실패의 원인을 노력이나 능력 부족보다는 외부 상황으로 보는 경향이 높다. 반대로 자아효능감이 낮은 사람은 어려운 목표는 쉽게 포기하거나 도전하지 않으려 하며, 실패했을 경우 실패의 원인을 자신의 노력이나 능력 부족으로 보는 경향이 있다.

06
정답 ③

직장인들이 지속적으로 현 분야 또는 새로운 분야에 대해 공부하는 것은 자기개발의 일환으로, 이는 회사의 목표가 아닌 자신이 달성하고자 하는 목표를 성취하기 위해 필요하다.

07
정답 ④

경력개발 전략수립단계는 경력목표를 수립한 이후 이를 달성하기 위한 구체적인 활동계획을 수립하는 것이다. L씨는 현재 경력목표만 설정한 상태로 그 이후 단계인 경력개발 전략수립단계는 사례에서 찾아볼 수 없다.

오답분석

① 직무정보 탐색 : 투자 전문가의 보수, 종사자의 직무만족도 등을 파악하였다.
② 자기 탐색 : 적성검사를 통해 자신의 적성을 파악하였다.
③ 경력목표 설정 : 3년 내에 투자 전문가 관련 자격증을 취득하는 것을 목표로 설정하였다.
⑤ 환경 탐색 : 자신이 경력개발을 위해 활용할 수 있는 시간을 파악했다.

08

정답 ③

ⓒ 흥미나 적성검사를 통해 자신에게 알맞은 직업을 도출할 수 있으나 이러한 결과가 직업에서의 성공을 보장해 주는 것은 아니다. 실제 직장에서는 직장문화, 풍토 등 외부적인 요인에 의해 적응을 하지 못하는 경우가 발생하기 때문에 기업의 문화와 풍토를 잘 이해하고 활용할 필요가 있다.

ⓔ 일을 할 때는 너무 커다란 업무보다는 작은 단위로 나누어 수행한다. 작은 성공의 경험들이 축적되어 자신에 대한 믿음이 강화되면 보다 큰일을 할 수 있게 되기 때문이다.

09

정답 ⑤

성찰은 지속적인 연습을 통하여 보다 잘할 수 있게 되므로, 성찰이 습관화되면 문제가 발생하였을 때 축적한 노하우를 발현하여 이를 해결할 수 있다. 이러한 성찰 연습 방법으로는 매일 자신이 잘한 일과 잘못한 일을 생각해보고, 그 이유와 개선점 등을 생각나는 대로 성찰노트에 적는 방법이 있다. 따라서 한 번의 성찰로 같은 실수를 반복하지 않도록 도와준다는 ⑤의 조언은 옳지 않다.

10

정답 ⑤

L사원이 자기개발을 하지 못하는 이유는 자기실현에 대한 욕구보다 인간의 기본적인 생리적 욕구를 더 우선적으로 여기기 때문이다.

01	02	03	04	05	06	07	08	09	10
④	①	①	①	③	③	②	④	④	②

01

정답 ④

1, 2팀에서 팀장 또는 주임이 지정휴무를 사용하게 되면 다른 팀에서 지성휴무에 대한 대제근무를 해야 하므로 4번의 대제근무가 필요하다. 하지만 3팀의 경우 주임이 2명이기 때문에 대체근무 횟수의 최소화를 위해 2명의 주임이 동시에 지정휴무를 사용할 수 없다. 그렇기 때문에 3팀의 주임이 지정휴무를 쓰게 되더라도 대체가 필요 없다. 단, 3팀의 팀장이 지정휴무를 사용할 경우 대체가 필요하다. 지정휴무로 인한 대체는 총 5번이다.

10월 1일 1팀이 야간이고 2팀이 비번이었으면 1팀의 팀장이 여행가는 27일의 1팀 근무는 비번으로 시작한다. 비번 - 휴무 - 주간1 - 주간2 - 야간1이기 때문에 연차 실 사용일은 3일이고, 3번의 추가 대체근무가 필요하다.

따라서 지정휴무로 인한 대체근무 5번과 연차로 인한 대체근무 3번으로 총 8번이 필요하다.

02

정답 ①

무조건 비용을 적게 들이는 것이 좋은 것은 아니다. 예를 들어 한 기업에서 개발 프로젝트를 한다고 할 때, 개발 비용을 실제보다 높게 책정하면 경쟁력을 잃어버리게 되고, 낮게 책정하면 프로젝트 자체가 이익을 주는 것이 아니라 오히려 적자가 나는 경우가 발생할 수 있다. 따라서 책정 비용과 실제 비용의 차이를 줄이고, 비슷한 상태가 가장 이상적인 상태라고 할 수 있다.

03

정답 ①

[오답분석]
- 정리할 시간 : 중요한 일에는 좀 더 시간을 할애하고 중요도가 낮은 일에는 단축시키는 것 등에 대해 검토·조정할 시간을 확보할 것
- 권한위양 : 위양할 수 있는 일과 그렇지 못한 일을 최초부터 결정함
- 현실적인 계획 : 무리한 계획을 세우지 않도록 해야 하며, 실현가능한 것만을 계획화해야 함

04

정답 ①

인맥을 활용하면 각종 정보와 정보의 소스를 주변 사람으로부터 획득할 수 있다. 또한 '나' 자신의 인간관계나 생활에 대해서 알 수 있으며, 이로 인해 자신의 인생에 탄력을 불어넣을 수 있다. 게다가 주변 사람들의 참신한 아이디어를 통해 자신만의 사업을 시작할 수도 있다. 따라서 A사원의 메모는 모두 옳은 내용이다.

05

정답 ③

A유통업체는 바코드(Bar Code)를 사용하여 물품을 관리하고 있다. 그러나 물품의 수명기간 동안 무선으로 물품을 추적 관리할 수 있는 것은 바코드가 아닌 RFID 물품관리 시스템으로, 물품에 전자태그(RFID)를 부착하여 물품을 관리하므로 옳지 않은 설명이다.

06

각 문화생활에 신청한 직원의 수와 정원을 비교하면 다음과 같다.

(단위 : 명)

구분	연극 '지하철 1호선'	영화 '강철비'	음악회 '차이코프스키'	미술관 '마네 · 모네'
신청인원	14	26	13	4
정원	20	30	10	30

음악회의 신청인원이 정원 3명을 초과하여 다시 신청을 해야한다. 자료에서 정원이 초과된 인원은 1인당 금액이 비싼 문화생활 순으로 남은 정원을 채운다고 했으므로 그 순서는 '음악회 – 연극 – 미술관 – 영화' 순이다. 그러므로 3명은 정원이 남은 연극을 신청하게 되어 연극의 신청인원은 14+3=17명이 된다.

문화생활 정보의 기타 사항을 보면 연극과 영화는 할인 조건에 해당되므로 할인 적용을 받는다. 따라서 이번 달 문화생활 티켓 구매에 필요한 예산은 (17×20,000×0.85)+(26×12,000×0.5)+(10×50,000)+(4×13,000)=997,000원이다.

07

제시된 조건에 따라 甲~丁이 갖춘 직무역량을 정리하면 다음과 같다.

구분	의사소통역량	대인관계역량	문제해결역량	정보수집역량	자원관리역량
甲	○	○	×	×	○
乙	×	×	○	○	○
丙	○	×	○	○	×
丁	×	○	○	×	○

따라서 A복지관에 채용될 후보자는 甲과 丙이다.

08

- 한국시각 기준 비행기 탑승 시각 : 21일 8시 30분+13시간=21일 21시 30분
- 비행기 도착 시각 : 21일 21시 30분+17시간=22일 14시 30분

따라서 김사원의 출발 시각은 22일 14시 30분-1시간 30분-30분=22일 12시 30분이다.

09

이번 주 추가근무 일정을 요일별로 정리하면 다음과 같다.

월요일	화요일	수요일	목요일	금요일	토요일	일요일
김은선(6) 김수철(2)	김석진(5) 김남준(3) 유민지(4)	박지민(3) 김태형(6)	최유화(1) 박시혁(1)	유진실(3) 유민지(1)	이영희(4) 박수빈(6)	박지민(2) 김남준(4)

하루에 2명까지 추가근무를 할 수 있는데 화요일에 3명이 추가근무를 하므로, 화요일 추가근무자 중 1명이 추가근무 일정을 수정해야 한다. 그중 김남준은 일주일 추가근무 시간이 7시간으로 최대 추가근무 시간인 6시간을 초과하였다. 따라서 김남준의 추가근무 일정을 수정하는 것이 가장 적절하다.

10

각자의 총점이 0이고 각 영역의 점수 합이 0이므로, 인화력 점수를 매긴 후 차례대로 경우의 수를 확인하면 된다.

사원＼영역	업무 능력	리더십	인화력
A	−1	0	1
B	0	0	0
C	1	0	−1

사원＼영역	업무 능력	리더십	인화력
A	−1	0	1
B	1	−1	0
C	0	1	−1

사원＼영역	업무 능력	리더십	인화력
A	0	−1	1
B	0	0	0
C	0	1	−1

사원＼영역	업무 능력	리더십	인화력
A	0	−1	1
B	−1	1	0
C	1	0	−1

따라서 가능한 평가 결과표의 개수는 4개이다.

01	02	03	04	05	06	07	08	09	10
①	⑤	④	②	④	④	②	④	③	②

01

변화에 저항하는 직원들을 성공적으로 이끌기 위해서는 주관적인 자세보다 가능한 객관적인 자세로 업무에 임할 수 있도록 해야 한다. 변화를 수행하는 것이 힘들더라도 변화가 필요한 이유를 직원들이 명확히 알도록 해야 하며, 변화의 유익성을 밝힐 수 있는 객관적인 수치 및 사례를 직원들에게 직접 확인시킬 필요가 있다.

> **변화에 저항하는 직원들을 성공적으로 이끄는 데 도움이 되는 방법**
> • 개방적인 분위기를 조성한다.
> • 객관적인 자세를 유지한다.
> • 구성원의 감정을 세심하게 살핀다.
> • 변화의 긍정적인 면을 강조한다.
> • 변화에 적응할 시간을 준다.

02 정답 ⑤

E사원의 협상전략은 유화전략으로, 상대방에 비해 자신의 힘이 강한 경우 유리한 협상전략은 강압전략이다.

[오답분석]
① B사원의 협상전략은 회피전략으로, 회피전략은 상대방에게 돌아갈 결과나 자신에게 돌아올 결과에 대해서 전혀 관심을 가지지 않을 때 사용할 수 있고, 자신이 얻게 되는 결과나 인간관계 모두에 대해서 관심이 없을 때 상대방과의 협상을 거절할 수 있다.
② C사원의 협상전략은 협력전략으로, 협력전략은 참여자들 간에 신뢰에 기반을 둔 협력을 통해 진행해야 하는 것이 특징이다.
③ 협력전략은 신뢰에 기반을 둔 협력이 핵심이다. 따라서 협상 당사자 간에 신뢰가 쌓여 있는 경우 매우 유리함을 알 수 있다.
④ D사원의 협상전략은 강압전략으로, 강압전략은 명시적 또는 묵시적으로 강압적 위협이나 강압적 설득, 처벌 등의 무력시위 또는 카드 등을 사용하여 상대방을 굴복시키거나 순응시키는 것이 특징이다.

03 정답 ④

올바른 갈등해결방법
• 사람들과 눈을 자주 마주친다.
• 어려운 문제는 피하지 말고 맞선다.
• 어느 한쪽으로 치우치지 않는다.
• 타협하려 애쓴다.
• 논쟁하고 싶은 유혹을 떨쳐낸다.
• 존중하는 자세로 사람들을 대한다.
• 마음을 열어놓고 적극적으로 경청한다.
• 자신의 의견을 명확하게 밝히고 지속적으로 강화한다.
• 다른 사람들의 입장을 이해한다.
• 사람들이 당황하는 모습을 자세하게 살핀다.

04 정답 ②

B가 신입직원의 잘한 점을 칭찬하지 않고 못한 점만을 과장하여 지적한 점은 신입직원의 사기를 저하시킬 수 있고, 신입직원과의 보이지 않는 벽이 생길 수 있으므로 좋은 대인관계능력을 가졌다고 볼 수 없다.
F는 대인관계에서 진심이 아닌 테크닉을 가장 중시하고 있으므로 좋은 대인관계능력을 가진 사람으로 보기 어렵다. 인간관계를 형성할 때 가장 중요한 요소는 무엇을 말하느냐, 어떻게 행동하느냐보다 사람됨이다.

05 정답 ④

선배를 존중하는 태도가 매우 중요하며, 선배의 지도를 받고 그것이 자기 생각과 다르다고 하더라도 처음에는 기존 방법에 따라서 일을 처리하고, 자신이 상당한 책임을 가지고 업무를 수행할 수 있게 되었을 때 개선을 시도하는 것이 좋다. 제시문의 비서실장과 선배 비서는 엄연한 회사의 상사로 대해야 한다. 이런 직속 상사 간의 갈등 관계를 사장에게 직접 보고하는 등의 행동은 바람직하지 않다.

06 정답 ④

갈등을 완화하려고 노력한다.

> **완화(Smoothing)**
> 갈등해소 방법의 하나로 당사자들의 차이를 축소해석하고, 유사성이나 공동이익을 강조하는 방법

PART 2

07

정답 ②

거래처의 관리에 있어서 최초 선정 시 또는 임원이나 동료의 추천 시에는 추천된 업체와 그렇지 않은 업체와의 가격, 서비스 비교를 통해 결정한다. 따라서 결정된 업체와는 일정기간을 유지하여 장기거래처로서의 이점을 활용하지만, 오래된 거래업체라고 해도 가끔 타 업체와의 비교분석으로 교차점검을 하는 것이 바람직하다.

08

정답 ④

옆 가게 주인과 달리 B씨는 청년이 겉으로 원하는 것(콜라)만 확인하고, 실제로 원하는 것(갈증 해결)을 확인하지 못했다.

09

정답 ③

제시문은 고객에게 사전에 반품 배송비가 있다는 것을 공지하지 않아서 발생한 상황이다. 따라서 반품 배송비가 있다는 항목을 명시하겠다는 대응방안이 올바르다.

10

정답 ②

고객 불만 처리는 정확하게, 그리고 최대한 신속히 이루어져야 한다. 재발 방지 교육은 고객 보고 후 실시해도 무방하므로 신속하게 고객에게 상황을 보고하는 것이 우선이다.

오답분석
① 고객 보고 후 피드백이 이루어지면, 고객 불만처리의 결과를 잘 파악할 수 있다.
③ 고객 불만 접수와 함께 진심어린 사과도 이루어져야 한다.
④ 고객 불만 접수 단계에서는 고객의 불만을 경청함으로써 불만 사항을 잘 파악하는 것이 중요하다.
⑤ 불만 처리 과정을 고객에게 통보해 줌으로써 업체에 대한 고객의 신뢰도를 높일 수 있다.

01	02	03	04	05	06	07	08	09	10
③	①	②	①	③	②	⑤	①	②	②

01

정답 ③

디지털 컴퓨터와 아날로그 컴퓨터의 비교

구분	디지털 컴퓨터	아날로그 컴퓨터
입력형태	숫자, 문자	전류, 전압, 온도
출력형태	숫자, 문자	곡선, 그래프
연산형식	산술, 논리 연산	미적분 연산
구성회로	논리 회로	증폭 회로
연산속도	느림	빠름
정밀도	필요 한도까지	제한적임
기억기능	기억이 용이하며 반영구적	기억에 제약이 있음
사용분야	범용	특수 목적용

02

정답 ①

엑셀 자동필터 설정 단축키는 Ctrl + Shift + L 이다.

오답분석
② 백분율 적용
③ 테두리 적용
④ 현재 시간 나타내기
⑤ 셀 서식

03

정답 ②

잠금 화면은 디스플레이 설정이 아닌 개인 설정에 들어가서 설정 가능하다.

04

정답 ①

정보관리의 3원칙
• 목적성 : 사용목표가 명확해야 한다.
• 용이성 : 쉽게 작업할 수 있어야 한다.
• 유용성 : 즉시 사용할 수 있어야 한다.

05

정답 ③

좋은 자료가 있다고 해서 항상 훌륭한 분석이 되는 것은 아니다. 좋은 자료가 있어도 그것을 평범한 것으로 바꾸는 것만으로는 훌륭한 분석이라고 할 수 없다. 훌륭한 분석이란 하나의 메커니즘을 그려낼 수 있고, 동향, 미래를 예측할 수 있는 것이어야 한다.

06

정답 ②

출력 장치는 스피커, LCD 모니터, 레이저 프린터가 해당하므로 11개이다.

오답분석
ㄱ. 입력 장치는 키보드, 스캐너, 마우스에 해당하므로 14개이다.
ㄷ. 저장 장치는 광디스크, USB 메모리가 해당하므로 19개이다.

07

정답 ⑤

게시판 사용 네티켓
• 글의 내용은 간결하게 요점만 작성한다.
• 제목에는 글의 내용을 파악할 수 있는 함축된 단어를 쓴다.
• 글을 쓰기 전에 이미 같은 내용의 글이 없는지 확인한다.
• 글의 내용 중에 잘못된 점이 있으면 빨리 수정하거나 삭제한다.
• 게시판의 주제와 관련 없는 내용은 올리지 않는다.

08

정답 ①

특정 값의 변화에 따른 결괏값의 변화를 알아보는 경우는 '시나리오'와 '데이터 표' 2가지가 있다. 2가지(시나리오, 데이터 표) 중 표 형태로 표시해 주는 것은 '데이터 표'에 해당한다. 또한 비슷한 형식의 여러 데이터 결과를 요약해 주는 경우는 '부분합'과 '통합'이 있다. 2가지(부분합, 통합) 중 통합하여 요약해 주는 것은 '통합'(데이터 통합)에 해당한다. 참고로 '부분합'은 하나로 통합하지 않고 그룹끼리 모아서 계산한다.

09

정답 ②

스풀(Spool)은 고속의 CPU와 저속의 프린터 장치의 속도 차이를 극복하기 위한 기법으로 인쇄를 하면서 동시에 다른 작업이 가능한 기능을 말한다. (다)는 프린터 드라이버(Printer Driver)에 대한 설명이다.

10

정답 ②

거품형 차트에 대한 설명이며, 방사형 차트는 많은 데이터 계열의 집합적인 값을 나타낼 때 사용된다.

01	02	03	04	05	06	07	08	09	10
③	④	①	⑤	②	③	②	③	③	④

01　　　　　정답 ③

연구개발에 참가한 연구원과 엔지니어들이 그 기업을 떠나는 경우 기술과 지식의 손실이 크게 발생하는 점을 볼 때, 기술혁신은 새로운 지식과 경험의 축적으로 나타나는 지식 집약적인 활동으로 볼 수 있다.

> **기술혁신의 특성**
> • 기술혁신은 그 과정 자체가 매우 불확실하고 장기간의 시간을 필요로 한다.
> • 기술혁신은 지식 집약적인 활동이다.
> • 기술혁신 과정의 불확실성과 모호함은 기업 내에서 많은 논쟁과 갈등을 유발할 수 있다.
> • 기술혁신은 조직의 경계를 넘나든다.

02　　　　　정답 ④

'피재해자는 전기 관련 자격이 없었으며, 복장은 일반 안전화, 면장갑, 패딩점퍼를 착용한 상태였다.'는 문장에서 불안전한 행동・상태, 작업 관리상 원인, 작업 준비 불충분이란 것을 확인할 수 있다. 그러나 기술적 원인은 제시문에서 찾을 수 없다.

오답분석
① 불안전한 행동 : 위험 장소 접근, 안전장치 기능 제거, 보호 장비의 미착용 및 잘못 사용, 운전 중인 기계의 속도 조작, 기계・기구의 잘못된 사용, 위험물 취급 부주의, 불안전한 상태 방치, 불안전한 자세와 동작, 감독 및 연락 잘못 등
② 불안전한 상태 : 시설물 자체 결함, 전기 시설물의 누전, 구조물의 불안정, 소방기구의 미확보, 안전보호 장치 결함, 복장・보호구의 결함, 시설물의 배치 및 장소 불량, 작업 환경 결함, 생산 공정의 결함, 경계 표시 설비의 결함 등
③ 작업 관리상 원인 : 안전관리 조직의 결함, 안전수칙 미제정, 작업 준비 불충분, 인원 배치 및 작업 지시 부적당 등

⑤ 작업 준비 불충분 : 작업 관리상 원인의 하나이며, 피재해자는 경첩의 높이가 높음에도 불구하고 작업 준비에 필요한 자재를 준비하지 않은 채 불안전한 자세로 일을 시작함

03　　　　　정답 ①

상품 진열 방법이나 코디 등은 제품진열 매뉴얼에 따라 진행되는 사항이므로, 해당 기업을 벤치마킹하기 위해서는 제품진열 매뉴얼을 전격적으로 교체해야 할 것이다.

04　　　　　정답 ⑤

지속가능한 발전(Sustainable Development)이란 지구촌의 현재와 미래를 모두 고려하는 개념으로, 환경보호 중심의 발전을 목적으로 삼는다.
지속가능한 기술(Sustainable Technology)은 이러한 지속가능한 발전을 가능하게 하는 기술이라 할 수 있다. 태양 에너지같이 고갈되지 않는 에너지를 활용하여 낭비적 소비 형태를 지양하고자 하며, 기술적 효용만이 아닌 환경적 효용(Eco Efficiency)도 추구한다. 자원의 소비에 관심을 가지는 만큼 자원이 생산적인 방식으로 사용되고 있는지도 주의를 기울여야 하는 기술이다.
ㄷ. 자원의 재생산뿐 아니라 얼마나 생산적인 방식으로 사용되는지도 고려해야 한다.
ㄹ. 캐나다 정부가 지원하는 토양 청정화 기술은 지속가능한 기술로 기술적 효용뿐 아니라 환경적 효용까지 추구하는 기술이다.

오답분석
ㄱ. 고갈되는 에너지를 활용하는 것이 아니라 고갈되지 않는 자연 에너지를 활용한다.
ㄴ. 미래 세대와 현재 세대 모두의 발전과 환경적 상황을 고려해야 한다.

05　　　　　정답 ②

올바른 사용법을 보면 바닥에 깔아서 사용할 때 맨바닥에 까는 것보다 카펫을 깔고 그 위에 전기요를 놓고 사용하면 열 손실이 적어 경제적이라고 나와 있다. 따라서 보온 효과를 근거로 권장하는 것이지 맨바닥에 깔아서 쓰면 안 된다는 의미는 아니다.

06

정답 ③

기술 발전에 있어 환경 보호를 추구하는 점을 볼 때, 지속가능한 개발의 사례로 볼 수 있다. 지속가능한 개발은 경제 발전과 환경 보전의 양립을 위하여 새롭게 등장한 개념으로 볼 수 있으며, 미래세대가 그들의 필요를 충족시킬 수 있는 가능성을 손상시키지 않는 범위에서 현재 세대의 필요를 충족시키는 개발인 것이다.

[오답분석]
① 개발독재 : 개발도상국에서 개발이라는 이름으로 행해지는 정치적 독재를 말한다.
② 연구개발 : 자연과학기술에 대한 새로운 지식이나 원리를 탐색하고 해명해서 그 성과를 실용화하는 일을 말한다.
④ 개발수입 : 기술이나 자금을 제3국에 제공하여 미개발자원 등을 개발하거나 제품화하여 수입하는 것을 말한다.
⑤ 조직개발 : 기업이 생산능률을 높이기 위하여 기업조직을 개혁하는 일을 말한다.

07

정답 ②

②는 한국전력의 10대 핵심전략기술 중 전력신소재에 대한 설명이다.
Micro Grid란 소규모 지역 내에서 분산자원의 최적조합을 통해 전력을 생산, 저장, 소비하는 On-site형 전력공급 시스템이다.

08

정답 ③

전자레인지를 사용하면서 불꽃이 튀는 경우와 조리 상태에 만족하지 않을 때 확인해야 할 사항에 사무실, 전자레인지의 전압을 확인해야 한다는 내용은 명시되어 있지 않다.

09

정답 ③

배터리의 방전 유무를 확인한 후 충전하는 조치는 트랙터 시동모터가 회전하지 않을 경우 점검해야 하는 사항이다.

10

정답 ④

상부링크, 체크체인 확인, 링크볼의 일치여부 점검은 작업기 연결 전에 확인해야 할 사항들이다. 시동 전에 점검해야 할 사항은 윤활유, 연료, 냉각수량이다.

01	02	03	04	05	06	07	08	09	10
①	②	⑤	③	④	②	②	③	②	③

01
정답 ①

조직의 규칙과 규정은 조직의 목표나 전략에 따라 수립되어 조직구성원들이 활동범위를 제약하고 일관성을 부여하는 기능을 한다. 예를 들어 인사규정, 총무규정, 회계규정 등이 있다.

02
정답 ②

자료에 나타난 기업의 경영구조는 기능별 조직 형태에 프로젝트팀 조직을 결합한 매트릭스 구조로, 구성원은 종적으로는 생산, 판매 등의 기능조직의 일원이 됨과 동시에 횡적으로는 프로젝트 A·B·C의 일원이 되어 두 조직에 중복적으로 소속된다. 이러한 매트릭스 구조는 주로 소수의 제품라인을 가진 중소규모의 조직에 적합하므로 ②는 적절하지 않다.

오답분석

매트릭스 구조는 ①·③·⑤와 같은 장점을 지니며, ④와 같이 제품 관리자와 기능별 관리자의 이원화된 명령구조를 갖는다.

03
정답 ⑤

일반적으로 기획부의 업무는 제시된 자료처럼 사업계획이나 경영점검 등 경영활동 전반에 걸친 기획이 주를 이루며, 사옥 이전 관련 발생 비용 산출은 회계부, 대내외 홍보는 총무부에서 담당한다.

04
정답 ③

직장에 소속된 개인은 회사의 이윤창출 등 회사 공동의 목표를 위해 동료와 상호작용을 해 나가는 구성원으로, 조직의 구성원은 서로 협력하여 공동의 목표를 향해 노력해야 한다. 따라서 업무를 뚜렷하게 나눠 독립적으로 일을 처리하기보다는 유기적으로 소통하고 부족한 부분을 채워가며 업무를 진행하는 것이 조직의 성격과 어울린다고 볼 수 있다.

05
정답 ④

조직목표의 기능
• 조직이 존재하는 정당성과 합법성 제공
• 조직이 나아갈 방향 제시
• 조직 구성원의 의사결정의 기준
• 조직구성원 행동수행의 동기유발
• 수행평가 기준
• 조직설계의 기준

06
정답 ②

오답분석

㉠ 미국 바이어와 악수할 때 눈이나 얼굴을 보는 것은 좋은 행동이지만, 손끝만 살짝 잡아서는 안 되며, 오른손으로 상대방의 오른손을 잠시 힘주어서 잡아야 한다.
㉡ 이라크 사람들은 시간약속을 할 때 정각에 나오는 법이 없으며 상대방이 으레 기다려 줄 것으로 생각하므로 좀 더 여유를 가지고 기다리는 인내심이 필요하다.
㉢ 수프를 먹을 때는 몸 쪽에서 바깥쪽으로 숟가락을 사용한다.
㉣ 빵은 수프를 먹고 난 후부터 디저트를 먹을 때까지 먹는다.

07
정답 ②

체크리스트 항목의 내용을 볼 때, 국제감각 수준을 점검할 수 있는 체크리스트임을 알 수 있다. 따라서 빈칸에 들어갈 내용은 국제적인 법규를 이해하고 있는지를 확인하는 것이다.

국제감각 수준 점검항목
• 다음 주에 혼자서 해외에 나가게 되더라도, 영어를 통해 의사소통을 잘할 수 있다.
• VISA가 무엇이고 왜 필요한지 잘 알고 있다.
• 각종 매체(신문, 잡지, 인터넷 등)를 활용하여 국제적인 동향을 파악하고 있다.
• 최근 미달러화(US$), 엔화(¥)와 비교한 원화 환율을 구체적으로 알고 있다.
• 영미권, 이슬람권, 중국, 일본사람들과 거래 시 주의해야 할 사항들을 숙지하고 있다.

PART 2

08

정답 ③

백화점에 모여 있는 직원과 고객은 조직의 특징인 조직의 목적과 구조가 없고, 목적을 위해 서로 협동하는 모습도 볼 수 없으므로 조직의 사례로 적절하지 않다.

09

정답 ②

인터뷰 사후처리에 대한 내용이므로 우선순위 면에서는 ②가 가장 낮다.

오답분석

①·③·④·⑤ 인터뷰 준비를 위한 업무처리 내용이나.

10

정답 ③

김과장의 개인 주간 스케줄 및 업무 점검을 보면 홍보팀, 외부 디자이너와의 미팅이 기재되어 있다. 따라서 김과장은 이번 주에 내부 미팅과 외부 미팅을 할 예정이다.

01	02	03	04	05	06	07	08	09	10
⑤	⑤	①	②	②	①	②	②	④	③

01
정답 ⑤

업무의 공공성을 바탕으로 공사구분을 명확히 하고, 모든 것을 숨김없이 투명하게 처리하는 원칙은 객관성의 원칙이다.

> **직업윤리의 5대 원칙**
> • 객관성의 원칙
> • 고객중심의 원칙
> • 전문성의 원칙
> • 정직과 신용의 원칙
> • 공정경쟁의 원칙

02
정답 ⑤

B가 항상 해오던 정직과 성실함이 성업을 이루는 밑거름이 되었으므로 B의 행동은 정직하고 성실한 노력을 꾸준히 하는 것만으로도 성공할 수 있다는 교훈을 주고 있다.

03
정답 ①

고객접점 서비스(MOT; Moments Of Truth)란 고객과 서비스 요원 사이에서 약 15초 동안의 짧은 순간에 이루어지는 서비스로서 고객은 매장에 들어서서 구매를 결정하기까지 여러 번의 '진실의 순간' 또는 '결정적 순간'을 경험한다.

04
정답 ②

B과장은 아랫사람에게 인사를 먼저 건네며 즐겁게 하루를 시작하는 공경심이 있는 예도를 행하였다.

[오답분석]
① 비상금을 털어 무리하게 고급 생일선물을 사는 것은 자신이 감당할 수 있는 능력을 벗어나는 것이므로 적절하지 않다.
③ 선행이나 호의를 베풀 때도 받는 자에게 피해가 되지 않도록 주의해야 하므로 적절하지 않다.
④ 아랫사람의 실수를 너그럽게 관용하는 태도에 맞지 않으므로 적절하지 않다.
⑤ 장례를 치루는 문상자리에서 애도할 줄 모르는 것이므로 적절하지 않다.

05
정답 ②

전화응대 매뉴얼 3번에 해당하며, 전화 당겨 받기 후 상대에게 당겨 받은 이유를 설명하였으므로 적절하다.

[오답분석]
① 전화응대 매뉴얼 1번에 맞게 소속과 이름을 밝힌다.
③ 전화응대 매뉴얼 4번에 맞게 친절하게 응대한다.
④ 전화응대 매뉴얼 7번에 맞게 시간 지체가 없도록 펜과 메모지를 항상 준비해 둔다.
⑤ 전화응대 매뉴얼 6번에 맞게 전화를 끊기 전 메모 내용을 다시 한 번 확인한다.

06
정답 ①

신입을 고참자에게 먼저 소개하는 것이 바람직하다.

07
정답 ②

L부장에게는 '나 자신뿐만 아니라 나의 부서의 일은 내 책임이라고 생각하는' 책임 의식이 필요하다.

08
정답 ②

업무상 소개를 할 때는 직장 내에서의 서열과 나이를 고려한다. 이때 성별은 고려의 대상이 아니다.

09
정답 ④

함축어나 이모티콘 등의 사용은 지양하고 올바른 철자와 문법을 사용해야 한다.

10
정답 ③

직장에서의 근태를 지키는 것은 정직성에서 중요한 부분이다. 근태를 지키지 않으면 정직성에 어긋날 뿐더러 신용도 쌓을 수 없다. 따라서 점심시간을 지키는 것은 근태에 해당하므로 사적으로 시간을 더 쓰는 것은 정직성에 어긋난다.

PART 2

얼마나 많은 사람들이 책 한 권을 읽음으로써
인생에 새로운 전기를 맞이했던가.

− 헨리 데이비드 소로 −

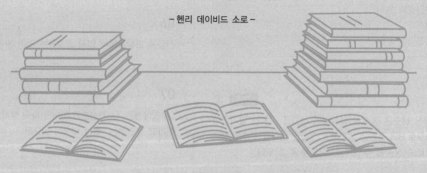

제1회 최종점검 모의고사(적성검사)

01 언어능력검사

01	02	03	04	05	06	07	08	09	10	11	12	13	14	15	16	17	18	19	20
③	②	④	③	②	③	②	④	③	①	①	②	①	④	②	②	⑤	②	⑤	④

01

정답 ③

• 성취 : 목적한 바를 이룸
• 달성 : 목적한 것을 이룸

[오답분석]
① 성장 : 사물의 규모나 세력 따위가 점점 커짐
② 번성 : 한창 성하게 일어나 퍼짐
④ 취득 : 자기 것으로 만들어 가짐
⑤ 고취 : 의견이나 사상 따위를 열렬히 주장하여 불어넣음

02

정답 ②

'돛단배'는 '바람'의 힘으로 움직이고, '전등'은 '전기'의 힘으로 빛을 낸다.

03

정답 ④

'우호 – 친교'는 유의 관계이다.
• 우호 : 개인끼리나 나라끼리 서로 사이가 좋음
• 친교 : 친밀하게 사귐. 또는 그런 교분

[오답분석]
① 외연 : 가장자리나 둘레
  내포 : 어떤 성질이나 뜻 따위를 속에 품음
② 우량 : 물건의 품질이나 상태 따위가 좋음
  열악 : 품질이나 상태 따위가 매우 나쁨
③ 우연 : 아무런 인과 관계 없이 뜻하지 않게 이루어짐
  필연 : 사물의 관련이나 일의 결과가 반드시 그렇게 될 수밖에 없음
⑤ 증오 : 아주 사무치게 미워함. 또는 그런 마음
  연민 : 불쌍하고 가련하게 여김

04

손은 생선 2마리를 의미한다.

[오답분석]
① 톳 : 김 100장
② 강다리 : 장작 100개비
④ 우리 : 기와 2천 장
⑤ 접 : 과일 100개

05

손위 누이의 남편을 '매형(妹兄), 매부(妹夫), 자형(姊兄)'이라고 하며, 손아래 누이의 남편은 '매제(妹弟)'라 한다.

06

'졸이다'는 '찌개를 졸이다.'와 같이 국물의 양을 적어지게 하는 것을 의미한다. 반면에 '조리다'는 '양념을 한 고기나 생선, 채소 따위를 국물에 넣고 바짝 끓여서 양념이 배어들게 하다.'의 의미를 지닌다. 따라서 ③의 경우 문맥상 '졸이다'가 아닌 '조리다'가 사용되어야 한다(졸이면 → 조리면).

07

개과천선(改過遷善)은 지난날의 잘못을 고쳐 착하게 된다는 의미로 제시된 상황에 가장 적절하다.

[오답분석]
① 새옹지마(塞翁之馬) : 세상의 좋고 나쁨은 예측할 수 없음
③ 전화위복(轉禍爲福) : 안 좋은 일이 좋은 일로 바뀜
④ 사필귀정(事必歸正) : 처음에는 시비(是非) 곡직(曲直)을 가리지 못하여 그릇되더라도 모든 일은 결국에 가서는 반드시 정리 (正理)로 돌아감
⑤ 자과부지(自過不知) : 자신의 잘못을 알지 못함

08

'내'가 일부 시간적·공간적 범위를 나타내는 명사와 함께 쓰여, 일정한 범위의 안을 의미할 때는 의존명사이므로 띄어 쓴다.

[오답분석]
① 짓는데 → 짓는 데
② 김철수씨는 → 김철수 씨는
③ 해결할 게. → 해결할게.
⑤ 안됐다. → 안 됐다.

09

미희는 매주 수요일마다 요가 학원에 가고, 요가 학원에 가면 항상 9시에 집에 온다. 그러나 미희가 9시에 집에 오는 날은 수요일 또는 다른 요일일 수도 있으므로 알 수 없다.

10

정답 ①

비판적 사고를 하는 사람은 반성적 사고를 하고, 반성적 사고를 하면 창의적 사고를 하므로 비판적 사고를 하는 사람은 창의적 사고도 한다. 따라서 C는 참이다.

11

정답 ①

중국의 1인당 GDP는 1,209달러이며, 인도의 1인당 GDP는 512달러이므로 중국이 더 높다.

12

정답 ②

제시문에서 경제성장률을 결정해 주는 것은 경제규모인 총 국민소득이 아니라 1인당 국민소득 수준이라고 하였다.

13

정답 ①

국내총생산(GDP)의 경우 세계 180개국 중 한국은 12위, 인도는 13위이므로 한국이 인도보다 총 국민소득이 많다.

14

정답 ④

첫 번째 명제의 대우와 세 번째 명제를 이용하면 탕수육을 좋아하지 않는 사람은 군만두도 좋아하지 않고, 군만두를 좋아하지 않는 사람은 짬뽕도 좋아하지 않는다. 따라서 '탕수육을 좋아하지 않는 사람은 짬뽕도 좋아하지 않는다.'는 항상 참이 된다.

[오답분석]
① 첫 번째 명제의 역으로, 역은 항상 참인지 알 수 없다.
② 세 번째 명제의 이로, 이는 항상 참인지 알 수 없다.
③ 첫 번째 명제의 이로, 이는 항상 참인지 알 수 없다.
⑤ 세 번째 명제의 역으로, 역은 항상 참인지 알 수 없다.

15

정답 ②

제시문에 따르면 '돼지＞오리＞소＞닭, 염소' 순으로 가격이 비싸다.
따라서 닭과 염소의 가격 비교는 알 수 없다. 닭보다 비싼 고기 종류는 세 가지 또는 네 가지이며, 닭이 염소보다 비싸거나, 가격이 같거나, 싼 경우 세 가지의 경우의 수가 존재한다.

16

정답 ②

제시문은 우리가 먹는 채소 종자를 많은 부분 수입하고 있으며 이로 인한 문제가 발생할 수 있음을 설명하고 있다. 따라서 국내산 채소와 종자에 대한 화두를 꺼내는 (가)가 먼저 오고, '하지만'으로 연결되어 많은 종자들을 수입하고 있음을 설명하는 (다)가 와야 한다. 다음으로 '심지어'라는 접속어로 설명을 보충하는 (나)와 이로 인해 발생할 수 있는 문제점에 대해서 설명한 (라)가 차례로 와야 한다.

17

정답 ⑤

'무분별한 개발로 훼손되고 있는 도시 경관'은 지역 내 휴식 공간 조성을 위한 해결 방안으로 보기 어려우며, 휴식 공간 조성의 장애 요인으로도 볼 수 없다. 따라서 ⑪은 ⑤와 같이 위치를 변경하는 것보다 개요에서 삭제하는 것이 적절하다.

18

제시문은 휘발유세 상승으로 인해 발생하는 장점들을 열거함으로써 휘발유세 인상을 정당화하고 있다. 따라서 주제로 가장 적절한 것은 ②이다.

19

정답 ⑤

오답분석
①·④ 마지막 문장에서 각각 확인할 수 있다.
② 두 번째 문장에서 확인할 수 있다.
③ 제시문의 흐름을 통해 확인할 수 있다.

20

정답 ④

제시문은 범죄 보도가 가져오는 법적·윤리적 논란에 관하여 설명하고 있으므로 지나친 범죄 보도가 문제가 될 수 있다는 내용이 뒤에 이어져야 한다.

---

02 수리능력검사

01	02	03	04	05	06	07	08	09	10	11	12	13	14	15	16	17	18	19	20
④	③	⑤	②	②	④	④	①	⑤	④	④	③	③	①	④	⑤	②	①	①	②

01

정답 ④

18과 42의 최소공배수는 126이므로 1,000 이하의 자연수 중 126의 배수는 총 7개가 있다.

02

정답 ③

$13^2 - 7^2 = (13+7)(13-7) = 20 \times 6 = 120$

03

정답 ⑤

$3 - 3.8 \times \dfrac{2}{5} = 3 - 1.52 = 1.48$

오답분석
① $\dfrac{1}{5} \times 3 \times 4 \div 2 = \dfrac{1}{5} \times 6 = 1.2$
② $(2.4 - 1.8) \times 2 = 0.6 \times 2 = 1.2$
③ $(68.8 \div 2 - 16 \times 2) \div 2 = (34.4 - 32) \div 2 = 2.4 \div 2 = 1.2$
④ $\dfrac{8}{5} + 3.8 - 8.4 \div 2 = 5.4 - 4.2 = 1.2$

04

정답 ②

$\frac{7}{3} \fallingdotseq 2.333 <($ $)< \frac{16}{3} \fallingdotseq 5.333$

05

정답 ②

$6,540 \times 0.04 = 261.6$

06

정답 ④

다음 해는 윤년이라 2월 29일까지 있으므로 각 달의 일수를 계산하면 $30+30+31+31+29+1=152$일이다. 10월 1일이 월요일이고, 한 주는 7일이므로 $152 \div 7 = 21 \cdots 5$이다.
따라서 나머지가 5이므로 3월 1일은 토요일이 된다.

07

정답 ④

A사원이 회사에서 카페까지 걸어간 거리를 $x$km, 뛴 거리를 $y$km라고 하면, 회사에서 카페까지의 거리는 2.5km이므로 걸어간 거리 $x$km와 뛴 거리 $y$km를 합하면 2.5km이다.
$x+y=2.5 \cdots \bigcirc$
A사원이 회사에서 카페까지 24분이 걸렸으므로 걸어간 시간$\left(\frac{x}{4}$ 시간$\right)$과 뛰어간 시간$\left(\frac{y}{10}$ 시간$\right)$을 합치면 24분이다.
이때 속력은 시간 단위이므로 '분'으로 바꾸어 계산한다.
$\frac{x}{4} \times 60 + \frac{y}{10} \times 60 = 24 \rightarrow 5x+2y=8 \cdots \bigcirc$
$\bigcirc$과 $\bigcirc$을 연립하면 $x=1$, $y=1.5$이다.
따라서 A사원이 뛴 거리는 $y$km이므로 1.5km이다.

08

정답 ①

원가에 x원을 가산했을 때의 총 매출액은 $400 \times 80 + 9,600 = 41,600$원이며, 이를 80으로 나누어 주면 개당 520원에 판매했음을 알 수 있다.
따라서 원가에 $x=520-400=120$원을 가산하여 판매하였다.

09

정답 ⑤

작년에 입사한 남자 신입사원 수를 x명, 여자 신입사원 수를 y명이라고 하자.
$x+y=55 \cdots \bigcirc$
$1.5x+0.6y=60 \cdots \bigcirc$
$\bigcirc$과 $\bigcirc$을 연립하면 $x=30$, $y=25$이다.
따라서 올해 여자 신입사원 수는 $25 \times 0.6 = 15$명이다.

10

정답 ④

60, 52, 48의 최대공약수는 4이며, 크루아상 15개, 소보로 13개, 단팥빵 12개씩 하나의 상자에 담아 최대 4상자 포장이 가능하다.

11

정답 ④

두 자연수의 합이 최대가 되기 위해 일의 자리 숫자가 9가 되고, 십의 자리 수도 9가 되어야 하므로 B는 99, A는 89가 됨을 알수 있다. 따라서 A+B의 최댓값은 89+99=188이다.

12

정답 ③

더 넣어야 하는 물의 양을 $x$kg이라 하면 다음 식이 성립한다.

$\dfrac{5}{100} \times 20 = \dfrac{4}{100} \times (20+x)$

→ $100 = 80 + 4x$

∴ $x = 5$

따라서 넣어야 하는 물의 양은 5kg이다.

13

정답 ③

신입사원일 사건을 A, 남자일 사건을 B라고 하면 신입사원일 확률은 $P(A)=0.8$, 남자일 확률은 $P(B)=0.4$이다.

따라서 한 명을 뽑았을 때 신입사원이면서 남자일 확률은 $P(B|A) = \dfrac{P(A \cap B)}{P(A)} = \dfrac{0.32}{0.8} = 0.4$, 즉 40%이다.

14

정답 ①

서로 다른 8명 중 순서를 고려하지 않고 3명을 선택하는 방법은 $_8C_3 = \dfrac{8!}{(8-3)! \times 3!} = 56$가지이다.

따라서 8명의 후보 중 3명을 선출하는 경우는 총 56가지이다.

15

정답 ④

5개월 동안 평균 외식비가 12만 원 이상 13만 원 이하일 때, 총 외식비는 12×5=60만 원 이상 13×5=65만 원 이하가 된다.

1월부터 4월까지 지출한 외식비는 110,000+180,000+50,000+120,000=460,000원이다.

따라서 A씨가 5월에 최대로 사용할 수 있는 외식비는 650,000-460,000=190,000원이다.

16

정답 ⑤

A사 71점, B사 70점, C사 75점으로 직원들의 만족도는 C사가 가장 높다.

17

정답 ②

A사 22점, B사 27점, C사 26점으로 가격과 성능의 만족도 합은 B사가 가장 높다.

18

정답 ①

A사 24점, B사 19점, C사 21점으로 안전성과 연비의 만족도 합은 A사가 가장 높다.

19

내일 날씨가 화창하고 사흘 뒤 비가 올 모든 경우는 다음과 같다.

구분	내일	모레	사흘
경우 1	화창	화창	비
경우 2	화창	비	비

• 경우 1의 확률 : $0.25 \times 0.30 = 0.075$
• 경우 2의 확률 : $0.30 \times 0.15 = 0.045$
따라서 구하고자 하는 확률은 $0.075 + 0.045 = 0.12$, 즉 12%이다.

20

영국의 2022년 1분기 고용률은 2021년보다 하락했고, 2022년 2분기에는 1분기의 고용률이 유지되었다. 따라서 계속 증가한다고 볼 수 없다.

오답분석

① · ④ 제시된 자료를 통해 확인할 수 있다.
③ 2023년 1분기 고용률이 가장 높은 국가는 독일이고, 가장 낮은 국가는 프랑스로, 독일의 고용률은 74%이고, 프랑스의 고용률은 64%이다. 따라서 두 국가의 고용률의 차이는 74%−64%=10%p이다.
⑤ • 2022년 2분기 OECD 전체 고용률 : 65.0%
  • 2023년 2분기 OECD 전체 고용률 : 66.3%

  2023년 2분기 OECD 전체 고용률의 전년 동분기 대비 증가율은 $\dfrac{66.3 - 65}{65} \times 100 = 2\%$이다.

03   추리능력검사

01	02	03	04	05	06	07	08	09	10	11	12	13	14	15	16	17	18	19	20
③	①	②	③	⑤	③	①	③	②	②	②	①	③	②	⑤	⑤	①	③	④	④

01

앞의 항에 ×6과 ÷3이 반복되는 수열이다.
따라서 (   )=9×6=54이다.

02

$(n-2)$항+$(n-1)$항−1=n항(단, $n \geq 3$)
따라서 (   )=1+4−2=3이다.

03

나열된 수를 세 개씩 묶고 각각 A B C라고 하면
$\underline{A\ B\ C} \rightarrow B = (A + C) \div 3$

따라서 (   )=$(12-1) \div 3 = \dfrac{11}{3}$이다.

04

앞의 항에 6씩 더하는 수열이다.
따라서 ( )=20+6=26이다.

05

나열된 수를 각각 A, B, C라고 하면
$\underline{A\ B\ C} \rightarrow (A \times B)+1=C$
따라서 ( )=5×6+1=31이다.

06

홀수 항은 −2, 짝수 항은 +2의 규칙을 갖는 문자열이다.

ㅈ	ㄷ	ㅅ	ㅁ	ㅁ	(ㅅ)
9	3	7	5	5	(7)

07

앞의 항에 3, 4, 5, 6, 7, …을 더하는 문자열이다.

ㄴ	ㅁ	ㅈ	ㅎ	ㅂ	(ㅍ)
2	5	9	14	20 (=14+6)	27 (=14+13)

08

홀수 항은 ×2, 짝수 항은 −3의 규칙을 갖는 문자열이다.

E	N	(J)	K	T	H
5	14	(10)	11	20	8

09

앞의 항에 3씩 더하는 문자열이다.

A	D	G	J	M	P	(S)	V
1	4	7	10	13	16	19	22

10

앞의 항에 ÷2, +11이 반복되는 문자열이다.

N	ㅅ	R	ㅈ	T	ㅊ	(U)
14	7	18	9	20	10	21

11

정답 ②

한 단계씩 이동할 때마다 삼각형은 오른쪽 대각선 방향으로 위, 아래로 도형이 생성되고, 사각형은 위, 오른쪽 도형이 생성되며, 원은 위에 도형이 생성되며, 마름모는 왼쪽에 도형이 생성된다.

따라서 이러한 규칙을 적용하면 그다음에 나올 수 있는 도형은 ②이다.

12

정답 ①

새로운 화살표가 가리키는 방향으로 도형이 증가한다.

따라서 물음표 앞에 있는 도형의 새로운 화살표 모두 2군데 위를 가리키고 있기 때문에 물음표에 알맞은 도형은 위로 화살표 도형 2개가 추가된 형태인 ①이다.

13

정답 ③

한 단계 이동할 때마다 전체 도형은 상하 대칭하고 선분의 끝 부분에 있는 도형은 원과 삼각형으로 번갈아 가며 바뀐다. 또한 상하 대칭 후 선분 끝에 있는 도형이 원일 때는 삼각형 안의 도형 위치는 그대로, 삼각형일 때는 좌우 대칭한다.

14

정답 ②

규칙은 가로로 적용된다.

첫 번째 도형을 y축 대칭시킨 것이 두 번째 도형이 되고, 두 번째 도형에서 시계 방향으로 90°만큼 회전한 것이 세 번째 도형이 된다.

15

정답 ⑤

규칙은 가로로 적용된다.

내부 칸에 있는 색과 도형, 선이 오른쪽으로 한 칸씩 움직인다.

16

정답 ⑤

규칙은 가로로 적용된다.

첫 번째 도형과 두 번째 도형의 색이 칠해진 부분을 합친 것이 세 번째 도형이다.

17

정답 ①

규칙은 가로로 적용된다.

첫 번째 도형을 x축 기준으로 대칭 이동한 것이 두 번째 도형, 이를 시계 방향으로 90° 회전한 것이 세 번째 도형이다.

18

정답 ③

왼쪽 도형의 위와 아래 도형을 하나로 합친 후의 모습을 좌우 대칭한 것이 오른쪽 도형이다.

19

정답 ④

왼쪽 도형의 안쪽 모양이 오른쪽 도형의 바깥쪽으로, 왼쪽 도형의 바깥쪽 모양이 오른쪽 도형의 안쪽으로 바뀌는 관계이다. 그리고 새로운 도형의 안쪽에는 X자의 형태로 색깔이 칠해져 있다. 따라서 원이 바깥쪽에, 사각형이 안쪽에 있으면서 사각형에 X자 형태로 색이 칠해져 있는 ④가 정답이다.

20

정답 ④

왼쪽 도형을 시계 반대 방향으로 90° 회전시킨 것이 오른쪽 도형이다.

---

04 지각능력검사

01	02	03	04	05	06	07	08	09	10	11	12	13	14	15	16	17	18	19	20
⑤	⑤	④	④	③	④	③	⑤	③	①	①	①	⑤	②	③	③	①	④	④	④

01

정답 ⑤

오답분석

① 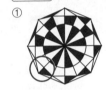 ②  ③  ④

02

정답 ⑤

제시된 도형을 180° 회전한 것이다.

03

정답 ④

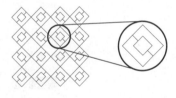

04

정답 ④

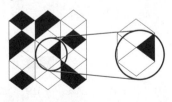

05

정답 ③

도형을 좌우 반전하면 , 이를 시계 방향으로 90° 회전하면 이 된다.

06

정답 ④

도형을 상하 반전하면 , 이를 시계 반대 방향으로 90° 회전하면 , 이를 좌우 반전하면 이 된다.

07

정답 ③

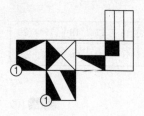 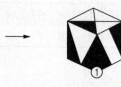

08

정답 ⑤

09

정답 ③

- 1층 : 5×4−3=17개
- 2층 : 20−4=16개
- 3층 : 20−7=13개
- 4층 : 20−12=8개
∴ 17+16+13+8=54개

10

정답 ①

- 1층 : 5×4−4=16개
- 2층 : 20−10=10개
- 3층 : 20−17=3개
∴ 16+10+3=29개

11

정답 ①

610	331	601	838	811	818	848	688	881	918	998	518
306	102	37	98	81	881	668	618	718	993	523	609
109	562	640	718	266	891	871	221	105	691	860	216
881	913	571	130	164	471	848	946	220	155	676	819

12

좌우 문자열 같음

13

413	943	483	521	253	653	923	653	569	467	532	952
472	753	958	551	956	538	416	567	955	282	568	954
483	571	462	933	457	353	442	482	668	533	382	682
986	959	853	492	957	558	955	453	913	531	963	421

14

防北神放放頌防珍防快神新快快神快珍珍新快神鎭珍珍防北放放快防神放

15

☺은 세 번째에 제시된 문자이므로 정답은 ③이다.

16

♤은 여덟 번째에 제시된 문자이므로 정답은 ③이다.

17

♡은 첫 번째에 제시된 문자이므로 정답은 ①이다.

18

141378450 – 151296450

19

앵행앵헹헹앵 – 앵행행앵헹행앵

20

[오답분석]
① a%b& – 겨가규교
② ba&% – 규겨교갸
③ &%ba – 교가규겨
⑤ &ab% – 교겨규갸

PART 3

01	02	03	04	05	06	07	08	09	10	11	12	13	14	15	16	17	18	19	20
①	④	②	①	⑤	④	②	③	②	③	②	①	①	③	①	④	④	③	④	③

01

정답 ①

제시된 단어의 의미는 '근면한'으로, 이와 반대되는 의미를 가진 단어는 lazy(게으른)이다.

[오답분석]
② 멍청한
③ 열렬한
④ 최근의
⑤ 간단한

02

정답 ④

제시된 단어의 의미는 '아픈'으로, 이와 반대되는 의미를 가진 단어는 healthy(건강한)이다.

[오답분석]
① 시달리다
② 에너지
③ ~ 할 가치가 있는
⑤ 배, 복부

03

정답 ②

제시된 단어의 의미는 '명백한'으로, 이와 반대되는 의미를 가진 단어는 unclear(불확실한)이다.

[오답분석]
① 뚜렷한
③ 확실한
④ 보수적인
⑤ 익숙한

04

정답 ①

제시된 단어의 의미는 '설득하다'로, 이와 같은 의미를 가진 단어는 persuade(설득하다)이다.

[오답분석]
② 거절하다
③ 숙고하다
④ 배치하다
⑤ 기부하다

05

제시된 단어의 의미는 '알려지지 않은'으로, 이와 같은 뜻을 가진 단어는 unknown(알려지지 않은)이다.

오답분석

① 더 이상 쓸모가 없는
② 버릇없는
③ 괴짜인
④ 비정상적인

06

정답 ④

제시된 단어의 의미는 '예측하다, 예견하다'이며, 이와 같은 뜻을 지닌 단어는 foresee(예견하다, ～ 일 것이라고 생각하다)이다.

오답분석

① 유리한 점, 이점, 장점
② 혼자 하는, 혼자 있기를 좋아하는
③ 웬만한, 참을 수 있는, 견딜 만한
⑤ 익숙한

07

정답 ②

여성이 경제 활동에 진출하고, 남성은 분만 교실에 참여하고 보육에 책임을 져야 한다고 했으므로, 남성의 가족에 대한 정서적인 연대가 더 '중요해졌다'고 볼 수 있다.

ㅣ어휘ㅣ
• breadwinner : 가장
• involvement : 개입
• delivery room : 분만실
• childbirth : 분만
• rearing : 양육

ㅣ해석ㅣ

1970년대와 1980년대에 수많은 직장 여성들은 남성이 더 이상 유일한 가장이 아니라는 것을 의미했다. 아버지의 가족과의 정서적인 연대도 더욱 중요해졌다. 40년 전에는 아내가 출산할 때 분만실에 있는 남편은 거의 없었다. 오늘날에는 일반적으로 남편들이 분만 교실에 참여하고, 출산할 때 옆에 있으며, 그들의 아버지나 할아버지보다 보육에 더 책임을 지는 것이 당연하다.

08

정답 ③

'세민과 그의 여동생'은 복수이므로 have를 사용해야 한다.

ㅣ어휘ㅣ
• decide to : ～ 하기로 결정하다
• be going to+동사원형 : ～ 할 예정이다

ㅣ해석ㅣ

세민이의 가족은 올해에 특별한 휴가를 가지기로 결정했다. 그들은 제주도를 방문할 것이다. 세민이와 그의 여동생들은 제주도에 와 본적이 없었다. 그래서 그들은 매우 흥분했다.

제1회 최종점검 모의고사(적성검사) • 75

09

정답 ②

막연히 다른 하나와 교환하겠냐고 질문하고 있으므로 another이 적절하다.

| 해석 |

> A : 이 바지를 반품하고 싶어요.
> B : 죄송합니다. 다른 걸로 교환하시겠어요?

10

정답 ③

'우리가' 당신의 상황을 고려하겠다고 했으므로, 이를 확인하기 위한 대답은 'Oh, will you?'가 되어야 한다. 'Oh, will they?'는 적절하지 않다.

| 해석 |

> A : 우리는 당신의 상황을 고려할 것입니다.
> B : 오, 그들이요?

[오답분석]

① A : 이 학교는 1975년에 설립되었어.
  B : 오, 그 학교가?
② A : 우리 엄마는 선생님으로 일하고 있어.
  B : 오, 네 엄마가?
④ A : 너 발표 잘 했어.
  B : 오, 제가요?
⑤ A : 전 당신에게 약간의 금전적인 보상을 드리고 싶습니다.
  B : 오, 당신이요?

11

정답 ②

머무르는 기간에 대한 질문이 주어져 있으므로 이에 대한 대답인 (A)가 가장 먼저 와야 하며 목적에 대한 질문인 (C)와 그에 대한 대답인 (B)의 순서로 이어지는 것이 적절하다.

| 해석 |

> 당신은 얼마나 오래 머무를 계획입니까?
> (A) 단 10일이요.
> (C) 당신의 여행 목적은 무엇입니까?
> (B) 나는 관광하러 왔습니다.

12

정답 ①

pay tribute to는 '~ 에게 경의를 표하다.'라는 의미로 이와 의미가 가장 가까운 것은 honor(명예를 주다, 매우 존경하다)이다. 참고로, tribute는 '칭찬, 존경, 애정의 표시, 찬사' 등의 의미로 보통 대가에게 바치는 후배들의 오마주를 지칭한다.

| 어휘 |

• homespun : 손으로 짠, 소박한
• etch : 아로새기다
• cardboard : 판지
• construction paper : 마분지

| 해석 |

> 판지와 눈 위 그리고 마분지에 새겨진 메시지를 포함하여 길목을 따라 그 팀에게 <u>경의를 표하려는</u> 수천여 개의 소박한(손수 만든) 노력들이 이어졌다.

오답분석

② 구성하다, 작곡하다
③ 공표하다, 홍보하다
④ 연결하다, 합쳐지다
⑤ 던지다, 내던지다

13

정답 ①

목이 아픈 B에게 약을 5달러에 판매한 것으로 볼 때 약국임을 알 수 있다.

| 해석 |

> A : 안녕하세요? 어떻게 도와드릴까요?
> B : 목구멍이 따가워요.
> A : 이 약을 드세요. 5달러입니다.
> B : 여기 있습니다. 감사합니다.

14

정답 ③

전치사 by는 동작의 완료시점을 나타내므로 과거 시제에 쓰이지 않는다. 따라서 빈칸에는 ③이 들어가야 한다.

| 해석 |

> 올해의 수익은 다음 월요일까지 회계사에게 <u>알려질 것이다</u>.

15

정답 ①

빈칸 앞 문장은 Karsh가 사진을 찍기 전, 그 대상과 소통하고 대상을 연구했다는 내용이며, 빈칸 뒤 문장은 그가 소통하고 연구한 방법들을 소개하고 있다. 따라서 실제 그가 했던 일을 설명하고 있으므로 빈칸에는 'In fact'가 들어가는 것이 적절하다.

| 해석 |

> Yousuf Karsh는 그의 대상의 마음을 포착해 그의 사진에 담는 재능을 갖고 있었다. 그는 예전에 "모든 남성과 여성 속에는 비밀이 숨겨져 있고, 제가 해야 할 일은 그것을 드러내는 것입니다."라고 말했다.
> 그 숨겨진 비밀을 드러내기 위해서, Karsh는 사진을 찍기 전에 그의 대상들과 소통하고 그들을 연구했다. <u>사실</u>, 그가 한 음악가의 사진을 찍을 때, 그는 그나 그녀의 음악을 모두 들었다. 그가 소설가를 찍을 때, 그는 그 작가의 모든 저서를 다 읽었다. 그 결과로 그의 작품을 보는 사람들은 마치 그들이 유명한 사람의 삶의 일부분을 정말로 본 것처럼 느끼게 되었다.

16

정답 ④

| 어휘 |

• take place : 개최되다
• take advantage of : ~을 이용하다

| 해석 |

- 그 회의는 호텔에서 개최될 것이다.
- 그들은 건조한 날씨를 이용한다.

17

정답 ④

- (A) : 기존 석유 연료에 대한 대안 혹은 대체로서 바이오 연료를 들고 있다. '대안'의 의미를 가진 것은 'alternative'이다.
- (B) : 바이오 연료는 그것을 얻는 과정에서 석유 연료를 정제하는 것보다 더 많은 물을 필요로 한다. 따라서 바이오 연료를 생산하는 지역이 많아질수록 물 관리에 곤경을 겪을 것이다. 기존 상황을 악화시킨다는 의미에서 'exacerbate'가 적절하다.

| 어휘 |

- assistance : 도움, 원조, 지원
- aggregate : 합계, 총액
- approach : 다가가다, 처리하다
- alternative : 대안
- moderate : 보통의, 중간의
- exacerbate : 악화시키다

| 해석 |

화석 연료는 땅속 깊이 매립되어 있으며 석유는 전문가들이 빠르게 고갈될 것이라는 데 동의한 유한한 자원이다. 걷잡을 수 없는 석유 소비로 인한 온실 가스 배출은 환경에 파괴적인 영향을 끼치고 있다. 하지만 바이오 연료는 훨씬 친환경적이다. 세계의 많은 과학자들과 정치인들이 석유에 대한 우리의 의존의 (A) 대안으로서 바이오 연료의 생산과 사용을 활성화시키려는 주된 이유가 바로 이것이다. 바이오 연료는 재생 가능하고, 또한 연료 가격의 안정에 도움이 될 수 있다. 하지만 명백한 장점들에도 불구하고, 많은 사람들이 바이오 연료로 전환하는 이점에 대해 회의적이다. 특히 농부들에게는 옥수수 같은 보다 수익성 있는 연료 작물로 전환할 경우 쌀, 곡물, 그리고 다른 기초 식품들의 전 세계적 물가가 엄청나게 상승할 것이라는 공포가 존재한다. 게다가 바이오 연료는 키우고 생산하는 현대 생산 방법들은 화석 연료를 위한 전통적인 정제법보다 더 많은 양의 물을 소비한다. 바이오 연료 농업으로 전환하는 지역이 점점 더 많아질수록, 이것은 물 관리의 곤경을 (B) 악화시킬 것이다.

18

정답 ③

제시문은 우리가 너무 많이 음식을 낭비하는 것에 대한 해결책들에 대해 열거하고 있으므로, 주제로 ③이 가장 적절하다.

| 어휘 |

- waste : 낭비하다
- grocery : 식료품
- order : 주문하다
- throw away : 버리다
- appearance : (겉)모습

| 해석 |

우리는 너무 많은 음식을 낭비하고 있다. 이 문제에 대한 해결책들이 있다. 당신이 식료품을 사러 갈 때, 목록을 만들어 꼭 필요한 것만 사라. 당신이 음식을 주문할 때, 먹을 것만 주문해라. 우리는 단순히 보기에 만족스럽지 않다고 해서 과일이나 채소를 버려서는 안 된다.

19

다섯 번째 줄에 나오는 'Therefore' 이하가 필자의 주장에 해당하는 내용이다. 'it is necessary to televise trials to increase the chance of a fair trial.'을 통해 필자는 재판의 공정성을 높이기 위해 재판 과정을 중계해야 한다고 주장하고 있음을 알 수 있다.

| 어휘 |
• distorted : 비뚤어진, 왜곡된
• sentence : 판결, 선고, 처벌
• trial : 재판
• televise : TV 중계하다
• coverage : 보도 (범위), 취재 (범위)
• aware of : 깨닫는
• crucial : 결정적인, 중대한
• potential : 잠재적인

| 해석 |

미국에서 어떤 사람들은 TV 매체가 일부 재판관들로 하여금 그들이 다른 상황에서 내렸을 판결보다 더 엄한 처벌을 선고하도록 이끌면서, 왜곡된 재판 상황을 만들어 낼 것이라고 주장한다. 그러나 재판을 TV로 중계하는 것과 관련된 몇 가지 이점들이 있다. 그것은 재판 과정을 대중들에게 교육시키는 역할을 할 것이다. 그것은 또한 어떤 주어진 사건에서 정확히 어떤 일이 벌어지는지에 대해 완전하고 정확한 보도를 해 줄 것이다. 그렇기 때문에, 공정한 재판의 가능성을 증진시키기 위해 재판을 TV로 중계할 필요가 있다. 그리고 만약 재판이 중계된다면, 많은 청중들이 그 사건에 대해 알게 될 것이고, 방송이 되지 않았다면 그 사건을 몰랐을 중요한 목격자가 그 사건에서 잠재적인 역할을 할 수도 있다.

20

제시문에서 어떤 도시 사람들은 비둘기가 질병을 옮긴다고 생각해서 전혀 좋아하지 않는다고 이야기한다. 따라서 '모든 도시 사람들이 비둘기를 좋아하는 것은 아니다.'는 적절하다.

| 어휘 |
• pigeon : 비둘기
• nature : 자연
• disease : 질병
• not ~ at all : 전혀 ~ 하지 않다
• carry : (병 따위를) 옮기다

| 해석 |

어떤 도시 사람들은 비둘기를 좋아한다. 이 사람들은 비둘기가 도시 사람들에게 자연을 더 가깝게 느끼게 해 준다고 생각한다. 그러나 어떤 도시 사람들은 비둘기를 전혀 좋아하지 않는다. 이 사람들은 비둘기가 질병을 옮긴다고 생각한다.

[오답분석]
① 비둘기들은 질병을 옮기지 않는다.
② 모든 도시 사람들은 비둘기를 좋아한다.
④ 도시 사람 아무도 비둘기를 좋아하지 않는다.
⑤ 비둘기는 자연 속에서 산다.

제2회 최종점검 모의고사(NCS)

01	02	03	04	05	06	07	08	09	10	11	12	13	14	15	16	17	18	19	20
④	②	①	④	③	④	②	④	①	③	①	②	⑤	⑤	④	④	③	④	①	③
21	22	23	24	25	26	27	28	29	30	31	32	33	34	35	36	37	38	39	40
③	③	③	①	④	①	④	④	④	④	④	①	⑤	④	④	③	④	④	③	⑤
41	42	43	44	45	46	47	48	49	50	51	52	53	54	55	56	57	58	59	60
⑤	③	④	④	③	③	③	②	①	④	③	①	④	③	①	④	②	②	③

01

정답 ④

한자음 '녀'가 단어 첫머리에 올 때는 두음 법칙에 따라 '여'로 적으나, 의존명사의 경우는 '녀' 음을 인정한다. 해를 세는 단위의 '년'은 의존명사이므로 ④의 '연'은 '년'으로 적어야 한다.

오답분석
① 이사장의 말을 직접 인용하고 있으므로 '라고'의 쓰임은 적절하다.
② '말'이 표현을 하는 도구의 의미로 사용되었으므로 '로써'의 쓰임은 적절하다.
③ 'ㅇ' 받침으로 끝나는 말 뒤에 쓰였으므로 '률'의 쓰임은 적절하다.
⑤ 아라비아 숫자만으로 연월일을 모두 표시하고 있으므로 마침표의 사용은 적절하다.

02

정답 ②

제시문은 E놀이공원이 음식물쓰레기로 인한 낭비의 심각성을 인식하여 환경부와 함께 음식문화 개선대책 협약을 맺었고, 이 협약으로 인해 대기업 중심의 국민적인 음식문화 개선 운동이 확산될 것이라는 내용의 글이다. 따라서 (나) 음식물쓰레기로 인한 낭비에 대한 심각성을 인식한 E놀이공원과 환경부 – (라) 음식문화 개선 대책 협약 체결 – (다) 협약에 따라 사업장별 특성에 맞는 음식물쓰레기 감량 활동 전개하는 E놀이공원 – (가) 협약을 계기로 대기업 중심의 범국민적 음식문화 개선 운동이 확산될 것을 기대하는 환경부 국장 순으로 연결하는 것이 적절하다.

03

정답 ①

조직은 다양한 사회적 경험과 사회적 지위를 토대로 한 개인의 집단이므로 동일한 내용을 제시하더라도 각 구성원은 서로 다르게 받아들이고 반응한다. 그렇기 때문에 조직 내에서 적절한 의사소통을 형성한다는 것은 결코 쉬운 일이 아니다. 제시된 갈등 상황에서는 프로젝트를 조금 여유 있게 진행하자는 K대리의 의견을 L사원은 기획 단계에, P사원은 수정·보완 단계에 적용하자는 것이므로 ①이 가장 적절하다.

오답분석
② 메시지는 고정되고 단단한 덩어리가 아니라 유동적이고 가변적인 요소이기 때문에 상호작용에 따라 다양하게 변형될 수 있다.
③·④·⑤ 제시된 갈등 상황에서는 표현 방식의 문제보다는 서로 다른 의견이 문제가 되고 있으므로 적절하지 않다.

04

경청을 통해 상대방의 입장에 공감하며, 상대방을 이해하게 된다는 것은 자신의 생각이나 느낌, 가치관 등의 선입견이나 편견을 가지고 상대방을 이해하려 하지 않고, 상대방으로 하여금 자신이 이해받고 있다는 느낌을 갖도록 하는 것이다.

05

문장은 되도록 간결하게 작성하는 것이 의미전달에 효과적이며, 행은 문장마다 바꾸는 것이 아니라 그 내용에 따라 적절하게 바꾸어 문서가 난잡하게 보이지 않도록 하여야 한다.

06

문서의 기능

1) 의사의 기록·구체화

   문서는 사람의 의사를 구체적으로 표현하는 기능을 갖는다. 사람이 가지고 있는 주관적인 의사는 문자·숫자·기호 등을 활용하여 종이나 다른 매체에 표시하여 문서화함으로써 그 내용이 구체화된다.

2) 의사의 전달

   문서는 자기의 의사를 타인에게 전달하는 기능을 갖는다. 문서에 의한 의사 전달은 전화나 구두로 전달하는 것보다 좀 더 정확하고 변함없는 내용을 전달할 수 있다.

3) 의사의 보존

   문서는 의사를 오랫동안 보존하는 기능을 갖는다. 문서로써 전달된 의사는 지속적으로 보존할 수 있고 역사자료로서 가치를 갖기도 한다.

4) 자료 제공

   보관·보존된 문서는 필요한 경우 언제든 참고자료 내지 증거자료로 제공되어 행정 활동을 지원·촉진시킨다.

5) 업무의 연결·조정

   문서의 기안·결재 및 협조 과정 등을 통해 조직 내외의 업무처리 및 정보 순환이 이루어져 업무의 연결·조정 기능을 수행하게 한다.

07

'주요 넘어짐 위험에 따른 관리 방법'에 따르면 바닥 청소 후에는 바닥이 잠시 축축할 수 있으므로, 이를 경고할 수 있는 적당한 표시를 한 뒤, 대안으로 우회로를 만들어야 한다. 따라서 경고판을 설치하고 통행을 금지한다는 것은 적절하지 않다.

08

'투영하다'는 '어떤 상황이나 자극에 대한 해석, 판단, 표현 따위에 심리 상태나 성격을 반영하다.'의 의미로 '투영하지'가 올바른 표기이다.

[오답분석]

① 문맥상 '(내가) 일을 시작하다.'의 관형절로 '시작한'으로 고쳐 써야 한다.

② '못' 부정문은 주체의 능력을 부정하는 데 사용된다. 문맥상 단순 부정의 '안' 부정문이 사용되어야 하므로 '않았다'로 고쳐 써야 한다.

③ '안건을 결재하여 허가함'의 의미를 지닌 '재가'로 고쳐 써야 한다.

⑤ '칠칠하다'는 '성질이나 일 처리가 반듯하고 야무지다.'는 의미를 가지므로 문맥상 '칠칠하다'의 부정적 표현인 '칠칠하지 못한'으로 고쳐 써야 한다.

09

ⓛ·ⓒ·ⓔ은 양반의 폐단에 관해 밝히고 있으며, ⓜ은 온 나라의 사람이 모두 양반이 되어 양반이 없도록 할 것을 주장하고 있다. 따라서 ⓜ의 주장을 뒷받침하기 위해서는 양반의 폐단을 설명해야 하므로, ⓛ·ⓒ·ⓔ이 그 근거가 됨을 알 수 있다.

10

정답 ③

농도 5%의 소금물 200g에 들어있는 소금의 양은 $200 \times \dfrac{5}{100} = 10$g이다.

처음 300g의 소금물에 들어있는 소금의 양을 xg이라고 하면, 다음 식이 성립한다.

$\dfrac{x+10}{300+200} \times 100 = 9$

→ $x + 10 = 45$

∴ $x = 35$

따라서 처음 300g의 소금물에 들어있는 소금의 양은 35g이다.

11

정답 ①

30분까지의 기본요금을 x원, 1분마다 추가요금을 y원이라고 하면, 1시간 대여료와 2시간 대여료에 대한 다음 방정식이 성립한다.

$x + 30y = 50,000 \cdots$ ㉠

$x + 90y = 110,000 \cdots$ ㉡

㉠과 ㉡을 연립하면 $x = 20,000$, $y = 1,000$이다.

따라서 3시간 대여료는 $20,000 + 150 \times 1,000 = 170,000$원이다.

12

정답 ②

㉠ 석유와 천연가스, 원자력 소비량 상위 3개 지역을 살펴보면 석유의 상위 소비량 3개 지역은 '인천 – 서울 – 경기', 천연가스의 상위 소비량 3개 지역은 '서울 – 경기 – 인천', 원자력의 상위 소비량 3개 지역은 '인천 – 서울 – 경기'이므로 상위 3개 지역은 동일하다.

㉢ 석유의 소비량이 가장 많은 지역은 인천으로 그 소비량은 3,120이고, 가장 적은 지역은 광주로 그 소비량은 725이다. 따라서 인천의 소비량은 광주의 소비량의 $\dfrac{3,120}{725} \fallingdotseq 4.3$배로 4배 이상이다.

[오답분석]

㉡ 강원의 소비량 1위인 에너지원은 석탄 하나이므로 옳지 않다.

㉣ 수력·풍력의 소비량 상위 5개 지역은 제주(41), 강원(28), 부산(6), 인천(4), 충청(4) 지역이다. 이들의 소비량의 합은 $41 + 28 + 6 + 4 + 4 = 83$으로 전체의 $\dfrac{83}{95.5} \times 100 \fallingdotseq 86.9$로 90% 미만이다.

13

정답 ⑤

석탄의 소비량이 가장 적은 지역은 제주(102)로 전체(13,520)에서 $\dfrac{102}{13,520} \times 100 \fallingdotseq 0.75$%, 석유의 소비량이 가장 적은 지역은 광주(725)로 전체(20,867)에서 $\dfrac{725}{20,867} \times 100 \fallingdotseq 3.47$%, 천연가스의 소비량이 가장 적은 지역도 광주(31)로 전체(3,313)에서 $\dfrac{31}{3,313} \times 100 \fallingdotseq 0.94$%, 수력·풍력의 소비량이 가장 적은 지역은 대전(0.5)으로 전체(95.5)에서 $\dfrac{0.5}{95.5} \times 100 \fallingdotseq 0.52$%, 원자력의 소비량이 가장 적은 지역은 광주(40)로 전체(2,668)에서 $\dfrac{40}{2,668} \times 100 \fallingdotseq 1.5$%이다.

따라서 그 비율이 큰 순서대로 에너지원을 나열하면 '석유 – 원자력 – 천연가스 – 석탄 – 수력·풍력' 순서이다.

14

정답 ⑤

전체 남직원과 전체 여직원의 수를 각각 x명, y명이라 가정하면 다음 두 방정식이 성립한다.

$x+y=36 \cdots \bigcirc$

$\dfrac{1}{6}x+\dfrac{1}{3}y=36\times\dfrac{2}{9} \rightarrow \dfrac{1}{6}x+\dfrac{1}{3}y=8 \rightarrow x+2y=48 \cdots \bigcirc$

$\bigcirc$과 $\bigcirc$을 연립하면 $x=24$, $y=12$이다.

따라서 A사 남직원은 총 24명이다.

15

정답 ④

A와 B가 서로 반대 방향으로 돌면, 둘이 만났을 때 A가 걸은 거리와 B가 걸은 거리의 합이 운동장의 둘레와 같다.

따라서 운동장의 둘레는 $80\times20+60\times20=2,800$m이다.

16

정답 ④

퇴근시간대인 16:00 ~ 20:00에 30 ~ 40대의 누락된 유동인구 비율을 찾아낸 뒤, 100,000명을 곱하여 설문조사 대상인원 수를 산출하면 된다.

우측 및 하단의 소계 및 주변 수치를 통해서 다음과 같이 빈 공간을 먼저 채운다.

구분	10대	20대	30대	40대	50대	60대	70대	소계
08:00 ~ 12:00	1	1	3	4	1	0	1	11
12:00 ~ 16:00	0	2	3	4	3	1	0	13
16:00 ~ 20:00	4	3	10	11	2	1	1	32
20:00 ~ 24:00	5	6	14	13	4	2	0	44
소계	10	12	30	32	10	4	2	100

위 결과를 토대로 30 ~ 40대 직장인의 퇴근시간대 유동인구 비율은 10+11=21%임을 확인할 수 있다.

따라서 $100,000\times0.21=21,000$명이므로 설문지는 21,000장을 준비해야 한다.

17

정답 ③

한별이가 만약 50m³의 물을 사용했을 경우 수도요금은 기본료를 제외하고 $30\times300+20\times500=19,000$원이다. 이는 총 요금인 17,000원보다 많다. 따라서 사용한 수도량은 30m³ 초과 50m³ 이하이다. 30m³을 초과한 양을 xm³라고 하면 다음 식이 성립한다.

$2,000+(30\times300)+(x\times500)=17,000$

$\rightarrow 500x=17,000-11,000$

$\therefore x=\dfrac{6,000}{500}=12$

따라서 한별이가 한 달 동안 사용한 수도량은 30+12=42m³이다.

18

정답 ④

• 이주임 : 2023년 부채의 전년 대비 감소율은 $\dfrac{3,777-4,072}{4,072}\times100 \fallingdotseq -7.2\%$이므로 10% 미만이다.

• 박사원 : 자산 대비 자본의 비율은 2022년에 $\dfrac{39,295}{44,167}\times100 \fallingdotseq 89\%$이고, 2023년에 $\dfrac{40,549}{44,326}\times100 \fallingdotseq 91.5\%$이므로 증가하였다.

PART 3

- 김대리 : 2021년부터 2023년까지 당기순이익의 전년 대비 증감 추이는 '증가 – 증가 – 증가'이나, 부채의 경우 '증가 – 증가 – 감소'이므로 옳지 않다.
- 최주임 : 2022년의 경우, 부채비율이 전년과 동일하므로 옳지 않다.

19 정답 ①

- 1학년 전체 학생 중 빨강을 좋아하는 학생 수의 비율 : $\frac{50}{250}\times100=20\%$

- 2학년 전체 학생 중 노랑을 좋아하는 학생 수의 비율 : $\frac{75}{250}\times100=30\%$

20 정답 ③

SO전략은 강점을 살려 기회를 포착하는 전략이므로 TV프로그램에 출연하여 좋은 품질의 재료만 사용한다는 점을 홍보하는 것이 적절하다.

21 정답 ③

탐색형 문제는 현재의 상황을 개선하거나 효율을 높이기 위한 문제로, 눈에 보이지 않지만 방치하면 뒤에 큰 손실이 따르거나 결국 해결할 수 없는 문제로 나타날 수 있다. ③의 현재 상황은 문제가 되지 않지만, 생산성 향상을 통해 현재 상황을 개선하면 대외경쟁력과 성장률을 강화할 수 있으므로 탐색형 문제에 해당한다.

①·④ 현재 직면하고 있으면서 바로 해결해야 하는 발생형 문제에 해당한다.
②·⑤ 앞으로 발생할 수 있는 설정형 문제에 해당한다.

22 정답 ③

A~E인턴들 중에 소비자들의 불만을 접수해서 처리하는 업무를 맡기기에 가장 적절한 인턴은 C인턴이다. 잘 흥분하지 않으며, 일처리가 신속하고 정확하다고 '책임자의 관찰 사항'에 명시되어 있으며, 직업선호 유형은 'CR'로 관습형·현실형에 해당된다. 따라서 현실적이며 보수적이고 변화를 좋아하지 않는 유형으로 소비자들의 불만을 들어도 감정적으로 대응하지 않을 성격이기 때문에 C인턴이 이 업무에 가장 적합하다.

23 정답 ③

비판적 사고를 발휘하는 데에는 개방성, 융통성 등이 필요하다. 개방성은 다양한 여러 신념들이 진실일 수 있다는 것을 받아들이는 태도로, 편견이나 선입견에 의하여 결정을 내려서는 안 된다. 융통성은 개인의 신념이나 탐구 방법을 변경할 수 있는 태도로, 비판적 사고를 위해서는 특정한 신념의 지배를 받는 고정성, 독단적 태도 등을 배격해야 한다. 따라서 비판적 평가에서 가장 낮은 평가를 받게 될 지원자는 본인의 신념을 갖고 상대를 끝까지 설득하겠다는 C지원자이다.

24 정답 ①

제시문은 문제의 3가지 유형 중 탐색형 문제에 대한 설명으로, 현재의 상황을 개선하거나 효율을 높이기 위한 문제를 의미한다. 어제 구입한 알람시계의 고장은 이미 일어난 문제이므로 발생형 문제에 해당한다.

문제의 3가지 유형
• 발생형 문제 : 이미 일어난 문제(교통사고 등)
• 탐색형 문제 : 현재의 상황에서 개선해야 되는 문제. 아직 일어나지 않았으나 방치하면 해결이 어려운 문제(생산 공장 이전 등)
• 설정형 문제 : 미래지향적인 문제로 경험이 없거나, 미래 상황에 대응하여 앞으로 어떻게 할 것인지에 관한 문제(신제품 개발 등)

25 정답 ④

브레인스토밍은 어떤 문제의 해결책을 찾기 위해 여러 사람이 자유롭게 아이디어를 제시하도록 요구하는 방법으로, 가능한 많은 양의 아이디어를 모아 그 속에서 해결책을 찾는 방법이다. 따라서 제시된 아이디어에 대해 비판해서는 안 되며, 다양한 아이디어를 결합하여 최적의 방안을 찾아야 한다.

브레인스토밍 진행 방법
① 주제를 구체적이고 명확하게 정한다.
② 구성원의 얼굴을 볼 수 있는 자석 배치와 큰 용지를 준비한다.
③ 구성원들의 다양한 의견을 도출할 수 있는 사람을 리더로 선출한다.
④ 구성원은 다양한 분야의 사람들로 5 ~ 8명 정도로 구성한다.
⑤ 발언은 누구나 자유롭게 할 수 있도록 하며, 모든 발언 내용을 기록한다.
⑥ 아이디어에 대해 비판해서는 안 된다.

26 정답 ①

3C 분석에서 고객 분석은 '고객은 자사의 상품 / 서비스에 만족하고 있는지'를, 자사 분석은 '자사가 세운 달성목표와 현상 간에 차이가 없는지'를 경쟁사 분석은 '경쟁기업의 우수한 점과 자사의 현상과 차이가 없는지'를 질문을 통해 분석하는 방법이다.

오답분석
② 4P(마케팅 믹스)에 대한 설명이다.
③ SWOT 분석에 대한 설명이다.
④ STP 전략에 대한 설명이다.
⑤ 5 Force Model에 대한 설명이다.

27 정답 ④

제시된 조건에서 적어도 한 사람은 반대를 한다고 하였으므로, 한 명씩 반대한다고 가정하고 접근한다.
• A가 반대한다고 가정하는 경우
  첫 번째 조건에 의해 C는 찬성하고 E는 반대한다. 네 번째 조건에 의해 E가 반대하면 B도 반대한다. 이것은 두 번째 조건에서 B가 반대하면 A가 찬성하는 것과 모순되므로 A는 찬성한다.
• B가 반대한다고 가정하는 경우
  두 번째 조건에 의해 A는 찬성하고 D는 반대한다. 세 번째 조건에 의해 D가 반대하면 C도 반대한다. 이것은 첫 번째 조건과 모순되므로 B는 찬성한다.
두 경우에서의 결론과 네 번째 조건의 대우(B가 찬성하면 E도 찬성한다)를 함께 고려하면 E도 찬성함을 알 수 있다. 그리고 첫 번째 조건의 대우(E가 찬성하거나 C가 반대하면, A와 D는 모두 찬성한다)에 의해 D도 찬성한다. 마지막 조건에 따라 적어도 한 사람은 반대해야 하므로 C를 제외한 A, B, D, E 모두 찬성한다.

28

입찰가격이 9억 원 이하인 업체는 A, C, D, E이고 이 업체들에 가중치를 적용한 점수와 이에 따른 디자인 점수를 나타내면 다음과 같다.

(단위 : 점)

입찰기준 입찰업체	운영건전성 점수	시공실적 점수	공간효율성 점수	총합	디자인 점수
A	6	6(=3×2)	14(=7×2)	26(=6+6+14)	4
C	5	12(=6×2)	6(=3×2)	23(=5+12+6)	1
D	8	16(=8×2)	18(=9×2)	42(=8+16+18)	2
E	9	10(=5×2)	10(=5×2)	29(=9+10+10)	8

중간 선정된 A, D, E 중 디자인 점수가 가장 높은 업체는 E이므로 E가 최종 선정된다.

29

입찰가격이 11억 원 미만인 업체는 B를 제외한 A, C, D, E, F이고 이 업체들에 가중치를 적용한 점수와 이에 따른 최종 선정 결과를 나타내면 다음과 같다.

(단위 : 점)

입찰기준 입찰업체	운영건전성 점수	환경친화자재 점수	시공실적 점수	디자인 점수	총합	비고
A	12(=6×2)	7	9(=3×3)	4	32(=12+7+9+4)	시공실적 점수 기준미달
C	10(=5×2)	9	18(=6×3)	1	38(=10+9+18+1)	중간 선정
D	16(=8×2)	2	24(=8×3)	2	44(=16+2+24+2)	중간 선정
E	18(=9×2)	6	15(=5×3)	8	47(=18+6+15+8)	시공실적 점수 기준미달
F	12(=6×2)	4	18(=6×3)	3	37(=12+4+18+3)	탈락

중간 선정된 C, D 중 운영건전성 점수가 가장 높은 업체는 D이므로 D가 최종 선정된다.

30

제시된 조건에 따라 종합병원의 층 구조를 추론해 보면 다음과 같다.

3층	외과, 정신과
2층	입원실, 산부인과, 내과
1층	접수처, 정형외과, 피부과

입원실과 내과는 정신과가 위치한 3층과 접수처가 위치한 1층의 사이인 2층에 있기 때문에 ④가 정답이다.

31

제시된 사례에서 K사원이 판매라는 직업이 자신에게 맞지 않는다는 생각을 해왔던 점을 볼 때, 자신을 제대로 파악하지 못하여 자신의 목표를 제대로 달성하지 못함을 알 수 있다. 한 사람이 직업인으로서 자신이 원하는 직업을 갖고 그 일을 효과적으로 수행하기 위해서는 자아인식을 통해 자신을 분석할 필요가 있다. 즉, 자신이 어떤 분야에 흥미가 있고, 어떤 능력의 소유자이며, 어떤 행동을 좋아하는지 등을 종합적으로 분석해야 한다.

32

자아인식은 자신의 직업 흥미, 적성, 장단점을 분석하고 인식하는 것이다. 자기개발의 첫 단계로 표준화된 검사 척도를 이용하여 자아를 인식한다. 자아를 인식한 후, 자기관리 단계에서 비전과 목표 수립이 이루어진다.

33

ⓒ 체력단련이나 취미활동은 정의에서 언급하는 개인의 경력목표로 볼 수 없다.
ⓔ 직장 생활보다 개인적 삶을 중요시하고 있으므로 조직과 함께 상호작용하며 경력을 개발해 나가야 한다는 경력개발의 정의와 일치하지 않는다.

34

ⓒ은 긴급하면서도 중요한 문제이므로 제일 먼저 해결해야 하는 1순위에 해당하며, ⓛ은 중요하지만 상대적으로 긴급하지 않으므로 계획하고 준비해야 할 문제인 2순위에 해당한다. ㉠은 긴급하지만 상대적으로 중요하지 않은 업무이므로 3순위에 해당하고, 마지막으로 중요하지도 긴급하지도 않은 ⓔ은 4순위에 해당한다.

35

㉠ A는 패스트푸드점이 가까운 거리에 있음에도 불구하고 배달료를 지불해야 하는 배달 앱을 통해 음식을 주문하고 있으므로 편리성을 추구하는 (나)에 해당한다.
ⓛ B는 의자 제작에 필요한 재료들인 물적자원만 고려하고 시간은 고려하지 않았으므로 시간이라는 자원에 대한 인식 부재인 (다)에 해당한다.
ⓒ C는 자원관리의 중요성을 인식하고 프로젝트를 완성하기 위해 나름의 계획을 세워 수행하였지만, 경험이 부족하여 계획한 대로 진행하지 못하였으므로 노하우 부족인 (라)에 해당한다.
ⓔ D는 홈쇼핑 시청 중 충동적으로 계획에 없던 여행 상품을 구매하였으므로 비계획적 행동인 (가)에 해당한다.

36

인천에서 샌프란시스코까지 비행 시간은 10시간 25분이므로, 샌프란시스코 도착 시각에서 거슬러 올라가면 샌프란시스코 시각으로 00시 10분에 출발한 것이 된다. 이때 한국은 샌프란시스코보다 16시간 빠르기 때문에 한국 시각으로는 16시 10분에 출발한 것이다. 하지만 표 구매를 위해 출발 1시간 전에 인천공항에 도착해야 하므로 15시 10분까지 공항에 가야 한다.

37

유사성의 원칙은 유사품은 인접한 장소에 보관한다는 것을 말한다. 같은 장소에 보관하는 것은 동일한 물품이다.

[오답분석]
① 물적자원관리 과정에서 첫 번째로 해야 할 일은 사용 물품과 보관 물품의 구분이며, 물품 활용의 편리성과 반복 작업 방지를 위해 필요한 작업이다.
③ 물품 분류가 끝났으면 적절하게 보관장소를 선정해야 하는데, 물품의 특성에 맞게 분류하여 보관하는 것이 바람직하다. 재질의 차이로 분류하는 방법도 옳은 방법이다.
④ 회전대응 보관 원칙에 대한 옳은 정의이다. 물품 보관 장소까지 선정이 끝나면 차례로 정리하면 된다. 여기서 회전대응 보관 원칙을 지켜야 물품활용도가 높아질 수 있다.
⑤ 물품 보관 장소를 선정할 때 무게와 부피에 따라 분류하는 방법도 중요하다. 만약 다른 약한 물품들과 같이 놓게 되면 무게 또는 부피가 큰 물품에 의해 다른 물품이 파손될 가능성이 크기 때문이다.

38

정답 ④

ⅰ) 연봉 3,600만 원인 H사원의 월 수령액은 3,600만÷12=3,000,000원이다.
월평균 근무시간은 200시간이므로 시급은 300만÷200=15,000원/시간이다.

ⅱ) 야근 수당
H사원이 평일에 야근한 시간은 2+3+1+3+2=11시간이므로 야근 수당은 15,000×11×1.2=198,000원이다.

ⅲ) 특근 수당
H사원이 주말에 특근한 시간은 2+3=5시간이므로 특근 수당은 15,000×5×1.5=112,500원이다.

식대는 야근·특근 수당에 포함되지 않으므로 H사원의 이번 달 야근·특근 근무 수당의 총액은 198,000+112,500=310,500원이다.

39

정답 ③

A조와 겹치지 않는 프로그램으로 조건에 맞춰 일정을 짜면 다음과 같다.

최소 18시간을 이수하여야 하므로, 소요시간이 긴 프로그램부터 고려한다. 토론은 첫째 날에만 가능한 수업이므로 이후 B조의 일정에서 제외한다.

• 첫째 날 : 토론을 제외하고 리더십 교육(5시간), 팀워크(4시간) 순으로 소요시간이 길지만 리더십 교육은 비상대응역량 교육을 수강해야 이수할 수 있으므로 팀워크(4시간)를 첫째 날 오후에 배치한다.
• 둘째 날 : 리더십 교육을 위해서는 비상대응역량 교육이 필요하다. 따라서 오전에는 비상대응역량 교육을, 오후에는 리더십 교육을 배치한다.
• 셋째 날 : 나머지 프로그램 중 소요시간이 3시간인 현지 전문가 과정 1, 2를 순서대로 배치한다.
• 넷째 날 : B조는 어학 프로그램을 반드시 이수한다는 조건에 맞춰 어학을 배치한다.

이를 표로 정리하면 다음과 같다.

구분		첫째 날		둘째 날		셋째 날		넷째 날	
		오전	오후	오전	오후	오전	오후	오전	오후
A조	프로그램	공항 도착	토론	현지 전문가 과정 1	팀워크	비상대응 역량 교육	리더십 교육		
	시간	×	5	3	4	2	5		
B조	프로그램	공항 도착	팀워크	비상대응 역량 교육	리더십 교육	현지 전문가 과정 1	현지 전문가 과정 2	어학	
	시간	×	4	2	5	3	3	1	

따라서 B조의 총 연수기간은 3박 4일이다.

40

정답 ⑤

한국 → 필리핀	4일	6일	9일	16일	20일	22일
	×	×	×	○	○	○
필리핀 → 한국	8일	11일	19일	23일	25일	26일
	×	×	×	○	○	×

• 39번 문제의 결과를 바탕으로 B조의 연수기간은 총 3박 4일이다. 5일과 9일은 회사 행사로 인해 연수에 참가하지 못하므로 해당 일자가 연수기간에 포함되는 출국일 4, 6, 9일은 불가능하다. 따라서 출국일은 16, 20, 22일이 가능하다.
• 제외된 출국일로 인해 8일, 11일은 귀국일이 될 수 없으므로 제외한다.
• 귀국 다음 날 연수 과정을 정리해 상사에게 보고해야 하므로 귀국 다음 날이 평일이 아닌 금요일, 토요일은 제외해야 한다. 따라서 19, 26일을 제외한다.
• 20~23일과 22~25일 모두 가능하지만 마지막 날 어학 프로그램이 오전 10시에 끝나므로 23일 오전 10시 비행기를 탈 수 없다.

따라서 출국일은 22일, 귀국일은 25일이다.

41

밑줄 친 '이것'은 간접비용(Indirect Cost)을 의미한다.
• 장원 : 간접비용은 생산에 직접적으로 관련이 있는 비용인 직접비용에 상대되는 개념이다.
• 휘동·경원 : 간접비용에는 생산과 직접적으로 관련이 없는 보험료, 건물관리비, 광고비, 통신비, 사무비품비, 각종 공과금 등이 포함된다.

[오답분석]
• 창수 : 직접비용의 구성 중 하나인 인건비에 대해 설명하고 있다.

42

임유리는 첫째 주 일요일 6시간, 넷째 주 토요일 5시간으로 월 최대 10시간 미만인 당직 규정을 어긋나므로 당직 일정을 수정해야 한다.

43

한 달을 기준으로 S씨가 지출하게 될 자취방 월세와 자취방에서 대학교까지 왕복 시 거리비용을 합산하면 아래와 같다.
• A자취방 : $330,000+(1.8\times2,000\times2\times15)=438,000$원
• B자취방 : $310,000+(2.3\times2,000\times2\times15)=448,000$원
• C자취방 : $350,000+(1.3\times2,000\times2\times15)=428,000$원
• D자취방 : $320,000+(1.6\times2,000\times2\times15)=416,000$원
• E자취방 : $340,000+(1.4\times2,000\times2\times15)=424,000$원
따라서 S씨가 선택할 수 있는 가장 저렴한 비용의 자취방은 D자취방이다.

44

팀워크와 구분되는 응집력에 대한 설명이다. 팀워크는 공동의 목적 달성이라는 의지를 갖추고 서로 협력하여 성과를 내는 것을 의미한다.

45

고객은 대출 이자가 잘못 나갔다고 생각하고 일처리를 잘못한다고 의심하는 상황이기 때문에 의심형 불만고객에 해당한다.

불만고객 유형
• 거만형 : 자신의 과시욕을 드러내고 싶어 하는 사람으로, 보통 제품을 폄하하는 고객
• 의심형 : 직원의 설명이나 제품의 품질에 대해 의심을 많이 하는 고객
• 트집형 : 사소한 것으로 트집을 잡는 까다로운 고객
• 빨리빨리형 : 성격이 급하고, 확신 있는 말이 아니면 잘 믿지 않는 고객

46

(C) 빠른 해결을 약속하지 않으면 다른 불만을 야기하거나 불만이 더 커질 수 있다.
(D) 고객의 불만이 대출과 관련된 내용이기 때문에 이 부분에 대해 답변을 해야 한다.

[오답분석]
(A) 해결 방안은 고객이 아닌 G기관에서 제시하는 것이 적절하다.
(B) 불만을 동료에게 전달하는 것은 고객의 입장에서는 알 필요가 없는 정보이기 때문에 굳이 말할 필요가 없다.

47

정답 ③

정보란 자료를 일정한 프로그램에 따라 컴퓨터가 처리·가공함으로써 특정한 목적을 달성하는 데 필요하거나 특정한 의미를 가진 것으로 다시 생산된 것으로 특정한 상황에 맞도록 평가한 의미 있는 기록이 되기도 하고, 사용하는 사람과 사용하는 시간에 따라 달라질 수도 있다.

[오답분석]

ㄱ. 정보의 가치는 우리의 요구, 사용 목적, 그것이 활용되는 시기와 장소에 따라서 다르게 평가되기 때문에 상대적이다.

ㄹ. 자료는 평가되지 않은 상태의 숫자나 문자들의 나열을 의미하고, 지식은 어떤 특정의 목적을 달성하기 위해 과학적 또는 이론적 으로 추상화되거나 정립되어 있는 일반화된 정보이다.

48

정답 ②

[A8] 셀에 수식 「=A$1+$A5」를 입력하면 결괏값이 85이다. 다시 [A8] 셀을 복사하여 [C7] 셀에 붙여 넣으면, 「=C$1+$A4」로 변환된다. 계속해서 [C7] 셀을 다시 복사하여 [B8] 셀에 붙여 넣으면 「=B$1+$A5」로 변환되며 이때 결괏값은 46이다.

49

정답 ①

고정하기를 원하는 행의 아래, 열의 오른쪽에 셀 포인터를 위치시킨 후 [보기]−[틀 고정]을 선택해야 한다.

50

정답 ②

정보 내에 포함되어 있는 키워드나 단락과 같은 세부적인 요소나 정보의 주제, 사용했던 용도로 정보를 찾고자 할 때는 목록을 가지고서 쉽게 찾을 수가 없다. 이런 문제를 해결하기 위해 주요 키워드나 주제어를 가지고 소장하고 있는 정보원을 관리하는 방식이 색인을 이용한 정보관리이다. 목록은 한 정보원에 하나만 만드는 것이지만 색인은 여러 개를 추출하여 한 정보원에 여러 색인어를 부여할 수 있다.

[오답분석]

㉠ 정보목록은 정보에서 중요한 항목을 찾아 기술한 후 정리하면서 만들어진다. 한번 '정보목록'을 만들기 시작한 다음 한글이나 워드, 엑셀 같은 프로그램을 이용해서 목록파일을 저장해 놓으면, 후에 다른 정보를 찾았을 때 기존 목록에 추가하는 작업이 간단해진다.

㉢ 색인은 정보를 찾을 때 쓸 수 있는 키워드인 색인어와 색인어의 출처인 위치정보로 구성된다.

51

정답 ②

제시문은 기술의 S곡선에 대한 설명이다. 기술이 등장하고 처음에는 완만히 향상되다가 일정 수준이 되면 급격히 향상되고, 한계가 오면서 다시 완만해지다가 이후 다시 발전할 수 없는 상태가 되는 모양이 S모양과 닮았다.

[오답분석]

① 바그너 법칙 : 경제가 성장할수록 국민총생산(GNP)에서 공공지출의 비중이 높아진다는 법칙

③ 빅3 법칙 : 분야별 빅3 기업들이 시장의 70~90%를 장악한다는 경험 법칙

④ 생산비의 법칙 : 완전경쟁하에서 가격·한계비용·평균비용이 일치함으로써 균형상태에 도달한다는 법칙

⑤ 기술경영 : 과학 기술과 경영 원리를 결합하여 실무 능력을 갖춘 전문 인력을 양성하는 프로그램

52

㉠사는 경쟁 관계에 있지 않은 기업 중 마케팅이 우수한 곳을 찾아가 벤치마킹을 했기 때문에 비경쟁적 벤치마킹이다.
㉡사는 동일 업종이지만 외국에 있어 비경쟁적 기업을 대상으로 벤치마킹을 했기 때문에 글로벌 벤치마킹이다.

오답분석

• 경쟁적 벤치마킹 : 동일 업종이면서 경쟁 관계에 있는 기업을 대상으로 하는 벤치마킹
• 직접적 벤치마킹 : 벤치마킹 대상을 직접 방문하여 수행하는 벤치마킹
• 간접적 벤치마킹 : 인터넷 및 문서형태의 자료를 통해서 수행하는 벤치마킹

53

정답 ①

산업 재해 예방 대책은 안전 관리 조직 → 사실의 발견(1단계) → 원인 분석(2단계) → 시정책 선정(3단계) → 시정책 적용 및 뒤처리(4단계) 순서로 이루어진다.
따라서 제시된 재해 예방 대책에서는 누락된 '안전 관리 조직' 단계를 보완해야 한다.

54

정답 ④

하인리히의 법칙은 큰 사고로 인해 산업 재해가 일어나기 전에 작은 사고나 징후인 '불안전한 행동 및 상태'가 나타난다는 법칙이다.

55

정답 ③

국제경쟁입찰의 과열 경쟁 심화와 컨소시엄 구성 시 민간기업과 업무배분, 이윤추구성향 조율의 어려움 등은 문제점에 대한 언급이기 때문에 전략과제에서 도출할 수 있는 추진방향으로 적절하지 않다.

56

정답 ①

자신의 역량을 발전시키면 조직의 발전에 도움이 되기 때문에 여유가 있을 때 직무 능력을 향상시키는 역량개발 활동은 조직인으로서 실천해야 하는 행동이다.

57

정답 ④

조직문화의 순기능이 아닌 역기능에 해당한다.

> **조직문화의 역기능**
> • 환경 변화에 신속한 대응을 막고 변화에 대한 저항이 생길 수 있다.
> • 외부(다른) 집단에 대해 강한 배타성을 가질 수 있다.
> • 외부에서 새로 들어온 사람의 적응에 어려움을 줄 수 있다.
> • 창의적 사고와 다양성의 저해요인이 될 수 있다.

58

정답 ②

소금이나 후추 등이 다른 사람 손에 거치면 좋지 않다는 풍습을 볼 때, 소금과 후추가 필요할 때는 웨이터를 부르는 것보다 자신이 직접 가져오는 것이 적절한 행동이다.

59

정답 ②

신체적 접촉이 없어도 성적 혐오감을 유발하는 언어적·시각적 성적 언동도 성희롱이 된다. 따라서 (가)는 시각적 성희롱에 해당하며, 자신의 지위를 이용해 상대방이 원치 않는 성관계를 맺은 (나)는 성폭력에 해당한다.

60

정답 ③

직장에서의 근면한 생활을 위해서는 B사원과 같이 일에 지장이 없도록 항상 건강관리에 유의해야 하며, C대리와 같이 오늘 할 일을 내일로 미루지 않고, 업무 시간에 개인적인 일을 하지 않아야 한다.

오답분석

- A사원 : 항상 일을 배우는 자세로 임하여 열심히 해야 한다.
- D대리 : 사무실 내에서 메신저 등을 통해 사적인 대화를 나누지 않아야 한다.

무언가를 위해 목숨을 버릴 각오가 되어 있지 않는 한
그것이 삶의 목표라는 어떤 확신도 가질 수 없다.

– 체 게바라 –

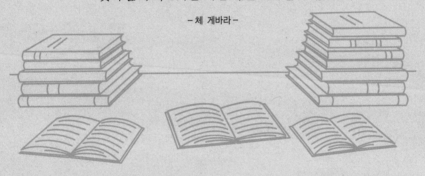

남에게 이기는 방법의 하나는
예의범절로 이기는 것이다.

- 조쉬 빌링스 -

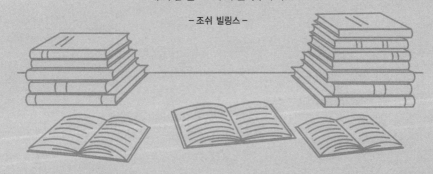

적성검사 최종점검 모의고사 답안지

※ 절취선을 따라 분리하여 실제 시험과 같이 사용하면 더욱 효과적입니다.

언어능력검사

문번	1 2 3 4 5
1	① ② ③ ④ ⑤
2	① ② ③ ④ ⑤
3	① ② ③ ④ ⑤
4	① ② ③ ④ ⑤
5	① ② ③ ④ ⑤
6	① ② ③ ④ ⑤
7	① ② ③ ④ ⑤
8	① ② ③ ④ ⑤
9	① ② ③ ④ ⑤
10	① ② ③ ④ ⑤
11	① ② ③ ④ ⑤
12	① ② ③ ④ ⑤
13	① ② ③ ④ ⑤
14	① ② ③ ④ ⑤
15	① ② ③ ④ ⑤
16	① ② ③ ④ ⑤
17	① ② ③ ④ ⑤
18	① ② ③ ④ ⑤
19	① ② ③ ④ ⑤
20	① ② ③ ④ ⑤

수리능력검사

문번	1 2 3 4 5
1	① ② ③ ④ ⑤
2	① ② ③ ④ ⑤
3	① ② ③ ④ ⑤
4	① ② ③ ④ ⑤
5	① ② ③ ④ ⑤
6	① ② ③ ④ ⑤
7	① ② ③ ④ ⑤
8	① ② ③ ④ ⑤
9	① ② ③ ④ ⑤
10	① ② ③ ④ ⑤
11	① ② ③ ④ ⑤
12	① ② ③ ④ ⑤
13	① ② ③ ④ ⑤
14	① ② ③ ④ ⑤
15	① ② ③ ④ ⑤
16	① ② ③ ④ ⑤
17	① ② ③ ④ ⑤
18	① ② ③ ④ ⑤
19	① ② ③ ④ ⑤
20	① ② ③ ④ ⑤

추리능력검사

문번	1 2 3 4 5
1	① ② ③ ④ ⑤
2	① ② ③ ④ ⑤
3	① ② ③ ④ ⑤
4	① ② ③ ④ ⑤
5	① ② ③ ④ ⑤
6	① ② ③ ④ ⑤
7	① ② ③ ④ ⑤
8	① ② ③ ④ ⑤
9	① ② ③ ④ ⑤
10	① ② ③ ④ ⑤
11	① ② ③ ④ ⑤
12	① ② ③ ④ ⑤
13	① ② ③ ④ ⑤
14	① ② ③ ④ ⑤
15	① ② ③ ④ ⑤
16	① ② ③ ④ ⑤
17	① ② ③ ④ ⑤
18	① ② ③ ④ ⑤
19	① ② ③ ④ ⑤
20	① ② ③ ④ ⑤

지각능력검사

문번	1 2 3 4 5
1	① ② ③ ④ ⑤
2	① ② ③ ④ ⑤
3	① ② ③ ④ ⑤
4	① ② ③ ④ ⑤
5	① ② ③ ④ ⑤
6	① ② ③ ④ ⑤
7	① ② ③ ④ ⑤
8	① ② ③ ④ ⑤
9	① ② ③ ④ ⑤
10	① ② ③ ④ ⑤
11	① ② ③ ④ ⑤
12	① ② ③ ④ ⑤
13	① ② ③ ④ ⑤
14	① ② ③ ④ ⑤
15	① ② ③ ④ ⑤
16	① ② ③ ④ ⑤
17	① ② ③ ④ ⑤
18	① ② ③ ④ ⑤
19	① ② ③ ④ ⑤
20	① ② ③ ④ ⑤

영어능력검사

문번	1 2 3 4 5
1	① ② ③ ④ ⑤
2	① ② ③ ④ ⑤
3	① ② ③ ④ ⑤
4	① ② ③ ④ ⑤
5	① ② ③ ④ ⑤
6	① ② ③ ④ ⑤
7	① ② ③ ④ ⑤
8	① ② ③ ④ ⑤
9	① ② ③ ④ ⑤
10	① ② ③ ④ ⑤
11	① ② ③ ④ ⑤
12	① ② ③ ④ ⑤
13	① ② ③ ④ ⑤
14	① ② ③ ④ ⑤
15	① ② ③ ④ ⑤
16	① ② ③ ④ ⑤
17	① ② ③ ④ ⑤
18	① ② ③ ④ ⑤
19	① ② ③ ④ ⑤
20	① ② ③ ④ ⑤

교시장

성 명

수 험 번 호

⓪ ① ② ③ ④ ⑤ ⑥ ⑦ ⑧ ⑨
⓪ ① ② ③ ④ ⑤ ⑥ ⑦ ⑧ ⑨
⓪ ① ② ③ ④ ⑤ ⑥ ⑦ ⑧ ⑨
⓪ ① ② ③ ④ ⑤ ⑥ ⑦ ⑧ ⑨
⓪ ① ② ③ ④ ⑤ ⑥ ⑦ ⑧ ⑨
⓪ ① ② ③ ④ ⑤ ⑥ ⑦ ⑧ ⑨
⓪ ① ② ③ ④ ⑤ ⑥ ⑦ ⑧ ⑨

감독위원 확인

인

NCS 직업기초능력평가 최종점검 모의고사 답안지

고사장	

성명	

수험번호

⓪	⓪	⓪	⓪	⓪	⓪	
①	①	①	①	①	①	①
②	②	②	②	②	②	②
③	③	③	③	③	③	③
④	④	④	④	④	④	④
⑤	⑤	⑤	⑤	⑤	⑤	⑤
⑥	⑥	⑥	⑥	⑥	⑥	⑥
⑦	⑦	⑦	⑦	⑦	⑦	⑦
⑧	⑧	⑧	⑧	⑧	⑧	⑧
⑨	⑨	⑨	⑨	⑨	⑨	⑨

감독위원 확인

(인)

문번	1	2	3	4	5	문번	1	2	3	4	5	문번	1	2	3	4	5
1	①	②	③	④	⑤	21	①	②	③	④	⑤	41	①	②	③	④	⑤
2	①	②	③	④	⑤	22	①	②	③	④	⑤	42	①	②	③	④	⑤
3	①	②	③	④	⑤	23	①	②	③	④	⑤	43	①	②	③	④	⑤
4	①	②	③	④	⑤	24	①	②	③	④	⑤	44	①	②	③	④	⑤
5	①	②	③	④	⑤	25	①	②	③	④	⑤	45	①	②	③	④	⑤
6	①	②	③	④	⑤	26	①	②	③	④	⑤	46	①	②	③	④	⑤
7	①	②	③	④	⑤	27	①	②	③	④	⑤	47	①	②	③	④	⑤
8	①	②	③	④	⑤	28	①	②	③	④	⑤	48	①	②	③	④	⑤
9	①	②	③	④	⑤	29	①	②	③	④	⑤	49	①	②	③	④	⑤
10	①	②	③	④	⑤	30	①	②	③	④	⑤	50	①	②	③	④	⑤
11	①	②	③	④	⑤	31	①	②	③	④	⑤	51	①	②	③	④	⑤
12	①	②	③	④	⑤	32	①	②	③	④	⑤	52	①	②	③	④	⑤
13	①	②	③	④	⑤	33	①	②	③	④	⑤	53	①	②	③	④	⑤
14	①	②	③	④	⑤	34	①	②	③	④	⑤	54	①	②	③	④	⑤
15	①	②	③	④	⑤	35	①	②	③	④	⑤	55	①	②	③	④	⑤
16	①	②	③	④	⑤	36	①	②	③	④	⑤	56	①	②	③	④	⑤
17	①	②	③	④	⑤	37	①	②	③	④	⑤	57	①	②	③	④	⑤
18	①	②	③	④	⑤	38	①	②	③	④	⑤	58	①	②	③	④	⑤
19	①	②	③	④	⑤	39	①	②	③	④	⑤	59	①	②	③	④	⑤
20	①	②	③	④	⑤	40	①	②	③	④	⑤	60	①	②	③	④	⑤

※ 절취선을 따라 분리하여 실제 시험과 같이 사용하면 더욱 효과적입니다.

적성검사 최종점검 모의고사 답안지

고사장

성 명

수 험 번 호						
⓪	⓪	⓪	⓪	⓪	⓪	⓪
①	①	①	①	①	①	①
②	②	②	②	②	②	②
③	③	③	③	③	③	③
④	④	④	④	④	④	④
⑤	⑤	⑤	⑤	⑤	⑤	⑤
⑥	⑥	⑥	⑥	⑥	⑥	⑥
⑦	⑦	⑦	⑦	⑦	⑦	⑦
⑧	⑧	⑧	⑧	⑧	⑧	⑧
⑨	⑨	⑨	⑨	⑨	⑨	⑨

감독위원 확인
㊞ 인

언어능력검사		수리능력검사		추리능력검사		지각능력검사		영어능력검사	
문번	1 2 3 4 5	문번	1 2 3 4 5	문번	1 2 3 4 5	문번	1 2 3 4 5	문번	1 2 3 4 5
1	①②③④⑤	1	①②③④⑤	1	①②③④⑤	1	①②③④⑤	1	①②③④⑤
2	①②③④⑤	2	①②③④⑤	2	①②③④⑤	2	①②③④⑤	2	①②③④⑤
3	①②③④⑤	3	①②③④⑤	3	①②③④⑤	3	①②③④⑤	3	①②③④⑤
4	①②③④⑤	4	①②③④⑤	4	①②③④⑤	4	①②③④⑤	4	①②③④⑤
5	①②③④⑤	5	①②③④⑤	5	①②③④⑤	5	①②③④⑤	5	①②③④⑤
6	①②③④⑤	6	①②③④⑤	6	①②③④⑤	6	①②③④⑤	6	①②③④⑤
7	①②③④⑤	7	①②③④⑤	7	①②③④⑤	7	①②③④⑤	7	①②③④⑤
8	①②③④⑤	8	①②③④⑤	8	①②③④⑤	8	①②③④⑤	8	①②③④⑤
9	①②③④⑤	9	①②③④⑤	9	①②③④⑤	9	①②③④⑤	9	①②③④⑤
10	①②③④⑤	10	①②③④⑤	10	①②③④⑤	10	①②③④⑤	10	①②③④⑤
11	①②③④⑤	11	①②③④⑤	11	①②③④⑤	11	①②③④⑤	11	①②③④⑤
12	①②③④⑤	12	①②③④⑤	12	①②③④⑤	12	①②③④⑤	12	①②③④⑤
13	①②③④⑤	13	①②③④⑤	13	①②③④⑤	13	①②③④⑤	13	①②③④⑤
14	①②③④⑤	14	①②③④⑤	14	①②③④⑤	14	①②③④⑤	14	①②③④⑤
15	①②③④⑤	15	①②③④⑤	15	①②③④⑤	15	①②③④⑤	15	①②③④⑤
16	①②③④⑤	16	①②③④⑤	16	①②③④⑤	16	①②③④⑤	16	①②③④⑤
17	①②③④⑤	17	①②③④⑤	17	①②③④⑤	17	①②③④⑤	17	①②③④⑤
18	①②③④⑤	18	①②③④⑤	18	①②③④⑤	18	①②③④⑤	18	①②③④⑤
19	①②③④⑤	19	①②③④⑤	19	①②③④⑤	19	①②③④⑤	19	①②③④⑤
20	①②③④⑤	20	①②③④⑤	20	①②③④⑤	20	①②③④⑤	20	①②③④⑤

NCS 직업기초능력평가 최종점검 모의고사 답안지

고사장							

성 명	

수험번호	⓪ ① ② ③ ④ ⑤ ⑥ ⑦ ⑧ ⑨

감독위원 확인	인

문번	1	2	3	4	5	문번	1	2	3	4	5	문번	1	2	3	4	5
1	①	②	③	④	⑤	21	①	②	③	④	⑤	41	①	②	③	④	⑤
2	①	②	③	④	⑤	22	①	②	③	④	⑤	42	①	②	③	④	⑤
3	①	②	③	④	⑤	23	①	②	③	④	⑤	43	①	②	③	④	⑤
4	①	②	③	④	⑤	24	①	②	③	④	⑤	44	①	②	③	④	⑤
5	①	②	③	④	⑤	25	①	②	③	④	⑤	45	①	②	③	④	⑤
6	①	②	③	④	⑤	26	①	②	③	④	⑤	46	①	②	③	④	⑤
7	①	②	③	④	⑤	27	①	②	③	④	⑤	47	①	②	③	④	⑤
8	①	②	③	④	⑤	28	①	②	③	④	⑤	48	①	②	③	④	⑤
9	①	②	③	④	⑤	29	①	②	③	④	⑤	49	①	②	③	④	⑤
10	①	②	③	④	⑤	30	①	②	③	④	⑤	50	①	②	③	④	⑤
11	①	②	③	④	⑤	31	①	②	③	④	⑤	51	①	②	③	④	⑤
12	①	②	③	④	⑤	32	①	②	③	④	⑤	52	①	②	③	④	⑤
13	①	②	③	④	⑤	33	①	②	③	④	⑤	53	①	②	③	④	⑤
14	①	②	③	④	⑤	34	①	②	③	④	⑤	54	①	②	③	④	⑤
15	①	②	③	④	⑤	35	①	②	③	④	⑤	55	①	②	③	④	⑤
16	①	②	③	④	⑤	36	①	②	③	④	⑤	56	①	②	③	④	⑤
17	①	②	③	④	⑤	37	①	②	③	④	⑤	57	①	②	③	④	⑤
18	①	②	③	④	⑤	38	①	②	③	④	⑤	58	①	②	③	④	⑤
19	①	②	③	④	⑤	39	①	②	③	④	⑤	59	①	②	③	④	⑤
20	①	②	③	④	⑤	40	①	②	③	④	⑤	60	①	②	③	④	⑤

**2025 최신판 시대에듀 대기업 · 공기업 고졸채용
인적성검사 / NCS 직업기초능력평가 + 무료고졸특강**

개정14판1쇄 발행	2025년 04월 15일 (인쇄 2025년 03월 21일)
초 판 발 행	2011년 09월 30일 (인쇄 2011년 09월 07일)
발 행 인	박영일
책 임 편 집	이해욱
편 저	SDC(Sidae Data Center)
편 집 진 행	안희선 · 한성윤
표지디자인	박수영
편집디자인	최미림 · 고현준
발 행 처	(주)시대고시기획
출 판 등 록	제10−1521호
주 소	서울시 마포구 큰우물로 75 [도화동 538 성지 B/D] 9F
전 화	1600−3600
팩 스	02−701−8823
홈 페 이 지	www.sdedu.co.kr

I S B N	979−11−383−9058−3 (13320)
정 가	26,000원

최신판

2025

대기업·공기업

고졸채용

인적성검사 / NCS 직업기초능력평가

정답 및 해설

고졸 / 전문대졸 취업 기초부터 합격까지! 취업의 문을 여는 **Master Key!**

고졸/전문대졸 필기시험 시리즈

포스코그룹
생산기술직 / 직업훈련생

삼성
GSAT 4급

현대자동차
생산직 / 기술인력

SK그룹 생산직

SK이노베이션
생산직 / 기술직 / 교육·훈련생

SK하이닉스
고졸 / 전문대졸

※도서의 이미지 및 구성은 변동될 수 있습니다.

NEXT STEP

시대에듀가 합격을 준비하는
당신에게 제안합니다.

성공의 기회
시대에듀를 잡으십시오.

시대에듀

기회란 포착되어 활용되기 전에는 기회인지조차 알 수 없는 것이다.
– 마크 트웨인 –